Reichs-Marineamt

Die Forschungsreise S.M.S. „Gazelle" in den Jahren 1874 bis 1876

4. Teil: Botanik

weitsuechtig

Reichs-Marineamt

Die Forschungsreise S.M.S. „Gazelle" in den Jahren 1874 bis 1876

4. Teil: Botanik

ISBN/EAN: 9783956560033

Auflage: 1

Erscheinungsjahr: 2013

Erscheinungsort: Bremen, Deutschland

weitsuechtig

Die

Forschungsreise S. M. S. „Gazelle“

in den Jahren 1874 bis 1876

unter Kommando des Kapitän zur See **Freiherrn von Schleinitz**

herausgegeben

von dem

Hydrographischen Amt des Reichs-Marine-Amts.

IV. Theil.

Botanik.

Mit 38 Tafeln.

Berlin 1889.

Ernst Siegfried Mittler und Sohn

Königliche Hofbuchhandlung und Hofbuchdruckerei

Berlin SW., Kochstrasse 68—70.

Inhalt des IV. Theiles.

Vorwort.

Die Bearbeitung der botanischen Ausbeute, welche Herr Dr. NAUMANN durch grosse, auf fast alle Abtheilungen des Pflanzenreiches gerichtete Aufmerksamkeit zusammenbrachte, stiess auf erhebliche Schwierigkeiten. Nachdem in einer dem Umfang des Materials entsprechenden Zeit die Algen von Professor Dr. ASKENASY in Heidelberg, mit Unterstützung der Herren E. BORNET, A. GRUNOW, P. HARIOT, M. MOEBIUS, O. NORDSTEDT, die Pilze von Herrn Baron F. v. THÜMEN, die Flechtenpilze von Herrn Professor Dr. J. MÜLLER Arg. in Genf, die Laubmoose von Dr. KARL MÜLLER in Halle, die Filicinae und Lycopodinae von Dr. M. KUHN, die Siphonogamen (Phanerogamen) von dem Unterzeichneten mit Unterstützung der Herren O. BOECKELER (Cyperaceae), CAS. DE CANDOLLE (Piperaceae, Meliaceae), A. COGNIAUX (Cucurbitaceae), E. HACKEL (Gramineae), E. KOEHNE (Lythraceae), F. KRÄNZLIN (Orchidaceae), E. MARCHAL (Araliaceae), L. RADLKOFER (Sapindaceae), H. Graf zu SOLMS-LAUBACH (Pandanaceae) bearbeitet worden waren, wurde Herr Dr. GOTTSCHE in Altona, der die an Neuheiten besonders reiche Sammlung von Lebermoosen in Angriff genommen hatte (vergl. Einleitung zur Abtheilung Lebermoose Seite 1), durch andauernde Krankheit an der Vollendung gehindert; es gelang endlich, in Herrn Dr. SCHIFFNER in Prag einen Bearbeiter zu finden, der diese Abtheilung von neuem durcharbeitete und auch zum Abschluss brachte. Vollständig unterblieben ist vorläufig leider die Bearbeitung der *Bacillariaceae*, welche bald nach Rückkehr der Expedition Herrn Direktor JANISCH anvertraut wurde, bevor dem Unterzeichneten die Redaktion des botanischen Theils übergeben war. Zu 15 Tafeln, welche für die Abtheilung der Bacillariaceen hergestellt waren, ist der Text bis jetzt ausgeblieben. Zu diesem Missgeschick kam nun noch hinzu, dass die für Herstellung des „Gazelle"-Werkes bewilligten Mittel nahezu erschöpft waren und demzufolge der Druck der zuletzt fertig gewordenen Abtheilung Lebermoose in Frage gestellt war. Um dies zu ermöglichen und nicht meine Mitarbeiter zu unliebsamen Kürzungen zu veranlassen, habe ich auf eine geplante ausführlichere Zusammenstellung nach den Fundorten verzichtet und von den von mir bestimmten Siphonogamen die am unteren Lauf des Kongo, an der Magellan-Strasse, in Australien, auf den Kerguelen und Ascension gesammelten in das ausführliche Verzeichniss nicht aufgenommen, weil diese fast durchweg schon aus jenen Gebieten bekannt waren; ich beschränke mich darauf, diese Arten ganz kurz bei der nachfolgenden Uebersicht über die Gesammtergebnisse zu erwähnen.

Berlin, im Dezember 1889.

A. ENGLER.

Uebersicht

über die botanischen Ergebnisse der Expedition, von A. Engler.

Die Florengebiete, in denen der Botaniker der „Gazelle"-Expedition, Herr Dr. Naumann, nennenswerthe Sammlungen machen konnte, sind das westafrikanische Waldgebiet, das malayische Gebiet, das antarktische Waldgebiet Südamerikas, das australische Gebiet, Kerguelen, St. Paul im Indischen Ocean und Ascension.

Während des kurzen Aufenthalts an den Küstenländern des

westafrikanischen Waldgebietes

konnte nur wenig gesammelt werden; doch bewährte sich hier schon, wie vortheilhaft es war, dass Dr. Naumann seine Aufmerksamkeit namentlich den Kryptogamen zuwendete. In Liberia wurden um Monrovia eine ganze Anzahl Süsswasseralgen zum ersten Male für West-Afrika nachgewiesen: *Mougeotia parvula ?* (Hass.) Wittrock, *Spirogyra princeps ?* (Vauch.) Clive, *Hyalotheca mucosa* (Dillw.) Ehrenb., *Desmidium aptogonum* Breb. *β. acutius* Nordst., *D. cylindricum* Grev., *D. graciliceps* (Nordst.) Lagerheim, *Gymnozyga moniliformis* Ehrenb., *Micrasterias Jenneri* Ralfs, *M. Torreyi* Bail.; als neue Arten wurden erkannt: *Gymnozyga longicollis* Nordst. und *Nitella dulcis* Nordst.; auch ein neuer Flechtenpilz, *Phacographis dendriticella* Müll. Arg. wurde von hier mitgebracht. Dr. K. Müller bezeichnet als neue Arten unter den hier gesammelten Laubmoosen: *Fissidens basicarpus, Bryum afro-litorale, Calymperes chrysoblastum, Hookeria attenuata;* auch Dr. Böckeler hat von den bei Monrovia gesammelten Cyperaceen einige als neue Arten beschrieben: *Cyperus monroviensis*, *Kyllingia Naumanniana* var. *tenuis, Heleocharis Naumanniana, Scleria Naumanniana;* bisher war auch nicht aus West-Afrika bekannt die hier aufgefundene *Xyris indica* L. Dagegen sind die übrigen hier gesammelten Phanerogamen schon von diesem Gebiet bekannt; theils sind es Ruderalpflanzen (*Commelina nudiflora* L., *Desmodium incanum* DC., *Ocimum gratissimum* L., *Lantana aculeata* L., *Spermacoce globosa* Schum. et Thonn., *Fleurya aestuans* (L.) Wedd., *Ageratum conyzoides* L.), theils Sumpfpflanzen (*Mesanthemum radicans* Koern., *Honckenya ficifolia* Willd., *Tristemma ovalifolium* Triana, *Dissotis prostrata* Triana, *Vandellia diffusa* L.), theils Waldpflanzen, aus der Nähe der Stadt (*Heisteria parvifolia* Smith, *Dioclea reflexa* Hook. f., *Smeethmannia pubescens* R. Br., *Osbeckia multiflora* Sm., *Ixora laxiflora* Sm.); am Strande wurden konstatirt *Diodia maritima* Thonn. und *Conocarpus erectus* H. B. Kunth (in Sümpfen). Ueber die Vegetation am unteren Kongo von der Mündung an bis Bomma hat Dr. Naumann schon im Jahre 1876 (Zeitschr. d. Ges. f. Erdkunde in Berlin, S. 74—78) Mittheilungen gemacht: die Bestimmung der hier gesammelten Siphonogamen ergab wenig Neues. Am Strande bei Shark Point war *Borassus flabelliformis* L. verbreitet, ferner wurden von dort mitgebracht: *Telanthera maritima* (St. Hil.)

Moqu., *Sesuvium congense* Welw., *Stylosanthes erecta* P. Beauv., *Crotalaria striata* DC., *Abrus precatorius* L., *Canavalia obtusifolia* DC., *Vigna oblonga* Bth., *Carissa edulis* Vahl, *Ipomoea pes caprae* Sw., sowie auch *Tetracera senegalensis* DC. Aus der Urwaldformation befand sich keine Pflanze in der Sammlung; dagegen stammte eine Anzahl Pflanzen von den vielfach mit hohem Gras bedeckten Inseln gegenüber von Ponta da Lenha. Unter den sie umsäumenden Cyperaceen waren ausser *Cyperus Papyrus* L. auch die neuen Arten *C. flexifolius* Bcklr. und *C. Naumannianus* Bcklr., auch wuchs hier *Jussiaea pilosa* HBK. auf feuchtem Sand, *Nymphaea Lotus* L. im Wasser; in den Savanen wurden gesammelt: *Polygonum senegalense* Meissn., *Sesbania punctata* DC., *Cajanus indicus* Spr., *Mimosa asperata* L., *Bridelia stenocarpa* Müll. Arg., *Ludwigia jussiaeoides* Lam. (in Lichtungen), *Jussiaea suffruticosa* L., *Ammannia multiflora* Roxb. (auf Sandbänken), *Dissotis Irvingiana* Hook., *D. rotundifolia* Triana, *D. villosa* Hook f., *Ilysanthes parviflora* Bth., *Torenia ramosissima* Vatke, *Scoparia dulcis* L., *Brillantaisia owariensis* Beauv., *Hyptis brevipes* Poir., *Oldenlandia capensis* L. fil., *Mitracarpum scabrum* Zucc., *Grangea maderaspatana* Poir., *Vernonia misera* Oliver et Hiern., *Blumea aurita* (L.) DC., *Ethulia conyzoides* L., *Mikania scandens* Willd.; aus der Savane ragten hier und da Baumoasen von *Anthocleista Vogelii* Planch. und *Sarcocephalus esculentus* Afzel. hervor. In den Savanen bei Bomma wurde *Vernonia senegalensis* Less. gesammelt, auf Reisfeldern *Ipomoea filicaulis* (Vahl) Bl. Ueber die in West-Afrika gesammelten Gramineen und Farne vergl. man die Aufzählung.

Aus dem

malayischen Gebiet,

zu welchem ich ausser einem Theil von Hinterindien und den Sunda-Inseln auch Neu-Guinea, die Inseln des Bismarck-Archipels, die Salomons-Inseln, die Neuen Hebriden und Fidji-Inseln, sowie Timor und Nord-Australien rechne, stammt der werthvollste Theil der botanischen Ausbeute. Wiewohl vorzugsweise nur in den Küstenregionen gesammelt werden konnte, in welchen der übereinstimmende Charakter des malayischen Gebietes am meisten ausgeprägt ist, in welchen auch die am weitesten verbreiteten Formen vorkommen, hat die Untersuchung der „Gazelle"-Ausbeute doch zahlreiche neue Arten ergeben. An Timor's Küsten wurde entdeckt: *Sargassum heterocystum* Mont. var. *timoriensis* Grunow; in den Bergwäldern der Insel fand sich die neue *Ocellularia defossa* Müll. Arg.; von den zahlreichen hier gesammelten Farnen sind die meisten im malayischen Inselgebiet weit verbreitet, neu ist aber das zierliche, auf dem Gipfel des Taimanani entdeckte *Hypodematium phegopterideum* Kuhn; auch neue Siphonogamen wurden auf dieser schon vielfach von Botanikern besuchten Insel aufgefunden: *Chamaeraphis gracilis* Hack., *Pimelea brevituba* Fawcet, *Lagerstroemia Engleriana* Koehne, *Blumea balsamifera* DC. var. *floccosa* Engl., alle auf trockenen Hügeln bei Koepang. Die Auffindung einer *Pimelea* auf Timor vermehrt die Beziehungen, welche diese Insel zu der Flora Australiens besitzt; dies gilt auch von der Entdeckung des *Ptilotus conicus* RBr. var. *timorensis* Engl. Ausserdem wurden auf Timor fünf Arten gesammelt, die noch nicht so weit östlich im malayischen Gebiet gefunden waren: *Doryopteris ludens* J. Sm., *Polypodium molle* Metten. und *P. involutum* Metten., *Citrus Hystrix* DC., *Clerodendron fallax* Lindl.; andererseits war die in den Bergwäldern des Taimanani gefundene *Peperomia insularum* Miq. *β. glabrata* C. DC. bisher nur von den Sandwich-Inseln bekannt.

Wie Timor ist auch Amboina in Florenwerken häufig erwähnt, indess scheint die Waldflora des nordwestlichen Theiles dieser Insel noch nicht erschöpft zu sein, da der Sammler hier mehrere Entdeckungen machte. Neu sind zwei Pilze: *Stereum tenellum* Kalchbr. und *Puccinia amboinensis* Thüm., von Lebermoosen: *Mastigo (Thysano)-Lejeunia amboinensis, Acro-Lejeunia densifolia* Schiffn. und *rostrata* Schiffn., *Lopho-Lejeunia Sagraeana* (Mont.) Spruce var. *dentistipula, Hygro-Lejeunia amboinensis, Pycno-Lejeunia ventricosa, Pycno-Lej. connivens* Gottsche, *Frullania amboinensis, Riccia am-*

boinensis, Anthoceros amboinensis. Weniger zahlreich sind die neuen Laubmoos-Arten: *Calymperes pungens* und *C. semimarginatum, Hypnum turgidellum* und *Pelekium fissicalyx* C. Müll., zu denen sich *Syrrhopodon ciliatus* Schw. und *Pterogonium Jagori* gesellen, welche bisher noch nicht auf Amboina nachgewiesen waren. Auf den kleinen aus Korallen bestehenden Lucepara-Inseln wurde an Pandanusstämmen *Calymperes Pandani* C. Müll. gesammelt, der einer auf Borneo vorkommenden Art nahe steht. Ferner lieferten diese Inseln eine neue Orchidacee, *Tropidia Reichenbachiana* Kränzl.

Sehr bedeutend war die Ausbeute im westlichen Neu-Guinea. Meeresalgen wurden an den Küsten nur wenig gesammelt, und als neue Formen sind nur folgende zu bezeichnen: *Sargassum pulchellum* Grun. mit var. *subspathulata* Grun., *Sarg. ilicifolium* var. *venusta* Grun. Ausserdem wurde aber an der Galewo-Strasse die bisher nur aus West-Indien bekannte *Caulerpa cupressoides* (Vahl) Ag. nachgewiesen, ferner *Ceramium nodosum* Harv. aufgefunden und *Eucheuma spinosum* (L.) J. Ag., das bisher nicht so weit östlich bekannt war. — *Phyllosticta Stenotaphri* Thümen ist der einzige von Neu-Guinea mitgebrachte Pilz, dem sich von Flechtenpilzen anschliessen: *Leptogium inflatum* Müll. Arg., *Ocellularia papuana* Müll. Arg., *Trypethelium grossum* Müll. Arg., *Porina multiseptata* Müll. Arg. Die üppigen Bergwälder an der Mac-Cluer-Bai lieferten zahlreiche neue Moose, von Lebermoosen: *Plagiochila aurita, Mastigo-Lejeunia convoluta* Spruce, var. *ornata, Mast.-Lej. atypos* und *minuta, Eu-Lej. crenulata, Micro-Lej. parallela, Colo-Lej. pseudostipulata* und *angustibracteata, Frullania novo-guineensis, regularis* und *heteromorpha,* — von Laubmoosen: *Leucobryum microcarpum, Leucophanes sordidum* und *Naumanni, Calymperes arcuatum, stylophyllum* und *denticulatum, Syrrhopodon leucoloma, subpolytrichioides, serra* und *Campylopus, Hookeria paupera, Hypnum bibrachiatum, macrobolax, substigmosum, selenithecium* und *Naumanni* C. Müll. Alle diese Moose sind mit den aus dem malayischen Gebiet bereits bekannten nahe verwandt, ebenso die zahlreichen hier gesammelten Farne, von denen aber der Bearbeiter derselben keinen als neue Art bezeichnete. Pflanzengeographisch interessant ist die Konstatirung der bisher von Neu-Caledonien und den Neuen Hebriden bekannten *Davallia pusilla* Mett. Ferner sind *Lycopodium flagellaceum* Kuhn und *Selaginella similis* Kuhn als völlig neu zu bezeichnen. Desgleichen von Siphonogamen: *Microstylis segaarensis, Dendrobium Gazellae, Bulbophyllum Gerlandianum, Saccolabium Schleinitzianum* Kränzl, *Ficus Naumanni* (auch in Neu-Mecklenburg), *F. segaarensis, Uvaria novo-guineensis* Engl., *Amoora Naumanni* Cas. DC., *Hoya novo-guineensis, Ruellia vestita* und *Acanthus novo-guineensis* Engl. Nicht unerheblich ist auch die Zahl der Arten, für welche durch die Entdeckung auf Neu-Guinea die Verbreitungsgrenze nach Osten weiter vorgeschoben erscheint: *Podocarpus polystachya* R. Br., *Cleisostoma sagittata* Bl., *Appendicula penicillata* Bl. (?), *Phrynium dichotomum* Roxb., *Sarcopteryx squamosa* (Roxb.) Radlk., *Salacia macrophylla* Bl., *Cissus geniculata* Bl., *Clerodendron fallax* Lindl. Andererseits wurde für das aus Ost-Australien bekannte *Eranthemum variabile* R. Br. eine weitere Verbreitung nach Norden konstatirt. Die Inseln des Bismarck-Archipels, Neu-Pommern, Neu-Mecklenburg, Neu-Hannover, die Anachoreten waren bis zu dem Besuch der „Gazelle" in botanischer Beziehung fast noch gänzlich unbekannt. Die kleinen korallenumgürteten Inseln Neu-Hannover und Neu-Mecklenburg sind an der flachen Küste und in ihrem gebirgigen Innern reich bewaldet, während an der Nordspitze von Neu-Pommern die Vulkane weniger dicht bewachsen sind. Auch die Salomons-Insel Bougainville ist mit Ausnahme des im Centrum befindlichen rauchenden Vulkans bewaldet. In den Küstenwäldern dieser Inseln wurde die weitverbreitete malayische Djungelflora beobachtet, vor welcher sich Gesträuch mit einigen Strandpflanzen (*Lepturus repens* Br., *Cyperus pennatus* Lam., *Euphorbia Atoco* Forst., *Ocimum canum* Sims) ausbreitete, während auf dem Korallensand unter Wasser die bekannten marinen Potamogetonaceen und Hydrocharitaceen (vergl. diese Familien im Verzeichniss) des Indischen und Stillen Oceans vegetirten. In folgender Liste will ich die aus der Küstenregion (welche die Formation des Mangrovedickichtes und des Djungel umschliesst) der genannten Inseln mitgebrachten Arten aufführen, hierbei die neuen durch ein vorgesetztes † und ihren Fundort durch Abkürzungen (H = Neu-Hannover, M = Neu-Mecklenburg, P = Neu-Pommern, B = Bougainville, A = Anachoreten) bezeichnen. Ein vorgesetzter * deutet an, dass die Pflanze vorzugsweise im Mangrovedickicht wächst, während ein nachgesetzter o darauf hinweist, dass die Ostgrenze der Pflanze nunmehr erweitert ist.

Lenzites Beckleri Berk. — H.
„ *Palisoti* Fr. — H.
†*Polyporus declivis* Kalchbr. — B.
„ *sanguineus* Fr. — H.
†*Stereum hilare* Kalchbr. — B.
Cladosporium gramineum Lk. — P.
Helminthosporium flexuosum Cda. — P.
Leptogium javanicum Mont. — H.
„ *tremelloides* Fries — H.
„ *diaphanum* Nyl. — M.
Parmelia perlata var. *platyloba* Müll. Arg. — H.
„ *limbata* Laur. — B.
Pannaria pannosa Nyl. — H.
Phaeographis diversa Müll. Arg. — H.
Byssocaulon gossypinum Müll. Arg. — B.
†*Dictyonema laxum* Müll. Arg. — H.
†*Mastigo (Trigono)-Lejeunia novo-hibernica.* — M.
†*Phragmo-Lejeunia polymorpha* (Sand-Lacoste) Schiffn. var. *undulifolia* Schiffn. — M.
Lopho-Lejeunia Sagraeana (Mont.) Spruce — H. o.
†*Cerato-Lejeunia auriculata.* — H.
†*Hygro-Lejeunia latistipula.* — H.
†*Frullania amboinensis.* — M.
†*Riccia novo-hannoverana.* — H.
†*Octoblepharum linealifolium* C. Müll. — H.
†*Mniomalia Naumanni* C. Müll. — H.
†*Hypnum Naumanni* C. Müll. — H, M.
†*Leucophanes pucciniferum* C. Müll. — A.
†*Heteroneuron Naumanni* Kuhn — H.
Asplenium laserpitiifolium Lam. — S.
Diplazium arborescens Sw. — H.
Polypodium Phymatodes L. — H.
Dryostachyum drynarioides (Hook.) Kuhn — H.
Davallia denticulata Mett. var. *elata* (Spring.) Mett. — H.
Lygodium trifurcatum Baker — H.
Lycopodium carinatum Desv. — S.
„ *cernuum* L. — H.
Selaginella Durvillei A. Braun — H.
**Pandanus dubius* Spr. — H. o.
†* „ *Kurzianus* Solms — B.
**Freycinetia scandens* Gaudich. — H.
**Epipremnum mirabile* Schott — H.
Tacca pinnatifida Forst. — H, B.
Dracaena reflexa Lam. — M.
Ficus rubricaulis Decne. — H. o.
†*Myristica Schleinitzii* Engl. — H.
Entada scandens (L.) Benth. — B.
Sophora tomentosa L. — B.
Erythrina indica L. — B.
Canavalia ensiformis DC. — P.
Derris uliginosa (Roxb.) Benth. — H, B.
†*Amoora salomoniensis* Cas. DC. — B.
**Carapa moluccensis* Lam. — M.
Mallotus repandus Müll. Arg. — H. o.
Allophylus timorensis (DC.) Bl. — H.
Colubrina asiatica Brongn. — B.
Heritiera littoralis Ait. — H.
Hibiscus tiliaceus L. — H.
Eugenia javanica Lam. — H, M.
Sonneratia acida L. — B.
**Bruguiera Rheedii* Bl. — B.
**Aegiceras majus* Gaertn. — M.
Hoya australis R. Br. — B.
†*Hemigraphis reptans* (Forst.) Engl. — H.
†*Eranthemum pacificum* Engl. — H.
**Cordia subcordata* Lam. — M.
**Adenostoma viscosum* Forst. — M.
**Blumea lactucaefolia* DC. — M.

Die aus diesem Verzeichniss gewonnene Vorstellung von den Formationen des Küstenwaldes im Bismarck-Archipel und auf den Salomons-Inseln wird noch vervollständigt durch eine auf den Djungelwald Neu-Hannovers bezügliche Schilderung Dr. Naumann's: „Der meist nur wenige Schritte vom Ufer entfernte Wald war bald licht, mit grossen vereinzelter stehenden Bäumen, die häufig mit Schling- und Kletterpflanzen, wie Araceen, Rotangpalmen mit holzigem Stengel, bewachsen waren, bald undurchdringlich durch Gebüsch von stacheligem *Pandanus* und von allerlei grossblätterigen Stauden (Liliaceen, Scitamineen u. A.). Manche Bäume fielen durch bedeutende Höhe oder auch weite Verzweigung auf, jene auch oft durch die flügelförmigen Holztafeln, welche den Stamm stützen halfen; einzelne waren mit wundervollen, rosafarbenen, grossen Blüthen geschmückt; manche hatten eisenhartes Holz, wovon die Aexte der holzfällenden Matrosen schartig wurden, andere wiederum weiches weisses Holz, das von den Wilden zu Schnitzereien verwandt oder mit Feuer ausgehöhlt und zu Canoes benutzt wurde. Speciell erinnere ich mich auch noch grösserer Gebüsche eines wilden Muskatbaumes und einer Cycadee, deren Stamm meterdick und über 15 m hoch war, nicht aber der Banyanenform."

Aus der Region des Uferwaldes findet sich in den Sammlungen weniger vor:

†*Plagiochila novo-hannoverana*. — H.
„ *blepharophora* N. ab Es. — H. ○.
Chiloscyphus argutus N. ab Es. — H. ○.
†*Podomitrium majus*. — H.
Aneura multifida (L.) — H.
Asplenium pellucidum Lam. — H.
Polypodium punctatum Sw. — H.
Selaginella Belangeri (Bory) Spring — H.
Panicum neurodes Schult. δ. *Roxburghianum* A. Br. — H.
Ischaemum digitatum Brongn. — H.
Andropogon halepensis Sibth. var. *propinqua*. — H.
Eleusine indica Gärtn. — H.
Phragmites Roxburghii Nees — M.
†*Fimbristylis Novae-Brittanniae* Bcklr. — P.
†*Cyperus Novae-Hannoverae* Bcklr. — H.
Flagellaria indica L. — H.
†*Crinum macrantherum* Engl. — H, M.
Curcuma longa L. — H.
Memorialis hirta (Bl.) Wedd. — H. ○.
Leucosyce capitellata (Poir.) Wedd. — H.
†*Ficus Novae-Hannoverae* Engl. — H.
Entada scandens (L.) Bth. — H.
Desmodium umbellatum (L.) DC. — H.
†*Macaranga riparia* Engl. — H.
†*Leea Naumanni* Engl. — H.
†*Strobilanthes Naumanni* Engl. — H.
Luffa cylindrica L. — H.

Dass dieses dürftige Verzeichniss nicht ausreicht, um eine Vorstellung von der genannten Region zu geben, geht leicht aus Dr. Naumann's hierauf bezüglicher Schilderung hervor: „Ein noch mannigfacheres Bild gewährte die Vegetation der Flussufer. Gebüsche, von einzelnen Fieder- und Fächerpalmen überragt, wechselten ab mit Hochgräsern, über die sich hier und da ein Farnbaum erhob, oder mit Gruppen weissstämmiger weitverzweigter Ficusbäume. Das Gras war mannshoch, zuweilen noch viel höher, häufig darunter *Coix*. Ein dichtes Gehölz war reich mit Lianen behangen, von welchen fusslange bohnenartige Hülsenfrüchte herabhingen. Allerlei Muscineen, Selaginellen und kleine Farne zierten die feuchten Böschungen der Ufer und wurden noch üppiger, als diese allmählich höher wurden." Was Dr. Naumann weiter mittheilt, bezieht sich schon auf die dritte Region, nämlich die des Bergwaldes (von Neu-Hannover): „Die Bachschlucht im schattigen Wald war natürlicher Weise eine besonders günstige Lokalität, die zierlichen Moose, Hymenophyllaceen u. dergl. zu sammeln, die an lebenden wie todten Bäumen und Aesten wucherten, dieselben umwachsend, umrankend und umspinnend. An einer lichteren Stelle ragte ein Baumriese wenigstens 60 m hoch empor, mit kerzengradem Stamme, astlos wohl bis über die Hälfte seines Maasses hinauf. Weiter den Berg hinan folgte ein ungemischter Bestand von Farnbäumen, die einen reizenden Wald bildeten. Es mochte dies in 200 bis 300 m Meereshöhe sein." Aus dieser Region liegen folgende Pflanzen vor:

Coccocarpia pellita var. *isidiophylla* Müll. Arg. — M.
Dictyonema sericeum Mont. — H.
†*Radula multiflora* — H, M.
† „ *crenulata* — H.
Dendro-Lejeunia vittata (Mitt.) Steph. — H, M.

† *Frullania regularis.* — H.
† *Trematodon Novae-Hannoverae* C. Müll. — H.
† *Endotrichella Novae-Hannoverae* C. Müll. — H.
† *Neckera bicolorata* C. Müll. — H.
† *Hypnum brachytheciopsis* C. Müll. — H.
† „ *pycnodontium* C. Müll. — H.
† „ *bunodicarpum* C. Müll. — H.
† „ *Naumanni* C. Müll. — H, M.
Trichomanes parvulum Poir. — M.
„ *cuspidatum* Willd. var. *laciniata* Mett. — H. O.
„ *javanicum* Blume — H.
„ *obscurum* Blume — H.
„ *millefolium* Presl — H.
„ *bipunctatum* Poir. — H.
„ „ var. *bilabiata* (Nees et Blume) Kuhn — H.
„ *humile* Forst. — H.
Lindsaya Lapeyrousii (Hook.) Bak. — H.
Schizotoma retusum (Cav.) Kuhn — H.
Wibelia Denhami (Hook.) Kuhn — H.
Stenochlaena palustris (L.) Kuhn — H.
† *Lomaria dentata* Kuhn — H.
Vittaria elongata Sw. — H.
Asplenium obtusilobum Hook. — H.
„ *multilineatum* Hook. — H.
„ *cuneatum* Lam. — P.
† „ „ var. *oceanica* Kuhn — H.
Diplazium arborescens Sw. — H.
„ *proliferum* Desv. — M.
Aspidium plumiferum (Desv.) Kuhn — H. O.
† „ *alienum* Mett. var. *melanesica* Kuhn — H.
† *Polypodium leptochiloides* Kuhn — H.
† *Alsophila Gazellae* Kuhn — H.
Gleichenia dichotoma Hook. — H.
† *Marattia melanesica* Kuhn — H.
Lycopodium Hippuris Desv. — M.
† *Selaginella melanesica* Kuhn — H.
„ *Durvillei* A. Braun — P.
† „ „ var. *aspericaulis* Kuhn — P.
† „ *biravensis* Kuhn — M.
„ *Belangeri* (Bory) Spring — M, H.
Spathoglottis plicata Bl. — H.
Pipturus incanus (Bl.) Wedd. — H.
† *Ficus Naumanni* Engl. — M.
† „ *Gazellae* Engl. — M.
Caesalpinia Nuga Ait. — M.
Desmodium latifolium DC. — P.
„ *polycarpum* (Lam.) DC. — P.
Acalypha grandis Bth. — M.
† *Salacia Naumanni* Engl. — M, B.
Eugenia malaccensis L. — M.
† *Melastoma malabathricum* L. var. *latifolium* Engl. — H.
† *Astronia Novae-Hannoverae* Engl. — H.
† *Aralia Naumanni* E. Marchal — P.
† *Leuconotis tenuifolia* Engl. — P.
Oldenlandia Heynei (R. Br.) Hook. — P.
† *Mussaenda frondosa* L. var. *macrocarpa* Engl. — H.
† „ „ var. *pilosissima* Engl. — P.
† „ *salomoniensis* Engl. — B.
Blumea Milnei Seem. — H.

Die vierte Region ist die der Bergsavane; auf sie bezieht sich folgende Schilderung Dr Naumann's: „Nun hörte der Wald ganz auf, nur ganz vereinzelt standen hochstämmige Bäume auf dem ausgedehnten, hauptsächlich mit Gras, Farngebüsch und stacheligem *Rubus* dicht bewachsenen Höhenrücken. Ausgetretene Pfade der Eingeborenen machten das Vorwärtskommen durch das Gestrüpp möglich, das Gras war oft über 1 m hoch, zuweilen mit rankenden Spitzen. Nach dem höheren Innern der Insel zu schien sich diese Zone noch weithin auszudehnen.“ Aus dieser Region liegen nur vor:

Usnea plicata Hoffm. — P.
„ *straminea* Müll. Arg. — H.
„ „ *forma rubricata.* — H.
Nephrolepis biserrata Schott — H.
† *Alsophila Naumanni* Kuhn — P.
Lycopodium cernuum L. — P.
Pennisetum macrostachyum Trin. — H, P.
Coix Lacryma L. — P.
Centotheca lappacea Desv. — H.
Amarantus melancholicus L. β. *tricolor* Lam. — P.
Rubus moluccanus L. — H.

**

Die Fidji-Inseln lieferten dem Sammler reichliche Ausbeute; doch ist die Flora dieser Inseln schon ziemlich bekannt und daher die Zahl der neuen Arten nicht gerade erheblich. Es sind zu erwähnen von neuen Algen: *Microchaete vitiensis* Askenasy, *Halimeda macrophysa* Askenasy, *H. Opuntia* var. *macropus* Askenasy und *Ectocarpus simpliciusculus* Ag. var. *vitiensis* Askenasy. *Halimeda incrassata* (El. et Sol.) Lamour., sowie *H. Opuntia* (El. et Sol.) Lamour. waren aus diesem Gebiet noch nicht bekannt. Von Flechtenpilzen waren neu: *Arthonia pellicula* Müll. Arg., *Graphina insulana* Müll. Arg., *Opegrapha symbiotica* Müll. Arg. Lebermoose wurden nur wenig gesammelt, nämlich: *Plagiochila blepharophora* N. ab Es. (bisher von Java bekannt), der weit verbreitete *Chiloscyphus Endlicherianus* N. ab Es. und *Aneura pinnatifida* N. ab Es., endlich die neue *Ricciella linearis*. Auch unter den wenigen Laubmoosen war eine neue Art, *Cryphaea Schleinitziana* K. Müll. Von den zahlreichen auf den Fidji-Inseln gesammelten Farnen war *Aspidium amboinense* Willd. noch nicht hier gefunden, *Davallia solida* var. *vitiensis* Kuhn sowie auch *Lycopodium pseudophlegmaria* Kuhn von Levu waren überhaupt nicht bekannt. Endlich ist hier auch auf *Acalypha stipularis* (Müll. Arg.) Engl. hinzuweisen. — Um die Tonga-Inseln wurde *Castagnea virescens* (Carm.) Thuret, bisher nur von den Küsten Europas und des atlantischen Nord-Amerika bekannt, aufgefunden.

Bei dem Besuch der Moreton-Bai im tropischen Ost-Australien wurden mehrere Algen gefunden, die bis dahin aus jenem Gebiet nicht bekannt waren: *Trichodesmium Ehrenbergii* (Ehrenb.) Mont., *Microcoleus anguiformis* (Lyngb.) Harv., *Ectocarpus indicus* Sonder, *Sargassum carpophyllum* var. *leptophylla* Grunow, *S. flavicans* (Mert.) Ag. var. *moretonensis* Grunow. Am Lande wurde nur wenig gesammelt; zwei Moose, *Sphagnum Naumanni* und *Macromitrium repandum* wurden von Dr. K. Müller für neu erklärt.

Von den Gebieten des

altoceanischen Florenreiches

wurde nur flüchtig berührt Neu-Seeland; von drei bei Auckland gesammelten Laubmoosen erkannte Dr. K. Müller zwei, *Bryum varians* und *Angstroemia cyrtodonta* als neu.

Im nordwestlichen Australien berührte die „Gazelle“ das Festland am Dampier-Archipel. Es sei gestattet, die daselbst gesammelten und zum Theil von Baron F. v. Müller bestimmten Pflanzen hier kurz anzuführen, da sich im speciellen Verzeichniss nur die Gramineen und Cyperaceen finden, von denen die Monographen folgende neue Arten beschrieben: *Panicum tabulatum* Hack., *Chloris pallida* Hack., *Fimbristylis rufa* Bcklr. Am Ufer befanden sich Mangrovegebüsche, gebildet von *Bruguiera gymnorrhiza* Lam.; an den Brackwassersümpfen wuchsen *Trianthema turgidifolium* F. v. Müll. und *Tr. crystallinum* Vahl, sowie *Statice salicorniacea* F. v. Müll. Weiter vom Ufer entfernt herrscht in einem Creekthal die charakteristische Graslandschaft Australiens, durchsetzt von zahlreichen Pflanzen mit bunten Blüthen, einzelnen Gesträuchen und Bäumen, hier und da mit kleinen Sümpfen, in denen *Nitella subtilissima* A. Br., *Chara Gymnopitys* A. Br. forma *brevibracteata*, *Ch. gymnopus* A. Br. *β. ceylonica* A. Br. und *Najas tenuifolia* R. Br. vegetiren. Unter den Gräsern nehmen an trockenen Stellen *Andropogon exaltatus* R. Br., *Spinifex longifolius* R. Br. durch ihr massenhaftes Auftreten die erste Stelle ein; von anderen Pflanzen ermittelten wir *Ficus platypoda* A. Cunn. var. *lachnocaulon* Bth. (zwischen Steingeröll), *Ptilotus alopecuroides* F. v. Müll., *Gomphrena Maitlandi* F. v. Müll., *G. canescens* R. Br., *Rhagodia Billardieri* R. Br., *Polycarpaea longiflora* F. v. Müll., *Cleome viscosa* L., *Neptunia monosperma* F. v. Müll., *Acacia pyrifolia* DC., *Crotalaria Novae-Hollandiae* DC. und *Cr. medicaginea* Lam., *Clianthus Dampieri* A. Cunn., *Erythrina Vespertilio* Bth., *Canavalia obtusifolia* DC., *Rhynchosia australis* Bth., *Adriana tomentosa* Gaudich., *Euphorbia australis* Boiss., *Melhania incana* Heyne, *Brachychiton Gregorii* F. v. Müll., *Ammannia baccifera* L., *Terminalia circumalata* F. v. Müll., *Ipomoea costata* F. v. Müll., *I. Turpethum* R. Br., *Eucalyptus microtheca* F. v. Müll., *Stemodia lythrifolia* F. v. Müll., *Striga gesnerioides* (Willd.) Vatke, *Dicliptera glabra* Dcne., *Clerodendron tomentosum* R. Br., *Melothria maderaspatana* Cogn., *Trichosanthes cucumerina* L., *Stylidium alsinoides* R. Br., *Goodenia lamprosperma* F. v. Müll., *Scaevola Cunninghami* DC., *Sc. spinescens* R. Br. — Im Gegensatz zu dieser Flora der australischen Graslandschaft steht die des Scrubs, welche bei einem Aufenthalt an der Nordspitze der Dirk Hartog-Insel einige Ausbeute gewährte, die aber auch nichts Neues enthält: *Acanthocarpus Preissii* Lehm., *Grevillea Pinaster* Meissn. (im Sande kriechend), *Hakea Cunninghami* R. Br., *Grevillea leucadendron* A. Cunn. var. *longiloba* F. v. Müll., *Acacia salicina* L., *Cryptandra complicata* F. v. Müll., *Beyeria cyanescens* Bth., *Tryptonema Johnsoni* F. v. Müll., *Melaleuca gibbosa* Labill., *Halgania littoralis* Gaudich., *Angianthus Cunninghami* Bth. und *Dampiera incana* R. Br. (beide vereinzelt an sandigen Stellen).

Sehr ergiebig war die Algenflora an den Küsten dieser Insel; von neuen Arten wurden gefunden: das interessante *Episporium Centroceratis* Moebius, *Anadyomene reticulata* Askenasy, *Caulerpa delicatula* Grunow; andere Arten waren noch nicht von den Küsten Australiens bekannt, so: *Sargassum Biserrula* J. Ag. (bisher nur an den Küsten Vorderindiens), *Dictyota ciliata* J. Ag. (zunächst bei den Fidji-Inseln), *Ceramium nodosum* Harvey (auch bei Neu-Guinea; bisher aus dem Atlantischen Ocean und dem Mittelmeer bekannt), *Ceram. pygmaeum* Kütz. (bisher vom Mittelmeer bekannt), *Gelidium intricatum* (Ag.) Kütz. (von den Marquesas- und Sandwich-Inseln bekannt), *Taenionema perpusillum* J. Ag. (aus dem Mittelmeer und Stillen Ocean bekannt).

Recht umfangreiche Sammlungen wurden in dem antarktischen Süd-Amerika gemacht, an der Tuesday-Bai und bei Punta Arenas. Nur eine neue Alge, *Hildenbrandtia Lecannellieri* Hariot, die aber wegen ihrer Verbreitung durch die ganze Magellan-Strasse und an den Küsten Feuerlands besonderes Interesse beansprucht, wurde hier konstatirt; sodann wurde *Lyngbya semiplena* (Ag.) J. Ag. (bisher aus Europa bekannt) aufgefunden. Von Flechten erwiesen sich als neu: *Sphaerophoron globiferum* var. *polycladum* Müll. Arg. und *Stictina coriifolia* Müll. Arg. Der ungemein grosse Reichthum an Lebermoosen, durch welchen die feuchten Buchenwälder dieses Gebietes ausgezeichnet sind, kommt in den Sammlungen der Expedition zum Ausdruck; da aber in den letzten Jahren die Lebermoose der Magellan-Strasse schon von anderer Seite bearbeitet wurden, so treten verhältnissmässig wenig Arten in diesem Werk zum ersten Mal auf; es sind dies von der Tuesday-Bai: *Gottschea pusilla*, *Plagiochila fagicola*, *Jungermannia decolor*, *Lophocolea stenophylla*, *Radula intempestiva*, *R. magellanica*, *Harpa-Lejeunia Massalongana*, *Coluro-Lejeunia Naumanni* und *minor*, *Pseudoneura crispa*, *Aneura calva* und *umbrosa*, *Metzgeria magellanica;* von Punta Arenas nur *Lophocolea arenaria.* Unter zwölf gesammelten Laubmoosen waren nur vier neue, von der Tuesday-Bai *Macromitrium tenax* und *Hypnum Naumanni*, von Punta Arenas *Bryum synoico-crudum* und *B. alticaule* K. Müll. Unter den Farnen, von denen namentlich zahlreiche Hymenophyllaceen in den Buchenwäldern Baumstämme und Erdboden schmücken, ist keine neue Art zu verzeichnen. Von Siphonogamen ist nur eine Graminee, *Agrostis paucinodis* Hackel neu, alle anderen waren bekannt; doch wird es interessiren, etwas über die Zusammensetzung der Formationen zu erfahren. An der Tuesday-Bai wuchs auf sandigen Triften am Meer *Apium graveolens* L. nebst *Festuca purpurascens* Banks et Soland., *Scirpus setaceus* L. *β. pygmaeus* Bcklr. und *Marsippospermum grandiflorum* (L. fil.) Hook. fil. An felsigen feuchten Bergabhängen wurden gesammelt: *Astelia pumila* R. Br., *Sisyrinchium pumilum* Hook. f., *Caltha dionaeifolia* Hook. f., *Donatia magellanica* Lam., *Oxalis magellanica* Forst., *Pernettya serpyllifolia* (Lam.) Bth., *Valeriana magellanica* Hombr. et Jacquin., *Lagenophora Commersoni* Cass., *Senecio Smithii* DC., *Clarionea magellanica* DC. Dagegen fanden sich in dem aus 8 m hohen Exemplaren von *Fagus betuloides* Mirb. gebildeten Buchenwald vereinzelte *Fagus antarctica* Forst., häufig die Buchen an Höhe erreichend: *Drimys Winteri* Forst., bis 2 m hoch *Pernettya mucronata* (L.) Gaudich., *Veronica elliptica* Forst. und die herrlich blühende *Desfontainea spinosa* R. P., niedriger *Philesia buxifolia* Lam. und *Callixene marginata* Commers., auf den Buchen schmarotzend *Myzodendron punctulatum* Banks et Soland., am Waldrand *Escallonia serrata* Sm., auf dem Waldboden *Myrtus Nummularia* Poir. und *Viola magellanica* Forst. Vorherrschend sind im Walde ausser den aufgeführten meist immergrünen Sträuchern die Farne, namentlich Hymenophyllaceen, und die Laubmoose.

Bei Punta Arenas, wo nur fünf Tage nach dem Besuch der Tuesday-Bai gesammelt wurde, war die Flora der Siphonogamen viel reicher. Am Strande wuchsen: *Rumex crispus* L., *R. Acetosella* L., *Plantago maritima* L., *Poa annua* L.; hieran schlossen sich grasreiche Triften, mit *Festuca ovina* L. var. *hispidula* Hack., *F. rubra* L. var. *juncea* Hack., *Bromus catharticus* Vahl, *Colobanthus crassifolius* Hook. f., *Cerastium triviale* Lk., *Capsella bursa pastoris* L., *Geum magellanicum* Commers., *Acaena multifida* Hook. f., *A. ovalifolia* R. P., *Gunnera magellanica* Lam., *Azorella trifurcata* Gaertn., *Gentiana patagonica* Griseb., *Calceolaria plantaginea* Sm., *Erigeron Sulivani* Hook. f. und *E. Myosotis* Remy, *Madia sativa* L., *Senecio Eightii* Hook. et Arn., *Gnaphalium spicatum* Lam., *Culcitium magellanicum* Hombr. et Jacquin., *Senecio acanthifolius* Hombr. et Jacquin.; dazwischen befanden sich grössere Gebüsche von *Berberis empetrifolia* Lam. und *Chilotrichum amelloides* Cass., in deren Schatten *Pernettya pumila* (L.) Hook., *Galium fuegianum* Hook. f. und *G. Apparine* L.; an feuchteren Stellen wuchsen: *Deschampsia Kingii* Desv., *Atropis magellanica* Desv., *Hordeum comosum* Presl, *Juncus scheuchzerioides* Gaud., *Ranunculus biternatus* Smith, *chilensis* Schlecht. und *hydrophilus* Gaudich., *Euphrasia antarctica* Bth., *Achyrophorus arenarius* Gaudich. Der Buchenwald bestand hier aus *Fagus antarctica* Forst., deren Stämme bis 25 m Höhe erreichten; unter ihrem Schatten entwickelten sich Gebüsche von *Berberis buxifolia* Lam. und *B. ilicifolia* L., ausserdem fanden sich: *Agrostis paucinodis* Hack., *Deschampsia flexuosa* Trin. und *discolor* R. Sch., *Festuca fuegiana* Hook., *Cardamine hirsuta* L., *Viola maculata* Cav., *Osmorhiza chilensis* Hook. et Arn., *Vicia angustifolia* Roth, auf Sandhügeln *Perezia recurvata* (Vahl) Less., an Waldbächen *Ribes magellanicum* Poir., *Valeriana lapathifolia* Vahl und *Senecio candidans* DC.

Die umfangreichste Ausbeute hat die Expedition von Kerguelen zu verzeichnen, dank dem längeren Aufenthalt auf dieser Insel und der allen Abtheilungen des Pflanzenreichs zugewendeten Aufmerksamkeit Dr. Naumann's. Die Meeresalgen-Flora von Kerguelen ist schon wiederholt untersucht worden, so von Sir Joseph Hooker (Antartic Expedition von James Ross 1840), von Moseley („Challenger“-Expedition 1874), von Kidder (Amerikanische Venusdurchgang-Expedition 1874/75) und von Eaton (Englische Venusdurchgang-Expedition 1874/75). Dickie, der die von Eaton mitgebrachten Algen bestimmte, hat in den Philos. Transactions Extraord. Volume 1878 ein vollständiges Verzeichniss aller bisher bei den Kerguelen gesammelten Meeresalgen mit Ausschluss der Bacillariaceen veröffentlicht und zählt 71 Arten auf, darunter drei Süsswasseralgen. Dr. Naumann sammelte nach Professor Askenasy's Untersuchungen 53 Arten, von welchen nur 33 schon früher gefunden waren; 20 andere sind für diese Flora neu, nämlich nach Askenasy's Angabe: *Spirulina tenuissima* Kützg., *Cladophora Aegiceras* Kützg., *Codium difforme* Kützg., *Ectocarpus Constanciae* Hariot n. sp., *Sphacelaria funicularis* Mont., *Chordaria capensis* Kützg., *Hildenbrandtia Prototypus* Nardo, *Griffithia antarctica* Hook. f. et Harv., *Ahnfeltia concinna* (? quoad spec.), *Epymenia obtusa* Kützg., *Plocamium secundatum* Kützg., *Nitophyllum Smithii* Hook. f. et Harv., *N. crispatum* Hook. f. et Harv., *N. Grayanum* J. Ag. (?), *Delesseria dichotoma* Hook. f. et Harv., *D. pleurospora* Harv., *D. phyllophora* J. Ag., *Rhodomela patula*

Hook. f. et Harv., *Lithothamnion polymorphum* Aresch. Wenn nun auch nach Professor Askenasy's Ansicht von diesen 20 einige unter anderen Namen in Dickie's Liste stehen mögen und einzelne zweifelhaft sind, so bleiben noch 14 für Kerguelen neue Arten übrig, so dass sich die Gesammtzahl der von hier bekannten Meeresalgen auf 82 erhöht. Von den 14 neu hinzugekommenen gehören nach Askenasy die meisten der antarktischen Algenflora an und kommen auch in Feuerland, sowie bei den Falkland-Inseln vor, *Hildenbrandtia Prototypus* und *Lithothamnion polymorphum* sind allgemein verbreitet, *Chordaria capensis* kommt auch am Kap der guten Hoffnung vor. Als neuer Pilz ist *Phoma festucina* Thüm. zu erwähnen, wachsend auf *Festuca erecta* d'Urv.; ausserdem fanden sich *Humaria arenosa* Fuck. und *Cladosporium graminum* Lk. — Sehr zahlreich sind die Flechten, darunter mehrere völlig neue Arten und Varietäten: *Cladonia squamosa* Hoffm. var. *gracilenta*, *Argopsis Friesiana*, *Usnea Naumanni*, *Amphiloma depauperatum*, *Placodium antarcticum* und *Pl. kerguelense*, *Patellularia basaltica* Müll. Arg. — Von den 13 gesammelten Lebermoosen sind sechs Arten noch nicht beschrieben: *Sarcoscyphus kerguelensis*, *Jungermannia coniflora*, *Chiloscyphus retroversus*, *Sendtnera filiformis* und *Fossombronia Naumanni* mit der var. *rielloides*. Ungemein reichlich sind auf Kerguelen die Laubmoose vertreten, von denen nach Dr. K. Müller's Bestimmungen 91 Arten vorhanden sind; nach seiner Ansicht sind davon 80 neu; ich verweise auf seine (Abtheilung Laubmoose, S. 3—8) Mittheilungen über dieselben. Die von den Kerguelen mitgebrachten höheren Pflanzen sind fast alle von dort bekannt; ausser den im Specialverzeichniss aufgeführten Farnen und Gramineen sind aus der Sammlung noch zu erwähnen: *Juncus scheuchzerioides* Gaud., *Montia fontana* L., *Colobanthus kerguelensis* Hook. f., *Lyallia kerguelensis* Hook. f., *Ranunculus crassipes* Hook. f., *R. trullifolius* Hook. f., *R. Moseleyi* Hook. f., *Pringlea antiscorbutica* R. Br., *Acaena affinis* Hook. f., *Tillaea moschata* DC., *Callitriche verna* L., *Azorella Selago* Hook. f., *Galium antarcticum* Hook. f., *Leptinella plumosa* Hook. f. Zwei Pflanzen, *Rumex Acetosella* L. und *Cerastium triviale* Lk., welches letztere in schönen grossen Exemplaren gefunden wurde, kannte man bisher nicht von Kerguelen; es ist nicht anzunehmen, dass sie übersehen worden seien, und wahrscheinlich, dass sie erst in neuerer Zeit durch Walfischfahrer eingeschleppt wurden. — An den Küsten der Insel St. Paul im Indischen Ocean sammelte Dr. Naumann 20 Arten Meeresalgen, während die Novara-Expedition deren 54 mitgebracht hatte; es sind aber fünf bei St. Paul vorher nicht beobachtet worden: *Gymnogongrus polycladus* Kützg., *Rhodophyllis acanthocarpa* J. Ag., *Neuroglossum Binderianum* Kützg., *Delesseria ruscifolia* Lamour., *Polysiphonia atricapilla* J. Ag. Nach Professor Askenasy zeigt die Algenflora von St. Paul Beziehungen zu der des Kaps der guten Hoffnung und Neu-Seelands. Ein neuer Pilz von St. Paul ist *Phomatospora scirpina* Thüm. Sonst ist nur noch auf *Scirpus atropurpureo-vaginatus* Bcklr. als Neuheit für diese Insel hinzuweisen. — Endlich noch Einiges über die Sammlungsergebnisse auf Ascension. Die dort gesammelten Meeresalgen sind meist im Atlantischen Ocean verbreitet. Dagegen haben Professor J. Müller's Untersuchungen der dort gesammelten Flechten zu guten Ergebnissen geführt; er erkannte als neu: *Ramalina dendriscoides* Nyl. var. *subnuda*, *Dimelaena Ascensionis*, *Patellaria atlantica*, *Opegrapha aterula*. Während bisher von Ascension nur ein Laubmoos bekannt war, sammelte Dr. Naumann deren 10, welche von Dr. K. Müller sämmtlich für neue Arten erklärt wurden, die jedoch mit denen des tropischen Afrika und Süd-Amerika nahe verwandt sind (vergl. Dr. Müller's Ausführungen in der Abtheilung Laubmoose, S. 39, 40). Es ist bekannt, dass die Insel Ascension ausser einigen endemischen Farnen von höheren Pflanzen nichts Eigenthümliches besitzt, ein grosser Theil der daselbst wachsenden Arten ist offenbar in neuerer Zeit eingeschleppt worden. In und um Georgetown wurden gesammelt: *Casuarina equisetifolia* Forst., *Euxolus caudatus* Moq., *Chenopodium ambrosioides* L., *Portulaca oleracea* L., *Coronopus didymus* (L.)

DC., *Lepidium ruderale* L., *Ricinus communis* L., *Euphorbia origanoides* L., *Waltheria indica* L., *Lycopersicum esculentum* Mill.; am Green Mount in der unteren Region auf Lava: *Sonchus oleraceus* L., *Ageratum conyzoides* L., *Datura sanguinea* R. P., *Solanum sodomaeum* L., *Buddleia madagascariensis* Lamk., *Vinca rosea* L. (in Mengen an trockenen Wasserläufen), *Argemone mexicana* L., um 300 m: *Bryophyllum calycinum* L., um 600 m: *Tecoma stans* Juss. var. *apiifolia*, *Clerodendron fragrans* Vent., die Farne *Histiopteris incisa* (Thbg.), *Pteris arguta* Ait. var. *flabellata* Mett., *Gymnogramme Ascensionis* Hook., *Nephrolepis punctulata* Presl, *Marattia purpurascens* de Vrise, um 800 m: *Ulex europaea* L. und *Oxalis corniculata* L.

Schliesslich sei noch erwähnt, dass auch von den Inseln des grünen Vorgebirges zwei neue Algen: *Chantransia Naumanni* Askenasy und *Rhabdonia decumbens* Grunow mitgebracht wurden.

Algen

mit Unterstützung der Herren E. Bornet, A. Grunow, P. Hariot, M. Moebius, O. Nordstedt

bearbeitet

von

E. Askenasy.

Mit 12 Tafeln.

Ich habe die Untersuchung der von der Expedition S. M. S. „Gazelle" gesammelten Algen zum Theil gemeinsam mit Herrn M. Moebius ausgeführt, der auch den grösseren Theil der Abbildungen in den Tafeln gezeichnet hat; der weiterhin folgende Text rührt jedoch von mir allein her. Bei meiner Untersuchung bin ich von Herrn Ed. Bornet in Paris wesentlich unterstützt worden, indem ich ihm die Bestimmung vieler Arten verdanke, derselbe auch meine eigenen Bestimmungen revidirt hat. Herrn P. Hariot in Paris habe ich für die Mittheilung der Diagnosen zweier Arten zu danken, die er in den antarktischen Gegenden zuerst entdeckt hat und die auch von der Gazelle-Expedition mitgebracht wurden. Die Characeen und Conjugaten wurden von Herrn O. Nordstedt in Lund beschrieben. Herr A. Grunow in Berndorf hat die schwierigen Gattungen Sargassum, Cystophyllum und Carpophyllum bearbeitet, er hat mich auch in einigen anderen Fällen durch seinen Rath und Beihülfe zu Danke verpflichtet.

Cyanophyceae.

Nostocaceae.

***Spirulina** tenuissima* Kütz. Alg. aqu. dulc. Dec. XIV. No. 131; Sp. Alg. p. 236; Tab. Phyc. I. T. 36 IV. — Ins. Kerguelen inter ramos Codii difformis. (A.[1]) 23. 1. 75.) — Australia boreali-orientalis, in sinu Moreton-Bai. (A. 10. 75.).

Bisher bekannt von Europa und Nordamerika.

***Lyngbya** semiplena* (Ag.) J. Ag. Alg. med. p. 11. — Leibleinia Meneghiniana Kütz. Tab. Phyc. I. T. 84. — Fretum magellanicum. (A.).

Bisher bekannt von Europa.

L. majuscula (Dillw.) Harv. Phyc. Brit. Pl. 62. — Filamenta singula saepe occurrunt inter Algas diversas locis remotis collectas; e. gr. loca sequentia enumeramus: Archipelagus Vitiensis pr. ins. Matuku. — Ins. Neu-Guinea, pelagica. (A. 6. 75.).

Wohl allgemein verbreitet.

***Trichodesmium** Ehrenbergii* (Ehrenbg.) Mont. Sur la col. de la mer rouge, Ann. sc. nat. T. 2, 1844 p. 347. Tab. 10. — Kütz. Sp. 286; Tab. Phyc. I. T. 91. — Grunow Novara Alg. S. 30. — Australia orientalis, verisimiliter pelagica. (A. 20. 9. 75.).

Verbr. Rothes Meer, wohl auch anderwärts.

***Microcoleus** anguiformis* (Lyngb.) Harv. Phyc. Brit. Pl. 249. — Chthonoblastus anguiformis Kütz. Tab. Phyc. I. T. 57. — Microcoleus chthonoblastus Thur. in Farlow New. Engl. Alg. Pl. VI, f. 3. — Australia boreali-orientalis, in sinu Moreton-Bai. (A. 10. 75.).

Bisher bekannt von den Küsten von Europa und Nordamerika.

M. limbatus (Harv.) Born. in litt. — Calothrix limbata Harv. Phyc. Austral. V. p. 61. — Australia occidentalis cum Ectocarpo, Polysiphonia et aliis prop. ins. Dirk Hartog. (A.).

Verbr. Australien.

Büschel von 1—1,5 cm Länge aus zahlreichen etwas hin und her gekrümmten aber vorherrschend nach der Längsrichtung geordneten locker zusammenliegenden Fäden bestehend. Diese sind durch eine mehr oder weniger konsistente Gallerte verbunden, die aus den äusseren quellenden Schichten der Gallertscheiden der Fäden entsteht. Die einzelnen Fäden sind bis zu 1,5 mm lang, häufig aber innerhalb der Scheide in einzelne Stücke von verschiedener Länge getheilt, die sich durch das Auswölben benachbarter Zellen gegen einander gesondert haben. Durchmesser der Fäden (ohne Gallerte) sehr gleichmässig = 20 μ, Länge der Zellen = 2,2 μ. Die einzelnen Fäden sind denen von Lyngbya majuscula sehr ähnlich. In der Gallerte zahlreiche Diatomeen, Sphaerozyga u. dgl.

***Calothrix** confervicola* (Dillw.) Ag. Sp. Alg. p. 70. — Harv. Phyc. Brit. Pl. 254. — Thur. et Born. Notes Alg. Pl. 3. — Farlow New. Engl. Alg. Pl. 1 Fig. 6. — Australia occidentalis, pr. ins. Dirk Hartog, ad varias algas. (A.).

Allgemein verbreitet.

***Microchaete** vitiensis* nov. sp. — Caespitosa, strato laxo tomentoso, filis millimetrum vix attingentibus, 7—9 μ crassis, basi curvatis, incrassatis, erectis, flexuosis. Vagina tenui, arcta, hyalina, in filis vetustioribus ocreata. Trichomatibus 5—6 μ crassis. Articulis diametro paulo brevioribus. Heterocysta basilari. — Tab. II, Fig. 6. — Hab. ad Algas oceani pacifici occidentalis pr. ins. Vitiensem Matuku. (A.).

---

[1]) A. bedeutet Exemplare, die in Alkohol, T. solche, die getrocknet mitgebracht wurden; F. = Tiefe in Faden.

A Microchaete grisea Thur. differt cespitibus laxis, filis crassioribus flexuosis.

Ich verdanke diese Diagnose Herrn E. BORNET.

Anmerk. 1. Zwischen den Algen von West-Australien und der Moreton-Bai kommt namentlich in dem die Lyngbya majuscula umgebenden Schleim vielfach eine Sphaerozyga? vor, etwas gewundene kurze Zellfäden mit perlschnurartig gereihten an den Querwänden etwas abgeplatteten Zellen. Die Heterocysten unregelmässig, einzeln, zwischen den anderen Zellen zerstreut, sind nicht grösser als diese und nur durch ihre kuglige Gestalt und den abweichenden Inhalt zu unterscheiden; sie sind oft durch Vergallertung ihrer Wände von den anderen Zellen etwas entfernt. Es giebt eine grössere Form mit Fäden bis 10 μ Durchmesser und Zellen von 3—7 μ Länge, und eine kleinere von 5 μ Durchmesser der Fäden und 2—4 μ Länge der einzelnen Zellen.

Anmerk. 2. Sphacelaria furcigera aus West-Australien ist theilweise dicht überzogen mit einer Gloeocapsa (?). Die Zellen derselben, in einer structurlosen Gallerte liegend, haben einen Durchmesser von 3—5 μ und eine nahezu kuglige Form.

Chlorophyceae.

Conjugatae.[1]

Sämmtlich in süssem Wasser gefunden.

***Mougeotia** (Mesocarpus)* parvula (?) (Hass. Alg. 169 T. 45 Fig. 2, 3) Wittrock Mesocarpeae. — Liberia, pr. urbem Monroviam. (A. 5. 8. 74.).

Bisher von Europa bekannt. Diamet. cell. ster. 12 μ, Spor. 27 μ. (Membrana sporae laevis?)

***Spirogyra** princeps* (?) (Vauch) Clive Monog. Zygn. p. 16 T. 1 Fig. 4—7. — Liberia, pr. urbem Monroviam. (A. 5. 8. 74.).

Oder eine nahestehende Art. Bisher bekannt von Europa. Cellulae veget. diamet. 68 μ. Sporae lat. 58—64 μ, long. (72—) 94—100 μ, 4. spirae.

***Zygnema** pectinatum* (Vauch). Ag. Syst. p. 78. — Australia boreali-occidentalis. (A. 29. 4. 75.).

Mit Sporen. Bisher von Europa bekannt.

***Hyalotheca** mucosa* (Dillw.) Ehrenb. Berl. Monatsber. 1840. — Liberia, pr. urbem Monroviam. (A. 5. 8. 74.).

Verbr. Europa, Nordamerika, Java, Ostindien.

***Desmidium** aptogonum* Bréb. β *acutius* Nordst. De alg. aqu. dulc. et Charac. Sandvic. in Comment. in memor. sollen. secul. societ. physiogr. Lund, 1878 p. 11, T. 1 Fig. 21—22. — Liberia, pr. urbem Monroviam. (A. 5. 8. 74.). — Forma trigona, sporis ellipsoideis. Long. cell. veget. 18—20 μ, lat. 32—34 μ, isthm. 23—27 μ; lat. apic. 26(—30) μ. Long. spor. 37—40 μ, lat. 25—26 μ.

Verbr. der var. β: Java, Sandwich-Inseln, Ostindien. Verbr. der var. α: Europa, Nordamerika, Brasilien, Ostindien, Neuseeland.

***D.** cylindricum* Grev. Scot. Crypt. Fl. Tab. et pag. 293. — Liberia, pr. urbem Monroviam. (A. 5. 8. 74.).

Long. 24 μ, lat. 40 μ; crass. 30 μ; lat. apic. 18 μ.
Verbr. Europa, Nordamerika, Brasilien, Uruguay.

***D.** graciliceps* (Nordst.) Lagerheim Bidragt. Amerik. Desmidiifl. in Öfvers. Vet. Akad. Förhandl. 1885 p. 228. — D. quadratum β graciliceps Nordst. in Wittr. et Nordst. Alg. exsicc. No. 367. — Liberia, pr. urbem Monroviam (A. 5. 8. 74.).

Long. 16—21 μ, lat. 22—23 μ; crass. 18—19 μ; lat. isthm. 19 μ; lat. apic. 10—12 μ.
Bisher nur aus Brasilien bekannt.

[1]) Auct. O. Nordstedt.

Gymnozyga moniliformis Ehrenb. Berl. Monatsber 1840. — β graciliceps Nordst. in Wittrock et Nordst. Alg. aqu. dulc. exsicc. No. 367. — Bambusina Borreri (Ralfs) Cleve. — Liberia, pr. urbem Monroviam. (A. 5. 8. 74).

Long. 24—28 μ, lat. 16 μ; lat. apic. 11 μ.

Verbr. der var. β: Java, Brasilien, Nordamerika. Verbr. der var. α: Europa, Nordamerika, Sandwich-Inseln.

G. longicollis nov. sp. Nordstedt — G. cellulis cylindraceo-osculiformibus, medio strictura fere occulta, laevissime bidentatis, diametro circa triplo longioribus, semicellulis e basi lata ad medium sensim attenuatis, ibique strictura levissima instructis, inde cylindraceis, striis longitudinalibus in utraque semicellula circa 22 (a fronte vis. circa 10). Latitud. cell. 24 μ, longit 64—82 μ; lat. apicis 18 μ. — Liberia, pr. urbem Monroviam. (A. 5. 8. 74.).

Explicatio iconum Tab. I Fig. 10 cellula, Fig. 11 cellulae inanes 2, semicellulis 2 non adultis (1/570).

Micrasterias Jenneri Ralfs Brit. Desmid. p. 76 Tab. XI f. 1c. — Liberia, pr. urbem Monroviam. (A. 5. 8. 74.).

Long. 200 μ, lat. 106 μ.

Bisher aus Europa bekannt.

M. Torreyi Bail. in Ralfs Brit. Desmid. p. 210 Tab. 35 Fig. 5. — Forma laciniis omnibus loborum bidentatis, dentibus cuspidatis; laciniis in semicellula e vertice visa aliis paullo dextrorsum, aliis sinistrorsum (monstrose) versis. Long. 252 μ, lat. 195 μ. — Liberia, ad urbem Monroviam. (A. 5. 8. 74.).

Bisher aus Nordamerika bekannt.

Explicatio iconum: Tab. I Fig. 12 semicellula a fronte visa (1/160), Fig. 13 a vertice (1/100).

Confervaceae.

Chaetomorpha implexa Kütz. Sp. Alg. p. 376; Tab. Phyc. III. T. 51. — Ascension, in litore cum Enteromorpha et Rhizoclonio. (A.).

Verbr. im Mittelmeer und im Atlantischen Ocean.

Rhizoclonium ambiguum (Hook. f. et Harv.) Kütz. Spec. Alg. p. 387. — Conferva ambigua Hook. f. et Harv. London Journ. of Bot. IV. p 295; Fl. Antarct. II. p. 499. T. 191, f. 1. — Ins. Kerguelen, Betsy Cove. (T. 12. 74.).

Verbr. nur in Kerguelen?

Cladophora (Spongomorpha) arcta (Dillw.) Kütz. Phyc. gener. p. 263. — Conferva arcta Dillw. Brit. Conf. Suppl. p. 67. — Ins. Kerguelen, Betsy Cove in litore. (T. 11. 74.).

Verbr. nördl. Europa und Amerika; Fuegia, Falkland-Inseln.

Cl. flexuosa (?) (Griff.) Harv. Phyc. Brit. Pl. 353. — Conferva flexuosa Griff. in Wyatt Alg. Damn. No. 227. — Dickie Journ. Linn. Soc. XV. p. 203. — Ins. Kerguelen, Betsy Cove. (T. 11. 74.).

Verbr. Europa, Falkland-Inseln.

Das von Herrn Bornet untersuchte Exemplar ist sehr mangelhaft und daher die Bestimmung von ihm selbst als zweifelhaft bezeichnet.

Cl. (Spongomorpha) Aegiceras (Mont.) Kütz. Sp. Alg. p. 418; Tab. Phyc. IV. T. 76. — Conferva Aegiceras Mont. Prodr. Phyc. antarct. p. 15; D'Urville Voy. au pôle Sud Bot. I. Pl. 7, Fig. 2. — Ins. Kerguelen, Betsy Cove (5 F.). (A. 11. 74.).

Bisher bekannt aus den antarktischen Meeren und der Torres-Strasse.

Die Pflanze stimmt gut zu der Kuetzing'schen Abbildung. Sie hat zweierlei Aeste, Langtriebe mit Zellen von 120 bis 600 μ Länge, bei 60 bis 90 μ Durchmesser, und bogenförmig zurückgekrümmte Kurztriebe, deren Zellen nach der Spitze zu kürzer und dünner werden. Die Convexität des Bogens liegt immer nach dem Scheitel des Fadens zu. Die Länge der Zellen der normalen Aeste nimmt nach oben beträchtlich zu, woraus zu schliessen ist, dass die Gliederzellen sich intercalar theilen. In den Zellen findet man ein wandständiges Protoplasmanetz mit regelmässig angeordneten Stärkekörnern von 4—8 μ Durchmesser. Aus dem unteren Theile älterer Gliederzellen sprossen dünne abwärts wachsende Rhizoiden.

Cl. *(Spongomorpha) Hookeriana* Kütz. Spec. Alg. p. 418; Tab. Phyc. IV. T. 77. — Fretum magellanicum, Tuesday Bai, in litore saxicola. (T. 2. 76.).

Verbr. Kommt auch an den Falkland-Inseln vor.

Nach der Bestimmung des Herrn BORNET. Besonders charakteristisch sind die in eine dünne Spitze ausgehenden Kurztriebe.

Cl. *hospita* Kütz. Phyc. gen. p. 271; Tab. Phyc. III. T. 76; Grunow Novara p. 38. — Ins. St. Paul (22 F.). (T. A. 12. 2. 75.).

Ausserdem vom Kap der guten Hoffnung bekannt.

Wie auch GRUNOW bemerkt, zeichnen sich die auf St. Paul wachsenden Individuen durch ihre Stattlichkeit aus. Das eine von der „Gazelle" mitgebrachte Exemplar war über 25 cm lang und reichlich verzweigt. Die Zellen selbst sind bis 25 mm lang bei einem Durchmesser bis 0,6 mm. Die an älteren Zellen sehr dicke Zellhaut zeigt zwei deutliche zu einander rechtwinklige Streifensysteme. Das Plasma enthält zahlreiche kleine Stärkekörner und würfelförmige durch Jod braun werdende Crystalloide.

Cl. *(Aegagropila) repens* (J. Ag.) Harvey Phyc. Brit. Pl. 236; Kütz. Tab. Phyc. IV. T. 70. — Conferva repens J. Ag. Alg. med. p. 13. — Ins. Ascension, in litore. (A.).

Bisher vom Mittelmeer bekannt.

Grosse verfilzte Bäusche von mehreren Centimetern Durchmesser und 2—3 cm Dicke. Die Pflanze unterscheidet sich von der Abbildung bei KUETZING durch die keulige Gestalt der einzelnen Zellen, deren Durchmesser im oberen Theil stärker ist als im unteren. Länge derselben = 0,5—1,2 mm; Durchmesser unten 120, oben 180 μ. Theilung durch Querwände findet nur in der Scheitelzelle statt. Aus älteren Zellen sprossen Rhizoiden mit lappigen Haftorganen.

Mehrere mitgebrachte Cladophoren waren wegen der mangelhaften Beschaffenheit der Exemplare unbestimmbar.

Cl. *anastomosans* Harvey Phycol. australis Pl. 101. — Ins. Vitiensis Matuku. (A.).

Bisher bekannt von Australien und den Philippinen.

Diese Pflanze ist Microdictyon darin ähnlich, dass die Verzweigung monopodial ist und jedes Glied an seinem oberen Ende zwei opponirte oder auch nur einen Seitenzweig (aber nicht mehr) trägt. Dagegen unterscheidet sie sich von M. darin, dass das Netz ein sehr lockeres ist, indem nur vereinzelte unregelmässig gestellte Zweige an andere Aeste hinwachsen und mit diesen in feste Verbindung treten.

Während ferner bei Microdictyon die Länge der Zellen 0,2 mm nicht überschreitet, indem das Längenwachsthum derselben bald aufhört, werden die Zellen von Cl. anastomosans sehr lang, bis 1,5 mm. Auch die Scheitelzellen sind recht lang. Am wachsenden Stammende trifft man oft an mehreren aufeinanderfolgenden Gliedern kurze opponirte Seitentriebe, die noch nicht durch eine Wand vom Hauptfaden abgetrennt sind und erst allmählich zu grösserer Länge heranwachsen.

Microdictyon *Calodictyon* (Mont.) Decaisne Plantes Arab. heur. Arch. nouv. du Musée Vol. II. — Anadyomene Calodictyon Mont. Pl. cellul. Canar. p. 180. T. 8. — Insula Vitiensis Matuku. (A.).

Bisher bekannt von Tenerifa.

M. Agardhianum Decaisne = M. umbilicatum Zan. wird als im Mittelländischen und Rothen Meer, im Atlantischen und Pacifischen Ocean vorkommend angeführt.

Die von der „Gazelle"-Expedition mitgebrachte Pflanze ist sicher mit der von Tenerifa identisch, da ich sie mit von dortherstammenden Exemplaren vergleichen konnte. Nach SONDER Alg. trop. Austral. p. 69 ist Microd. Calodictyon und M. Agardhianum dieselbe Species, obwohl KUETZING Spec. Alg. p. 512 beide als verschieden aufführt.

Anadyomene *reticulata* Askenasy nov. spec. — Thallus 5—6 mm in diam., a filo articulato repetito-ramificato constitutus. Articuli in parte superiore 3 ad 7 ramos flabellatim dispositos gerentes; rami peripherici liberi, interiores in retem laxe areolatum connati. — Australia occidentalis, ad insulam Dirk Hartog. (A. 23. 4. 75.). — Taf. II, Fig. 7.

Die Pflanze, die mir nur in sehr geringer Menge zu Gebote stand, bildet flache Lappen von rundlicher Form und 5—6 mm Durchmesser. Sie besteht aus einem gegliederten wiederholt verzweigten Faden. Die Zweige stehen zu mehreren (bis zu 7) am oberen Ende der Gliederzellen in fächerförmiger Anordnung. Diese Verzweigung wiederholt sich vielfach, so lange die Pflanze überhaupt wächst. Einzelne Zweige wachsen in der einmal eingeschlagenen Richtung gerade weiter, andere, namentlich die schwächer bleibenden äusseren Zweige der Fächer divergiren stärker und wachsen zu andern benachbarten Zweigen hin; wenn ihre Spitze diese berührt, findet Verwachsung statt, und so wird ein weitmaschiges Netz hergestellt. Diese Zweige bleiben auch weiterhin ziemlich dünn und kurz, während die geraden Hauptzweige beträchtlich an Länge und Dicke zunehmen. Der Durchmesser ist jeweils am oberen Ende eines Gliedes grösser als unten. An der Peripherie des Thallus findet man die freien Scheitelzellen der Fäden und ihrer jungen Seitenäste. Die Theilung durch Querwände erfolgt vorwiegend in den Scheitelzellen, doch kommt in den älteren Zellen auch intercalare Theilung vor. Solche intercalar gebildete Gliederzellen erzeugen auch Aeste, gewöhnlich nur zwei einander opponirte, die weiterhin ebenfalls zur Netzbildung beitragen.

Die Verzweigung findet immer in einer Ebene statt. Manchmal, obwohl selten, kommt es vor, dass ein Seitenspross statt sich an einem andern anzulegen über denselben hinwächst. Aus den unteren Theilen älterer Gliederzellen sprossen hier und da Wurzelhaare, die an die Wand der unteren Zellen angeschmiegt hinabwachsen.

Länge der Scheitelzellen 0,03—0,1 mm. Durchmesser ca. 0,03 mm. Aeltere Zellen bis 1 mm lang, am oberen Ende bis 0,15 mm Durchmesser. Ueber den Zellinhalt ist nicht viel zu sagen. Er stimmt etwa mit dem von Microd. Calod. überein. In dem wandständigen Plasma findet man zahlreiche kleine Amylonkörner in regelmässigen Abständen angeordnet.

Ich habe diese neue Art zu Anadyomene gestellt. Nun wird zwar bisher in der Diagnose dieses Genus ein besonderes Gewicht darauf gelegt, dass der Thallus aus einer wirklichen zusammenhängenden Zellfläche besteht, während für Microdictyon ein aus netzförmigen anastomosirenden Zellfäden bestehender Thallus charakteristisch ist. Die Art der Anordnung der Zweige ist aber bei unserer Art dieselbe wie bei Anadyomene (man vergleiche namentlich die Abbildungen der jüngeren Exemplare von Anadyomene flabellata in Kütz. Tab. Phyc. VIII. T. 24), weshalb ich sie zu diesem Genus gestellt habe. Sollte ich darin Recht haben, so müsste die Charakteristik des Genus in entsprechender Weise geändert werden.

Siphonocladus *membranaceus* (Kütz.) Born. in litt. — Cladophora (Aegagropila) membranacea Kütz. Sp. p. 415; Tab. Phyc. IV. T. 67. — Ins. Timor, Koepang. (A. 15. 5. 75.).

Bisher bekannt aus Westindien.

Ein sehr mangelhaftes Exemplar, dessen Bestimmung ich Herrn BORNET verdanke.

Ulvaceae.

Ulva *Lactuca* (L.) Le Jolis, var. *latissima* Le Jolis Algues marines de Cherbourg, p. 38. — L. Spec. Plant. II p. 1163 partim. — Ins. Kerguelen, Betsy Cove. (T. 12. 74.). — Fretum magellanicum, Tuesday Bai (2—2½ F.). (T. 2. 2. 76.).

Wohl allgemein verbreitet.

U. Enteromorpha Le Jolis var. *β compressa* Le Jolis Alg. mar. Cherb. p. 44. — Enteromorpha compressa (L.) Grev. — Ins. Ascension. (A.) — Ins. Anachoretorum. (A. 8. 6. 75.). — Ins. Neu-Guinea, ad oram occidentalem. (A. 6. 75.).

Allgemein verbreitet.

U. clathrata Ag. Synopsis p. 46. — Le Jolis Alg. mar. Cherb. p. 49. — Ins. Ascension. (A.). — Australia boreali-occidentalis, in mari alto in Sargasso natante. (A. 5. 5. 75.). — Australia boreali-orientalis, Moreton-Bai. (A. 1. 10. 75.).

Allgemein verbreitet.

Characeae.[1]

Nitella *acuminata* A. Br. Charac. Ind. orient. in Hooker Journ. of Bot. I. 1849 p. 196. — *γ indica* A. Br. Fragm. ein. Monogr. d. Charac., herausgeg. v. O. Nordstedt in Abhandl. d. K. Akad. d. Wissensch. zu Berlin 1882 pag. 37.

Duae formae occurrunt. a. (No. 365 et 366). Forma ad *β* subglomeratam A. Br. paullo accedens. Caulis 0,7 mm crassus, folia 0,12—40 mm crassa, segmenta 0,17—25 mm. Folia sterilia ad 40 mm longa (segm. saepe 2 ad 18 mm long.). Segmenta fol. fertil. saepe 3; Antheridia 0,25—30 mm in diametr. Sporangia vulgo bina, immatura (nucleo 0,25 mm longo). b. (No. 364 et 367). Forma brachyteles. Pars basilaris fol. steril. circ. 7—10 mm longa; segmenta 1—2 mm longa et 0,65 mm crassa. Caulis circ. 0,7 mm crassus. Antheridia 0,25 mm crassa. Sporangia saepe singula, sed interdum bina, nucleo 0,27—30 mm longo, 0,25 mm crasso.

Insula moluccensis „Amboina“ (11. 6. 75.). No. 364, 365, 366, 367.

Verbr. der var. indica: Java und die Philippinen. Die übrigen Var. kommen in Nord- und Südamerika, Afrika und Ostindien vor.

---

[1] Auct. O. Nordstedt.

N. subtilissima A. Br. Charac. austral. et antarct. in Hooker Journ. of Bot. I. 1849, p. 196.

Longitudo nuclei sporangii 0,2 mm, latitudo 0,15 mm.

Australia boreali-occidentalis, „N.W. Australia Creeks“ (29. 4. 75.). No. 318, 323, 324.

Verbr. nur von Swanriver in Südwest-Australien bekannt.

N. polyglochin A. Br. sensu latiss. Fragmente ein. Monogr. d. Charac., herausgeg. v. O. Nordstedt in Abh. d. K. Akad. d. Wissensch. zu Berlin 1882, p. 13.

Tantum antheridia et sporangia parum evoluta haec forma praebet, quare determinatio subspeciei fit incerta.

Insula asiatica Timor ad Kupang (15. 5. 73.). No. 337 et 338.

Verbr. hauptsächlich in den Tropenländern und in Nordamerika.

N. spec. (?) ad N. conformem Nordst. et N. hyalinam (DC.) Kütz. accedens.

Exempla tantum manca.

Polynesia in insul. Vitiens. sub No. 573.

N. dualis Nordst. nov. spec. — Subspecies N. myriothricae A. Br. Folia sterilia triplicato-, rarius partim quadruplicato-divisa. Divisio prima et secunda in radios 5—7, tertia in 4—7, quarta in 3—4. Segmenta ultima foliorum tam fertilium quam sterilium bicellularia, cellula ultima, non tumida, elongata, acuminata, non mucroniformi, quam cellula penultima dimidio circiter breviore.

Statura et habitu N. myriothricam (et subspec. Huillensem A. Br.) aemulatur. Verticilli longe remoti, fertiles diminuti et in capitula plus minus congesti. Folia verticilli 6, articulo primo foliorum sterilium totum partem superiorem aequante vel superante. Segmenta ultima (vulgo divisionis tertiae) penultimis longiora, tamen segm. divis. 4ae breviora. (Quam rarissime segmenta divisionis ultimae unicellularia et penultimae tricellularia a me visa sunt.) Caulis circ. 0,7 mm crassus, internodia interdum 2 centim. longa. Folia sterilia 10—15 mm longa, 270 μ crassa; segmenta divisionis primae circ. 85—125 μ crassa, 2ae 55 μ, 3ae 35—40 μ, 4ae 30—35 μ crassa. Folia fertilia plantae femineae 100—175 μ crass., segmenta divisionis primae circ. 75 μ, 2ae 55—65 μ, ultimae 45—55 μ crassa. Folia fertilia plantae masculae 60—100 μ, segmenta divisionis primae circ. 50 μ, ultimae 35—50 μ crassa. Foliorum fertilium divisiones omnes fertiles, aut ultima nonnumquam sterilis. Capitula fertilia (et interdum, ut videtur, sterilia) in muco valde involuta. Sporangia solitaria minuta, 450—500 μ longa, 300—315 μ lata, rimis foecundationis praedita, coronula brevi 40—50 μ alta, 55—65 μ lata, nucleo subgloboso 250—260 μ longo, 220—230 μ lato, castaneo, 7-gyrato.

A Nitella myriothrica A. Br. genuina et subspec. Huillensi A. Br. differt segmentis foliorum sterilium pluribus, sed praesertim segmentis ultimis tantum bicellularibus[1]) cellula ultima elongata, nec tumida nec mucroniformi; a N. interrupta A. Br. ceteris exceptis fructificatione dioica. Diarthrodactylarum sectionis nulla species cellulas ultimas foliorum elongatas, non mucroniformes, habet; inter Polyarthrodactylas autem multae species his cellulis elongatis praedictae, aliae (N. leptostachys A. Br. et partim N. myriothrica A. Br.) praeterea segmentis ultimis omnium foliorum 2-3-4 cellularibus, aliae (N. interrupta A. Br.) saltem foliorum fertilium saepissime tantum 2cellularibus instructae, occurrunt. Quamobrem hanc novam speciem apud Polyarthrodactylas collocavi.

Liberia, prope urbem Monroviam (5. 8. 74.). No. 16 et 17 (et praep. No. 23).

Verbr. der N. myriothrica genuina: Australien; Subspec. kommt nur in Angola (Afrika) vor.

Explicatio iconum Tab. I.

Fig. 1. Pars plantae masculae cum 2 verticillis foliorum sterilium et ramo fertili (magnitud. natural.). — 2. Folium plantae femineae (40/1 auct.); g. a. gemma adventitia parum evoluta (saepe inventa). — 3. Folium plantae masculae (20/1). — 4. Folium schematice delineatum 6 radiis divisionis primae exceptis. — 5—6. Apices folii (200/1). — 7. Segmentum ultimum folii unicellulare monstrosum (200/1). — 8. Pars superior sporangii (220/1). — 9. Nucleus sporangii (70/1).

***Tolypella** nidifica* Leonhardi Oesterr. Arml. Gew. p. 57. — Conferva nidifica Müll. Flor. Dan. (1778) Tab. 761. — Forma antarctica A. Br. Fragm. Monogr. Charac. l. c. pag. 95. — Nitella antarctica A. Br. Char. austral. et antarct. in Hook. Journ. of Bot. I. pag. 200.

Exempl. fructibus tantum immaturis inventa.

Insula Kerguelen (7. 12. 74) No. 166, 169.

Verbr. nur Kerguelen. Die Hauptform kommt in der Ostsee in Europa vor.

---

[1]) Unde nomen specificum.

Chara australis R. Brown. Prodrom. p. 346, β *Viellardi.* A. Br. Fragm. Monogr. Charac., herausgeg. von O. Nordstedt in Abhandl. d. K. Akad. d. Wissenschaft. z. Berlin 1882 pag. 106.

Forma paullo tenuior, caule circ. 0,5—7 mm crasso, foliis tantum 12—16 mm longit. Antheridia 0,5—6 mm crassa.

Insulae Vitienses No. 573.

Verbr. Neu-Caledonien; die übrigen Var. kommen in Australien vor.

Ch. Gymnopitys *A. Br. α.*

Forma longibracteata. Articuli foliorum 4, ultimus foliola geniculi ultimi superans vel aequans. Foliola sape 4 - 5, interdum 7 verticillata, sporangio duplo vel triplo longiora. Long. nuclei sporangii 0,42 mm, latitud. 0,3 mm. Testa sporangii maturi intacti nigrescens, compressi luteo-rufa. Caulis aculeolis parvis, seriebus cellularum secundariis quam primar. saepe angustioribus. Stipulae breves.

Insula Timor, in palude prope Taimanani („Schlammvulkan") (75.). No. 342.

Forma brevibracteata. Articuli foliorum 4—5. Foliola geniculorum infer. 5—6, super. 4—5, (ultimi 2 articulum ultimum aequantia), sporangium subaequantia vel sporangio subduplo longiora, posteriora interdum non evoluta. Stipulae saepe patulo articulo infimo folii dimidio minores. Caulis aculeolis parvis, seriebus cellularum secundariis quam primariae vulgo paullo angustioribus. — Longitud. nuclei (fusco-lutei) sporangii 0,45 mm, lat. 0,28 mm.

Australia boreali-occid. in convallibus „Creek" dictis (28. 4. 75.). No. 319, 322, 323.

Verbr. im östlichen Afrika, in Ostindien, Borneo, auf den Mariannen und Celebes.

Ch. brachypus A. Br. Charac. Ind. orient. in Hook. Journ. of Bot. I. p. 296. — Forma humilior, foliis inferioribus ecorticatis, sporangiis immaturis. — Timor, ad Pariti (22. 5. 75.). No. 341.

Verbr. in Afrika und Ostindien.

Ch. gymnopus A. Br. Uebersicht d. Schweiz. Charac. in n. Denkschr. d. allgem. Schweiz. Gesell. f. d. gesammt. Naturw. X. pag. 13, char. emend.; Charac. Afrik. in Monatsber. d. Berl. Akad. 1867 pag. 800 et 870.

β *ceylonica* A. Br. Fragmente ein. Monogr. l. c. pag. 197. — Ch. polyphylla α ceylonica A. Br. Charac. Ind. orient. in Hook. Journ. of Bot. I. p. 300. — Ch. ceylonica Klein apud Willd. in Act. Acad. Berol. 1801—2 p. 59, T. II, f. 1.

Articuli foliorum corticati 7—9, infimus ecorticatus fere tam crassus quam longus. Aculei diametro caulis saepe paullo longiores, interdum breviores. Longitudo sporangii 1 mm, long. nuclei 0,75 mm.

Australia boreali-occid. „Creeks" (29. 4. 75.). No. 320, 321.

Dictyosphaeriaceae.

Dictyosphaeria favulosa (Ag.) Decaisne Nouv. Ann. Sc. nat. v. 17 p. 328. — Kütz. Sp. Alg. p. 512, Tab. Phyc. VII. T. 25. — Harvey Ner. Bor. Am. III P. 50. T. 44. — Ins. Vitiensis Matuku. (A.). — Ins. Neu-Guinea, ad fretum Galewanum. (A. 6. 75.). — Taf. II, Fig. 1—5.

Verbr. im Rothen Meer, im Indischen und Stillen Ocean.

Aus Matuku liegen einzelne lose Exemplare vor, aus Neu-Guinea zahlreiche an- und aufeinander gewachsene, die das Substrat (Steine und Muschelschalen) vollständig umhüllen. Die Gestalt der einzelnen Individuen ist sehr unregelmässig. Sie bestehen aus einer 1—2 mm dicken Haut; während aber einzelne flach ausgebreitete unregelmässig lappige Körper bilden, sind andere von glocken- oder trichterförmiger Gestalt mit unregelmässig gebogenem und gefaltetem Rande. Dies scheint die normale Form zu sein, vergl. die schöne Abbildung bei Harvey a. a. O. Die letztgenannten Exemplare haben einen Durchmesser bis zu 3 cm und erinnern etwa an eine grosse lappige Peziza. Die jüngsten Exemplare endlich sind vollständig geschlossene hohle Säcke. Die Gestalt wird noch unregelmässiger dadurch, dass an älteren Exemplaren und zwar besonders an der unteren konvexen Seite derselben zahlreiche jüngere ansitzen.

Die Pflanze besteht aus ziemlich grossen würfelförmigen Zellen, die überall mit planen Wänden aneinander stossen. Nur in der Nähe der oberen und unteren Flächenwand weichen die Seitenwände auseinander, so dass hier ein keilförmiger Raum frei bleibt, der also jeweils oben und unten über die ganze Länge der Seitenwände verläuft und an der oberen und unteren Fläche des Thallus ein zusammenhängendes Netz bildet. Dieser Raum ist mit (relativ sehr kleinen) Zellen erfüllt, die in 3—4 Reihen stockwerkartig übereinander liegen und deren Wände auch im Alter im Vergleich mit denen der grossen Zellen des Thallus ziemlich dünn bleiben und in ihrem Bau manche Eigenthümlichkeiten zeigen (vgl. Taf. II, Fig. 1). Betrachtet man die oberste (äusserste) der kleinen Zellenreihen von oben, so bemerkt man, dass deren Seitenwände verschieden ausgebildet sind. Die Zellen zeigen sich auf drei Seiten deutlich begrenzt, nach der vierten Seite hin ist die Seitenwand minder deutlich zu erkennen. Da nun die aufeinander folgenden Zellen abwechselnd nach der einen und nach der andern Seite hin vordringen, so bilden ihre Seitenwände von oben gesehen eine scharf hervortretende Schlangenlinie (vgl. Taf. II, Fig. 3). Bei genauerer Untersuchung erkennt man, dass jede Zelle der Reihe auch nach der scheinbar offenen (vierten) Seite hin abgeschlossen ist; nur legt sich hier ihre obere Wand ziemlich flach an die Wand der grossen Zelle an und zeigt dabei noch eine eigenthümliche Zeichnung, als ob sie in zahlreiche durch sehr zarte Zwischenlinien getrennte dichotomirende Lappen getheilt wäre, vgl. Taf. I, Fig. 3, wo übrigens diese Zeichnung nur an einigen Zellen dargestellt ist. Eine ähnliche Zeichnung findet man auch bei anderen Scheidewänden der kleinen Zellen, vgl. Taf. II, Fig. 4. Die zweite oder dritte Schicht der kleinen Zellen zeigt eigenthümliche in das Zelllumen einspringende Leisten, die ebenfalls in aufeinander folgenden Zellen abwechselnd auf der einen und auf der andern Seite liegen. Sie bewirken, dass bei seitlicher Ansicht der betreffenden Zellenreihe jede Zelle zwei kreisförmige, verdünnte Stellen mit stark verdickten Rändern zeigt, die vielleicht später zu Löchern werden (Taf. II, Fig. 4 u. 5). Der Durchmesser der kleinen Zwischenzellen übersteigt nicht leicht 0,03 mm; die grossen Zellen sind von sehr verschiedenem Durchmesser, meistens von $1/2$—2 mm. Einzelne derselben haben nach unten einen kurzen schlauchförmigen Auswuchs, der wohl als Haftorgan dient. Man findet aber auch hier und da solche Zellen von mehr kugliger Gestalt, die bis zu 5 mm Durchmesser besitzen. In diesen letzteren erfolgt die Theilung des Inhaltes und die Ausbildung neuer Zellen, was ich ganz sicher ermitteln konnte, da ich am Rande eines Thallus eine Reihe solcher übermässig grossen Zellen antraf, von denen einige noch ungetheilt, andere bereits getheilt waren (vgl. Taf. II, Fig. 2). Bei der Theilung zerfällt die Zelle in zwei bis drei Schichten übereinander liegender Zellen, die genau so gebaut sind wie die des erwachsenen Thallus; nur sind sie mit verhältnissmässig dünnen Wänden versehen. Auch die Zwischenzellen sind bereits vorhanden, wenigstens die oberste Reihe derselben. Die unteren 2—3 Reihen scheinen etwas später gebildet zu werden. Näheres über den Verlauf der Theilung kann ich nicht angeben, da ich keine Zwischenzustände antraf; immer zeigte sich der ganze Komplex von Tochterzellen innerhalb der grossen Zellen als vollständig fertig ausgebildet, woraus zu schliessen ist, dass die Theilung des Plasmas und die Ausbildung der Zellwände rasch und in allen Zellen ziemlich gleichzeitig stattfindet. Eine regelmässige Viertheilung wie sie bei HARVEY a. a. O. abgebildet ist, habe ich nirgends gefunden.

Die jungen Individuen von Dictyosphaeria, welche die Gestalt geschlossener Säcke besitzen, sind sicher aus der Fächerung grosser Zellen hervorgegangen; wahrscheinlich findet aber nicht immer eine Loslösung solcher neu entstandenen Thallen statt, sondern die neu durch Fächerung gebildeten Zellcomplexe bleiben mit den alten Zellen in Verbindung und tragen so zur Vergrösserung des ursprünglichen Thallus bei.

Was den Inhalt der Zellen von D. f. betrifft, so bemerkt man an den Wänden netzförmig angeordnetes Plasma; in diesem liegen zahlreiche Zellkerne, die durch Färbung mit Haematoxylin deutlich sichtbar werden, und zahlreiche hohlkuglige Stärkekörner von etwa 4 μ Durchmesser. Im Innern derselben liegt wahrscheinlich ein Pyrenoid. In älteren Zellen erkennt man, dass diese Stärkekörner aus einzelnen um ein Centrum gruppirten unregelmässigen Körnchen zusammengesetzt sind. In einigen Exemplaren fand ich ausserdem im protoplasmatischen Wandbeleg eigenthümliche Körper von ellipsoidischer Gestalt und bräunlicher Färbung; die Grösse war sehr verschieden, die grössten hatten einen Durchmesser von 25 μ. Manche dieser Körper waren mit einer oder zwei Ausstülpungen versehen, als ob sie in Theilung begriffen wären. Sie zeigen einen ziemlich komplicirten inneren Bau, der auffallend an die von BUETSCHLI (Morphol. Jahrb. X. p. 529) beschriebenen Zellkerne der Cilioflagellaten erinnert; die chemischen Reaktionen weisen darauf hin, dass sie aus einer stickstoffhaltigen Substanz bestehen.

Auffallend war mir, dass die Zellen der Dictyosphaeria, aus dem Alkohol genommen und in Wasser gelegt, dieses in grosser Menge aufnahmen und in Folge dessen stark turgescirten.

Codieae.

Valonia *macrophysa* Kütz. Phyc. gener. p. 307. — Ins. Ascension in littore. (A.).

Verbr. im Mittelmeer.

Bryopsis *sp.*

War aus West-Australien und aus der Magellan-Strasse vorhanden, aber in zu dürftigen Exemplaren, um näher bestimmt werden zu können.

Chlorodesmis *comosa* Bailey et Harvey, Algae exs. Ins. Amic. N. 90. — Sonder, Algen des trop. Austral. in Abh. naturw. Ver. Hamburg II, p. 67 T. VI, f. 5–9. — Ins. Vavau in rupibus littoralibus. (A. 12. 12. 75.).

Verbr. an den Küsten Nord-Australiens und der Freundschaftsinseln.

Der Thallus dieser Alge besteht, wenn man von dem im Substrat befindlichen Theil absieht, aus einem cylindrischen vielfach dichotom verzweigten Faden, der in den gesammelten Exemplaren eine Länge bis zu 20 mm erreicht. Die Länge der zwischen den einzelnen Dichotomieen liegenden Stammglieder nimmt von unten nach oben zu und beträgt 1—5 mm. Im oberen Theil ist der Faden auf weite Strecken cylindrisch, von etwa 60 μ Durchmesser, nur hier und da, namentlich oberhalb der Dichotomieen, eingeschnürt. Im unteren Theil sind diese Einschnürungen, zwischen denen der Faden bauchig angeschwollen ist, viel zahlreicher, so dass derselbe hier ein perlschnurartiges Aussehen gewinnt; er zeigt diese Gestalt schon in jungen Exemplaren. An den Einschnürungen findet man oft eine ringförmige, nach innen vorspringende Verdickung der Membran, doch führte diese, wie ich nach genauer Untersuchung des reichlich vorliegenden Alkoholmaterials bestimmt angeben kann, nie zu einem wirklichen vollständigen Verschluss. Immer blieb ein weiterer oder engerer Kanal erhalten, der die Kommunikation nach oben und unten hin unterhielt. Chlorodesmis ist also eine ungegliederte einzellige Pflanze, die mit Bryopsis am nächsten verwandt sein dürfte. Ich bin also hier zu einem anderen Resultat gelangt als GRUNOW (Algen der Novara-Exped. S. 35) und SONDER nach der Abbildung auf Taf. VI, Fig. 5, 9 der Alg. d. trop. Austral. Wirkliche Querwände habe ich nur dort gefunden, wo sich der lebende Theil des Fadens gegen ein abgestorbenes Stück durch eine solche abgesondert hatte.

Im untersten Theile des Fadens gehen von den Anschwellungen zahlreiche im Substrat hinkriechende Zweige aus, die in ihrem oberen Theil ebenfalls noch das charakteristische perlschnurförmige Ansehen besitzen und hier nach oben Aeste aussenden, die zu gewöhnlichen Sprossen von Chlorodesmis werden. Dadurch hauptsächlich wird das charakteristische rasenförmige Wachsthum dieser Pflanze veranlasst. Weiterhin werden diese im und am Substrat kriechenden Zweige dünner und nehmen den Charakter der Rhizoiden an, wobei sie auch zahlreiche rhizoidenartige Seitensprossen austreiben.

Ueber den Inhalt der Zellen will ich nur bemerken, dass ein dicker Wandbeleg von Plasma vorhanden ist, in dem zahlreiche unregelmässig vertheilte Stärkekörner von sehr ungleicher Grösse liegen. Im Innern der Zellen kommen ziemlich häufig prismatische langgestreckte, an beiden Enden zugespitzte Krystalle vor, die nach ihren chemischen Reaktionen aus einem Kalksalze bestehen, wahrscheinlich aus schwefelsaurem Kalk.

***Codium** difforme* Kützing Phyc. gen. p. 300; Tab. Phyc. VI. T. 99 II. — Ins. Kerguelen, Betsy Cove (23 F.). (A. 1. 75.).

Verbreitet im Mittelländischen Meer nach Kützing; die allgemeine Verbreitung ist unsicher, weil die Pflanze bisher allgemein zu C. adhaerens Ag., der in den wärmeren Meeren weit verbreitet ist und auch in den antarktischen vorkommen soll, gezogen wurde.

Diese Pflanze wurde von Herrn BORNET als Codium difforme bestimmt; eine nähere Vergleichung mit Exemplaren von C. adhaerens (aus Tenerifa) ergab mir, dass C. difforme Kütz. mit gutem Recht als eine besondere Species angesehen werden kann. Die vorliegenden Kerguelener Exemplare haben eine unregelmässige rundliche oder längliche Gestalt; sie haften an ihrer Unterfläche dem Substrat an. Das grösste Exemplar war 10 cm lang und 2 cm breit und hoch. Das Gefüge der Pflanze ist locker, insbesondere sind die pallisadenartigen Rindenschläuche der Aussenfläche nicht in so festem Zusammenhang wie bei C. adhaerens. Die von der Exped. mitgebrachten Pflanzen trugen reichlich Sporangien und zwar in der Regel nur je ein Sporangium an einem Rindenschlauche. C. difforme unterscheidet sich von C. adhaerens hauptsächlich durch die Grössenverhältnisse der pallisadenförmigen Rindenschläuche und der Sporangien. Ich fand nach zahlreichen Messungen die Länge der Sporangien von C. difforme im Durchschnitt = 0,5 mm, den grössten Durchmesser derselben = 0,1 mm, den Durchmesser der Rindenschläuche = 0,16 mm, die Länge derselben (von den Verbindungsröhren bis zur Spitze) zwischen 1,3 und 2,1 mm, im Durchschnitt = 1,6 mm. Dagegen war die Länge der Sporangien von C. adhaerens durchschnittlich = 0,22 mm, ihr Durchmesser = 0,05 mm, der Durchmesser der Rindenschläuche ebenso = 0,05 mm, die Länge derselben = 0,5 mm. KUETZING hat also Recht, wenn er von C. difforme (Tab. Phyc. VI. S. 35) sagt: „weicht von C. adhaerens durch die 3 bis 4 mal so grossen Aussenschläuche ab".

Untersucht man den Zusammenhang der Schläuche bei Codium difforme und adhaerens genauer, so findet man, dass die Pallisadenschläuche der Aussenfläche gruppenweise zusammenhängen, indem sie durch ganz kurze Verbindungsröhren verbunden sind. Aus dem unteren Ende der meisten dieser Schläuche entspringt je ein längerer enger Faden, der nach dem Innern des Thallus verläuft, wo er gewöhnlich blind endigt. Dieser Thatbestand, der in den KUETZING'schen Abbildungen von C. difforme und adhaerens nicht genau dargestellt ist, deutet darauf hin, dass die einzelnen Rindenschläuche wie auch die nach innen verlaufenden Fäden durch successive Sprossung aus einem Faden hervorgehen. Indessen konnte ich das Wachsthum von Codium wegen Mangel an jugendlichem Material nicht näher untersuchen. Wie bekannt (vgl. THURET in Ann. Sc. nat. Sér. 3 T. 14 p. 232), sind die Sporangien von Codium durch Scheidewände von ihren Trägerzellen getrennt, ebensolche Trennungswände finden sich in den kurzen Verbindungsröhren zwischen den einzelnen Rindenschläuchen. Sie entstehen durch allmählich nach innen fortschreitende Verdickung der Wände an einer ringförmigen Stelle der Membran, wobei anfangs ein innerer Kanal in der Mitte der Scheidewand übrig bleibt, der dann später durch Auflagerung einer Zellplatte beiderseits geschlossen wird.

C. tomentosum (Huds.) Stackh. Nereis Britann. Tab. 7 A. 12. — Kütz. Tab. Phyc. VI. T. 94. — Ins. Promont. viridis, Santiago. (A. 7. 74.).

Allgemein verbreitet.

Die Pflanze zeigte nur wenige und, wie es scheint, nicht ganz ausgebildete Sporangien. Die Rindenschläuche haben hier eine ähnliche Beschaffenheit wie bei C. difforme und adhaerens. Doch liegt ein bemerkenswerther Unterschied darin, dass die Verbindungsschläuche zwischen denselben hier nicht kurz, sondern stark verlängert sind, wie in der Abbildung KUETZING's in den Tab. Phyc. VI. T. 94 richtig dargestellt ist. In den Verbindungsröhren finden sich hier und da, namentlich in der Nähe des Eingangs zu den Rindenschläuchen, Scheidewände. Länge der Rindenschläuche durchschnittl. = 1,8 mm, Durchmesser derselben = 0,35 mm. Die vorliegenden Exemplare von Cod. tomentosum waren besonders merkwürdig durch die grosse Anzahl fremder Algen, die zwischen den Schläuchen sich vorfanden. Darunter war ein Ectocarpus, dem E. terminalis Kütz. ähnlich, eine neue Species von Chantransia, ein Microcoleus, eine Calothrix, und eine Art Entocladia (?).

***Udotea** Desfontainii* (Lamour.) Decaisne Nouv. Ann. Sc. nat. XVIII p. 106. — Kütz. Tab. Phyc. VII. T. 19. — Ins. Promont. viridis, Letons Rock. (38 F.). (T. 26. 7. 74.).

Verbreitet im Mittelmeer.

Halimeda. *Lamour.*

Da der Bau dieser Gattung bisher nirgends ausführlich dargestellt wurde, so soll hier einiges darauf Bezügliche, das sich bei der Untersuchung des von der „Gazelle" mitgebrachten Materials ergeben hat, mitgetheilt werden.

Der Thallus der Halimeden ist bekanntlich immer in deutlich gesonderte Glieder abgetheilt. Die Gestalt derselben ist zuweilen ziemlich regelmässig cylindrisch (H. incrassata), meistens aber abgeflacht, wobei der Umriss keilförmig (H. cuneata) oder fächerartig nierenförmig sein kann. In letzterem Fall ist der Umriss der oberen Seite des Glieds abgerundet (H. Tuna, H. macroloba) oder mehr oder weniger lappig (H. Opuntia). Die einzelnen Glieder sind durch sehr kurze immer unverkalkte cylindrische Gelenke verbunden. Die Verzweigung des Thallus erfolgt dadurch, dass an dem oberen Ende der Glieder, statt eines einzigen, zwei oder mehrere neue gebildet werden. In manchen Fällen, so bei H. incrassata trennen sich aber die Zweige schon in der Mitte des Glieds von einander ab.

Mitten durch die Glieder verläuft ein Bündel langgestreckter Schläuche, das man als Mark bezeichnen kann. Diese Markschläuche verzweigen sich von Strecke zu Strecke, gewöhnlich trichotom; der mittlere Ast setzt den Markfaden fort, während die seitlich abgehenden sich in ähnlicher Weise weiter verzweigen, wobei die Strecken zwischen den Verzweigungsstellen immer kürzer werden. Je nach der Gestalt der Glieder ist der Verlauf der Markschläuche und ihrer Zweige verschieden. Bei H. incrassata und den schmäleren Gliedern von H. cuneata gehen von den Markfäden nur kurze Zweige ab, die frühzeitig in der Rindenschicht enden. Bei den flach- und breitgliedrigen Halimeden dagegen gehen von den Markfäden zahlreiche Aeste ab, die nach dem Rande zu verlaufend sich wiederholt in der Ebene des Gliedes verzweigen, um endlich am Rande in die Rindenschicht überzugehen. Diese Zweige schicken zugleich zahlreiche kurze Aeste senkrecht zur Fläche des Glieds nach beiden Seiten aus, die hier in ihren Endverzweigungen die Rindenschicht bilden. Bei manchen Arten, wie H. Opuntia, sehen wir dabei, dass das Bündel centraler Markfäden sich schon am Grunde in 3—5 Bündel theilt, die in gerader Richtung vom Grunde aus zu den 3—5 Lappen des oberen Umkreises des Gliedes verlaufen, wo sie dann, wenn aus einem Lappen ein neues Glied hervorgeht, in dieses eintreten. Bei andern Arten wie H. macroloba, H. Tuna, ist die Zweigbildung nicht so regelmässig; hier treten die Zweige am Rande des Gliedes in mehr regelloser Weise auf; immer aber findet man, dass auch eine entsprechende Theilung der Markhyphen in dem zweigtragenden Gliede stattfindet. Die Gelenke bestehen nur aus den Markhyphen, die hier keine Zweige abgehen lassen. Die verschiedenen Schlauchzweige sind oft an ihrem Ursprung etwas eingeschnürt, doch so, dass keine Unterbrechung der Kontinuität eintritt. Die Einschnürung ist Folge eines späteren ungleichen Wachsthums; ursprünglich sind die Fäden gleich weit.

Die Schlauchzweige, die in der Nähe der Aussenfläche verlaufen, sind zu dieser senkrecht gestellt. Man kann hier meistens zwei deutliche Schichten unterscheiden (vgl. Taf. III, Fig. 5, Taf. IV, Fig. 6, 7, 11). Die eine, die ich Subcorticalschicht nennen will, besteht aus meist ungefähr gleich langen, nahe bei einander stehenden oder etwas entfernten Schläuchen, die oft auch durch etwas grösseren Durchmesser von den weiter zurückliegenden Schlauchtheilen sich auszeichnen. Jeder dieser Schläuche trägt, etwas unterhalb seines Scheitels, einen Kranz von 5—7, selten weniger Schlauchzweigen. Diese bilden die zweite Schicht, die eigentliche Rinden- oder Corticalschicht. Sie sind unten kürzer oder länger gestielt mit meistens ziemlich dünnem Stiel, werden nach oben zu dicker und treten in ihrem oberen Theil auf eine kürzere oder längere Strecke mit einander in feste Verbindung. Hier platten sie sich auch durch gegenseitigen Druck ab, nehmen einen polygonalen Umriss an und bilden so, von der Fläche gesehen, ein anscheinendes Zellnetz von oft sehr regelmässiger Form. (Vgl. Taf. III, Fig. 3.) Gestalt und Grösse der Rindenschläuche ist für die meisten Arten sehr charakteristisch, wie weiterhin noch näher gezeigt werden soll, wobei ich noch erwähnen will, dass auch die Arten, die ich nicht näher beschrieben habe, weil sie nicht unter den von der „Gazelle"-Expedition gesammelten waren, wie z. B. H. Tuna und H. platydisca ebenfalls charakteristisch gestaltete Rindenschläuche besitzen.

Die Markschläuche zeigen eine interessante Eigenheit, die bisher meines Wissens nicht beschrieben worden ist. Während sie sonst locker neben einander hergehen, nähern sie sich an den Gelenken bis zur Berührung und verwachsen mit einander. Hier wird auch ihre Membran stellenweise stark verdickt, wodurch der Zusammenhang noch fester wird, während sich gleichzeitig auf einer bestimmten engen Zone grosse kreisförmige oder elliptische Löcher oder Tüpfel bilden, durch welche der Inhalt der Schläuche mit einander in vollständig freie Kommunikation tritt. (Vgl. die Seitenansicht dieser Löcher, Taf. III, Fig. 4 u. 7 und den Querschnitt, Taf. IV, Fig. 10.) Jeder Schlauch hat im Gelenk mehrere solche Löcher, und zwei oder mehr benachbarte Schläuche können durch mehrere Löcher mit einander kommuniciren. Die Löcher sind auf Längs- und Querschnitte durch die Gelenke sofort zu erkennen; man sieht sie aber auch an der unverletzten Pflanze nach Behandlung mit Salpetersäure und Eau de Javelle.

Wie in älteren Gliedern, so verlaufen auch in den jüngst gebildeten, an der Spitze der Pflanze befindlichen die Markfäden vom Grunde des Gliedes zum Scheitel oder in mehrere Bündel getheilt zu den zahlreichen Lappen desselben, die dann ebenso viele Vegetationspunkte darstellen. Der Vegetationspunkt zeigt, je nach dem Zeitpunkt, in dem er untersucht wird, ein sehr verschiedenartiges Aussehen. Nachdem nämlich ein Glied entstanden ist, tritt eine Ruhepause ein. Man trifft den Vegetationspunkt am häufigsten in diesem Zustande. Man sieht dann die Markschläuche in einem dichten Bündel bis zum Scheitel verlaufen und am Scheitel selbst auf eine kurze Strecke mit einander verwachsen. (Vgl. Taf. III, Fig. 1 u. 8.) Hier bilden sich nun auch die Löcher aus, von denen früher die Rede war. Von oben gesehen bilden die Enden der Markschläuche eine unregelmässig begrenzte Gruppe; sie sind durch ihre bedeutende Grösse von den benachbarten Rindenschläuchen auf den ersten Blick zu unterscheiden. (Vgl. Taf. III, Fig. 2 u. 6.) Man erkennt an ihnen einzelne Stellen mit nach beiden Seiten verdickter Membran. In der Mittellinie dieser Verdickungen zeigt sich eine dunkle Platte, die wohl auf ein Auseinanderweichen oder Verquellen der mittleren Membranlamelle hindeuten dürfte. Zwischen den Verdickungen liegen die Löcher, die natürlich bei der Ansicht von oben nur bei einer bestimmten Einstellung wahrgenommen werden können, wie dies auf Taf. IV, Fig. 12 dargestellt ist.

Wenn nach einer solchen Ruhepause die Vegetation wieder beginnt, so sprossen die Markfasern am Scheitel wiederum aus und zwar nur mit ihren inneren Membranschichten, während die äusseren durchbrochen werden und einen deutlich abgesetzten Gürtel um die inneren bilden (vgl. Taf. III, Fig. 9 u. 10). Die Markfäden wachsen nun weiter in die Länge und treiben zahlreiche Zweige aus, die sich wiederholt verzweigen (vgl. Taf. III, Fig. 10 u. 11), bis der anfangs nur aus lockeren Schläuchen bestehende Fadenbüschel nach Bildung der Rinde einen festeren Zusammenhang bekommt und sich zum Gliede ausbildet.

Die meisten Halimeden scheiden innerhalb ihres Thallus kohlensauren Kalk aus, der den Gliedern Festigkeit und Härte verleiht. Nur selten ist die Verkalkung unbedeutend oder fehlt ganz, wie an den von der „Gazelle“ mitgebrachten Exemplaren von H. macroloba, wo nur in den ältesten Gliedern Kalk in unbedeutender Menge ausgeschieden ist. Sonst wird der Kalk an bestimmten Stellen sehr frühzeitig, bald nach erfolgter Ausbildung des Gliedes abgesondert, und die Menge desselben nimmt mit wachsendem Alter fortwährend zu. Gewisse Theile bleiben aber von Kalk frei, so die Aussenfläche der Rindenschläuche, und in den meisten Fällen der oberste Theil der Seitenwände derselben. Darum kann man auch an den ältesten Gliedern diese Aussenfläche durch einen Flächenschnitt als eine dünne unverkalkte Cellulosehaut abziehen (vgl. Taf. III, Fig. 3). Nur die H. macrophysa n. sp. bildet insofern eine Ausnahme als hier die Seitenwände der Rindenschläuche vollständig verkalken, während die Aussenfläche zart und unverkalkt bleibt (vgl. Taf. IV, Fig. 1). In Folge dessen zeigen hier nach Behandlung mit Säuren die Rindenschläuche keinen festen Zusammenhang wie bei den anderen Arten, sondern liegen locker bei einander (vgl. Taf. IV, Fig. 3). Die Kalkausscheidung beginnt aussen an den Seitenwänden der Rindenschläuche und erstreckt sich sehr bald auf den ganzen Raum, der zwischen denselben liegt. Die Kalktheilchen treten zuerst als sehr kleine dunkle Punkte auf, die durch ihre Menge den Orten, in denen sie auftreten, anfangs eine im durchfallenden Licht bräunliche Färbung ertheilen. Bei fortgesetzter Kalkabscheidung bildet sich weiterhin zwischen den Rindenschläuchen eine fest zusammenhängende Kalkplatte, die bald fast ganz undurchsichtig wird. Bei der Ansicht von oben (auf die Aussenfläche des Thallus) sieht man dann zunächst das früher erwähnte Rindennetz, bei tieferer Einstellung aber die dunkele Kalkmasse, die von kleinen kreisförmigen Oeffnungen unterbrochen erscheint. Diese Oeffnungen sind die Stellen, wo die Stiele der Rindenschläuche die Kalkplatte durchsetzen. Ein dementsprechendes Bild zeigt auch ein Durchschnitt durch die verkalkte Rindenschicht (vgl. Taf. IV, Fig. 4 u. 9). Nach einer von Payen gemachten Analyse, welche Flora 1844, I. S. 71 mitgetheilt ist, besteht die Substanz der Halimeda Opuntia aus 90,16 pCt. kohlens. Kalk, 5,50 pCt. kohlens. Magnesia, 0,54 pCt. schwefels. Kalk und Kieselerde und nur 3,8 pCt. organischer Substanz. Dünne Schnitte durch die Kalkmassen der Halimeden werden bei Einlegen in Kanadabalsam etwas durchsichtig; sie zeigten zwar eine Erhellung des Feldes bei gekreuzten Nicols, aber in auffallend geringem Maasse, sehr viel weniger als z. B. Schnitte von Galaxaura; am kräftigsten wirkten noch die Theile der Kalkplatte, die unmittelbar an Zellwände grenzten. Die äusserst kleinen Kalkkrystalle sind, wie sich aus dem charakteristischen schwarzen Kreuz im polarisirten Licht ergiebt, rechtwinklig zum Lumen der Zellen geordnet, in deren nächster Umgebung sie auftreten. Mit dem Alter der Glieder schreitet die Kalkabscheidung fort, so dass die Kalkplatte immerfort an Dicke zunimmt. So ist sie an den jungen Gliedern von H. cuneata 0,18 mm, in den älteren bis 0,5 mm dick. Auch diese dicken Platten werden von den Schlauchzweigen röhrenartig durchsetzt. Die Markfäden bleiben immer unverkalkt. Wie aus dem früher Gesagten hervorgeht, bilden die Räume zwischen den verschiedenen verzweigten Schläuchen der Halimeda in jedem Glied ein zusammenhängendes System, das nach aussen durch die Rindenzellen und die Gelenke abgeschlossen ist. Dieses System wird im lebenden Zustande von einer Flüssigkeit von unbekannter Zusammensetzung erfüllt. Nach der Art wie die Kalkbildung zunächst auftritt, könnte man, namentlich mit Rücksicht auf die Verhältnisse bei anderen Kalkalgen, annehmen, dass jene Räume wenigstens theilweise von aufgequollener Membran erfüllt wären. Ich konnte aber nach Auflösung des Kalks bei Halimeda, auch durch Anwendung von Färbmitteln, keine Gallerte in den verkalkten Theilen nachweisen, und muss deshalb annehmen, dass die Kalkplatte zum grossen Theil wenigstens als krystallinischer Niederschlag aus einer Flüssigkeit abgeschieden wird.

Die Glieder der Halimeden erlangen frühzeitig ihre volle Ausbildung. Gewöhnlich ist schon das zweite oder dritte Glied von der Spitze abwärts von normaler Gestalt und Grösse und bereits verkalkt. Weiterhin nehmen die Glieder an Länge kaum, wohl aber an Dicke zu. Die von flacher Form bekommen dabei eine mehr cylindrische, kantige Gestalt. Auch findet man am unteren Theile älterer Exemplare, dass die benachbarten Glieder unter Obliterirung der Gelenke mit einander verwachsen, wodurch bei der festen Verkalkung derselben die Pflanze eine bessere Stütze erhält.

Die Dickenzunahme der Glieder mit dem Alter ist beträchtlich; so war bei einem Fragment der H. incrassata die Dicke der jüngsten Glieder 1,5 mm, die der alten 5 mm. Aus zahlreichen Messungen ergab sich, dass der Durchmesser der

Rindenschläuche bei den ältesten Gliedern derselbe ist wie bei den jüngeren. Es findet also eine reichliche Vermehrung der Rindenschläuche statt und zwar, wie sich durch Vergleichung von Querschnitten älterer Glieder mit solchen jüngerer ergiebt, durch Längstheilung; dieselbe wird zunächst wohl durch Anschwellen des Halstheils der Rindenschläuche eingeleitet, eine Erscheinung, die man nicht selten beobachtet (vgl. Taf. III, Fig. 12). An einem Querschnitt durch einen älteren Stamm (vgl. Taf. IV, Fig. 5) sieht man die Rindenschläuche beträchtlich verlängert, ohne dass ihr Durchmesser zugenommen hätte. Man findet aber auch keine regelmässig angeordnete Subcorticalschicht, sondern die einzelnen Rindenschläuche von sehr ungleicher Länge bilden die Enden längerer, wiederholt dichotom oder polytom verästelter, zur Aussenfläche senkrecht verlaufender Schläuche.

Von den Schläuchen des untersten Gliedes aus entspringen zahlreiche Rhizoiden, die eine bedeutende Länge erreichen, sich häufig verzweigen und einen starken Büschel bilden. Sie erinnern in ihren oberen Theilen an die Markschläuche, indem sie einen entsprechenden Durchmesser besitzen und in ähnlicher Weise dichotom oder polytom getheilt sind. Weiterhin werden sie zu geraden, cylindrischen Röhren, die hier und da gleichgestaltete Zweige ausschicken. — In Bezug auf den Inhalt der Zellen von Halimeda will ich nur bemerken, dass sich in den Rindenschläuchen wie in den Markschläuchen, selbst in den ältesten Gliedern, Chlorophyllkörner finden. Auch Stärke kommt in allen Theilen vor; die Stärkekörner sind von flach ellipsoidischer Gestalt; in den jüngsten Theilen ziemlich klein, erreicht später ihr grösster Durchmesser die Länge von 0,01 mm.

Ich wende mich nun zur näheren Beschreibung der einzelnen Arten.

H. *cuneata* Kütz. Tab. Phyc. VII. T. 21. f. 3. — Ins. Anachoretorum. (A. 8. 6. 75.). — Taf. III. Fig. 2, 3, 4, 5, 12; Taf. IV, Fig. 7, 12.

Bisher bekannt von den Philippinen und Molukken.

Länge des ganzen Exemplars 12 cm, das unterste Glied einfach, aber oben bereits zwei Glieder tragend, unten mit einem starken flach ausgebreiteten Rhizoidenfilz. Untere Glieder cylindrisch, etwas zusammengedrückt, 7 mm lang und ebensoviel im Durchmesser erreichend. Jüngere Glieder von verschiedener Form entweder zusammengedrückt cylindrisch (bei 5—6 mm Länge nur 1 mm Durchmesser) oder flach keilig, am oberen Ende stark verbreitet und hier mit Ausbuchtungen versehen. Nur solche verbreiterte Glieder tragen oben mehr als 1 Glied, nämlich 2—4, selten mehr, am häufigsten 3, wo dann der obere Rand der Glieder eine mittlere und zwei seitliche Ausbuchtungen zeigt. Durch die fast geradlinig verlaufenden seitlichen Umrisslinien des Gliedes unterscheidet sich H. cuneata von anderen Halimeden mit flachen Gliedern. Die grösste Breite solcher keilförmigen Glieder ist etwa 5—6 mm, ebensoviel beträgt die Länge, die Dicke ist etwa 0,5 mm. Die jüngsten Glieder, gewöhnlich nur das eine, selten die zwei oder drei obersten sind unverkalkt; die älteren sind alle verkalkt; die Verkalkung nimmt mit dem Alter zu (s. o.). Die subcorticale Schicht besteht aus keuligen, ziemlich langen, von einander entfernten Schläuchen, die Rindenschläuche sind oben breit, nach unten allmählich verschmälert; oben sind ihre Seitenwände auf eine Länge von 0,025 mm mit einander verwachsen und bleiben so weit unverkalkt. Die gesammte Länge der Rindenschläuche beträgt im Durchschnitt 0,08 mm; von der Aussenfläche gesehen, bilden sie ziemlich regelmässige Sechsecke, die im Durchschnitt einen Durchmesser von 0,15 mm besitzen (vgl. Taf. III, Fig. 5, Taf. IV, Fig. 7).

H. *incrassata* (Ell. et Sol.) Lamour. Exp. meth. p. 26; Polyp. flex. p. 307. — Harvey Phyc. Austr. T. 125. — Ins. Vitiensis Matuku. (A.). — Taf. III, Fig. 1, 7; Taf. IV, Fig. 5, 6, 10.

Bisher bekannt aus dem tropischen Australien, Florida, Bermudas.

Länge des ganzen (unvollständigen) Exemplars 9 cm. Länge der Glieder von 5—7 mm. Durchmesser von 1,5—6 mm, regelmässig von den jüngeren zu den älteren zunehmend. Jüngere Glieder fast regelmässig cylindrisch, ältere etwas abgeflacht und unregelmässig. Verzweigung nur dichotom, d. h. nicht mehr als zwei Glieder von einem Gliede ausgehend, wobei dieses gewöhnlich tief gespalten ist. Subcorticalschicht wenig charakterisirt, Schläuche derselben verschieden lang, von einander entfernt. Schläuche der Rindenschicht unten mit ziemlich kurzem Hals ansitzend, nach oben kreiselförmig erweitert. Länge derselben durchschnittlich 0,03 mm, Durchmesser (an der Aussenfläche) = 0,025 mm. Seitenwände auf eine kurze Strecke mit einander verwachsen und hier kalkfrei.

H. *Opuntia* (Ell. et Sol.) Lamour. Exp. meth. p. 27 T. 20 f. 6. — Decaisne Ann. sc. nat. XVIII p. 102. — Kütz. Tab. Phyc. VII T. 21 f. 1. — Ins. Vitiensis, Matuku. (A.). — Ins. Neu-Hannover. (T.). — Taf. III, Fig. 2; Taf. IV Fig. 8, 9.

Verbr. im tropischen Atlantischen Ocean, im Rothen Meer, im Indischen Ocean (Bourbon, Philippinen, Niederl. Indien, tropisches Australien).

Die Exemplare aus Matuku etwa 7 cm lang, reich verzweigt, unvollständig. Die aus Neu-Hannover bilden grosse Büsche von 10—12 cm Durchmesser; Glieder mit sehr kurzem Stiel; breiter Theil, an der Ansatzstelle herzförmig, oben mit 3—5 abgerundeten Lappen, in deren Mitte je ein Vegetationspunkt liegt, so dass aus jedem Lappen ein neues Glied hervorgehen kann, doch werden selten mehr als drei gebildet. Der Rand der Glieder ist scharfkantig. Diese liegen ursprünglich alle in einer Ebene, doch findet man an alten Exemplaren die unteren auch senkrecht zur Ebene des Ursprungsglieds gestellt.

Dicke der jüngsten Glieder = 0,3 mm, der ältesten = 1 mm, Breite der grössten Glieder an der Pflanze von Neu-Hannover 8—9 mm, Länge derselben = 5—6 mm. Die Pflanze aus Matuku hat etwas kleinere Glieder. Kalkplatte an den jüngsten Gliedern nur etwa 0,6 mm dick, an den ältesten reicht die Verkalkung bis fast zum Centrum. Davon abgesehen sind die alten Glieder hier namentlich in der Gestalt wenig verändert, nur die ganz alten zeichnen sich dadurch aus, dass die anfangs ganz kurzen cylindrischen Zwischenstücke zwischen den Gliedern sich stark verlängern, während die flachen Theile an den Seiten theilweise abfallen.

Der innere Bau zeigt einige Aehnlichkeit mit dem von H. incrassata. Doch sind die Rindenschläuche noch kleiner als bei dieser. Die von Kalk freien Seitenwände derselben haben hier eine noch geringere Höhe, weniger als 0,005 mm. Breite der Rindenschläuche 0,02 mm, Länge derselben bei den Exemplaren von Neu-Hannover = 0,021, bei denen von Matuku = 0,027 mm durchschnittlich. Exemplare aus Westindien stimmen in Gestalt und Maassverhältnissen der Rindenschläuche mit den hier beschriebenen überein.

***H.** Opuntia* var. *macropus* Askenasy. — Ins. Vavau. (A. 12. 12. 75.).

Ein kleines, aber vollständiges Exemplar, 5 cm lang. Untere Glieder zu einer Säule verwachsen. Die Gestalt der Glieder ist ähnlich wie bei der eben beschriebenen Form, sie sind auch mit 3—5 Vegetationspunkten versehen und entsprechend verzweigt, die Lappen am Rande treten aber wenig hervor. Unten sind die Glieder nicht herzförmig sondern gerade oder keilig; der Rand derselben ist nicht scharfkantig, sondern abgerundet. Dicke der jungen Glieder grösser, etwa 0,7 mm, im Alter zunehmend. Hauptsächlich unterscheidet sich aber diese Varietät von der gewöhnlichen Form durch die bedeutende Grösse der Rindenschläuche; diese sind durchschnittlich 0,07 mm lang und 0,04 mm breit. Möglicherweise sind übrigens in den bisher zu H. Opuntia Lamour. und H. multicaulis Lamour. gezählten Formen mehrere Species enthalten.

***H.** macrophysa* Askenasy nov. sp. Articuli plani deltoideo-rotundati, margine integro, incrassato, medio sulcato. Utriculi corticales pro genere maximi, cylindrice-claviformes, 0,21 mm longi, 0,15 mm diametro; membrana laterali totaliter calcarea (et idcirco acido immersi totaliter soluti discedunt). — Ins. Vitiensis Matuku. (A.). — Taf. IV, Fig. 1, 2, 3, 4.

Nur Fragmente von geringer Gliederzahl lagen mir vor. Die Glieder sind flach, von der Form von Kreissectoren; oberer Umriss kreisförmig, ganzrandig ohne Lappen oder Kerben. Die Substanz der Glieder ist leicht zerbrechlich; sie selbst sind von sehr verschiedener Grösse, die grössten etwa 20 mm breit und 10 mm lang, dabei von einer Dicke von 0,5—0,7 mm. Charakteristisch ist besonders der an der oberen kreisförmigen Fläche verdickte und in der Mittellinie rinnige Rand. Diese Art hat die grössten Rindenschläuche, die ich bisher bei Halimeda gefunden habe. Sie sind von cylindrisch keuliger Gestalt (vgl. die Abbild.) von einem Durchmesser von 0,15 mm und einer Länge von 0,21 mm. Ihre Stiele sind sehr kurz, die Subcorticalschläuche aus denen sie aussprossen, sind sehr klein und tragen nur wenige Rindenschläuche. Die Verkalkung erstreckt sich auf die ganze Seitenwand der Rindenschläuche, so dass, von oben gesehen, jeder von diesen von einem Kalkringe eingeschlossen ist (vgl. Taf. IV, Fig. 1). Die Rindenschläuche verwachsen hier auch nicht mit den Seitenwänden an einander, sondern sind nur durch die Kalkgürtel verbunden; daher kommt es, dass nach Behandlung mit Säure sie nicht verbunden bleiben, sondern auseinander fallen und ein lockeres Gewirr bilden (vgl. Taf. IV, Fig. 3). Das Netz der Rindenschläuche ist hier wegen der Grösse und eigenthümlichen Verkalkung schon mit blossem Auge sehr deutlich zu erkennen.

***H.** macroloba* Decaisne Arch. Mus. Vol. II p. 118. — Harvey Phyc. Austral. T. 267.[1]) — Australia occidentalis, ad insulam Dirk Hartog. (A.). — Taf. III, Fig. 8, 9, 10; Taf. IV, Fig. 11.

Verbr. im Rothen Meer, Indischen Ocean (Philippinen, Singapore) und an den Küsten von Australien.

Kleines ca. 6 cm hohes aber vollständiges Exemplar. Vom Grund aus verzweigt. Unterster Theil cylindrisch. Glieder von Gestalt eines Kreissektors, oberer kreisförmiger Rand mehr oder weniger tief gekerbt mit abgerundeten Kerben, aber auch fast ganzrandig. Dieser Rand ist etwas verdickt mit abgerundeten Kanten. Grösste Glieder 16 mm breit und 13 mm lang. Dicke derselben ca. 0,75 mm. Mit dem Alter nehmen die Glieder an Dicke zu und krümmen sich konkav, insbesondere wird aber ihr unterer Theil dicker und fast cylindrisch. Die subcorticale Schicht gut ausgebildet, Schläuche dicht bei einander stehend, ellipsoidisch, zahlreiche Rindenschläuche tragend. Diese sind cylindrisch oder polygonal prismatisch, auf sehr lange Strecken einander berührend mit kurzem Stiel. Von der Fläche gesehen, bilden sie sehr regelmässige Sechsecke. Ihre Länge beträgt durchschnittlich 0,11 mm, ihre Breite 0,04 mm. Die meisten Glieder des vorliegenden Exemplars dieser Alge sind ganz unverkalkt, so dass sie beim Einlegen in Salpetersäure nicht aufbrausen, nur die ältesten enthalten eine geringe Menge Kalk.

Caulerpaceae.

Caulerpa taxifolia (Vahl) Ag. sp. 435. — J. Ag. Till Alg. Syst. Lund Arsscr. IX. 1812 p. 14. — Ins. Neu-Mecklenburg (Neu-Irland). (A. 21. 8. 75.).

Verbr. im wärmeren Atlantischen Ocean (Westindien) und im Stillen Ocean (Freundschaftsinseln, NO.-Australien).

Etwas mangelhafte Exemplare. Bei dem grössten beträgt die Länge des Stammes (surculus J. Ag.) 9—10 cm, die Länge der Blätter (frondes J. Ag.) 10—12 mm; der Durchmesser des Stammes und der Rachis des Blattes etwa 0,5 mm. Die

[1]) Kuetzing's Abbildung Tab. Phyc. VII. T. 22 I. gehört nach der Art des innern Baues (unter Ia') nicht zu H. macroloba.

längsten Fiedern (pinnae bei J. AG.; ich bezeichne auch die von ihm bei anderen Caulerpen als ramenta bezeichneten Theile mit jenem Namen) sind etwa 3 mm lang bei einem Durchmesser von 0,25 mm; sie stehen ziemlich dicht, die Entfernung einer Fieder von der nächst oberen beträgt etwa 0,1 mm. Manche Blätter sind verzweigt (vielleicht in Folge von Verletzungen), das seitliche Blatt sitzt der Mitte der Rachis an.

C. plumaris (Forsk) Ag. sp. p. 181. — J. Ag. Till Alg. Syst. p. 15. — Ins. Neu-Guinea, ad fretum Galewanum. (A. 6. 75.).

Verbr. im wärmeren Atlantischen und Stillen Ocean (Australien), im Indischen Ocean (Ceylon) und im Rothen Meer.

Länge des Stammes = 20—30 cm. Durchmesser desselben = 1—2 mm.

Die Blätter waren bis 11 cm lang. Ein Blatt von dieser Länge hatte einen Stiel (fiederlosen Theil) von 9 mm; dann folgten beiderseits 125 Fiedern von 8—12 mm Länge und einem Durchmesser von etwa 0,5 mm. Durchmesser der Rachis = 1,5 mm.

C. Freycinetii Ag. Sp. Alg. p. 446. — J. Ag. Till Alg. Syst p. 20 — Ins. Neu-Pommern (Neu-Britannien). (A.).

Verbr. im Indischen Ocean, im Rothen Meer, im Stillen Ocean (Marianen, Freundschaftsinseln, Australien).

Exemplare mit 10—12 cm langem Stamm. Blätter ziemlich kurz, 1—3 cm lang, wiederholt dichotom verzweigt unten stielrund, in den oberen Theilen flach und schraubig gewunden; die Torsion ist bei verschiedenen Blättern verschieden, rechts- oder linkswendig, setzt auch manchmal bei demselben Blatt um. Die Rachis in den oberen Theilen 1,5—3 mm breit, oft etwas rinnig; die Fiedern (Zähne) 0,5—1 mm lang.

C. cupressoides (Vahl) Ag. Sp. p. 441. — J. Ag. Till Alg. Syst. p. 23. — Ins. Lucepara, in mar. Banda. (A. et T. 1. 6. 75.). — Ins. Neu-Guinea, ad fretum Galewanum. (T. 6. 75.).

Bisher aus Westindien bekannt.

Die getrockneten Exemplare sind 20—30 cm lang, die Blätter 6 cm, der Stamm etwa von 2 mm Durchmesser. Blätter unten stielrund, von der Dicke des Stammes, oben vielfach verzweigt mit Fiedern, die in 2, 3 oder mehr Reihen stehen. Rachis 0,5—1 mm dick, Fiedern manchmal cylindrisch 0,5—0,7 mm lang, dicht gedrängt, deutlich als besondere Theile hervortretend (ähnlich wie bei der forma brevifolia Kütz. Tab. Phyc. VII. T. 13 Ib), in anderen Fällen die Fiedern breit herablaufend, kaum als besondere Theile hervortretend. Dies letztere ist namentlich der Fall bei dem Exemplar von der Galewa Str., dessen Blätter sich auch durch grosse Länge (bis 10 cm) und geringe Verzweigung auszeichnen. Die Rachis hat hier einen Durchmesser von etwa 1 mm, die Fiedern treten nur als etwa 0,2 mm lange Spitzen hervor. Dies Exemplar erinnert an Caulerpa serrata Kütz. Tab. Phyc. VII. T. 4b.

C. juniperoides J. Ag. Till Alg. Syst. p. 26. — Chauvinia indica Kütz. Tab Phyc. VII. T. 10. — (Varietas inter C. juniperoideam et C. fontinaloidem intermedia) — Ins. Vavau. (A. 12. 12. 75.).

Bisher bekannt von Westindien, aus dem Indischen Ocean (?), den Freundschaftsinseln (?).

Ich verdanke die Bestimmung dieser Caulerpa Herrn GRUNOW, der noch hinzufügt: „Wahrscheinlich ist diese Form, die J. AGARDH a. a. O. erwähnt und die nach ihm vielleicht eigene Art ist, identisch mit C. amicorum Harvey. Leider ist aber HARVEY's Beschreibung zu kurz, und weder AGARDH noch ich haben Originalexemplare von HARVEY's Art gesehen." Die Pflanze war in einem grösseren und einem kleineren Fragment vorhanden. Das erstere war etwa 25 cm lang der Stamm 1 mm dick. Die Blätter sind einfach oder verzweigt, bis 4 cm lang, mit kurzen, dichtstehenden am ganzen Umfang zerstreuten Fiedern besetzt. Diese sind cylindrisch, an der Spitze konkav eingekrümmt. Die Rachis des Blattes hat einen Durchmesser von etwa 0,7 mm. Die Fiedern sind etwa 2 mm lang und von 0,5 mm Durchmesser. Das kleinere Fragment ist etwas schwächer ausgebildet und hat kürzere Fiedern.

C. delicatula Grunow in lit. nov. sp. — Ad. Tr. IX. Lycopodioideae J. Ag. pertinens. Omnium tenuissima, rachide filiformi, ramentis erecto-patentibus, densis, linearibus arcuatis, breviter subacuminatis, multifariis. — Australia occidentalis, ad insulam Dirk Hartog. (A.). — Ins. Anachoretorum. (A.). — Taf. II, Fig. 8.

Die obige kurze Diagnose verdanke ich Herrn GRUNOW.

Das Exemplar von den Anachoreten-Inseln ist kräftiger; es hat ein Stammstück von 3 cm Länge und ca. 0,5—0,7 mm Durchmesser, nach unten wie andere Caulerpen einzelne stärkere Rhizoiden aussendend, aber auch sonst überall wie auch der untere Theil der Rachis mit zarten verzweigten Rhizoiden bedeckt. Blätter bis 2 cm lang, einfach oder verzweigt. Rachis von kaum 0,3 mm Durchmesser, Blattfiedern bis 1,6 mm lang bei nur 0,17 mm Durchmesser, mit einer ganz kurzen Spitze gekrönt.

Das Exemplar von West-Australien, von dem das abgebildete Blattfragment herrührt, war zarter und schmächtiger, Blätter mit einer Rachis von 0,15—0,18 mm Durchmesser; Blattfiedern 0,3—0,8 mm lang, 0,1 mm im Durchmesser. Diese Art ist, wie mir Herr A. GRUNOW mittheilt, am nächsten mit C. Brownii verwandt.

C. peltata Lamour. Journ. Bot. 1809 p. 145. — J. Ag. Till Alg. Syst. p. 37. — Chauvinia peltata Kütz. Tab. Phyc. VII. T. 7. — Ins. Vavau. (A. 12. 12. 75.). — Ins. Neu-Guinea, ad fretum Galewanum. (A.).

Verbr. im tropischen Atlantischen und Pacifischen Ocean.

Das Exemplar von der Vavau-Insel ist sehr unvollständig. Das von Neu-Guinea hat eine Länge von 4 cm. Der Durchmesser des Stammes beträgt 1—1,5 mm; die Rachis der Blätter ist nur wenig dünner. Die Blätter sind bis 4 cm lang mit locker gestellten Fiedern, diese sind von sehr verschiedener Grösse, unten mit einem dünnen Stiel versehen, der plötzlich in ein flaches dünnes Schild übergeht mit kreisförmigem, scharfem, ganzem Rande. Die Schilder haben im Durchschnitt einen Durchmesser von 3 mm; ihre Stiele sind etwa 2 mm lang bei 0,5 mm Durchmesser. Doch kommen einzelne viel grössere vor; so hatte ein Schild einen Durchmesser von 6,5 mm auf einem Stiel von 7 mm Länge. Nach den angegebenen Dimensionen, noch dazu bei einem fragmentarischen Exemplar, kann die Pflanze nicht eigentlich inter minimas generis, wie J. AGARDH sagt, gerechnet werden. Sie stimmt ziemlich gut zu der KUETZING'schen Abbildung von Caulerpa (Chauvinia) peltata a. a. O. Vom gleichen Fundort (Neu-Guinea) lagen mir einige Fragmente vor, die sich durch einen mehr allmählichen Uebergang des Stiels in das Schild unterschieden, so dass die ganze Blattfieder ein mehr kreisel- oder kegelförmiges Aussehen hatte. Stiel 6 mm lang, nach oben allmählich einen Durchmesser von 3 mm annehmend, flach abgeschnitten. Vielleicht ist das die C. Chemnitzia (Esp.). Sie stellt einen Uebergang zu C. clavifera dar, wie denn überhaupt Uebergangsformen zwischen den einzelnen Caulerpa-Arten wohl reichlicher vorhanden sein dürften, als man gewöhnlich annimmt.

C. clavifera (Turn) Ag. Sp. Alg. p. 437. — J. Ag. Till Alg. Syst. p. 35 und 36. — Kütz. Tab. Phyc. VII. T. 14. — Ins. Vavau. (A. 12. 12. 75). — Ins. Anachoretorum. (A. 8. 7. 75.). — Ins. Neu-Guinea, ad fretum Galewanum. (A. 6. 75.). — Ins. Neu-Hannover. (A. 19. 6. 75.).

In den tropischen Meeren allgemein verbreitet.

Die Exemplare von den Anachoreten-Inseln und der Vavau-Insel gehören zu der forma condensata, abbreviata Kütz. Tab. Phyc. VII. T. 14d, die J. AGARDH zu Caulerpa racemosa (Forsk.) β uvifera stellt. Das Exemplar von den Anachoreten-Inseln hatte einen Stamm von 25 cm Länge und 2 mm Durchmesser. Die Blätter sind bis 3,5 cm lang, kurz gestielt, die Rachis etwa 1 mm dick, mit dicht gedrängten Fiedern besetzt, durch die etwas herablaufenden Blattfiedern kantig. Diese sind oben linsenförmig von etwa 3 mm Durchmesser, 1—1½ mm hoch, nach unten in einen sehr kurzen, kaum 1 mm langen Stiel verschmälert. Das Exemplar von Vavau ist sehr robust, Stamm 15 cm lang und bis 3 mm dick; die längsten Blätter sind 3 cm lang, mehrere davon verzweigt. Die Blattfiedern stehen dicht gedrängt, sind aber oben nicht linsenförmig, sondern keulig, nach unten in einen kurzen Stiel verschmälert. Sie sind 3,5—4 mm lang mit 2 mm grösstem Durchmesser.

Das Exemplar von Neu-Guinea gehört möglicherweise zu der f. elongata laxiuscula Kütz. Tab. Phyc. VII. T. 14c (nach J. AGARDH C. racemosa γ laxa). Der kriechende Stamm ist dünner als bei den oben erwähnten Exemplaren von einem Durchmesser von etwa 1,5 mm. Die Blätter sind bis zu 7 cm lang, sehr kurz gestielt, die Rachis stielrund von etwa 1 mm Durchmesser. Die Gestalt der Blattfiedern weicht von der KUETZING'schen Abbildung ab; sie sind kugelig von 1,5—3 mm Durchmesser und plötzlich in einen kurzen 1,5 mm langen bis 0,5 mm dicken Stiel verschmälert.

Die Exemplare von Neu-Hannover sind sehr fragmentarisch. Die Blätter sind öfters einmal verzweigt, die Blattfiedern sind etwas locker gestellt, ziemlich (bis 5 mm) lang, oben nur wenig keulig, 1,5—2 mm im Durchmesser; manche sind fast cylindrisch. Sie erinnern ebenfalls an die f. elongata laxiuscula Kütz.

Phaeophyceae.

Phaeozoosporeae.

Ectocarpeae.

Da die meisten Ectocarpus-Arten ziemlich schwierig zu bestimmen sind, bisher auch nur wenige Abbildungen und Beschreibungen namentlich solcher aus entfernteren Gegenden vorliegen, so habe ich die von der „Gazelle" gesammelten Ectocarpen, soweit sie in guten Exemplaren vorlagen, sämmtlich abgebildet und ausführlich beschrieben.

***Ectocarpus** geminatus* Hook. f. & Harvey Lond. Journ. of Bot. vol. IV. p. 251; Flora antarctica II. p. 464. — Ins. Kerguelen, Betsy Cove. (A. & T. 11. 74 & 1. 75.). — Taf. V, Fig. 3, 6, 7, 9.

Wurde auch am Kap Horn und an den Falkland-Inseln gefunden.

Dieser Ectocarpus ist besonders dadurch ausgezeichnet, dass die Aeste und Sporangien immer paarweise einander opponirt, aus demselben Gliede der Hauptaxe entspringen. Die Zweige lagen bei den mir vorliegenden Exemplaren fast immer in einer und derselben Ebene, doch sieht man ausnahmsweise jugendliche Aeste, die in der zur Hauptverzweigungsebene senkrechten Ebene aussprossen. Da nach HOOKER auch Exemplare quadrifarie ramosi vorkommen, so ist wohl anzunehmen, dass die Verzweigung in einer Ebene durch einseitige Beleuchtung veranlasst wird.

Wie die anderen Ectocarpen besitzt auch E. geminatus dauerndes intercalares Wachsthum, doch ohne dass ein trichothallischer Vegetationspunkt deutlich hervorträte. Die stärkeren Aeste zeigten an ihrem oberen Ende gewöhnlich einige abgestorbene Zellen, jüngere waren hier in der Regel etwas zugespitzt, ohne doch in wirkliche Haare überzugehen. In einiger Entfernung von der Spitze beginnt das Aussprossen der Aeste, meist so, dass jede 3. oder 4. Gliedzelle der Hauptaxe ein Paar Aeste trägt; durch intercalare Zellvermehrung werden dann später diese Astpaare von einander getrennt; auch intercalare Zweigbildung ist häufig, namentlich findet man oft, dass die Zelle, die unmittelbar unter der mit einem Astpaar versehenen liegt, später ebenfalls ein Astpaar aussprossen lässt. Die Verzweigung ist sehr reichlich, bis zu vier oder mehr Ordnungen; mit jeder Ordnung nimmt der Durchmesser der Zweige ab.

Länge und Durchmesser der Zellen einer Pflanze von $1^1/_2$ cm Länge in μ.

	Länge	Durchmesser
Kurzer Ast ($^1/_2$ mm)	13—17	17—20
Längerer Ast.	20—28	25—33
„ „ (4 mm)	12—28	42—47
Hauptaxe	22—28	42—58

Man sieht, dass zwar der Durchmesser, nicht aber die Länge der Zellen, mit dem Alter stetig zunimmt. Dies rührt daher, dass auch in ziemlich dicken und alten Stämmen oft noch eine sehr lebhafte Zellvermehrung stattfindet; doch kommen auch längere Zellen an alten Stämmen vor, so z. B. fand ich an einem solchen Zellen von 40—53 μ Länge bei 70—83 μ Durchmesser.

Schon sehr früh findet man die mit Aesten oder Sporangien versehenen Zellen durch eine mittlere Längswand getheilt; später theilen sich auch andere Zellen in dieser Weise; an ganz alten Stämmen treten auch mehrere Längswände in einer Zelle auf. Rhizoide Fäden sprossen hier und da an der Basis alter Gliedzellen aus und wachsen den Stämmen angeschmiegt nach unten, doch kommen sie im Ganzen nur selten vor.

Es wurden sowohl Exemplare mit pluriloculären (Trichosporangien) und, weniger häufig, mit uniloculären Sporangien gefunden. Erstere sind ungestielt und treten wie die Aeste paarweise aus einer Gliedzelle hervor, nur ganz ausnahmsweise trifft man auf einzeln stehende; selten sind die Sporangien auch kurz gestielt oder stehen terminal an kurzen Aesten. Ihrer Gestalt nach sind sie walzenförmig, oder eiförmig nach oben verschmälert mit stumpfer Spitze. Die Länge geht von 46—79 μ; im Durchschnitt beträgt sie 54 μ; der grösste Durchmesser liegt zwischen 22 und 29 μ. Die uniloculären Sporangien haben ganz dieselbe paarweise opponirte Stellung wie die pluriloculären; sie sind ebenfalls sitzend und von fast vollkommen kugliger Gestalt. Der durchschnittliche Durchmesser beträgt 40 μ.

Eine etwas abweichende Form von E. geminatus fand ich ziemlich reichlich zwischen den Schläuchen des Codium difforme von Kerguelen vegetirend. Die Fäden kriechen hier gewunden und vielfach verzweigt umher, oft mit einander zu gewebeartigen Schichten verwachsend, hier und da ein förmliches Netz bildend, aus dessen Maschen die Rindenschläuche des Codium hervorstehen. Aus diesen kriechenden Fäden erheben sich einzelne aufrechte, die, sparsam verzweigt, in der Regel nicht über die Oberfläche des Codium emporwachsen. Letztere zeigen die Zweigstellung des E. geminatus. Die Zellen sind durch zahlreiche Längswände, auch durch unregelmässige Querwände getheilt und tragen Trichosporangien, die sich durch geringere Länge und mehr kuglige Gestalt von denen der Normalform unterscheiden (vgl. Taf. V, Fig. 9).

E. Constanciae Hariot in lit. nov. sp. Fronde caespitosa, cespite denso, brevi; filis primariis erectis, apice nudis, ad medium parce ramosis, ramis sparsis, quoquoversum egredientibus, erecto patentibus. Sporangiis plurilocularibus circumscriptione lanciformibus obtusis, inferioribus saepe longe pedicellatis, superioribus sessilibus. — Ectocarpus siliculosus Hook. Fl. Antarct. p. p.?? — Ins. Kerguelen. (A. 12. 74.). — Taf. V, Fig. 5, 8.

(Cap Horn, ad conchas et algas majores leg. HARIOT.)

Cespes indefinite expansus, vix centimetrum altitudine superans, olivaceo-viridis (in sicco). Fila primaria erecta, distincta, tenuiora (20—30 μ crassa), subrigida, nunc fere simplicia, ramis breviformibus, spinaeformibus paucis onusta, nunc ad medium ramosa, ramis conformibus sparsis (filo primario ipso brevioribus). Rami majores et inferiores saepe fila descendentia basi emittunt, quibus frons plus minus corticata evadit. Articuli nunc cylindracei, diametro duplo longiores, nunc diametro aequilongi, geniculis vix contracti. Sporangia plurilocularia ovoideo-conica (44—75 μ longa, 17—37 μ lata), obtusiuscula (in pilum haud producta), inferiora pedicellata, superiora sessilia erecta. Cellulae sporigenae 3—5 μ crassae. Sporangia unilocularia ignota.

Species prope Ectocarpus Crouani Thuret in Le Jolis Algues marines de Cherb. (Mém. de la soc. sc. nat. Cherbourg T. X. p. 75) collocanda, a quo differre videtur filis tenuioribus, sed rigidioribus, articulis brevioribus, sporangiis pro ratione brevioribus.

Ich will dieser von Herrn HARIOT verfassten Beschreibung nur hinzufügen, dass bei obiger Art die jüngeren Aeste gewöhnlich bogenförmig zurückgekrümmt sind, vergl. Taf. V, Fig. 5. Die sekundären Aeste entstehen zunächst an der konvexen Seite. Mit dem Aelterwerden der Aeste verliert sich die erwähnte Eigenthümlichkeit, die auch bei anderen Ectocarpen, jedoch in weniger ausgesprochener Weise, vorkommt.

E. confervoides var.? (Roth) Le Jolis Algues mar. Cherb. p. 75. — Fretum magellanicum. (A. 2. 76.). — Taf. V, Fig. 12.

Wohl allgemein verbreitet; bekannt vom Atlantischen Ocean und Mittelmeer, vom Kap der guten Hoffnung, den Falkland-Inseln, Neu-Seeland, Süd- und West-Australien.

Exemplare bis 2 cm lang, Verzweigung unten manchmal anscheinend dichotom, oben so, dass eine primäre und sekundäre Axen unterschieden werden können. An jungen Aesten selbst von ziemlicher Länge bemerkt man eine einseitige Anordnung der sekundären Aeste, doch sind sie nur selten so stark bogenförmig gekrümmt wie bei voriger Art. Die Aeste spitzen sich an ihrem oberen Ende allmählich zu, ohne aber in wirkliche Haare zu enden. Ueber die Grössenverhältnisse der Zellen geben folgende Messungen Auskunft.

Junger Ast von 0,5 mm Länge, obere Zellen in lebhafter Theilung.

	Länge	Durchmesser
Obere Zellen	9 μ	10 μ
Mittlere Zellen	15 „	19 „
Untere Zellen	15 „	21 „

Ast von 10 mm Länge.

	Länge	Durchmesser
Obere Zellen	30 μ	36 μ
Mittlere Zellen	28 „	43 „
Unterste Zellen	36 „	58 „

Die pluriloculären Sporangien zeigen eine ziemlich verschiedenartige Gestalt. Sie sind meistens gestielt auf mehrzelligem oft sehr langem Stiel. Einige sind walzig, an der Spitze stumpf abgerundet, manchmal in der Mitte eingeschnürt. Andere sind kürzer, mehr eiförmig. Eine dritte Art endlich ist den typischen Sporangien des E. confervoides α siliculosus sehr ähnlich. (Vergl. Kütz. Tab. Phyc. V. T. 53 I.) Die Sporangien letzter Art sind sehr lang und schmal, gehen auch manchmal nach oben in ein Haar aus. Möglicherweise beruhen diese Verschiedenheiten der Sporangienform auf verschiedenem Alter, doch konnte ich darüber nichts Genaueres ermitteln. Hier folgen die Durchschnittsmaasse der drei verschiedenen Arten von Sporangien:

	Länge	Gr. Durchmesser
I.	92 μ	26 μ
II.	33 „	8 „
III.	181 „	29 „

Die Abbildung Taf. V, Fig. 12 bezieht sich auf Sporangien der ersten Art.

E. fasciculatus (Griff.) Harvey Man. p. 40. — J. Ag. Sp. I. p. 22. — Var. *macrospora*. — Australia occidentalis, ad ins. Dirk Hartog. (A. 23. 4. 75.). — Taf. V, Fig. 4, 13.

Die Hauptform ist bekannt von Europa, Nordamerika, Tasmanien.

Dieser Ectocarpus steht nach Herrn Bornet dem E. fasciculatus nahe; ich führe ihn als besondere Varietät desselben auf. Er bildet Räschen von 1—2 cm Länge an grösseren Algen. Der Thallus ist reichlich verzweigt mit deutlicher Hauptaxe, von welcher dünnere und kürzere Aeste ausgehen, die wiederum Zweige 2. und 3. Ordnung tragen. Die Verzweigung erfolgt vorwiegend in einer Ebene. Vertheilung der Aeste unregelmässig, häufig folgen eine Anzahl Glieder mit Aesten aufeinander, denen dann sich eine Anzahl astloser Glieder anschliesst. Nicht selten stehen 3—4 aufeinanderfolgende Aeste auf derselben Seite der Hauptaxe. In der Jugend verdünnen sich die Aeste ganz allmählich nach der Spitze zu, die Zellen sind hier kurz und wie die anderen Zellen des Zweiges in lebhafter Theilung begriffen. Später verlieren die Zellen an der Spitze der Fäden ihren Inhalt und strecken sich in die Länge, es enden dann alle Aeste in gegliederte Haare; in den anderen Zellen des Astes finden dann noch Theilungen statt, anfangs mehr in der Nähe der Basis, später in unregelmässiger Weise an verschiedenen Stellen; endlich scheinen mit Ausbildung der Sporangien die Theilungen überall, zuerst aber in den ältesten Zellen an der Basis der Aeste zu erlöschen.

Die folgenden Grössenangaben werden das Gesagte näher veranschaulichen.

Ein ganz junger siebenzelliger spitz zulaufender Ast zeigte an den von oben nach unten gezählten Zellen folgende Maasse:

	Länge	Durchmesser
1. Zelle	= 17 μ	8 μ
2. „	= 15 „	12 „
3. „	= 19 „	15 „
4. „	= 19 „	17 „
5. „	= 17 „	17 „
6. „	= 21 „	21 „
7. „	= 27 „	21 „

Ein Ast von 26 Zellen, ca. 1 mm lang.

	Länge	Durchmesser
3 oberste Zellen im Durchschnitt jede	58 μ	15 μ
10 folgende „ „ „ „	49 „	21 „
4 „ „ „ „ „	44 „	25 „
8 „ „ „ „ „	28 „	31 „
Basalzelle	62 „	— „

Eine junge Pflanze von 6 mm Länge und 95 Zellen ergab:

	Länge	Durchmesser
Obere 4 Zellen im Durchschnitt jede	79 μ	25 μ
Folgende 18 „ „ „ „	60 „	33 „
„ 12 „ „ „ „	38 „	„ „
„ 19 „ „ „ „	63 „	38 „
„ 8 „ „ „ „	74 „	„ „
„ 8 „ „ „ „	44 „	„ „
„ 12 „ „ „ „	74 „	„ „
„ 14 „ „ „ „	101 „	33 „

Endlich fand ich an einem 3 mm langen Ast einer älteren Pflanze

	Länge	Durchmesser
an den oberen Zellen durchschnittlich	71 μ	33 μ
„ „ mittleren „ „	72 „	33 „
„ „ unteren „ „	85 „	40 „

Die ältesten Stammzellen zeigten eine Länge bis zu 130 μ bei einem Durchmesser von 45 μ.

Die (plurilocularen) Sporangien sind cylindrisch von ziemlich gleichmässigem Durchmesser, oben mit stumpfer Spitze. Ihre Länge liegt zwischen 62 μ und 112 μ, im Durchschnitt nach zahlreichen Messungen bei 76 μ; der Durchmesser schwankt zwischen 23 und 35 μ, der Durchschnitt ist 26 μ. Der Länge nach zerfällt das Sporangium in 5—8 Stockwerke, von denen die mittleren durch eine Längswand in 2 Zellen getheilt sind, der durchschnittliche Durchmesser einer solchen Sporenmutterzelle beträgt etwa 12 μ.

Ein Ectocarpus nach Herrn BORNET e grege E. fasciculati lag aus Kerguelen vor. Er bildet 2—3 mm lange Fäden. Die älteren Triebe enden in lange gegliederte Haare, die jüngeren Aeste sind am oberen Ende einfach zugespitzt. Alle Zellen sind in lebhafter Theilung begriffen. Sie sind an dickeren Aesten 25—33 μ im Durchmesser und 17—21 μ lang. Fruktifikationsorgane nicht vorhanden.

E. indicus Sonder in Zollinger, Verz. der im Ind. Arch. ges. Pfl. p. 3. Zür. 1854. — F. pumila Grunow in lit. — Australia boreali-orientalis, in sinu Moreton-Bai (A. 10. 75.). — Taf. V, Fig. 2, 10.

Bisher bekannt von den Molukken und Viti-Inseln.

Dieser an Sargassum wachsende Ectocarpus wurde von Herrn GRUNOW als eine Form des E. indicus bestimmt, von dem er (Algen der Fidschi-, Tonga- und Samoa-Ins. Journ. d. Mus. Godefr. Bd. 3 S. 24) bemerkt, dass er mit E. amicorum Harv. (Friendl. Isl. Alg. No. 8) nahe übereinstimmt. Die SONDER'sche Diagnose ist nicht gerade sehr charakteristisch: „3428. Bipollicaris vel ultra, caespitosus, dilute olivaceus, filis decomposito-ramosissimis, ramis ramulisque alternis, ultimis subsecundis, articulis diametro subduplo longioribus; propagulis sessilibus ad ramulos superiores subsecunde dispositis, lineari-clavatis, obtusissimis." H. BORNET hat denselben E. als E. arabico Kütz. (Tab. Phyc. V. p. 21. T. 72) proximus bezeichnet. In der That stimmt unser E. sehr gut zu der KUETZING'schen Abbildung.

Unsere Pflanze hat je nach ihrem Alterszustand ein ganz verschiedenartiges Aussehen. Bei jungen Pflanzen führen die meisten Zellen feste Inhaltsstoffe. Gewöhnlich ist eine Hauptaxe zu unterscheiden, die nach allen Richtungen hin Aeste trägt, doch sind diese nicht besonders zahlreich und selbst nur sparsam verästelt, so dass man meist nur Aeste erster und zweiter Ordnung antrifft. Die jungen Aeste sind an ihrem oberen Ende einfach zugespitzt, die älteren gehen in lange aus stark verlängerten Zellen bestehende Haare aus. Die Zelltheilung dauert namentlich an der Basis der jüngeren Aeste ziemlich lange an. Hier findet man sehr kurze Zellen. Die Art gehört zu den Ectocarpen von relativ kleinem Durchmesser. Die erwachsenen mit reifen Sporangien versehenen Exemplare haben ein ganz anderes Aussehen. Aus allen Zellen (mit Ausnahme der Sporangien) sind die geformten Inhaltskörper nahezu verschwunden. Der Inhalt ist fast ganz durchsichtig. Die Zellen mit Ausnahme der Trägerzellen von Seitenästen oder Sporangien sind sämmtlich gestreckt, alle Aeste gehen in lange gegliederte Haare aus. Die (plurilocularen) Sporangien sind ziemlich sparsam vorhanden, sitzend, kurz cylindrisch, oben stumpf, in wenige, ziemlich grosse Sporenmutterzellen getheilt. Augenscheinlich wird der gesammte Inhalt der Zellen zur Bildung der Sporangien verbraucht; die Pflanze fruktificirt auf einmal und stirbt dann ab, während bei anderen Ectocarpen die Bildung der Sporangien einen längeren Zeitraum umfasst. Wir geben zum Schluss einige Maasse von Zellen und Sporangien verschieden alter Exemplare an.

Ein junger mit dünner Spitze endigender Ast zeigte

die oberen 5 Zellen jede durchschnittlich	40 μ lang
„ folgenden 2 „ „ „	25 „ „
„ „ 8 „ „ „	13 „ „

Ein älterer Ast von ca. 53 Zellen hatte die oberen haarförmigen 2 Zellen von je 104 μ Länge, die Länge der übrigen Zellen lag zwischen 38 und 83 μ. Der Durchmesser dieses Astes war ungewöhnlich gross und lag zwischen 13 und 20 μ. Endlich mögen hier noch die Maasse der Zellen des Astes einer Pflanze mit reifen Sporangien Platz finden.

Oberste	14 Zellen, je	65—83 μ lang
dann folgen	1 Zelle mit Ast	42 „ „
„ „	5 Zellen, je	63—67 „ „
„ „	1 Zelle mit Ast	29 „ „
„ „	2 Zellen (1 mit Spor.) je	56 „ „
„ „	5 „ je	79—85 „ „
„ „	1 Zelle mit Ast	33 „ „
„ „	2 Zellen, je	85 „ „
„ „	1 Basalzelle	41 „ „

Der Durchmesser dieses Astes betrug zwischen 8 und 13 μ; die Länge der gemessenen Sporangien lag zwischen 33 und 42 μ, deren Durchmesser zwischen 13 und 17 μ; in den meisten Fällen ist die Anzahl der Sporenzellen in den Sporangien nicht gross, diese sind durchschnittlich durch etwa 10 Querwände getheilt, mehrere der so gebildeten Stockwerke zerfallen noch durch eine Längswand in je zwei Zellen; doch kommen auch Sporangien mit viel zahlreicheren und kleineren Sporenzellen vor.

E. simpliciusculus Ag. Spec. Alg. p. 47. — Var. ***vitiensis.*** — Ins. Vavau. (A.). — Taf. V, Fig. 1, 11, 14.

Die Hauptform ist aus dem Mittelmeer und Atlantischen Ocean bekannt.

Der Thallus dieser Pflanze bildet dichte kurze Rasen auf grösseren Algen. Die jungen Fäden entspringen meistens aus einer Zellfläche, die wohl durch Verwachsen der keimenden Schwärmer entstanden ist. Die untersten Zellen der aufrechten Fäden sind recht gross, keulenförmig, die Fäden in diesem kurzen unteren Theil oft dichotom verzweigt. Weiter oben sind die Zellen cylindrisch und hier ist die Verzweigung sehr spärlich, vielfach bleiben die Fäden ganz ohne Zweige. Besonders charakteristisch für den vorliegenden Ectocarpus ist, dass ein deutlicher intercalarer Vegetationspunkt von langandauernder Thätigkeit vorhanden ist (vergl. Taf. V, Fig. 1), wie er sonst bei keinem der anderen besprochenen Ectocarpen vorkommt. JANCZEWSKI hat bereits in seinem Aufsatz über das Wachsthum des Thallus der Phaeosporeen auch das Wachsthum des E. simpliciusculus näher dargelegt. Immerhin mag hier eine kurze Beschreibung der Art des Wachsthums, die an unseren Exemplaren beobachtet wurde, gestattet sein. An sehr jungen Aesten findet man sämmtliche Zellen in Theilung begriffen; früh aber sondert sich an der Basis ein Ort lebhafter Zelltheilung ab, der sehr lange in Thätigkeit bleibt, während Theilungen an anderen Orten nur sehr spärlich oder gar nicht vorkommen. Anfangs scheidet der Vegetationspunkt hauptsächlich Zellen nach oben ab, die also dem oberen Theil des Fadens, den man Haar nennen kann, angefügt werden, wobei jedoch zu bemerken ist, dass wenigstens in der Jugend die Zellen des Haares sich nicht von denen des unteren Theiles, des Stammes, unterscheiden. So findet man anfangs den Vegetationspunkt unmittelbar über den oben erwähnten keuligen Zellen; ein junger Faden von 4,7 mm Länge hatte einen Stamm von nur 0,7 mm Länge, der Rest gehörte dem Haar an. Später werden auch nach unten reichlich Zellen abgeschieden, so dass der Stamm eine beträchtliche Länge erreicht, doch ist die Länge des Haares, das aber, wie bei anderen Ectocarpen, leicht verloren geht, immer entsprechend gross. Die (pluriloculären) Sporangien sind sitzend, lang cylindrisch, oben stumpf, oder mehr kegelförmig und oben zugespitzt; letztere Form kommt mehr bei jungen Pflanzen vor. Die Sporenzellen sind sehr klein. Ich habe unsere Pflanze zu E. simpliciusculus Ag. gestellt, der sie nach H. BORNET nahe steht. Nach HAUCK Meeresalg. Deutschl. ist E. simpliciusculus Kütz. Tab. Phyc. V. Tab. 75 nicht identisch mit AGARDH's gleichnamiger Pflanze. Wie HAUCK angiebt, hat die KUETZING'sche Species viel dünnere Fäden und Sporangien als die hier besprochene.

Maasse eines ca. 3,5 mm langen Fadens. Oberer Theil des Haars fehlend.

15	obere Haarzellen, jede durchschnittlich	62 μ
7	folg. „ „ „	26 „
15	„ Zellen am Punct. veget. jede durchschnittl.	11 „
15	„ Stammzellen „ „	18 „
23	„ „ „ „	41 „
23	„ „ „ „	34 „

Der Durchmesser des Fadens war gleichmässig 25 μ.

Es kommen Fäden von 15—27 μ Durchmesser vor. Die Länge der Sporangien liegt zwischen 120 und 175 μ, der Durchmesser zwischen 30 und 42 μ.

E. terminalis? Kütz. Phyc. germ. p. 236; Tab. Phyc. V. T. 74. — Ins. Promont. viridis, Santiago. (A.).

Bisher aus der Nordsee bekannt.

Die kriechenden Fäden bilden ein dichtes Geflecht zwischen den Schläuchen des Codium tomentosum; die daraus entsprossenden aufrechten Fäden tragen sitzende, eiförmige, nach oben etwas zugespitzte Trichosporangien.

Durchmesser der Fäden = 12—18 μ. Länge der Sporangien im Durchschnitt = 67 μ. Durchmesser derselben = 22 μ.

***Sphacelaria** funicularis* Mont. Prodr. Phyc. p. 13; D'Urv. Voy. au pôle Sud. Bot. Crypt. p. 38 T. 14. — Fretum magellanicum. (A. 2. 76.). — Ins. Kerguelen. (A. 12. 74.).

Bisher gefunden an den Auckland-Inseln, Neu-Seeland, Süd-Chili.

Aus den beiden Fundorten lagen nur Fragmente von Zweigen vor, die stark an Sph. scoparia erinnern. Wie bei dieser entspringen die Zweige aus der Scheitelzelle. Auch die Bildung der Querwände und die weitere Theilung der Gliederzellen findet in der Weise statt, wie dies GEYLER für Sph. scoparia angiebt (Pringsh. Jahrb. Bd. IV). Die Zweige stehen ziemlich unregelmässig, doch scheint auch hier Regel zu sein, dass je vier Internodien zwischen zwei Zweigen liegen. Die reichlich vorhandenen uniloculären Sporangien stehen gewöhnlich in der Achsel von Zweigen zu einem oder zweien auf einem zweizelligen Stiel, manchmal auch an den Enden kurzer mehrzelliger Zweige.

Die Länge der Glieder an den Hauptästen ist ungefähr gleich dem Durchmesser und beträgt 80—120 μ. Die Glieder der Seitenzweige (Kurztriebe) sind viel kürzer und dünner. Die Länge des Sporangienstiels durchschnittl. = 40 μ, der Durchmesser des fast kugeligen Sporangiums im Durchschnitt = 110 μ.

***Sph.** Novae Hollandiae* Sonder Bot. Ztg. 1845 p. 50; Alg. Preiss. p. 154. — J. Ag. Sp. Alg. I p. 32. — Ins. Vavau. — Australia occidentalis, ad ins. Dirk Hartog. (A. 23. 4. 75.). — Taf. V, Fig. 15, 16.

Auch von Süd-Australien und Neu-Kaledonien bekannt.

Pflanzen bis 1 cm lang, dicht rasig wachsend, wenig verzweigt, namentlich im unteren Theil auf langen Strecken astlos, oben etwas reichlicher verzweigt. Die regellos am Hauptstamm stehenden Aeste tragen spärliche Aeste zweiter Ordnung. Man findet keinen Unterschied zwischen Lang- und Kurztrieben. Die Aeste gehen aus den abgeschiedenen Gliederzellen hervor, die Haare — einfache Zellreihen mit basalem Vegetationspunkt — dagegen aus der Scheitelzelle.

In Bezug auf die Theilungsart der Gliederzellen stimmt die Sph. Novae Hollandiae mit der Sph. tribuloides nahe überein (vgl. GEYLER a. a. O.). Die Brutknospen sind dagegen von abweichender Gestalt, doch ergiebt sich ihre Beschaffenheit ohne weitere Beschreibung aus der beigefügten Abbildung der Vorder- und Seitenansicht, Taf. V, Fig. 15 und 16. Auch keimende Brutknospen wurden gefunden, die Keimung erfolgt ganz ebenso, wie sie von JANCZEWSKI für Sph. cirrhosa beschrieben worden ist. (Ann. sc. nat. IV. Ser. T. XVII.)

Die Länge der Glieder betrug nach zahlreichen Messungen im Durchschnitt 50 μ, der Durchmesser 48 μ. Bei den Brutknospen beträgt die Länge des Stiels zwischen 30 und 70 μ, die Länge der Brutknospe selbst ist im Durchschnitt = 115 μ, ihr grösster Durchmesser = 80 μ. Die Haare hatten bei einem Durchmesser von 50 μ manchmal eine recht bedeutende Länge, bis über 1 mm.

***Sph.** furcigera* Kütz. Tab. Phyc. V. p. 27 T. 90. — Australia occidentalis, ad. ins. Dirk Hartog. (A. 23. 4. 75.). — Australia boreali-occidentalis. (A. 26. 4. 75.). — Australia boreali-orientalis. (A. 22. 9. 75.).

Sonst noch bekannt aus dem Persischen Meerbusen, Réunion-Insel, Nord-Australien.

Fäden etwa $1/2$ cm lang, dicht rasig wachsend. Verzweigung nach Stellung und Entfernung der Zweige unregelmässig. Wie bei Sph. tribuloides und Sph. Nov. Holl. entstehen die Zweige an den abgeschiedenen Gliederzellen, die Haare aus der Scheitelzelle. Letztere sind hier reichlich vorhanden; bei den westaustralischen Exemplaren waren sie kurz und vergänglich, bei den nordwestaustralischen sehr lang, bis über 2,5 mm. Auch in der Achsel der Zweige finden sich öfters Haare. Die Anzahl der Längsscheidewände in den Gliedern ist sehr verschieden, je nach der Dicke oder Dünne derselben. Die dünneren Aeste zeigen nur die vier Quadrantenwände, während bei dickeren sich noch an diese eine oder mehrere zur Aussenwand verlaufende Wände schief anlegen wie bei Sph. tribuloides und Sph. Nov. Holl. Im Allgemeinen sind wohl die Fäden der Sph. furcigera dünner als die der Sph. Novae Hollandiae, doch ist es nicht gut möglich, beide im sterilen Zustande von einander zu unterscheiden. Die Länge der Glieder liegt zwischen 25 und 55 μ, ihr Durchmesser zwischen 20 und 35 μ.

Die Brutknospen bestehen bekanntlich (vgl. die Abbildungen bei KUETZING a. a. O.) aus einem Stiel, von dessen Ende zwei lange auseinander spreizende Gabelarme ausgehen. Stiel und Arme sind einfache Zellreihen, nur selten trifft man eine Zelle an, die durch eine Längswand getheilt ist. Die Ausbildung dieser Brutknospen erfolgt in der Weise, dass zuerst der Stiel heranwächst; nachdem dieser an seiner Spitze eine kleine Kappenzelle abgeschieden hat, wachsen aus der nächst unteren Zelle beiderseits zwei Seitenäste hervor, die sich bald durch schiefe oben zusammenstossende Scheidewände von der Mittelzelle abtrennen und dann weiter wachsend die Arme der Gabel erzeugen. Bei dieser Species geben sich die Brutknospen sehr deutlich als modificirte Zweige zu erkennen. Man findet ganz allmähliche Uebergänge. So können die Brutknospen andere (sekundäre) Brutknospen oder auch uniloculäre Sporangien als Seitenzweige tragen. Andererseits findet man hier und da auch ein vegetatives Glied, das zwei opponirte Seitenzweige trägt. Die Länge des Stiels und der Gabelarme ist so verschiedenartig, dass es nutzlos wäre, darüber Zahlenangaben zu machen.

Die uniloculären Sporangien stehen ohne sichtbare Ordnung seitlich an den Stammgliedern, an deren oberem Ende; sie werden spät gebildet, wenn schon Längstheilungen in den Gliedern stattgefunden haben. Sie haben einen sehr kurzen, meist einzelligen Stiel, eine kugelige Gestalt und sind mit ziemlich dicker Membran versehen, die nur an einer Stelle, wo sie später aufreisst, verdünnt und leicht quellbar erscheint. Selten trägt der Stiel noch ein zweites seitlich ansitzendes Sporangium. Die uniloculären Sporangien kommen nicht selten zusammen mit Brutknospen an demselben Exemplar vor; niemals aber findet man uni- und pluriloculäre Sporangien gleichzeitig auf demselben Individuum. Der Durchmesser der uniloculären Sporangien beträgt zwischen 50 und 70 μ.

Die pluriloculären Sporangien sind von cylindrischer Form, oben stumpf endigend, und bestehen aus zahlreichen strahlig um eine centrale Mittellinie angeordneten keilförmigen Zellen. Es sind deren 12—16 in der Längsrichtung des Sporangiums und ebenso viel in der dazu senkrechten Richtung. Doch kommen auch Sporangien mit einer geringeren Zahl Sporenzellen vor, die dann grösser sind als gewöhnlich. Die Länge der pluriloculären Sporangien beträgt zwischen 45 und 70 μ, der Durchmesser liegt zwischen 20 und 30 μ. Wie schon erwähnt, sind Sph. Novae Hollandiae und Sph. furcigera im sterilen Zustande (d. h. ohne Brutknospen) nicht ganz sicher zu unterscheiden; da sie nun auch theilweise durcheinander wachsend vorkommen, so kann man wenigstens für die pluriloculären Sporangien, die immer allein ohne die andern Fruktifikationsorgane auftreten, nicht ganz sicher angeben, ob sie zu der einen oder der andern Species gehören. Ich bin zwar überzeugt, dass weitaus der grösste Theil der Individuen mit solchen Sporangien, die ich angetroffen habe, zu Sph. furcigera gehört; möglich ist es aber, dass auch ein Theil zu Sph. Novae Hollandiae zu ziehen ist, und dass sich diese in Bezug auf die Bildung der Sporangien nicht wesentlich von Sph. furcigera unterscheidet.

Punctarieae.

Desmarestia *viridis* (Fl. dan. T. 886) Lamour. Ann. Mus. XX, 25. — Dichloria viridis. J. Ag. Sp. Alg. I p. 164. — Ins. Kerguelen, Betsy Cove (2—10 F. T. 13. 12. 74.); Cascade-Bai, ad litus (T. 11. 74.).

Verbr. an den atlantischen Küsten Europas und Nordamerikas, an der pacif. Küste Nordamerikas, dann in den antarktischen Meeren, so bei den Auckland-Inseln, Fuegia, Falkland-Inseln.

D. *viridis. β distans* Hook. f. & Harv. Fl. antarct. II p. 466. — Ins. Kerguelen, Betsy Cove (2 F. T. 11. 74.).

D. *Rossii* Hook. f. & Harv. Fl. antarct. II p. 467. T. 172 & 173. — Ins. Kerguelen, Betsy Cove. (T. 12. 74.).

Wurde auch an den Küsten von Fuegia, an den Falkland-Inseln und bei der Heard-Insel gefunden.

Von dieser Alge lagen mir ausser vielen Fragmenten auch einige vollständige Exemplare vor, die trocken etwa 40 bis 50 cm lang sind. Der Stamm hatte unten, trocken, etwa 6 mm Durchmesser. Die Haftscheibe ist recht gross, von etwa 6 cm Durchmesser und entsprechend dick. In der Mitte zeigt sie eine tiefe Aushöhlung, aus der erst der Stamm der Pflanze sich erhebt. Die Aeste der D. Rossii sind wie die aller anderen Desmarestien von einer charakteristischen centralen Zellreihe durchzogen, was ich hier besonders hervorhebe, da es in der Tafel der Fl. antarct. nicht dargestellt ist.

Mesogloeaceae.

Chordaria *capensis* Kütz. (sub Chorda) Sp. Alg. p. 548; Tab. Phyc. VIII T. 11. — Ins. Kerguelen, Betsy Cove, ad litus. (T. 11. 74.).

Auch am Kap der guten Hoffnung gefunden.

Castagnea *virescens* (Carm.) Thuret in Le Jolis Algues Mar. de Cherb. p. 85. — Mesogloea virescens J. Ag. Sp. Alg. I. p. 56. — Ins. Tonga Tabu (A.).

Bisher von den Küsten Europas und der atlantischen Küste Nordamerikas bekannt.

Myriocladia *Sciurus* Harv. Phycol. Austral. Pl. 58. — Australia occidentalis, ad ins. Dirk Hartog. (A. 23. 4. 75.).

Auch in Neu-Südwales gefunden.

Zahlreiche Exemplare bis 8 cm lang, 2 mm Durchmesser. Sie sind gleich an der Basis reichlich verzweigt, weiter oben sparsamer. Der Thallus wird zusammengesetzt aus geraden parallel verlaufenden cylindrischen Zellfäden, mit planen Querwänden. Zwischen diesen kriechen viel dünnere septirte Fäden umher, die sich, reichlich verästelnd, zwischen die cylindrischen Fäden eindrängen, diese vielfach umwindend.

Die cylindrischen Zellfäden enden nach oben und aussen alle in Haare, welche die ganze Aussenfläche des Thallus bekleiden. Diese Haare sind reichlich verzweigt; ihre unteren Zellen sind kürzer als die Stammzellen, dabei etwas bauchig angeschwollen. An diesem basalen Theil sitzen die Sporangien, nach oben werden die Zellen kürzer, mehr cylindrisch und hier liegt der intercalare Vegetationspunkt, von dem aus dem unteren wie dem oberen Theile des Haares, das mit einer Anzahl verlängerter cylindrischer hyaliner Zellen endet, Zellen zugefügt werden. Beim Schnitt durch die Endknospe überzeugt man sich, dass die cylindrischen Stammzellreihen nach oben hin schwach divergiren; während die inneren gerade fortwachsen, werden die äusseren stetig zur Seite gedrängt und nehmen in ihrem Endverlauf schliesslich eine fast horizontale Richtung an. Das Wachsthum der M. Sciurus ist also ausgeprägt trichothallisch. Die intercalaren Vegetationspunkte bleiben ziemlich lange in Thätigkeit, es wird so um den älteren Stamm herum ein lockeres Geflecht horizontal verlaufender Fäden gebildet. Die früher erwähnten dünnen Fäden entspringen als Aeste aus den Zellen der geraden cylindrischen Fäden, sie entsprechen offenbar den Rhizoiden; ihre Zahl wird erst im älteren Stamme grösser, während man in ganz jungen Theilen nur wenige findet.

Die (pluriloculären) Sporangien stehen an den Enden seitlicher Auszweigungen am unteren Theile der freien Haare; man findet sie sowohl an älteren, wie an jüngeren Theilen des Thallus in grosser Zahl. Sie sind sitzend oder kurz gestielt, einzeln oder zu mehreren beisammen, indem die Trägerzellen eines Sporangiums Seitenzweige treiben, die wieder mit Sporangien enden. Diese selbst sind von cylindrischer Gestalt, in der Mitte oft etwas angeschwollen, in zahlreiche kleine Sporenmutterzellen getheilt; ihre Länge beträgt bis 90 μ, der Durchmesser bis 20 μ.

Das Agardhsche Genus Myriocladia kann wohl kaum als hinreichend sicher begründet angesehen werden. M. Sciurus zeigt namentlich in Bezug auf die Sporangien einige Aehnlichkeit mit der Mesogloea natalensis Kütz. Tab. Phyc. VIII. Tab. 10. Ich habe den Genusnamen nicht geändert, weil die Unterschiede der mit Mesogloea nächst verwandten Gattungen bisher noch nicht hinreichend klar gelegt sind.

Hydroclathrus *sinuosus* (Roth) Zanard. Icon. Phyc. adriat. I. p. 109. — Asperococcus sinuosus Bory J. Ag. Sp. Alg. I. p. 75. — Ins. Ascension ad litus (A. 13. 8. 74.).

In den wärmeren Meeren allgemein verbreitet, auch in Japan und auf den Falkland-Inseln.

H. *cancellatus* Bory Dict. class. VIII p. 419. — Asperococcus clathratus J. Ag. Sp. Alg. I. p. 76. — Ins. Neu-Guinea ad oram occidentalem (A. 6. 75.).

In den wärmeren Meeren allgemein verbreitet, bekannt vom Atlantischen Ocean, Rothen Meer, Indischen Ocean, Australien.

Laminarieae.

Macrocystis *pyrifera* Agardh. Sp. Alg. I p. 47. — Hook. & Harv. Antarct. Fl. II. p. 461. T. 109—170. — Fucus pyrifrons L. Mant. p. 311. — Ins. Kerguelen, Betsy Cove (4—5 F. T. & A.).

Verbreitet in dem Antarktischen Ocean von 40—64° S-Br, ferner am Kap der guten Hoffnung, Westaustralien, Westküste von Süd- und Nordamerika, Ostküste von Asien von China nordwärts.

Fucaceae.

Durvillea *utilis* Bory in Duperrey. Voy. Coqu. Bot. T. 1 & 2. — Ins. Kerguelen, Betsy Cove (1 F. A. 23. 1. 75.).

Verbreitet an den Küsten von Chili, Fuegia, an den Falkland-Inseln und Neu-Seeland.

Himanthalia *lorea* (L.) Lyngb. Hydr. Dan. p. 36 T. 8. — Mare Biscayense (libere natans?). (T. 5. 6. 74.).

Verbreitet an den atlantischen Küsten in Europa und Nordamerika.

Hormosira *Banksii* (Turn.) J. Ag. Sp. Alg. I. p. 198. — Ad oram Ins. Neu-Seeland (libere natans?). (A. 11. 75.).

Verbreitet auch an den Küsten von Tasmanien und Australien. (Bis zur Fluthgrenze meist an Steinen angewachsen.)

Turbinaria *ornata* (Turn.) J. Ag. Sp. Alg. I. p. 266. — Ins. Vitiensis Matuku (A.). — Ins. Timor, Koepang (A.). — Ins. Neu-Hannover (A.).

Bekannt von Ostindien, ferner vom Pacifischen Ocean, nämlich von Polynesien, Nordaustralien, Neu-Seeland, Chili.

Cystophyllum[1]) *muricatum* (Turn.) Ag. Icon. ined. tab. 12. — J. Ag. Sp. Alg. I. p. 231. — Harvey Phyc. Austr. Tab. 139. — Sirophysalis trinodis Kütz. Tab. Phyc. X. T. 58 f. 1. — Fucus

[1]) Die Gattungen Cystophyllum, Carpophyllum und Sargassum sind von Herrn A. Grunow bearbeitet.

muricatus Turn. Hist. Fuc. Tab. 112. — Australia boreali-occidentalis (T. 2. 5. 75.). — Australia boreali-orientalis, in sinu Moreton-Bai. (T.).

Bisher bekannt von Australien und den Sunda-Inseln.

C. nothum Grunow nov. sp. C. caule teretiusculo vel subangulato, spinulis brevibus obtusis sparsim vestito, inter ramulos superiores alternantes et distantes plerumque flexuoso; foliis inferioribus acute-dentatis, nervo percursis, dense et valde conspicue glandulosis, e basi angusta cuneata late-lanceolatis, superioribus sensim angustioribus, lineari-lanceolatis, supremis fere omnibus in vesiculas transmutatis; vesiculis parvis, ellipticis, conspicue glandulosis, stipite ipsis aequali vel longiore suffultis, mucrone longo lineari, biseriatim glanduloso vel saepe parum latiore, denticulato, foliaceo, terminatis; receptaculis minutis lanceolatis, in stipite subfastigiatim ramoso terminalibus, laevibus. Color plantae exsiccatae obscure fuscus. — Australia occidentalis, pr. ins. Montebello, in mari alto. (T. 26. 4. 75.). — Taf. VI, Fig. 3 Zweig doppelt vergr.; Receptakel 4mal vergr.

Es liegen leider nur ein paar Bruchstücke dieser interessanten Art vor, welche so vollkommen zwischen Cystophyllum und Sargassum in der Mitte steht, dass es schwer ist, sie mit Sicherheit einzureihen. Die unteren Blätter sind bis 8 mm breit und scharf gezähnt, die oberen, meist eine Luftblase tragenden, 1/2 bis 1 mm breit, immer mit deutlicher Mittelrippe versehen. Die Luftblasen sind bis 1 1/2 mm breit und bis 2 mm lang und erscheinen wegen der verhältnissmässig grossen Fasergrübchen im trockenen Zustande oft etwas eckig. Die winzigen kaum 1 mm langen Receptakel befinden sich auf fast gleich hoch verästelten dünnen Aestchen.

Mir ist keine Art bekannt, mit welcher diese eigenthümliche Form, die sich vielleicht am meisten dem Cystophyllum australe Sonder nähert, verwechselt werden kann.

Carpophyllum *maschalocarpum* (Turn.) Greville Syn. pag. 32. — Harv. Fl. N. Zeel. p. 527. — J. Ag. Sp. Alg. p. 246; J. Ag. Alg. Nov. Zeel. mar. p. 9. — Kütz. Tab. Phyc. XI. T. 50 f. 2. — Fucus maschalocarpus Turn. Hist. Fuc. T. 205. — Sarg. maschalocarpum. Ag. Sp. Alg. p. 44; Syst. p. 309. — Sarg. phyllanthum Richard Astrolabe Tab. 7 (nec Turner). — Ins. Neu-Seeland, libere natans ad septentr. Ins. sept. (T. & A. 12. 11. 75.).

Verbr. Neu-Seeland, Australien.

Sargassum *Peronii* (Mertens) Ag. Sp. Alg. pag. 43; Syst. pag. 308. — J. Ag. Sp. Alg. p. 384; Nya Bidr. till Alg. Syst. p. 54. — Fucus Peronii Mertens, Mem. pag. 4, Tab. 1 (f. dextra). — Turn. Hist. Fuc. Tab. 247. — Pterocaulon Peronii Kütz. Tab. Phyc. X. T. 65 f. 1. — Australia boreali-occidentalis, in mari alto, pr. ins. Montebello (T. 26. 4. 75.).

Sonst bekannt von Nord- und Nordost-Australien.

Von S. decurrens durch an der Basis stärker verengte Blätter verschieden, die, wie auch J. Agardh bemerkt, nich immer ungetheilt, sondern oft fiedrig gespalten sind.

Die untersuchten Exemplare waren theils weiblich, theils überwiegend männlich, d. h. ausser den zahlreichen Antheridien enthielten die Receptakel einzelne kleine, noch sehr junge Sporen. Eine andere Eigenthümlichkeit besteht darin, dass sowohl in männlichen wie in weiblichen Fruchthöhlen solche Fäden vorkommen, wie man sie sonst nur in den Fasergrübchen antrifft, d. h. lang cylindrische und an der Basis sehr kurzgliedrige, so dass hier Fruchthöhlen und Fasergrübchen vereinigt zu sein scheinen.

S. tenue J. Ag. var. *acrocysta* Grunow. Caule . . . . . . ramis teretibus; foliis e basi tenui cuneata lineari-lanceolatis, argute dentatis, biseriatim glandulosis, costatis, membranaceis, fuscescentibus, supremis oblique cuneatis; vesiculis oblongis, plerumque apiculatis, parce et minute glandulosis, breviter petiolatis; receptaculis parvis, simplicibus vel ramosis, minute spinulosis, cymoso-racemosis, sporiferis. — Ins. Neu-Guinea, Mac Cluer-Golf (T.).

Es liegen leider nur ein Paar Bruchstücke vor mit bis 2 1/2 mm breiten und bis 2 cm langen Blättern, bis 2 mm grossen Luftblasen und bis 3 mm langen Receptakeln.

Die Var. unterscheidet sich vom typischen S. tenue durch etwas breitere Blätter, oft zugespitzte Luftblasen und weniger tief gezähnte Receptakel.

S. carpophyllum J. Ag. Sp. Alg. I. p. 304. — Australia boreali-orientalis, in sinu Moreton-Bai. (T.). Taf. VI, Fig. 1.

Bekannt von Nord- und Ostaustralien. Mit kleinen Abänderungen vom Rothen Meere bis China.

Eine monöcische Art, bei der ich an zahlreichen mir vorliegenden Exemplaren noch keine männlichen Receptakel beobachtet habe. Die Blätter sind dünnhäutig und meist bräunlich-gelb. Da keine Abbildung existirt, wurde auf Taf. VI, Fig. 1 ein Zweig mit jungen Receptakeln, etwas vergrössert abgebildet. Ist von S. flavicans (Mert.) Ag. nur durch etwas spitzere Blätter verschieden, und kaum specifisch davon zu trennen. Beide haben glatte oder etwas stachlige Receptakel und gehen in S. calophyllum De Notaris über, welches im Pariser Herbar. ebenfalls als S. flavicans liegt.

S. carpophyllum var. *leptophylla* Grunow. Caule . . .; ramis longissimis teretiusculis, ramulis iterum ramulosis e basi subretrofracta erecto patentibus; foliis inferioribus lanceolatis, minute et argute dentatis, fuscis, rigidulis, superioribus anguste linearibus, minute dentatis, nervo percursis, biseriatim vel pluriseriatim glandulosis, tenuibus flaccidis ex olivaceo flavescentibus; vesiculis in petiolo tenui, tereti, ipsis plerumque breviore sphaericis muticis vel saepe breviter mucronatis; receptaculis lineari-lanceolatis, laevibus, solitariis vel furcato ramosis, cymoso racemosis, sporas et antheridia includentibus. — Australia boreali-orientalis, in sinu Moreton-Bai. (T.).

Von SCHOMBURGK in Australien, von GRUNOW auf Neu-Caledonien gesammelt.

Liegt mir als S. angustifolium bestimmt von der Goodie-Bai vor, ist aber sicher nicht die Turner'sche Art, sondern eine oft sehr schmalblättrige Form von S. carpophyllum.

S. flavicans (Mert.) Ag. var. *moretonensis* Grunow. Monoicum. Caule brevissimo; ramis elongatis, basi compressis, apice teretiusculis, laevibus; ramulis iterum ramulosis, longis, e basi patente erecto patentibus; foliis inferioribus rigidiusculis, late lanceolatis, sparsim glandulosis, superioribus linearibus vel lineari-lanceolatis, tenuibus, rufo fuscescentibus, biseriatim glandulosis, omnibus minute dentatis, nervo percursis; vesiculis sphaericis, muticis, petiolo tenui ipsis plerumque aequali suffultis; receptaculis parvis furcatis cymoso-racemosis, linearibus, subteretibus, sublaevibus vel denticulo uno alterove instructis. — Australia boreali-orientalis, in sinu Moreton-Bai. (T.). — Taf. VI, Fig. 2, Zweig doppelt vergrössert.

Hauptäste bis 70 cm, Aeste bis 25 cm, Aestchen bis 5 cm lang. obere Blätter bis $2^1/_2$ mm breit und bis 2 cm lang, (meist 2 mm breit und $1^1/_2$ cm lang), Luftblasen bis 4 mm gross. Receptakel ca. 5 mm lang und wieder mit Luftblasen oder kleinen Blättern gemischt, Sporen und Antheridien enthaltend. Dieses Sargassum unterscheidet sich von S. carpophyllum durch die kurzen stumpfen Blätter, so dass ich es zu S. flavicans gestellt habe.

S. *pulchellum* Grunow nov. sp. Dioicum; caule . . . .; ramis tenuibus, teretiusculis, laevibus, ramis alternis patentibus, iterum breviter ramulosis; foliis e basi tenui, longe cuneata lineari-lanceolatis, minute dentatis, biseriatim vel sparsim glandulosis, fuscis, submembranaceis, adultiorum nervo apicem attingente, juniorum minus conspicuo ante apicem evanescente; vesiculis in petiolo tenui, tereti, ipsis parum breviore sphaericis, muticis, parce et minute glandulosis, junioribus ovatis, hinc inde breviter acuminatis; receptaculis foemineis spinulosis, substipitatis, singulis vel paucis cymoso-racemosis; masculis parum majoribus, cylindraceis, substipitatis, hinc inde cum foliolis vel vesiculis intermixtis, cymoso-racemosis. — Ins. Neu-Guinea, Mac Cluer-Golf, Segaar-Bai. (T.).

Von MARTENS an der Ins. Banca gesammelt, kommt auch bei Singapore vor (Herb. Binder).

Getrocknete Exemplare oft mit zartem, gefiedertem Habitus. Blätter 1—3 mm breit, bis $1^1/_2$ cm, meist 1 cm lang. Luftblasen 1—3 mm gross. Weibliche Receptakel bis 3 mm, männliche bis 6 mm lang. Diese Art unterscheidet sich von S. tenue durch kleinere viel schwächer gezähnte Blätter, von S. Baccularia durch mehr keilförmige Blätter, kleinere, bisweilen zugespitzte Luftblasen: von kleinblättrigen Formen des S. polycystum durch glatte oder fast glatte Aeste und viel kleinere punktirte Luftblasen; stimmt aber mit allen diesen Arten darin überein, dass sie diöcisch ist und mehr oder weniger gezähnte weibliche und glatte männliche Receptakel besitzt. Da ich sie nirgends mit Sicherheit unterbringen kann, führe ich sie vorläufig als eigene Art auf.

S. pulchellum Grun. var. *subspathulata* Gr. Foliis magis cuneatis, sursum latioribus, vesiculis, saepe majoribus. — Ins. Neu-Guinea, Segaar-Bai vel Mac Cluer-Golf. (T. 6. 75.). — Taf. VI, Fig. 5, Zweig doppelt vergrössert. Fig. 6, Antheridien.

Männliche Pflanze.

Verbr. Bei Singapore von IDA PFEIFFER ges.; Australien (Herb. Berol.), Philippinen.

S. gracile var. *pseudogranulifera* Grun. Dioicum; caule . . . .; ramis teretibus laevibus; ramulis e basi subretroflexa erecto patentibus, iterum ramulosis; foliis e basi cuneata linearibus vel lanceolatis, subundulatis, integerrimis vel minute dentatis, biseriatim glandulosis, nervo tenui ante apicem evanescente costatis, rigidulis, obscure fuscis; vesiculis minutis, sphaericis, muticis, glandulosis, petiolo tereti ipsis plerumque breviore suffultis; receptaculis foemineis minutis, teretibus, singulis, vel paucis aggregatis, inermibus vel parce denticulatis, masculis inermibus, longioribus. — Australia boreali-occidentalis, in mari alto. (T. 5. 5. 75.).

Verbr. Bereits von LESSON im Pacif. Ocean gesammelt.

Blätter 1—2½ mm breit, bis 9 mm lang, Luftblasen 1—2 mm gross, weibliche Receptakel bis 3 mm lang, männliche bis 6 mm lang.

Vom typischen S. gracile durch die kleineren Luftblasen verschieden.

Id. forma latifolia, foliis latioribus. — Australia boreali-occidentalis, in mari alto. (T. 5. 5. 75.). — Taf. VI, Fig. 8, Zweig doppelt vergrössert.

Blätter bis 4,5 mm breit.

S. polycystum var. *parvifolia* Grun. — S. parvifolium J. Ag. Sp. Alg. I. p. 313. — Fucus parvifolius Turner? — Dioicum! — Australia boreali-occidentalis, in mari alto. (T. 5. 5. 75.).

Vom Chinesischen und Indischen Meer bekannt.

Weibliche Pflanzen mit stachligen, männliche mit stachellosen Receptakeln.

Vom Stillen Ocean ohne genauere Fundortsangabe wurde ein Exemplar zurückgebracht, das sich durch etwas breitere Blätter dem eigentlichen S. polycystum nähert.

Id. forma runcinata.

Ramis parce muriculatis; foliis parum latioribus, profunde et acute dentatis; receptaculis foemineis spinulosis, subsingulis vel racemoso-cymosis. — Australia boreali-occidentalis (T. 5. 5. 75.).

Mit den vorhergehenden.

Blätter 1—4 mm breit, 4—16 mm lang mit bis 1 mm langen sehr spitzen abstehenden Zähnen.

S. filifolium Ag. Syst. pag. 305. — J. Ag. Sp. Alg. I. p. 311. — Australia boreali-occidentalis, in mari alto. (T. 5. 5. 75.).

Von Westaustralien bekannt.

Eines der vorliegenden Fragmente stimmte bis auf kleinere Luftblasen ziemlich genau mit einem Agardh'schen Originalexemplare überein. Ein grösseres Exemplar weicht durch hin und wieder mit einzelnen kleinen Zähnen versehene, überhaupt aber seltene Blätter und durch sehr kleine Luftblasen ab; ich habe dasselbe einstweilen als Var. spaniophylla bezeichnet. Die kleinen etwas stachligen Receptakel enthalten nur Sporen. Diese Form nähert sich durch die kleineren Luftblasen dem S. aciculare Grunow, welches zum Formenkreise des S. cystocarpum gehört. Ein drittes Fragment trägt nur weibliche Receptakel, sehr kleine Luftblasen und gar keine Blätter.

S. heterocystum Mont. var. *timoriensis* Grunow. Dioicum; caule . . . .; ramis teretibus sparsim et minutissime glanduloso-muriculatis; ramulis erecto-patentibus; foliis superioribus e basi tenui oblique cuneatis, sursum dentatis, biseriatim vel sparsim glandulosis, enervibus vel ad basim obsolete costatis, rigidulis, obscure rufo-fuscis; vesiculis minutis, sphaericis, muticis, glandulosis, breviter petiolatis; receptaculis foemineis subteretibus, parvis, substipitatis, breviter spinulosis, singulis vel demum subracemosis, receptaculis masculis longioribus, omnino inermibus. — Ins. Timor, Koepang. (T.).

Es liegen leider nur Bruchstücke vor, Blätter 1—2 mm breit, bis 7 mm lang, Luftblasen selten, ca. 1 mm gross, weibliche Receptakel bis 3 mm, männliche bis 1 cm lang.

Diese Varietät unterscheidet sich von ähnlichen Formen des S. polycystum durch die fast rippenlosen kleinen Blätter und ist wohl, wie auch S. heterocystum Mont. selbst nur eine Varietät jener vielgestaltigen im Indischen und Stillen Ocean weit verbreiteten Art.

S. spinifex Ag. Syst. p. 304. — J. Ag. Sp. Alg. I. p. 312. — Australia occidentalis, ad Ins. Dirk Hartog. (T.).

Von China und Ceylon bekannt.

Vollkommen mit Originalexemplaren dieser Art übereinstimmend, welche wie die meisten übrigen Arten der Gruppe Glandularia dioecisch ist, aber sich wesentlich dadurch unterscheidet, dass auch die männlichen Receptakel stachlig sind.

***S.** siliquosum* J. Ag. Sp. Alg. I. p. 316. — Ins. Neu-Guinea, Segaar-Bai. (T.).

Vom Sunda- und Chinesischen Meer (Singapore, Batavia) bekannt.

Von diesem Fundort liegt ein altes schlecht erhaltenes Fragment mit bis 11 mm grossen Luftblasen vor.

S. siliquosum ist dioecisch und hat kürzere, oft getheilte weibliche und einfache längere männliche Receptakel; alle glatt.

***S.** Biserrula* J. Ag. Sp. Alg. p. 318. — Australia occidentalis ad Ins. Dirk Hartog. (T.).

Vom Indischen Meer (Vorderindien) bekannt.

Es liegen ein paar Fragmente vor, die genau mit den von Wight gesammelten Originalexemplaren übereinstimmen. Die Receptakel sind jedoch schon ziemlich alt und enthalten nur Sporen, von denen die meisten schon, wie es oft geschieht, sich an die Aussenseite des Receptakels angeheftet haben, um sich dort weiter zu entwickeln. Die Wight'schen Exemplare haben Receptakel mit Sporen und gleichzeitig in geringer Anzahl Antheridienhöhlen. Männliche Exemplare von S. Biserrula mit stachligen Receptakeln liegen mir nur von Tranquebar vor.

***S.** Biserrula* J. Ag. var. *tranquebarensis* Grunow. Differt foliis dilatioribus, illis *S. carpophylli* subsimilibus et receptaculis minus argute spinulosis.

Diese Form wurde von Koenig bei Tranquebar gesammelt und liegt in mehreren älteren Herbarien als S. parvifolium. Es ist nicht unmöglich, dass sie dem Fucus parvifolius Turner entspricht, sie unterscheidet sich aber von S. parvifolium J. Ag. durch die ganz glatten Aeste und die kleindrüsigen Luftblasen und gleicht im Habitus dem S. carpophyllum, von dem sie sich durch nicht blättertragende, fast ährige Receptakel unterscheidet, die denen von S. parvifolium entsprechen. Unter den Algen der „Gazelle"-Expedition findet sich ein Bruchstück von Nordwest-Australien, das durch etwas schmälere Blätter sich dem S. tenue nähert. Die an demselben befindlichen Receptakel enthielten nur Sporen, wie es auch bei den meisten Exemplaren von Tranquebar der Fall ist, bei denen ich nur vereinzelte Antheridien mit den schon sehr entwickelten Sporen vergesellschaftet fand.

***S.** ilicifolium* var. *oocystoides* Grunow. — Caule . .; ramis teretiusculis, laevibus; foliis e basi cuneata lineari-oblongis, obtusis, minute denticulatis, costatis, minute sparsim vel biseriatim glandulosis, submembranaceis, fuscis; vesiculis perminute glandulosis, junioribus oblongis, saepe apiculatis, adultioribus parum oblongis vel subsphaericis, petiolo sursum parum dilatato suffultis; receptaculis compressis, spinoso dentatis, subracemosis, sporas et antheridia foventibus. — Australia boreali-occidentalis, in mari alto. (T. 5. 5. 75.).

Diese Form liegt nur in kleinen Bruchstücken vor. Die Blätter sind 2—4 mm breit und 8—18 mm lang, die unteren Luftblasen sind fast kuglig, bis 5 mm gross, die oberen circa 2 mm breit und 3 mm lang, die Receptakel bis 1 cm lang. Diese Var. steht der var. venusta nahe, von der sie sich durch etwas rigidere nicht bereifte Blätter und längliche Luftblasen unterscheidet, durch welche sie sich im Habitus dem S. oocyste nähert.

***S.** ilicifolium* var. *venusta* Grunow. Caule brevissimo; ramis inferne compressis, sursum teretiusculis; ramulis e basi subretroflexa erecto patentibus, iterum ramulosis; foliis e basi cuneata oblongis, minute et acute dentatis, costatis, minute glandulosis, supremis obliquis, minutis, omnibus tenuemembranaceis, fuscescentibus, hinc inde pruinosis; vesiculis sphaericis, muticis, rarissime alatis, petiolo teretiusculo, sursum parum dilatato, rarius complanato et costato suffultis, junioribus hic inde oblongis et breviter apiculatis; receptaculis compressis vel triquetris, spinoso-dentatis, cymoso-racemosis, sporas et antheridia foventibus. Plantae masculae rarae, receptaculis consimilibus. — Ins. Neu-Guinea, Segaar-Bai et Mac Cluer-Golf. (T. 6. 75.).

Sonst von Singapore bekannt (Herb. Binder).

Diese Varietät unterscheidet sich vom typischen S. ilicifolium durch kleinere zarthäutige oft etwas bereifte Blätter, durch die nur selten geflügelten Luftblasen und die cylindrischen oben nur wenig erweiterten Stiele derselben. Sehr ähnlich ist die var. squarrosa (S. squarrosum Greville), die aber etwas rigidere Blätter und oft geflügelte Luftblasen hat.

Die unteren Blätter sind bis 11 mm breit und bis 3 cm lang, die oberen viel kleiner und besonders kürzer, die Luftblasen sind $1^1/_2$—3 mm gross, die Receptakel bis 7 mm lang.

***S.** subfalcatum* Sonder var. *montebellensis* Grun. Foliis latiusculis obtusis, subarcuatis, minute dentatis, conspicue glandulosis, nunc dilute fuscis membranaceis nunc obscurioribus et rigidioribus;

vesiculis sphaericis muticis, plerumque breviter petiolatis; receptaculis masculis singulis vel paucis subracemosis, subcylindricis, obsolete spinulosis. — Australia boreali-occidentalis, in mari alto prope Ins. Montebello. (T.).

S. subfalcatum Sonder ist durch die meist an der Basis sehr excentrische Blattrippe ausgezeichnet und unterscheidet sich von S. ilicifolium nicht sehr scharf durch glattere Receptakel. Soll sich in Zollinger No. 2382 von Java vorfinden, ich sah es aber nur in No. 2385. Die obige Form hat bis auf kleinere und etwas rigidere Blätter Aehnlichkeit mit S. ornatum Grev.

***S.** cinctum* var. *lanceolata* (Grev.) Grunow. — S. lanceolatum Grev. (non J. Ag.) Ann. et Mag. Nat. Hist. Ser. 2 Vol. 2 Taf. 13 F. — Australia boreali-occidentalis, in mari alto (T. 5. 5. 75.).

Das vorliegende Fragment hat etwas schwächer gezähnte Blätter als Greville's Abbildung und theilweise blattartige Luftblasenstiele. Es steht auch der var. echinocarpa (S. echinocarpum Grev. l. c. Tab. 5 Fig. 1 nec J. Ag.) sehr nahe.

***S.** droserifolium* Bory Voy. de la Coqu. No. 31.

Aus dem Stillen Ocean wurden von der „Gazelle"-Expedition ein paar kleine Fragmente mitgebracht, welche sich etwas dem S. armatum J. Ag. nähern, das jedenfalls mit S. droserifolium nahe verwandt ist. S. droserifolium ist dioecisch. Die Originalexemplare von Port Praslin auf Neu-Mecklenburg (Neu-Irland) sind männlich und haben glatte Receptakel. Von dem nur männlich bekannten S. berberidifolium unterscheidet sich S. droserifolium hauptsächlich nur durch rigidere meist etwas länglichere Blätter und oft geflügelte und geöhrte Luftblasen.

Weibliche Exemplare mit etwas stachligen Receptakeln und noch rigideren und etwas länglicheren Blättern sammelte Lesson angeblich bei Neu-Seeland. Diese Exemplare sind ursprünglich von Bory als S. droserifolium bezeichnet worden, während sich die von Port Praslin ohne Namen im selben Umschlagsbogen befinden.

***S.** Binderi* var. *latifolia*, Sond. Alg. Trop. Austr. p. 11. — S. cervicorne Greville Ann. et Mag. Nat. Hist. Ser. 2 Vol. 3 T. IX. F. 3. — Australia occidentalis, ad Ins. Dirk Hartog. (T.).

Von Nordaustralien, dem Indischen Meer und China bekannt.

***S.** Binderi* var. *vitiensis* Grunow. — S. echinocarpum var. vitiensis Grunow, Viti Alg. p. 6. — Ins. Tonga Tabu. (T.).

Sonst vom Viti-Archipel bekannt.
Ein paar kleine Bruchstücke.

***S.** (Boveanum* J. Ag. var?) *mauritianum* Grunow nov. sp. Caule . .; ramis subangulatis vel subcompressis laevibus; ramulis patentibus; foliis e basi brevi cuneata lineari-lanceolatis, irregulariter dentatis, nervo percursis, plerumque biseriatim minute glandulosis, submembranaceis, sordide obscure fuscis; vesiculis ellipticis, petiolo ipsis longiore, teretiusculo vel sursum compresso suffultis, fere omnibus apiculatis vel foliolo coronatis; receptaculis cylindraceis torulosis, inermibus, furcato-ramosis, cymosis vel cymoso-racemosis, sporas et antheridia foventibus. — Ins. Mauritius, ad port. St. Louis (T.). — Taf. VI, Fig. 9, ein Zweig doppelt vergr.

Fragment mit bis 11 cm langen Aesten; Blätter bis 3 mm breit und bis 3 cm lang; Luftblasen bis 3 mm breit und 4 mm lang; Receptakel borstendick bis 1 cm lang.

Diese Form unterscheidet sich von S. Boveanum durch die kantigen oder kaum merklich zusammengedrückten Aeste und die gezähnten Blätter. Eine sehr ähnliche Form sammelte Durville 1825 bei Neu-Guinea und eine andere ähnliche Form liegt im Boryschen Herbar als S. Swartzii, zu dem sie jedenfalls nicht gehört.

***S.** stenophyllum* var. *subdisticha* Grunow. — Caule . .; ramis inferne planis superne leviter compressis; ramulis e basi subretroflexa patentibus, iterum breviter ramulosis; foliis lineari-lanceolatis, integerrimis, vel dentibus nonnullis obtusis obsoletis instructis, biseriatim glandulosis, nervo tenui medium versus evanescente costatis, rigidulis, obscure fuscis; vesiculis sphaericis, muticis, petiolo brevi tereti suffultis; receptaculis parvis, cylindraceis inermibus, cymosis, sporas et antheridia foventibus. — Australia boreali-occidentalis, pr. Ins. Legendre. (T.) — Taf. VI, Fig. 7, ein Zweig, doppelt vergrössert.

Aeste unten bis über 2 mm breit, flach, oben kaum 1 mm breit, wenig zusammengedrückt. Blätter bis $2^{1}/_{2}$ mm breit und bis $2^{1}/_{2}$ cm, meist aber ca. 1 cm lang. Luftblasen bis 5 mm gross, die obersten sehr klein und kaum $1^{1}/_{2}$ mm gross. Receptakel 1—2 mm lang.

Diese Form unterscheidet sich vom typischen S. stenophyllum durch weniger flache Aeste, kürzere, bisweilen etwas gezähnte, rigidere Blätter und kleinere Receptakel und nähert sich etwas dem S. lanceolatum J. Ag.

S. lanceolatum J. Ag. Sp. Alg. I. p. 335. — Australia boreali-occidentalis, in mari alto. (T. 5. 5. 75.).

Kleine Bruchstücke.

S. spinuligerum Sonder Bot. Zeit. 1845 p. 51. — J. Ag. Sp. Alg. I. p. 338. — Australia occidentalis, ad Ins. Dirk Hartog. (T.).

Verbr. von der Westküste Australiens bis nach Neu-Seeland und den Inseln des Stillen Oceans.

Eine sehr veränderliche Art, die dem S. linifolium des Mittelmeers entspricht und oft von demselben kaum zu unterscheiden ist.

S. lendigerum (L.) Ag. Spec. p. 9; Syst. p. 295. — J. Ag. Sp. Alg. p. 340. — Fucus lendigerus L. fide Turn. in Turn. Hist. Fuc. tab. 48. — Ins. Ascension. (T.).

Verbr. im wärmeren Atlantischen Ocean, z. B. von Senegambien und Teneriffa bekannt.

Breitblättrige Littoral-Form, die sehr gut mit TURNER's Abbildung übereinstimmt. Die Receptakel enthalten Sporen und in geringer Anzahl Antheridienhöhlen.

S. bacciferum (Turn.) Ag. Sp. Alg. pag. 6. Syst. p. 294. — J. Ag. Sp. Alg. I p. 344. — Fucus bacciferus Turn. Hist. Fuc. Tab. 47. — Mare atlanticum, libere natans. Lat. 22° 59′ N, Long. 40° 1′ W. (T & A.).

Verbr. im Atlantischen Ocean in der sogenannten Sargassosee, ob anderwärts? Vgl. J. Ag. a. a. O. Die mitgebrachten Exemplare entsprechen der Abbildung in Kütz. Tab. Phyc. XI T. 11 Fig. 2.

S. bacciferum ist eine noch immer nicht genügend aufgeklärte Art, und besteht wahrscheinlich aus im abgerissenen Zustande weiter vegetirenden Exemplaren von S. vulgare und vielleicht auch anderer Sargassum-Arten. Sie verlieren dabei gänzlich die Fasergrübchen und jede Spur einer Fruktifikation, während die Luftblasen sich meist zuspitzen. O. SCHULTZE hat die Behauptung aufgestellt, dass S. bacciferum aus abgerissenen Exemplaren besteht, die nicht weiter vegetiren, sondern nach kurzer Zeit absterben. Er hat aber dabei übersehen, dass gar keine Sargassum-Arten bekannt sind, die mit den verschiedenen Formen des S. bacciferum identisch sind. Fruktifikation habe ich in keinem der von mir untersuchten vielen Herbarien auch nur andeutungsweise angetroffen. Im Karaibischen Meere und im Golfe von Mexico findet sich ein Sargassum, welches KUETZING als S. affine J. Ag. abgebildet hat, welches aber von AGARDH's mit S. Filipendula verwandter Art gänzlich verschieden ist. Ich nenne es vorläufig S. Kützingianum. Es hat porenlose meist dünnere Blätter wie S. bacciferum und nicht zugespitzte Luftblasen. Bei St. Martin sammelte Suringar ein angewachsenes Exemplarchen, bei Caraccas Gollmer wahrscheinlich ebenfalls angewachsene Exemplare, die dicht mit Schizosiphon fucicola Kg. und zahlreichen Diatomeenarten bedeckt waren. Receptakel habe ich an keinem der zahlreichen Exemplare gesehen. Jedenfalls steht diese Art dem S. bacciferum sehr nahe.

Zu diesen Bemerkungen GRUNOW's will ich noch hinzufügen, dass an dem Thallus des von der „Gazelle"-Expedition gesammelten S. bacciferum eine Rivulariee, eine nicht näher bestimmbare Calothrix-Art gefunden wurde, was ich deshalb erwähne, weil, wie V. MARTENS (Preuss. Exp. n. Ost-Asien, Tange pag. 9) hervorhebt, parasitische Algen, die sonst an schwimmenden Sargassen häufig sind, gerade an dem S. bacciferum in der Regel nicht vorkommen.

Dictyotacae.

Dictyota dichotoma (Huds.) Lamour. in Desc. Journ. de Bot. T. II 1809 p. 42. — J. Ag. Sp. Alg. I p. 92. — Australia occidentalis, ad Ins. Dirk Hartog. (A. 23. 4. 75.).

In den gemässigten und wärmeren Meeren allgemein verbreitet.

D. ciliata (J. Ag. Symb. I. p. 5; Sp. Alg. I p. 93.). — Australia occidentalis, ad Ins. Dirk Hartog. (A. 23. 4. 75.).

Bekannt von Florida, den Bermudas, Westindien, Mexiko (Vera Cruz), Viti-Inseln.

D. sp. — Ins. Ascension, ad litus. (A.).

Kleine Fragmente einer Dictyota mit schmalem Thallus, etwa D. Bartayresiana Lamour. oder D. cervicornis Kütz. Tab. Phyc. IX T. 29.

Zonaria *variegata* (Lamour. sub Dictyota) Mart. Fl. Brasil p. 25. — J. Ag. Sp. Alg. I p. 108. — Australia occidentalis, ad Ins. Dirk Hartog. (A. 23. 4. 75.).

Bekannt von den Kanaren, Antillen, Brasilien, Neu-Südwales.

Unter den gesammelten Pflanzen waren mehrere in Fruktifikation. Die Fruchtorgane stehen in Soren am unteren schmalen Theil des Thallus. Sie gleichen ganz den von KUETZING Tab. Phyc. IX T. 67 abgebildeten, die der Phycopteris interrupta angehören.

Z. *Tournefortii* Lamour. Diss. s. plus. esp. de Fucus Tab. 26 f. 1. — Z. flava Clem. — J. Ag. Sp. Alg. I, 110. — Ins. Promont. virid., Letons Rock. — (38 F.). (A. 26. 7. 74.).

Bekannt vom Mittelmeer und dem wärmeren Atlantischen Ocean (Spanien. Nordafrika, Kanaren, Brasilien).

Padina *Pavonia* (L.) Gaillon Dict. d'hist. nat. LIII p. 371. — Ins. Ascension, ad litus. (A). — Australia occidentalis, ad Ins. Dirk Hartog. (A. 23. 4. 75.). — Australia boreali-occidentalis, ad Sargassum affixa. (A.). — Ins. Neu-Pommern (Neu-Britannien). (A.).

In den wärmeren Meeren allgemein verbreitet.

Dictyopteris *australis* Sonder, (sub Halyseris) Algae Müll. Linnaea XXVb p. 664. — Kütz. Tab. Phyc. IX T. 54. — Australia boreali-orientalis, Moreton-Bai. (A. 10. 75.).

Bekannt von Süd- und Westaustralien und Ostindien.

Nach SONDER Alg des Trop. Austral. (Abh. naturw. Verein. Hamb.) p. 47 ist Dictyopteris pardalis HARVEY Phyc. Austr. T. 29 nur eine Varietät dieser Art mit schmalem Laube.

Rhodophyceae.

Squamariaceae.

Peyssonnelia *rubra* (Grev.) J. Ag. Sp. Alg. II. 502; III (Epicrisis) p. 386. — Ins. Madeira, ad Lithothamnion. (A.).

Bekannt vom Mittelmeer, Indischen und Pacifischen Ocean.

P. *spec.* Ins. Ascension, ad Lithothamnion. (A.).

Die Species liess sich nicht bestimmen. An Fruktifikationsorganen waren nur kleine oberflächliche mit Schleim erfüllte Conceptakel vorhanden, die von oben betrachtet, als helle Punkte im dunkelen Gewebe erschienen.

Hildenbrandtiaceae.

Hildenbrandtia *Prototypus* Nardo in Isis 1834 p. 675 (H. Nardi und H. rosea Kütz. u. J. Ag., vgl. Hauck, Meeralgen Deutschl. p. 38), n. var. *kerguelensis*. — Ins. Kerguelen. (T.).

Bekannt vom Mittelmeer und Atlantischen Ocean (Europa und Amerika).

An Steinen aus Kerguelen findet man diese Alge in Form dunkelrother Flecke, die anfangs kreisförmig, später unregelmässig begrenzt erscheinen und einen Durchmesser von mehreren Centimetern erreichen können. Unter dem Mikroskop zeigen sie den bekannten Bau der Hildenbrandtia; der obere Theil des Thallus ist schön rothviolett gefärbt. Man findet zahlreiche Conceptakel und an den Wänden dieser, strahlig nach innen gerichtet, dicht gedrängte Vermehrungsorgane, die aus cylindrischen durch genau parallele Querwände in 4 Theilstücke (Sporen) getheilten Zellen bestehen. Zwischen diesen liegen zahlreiche Paraphysen, die hin und wieder auch verzweigt sind. Nach SCHMITZ sind die zonenweise getheilten Zellen also Cystocarpien. Die var. kerguelensis zeichnet sich besonders durch ihre grosse Dicke aus; diese betrug bei den von mir untersuchten Exemplaren in der Mitte, wo sie am grössten ist, bis zu 370 μ, sie nimmt allerdings nach dem Rande zu stark ab. Die obere aus geraden parallelen Fäden bestehende Schicht macht etwa 5/6 der ganzen Dicke aus. Die Conceptakel sind auch von verschiedener Grösse. Die grössten in der Mitte sind bis zu 200 μ lang (in der Richtung senkrecht auf die Thallusfläche) und halb so breit. Die Sporen quellen sehr stark, auch in Salzlösung, so dass ihre Grössenverhältnisse kaum genau zu ermitteln sind; die ungefähre durchschnittliche Länge eines Komplexes von vier Sporen beträgt 25 μ, der Durchmesser ist etwa gleich 6 μ. Ob diese Varietas kerguelensis etwa als neue Species anzusehen ist, vermag ich nicht zu entscheiden, da mir von den europäischen Arten kein ausreichendes Untersuchungsmaterial vorlag.

H. Lecannellieri Hariot in lit.[1]) nov. sp. — Fretum magellanicum, Tuesday-Bai, ad litus in lapides. (T. 2. 2. 76.).

Frons indefinite expansa, obscure-purpurea, cartilaginea, rugosa, cavernosa, saxis parum adhaerens, usque ad 5—8 mm crassa. Cellulae quadraticae radiatim dispositae 5 μ bis 10 μ aequantes, confertissimae. Tetrasporae in cryptis superficialibus apertis dispositae paraphysibus linearibus immixtis, oblongae, zonatim quadridivisae.

Ab Hildenbrandtia Nardi fronde multo crassiore et inaequali superficie primo intuitu differt. Species insignis in hoc monotypico genere novam formam efficiens quae per totum Magellani freti transitum et oras Fuegiae ad Caput Horn frequentissima. — Taf. II, Fig. 11, 12, 13, 14.

Wie Herr Hariot mir noch weiterhin mittheilt, bildet diese Alge, die er an allen von ihm untersuchten Plätzen in Fuegia in reichlicher Menge in Gemeinschaft mit Lithothamnion, Lithophyllum und einigen Flechten (Pertusaria) gefunden, an der Küste eine dunkelrothe Zone, die scharf gegen die graue Farbe der Felsen absteht.

Das von der „Gazelle" gesammelte sehr fragmentarische Exemplar, das auf Taf. II, Fig. 11 in natürlicher Grösse (im trockenen Zustande) dargestellt ist, hat einen Thallus, der ganz aus anastomosirenden hin und her gewundenen Aesten besteht vgl. Taf. II, Fig. 12, wo ein kleiner Theil desselben in doppelter Vergrösserung im angefeuchteten Zustande wiedergegeben ist. Taf. II, Fig. 14 zeigt einen Schnitt durch einen Ast des Thallus; der dunkel gehaltene Streifen am Rande bezeichnet eine Schicht von sehr regelmässigem Bau, die aus zur Fläche senkrechten Zellfäden besteht, doch findet man dieselbe Struktur an manchen Stellen auch mehr im Innern. Durch den Schnitt sind, wie man sieht, zahlreiche Conceptakel geöffnet; wegen der unregelmässigen Gestalt des Astes sind sie in sehr verschiedenartiger Weise getroffen worden.

Taf. II, Fig. 14 endlich zeigt ein aufgeschnittenes Conceptakel in stärkerer Vergrösserung.

Wrangeliaceae.

Chantransia *Naumannii* Askenasy nov. sp. Thallus ad 3 mm longus, a filis rectis quoquoversum ramosis constitutus, ramis erectis in latu superiore complures sporas sessiles secundatim ordinatas gerentibus, ita ut utraque cellula rami sporam singulam feret. Sporae forma ellipsoideae, longitudine 25 μ, diametro 11 μ. Cellulae vegetativae longitudine a 25 ad 55 μ, diametro a 7 ad 10 μ. Planta inter ascos exteriores Codii tomentosi, a cl. Naumann collecti, frequentissima. — Ins. Promont. virid., Santiago. (8 F. A. 27. 7. 74). — Taf. VIII, Fig. 13, 14.

Diese Pflanze fand sich in reichlicher Menge zwischen den Pallisadenschläuchen des Cod. tomentosum, über dessen Oberfläche sie sich kaum erhebt. Unten ist die Pflanze sparsam, oben reichlicher verzweigt, gewöhnlich so, dass man die etwas stärkere Hauptaxe von den Seitenzweigen unterscheiden kann. Letztere können Zweige zweiter Ordnung tragen; darüber hinaus geht die Zweigbildung nur selten. Die Sporen finden sich nur an den höher stehenden Zweigen und oberen Enden der Hauptaxen. Sie sitzen hier an den Zellen als kurze ungestielte Seitenzweige, immer nur eine an jeder vegetativen Zelle; dafür aber findet man, dass oft von 10 und mehr auf einander folgenden Zellen eines Astes jede eine Spore trägt. Alle Sporen sitzen nur auf der oberen (inneren) Seite des Astes, sind daher streng in eine Reihe geordnet. An der die Sporen umhüllenden Membran bemerkt man oft an der Spitze oder an der Seite eine kleine knopfförmige Verdickung, wahrscheinlich eine gequollene Stelle. Wenn die Spore aus ihrer Hülle ausgetreten ist, so kann durch Auswachsen der Trägerzelle in die leere Membran hinein eine neue Spore gebildet werden. Die Maassverhältnisse der vegetativen Zellen und der Sporen wurden schon oben mitgetheilt; die letzteren sind durchweg von ziemlich gleichartiger Grösse und Gestalt, die vegetativen Zellen zeigen in Bezug auf Länge und Durchmesser grössere Verschiedenheit. Manche Zweige haben an der Spitze haarförmig verlängerte Zellen.

---

1) Die nachfolgende Diagnose nebst Bemerkungen verdanke ich Herrn P. Hariot in Paris.

Chaetangiaceae.

Galaxaura Lamour.

Da der feinere Bau der Galaxauren bisher noch nicht eingehend beschrieben worden ist, so schien es passend, hier eine kurze Darstellung desselben zu geben.

Die Galaxaura-Arten sind von ziemlich übereinstimmendem Bau. Im Innern des Stammes liegt ein Mark, das aus ziemlich gerade verlaufenden, je nach den Arten dichter oder lockerer mit einander verbundenen Fäden besteht. Diese dichotom oder polytom verzweigten Fäden setzen sich aus langgestreckten cylindrischen Zellen zusammen. Von dem Mark aus gehen horizontal oder schief aufwärts gerichtete Fäden ab, die dasselbe mit der Rinde verbinden. Diese wird durch zwei bis drei Zellschichten gebildet, die aus isodiametrischen fest mit einander verbundenen Zellen bestehen. In ihren Wänden findet man reichlich Kalk eingelagert, die äusseren Wände der am meisten nach aussen gelegenen Rindenzellen bleiben aber bei allen Species unverkalkt. Näheres über die Verkalkung soll bei den einzelnen Arten mitgetheilt werden. Aus den Zellen der Aussenrinde entspringen oft kürzere oder längere gegliederte Haare. Der Scheitel aller von mir untersuchten Arten ist konkav gebildet, so dass der Vegetationspunkt mehr oder weniger eingesenkt ist; Wachsthum und Zellvermehrung finden nur innerhalb des eingesenkten Theiles des Scheitels statt. In Bezug auf den Inhalt der Zellen will ich nur bemerken, dass in den Rindenzellen sich zahlreiche Amylonkörner finden. In den Markzellen findet man bei G. rugosa eigenthümliche spiessförmige Krystalle, die in Essigsäure unlöslich, in Salzsäure löslich sind (Kalksalz einer organischen Säure?). Von Fruktifikationsorganen sind bisher nur Cystocarpien bekannt, vergl. hierüber ZANARDINI, Iconogr. phycol. adriat. vol. I p. 91, T. XXII; BORNET et THURET, Notes algol. I p. XII; Etudes phycol. p. 66. Die Galaxauren scheinen nur spärlich zu fruktificiren: unter ziemlich reichlichem Material, das mir von der „Gazelle“-Expedition und von anderwärts vorlag, fand ich nur an einem kleinen Fragment der G. rugosa, sowie an einem als G. fastigiata Decsne. bezeichneten aus den Bermudas stammenden Exemplar Cystocarpien.

G. rigida Lamour., Hist. polyp. 265 n. 402 tab. 8 f. 4; voy. de Freycinet p. 523 t. 91 f. 10 et 11. — Decaisne, Pl. Arab. heur. Arch. du Musée II p. 128. — Actinotrichia rigida Decaisne, Ann. sc. nat. XVIII p. 118. — Galaxaura indurata Kütz. Tab. Phyc. VIII T. 31. — Ins. Vitiensis, Matuku. (A. & T.). — Ins. Vavau (A.). — Ins. Salomonis, Bougainville (A.). — Taf. VII, Fig. 1—7.

Bekannt vom Rothen Meere, Indischen Ocean (Ostindien, Mauritius, Madagascar), Pacif. Ocean (Nordaustralien, Tonga Tabu, Taiti, Sandw. Ins.).

Für diese Pflanze, die auffallenderweise in AGARDH's Sp. Alg. III (Epicrisis) p. 520 ff. nicht aufgeführt wird, sind die in regelmässiger Entfernung am Stamme stehenden Wirtel gegliederter Haare besonders charakteristisch. Auf diesen Charakter hin hat DECAISNE sie zu einem besonderen Genus Actinotrichia erhoben, meiner Ansicht nach mit Unrecht, da der Bau der Pflanze im Wesentlichen mit dem der anderen Arten von Galaxaura übereinstimmt und ganz ähnliche Haarwirtel nach der Abbildung in HARVEY's Phycologia australis T. 36 auch bei G. marginata vorkommen. Der allgemeine Bau des Stammes, wie er Taf. VII, Fig. 3 im Längsschnitt, Fig. 1 im Querschnitt dargestellt ist, bedarf wohl keiner weiteren Erläuterung. Taf. VII, Fig. 2 ist ein Längsschnitt durch den Scheitel dargestellt. Man sieht, dass dieser hier mässig vertieft ist; der an der tiefsten Stelle liegende Vegetationspunkt ist durch die in seiner Nähe konkav zusammenneigenden Zellen bezeichnet. Man bemerkt ferner an dieser Figur, dass bald die äusseren Zellen, die spätere Rinde, sich durch syncline und anticline Wände lebhafter zu theilen beginnen, als die unter ihnen, mehr nach innen zu gelegenen Zellen, die späteren Markzellen. So sondert sich die Rinde vom Mark; die Markzellen werden durch das lebhafte Wachsthum der Rinde divergirend auseinander gezerrt. Im erwachsenen Zustand zeigt dann der Thallus im Centrum mehr locker verlaufende, wohl von einer Art Gallerte umgebene Markfäden, die in der Nähe der Rinde etwas dichter bei einander liegen.

Ueber die Verkalkung des Thallus wurde Folgendes ermittelt. Wie bei Halimeda ist auch hier die äussere Wand der äussersten Zellschicht der Rinde unverkalkt, ebenso eine kurze Strecke der unmittelbar benachbarten Seitenwände (vergl. Taf. VII, Fig. 5 u. 7). Der Haupttheil der Seitenwände ist aber stark verkalkt; an der hinteren tangentialen Wand bleibt eine Stelle, die dünnwandig und nur schwach oder gar nicht verkalkt ist. Ebenso sind die Wände der nächstinneren, an die äusserste grenzenden Zellschicht stark verkalkt, nur an den tangentialen Wänden findet man auch hier dünne unverkalkte Stellen. Ebenso verhält sich auch die dritte nach innen zu folgende Zellschicht der Rinde; von den Markfäden zeigen sich nur die der Rinde benachbarten und auch diese nur schwach verkalkt. Die verkalkten Stellen erscheinen im auffallenden Lichte milchig glänzend, im durchfallenden Lichte körnig, durch einzelne scharf umrissene glänzende Körnchen, die stellenweise, namentlich an den inneren Ecken der äusseren Zellschicht, eine etwas bedeutendere Grösse erreichen. Taf. VII, Fig. 6 zeigt die äusserste Zellschicht durch einen Flächenschnitt abgelöst bei der Ansicht von oben. Der Schnitt hat unten nur den unverkalkten äussersten Theil dieser Zellschicht abgelöst, weiter oben sind auch die verkalkten Seitenwände getroffen. Man erkennt bei der Ansicht von oben, dass der verkalkte Theil der Membran eine strahlige Struktur zeigt, die nach der Axe der Zelle hinweist. Er ist von Kanälen (Tüpfeln) durchsetzt, die an benachbarten Zellen auf einander stossen. Die Kalkeinlagerung erfolgt ziemlich früh. Bei Beobachtung im polarisirten Licht kann man kleine Kalkkörnchen schon unterhalb des Randes der Scheitelwölbung wahrnehmen, die Zellen sind hier nur mässig verdickt. Weiterhin schreiten Verdickung und Kalkeinlagerung gleichmässig vor; dabei runden sich die Ecken und Kanten der Zellen nach innen zu allmählich ab. Im polarisirten Licht erscheinen die verkalkten Wände als ein Gewirr verschiedener stark glänzender, scharfkantiger Krystalle von sehr verschiedener Grösse und unregelmässiger, doch oft dem Rhomboeder sich nähernder Gestalt (Taf. VII Fig. 7). Die kleineren mehr faserigen Krystalle sind so angeordnet, dass ihre optische Hauptaxe rechtwinklig zum Lumen der Zelle liegt.

G. rugosa (Ell. et Sol.) Lamour. Pol. flex. p. 263. — Kütz. Tab. Phyc. VIII T. 33. — J. Ag. Spec. Alg. III (Epicr.) 528. — Ins. Ascension (8—13 F. A.). — Ins. Timor, Koepang, ad litus. (A. 18. 5. 75.). — Taf. VII, Fig. 8—14.

Bekannt vom wärmeren Atlantischen Ocean (Kanaren, Antillen), wohl auch vom Pacifischen und Indischen Ocean (G. annulata Lamour.).

Diese Alge, die ich in grösserer Anzahl von den Kanaren besitze — die kanarische Alge ist von Montagne irriger Weise als G. umbellata Lamour. bestimmt — harmonirt recht gut mit der oben angeführten Kützing'schen Abbildung, nur sind die ringförmigen Furchen am Thallus bei meinen Exemplaren undeutlich oder nicht vorhanden.

Die Länge der Internodien (von Dichotomie zu Dichotomie) ist am unteren Theile des Thallus geringer als am oberen, unten etwa 3—5 mm, oben 8—13 mm; der Durchmesser derselben beträgt im Durchschnitt etwa 1,5 mm. Wie bei anderen Galaxauren, so liegen auch bei dieser Art die unmittelbar folgenden Dichotomien des Thallus in zu einander senkrechten Ebenen. Die Enden der Aeste sind (auch an Alkoholexemplaren) stark abgeflacht und zwar in der Ebene der letzten Dichotomie, erst die zwei jungen Aeste der folgenden, neuen Dichotomie sind in der zur früheren senkrechten Richtung abgeplattet.

Die oberen Sprossen sind aussen ganz glatt, ohne Haare, nur die älteren Theile sind mit einem Filz von Haaren bekleidet. Der Vegetationspunkt liegt in einer sehr tiefen Höhlung. Da die Pflanze in Wasser stark aufquillt, habe ich (Taf. VII, Fig. 8) eine Abbildung des Scheitels gegeben, wie er beim Liegen des Schnitts in Alkohol erscheint, wobei jedoch die Rindenstreifen sich nach innen stark konvex krümmen. Die Rinde wird, wie man sieht, nahe am Vegetationspunkt angelegt und besteht aus drei fest mit einander verbundenen Schichten isodiametrischer Zellen. Die Zellen, die den Markfäden den Ursprung geben und zunächst den Rindenzellen unten am Vegetationspunkt liegen, werden durch das stärkere Wachsthum der Rindenzellen in noch viel höherem Masse als bei G. rigida auseinandergezogen; so findet man denn am erwachsenen Stamm lediglich an der inneren Seite der Rinde eine Anzahl zusammenhängender Markfäden, während das Innere des Thallus nur von wenigen verzweigten Markfäden durchzogen wird. Auch hier ist die Aussenwand der äussersten Schicht von Rindenzellen nicht verkalkt (vgl. Taf. VII, Fig. 9), die anderen Wände der Rindenzellen lagern aber Kalk ein, doch ist hier die Kalkeinlagerung in jungen Sprossen ziemlich gering und wird erst in älteren stärker, in welchen man auch aussen an den Markfäden sich anlagernde Kalktheilchen findet. An den sehr fragmentarischen Exemplaren von Timor fand ich junge Cystocarpien. Die Entwickelung derselben geht von den der Rinde unmittelbar benachbarten Markzellen aus; das Cystocarp bildet sich in einer Lücke innerhalb der Rinde, die von der äussersten Rindenschicht überdeckt ist (vgl. Taf. VII, Fig. 12). Erst später entsteht durch Absterben und Zerfall einiger Zellen der äussersten Rindenschicht über dem jungen Cystocarp eine Oeffnung nach aussen (Taf. VII, Fig. 14). Das letztere bildet anfangs einen reich verzweigten kurzen Spross mit etwa isodiametrischen protoplasmareichen Zellen. Weiterhin geht das Wachsthum so vor sich, dass die äusseren Zweige eine Art Hülle bilden, welche das ganze Cystocarp umschliesst und dasselbe gegen das Innere des Thallus abgrenzt. Aussen an dieser Hülle wird reichlich kohlensaurer Kalk abgeschieden. Nach Innen zu sprossen aus allen Zellen der Hülle zahlreiche Aeste aus, die sich selbst wiederum reichlich verzweigen und den ganzen Innenraum des Cystocarps erfüllen (vgl. Taf. VII, Fig. 10, 12, 13). Die Endzellen dieser Sprosssysteme zeichneten sich bei den untersuchten Exemplaren durch nichts Besonderes vor den anderen Zellen aus (vgl. Taf. VII, Fig. 11); augenscheinlich waren die Cystocarpien unserer Pflanze nicht ganz reif. Ein Trichogyn wurde nicht beobachtet; vielleicht ist dasselbe sehr vergänglich.

G. lapidescens (Ellis et Sol.) Lamour. Hist. Polyp. flex. p. 264. — J. Ag. Sp. Alg. III. (Epicr.) p. 530. — Kütz. Tab. Phyc. VIII., T. 38 I. u. II. — Ins. Vavau. (A.). — Taf. VIII, Fig. 1—3.

In den tropischen Meeren allgemein verbreitet.

Diese Art ist besonders durch ihren Reichthum an Haaren ausgezeichnet. Sie werden sehr frühzeitig angelegt, wie man aus dem Durchschnitt durch den Scheitel des Thallus (Taf. VIII, Fig. 3) erkennen kann. Auch hier hat der Scheitel, wie die genannte Abbildung zeigt, eine recht charakteristische Form. Die Rindenzellen sind hier weniger regelmässig angeordnet und weniger fest mit einander verbunden, als bei den früher besprochenen Arten, wie man an der Abbildung des Querschnitts (Taf. VIII, Fig. 1) bereits erkennt. Noch deutlicher sieht man dies nach Behandlung mit Säure (vgl. die Abbildung des Längsschnitts, Taf. VIII, Fig. 2), wo der Zusammenhang zwischen Rindenzellen und Markfäden besonders klar hervortritt. Die äussersten Rindenzellen, die hier keine eigentliche zusammenhängende Schicht bilden, lagern nur wenig oder gar keinen Kalk in ihre Membran ein, dagegen thun dieses die nächst darunter liegenden in transversaler Richtung etwas gestreckten Zellen. Die Markfäden, die hier ziemlich gedrängt das ganze Innere des Thallus durchsetzen, haben unverkalkte Membranen. Die Kalkkrystalle sind bei dieser Art durchweg kleiner als bei den beiden anderen früher besprochenen. Die Haare an der Aussenseite des Thallus sind sehr lang und nicht selten verzweigt.

***Chaetangium** variolosum* (Mont.) J. Ag. Sp. Alg. II. p. 461; III. (Epicr.) p. 539. — Chondrus variolosus Mont. Prodr. Phyc. antarct. p. 6. — Nothogenia variolosa Mont. Voy. pôle Sud

Tab. 10 f. 3. — Kütz. Tab. Phyc. XIX. T. 46. — Hook. Fl. Antarct. I. p. 188. — Fretum magellanicum, Tuesday-Bai, ad litus in lapid. (T. 2. 2. 76.).

Sonst bekannt von Kerguelen und den Auckland-Inseln.

Ceramiaceae.

Callithamnion simile Hook. f. et Harvey Lond. Journ. Bot. IV. p. 271; Fl. Antarct. II. p. 183. — Kütz. Tab. Phyc. XI. T. 82. — Non C. simile Harv. Phyc. Austr. T. 207. — Ins. Kerguelen. — (Part. ex 10 F.). (A. 12. 74.). — Taf. VIII, Fig. 4—9.

Bisher nur von Kerguelen bekannt.

Die Pflanze stimmt in Bau und Wachsthum sehr nahe mit dem von NAEGELI ausführlich beschriebenen Callith. (Pterothamnion) floccosum und plumula überein (vgl. NAEGELI und CRAMER Pflanzenphys. Unters. p. 54 Taf. V—VII.), so dass in Bezug auf den vegetativen Bau hier nur wenige Punkte anzuführen sind. Die Verzweigung erfolgt in einer Ebene. Der Thallus besitzt zweierlei Seitensprossen, begrenzte = Fiedern (Zweige bei NAEGELI) und unbegrenzte = Aeste. Die Fiedern stehen paarweis opponirt an dem oberen Theil der Stammglieder. Jedes 4. oder 5. Glied trägt einen (unbegrenzten) Seitenast; nur der erste unterste Seitenast an einem Hauptaste steht erst auf dem 7.—9. Gliede. Die Aeste alterniren regelmässig nach rechts und links. Jedem Ast ist eine Fieder opponirt. Die Verzweigung ist scheinbar dichotom, indem sich Hauptstamm und Seitenast konkav gegen einander krümmen. Das basale Glied eines Astes ist kürzer als die anderen Glieder.

Die Fiedern sind entweder einfach ohne Seitenfiedern oder tragen kurze einfache Seitenfiedern (Fiedern 2. Ordnung), an ihrer oberen (inneren) Seite. Zellvermehrung und Wachsthum hören bei den Fiedern frühzeitig auf, daher sind sie wenigzellig und bleiben kurz. Durchschnittlich bestehen sie aus etwa 10 Zellen, von denen 3—4 kurze, auf die allmählich sich verdünnende Spitze kommen, während die anderen gleichen Durchmessers sind. Die Länge der Fiedern beträgt durchschnittlich etwa 0,4 mm, der Durchmesser 0,03 mm. Schon am 16. Gliede von der Spitze des Thallus ab gezählt, findet man Fiedern mit der vollen normalen Zellenzahl und am 30. solche von normaler Länge und Durchmesser. Die Glieder der (unbegrenzten) Aeste dagegen wachsen, ohne sich jemals zu theilen, sehr lange, vielleicht während des ganzen Lebens, sowohl an Länge wie an Durchmesser. So war an einem 3 cm langen Ast (die vorliegenden Exemplare waren bis zu 5 cm lang) die erste unter der Scheitelzelle liegende Gliedzelle etwa 0,01 mm lang und ebenso dick, während die unterste Gliedzelle eine Länge von 0,75 mm und einen Durchmesser von 0,25 mm hatte. Die Fiedern 2. Ordnung sprossen in der Regel spät aus und sind daher nur an älteren Fiedern zu finden; sie bestehen aus 7 - 8 Zellen und haben eine Länge bis zu 0,3 mm. Sie sind in spitzem Winkel der Spitze der Fieder zugeneigt. Einzelne Exemplare haben horizontal abstehende Fiedern, und diese bilden schon ziemlich frühzeitig Fiedern 2. Ordnung aus. Fiedern von höherer Ordnung kommen nur äusserst selten vor. Auch Rhizoiden treten nur sehr spärlich auf.

Taf. VIII, Fig. 9 zeigt eine Ansicht der wachsenden Spitze eines unbegrenzten Astes und beweist, dass die Anlage und Ausbildung der Seitenorgane ganz so erfolgt wie bei den von NAEGELI untersuchten Arten.

Es wurden alle drei Fruktifikationsorgane gefunden. Die Antheridien (vgl. Taf. VIII, Fig. 5 u. 8) werden am häufigsten an den Blattfiedern zweiter Ordnung gebildet. Die Zellen derselben treiben je einen einzelligen Spross aus, der nach den verschiedensten Richtungen orientirt sein kann. Dieser Spross wächst weiter, verzweigt sich dabei wiederholt und bildet so, indem seine Zellen sehr kurz bleiben, einen dichten Zellkomplex oder Zellkörper, dessen äusserste Zellen, die Endzellen der Verzweigungen, die Mutterzellen der Spermatien sind. Bei benachbarten Fiedern verschmelzen oft die eben beschriebenen Zellkomplexe, die eine stark aufquellende Membran besitzen, zu einer einzigen gelatinösen Masse. Auch die Spitzen der primären Fiedern erzeugen Antheridien. An den vorliegenden Exemplaren waren diese so von Spaltalgen und Diatomeen besetzt, dass ihre Untersuchung sehr erschwert wurde.

Die Cystocarpien bestehen aus Büscheln kugliger Favellen, die an Alter und Grösse sehr ungleich sind (vergl. Taf. VIII, Fig. 4). Sie stehen scheinbar endständig an kurzen Zweigen und werden von den benachbarten unteren Fiedern etwas umhüllt, indem diese sich bogenförmig an sie anlegen. Ursprünglich steht das Cystocarp (vergl. Taf. VIII, Fig. 6) aussen und unten an der basalen Zelle einer Fieder; mit der weiteren Entwickelung desselben wird die Fortsetzung des Tragastes in einen Winkel nach aussen gedrängt und erscheint dem endständigen Cystocarp gegenüber als Seitenspross. Die Ausbildung des Cystocarps wurde nicht näher verfolgt, scheint aber nicht wesentlich von derjenigen anderer echter Callithamnien, z. B. Callith. elegans Schousb. (vergl. BORNET et THURET Notes algolog. I. p. 34 T. 10) abzuweichen.

Die kreuzförmig getheilten Tetrasporangien (vergl. Taf. VIII, Fig. 7) stehen endständig an Zweigen zweiter oder dritter Ordnung, die wie die sekundären Fiedern an der oberen Seite der Fiedern entspringen. Diese Zweige bestehen aus zwei bis drei Zellen und tragen an ihrer Spitze ein Tetrasporangium, während aus den unteren Zellen Seitenzweige aussprossen, die ebenfalls in Tetrasporangien enden. Manchmal findet noch weitere Verzweigung statt, und es kann ein Zweig zweiter Ordnung 4—5 und mehr Tetrasporangien tragen. Es kommen aber auch Zweige mit nur einem endständigen Tetrasporangium und an den primären Fiedern sitzende Tetrasporangien vor.

Nach den Angaben BERTHOLD's in seiner Schrift „über die Vertheilung der Algen im Golf von Neapel" (Mitth. d. zool. Stat. z. Neap. V. III) scheinen die selten vorkommenden Cystocarpien von C. plumula denen von C. simile sehr ähnlich zu sein.

C. plumula? Ag. Spec. Alg. II. p. 159. — Fretum magellanicum, Tuesday-Bai, ad Balliam callitricham. (A.).

Verbr. im Atlantischen Ocean (Europa und Nordamerika), im Mittelmeer, in den antarktischen Meeren.

Fragment mit der Verzweigung von C. plumula, an dem nur das hervorzuheben ist, dass die Aeste an ihren unteren Gliedern nur an der Aussenseite Fiedern tragen, während an den oberen letztere paarweise opponirt stehen.

C. ternifolium Hook. f. et Harvey Lond. Journ. IV. p. 272; Flora antarctica II. p. 489 T. 189 f. 2. — Kütz. Tab. Phyc. XI. T. 86. — Fretum magellanicum, Tuesday-Bai ad Ceramium rubrum. (A.).

Sonst bekannt vom Kap Horn.

Diese Pflanze, von der mir nur kleine bis 0,5 cm lange Exemplare vorlagen, hat ebenfalls zweierlei Seitensprossen, begrenzte und unbegrenzte. Die begrenzten Zweige (Fiedern) stehen zu zwei oder drei an dem oberen Theil der Zellen der Aeste. Wenn nur zwei solche Fiedern gebildet werden, so stehen alle aufeinanderfolgenden in einer Ebene. Die Stellung der Wirtel von drei Fiedern ist unregelmässig. Die Fiedern bestehen aus 12—15 Zellen und sind nach oben zugespitzt. Sie stehen von der Hauptaxe spitzwinklig ab und sind in der Jugend nach oben konkav, so dass sie über die Endknospe büschlig zusammenneigen. Sekundäre Fiedern fand ich hier nicht. Jede vierte oder fünfte Gliedzelle eines Astes trägt wieder einen unbegrenzten Ast. Die Gliederzellen derselben wachsen zu beträchtlicher Grösse heran, etwa bis zu 250—330 μ Länge und 30—65 μ Durchmesser. Die Fiedern bleiben dagegen kurz, eine solche von 12 Zellen hat durchschnittlich nur 260 μ Länge.

Ein Exemplar trug Cystocarpien mit mehreren Favellen, die auch hier scheinbar endständig waren, vergl. die Abbildung bei KUETZING.

C. polyspermum? Ag. Sp. Alg. II. p. 169. — Fretum magellanicum, Tuesday-Bai. (A.).

Verbr. im Atlantischen Ocean (Europa und Nordamerika).

Ein steriles Fragment, das von Herrn BORNET als Callith. polyspermo proximum bezeichnet wurde.

C. seirospermum? (Griff) Harv. Man. p. 113. — J. Ag. Sp. Alg. II. p. 42. — Ins. Neu-Guinea, ad fretum Galewanum. (A. 6. 75.).

Vom Mittelmeer bekannt.

Auf einer Caulerpa cupressoides von Neu-Guinea fanden sich junge nur etwa 2—3 mm grosse Callithamnieen. Die Favellen waren aber gut entwickelt und zeigten eine sehr grosse Aehnlichkeit mit den charakteristischen Favellen des in neuerer Zeit vielbesprochenen Callith. seirospermum, vergl. THURET et BORNET Etudes phycol. p. 70; Notes algol. I. p. XV; SCHMITZ, Befr. der Florideen. Ber. d. Akad. z. Berl. 1883.

Corynospora ***Wüllerstorfiana*** Grunow, Reis. d. Novara, Botan. Th. Algen p. 61. Tab. VII. — Ins. St. Paul (Ocean. Ind.). (22 F.). (A. et T.). – Taf. VIII, Fig. 15, 16.

Nur von der St. Paul-Insel bekannt.

Die Länge der Exemplare betrug bis 13 cm. Alle Zweige sind gleichartig und unbegrenzt. Die Verzweigung erfolgt in einer Ebene, normalerweise monopodial und so, dass die Seitenzweige abwechselnd rechts und links stehen. Jede Zelle kann an ihrem oberen Ende einen Seitenzweig erzeugen. Theilung durch Querwände findet nur in der Scheitelzelle statt. Diese ist verhältnissmässig kurz, 50—65 μ; die Gliederzellen wachsen aber sehr lange und erreichen eine Länge von 4 mm. Der Durchmesser derselben, anfangs etwa 50 μ, wächst bis zu 250 μ.

Sämmtliche Exemplare tragen Polysporen, die den Tetrasporen der anderen Florideen entsprechen. (Vergl. Taf. VIII, Fig. 15 u. 16.) Andere Fruktifikationsorgane wurden nicht gefunden; die Polysporangien sitzen an den oberen Enden der Gliedzellen, einzeln, d. h. nur eines an jedem Glied. Es können mehrere an demselben Ast aufeinander folgen, doch findet man selten mehr als zwei oder drei. Sie sitzen gewöhnlich an der inneren, selten an der äusseren Seite der Aeste, entstehen ganz so wie die Seitenzweige durch Aussprossen aus den oberen Enden der Gliederzellen und bilden zunächst einfache sitzende ovale Zellen. Der Inhalt theilt sich weiterhin in 12—16 polyedrische um ein Centrum gruppirte mit dichtem Plasma erfüllte Zellen. Die Membranen derselben sind sehr quellungsfähig. Wie es scheint, werden die Polysporen durch eine Oeffnung an der Spitze des Sporangiums als nackte Plasmakörper entlassen. Die Grösse der Polysporangien ist sehr verschieden, da diese mit vorrückendem Alter an Grösse beträchtlich zunehmen. Die grösseren und wohl sicher reife Sporen enthaltenden haben einen grössten Durchmesser von etwa 85 μ, doch fand ich auch ein einzelnes von 120 μ, der kleinere Durchmesser dieser im fertigen Zustande ellipsoidischen Sporangien ist nur wenig geringer.

Mit den von GRUNOW a. a. O. allerdings unter Beifügung eines (?) beschriebenen und abgebildeten Sporen haben die unserigen keine Aehnlichkeit. Die von mir beobachteten Polysporen haben die grösste Analogie mit denen von Pleonosporium Borreri Naeg.

J. AGARDH hat in seinen Sp. Alg. II. p. 69 das Genus Corynospora aufgestellt, darin aber Species sehr verschiedener Natur vereinigt. In dem dritten Bande seiner Sp. Alg., der Epicrisis Syst. Florid., streicht er nun das Genus Corynospora: die früher darin vereinigten Arten stellt er theils zum Genus Monospora Sol., wo auch unsere Art als Sp. inquirenda angeführt wird, theils in das neue Genus Halothamnion. Dieses wird hauptsächlich durch die favellae involucro cinctae und durch die sphaerosporae compositae charakterisirt. Von der C. Wüllerstorfiana kennt man bisher nur die Antheridien (Abb. bei Grunow a. a. O., ähnlich sind die von Callith. flabellatum Kütz. Tab. Phyc. XI. 78) und die Polysporen. Da ähnliche Polysporen auch bei anderen Callithamnieen vorkommen, so wird man die Entdeckung der Cystocarpien abwarten müssen, ehe man über die systematische Stellung der C. Wüllerstorfiana zu voller Klarheit gelangt.

Griffithsia antartica Hook. f. et Harv. Fl. Antarct. II, 488. — Ins. Kerguelen (A.).

Bekannt vom Kap Horn, Falkland-Inseln, Neu-Seeland, Tasmanien, Südaustralien.

Nur sterile Exemplare, deren Bestimmung ich Herrn A. GRUNOW verdanke.

G. tasmanica (J. Ag.) Kütz. Tab. Phyc. XII T. 19. — J. Ag. Sp. Alg. III (Epicr.) p. 64. — Grunow, Novara p. 62. — Gr. corallina β. tasmanica Kütz. Sp. Alg. — G. flabelliformis Harvey. — Ins. St. Paul (22 F. A. 12. 2. 75). — Taf. IX, Fig. 2, 3.

Sonst bekannt von Neu-Seeland und Tasmanien.

Die Exemplare sind bis 15 cm lang, dichotom oder polytom verzweigt. Die Gliederzellen sind länger und an den Querwänden nicht ganz so stark eingeschnürt, wie in der Abbild. n. KUETZING's Tab. Phyc. Die jüngeren Zellen waren allerdings von etwas keuliger Gestalt, oben etwas breiter als unten, die ältesten aber nahezu cylindrisch. An einem 5 cm langen Spross hatte die Scheitelzelle eine Länge von 0,3 mm, die nächstfolgenden beiden Gliederzellen waren 0,9 und 1,3 mm lang, die folgenden Gliederzellen bis zur 20. hatten Längen von 1,8—2,5 mm, die 3 letzten endlich waren 3 mm lang. Der Durchmesser der zweiten Zelle betrug 0,2—0,3 mm, derjenige der zwölften 0,4—0,5 mm. Bei einem andern Spross war die Scheitelzelle 0,7 mm lang, die obersten 3 Gliedzellen waren 1,1, 1,3 und 1,6 mm lang. Die Längen der weiteren 18 Gliedzellen lagen zwischen 1,6 und 2,5 mm. Durchmesser der ersten Gliedzelle 0,3—0,4 mm, der siebzehnten 0,4—0,7 mm. Am älteren Theil des Stammes sprossen aus dem unteren Theil der Glieder abwärts gerichtete Fäden hervor, gerade so gebaut und verzweigt wie die aufrechten Aeste, nur von etwas geringerem Durchmesser. Sie bilden ein lockeres Geflecht an der Basis alter Stammglieder. Tetrasporen, Antheridien und Cystocarpien wurden an verschiedenen Exemplaren gefunden. Die Tetrasporenstände sind etwas anders beschaffen, als nach der Beschreibung AGARDH's zu erwarten war (vergl. Taf. IX, Fig. 2 u. 3). Sie stehen auf besonderen Fruchtzweigen von 3—4 mm Länge. Diese bestehen zu unterst aus zwei sterilen Gliedern; dann folgt das dritte Glied, welches das Involucrum trägt. Dieses setzt sich zusammen aus 5—8 wirtlig gestellten, ziemlich flachen und breiten Aesten, von denen der längste etwa 2 mm lang ist. Innerhalb dieser Hülle liegen die Tetrasporangien, scheinbar eine zusammenhängende kreisförmige Masse bildend. In Wirklichkeit haben wir hier mehrere büschelförmige Sprosssysteme, die an verschiedenen Orten im Umkreis des dritten Gliedes jedes mit einer Trägerzelle an dasselbe befestigt sind. Die einzelnen Zellen dieser Sprossen sind aber sehr kurz, so dass sie an älteren Zuständen von den endständigen Tetrasporangien verdeckt und nur schwer zu erkennen sind. Oberhalb des dritten Gliedes des Fruchtzweiges ist noch ein viertes vorhanden, das häufig aus der Mitte des Tetrasporenkranzes emporwächst und, an seinem oberen Ende anschwellend, eine keulenförmige oder schirmförmige Gestalt annimmt. Die Antheridienkomplexe haben ganz dieselbe Hülle und innerhalb dieser dieselbe Stellung wie die Tetrasporangien. Die einzelnen Büschel gleichen ganz denen von Griffithsia setacea (vergl. BORNET et THURET, Etudes phycologiques p. 71 T. 36). Cystocarpien fanden sich nur in geringer Zahl und meist von ziemlich jugendlichem Alter; sie stehen hier wie bei der von JANCZEWSKI untersuchten Gr. corallina terminal an Zweigen, die sich durch einen Seitenast fortsetzen. Auch der Bau der jungen Cystocarpien ist ähnlich, doch konnte ich mich nicht überzeugen, dass hier zwei Trichogyne vorhanden sind. Ein Involucrum, das wohl erst später gebildet wird, war nicht zu finden.

G. thyrsigera Thwaites in Harvey Transact. Irish Acad. XII no 291. — J. Ag. Sp. Alg. III (Epicr.) p. 65. — Ins. Vavau (A. 12. 12. 75.). — Ins. Neu-Guinea, litus occident. (A. 6. 75.). — Taf. IX, Fig. 1, 4.

Bekannt von Ceylon, Westaustralien, Tonga Tabu.

Diese Pflanze besitzt neben unbegrenzt wachsenden Aesten noch sehr kurzlebige Haare, die zu etwa 20 in Wirteln am oberen Ende der jungen Glieder stehen. Die auf einander folgenden Wirtel alterniren. Die Haare selbst sind gewöhnlich zweimal di- oder trichotom getheilt und bis 0,5 mm lang. Ihre Ausbildung erfolgt durch Spitzenwachsthum. Schon am 7. oder 8. Gliede vom Scheitel sind die Haare abgestorben und fallen ab, fehlen also den älteren Gliedern. Die Bildung der Aeste erfolgt dagegen spät, erst an Gliedern, die ihre volle Länge erreicht haben. Sie sprossen seitlich aus dem unteren Theil der Glieder aus, in der Nähe der unteren Scheidewand, ein Verhältniss, das mir sonst von keiner andern Callithamniee bekannt ist. Manchmal sprosst neben oder unter einem gewöhnlichen Ast noch ein Rhizoid hervor. Aeusserst selten (nur bei einem einzigen kleinen Fragment) fand ich auch einen vegetativen Ast, der am oberen Ende seines Mutterastes sass; bei Ausbildung der Fruktifikationsorgane findet dagegen die Zweigbildung immer am oberen Ende statt.

Die nachfolgende Tabelle giebt ein Bild über das Längen- und Dickenwachsthum unserer Pflanze. Die Zahlen sind μ.

	Ast 1 Länge	Ast 1 Durchm.	Ast 2 Länge	Ast 2 Durchm.
Scheitel	15	33	17	—
Glied 1	15		17	50
2	17	44	23	—
3	31	46	21	62
4	44	66	42	—
5	87	81	54	87
6	167	96	104	100
7	250	108	167	117
8	333	108	250	117
9	425	100	350	117
10	450	—	500	—
11	483	—	600	—
12	475	—	683	—
13	425	—	700	—
14	—	—	600	120

Die Tetrasporangien (vergl. Taf. IX, Fig. 4), durchschnittlich von etwa 85 μ Durchmesser, stehen in grösserer Zahl, etwa zu 10 im Durchschnitt, am oberen Ende der Glieder, zwischen und an Stelle der Wirtelhaare, meist ein wenig oberhalb der nächst benachbarten.

Die Antheridienkomplexe (vergl. Taf. IX, Fig. 1) sind endständig an eingliedrigen Seitenästen, die aus dem oberen Theil der Stammglieder einzeln oder zu zweien einander gegenüber aussprossen. Die unterste Zelle (Tragzelle) hat den Bau und die Grösse gewöhnlicher vegetativer Gliederzellen; sie trägt an ihrer Spitze eine Anzahl verlängerter Zellen, die einige, sich wiederholt in ähnlicher Weise verzweigende Aeste aussenden. Die Endzellen der Zweige werden zu Mutterzellen der Spermatien. Cystocarpien wurden nur einmal beobachtet. Am oberen Ende einer Gliederzelle fand sich ein Kranz bogenförmig zusammenschliessender Hüllzellen, diese waren einzellig, 0,17 mm lang, 0,03 mm im Durchmesser. Innerhalb dieser Hülle erhob sich ein kurzer zweizelliger Ast, der oben zwei Favellen trug.

Ptilota Eatoni Dickie Philos. Transact. 1878. Extra-Volume p. 62 T. V. — Ins. Kerguelen, ad Balliam callitricham. (A.). — Taf. IX, Fig. 5—8.

Bisher nur von Kerguelen bekannt.

Obwohl das Material von Pt. Eatoni, das die „Gazelle“-Expedition sammelte, ziemlich dürftig ist und meist in kleinen Fragmenten besteht, so konnte ich doch durch Untersuchung desselben einige charakteristische Eigenheiten dieser Art feststellen, welche DICKIE nicht erwähnt hat.

Pt. Eatoni hat an normal ausgebildeten Exemplaren zweierlei Sprossen, die ich nach der Zeit der Anlage (im Anschluss an CRAMER) als Priman- und Sekundantriebe bezeichnen will. Ausserdem sind noch Langtriebe mit unbegrenztem und Kurztriebe mit begrenztem Wachsthum zu unterscheiden.

An einem normal gebauten Langtrieb trägt jedes Glied zwei opponirte Seitensprossen, davon ist der eine ein Primantrieb, der andere ein Sekundantrieb. Beide alterniren regelmässig, so dass auf derselben Seite des Sprosses immer ein Primantrieb auf einen Sekundantrieb folgt. Die Primantriebe sind durchweg in ihrem Wachsthum begrenzt. Von den Sekundansprossen hat die Mehrzahl auch nur ein begrenztes Wachsthum; ein Theil ist aber unbegrenzt. Die schlechte Beschaffenheit meines Materials gestattete mir nicht, näher festzustellen, welche und wie viel Sekundantriebe unbegrenzt wachsen, doch dürfte dies nur ein geringer Theil sein.

Primantriebe wie Sekundantriebe sind wiederum in ähnlicher Weise verzweigt wie die Langtriebe, von denen wir ausgingen. Auch sie tragen an jedem Glied zwei opponirte Sprossen. Während aber die Primantriebe nur gleichartige immer begrenzte Sprossen erzeugen, wiederholen die Sekundantriebe dieselbe Art der Verzweigung, die wir am Langtrieb gefunden haben. Im äusseren Ansehen unterscheiden sich Priman- und Sekundantriebe namentlich durch die Beschaffenheit der Spitze und durch die Art, wie die Seitensprossen angelegt werden. Bei den Primantrieben ist die Hauptaxe des Sprosses an der Spitze weit vorgezogen, die Seitentriebe überragend (vergl. Taf. IX, Fig. 6). Die Anlage der Seitensprossen erfolgt kontinuirlich, d. h. in regelmässiger Folge von unten nach oben, wobei die Aussenseite oft bevorzugt ist. Die Seitentriebe sind ziemlich gerade, nur wenig konkav gebogen, ebenso finden wir an der wachsenden Spitze des Triebes gerade Querwände. An den Sekundantrieben dagegen wird die wachsende Spitze von den bogenförmig darüber neigenden Seitensprossen weit überragt. Die Anlage dieser Sprossen erfolgt nicht kontinuirlich, sondern zunächst wird nur je ein Primanast (höherer Ordnung) an jedem Gliede alternirend rechts und links angelegt. Erst nachträglich werden dann gegenüber den Primanästen ebenfalls rechts und links alternirend die Sekundanäste angelegt. Taf. IX, Fig. 7 ist die Spitze eines Sekundanastes abgebildet. Hier sind 6 Primanäste angelegt, der oberste davon ist einzellig; ferner findet man gegenüber dem untersten Primanast der linken

Seite einen aus 3 Zellen und 1 Rindenzelle bestehenden Sekundanast und gegenüber dem (von unten gerechnet) zweiten Primanast der linken Seite einen einzelligen Sekundanast. Wie man sieht, eilen die Primanäste den Sekundanästen in der Entwickelung weit voran, und dies Verhältniss bleibt ziemlich lange erhalten, so noch an Trieben, die 10 mm und darüber lang sind.

Nachfolgende Zahlen mögen ein Bild über die Grössenverhältnisse der verschiedenen Ordnungen der Zweige geben. Ich fand an einem Triebe von 25 mm die Seitenzweige 1. Ordnung 3 mm lang, einen Primanzweig 2. Ordnung, 1,7 mm lang (aus 27 Zellen bestehend), einen Seitenzweig 3. Ordnung (aus 15 Zellen bestehend) 0,5 mm lang, und die Seitenzweige 4. Ordnung (aus 4 Zellen im Durchschnitt) 0,07 mm lang. Priman- und Sekundantriebe zeigen hierin ähnliche Verhältnisse; es scheint, dass in den höheren Ordnungen der Zweige allmählich der Unterschied zwischen beiden verloren geht.

Am regelmässigsten findet man die Ausbildung von Priman- und Sekundanzweigen an Trieben, die ein gewisses Alter nicht überschritten haben. Später treten Unregelmässigkeiten auf, manche Sekundantriebe nehmen die Beschaffenheit von Primanzweigen an, diese selbst werden minder regelmässig ausgebildet, die Seitenfiedern einer Seite, meist der inneren, werden beträchtlich grösser als die der äusseren, einzelne Seitenfiedern wachsen stark in die Länge. An schwachen Sprossen sieht man manchmal, dass die Sekundanzweige, auf einer niederen Stufe der Entwickelung stehen bleibend, kurze einfache Zellreihen bilden.

Wie bei allen Ptiloten findet auch bei Pt. Eatoni das Wachsthum aller Triebe in die Länge so statt, dass die Scheitelzelle sich durch Querwände theilt, die bei den Primantrieben immer einander parallel liegen, während sie bei den Sekundantrieben abwechselnd nach rechts und links geneigt sind. Die so abgeschiedenen Zellen theilen sich nicht mehr durch Querwände, wachsen aber noch stark in die Länge. Alle Triebe der Ptilota Eatoni sind berindet, Priman- und Sekundanzweige, auch Zweige aller Ordnungen.

Die Berindung ist nach der von Cramer angenommenen Benennung astbürtig und trichomatös. Sie geht von den Basalzellen der Aeste aus, jede solche Zelle trennt an ihrer unteren und äusseren Seite (vgl. T. IX, Fig. 6 und 7) an den beiden Flächen des Thallus je eine Zelle ab, und von dieser sprosst dann der abwärts wachsende Berindungsfaden aus, so dass jedem Glied vier solcher Rindenfäden zukommen. Die Rindenfäden verlaufen hier etwas anders als bei Pt. Harveyi, bei der sie schief nach unten und nach der Mitte der Hauptaxe zu wachsen, wo sich dann die den beiden Seiten angehörigen vereinigen. Bei Pt. Eatoni wachsen die Rindenfäden an den Zellen des Stammes zunächst gerade abwärts; sie erzeugen vielfach Seitenzweige; die Rindenlappen der beiden Seiten vereinigen sich schliesslich über den Querwänden der Hauptachse, und es bleiben zunächst hier und da Lücken in der Rinde, die aber sehr bald ebenfalls von Rindenfäden überwachsen werden.

Die Tetrasporangien (vergl. Taf. IX, Fig. 5) kommen sowohl an Priman- wie an Sekundanzweigen vor, sie entstehen aus Endzellen der Zweige höherer Ordnungen. Bei dem Trieb, dessen Maassverhältnisse oben angegeben wurden, waren sie Endzellen der Zweige vierter Ordnung oder der Seitensprossen derselben. Die Tetrasporangien theilen sich kreuzförmig, was sehr merkwürdig ist, da alle anderen Ptiloten nach den bisherigen Angaben tetraedrisch getheilte Sporen besitzen.

Die Cystocarpien (vgl. Taf. IX, Fig. 8) entstehen seitlich an den Gliederzellen eines Sprosses. Sie entsprechen der basalen Zelle eines Seitensprosses; der opponirte Seitenspross bildet sich normal aus. Häufig findet man Cystocarpien an mehreren einander folgenden Gliederzellen. Die von einer der letzteren seitlich abgeschnittene Procarpzelle bildet nun transversal zur Verzweigungsebene ein aus 4—5 in einer Reihe übereinander liegenden und die Ursprungszelle beiderseits überragenden Zellen gebildetes Trichophor, das in ein langes Trichogyn ausgeht. Die ursprünglich basale Zelle wird zur carpogenen Zelle und entwickelt eine (oder mehrere?) Favellen. Mit der weiteren Ausbildung des einen oder der mehreren übereinander liegenden Cystocarpien hört der Spross, an dem sie entstanden sind, zu wachsen auf; die unter den Cystocarpien liegenden Seitensprossen krümmen sich etwas konvex über dieselben hin und bilden später eine Art Hülle, die mehrere Cystocarpien umfassen kann.

An einem Präparat von Dr. Naumann fand ich ziemlich grosse kuglige Zellen zu 2—4 aus den Endzellen (?) der jungen Seitenfiedern aussprossend, nach allen Seiten herausstehend. Sie sind von gemeinsamer Gallerte umgeben und dürften wohl als Antheridien bezeichnet werden.

Wenn man Cramer's gründliche Beschreibung des Baues und Wachsthums der Ptilota (Euptilota Cram.) Harveyi (Cramer, Physiologisch systematische Untersuchungen über die Ceramiaceen in den Denkschr. Schweiz. Ges. f. ges. Naturw. Bd. XX. 1864) mit dem hier über Ptilota Eatoni Gesagten vergleicht, so wird man neben manchem Uebereinstimmenden auch wesentliche Unterschiede finden. Der Hauptunterschied dürfte darin liegen, dass bei Pt. Eatoni ein deutlicher dauernder Unterschied zwischen Priman- und Sekundanzweigen auch im vorgerückten Alter bestehen bleibt, wogegen bei Pt. Harveyi ein solcher nicht besteht, wohl aber ein viel grösserer zwischen den Lang- und den Kurztrieben, indem die letzteren bei Pt. Harveyi unberindet bleiben.

***Ballia** callitricha* (Ag.) Montagne in D'Orb. Dict. univ. Tab. 2; Voy. au pôle Sud p. 94. — Ins. Kerguelen, Betsy Cove. (Ad litus, 1 F., 3—5 F., ca. 100 F.). (A. & T.). — Fretum magellanicum. (A.).

In den antarktischen Meeren allgemein verbreitet, bekannt von den Falkland-Inseln, Crozet-Inseln, Auckland-Inseln, Neu-Seeland, Tasmanien, Süd- und West-Australien.

***Crouania** sp.* Ins. Ascension. — (7—8 F.). (A. 8. 8. 74.).

Kleine Fragmente mit Tetrasporen. — Species unbestimmbar.

Ceramium rubrum (Huds.) C. Ag. Synops. Alg. p. 60. — Ins. Kerguelen, Betsy Cove et Cascade Bai. (Ad litus — 5 F.). (A. & T.). — Fretum magellanicum. (A. & T.).

Allgemein verbreitet.

C. diaphanum (Lightf.) Roth Flora Germaniae p. 525. — Fretum magellanicum. (A.).

Bekannt vom Atlantischen Ocean (Europa und Amerika), Mittelmeer, Kalifornien, Australien, antarktischen Meeren.

C. obsoletum (Ag.) J. Ag. Sp. Alg. p. 129. — Promont. bonae spei, in portu oppidi Capstadt. (7 F.). (T. 2. 10. 74.).

Bekannt vom Kap der guten Hoffnung, von den Philippinen?

C. nodosum?? Harvey Phycol. Britan. Tab. 90. — Australia occidentalis, ad ins. Dirk Hartog, Sargasso et Laurenciae adhaerens. (A.). — Ins. Neu Guinea, fretum Galewanum, Caulerpae plumari adhaerens. (A.).

Bekannt vom Atlantischen Ocean und Mittelmeer.

Kleine Exemplare von 5—8 mm Länge, 8—10 Glieder in jeden Internodium, d. h. von Dichotomie zu Dichotomie. Die eingekrümmte Spitze auf ein Internodium beschränkt. Die Glieder im obersten gekrümmten Theile mehrmals breiter als lang, weiterhin etwa ein halb Mal so lang als breit, erst bei den untersten ältesten Gliedern kommt die Länge dem Durchmesser gleich. Die Rinde geht von 8—10 pericentralen Zellen (Rindenzellen I. Ordnung) aus und ist nach oben und unten gleichmässig ausgebildet. Auch ist in erwachsenen Gliedern der berindete Theil vollkommen cylindrisch, etwa 0,10 mm dicker als der unberindete. Ursprünglich wächst der berindete Theil der Glieder allein, bis er eine Länge von etwa 0,12 mm erreicht hat, dann erst beginnt auch der unberindete Theil zu wachsen. Beide haben in älteren Gliedern dieselbe Länge von etwa 0,12 mm. Der Durchmesser der älteren Glieder beträgt etwa 0,20 mm. Die Cystocarpien haben den bei Ceramium bekannten Bau; man findet gewöhnlich nur eines an jedem Internodium von 5—6 ungleich langen Aesten als Hülle umgeben.

C. pygmaeum?? Kütz. sub Hormoceras Bot. Ztg. 1847 p. 35; Tab. Phyc. XII T. 75. — Australia occidentalis, Ins. Dirk Hartog. (A.).

Bisher vom Mittelmeer bekannt.

Diesem Ceramium habe ich den KUETZING'schen Namen hauptsächlich deshalb beigelegt, weil ich ein von LENORMAND bezeichnetes Exemplar aus Neu-Kaledonien gesehen habe, das unserer Pflanze sehr ähnlich ist. Die Berindung geschieht so, dass zunächst 6 Rindenzellen I. Grades abgeschieden werden, die an ihrer oberen Seite je 2 Rindenzellen II. Grades abschneiden, worauf dann, jedoch in beschränkter Zahl, noch Rindenzellen höherer Grade abgetrennt werden. Nach unten wird zuerst je eine breite Rindenzelle II. Grades abgetrennt, aus der dann noch Rindenzellen höheren Grades hervorsprossen, doch findet deren Ausbildung nach unten in geringerem Maasse statt als nach oben; darum hat der Rindengürtel in seinem unteren Theil ein anderes Aussehen als im oberen; unten besteht er aus grösseren, oben aus kleineren Zellen. Aus demselben Grunde ist er oben etwas breiter als unten; die Centralzelle des Fadens dagegen hat einen ungefähr rhombischen Längsschnitt und nimmt erst allmählich mit dem Heranwachsen des rindenlosen Theils eine cylindrische Gestalt an. Die Enden der Zweige sind nur schwach eingekrümmt, die Anzahl der Glieder in den Internodien ist sehr schwankend, doch liegt sie meist zwischen 4 und 8. Die Zellen (verschiedenen Grades) am oberen Rande des Rindengürtels haben die Neigung, zu Haaren auszuwachsen. Die Haare sind von zweierlei Art, manche sind sehr dünn, etwa 17 μ lang und 2 μ dick, andere sind grösser und dicker und von keulenförmiger Gestalt, bis 60 μ lang und von einem Durchmesser von 20 μ. Letztere stehen oft zu einem an je einem Glied und zwar bei aufeinander folgenden Gliedern an derselben Seite des Fadens.

Es wurden alle drei Fruchtorgane beobachtet. Die Antheridien, kleine ellipsoidische Zellen von 3—4 μ Durchmesser mit stark quellender Membran stehen zu einigen wenigen an den Enden anderer ungefähr gleich grosser Zellen, die zu mehreren aus allen Zellen des Rindengürtels aussprossen.

Cystocarpien stehen meist zu einem an jedem Internodium von 3—4 Hüllästen umgeben.

Die Tetrasporangien sind nur sehr sparsam vorhanden, verhältnissmässig gross; wohl anfangs in den primären Rindenzellen entstehend, schwellen sie nachher stark an und drängen die deckenden Zellen auseinander, so dass sie zuletzt ganz ausserhalb des Fadens zu stehen kommen und scheinbar mit einem Stiel an denselben befestigt sind. Die Maassverhältnisse der Zellen bei der Pflanze schwanken sehr stark, es giebt dickere und dünnere Formen. Eine der ersteren zeigte folgende Maasse:

	Länge, durchschnittl.	Durchmesser
Zellen des 1. (obersten) Internodiums . . .	14 μ	33 μ
„ „ 5. (v. oben) „ . . .	84 „	84 „
„ „ 10. („ „) „ . . .	175 „	130 „

Bei dem fünften Internodium waren der berindete und unberindete Theil der Zellen gleich lang, bei dem zehnten hatte der unberindete Theil die doppelte Länge des berindeten.

Centroceras clavulatum (Ag.) Mont., Fl. Alg. p. 140. — Ceramium clavulatum C. Agardh apud Kunth Synops. pl. aequinoct. — J. Ag. Sp. Alg. II p. 148. — Liberia, Monrovia, ad rupes

(A.). — Ins. Ascension. (8—13 F. A.). — Australia occidentalis, ad ins. Dirk Hartog. (A.). — Ins. Neu-Guinea, litus occident. (A. 6. 75.). — Taf. VIII, Fig. 10—12.

In den wärmeren Meeren, auch im Mittelmeer, allgemein verbreitet.

Die gesammelten Exemplare zeigten alle drei Fruchtorgane. Da die Antheridien unseres Wissens noch nicht abgebildet worden sind, so bringen wir eine Zeichnung derselben nach einem australischen Exemplar. Wie man aus dieser (Taf. VIII, Fig. 10 u. 11) ersieht, sprossen bei der Antheridienbildung aus dem unteren Rande jedes Glieds zahlreiche Zellen aus, die sich verlängern und wiederholt verzweigen; an den Enden der letzten Verzweigungen sitzen die stark quellenden Mutterzellen der Spermatien. An anderen Exemplaren waren die unteren Glieder der die Spermatien tragenden Zweige weniger stark verlängert. Auch die Cystocarpien unserer Pflanze zeigen einige Eigenthümlichkeiten in Bau und Entwickelung, doch konnte ich diese nicht näher untersuchen.

***Carpoblepharis** flaccida* (Turn.) Kütz. Sp. Alg. p. 690; Tab. phyc. XII T. 61. — Promont. bonae spei, ad oppid. Capstadt, in portu. — (7—8 F.). (T. 2. 10. 74.).

Bisher nur vom K. d. G. H. bekannt.

Spyridiaceae.

***Spyridia** filamentosa* (Wulf.) Harvey in Hook. Brit. Fl. p. 336; Phyc. Brit. Pl. 46. — Ins. Ascension. (A.). — Australia occidentalis ad Ins. Dirk Hartog. (A.). — Australia boreali-occidentalis, Sargasso adhaerens. (A. 26. 4. 75.). — Ins. Neu-Guinea, litus occidentalis. (A. 6. 75.). — Ins. Timor, Koepang. (A.).

In den wärmeren Meeren allgemein verbreitet.

Areschougiaceae.

***Marchesettia** spongioides* Hauck, Hedwigia 1882 No. 9; Cenni sopra alcune Alghe, Atti del Museo civ. di Trieste 1884 T. 3. — (Spongia cartilaginea Esper). — Ins. Neu-Guinea, litus occidentalis. (A. 6. 75.). — Taf. XII, Fig. 1—11.

Bisher bekannt von Madagascar, Singapore, Philippinen, Neu-Caledonien.

Diese Pflanze oder dieser Organismus hat eine merkwürdige Geschichte. Sie wurde zuerst nach SEMPER von ESPER unter dem oben erwähnten Namen beschrieben. Dann hat SEMPER in seinem Buch über die natürlichen Existenzbedingungen der Thiere (Intern. wissensch. Bibl., Leipzig, Brockhaus, 2. Theil p. 177—191) eine genauere Beschreibung ihres Baues gegeben und diese durch sehr naturgetreue Holzschnitte erläutert. SEMPER hat bereits erkannt, dass diese Spongia cartilaginea Esper eine Symbiose von Schwamm und Alge darstellt. Dann wurde derselbe Organismus von HAUCK untersucht (vgl. oben). Dieser erklärte ihn für eine neue Floridee aus der Gruppe der Areschougiaceen und beschrieb den feineren Bau und die Fruktifikationsorgane derselben. Wie mir Dr. HAUCK mittheilte, hat MARCHESETTI diesen merkwürdigen Organismus ebenfalls untersucht und seine Beobachtungen in einem mir leider nicht zugänglichen Aufsatz, Su un nuovo caso di simbiosi in den Atti del museo civ. di stor. nat. di Trieste 1884, veröffentlicht.

Die von der „Gazelle" gesammelten in Alkohol aufbewahrten Fragmente bestehen zum Theil aus Stücken, die flach dem Substrat aufliegen, zum Theil aus solchen, die vom Substrat aus aufrecht nach oben gewachsen sind. Beide sind häufig verzweigt; hier und da, namentlich an den flach liegenden Sprossen, findet man auch Anastomosen von Zweigen. Alle Sprossen besitzen kleine Löcher von kreisförmigem Querschnitt, die den Mundöffnungen der Schwämme ganz ähnlich sind und gewöhnlich nur auf einer Seite der Sprossen liegen; bei den dem Substrat anliegenden auf der oberen Seite. Bei näherer Untersuchung bemerkt man, dass alle Theile aus durcheinander gewachsenen Aesten einer Floridee bestehen, die sehr reichlich und nach allen Richtungen hin verzweigt ist. Fig. 1 und 2 zeigen uns kriechende und aufrechte Sprossen der Marchesettia spongioides; Fig. 3 u. 4 einen Längs- und Querschnitt bei schwacher Vergrösserung mit dem eigenthümlichen Astgewirr der Floridee; Fig. 5 endlich einen isolirten reich verzweigten Spross dieser letzteren. Der anatomische Bau des Thallus der Floridee ist sehr einfach. Die äusserste Schicht besteht (vgl. Fig. 7 u. 8) aus dicht bei einander liegenden isodiametrischen Zellen. An diese schliessen sich nach innen Zellen an, die etwas mehr gestreckt sind; sie bilden den Uebergang zu den langgestreckten cylindrischen Zellen des inneren Gewebes. Der Vegetationspunkt eines einzelnen Sprosses bietet nichts Besonderes (vgl. Fig. 6). Fig. 9 stellt die Verwachsungsstelle zweier sich berührenden Zweige dar. An manchen Exemplaren sieht man, dass nach dem Scheitel hin die einzelnen Sprossen der Floriden etwas auseinanderweichen und unabhängig von einander sich verlängern. Hier treten auch die Fruktifikationsorgane auf, von denen ich nur Tetrasporen gefunden habe; sie sind von HAUCK (s. o.) bereits beschrieben und abgebildet worden, und ich habe dessen Angaben nichts hinzuzufügen. Untersucht man den Querschnitt oder Längsschnitt genauer, so findet man zwischen den Trieben der Floridee eine schleimige, nach ihrem chemischen Verhalten Stickstoff enthaltende Substanz, welche diese Lücken in der Gestalt von stärkeren oder schwächeren Strängen durchzieht. Diese Stränge, die leicht ohne besondere Hülfsmittel wahrzunehmen sind, treten besonders deutlich bei Anwendung von Anilinblau hervor, von dem das Gewebe der Floridee kaum gefärbt wird. Man sieht dann in den blau gefärbten Schleimsträngen zahlreiche dunkelgefärbte Körner, möglicherweise Zellkerne (vgl. Fig. 10). Die hier beschriebenen Stränge bilden den plasmatischen Körper einer Spongie. Auch die dazu gehörigen Kieselnadeln findet man hier und da in den Lücken des Gewebes der Floridee. In grösserer Menge trifft man sie aber an der Aussenseite. Hier bilden sie an vielen Stellen ein vollständiges Gerüst (vgl. Fig. 11), indem die einzelnen Nadeln in den Orten, wo sie zu zwei oder mehreren aufeinander stossen, durch eine hornige Masse fest verbunden sind.

Nach dem eben Gesagten kann es keinem Zweifel unterliegen, dass Marchesettia spongioides eine Symbiose zwischen einer Floridee und einer Spongie darstellt. Dies geht schon aus der Anwesenheit der Mundöffnungen hervor. Diese haben keine nähere Beziehung zum Leben der Alge. Sie entstehen einfach dadurch, dass in diese Räume keine Zweige der Floridee hineinwachsen. Die Mundöffnungen sind ziemlich tief, woraus sich ergiebt, dass das Wachsthum von Alge und Schwamm schon seit früher Zeit gemeinsam stattfindet und sich gegenseitig beeinflusst. Nach den Angaben SEMPER's (a. a. O. p. 179) gehört der Schwamm wahrscheinlich zur Familie der Chalineen. Wie ich aus dem Referat im Bot. Jahresb. 1884 S. 349 ersehe, hat MARCHESETTI den symbiotisch lebenden Schwamm als Reniera fibulata O. Schm. bezeichnet. Da nun die Marchesettia spongioides an mehreren weit von einander entfernten Punkten vorkommt, die Floridee auch ohne Zweifel überall dieselbe ist, so wäre es interessant, zu untersuchen, ob auch der Schwamm an allen Exemplaren derselben Art angehört. Durch die Freundlichkeit des Herrn Dr. HAUCK habe ich ein aus Singapore stammendes Exemplar mit den von der „Gazelle" an der Küste von Neu-Guinea gesammelten vergleichen können. Beide waren einander sehr ähnlich; das Singapore-Exemplar zeigte nur etwas reichlichere Anastomosen der Aeste. Dagegen fand ich darin solche Nadeln, wie sie bei meinen Exemplaren vorkommen und auf Taf. XII, Fig. 11 abgebildet sind, nur in geringer Menge; viel häufiger dagegen solche von zwei bis dreimal grösserem Durchmesser, die ebenfalls stellenweise zu einem Netzwerk verbunden waren. Ich muss es den Spongienkennern überlassen, zu entscheiden, ob dies auf eine specifische Verschiedenheit der in Symbiose lebenden Spongien hinweist.

Möglicherweise ist das von ZANARDINI in den Phyceae papuanae novae etc. (Nuovo Giorn. botan. ital. 1878 V. 10 p. 34) beschriebene Ceratodictyon spongiosum mit der Marchesettia spongioides identisch.

Cryptonemiaceae.

Grateloupia (Gloiogenia) *pinnulata* (Hook. et Harv. Fl. Novae Zeel.) J. Ag. Sp. Alg. III. (Epicrisis) p. 151. — Ins. Salomonis, Bougainville. (A. et T. 28. 8. 75.).

Bisher von Neu-Seeland bekannt.

Episporium *Centroceratis* Möbius, Berichte der Deutsch. Botan. Ges. III. 1885 p. 77. — Australia occidentalis, ad Ins. Dirk Hartog. (A.).

Bisher einziger Standort.

Während ich im Uebrigen auf den Aufsatz von MOEBIUS verweise, will ich hier nur einige Worte über die Cystocarpien dieser merkwürdigen Floridee mittheilen. Man findet nicht selten weibliche Exemplare von Episporium Centroceratis mit meistens zahlreichen Trichogynen von sehr verschiedener Länge. Die längsten und dabei sehr dünnen ragten mit etwa 100 μ aus der zähen Gallerthülle hervor, welche den Thallus des Episporium umgiebt. Unten schliesst sich an das Trichogyn ein dreizelliges Trichophor an, das seitlich an einer grösseren Zelle mit dichtem Inhalt ansitzt, die an ihrem oberen Theil noch eine kleine Zelle mit stark gequollener Wand trägt. Die reifen Cystocarpien bilden kuglige oder halbkugelige über die allgemeine Hülle prominirende Körper von durchschnittlich etwa 100 μ Durchmesser; sie sind von einer festen Gallerthülle umgeben und bestehen aus einem Haufen dicht gedrängter, unregelmässig angeordneter Sporen von etwa 8 μ Durchmesser. Seitlich oder am Scheitel findet man bei ihnen manchmal noch 2—3 fädig verbundene Zellen. Ich habe die Entwickelung der Cystocarpien nicht näher verfolgen können, glaube aber, dass bei ihrer Ausbildung gewisse stumpfendigende zwei- bis dreizellige, fädige, über die Gallerthülle des Thallus vorragende Aeste, die man häufig in der Nähe der Trichogynen wahrnimmt, eine Rolle spielen; sie sind auch auf der MOEBIUS'schen Tafel (Fig. 8) dargestellt. In der Zutheilung des Episporium zu den Cryptonemiaceen bin ich Herrn BORNET gefolgt, der nach Ansicht der Cystocarpien vermuthet, dass dies dessen natürliche systematische Stellung ist.

Gigartineae.

Gigartina *Radula* (Esp.) J. Ag. Sp. Alg. II p. 278. — Iridaea Radula Bory, in Duperrey Voy. Coquille Bot. p. 107. — Hook. & Harv. Fl. Antarct. I, 188; II, 485. — Ins. Kerguelen, Betsy Cove ad litus projecta. (A. & T. 11. u. 12. 1874.).

Bisher bekannt von den antarktischen Meeren (Fuegia, Falkland-Inseln, Cockburn-Inseln, Auckland- und Campbell-Inseln) Neu-Seeland, Kap der guten Hoffnung, Kalifornien.

J. AGARDH hält die Exemplare aus Neu-Seeland für eine besondere Art, G. circumcincta, vgl. J. Ag. Sp. Alg. III (Epicris.) p. 202. Zahlreiche, aber meist unvollständige Exemplare. Eines ist etwa 18 cm gross, mit einem nach oben sich erweiternden Stiel; an dem zahlreiche keilförmige und lanzettliche Thallusabschnitte von bis zu 8 cm Länge und bis zu 3 cm Durchmesser sitzen. Beide Thallusflächen wie auch die Ränder sind mit Proliferirungen besetzt, die 2—3 cm lang sind.

G. livida (Turn.) J. Ag. Sp. Alg. II p. 270. — Grunow Novara p. 70. — Ins. St. Paul, in oc. ind. (22 F.). (T. 12. 2. 75.).

Bekannt von Neu-Seeland, Tasmanien, Süd-Australien.

***Ahnfeldtia** plicata* (Huds.) J. Ag. Sp. Alg. II p. 311. — Ins. Ascension. (8—13 F.). (A.).

Bekannt vom Atlantischen Ocean (Europa, Nordamerika, Brasilien), dem Nordpacifik, den antarktischen Meeren?

A. concinna? J. Ag. Sp. Alg. II p. 312. — Ins. Kerguelen, Betsy Cove. (Usque 5 F.). (T. & A. 11. u. 12. 74.).

Wird angegeben von Peru, den Chinchas-Inseln, Sandwich-Inseln, Japan.

Mit diesem Namen und einem ? bezeichnet H. BORNET die vorliegende Art, die wohl von Früheren für Ahnfeldtia (Gigartina) plicata genommen wurde, vgl. Hook. & Harv. Fl. Antarct. II p. 487. Sie unterscheidet sich von der europäischen A. plicata, durch dickere Aeste und sehr unregelmässige Verzweigung. Die Seitenäste stehen vom Hauptspross unter einem nicht so spitzen Winkel ab und sind am Ende nicht in eine feine Spitze ausgezogen, sondern ziemlich dick.

***Gymnogongrus** polycladus* (Kütz.) J. Ag. Sp. Alg. II p. 322. — Grunow Novara p. 73. — Ins. St. Paul in oc. ind. (22 F.). (A.).

Bekannt vom Kap der guten Hoffnung und Neu-Seeland.

G. vermicularis (Turn.) J. Ag. Sp. Alg. II p. 323. — Grunow Novara p. 73. — Ins. St. Paul in oc. ind. (22 F.). (T.).

Bekannt vom Kap der guten Hoffnung, von Chili.

***Stenogramme** interrupta* (Ag.) Montagne in Duchartre Revue Botan. 1846 p. 483. — J. Ag. Sp. Alg. II p. 391. — Ins. Promont. virid., Letons Rock. (38 F.). (T.).

Bekannt vom wärmeren Atlantischen Ocean (Europa und Amerika), vom Pacifischen Ocean (Kalifornien und Korea), von Neu-Seeland und Tasmanien.

***Kallymenia** microphylla.* J. Ag. Sp. Alg. II p. 288. — Ins. Promont. virid., Letons Rock. (38 F.). (T.).

Bekannt von Europa, dem Atlantischen Ocean und Mittelmeer.

***Phyllophora** palmettoides* var. *Nicaeensis* J. Ag. Sp. Alg. III (Epicr.) p. 218. — Rhodymenia Palmetta v. Nicaeensis J. Ag. Alg. medit. p. 153. — Sphaerococcus Nicaeensis Kütz. Tab. Phyc. XVIII T. 96. — Ins. Ascension. (8—13 F.). (A.).

Aus dem Mittelmeer und Atlantischen Ocean bekannt.

Ein kleines von H. BORNET bestimmtes Fragment.

Ph. cuneifolia Hook. f. & Harvey Fl. Antarct. II p. 486. — Ins. Kerguelen. (Usque 1 F.). (A. & T.).

Bekannt von den Falkland-Inseln.

Diese Pflanze ist, wie schon HOOKER & HARVEY a. a. O. angeben, manchen Varietäten von Phyllophora Brodiaei sehr ähnlich; insbesondere gleichen die von der „Gazelle“ gesammelten Exemplare der Fig. 6 in KUETZING's Tab. Phyc. XIX T. 74 (forma ligulata).

***Callophyllis** variegata* (Bory) Kützing Phycol. gen. p. 400 T. 69 f. 2. — Rhodymenia variegata Hook. f. & Harv. Fl. Antarct. II p. 475. — Ins. Kerguelen, Betsy Cove. (Usque 5 F.). (T. 11. u. 12. 74.). — Fretum magellanicum, Tuesday-Bai. (2 F.). (T. 2. 76.).

Bekannt von den antarktischen Meeren (Fuegia, Falkland-Inseln, Auckland-Inseln), ferner von Neu-Seeland, Chili, Peru, Kalifornien.

Id. var. *β atrosanguinea* Hook. f. & Harvey, Fl. Antarct. II p. 476. — Ins. Kerguelen, Cascade Bai ad litus. (T. 13. 12. 74.).

Rhodymeniaceae.

Die von der „Gazelle" gesammelten Pflanzen dieser und der folgenden Gruppe sind theilweise recht interessant. Ich habe auch einige davon näher untersucht, werde aber, da mir die beschränkte Anzahl der Tafeln in diesem Werk nicht den ausreichenden Raum darbot, die Resultate meiner Untersuchung an einem andern Orte mittheilen.

***Rhodymenia** corallina* (Bory) Grev. — Sphaerococcus corallinus Bory Voy. Coquille p. 175, T. 16. — Hook. f. et Harvey Fl. Antarct. II p. 475. — Fretum magellanicum, Tuesday-Bai. (2—2½ F.). (T. 2. 76.).

Bekannt von Kerguelen, Chili, Neu-Seeland, Tasmanien.

***Rh.** palmata* (L.) Grev. Alg. Britan. p. 93. — Hook. f. & Harvey Fl. Antarct. II p. 475. — Ins. Kerguelen, Betsy Cove. (Usque 5 F.). (T. 11. u. 12. 74); Harbour-Insel, Irische Bai. (20 F.). (T. 1. 75.).

Bekannt von den antarktischen Meeren (Falkland-Inseln, Fuegia), ferner vom Atlantischen Ocean (Skandinavien bis zu den Kanaren und Grönland bis New-York), von Brasilien? Kalifornien?

***Epymenia** variolosa* (Hook. f. & Harvey) Kütz. Sp. Alg. p. 787. — Rhodymenia variolosa Hook. f. et Harvey Lond. Journ. of Bot. IV p. 259; Fl. Antarct. p. 476 T. 180. — Ins. Kerguelen, Betsy Cove. (Usque 10 F.). (T. & A. 11. 74 u. 1. 75.).

Nur von Kerguelen bekannt.

***E.** obtusa* (Grev.) Kützing Sp. Alg. p. 787; Tab. Phyc. XIX T. 40. — Phyllophora obtusa Grev. in Hook. f. et Harv. Fl. Antarct. I, 186; II, 487. — Ins. Kerguelen, Betsy Cove, ad litus. (T. 12. 74.).

Bekannt von Fuegia und den Falkland-Inseln, von Neu-Seeland, West-Australien und dem Kap der guten Hoffnung.

***Acanthococcus** antarcticus* Hooker f. & Harvey Lond. Journ. of Bot. IV, p. 261; Fl. Antarct. II, 477 T. 181. — Fretum magellanicum, Punta Arenas. (T. 2. 76.).

Sonst noch von den Falkland-Inseln bekannt.

***Rhodophyllis** capensis* Kütz. Sp. Alg. p. 786; Tab. Phyc. XIX T. 50. — Ins. Kerguelen, Betsy Cove. (3—5 F.). (T. A. 2. 11. 74.).

Sonst noch vom Kap der guten Hoffnung bekannt.

Exemplare von 3—4 cm Durchmesser, vom Grunde ab verzweigt, Zweige nach oben sich verbreiternd, am Rande vielfach mit kurzen zahnförmigen Sprossen. Der anatomische Bau ist der auch bei anderen Species von Rhodophyllis gewöhnliche; auf dem Querschnitt des Thallus bemerkt man in der Mitte eine Schicht enger Zellen, dann oberhalb und unterhalb derselben zwei gleichartig gebildete Schichten sehr grosser Zellen, die beiderseits bis zur Oberfläche reichen, endlich als oberste Schicht Rindenzellen, die aber keine vollständige Decke bilden, sondern eine Art Netz, indem sie jeweils die grossen Zellen der innern Schichten an der Oberfläche kranzartig umgeben. Dies Verhältniss ist bei KUETZING Tab. Phyc. XIX T. 50 ganz klar wiedergegeben. Wenn J. AGARDH, in den Sp. Alg. III (Epicrisis) p. 362, Rhodophyllis capensis zu der Sectio Leptophyllium, fronde plana, superficie subaequaliter cellulosa, stellt, statt zu der Sectio Dictyopsis, superficie fere rosulato-areolata, so muss er eine andere Art untersucht haben als KUETZING.

***Rh.** acanthocarpa* (Harv.) J. Ag. Spec. Alg. III (Epicrisis) p. 364. — Callophyllis acanthocarpa Harvey Fl. Nov. Zeel. II p. 251. — Ins. St. Paul. (22 F.). (T. A. 12. 2. 75.).

Sonst bekannt von Neu-Seeland, den Chatham-Inseln.

Auf Gelidium cartilagineum. Die Hauptsprossen des Thallus sind bis 10 cm lang, 1 cm breit. An diesen stehen zahlreiche Seitensprossen, die mit schmalen Stielen ansitzen, weiterhin breiter werden und bis zu 3 cm Länge und 7 mm Breite erreichen. Die Tetrasporen sind zonenartig getheilt. Anatomie des Thallus und Cystocarpien sind bei J. AGARDH a. a. O. ausführlich beschrieben.

Plocamium *coccineum* (Huds.) Lyngbie Hydrogr. Dan. p. 39 T. 9. — Ins. Ascension. (8—13 F.). (A.). — Australia occidentalis, ad ins. Dirk Hartog. (A. 3. 75.).

Allgemein verbreitet.

Pl. *secundatum* Kützing Tab. Phyc. XVI T. 42. — J. Ag. Sp. Alg. III (Epicr.) p. 316. — Pl. coccineum γ secundum Kütz. Sp. Alg. p. 883. — Ins. Kerguelen, Successful Harbour. (14 F.). (T. u. A. 11. 74.). — Fretum magellanicum, Tuesday-Bai. (2½ F.). (T. u. A. 2. 76.).

Bisher nur von Fuegia bekannt.

Pl. *Hookeri* Hooker f. et Harvey Lond. Journ. of Bot. IV p. 257; Fl. Antarct. II p. 474. — Kütz. Tab. Phyc. XVI T. 52. — Ins. Kerguelen. (T. u. A. 11. u. 12. 74.).

Sonst noch (nach Moseley) auf der Heard-Insel vorkommend.

Pl. *Suhrii* Kütz. Sp. Alg. p. 886; Tab. Phyc. XVI T. 54. — Grunow Novara p. 74. — Pl. nobile? J. Ag. Sp. Alg. II p. 397; III (Epicr.) p. 341. — Ins. St. Paul in oc. Ind. (22 F.). (T. et A. 2. 75.).

Sonst noch vom Kap der guten Hoffnung bekannt.

Pl. *corallorhiza* (Turn.) Harvey Alg. Novae Zeel. p. 542. — J. Ag. Sp. Alg. II p. 402. — Thamnophora corallorhiza Kütz. Tab. Phyc. XVI T. 56. — Grunow Novara p. 75. — Ins. St. Paul in oc. Ind. (22 F.). (T. u. A. 2. 75.).

Auch vom Kap der guten Hoffnung bekannt.

Sehr schönes etwa 30 cm grosses Exemplar mit Tetrasporen.

Chylocladia *podagrica?* (Harv. Alg. exs. Friendly Islands No. 53.) J. Ag. Sp. Alg. III (Epicr.) p. 302. — Ins. Vitiensis Matuku. (A.).

Sonst auch von den Freundschaftsinseln bekannt.

Champia *parvula* (Ag.) Harvey Nereis Am. Bor. II p. 76. — Farlow New England Algae T. XV. — Ins. Ascension. (8—13 F.). (A.).

Bekannt vom Atlantischen Ocean (Europa und Nordamerika), vom Pacifischen Ocean, von Australien.

Delesserieae.

Nitophyllum *Smithii* Hooker f. et Harvey Lond. Journ. of Bot. IV p. 253; Fl. Antarct. II p. 472 T. 179. — Ins. Kerguelen, Betsy Cove. (Usque 1 F.). (A. et T. 12. 74 et 1. 75); Cascade Bai ad litus. (T. 12. 74.). — Fretum magellanicum, Tuesday-Bai. (T. 2. 76.).

Auch von den Falkland-Inseln bekannt.

N. *lividum* Hooker f. et Harvey Lond. Journ. of Bot. IV p. 253; Fl. Antarct. II p. 472 T. 179. — Ins. Kerguelen. (Usque 5 F.). (T. 11. 74.).

Auch von den Falkland-Inseln bekannt.

N. *crispatum* Hooker f. et Harvey Fl. Antarct. I p. 185 T. 71 f. 1. — Ins. Kerguelen, Betsy Cove. — (1 F.). (A. 1. 2. 74 u. 1. 75.).

Sonst noch von den Campbell-Inseln bekannt.

N. *multinerve* Hooker f. et Harvey Lond. Journ. of Bot. IV p. 253; Fl. Antarct. II p. 473. — Ins. Kerguelen, Cascade-Bai ad litus. (T. 12. 74.). — Fretum magellanicum, Tuesday-Bai. (A. 2. 76.).

Bekannt von Fuegia, den Falkland-Inseln, Neu-Seeland.

N. Grayanum? J. Ag. Syst. Florid. p. 48; Sp. Alg. III (Epicr.) p. 449. — Ins. Kerguelen. (T.).

Sonst von Neu-Seeland bekannt.

N. affine Harvey in Hook. Journ. 1844 p. 447; Ner. Austral. p. 119. — Grunow, Novara p. 85. Aglaophyllum affine Kütz. Tab. Phyc. XIX T. 8. — Ins. St. Paul in oc. ind. — (22 F.). (A.).

Bekannt von Tasmanien und Süd-Australien.

Neuroglossum *Binderianum* Kützing Phycol. general. p. 446 T. 65 f. 2; Tab. Phyc. XVI T. 6. — J. Ag. Sp. Alg. III (Epicr.) p. 473. — Botryoglossum platycarpum var. Binderianum Grunow Novara p. 86. — Ins. St. Paul in oc. Ind. (22 F. A. u. T.).

Sonst noch vom Kap der guten Hoffnung bekannt.

Delesseria *dichotoma* Hooker f. & Harvey Fl. Antarct. I p. 184 T. 71 f. 2. — Kütz. Tab. Phyc. XVI T. 24. — Ins. Kerguelen Cascade-Bai, ad litus (T. 12. 74.); Betsy Cove (T. 12. 74.).

Bekannt von den Auckland- und Campbell-Inseln, von Neu-Seeland.

D. Davisii Hooker f. et Harvey Lond. Journ. of Bot. IV p. 52; Fl. Antarct. II p. 470 T. 175. — Ins. Kerguelen, Betsy Cove, ad lapides inter radic. Macrocystid. pyrif. (4 - 5 F.). (A. u. T. 11. 74); Harbour-Insel, Irische Bai. (T. 1. 75.).

Bekannt von Fuegia, den Falkland-Inseln, Neu-Seeland.

D. Lyallii Hooker f. et Harvey Lond. Journ. of Bot. IV. p. 252; Fl. Antarct. II. p. 471 T. 176. — Ins. Kerguelen, Betsy Cove. (Ad litus et 3—5 F.). (T. 11. 74.). — Fretum magellanicum, Tuesday Bai. (T. 2. 76.).

Sonst noch von der Marion-Insel und den Falkland-Inseln bekannt.

D. quercifolia Bory in Duperrey Voy. Coquille, Bot. p. 186 T. 18 f. 1. — Hook. f. et Harv. Fl. Antarct. II. p. 471. — Kütz. Tab. Phyc. XVI. T. 18. — Ins. Kerguelen, Successful-Bai. (15 F.). (T. A. 11. 74.).

Auch von Fuegia und den Falkland-Inseln bekannt.

D. pleurospora Harvey Flora Novae Zeelandiae p. 235; Handb. N. Zeal. Fl. p. 682. — D. laciniata Kütz. Tab. Phyc. XVI. T. 19. — Ins. Kerguelen, Betsy Cove, ad rupes. (1,5 F.). (A. T. 1. 75.).

Bekannt von den antarktischen Meeren, von Neuseeland.

D. phyllophora J. Ag. Bidr. Florid. Syst. p. 55; Sp. Alg. III. (Epicr.) p. 486. — D. crassinervia Hook. f. et Harv. Fl. Antarct., partim. — Ins. Kerguelen, Betsy Cove et Cascade Bai. (A. T. 12. 74.).

Auch von den Falkland-Inseln bekannt.

D. ruscifolia (Turn.) Lamour. Essai sur les Thalassioph. p. 36. — Ins. St. Paul in oc. ind. (22 F.). (A.).

Verbreitet im Atlantischen Ocean von Skandinavien bis Marokko, im Mittelmeer, ferner bekannt vom Kap der guten Hoffnung, Tasmanien, Australien, Falkland-Inseln, Magellan-Strasse.

Sehr kleines Fragment.

Caloglossa *mnioides* (Kütz) J. Ag. Sp. Alg. III. (Epicr.) p. 500. — Hypoglossum Viellardii Kütz. Tab. Phyc. XVI. T. 10. — Ins. Neu-Guinea, litus occident. (A. 6. 75.).

Bekannt vom Pacifischen Ocean (Neu-Guinea, Neu-Caledonien, Freundschafts-Inseln).

Sphaerococcaceae.

Gracilaria lichenoides (L.) J. Ag. Sp. Alg. II. p. 588. — Ins. Vitiensis Matuku. (A.).

Bekannt vom Indischen Ocean, Australien.

Unbestimmbare Fragmente mit dem anat. Bau von Gracilaria lagen noch aus Kerguelen und Neu-Guinea vor.

Solieriaceae.

Rhabdonia decumbens Grunow in litt. — Meristotheca? decumbens Grun. in Piccone Crociera del Corsaro a. i. Madera e Canarie, Genova 1884. — Ins. Promont. viridis, Santiago. (10 F.). (A. 17. 7. 75.).

Irregulariter dichotome et lateraliter ramosa, anastomosans, decumbens, segmentis lateralibus patentibus, ultimis acutis. Substantia crassa, carnosa. Color rubro-fuscus in carneum vergens. Tetrasporae sparsae, zonatim divisae. Habitat ad insulas Canarienses, ad insulam Madeira et prope San Jago ins. prom. virid. — Taf. II, Fig. 9, 10, 15.

Diese Pflanze hat Aehnlichkeit mit manchen Formen der Meristotheca papulosa und ist auch in Hinsicht der Struktur wenig davon verschieden. Die Herrn GRUNOW gehörigen Exemplare sind bis 7 cm lang, unten bis 4 mm, oben 1 mm breit, andere überall fast gleich breit, sparrig dichotom verästelt, mit vielen oft sehr kurzen spitzen Seitenästchen. An vielen Stellen finden sich kurze Haftorgane, mit denen die Segmente untereinander und an der Unterlage festhaften. Die Formen von Madeira sind unten breiter, die von den Kanaren überall ziemlich gleich breit, die von den Capverden ähnlich, aber nur in kleinen Stückchen bekannt.

Ich verdanke diese Mittheilungen und die obige Diagnose Herrn A. GRUNOW.

Vergl. auch die Erklärung der Tafeln.

Eucheuma spinosum (L.) J. Ag. Sp. Alg. II. 626. — Ins. Neu-Guinea, litus occident. (A. 6. 75.).

Verbr. im Indischen Ocean vom Kap der guten Hoffnung bis Sumatra.

Hypneaceae.

Hypnea musciformis (Wulf.) Lamour. Essai p. 43. — J. Ag. Sp. Alg. II. p. 442. — Kütz. Tab. Phyc. VIII. T. 19. — Ins. St. Paul in oc. ind. (22 F.). (A. u. T.).

Bekannt vom Mittelmeer, vom wärmeren Atlantischen, Indischen und Pacifischen Ocean.

Sehr fragmentarische Exemplare.

Dies ist wohl dieselbe Hypnea, welche GRUNOW, Novara p. 79, als Hypnea Esperi Bory Voy. de la Coqu. und H. musciformis var. β Esperi J. Ag. Spec. Alg. II. p. 442 bezeichnet. Er weist besonders darauf hin, dass die aus der St. Paul-Insel stammenden, von ihm untersuchten Exemplare robuster sind als die ihm bekannten Formen von H. musciformis.

H. Esperi Kützing Sp. Alg. p. 759; Tab. Phyc. XVIII. T. 26. — Ins. Vitiensis Matuku. (A.). — Ins. Neu-Pommern (Neu-Britannien). (A.).

Die von der „Gazelle“ von beiden Inseln mitgebrachten Exemplare stimmen mit der Abbildung der H. Esperi in den Tab. Phyc. sehr gut überein, die auch nach einer aus dem Pacifischen Ocean stammenden Pflanze gezeichnet ist.

H. divaricata (Grev.) Harvey Phyc. Austral. Catal. — H Cenomyce (?) J. Ag. Sp. Alg. II. p. 452. — Kütz. Tab. Phyc. XVIII. T. 25. — Australia boreali-occidentalis. (T. 3. 5. 75.). — Australia boreali-orientalis, Moreton-Bai (A. 10. 75.).

Bisher nur von Australien bekannt.

Aus Nordwestaustralien liegt nur ein kleines an einem Sargassum haftendes Fragment vor, dessen Bestimmung ich Herrn GRUNOW verdanke. Das Cystocarpien tragende Exemplar von der Moreton-Bai stimmt ziemlich gut zur KUETZING'schen Abbildung a. a. O., die mir aber nicht recht zu AGARDH's Beschreibung seiner H. Cenomyce zu passen scheint.

H. pannosa J. Ag. Alg. Liebm. p. 14; Sp. Alg. II. p. 453. — Kütz. Tab. Phyc. XVIII. F. 27. — Ins. Salomonis, Bougainville. (T. 28. 8. 75.).

Verbr. im Pacifischen und Indischen Ocean, bekannt von Mexiko, Neu-Kaledonien, den Viti-Inseln, Tonga Tabu, Mauritius.

Gelidiaceae.

Gelidium cartilagineum (L.) Greville Alg. Brit. p. 140. — J. Ag. Sp. Alg. II. p. 473. — Grunow Novara p. 81. — Ins. St. Paul in oc. ind. (22 F.). (A. T.).

Bekannt von den Kanaren, Brasilien, Kalifornien; nach J. AGARDH im Indischen und Pacifischen Ocean von Japan bis zum Kap der guten Hoffnung verbreitet.

G. corneum (Huds.) Lamour. var. *β sesquipedale* Kütz. Sp. Alg. p. 764. — Ins. Azores, Fayal. (A. 12. 4. 76.).

Auch vom Mittelmeer bekannt.

G. rigidum (Vahl) J. Ag. Sp. Alg. II. p. 468. — Ins. Vavau. (A. 12. 12. 75.).

In den tropischen Meeren weit verbreitet.

G. intricatum (Ag.) Kützing Sp. Alg. p. 767; Tab. Phyc. XVIII T. 53. — J. Ag. Sp. Alg. II. p. 477. — Australia occidentalis, ad ins. Dirk Hartog. (A. 4. 75.).

Bekannt von den Marquesas- und Sandwich-Inseln.

Rhodomeleae.

Laurencia[1] ***nidifica?*** J. Ag. Sp. Alg. II. p. 479. — Australia occidentalis, ad ins. Dirk Hartog. (A. 3. 75.).

Auch von den Sandwich-Inseln bekannt.

L. paniculata? (Ag.) Kütz. Sp. Alg. p. 885. — J. Ag. Sp. Alg. II. p. 755. — Ins. Promont. virid., Santiago. (A.).

Bekannt vom Mittelmeer und Atlantischen Ocean.

L. papillosa (Forsk.) Grev. — J. Ag. Alg. medit. p. 115. — Australia occidentalis, ad ins. Dirk Hartog. (A. 3. 75.). — Australia boreali-orientalis, Moreton-Bai. (A. 10. 75.).

Bekannt vom Mittelmeer, den tropischen Meeren, Neuseeland.

L. obtusa (Huds.) Lamour. Essai s. l. Thalassioph. p. 42. — J. Ag. Sp. Alg. II. p. 750. Australia boreali-orientalis, Moreton-Bai. (A. 10. 75.).

In den wärmeren Meeren allgemein verbreitet.

L. virgata? J. Ag. Sp. Alg. II. 752. — Australia occidentalis, ad ins. Dirk Hartog. (A. 3. 75.).

Bekannt vom Kap der guten Hoffnung, Australien, Neuseeland.

L. thyrsifera? J. Ag. Sp. Alg. III. (Epicr.) p. 654. — Ins. Neu-Seeland. (A. 11. 75.).

Sonst auch von den Chatham-Inseln bekannt.

L. botryoides (Turn.) Harvey Nereis Australis p. 82. — Kütz. Tab. Phyc. XV. T. 71. — Australia occidentalis, ad Ins. Dirk Hartog. (T. 3. 75.).

Auch von Süd-Australien bekannt.

Asparagopsis Delilei Mont. Alg. Canar. p. XIV. — J. Ag. Sp. Alg. II. p. 776. — Wohl identisch mit A. Sanfordiana Harvey Phycol. Austral. T. 6. — Australia occidentalis, ad Ins. Dirk Hartog. (A. 3. 75.). — Australia boreali-orientalis, Moreton-Bai. (A. 10. 75.). Taf. IX, Fig. 9, 10.

Bekannt vom Mittelmeer (Aegypten), Atlantischen Ocean (Kanaren, Südamerika), Pacifischen Ocean (Philippinen, Tasmanien, Polynesien).

---

[1]) Die Laurencien, durchweg in sehr fragmentarischen Exemplaren gesammelt, waren nur in wenigen Fällen sicher zu bestimmen. Herr BORNET, dem ich die hier angeführten Arten-Namen verdanke, hat daher auch die meisten mit einem ? versehen.

Da meines Wissens die männlichen Organe dieser Alge noch nicht beschrieben sind, so wurden dieselben auf Taf. IX abgebildet. Die Antheridienkomplexe entstehen an den Enden von Aesten, die ihr Wachsthum eingestellt haben und mehr oder weniger stark keulig anschwellen, als eine einschichtige, zusammenhängende oder stellenweise unterbrochene Decke. Die Mutterzellen der Spermatien sind etwas in die Länge gestreckt.

Der anatomische Bau des Thallus ist in der Abbildung in KUETZING's Tab. Phyc. XIV. T. 92 nicht ganz so dargestellt, wie ich ihn bei den von der „Gazelle" mitgebrachten Exemplaren finde. Der Thallus besitzt zweierlei Arten von Sprossen, Langtriebe und Kurztriebe. Auf dem Querschnitt durch einen älteren Langtrieb findet man im Centrum eine englumige centrale Zelle, unmittelbar um diese eine kreisförmige Lücke, dann folgt ein Kranz von englumigen Zellen, die in tangentialer Richtung durch Zwischenräume von einander entfernt sind; unmittelbar an diese schliesst sich ein zusammenhängendes Gewebe an, aus mehreren koncentrischen Schichten isodiametrischer Zellen bestehend, die je weiter nach aussen um so mehr an Grösse abnehmen. Die englumigen Zellen sind stark in die Länge gestreckt, in der centralen Röhre hat jedes Glied die Länge eines ursprünglich von der Scheitelzelle abgeschiedenen Segments. Diese centrale Röhre ist an ihren Querwänden durch quergestreckte Zellen, welche die Lücke überbrücken, mit dem übrigen Gewebe verbunden. An solchen Stellen gehen auch die Seitenzweige ab, deren gewöhnlich zwei opponirte auf jedes primäre Segment kommen. Die Scheitelzelle der Langtriebe scheidet durch nach verschiedenen Richtungen geneigte Wände Segmente ab, die dann in eine Centralzelle und peripherische Zellen sich theilen; durch weitere Theilungen und verschiedenartiges Wachsthum wird dann der eben beschriebene anatomische Bau des Langtriebs erzeugt. Auch die Kurztriebe haben eine Scheitelzelle, die sich durch wechselnd geneigte Wände theilt, jedes Segment zerfällt hier aber in drei Zellen, die sich in eigenthümlicher Weise in einander schieben, wodurch das charakteristische Alterniren der Querwände in den aus drei Zellreihen bestehenden Kurzzweigen bewirkt wird.

***Chondria** tenuissima* (Good. et Woodw.) C. Ag. Sp. Alg. I. p. 352. — Thur. et Born. Etudes Phycol. p. 88, pl. 43—48. — Chondriopsis tenuissima J. Ag. Sp. Alg. II. p. 804. — Australia boreali-occidentalis (A. 26. 4. 75.).

Bekannt vom Atlantischen Ocean (Europa und Nordamerika), Mittelmeer, Tasmanien und Nordaustralien.

***Ch.** capensis* (Harv.) J. Ag. Sp. Alg. II. 802. — Grunow Novara p. 91. — Ins. St. Paul in oc. ind. (22. F.). (A.).

Auch am Kap der guten Hoffnung gesammelt.

***Acanthophora** orientalis* J. Ag. Sp. Alg. II. 820. — Kütz. Tab. Phyc. XV. T. 77. — Ins. Vavau. (A.). — Ins. Tonga Tabu. (A.). — Australia boreali-occidentalis. (A. 26. 3. 75.). — Australia boreali-orientalis, Moreton-Bai. (A. 10. 75.). — Taf. IX, Fig. 11 u. 12.

Sonst bekannt von Nordaustralien, den Philippinen und Mariannen.

Ich habe die aus verschiedenen Fundorten herrührenden Exemplare der „Gazelle" als A. orientalis bezeichnet, weil diejenigen, die Stichidien trugen, ungefähr mit den Angaben J. AGARDH's über A. orientalis, und mit der KUETZING'schen Abbildung übereinstimmten. Ob die angegebenen, etwas subtilen Unterschiede ausreichen, diese Art von A. Thierii zu trennen, muss ich dahingestellt sein lassen. Einige Exemplare trugen aber auch Antheridien, und da diese bisher, soviel ich weiss, nicht bekannt waren, so soll hier eine Beschreibung derselben folgen, wozu die Abbildungen (Taf. IX, Fig. 11 u. 12) zu vergleichen sind. Die Antheridienkomplexe von Acanthophora sind denen von Chondria tenuissima, die THURET und BORNET ausführlich beschrieben haben, sehr ähnlich. Sie stehen zu mehreren schraubenlinig an den Enden der dorntragenden Kurzzweige. Jeder Antheridienkomplex sitzt seitlich an der Basalzelle eines Haares, das vielgegliedert und wiederholt dichotom verzweigt ist. Er hat die Gestalt eines flachen fast kreisförmigen Blattes mit einem Durchmesser von ca. 0,4 mm. Am Rande ist das Blatt rings von einem Ringe grösserer und mehr dickwandiger Zellen umgeben. Es ist dreischichtig, die obere und untere Schicht bilden eine zusammenhängende Zellfläche. In der Mitte findet man ein System verzweigter gegliederter Schläuche, das den Mittelraum durchzieht und durch weite Lücken getrennt ist. Die Anordnung der Zweige dieses Systems ist übrigens immer dieselbe; ganz unten theilt sich der Schlauch in 2 Aeste, die zum oberen Ende des Blattes parallel oder zusammenneigend verlaufen, und von denen jeder an seiner äusseren Seite Seitenäste aussendet, die wieder nur an ihrer äusseren Seite Zweige tragen. Die eigentlichen Antheridien oder Mutterzellen der Spermatien sind einfache isodiametrische Zellen, welche beide Flächen des Blattes bedecken, indem sie zu 1—3 an den Zellen der oberen und unteren Zellschicht sitzen.

Die Entwickelung des Antheridienkomplexes erfolgt so, dass aus der Basalzelle des Haares ein Spross hervorgeht, der mit einer, von der Fläche gesehen, dreieckigen Scheitelzelle wächst. Später bilden sich am Rande noch weitere Scheitelzellen. Durch Theilungen parallel der Fläche wird die ursprünglich einfache Zellfläche dreischichtig. Während aber die obere und untere Fläche noch lange wachsen und ihre Zellenzahl vermehren, hört die mittlere Schicht schon sehr früh damit auf; ihre Zellen strecken sich und bilden so das charakteristische mittlere Schlauchsystem des Antheridienkomplexes.

***Delisea** pulchra* (Grev.) Montagne Annal. d. sc. nat. Ser. III. Vol. I. p. 158. — Ins. Kerguelen, Betsy Cove, ad litus. (T. 11. 74.).

Auch von Heard-Insel, Tasmanien, West-, Süd- und Ost-Australien bekannt.

***Ptilonia** magellanica* (Mont.) J. Ag. Sp. Alg. II. p. 774. — Thamnophora magellanica Mont. Prodr. Phyc. Antarct. p. 3. — Plocamium? magellanicum Hook. f. et Harv. Journ. of Bot. IV. p. 257; Fl. Antarct. II. p. 474. — Ins. Kerguelen, Betsy Cove, ad litus et usque 5 F. (A. T. 11. 74.); Cascade Bai ad litus. (T. 11. 74.); Harbour-Insel, Irische Bai. (20 F.). (T. 1. 75.). — Fretum magellanicum, Punta Arenas. (T. A. 5. 2. 76.).

Bekannt von Fuegia, den Falkland-Inseln, Neu-Seeland.

***Pt.** australasica* Harv. Fl. Tasm. p. 305 T. 190 A. — J. Ag. Sp. Alg. III. (Epicr.) p. 674. — Australia occidentalis, ad Ins. Dirk Hartog. (T. 3. 75.).

Auch von Südaustralien bekannt.

***Digenea** simplex* (Wulf) C. Ag. Sp. Alg. I. p. 388. — J. Ag. Sp. Alg. II. p. 845. — Digenea Wulfenii Kütz. Tab. Phyc. XV. T. 28. — Australia occidentalis, ad Ins. Dirk Hartog. (A. 3. 74.).

Bekannt vom Mittelmeer, wärmeren Atlantischen Ocean (Westindien und Nordamerika), Rothen Meer, Indischen Ocean (Mascarenen, Ceylon), Pacifischen Ocean (Neu-Caledonien, Nordaustralien).

***Bostrychia** vaga* (Hook. f. et Harv.) J. Ag. Sp. Alg. II. p. 864. — Stictosiphonia vaga Hook. f. et Harv. Lond. Journ. of Bot. IV. p. 270; Fl. Antarct. II. p. 484 T. 186 f. 1. — Ins. Kerguelen, Betsy Cove, ad rupes in lit. (T. 11. 74.).

Auch von den Falkland-Inseln bekannt.

***B.** tenella* (Vahl) J. Ag. Sp. Alg. II. 869. — Ins. Neu-Guinea, lit. occid. (A. 6. 75.).

In den wärmeren Meeren allgemein verbreitet, bekannt z. B. von den Antillen, Ver. Staaten, Port Natal, Ceylon, Freundschafts-Inseln.

***Rhodomela** Hookeriana* J. Ag. Sp. Alg. p. 880. — Rh. Gaimardi Hook. f. et Harv., non Agardh, in Lond. Journ. of Bot. IV. p. 264; Fl. Antarct. II. p. 481 T. 184. — Ins. Kerguelen, Betsy Cove. (Usque ad 10 F.). (A. T.).

Auch bekannt von den Falkland-Inseln, Fuegia, Neu-Seeland.

***Rh.** patula* Hooker f. et Harvey Lond. Journ. of Bot. IV. p. 264; Fl. Antarct. II. p. 481 T. 183 f. IV. — Ins. Kerguelen, ad litus. (A. 11. 74.).

Auch an den Falkland-Inseln gefunden.

***Polysiphonia** abscissa* Hook. f. et Harv. London Journ. of Bot. IV. p. 266; Fl. Antarct. II. p. 480 T. 183 II. — Ins. Kerguelen, Betsy Cove, ad litus et usque ad 10 F. (A. T.). — Taf. X, Fig. 1—4.

Auch bekannt von Fuegia, Neu-Seeland, Tasmania, Südaustralien.

Diese zu den Polysiphonien mit vier pericentralen Zellen, die niemals sekundäre Rindenzellen bilden, gehörige Pflanze war in zahlreichen Exemplaren vorhanden, was Veranlassung dazu gab, insbesondere die Entwickelung der Cystocarpien näher zu untersuchen, der einzigen Fruktifikationsorgane, die gefunden wurden.

Nachfolgende Zahlen geben ein Bild der Art wie der Durchmesser der Glieder im Verhältniss zur Länge wächst. An einem ziemlich langen vielverzweigten Exemplar war in der Entfernung von 0,33 mm von der Spitze eines Zweiges der Durchmesser eines Gliedes = 50 μ, die Länge desselben = 42 μ, weiter zu den älteren Theilen fortschreitend, entsprach einem Durchmesser von 108 μ eine Länge des Gliedes von 230 μ, einem Durchmesser von 180 μ eine Länge von 630 μ, einem Durchmesser von 200 μ eine Länge von 1480 μ; letzteres Glied war 55 mm von der Spitze entfernt.

An der wachsenden Spitze der Thalluszweige finden wir die bekannten seitlichen Haare (Blätter) in regelmässiger Anordnung, so dass etwa jedes dritte bis sechste Glied ein solches Haar trägt. Die aus wenig Zellen bestehenden Haare sind wiederholt dichotom verzweigt, verlieren bald ihren gefärbten Inhalt und können eine beträchtliche Länge erreichen. So war ein der Länge nach 7 zelliges Haar 0,6 mm lang, bei einem mittleren Durchmesser von 0,006 mm. Die Verzweigung des Thallus findet so statt, dass an Stelle eines Haares ein Zweig gebildet wird.

An den Haaren werden auch die Cystocarpien angelegt, und zwar ist es immer die von unten gerechnet zweite Zelle des Haars, die zum Cystocarp wird. Die untere erste Zelle theilt sich wie eine gewöhnliche Gliederzelle, in eine centrale und vier peripherische Zellen, während die Zellen des Haars oberhalb des Cystocarps ungetheilt bleiben und in gewohnter Weise in die Länge wachsen. Die Entwicklung des Cystocarps beginnt ebenfalls damit, dass die obenerwähnte zweite Zelle des Haars in eine centrale und vier peripherische getheilt wird. Die innere der Hauptaxe zugewandte peripherische Zelle bildet den eigentlichen Befruchtungsapparat aus, indem sie in eine innere und in einen Kranz von drei bis fünf äussere Zellen zerfällt. welche jene halbkreisförmig umgeben. Die oberste Zelle des Kranzes wächst zu einem ziemlich kurzen Trichogyn aus (vergl. Taf. X, Fig. 1 und 2). Aus den zwei seitlichen peripherischen Zellen entsteht frühzeitig die Hülle des Cystocarps, während die erst entstandene hintere peripherische Zelle sich nicht weiter verändert. Nach vollendeter Befruchtung bemerkt man zunächst ein starkes Aufquellen der Membran der einzelnen Zellen des Trichophorapparats, die sich dadurch von einander lösen. Bald sieht man dann, dass die von ihnen umgebene innere Zelle (SCHMITZ's Auxiliarzelle) durch parallele Trennungswände in mehrere (gewöhnlich drei, vergl. Taf. X, Fig. 3) Zellen zerfallen ist; aus diesen letzteren, die zunächst zu Zellreihen auswachsen, geht der Zellkomplex hervor, dessen Endzellen zu Sporen werden.

Bei Pol. abscissa kommt es nicht selten vor, dass oberhalb eines Cystocarps noch ein zweites gebildet wird, wohl aus der nächstoberen (dritten) Zelle des betreffenden Haares (vergl. Taf. X, Fig. 4).

Andere untersuchte Polysiphonien zeigten eine ganz übereinstimmende Entwicklung des Cystocarps; damit stimmen auch frühere Angaben und Abbildungen überein; man vergleiche z. B. die Abbildungen DODEL PORTH's, die sich auf Polysiphonia subulata beziehen (DODEL PORTH, Illustr. Pflanzenleben S. 158), sowie die Angaben von SCHMITZ (Unters. über die Befruchtung der Florideen, Sitzungsber. der Berl. Akad. 1883 S. 25 d. S. A.).

P. havanensis Montagne in Ram. de la Sagra Hist. nat. Cuba p. 34 T. V. Fig. 3. — J. Ag. Sp. Alg. II p. 959. — Australia occidentalis ad ins. Dirk Hartog. (A. 23. 3. 75.). — Taf. XI, Fig. 1—4.

Bekannt vom Atlantischen Ocean (Frankreich, Florida, Westindien), West- und Süd-Australien.

Diese auf Laurencien und andern Algen wachsende Polysiphonia wurde von H. BORNET als P. Havannensi proxima bezeichnet. Da ich sie nicht mit Originalexemplaren der genannten Pflanze vergleichen konnte und die Polysiphonien mit vier pericentralen Zellen überhaupt recht schwer von einander zu unterscheiden sind, so erschien es zweckmässig auf Taf. XI, Fig. 1—4 eine Abbildung von Aesten dieser Pflanze mit den drei Fruktifikations-Organen zu geben, die wohl keiner näheren Erläuterung bedarf. Die wie immer auf der ersten Zelle der seitlichen Haare sitzenden Antheridienkomplexe werden an der Spitze von einer kurzen stumpfen Zelle, dem Ende der Centralaxe, gekrönt, sie sind 130 μ lang mit einem Durchmesser von 30 μ. Die Cystocarpien sind durch einen Kranz grösserer Zellen am Rande der Mündung des Pericarps ausgezeichnet. Ihre Höhe ist im Durchschnitt = 290 μ, der Durchmesser = 340 μ.

Ueber Länge und Durchmesser der Glieder giebt folgende kleine Tabelle Auskunft:

Entfernung vom Gipfel.		Länge.	Durchmesser.
0,33	mm	77 μ	62 μ
1,7	„	117 „	92 „
1,8	„	183 „	92 „
2,5—3,3	„	200 „	117 „
4	„	167 „	134 „
5—6	„	160 „	150 „
7	„	193 „	183 „

P. Calothrix Harvey Phycol. Austr. T. 185 C. — Australia occidentalis, ad Ins. Dirk Hartog. (A. 23. 4. 75.). — Taf. X, Fig. 14—17.

Bisher nur von Australien bekannt.

Diese Polysiphonia war in dem gesammelten Material in zwei Formen vertreten. Beide haben einen kriechenden, an der Spitze spiralig eingerollten Haupttrieb. Bei der einen Form (Taf. X, Fig. 14) trägt dieser auf jedem Glied einen Kurztrieb (die Glieder mit Langtrieben ausgenommen). Die Kurztriebe stehen auf der oberen Seite des Haupttriebs nicht genau in der Mittellinie, sondern abwechselnd etwas rechts und links von dieser, anfangs am vorderen Ende der Glieder, später oft scheinbar gerade auf der Grenze von zweien. An der unteren Seite jedes Gliedes des Haupttriebs entspringen ein oder mehrere einfache Wurzelhaare, die sich an ihrem Ende zu einer Haftplatte ausbreiten. Die Zweige, die zu seitlichen Haupttrieben (Langtrieben) werden, bleiben in der Entwicklung zunächst stark hinter den Kurztrieben zurück, sie stehen an den Flanken des Haupttriebs in der Regel um 4 Stammglieder von einander entfernt, abwechselnd auf der rechten und linken Seite. Die Kurztriebe erreichen keine grosse Länge; die längsten sind etwa 1,2 mm lang und haben bis zu 25 Glieder. Am Scheitel bilden sie zahlreiche aus kurzen einfachen Zellreihen bestehende Aeste; auch die Spitze des Zweigs selbst endet mit Erlöschen des Wachsthums in eine solche Zellreihe (Taf. X, Fig. 16). Die Zahl der pericentralen Zellen am Haupttrieb beträgt 10—12, an den Kurztrieben 8—10. Die erwachsenen Glieder des Haupttriebs hatten eine Länge von 100—120 μ, und einen Durchmesser von 135 μ. Die Glieder der Kurztriebe waren 30—70 μ lang und 30—70 μ dick.

Die andere Form der Pflanze (Taf. X, Fig. 15) unterscheidet sich von der eben beschriebenen darin, dass nicht jedes Glied des Haupttriebs einen Kurztrieb erzeugt, sondern nur jedes vierte Glied einen solchen trägt. Auch die Wurzelhaare sind hier viel sparsamer vorhanden. Die Glieder der Lang- und Kurztriebe sind länger und schlanker.

P. ceratoclada Mont. Prodr. Phyc. antarct. p. 6; Voy. au pôle Sud p. 131 T. V. F. 2. — Hook. f. & Harv. Fl. Antarct. I. p. 183 T. 76 f. 2. — Grunow Novara p. 88. — Ins. St. Paul in oc. ind. (22 F.). (A.).

Bekannt von den Auckland-Inseln, Neu-Seeland, Valparaiso.

Ein kleines Fragment, das aber deutlich den Charakter der Species zeigt.

P. anisogona Hooker f. et Harvey Lond. Journ. of Bot. IV. p. 268; Fl. Antarct. II. p. 478 T. 182. — Grunow Novara p. 89. — Ins. Kerguelen, Betsy Cove. (Usque ad 10 F.). (A. u. T.). — Ins. St. Paul in oc. ind. (22 F.). (A.). — Taf. X, Fig. 5—8.

Sonst noch von Fuegia und den Falkland-Inseln bekannt.

Folgende Messungen mögen einen Begriff vom Längen- und Dickenwachsthum der Glieder geben (von jungen zu älteren fortschreitend):

Durchmesser	Länge
100 μ	160 μ
150 „	180 „
150 „	330 „
160 „	430 „
200 „	1250 „
230 „	2900 „

Am Grunde eines 55 mm langen Exemplars hatten die zwei letzten Glieder einen Durchmesser von 0,2 mm, und eine Länge von je 4,3 und 4,0 mm. Bei den Exemplaren von Kerguelen zeigten auch die ältesten und längsten Zellen keine Spur von Bildung von sekundären Rindenzellen. Wohl aber wurden an Exemplaren von der St. Paul-Insel solche beobachtet. Am wachsenden Ende des Thallus wurden auch bei dieser Polysiphonia Haare gefunden, die gewöhnlich einfach sind, eine ziemlich stark quellbare Membran besitzen und den farbigen Inhalt ihrer Zellen ziemlich lange behalten. Sie zählen etwa 5—7 Zellen und werden bis zu 240 μ lang bei einem unteren Durchmesser von etwa 25 μ. An diesen Haaren bilden sich auch hier die Cystocarpien, die in ihrer Entwickelung ganz mit denen der P. abscissa übereinstimmen, so dass die Abbildungen Taf. X, Fig. 5, 6, 7 ohne Weiteres verständlich sind, wenn man das berücksichtigt, was über die Bildungsweise des Cystocarps bei jener Art gesagt wurde. Hier fällt das Haar oft frühzeitig ab, und es bleibt nur die unterste Zelle desselben als kleine Kappenzelle am Cystocarp zurück. Die Triebe, welche reife Cystocarpien tragen, sind oft bogenförmig zurückgekrümmt.

P. atricapilla J. Ag. Sp. Alg. II. p. 1054. — Ins. St. Paul in oc. ind. (22 F.). (A. u. T.). — Taf. X, Fig. 9—13.

Bisher nur von Australien, King Georges-Sund bekannt.

Diese Polysiphonia bezeichnet H. Bornet als wahrscheinlich zu P. atricapilla J. Ag. gehörig mit dem Zusatz, dass er letztere nicht aus eigener Anschauung kennt. Ich gebe hier darum eine kurze Beschreibung unserer Alge, nebst einigen Abbildungen.

Die Exemplare (vergl. Taf. X, Fig. 9) sind etwa bis zu 6 cm lang, reichlich und sparrig allseitig verzweigt, doch zeigen die Zweige die Neigung, sich in einer Ebene auszubreiten. Sie stehen in ziemlich offenen Winkeln von der betreffenden Hauptaxe ab. Die ganze Pflanze ist ziemlich starr, namentlich in den älteren Theilen. Die Zahl der peripherischen Zellen ist 12—18. Besonders charakteristisch ist die ziemlich früh beginnende Bildung von sekundären Rindenzellen, die schon etwa 3 mm vom wachsenden Scheitel zu beobachten ist. Die anfangs mit planen Wänden an einander stossenden peripherischen Zellen spitzen sich nach unten zu und schieben sich dadurch etwas ineinander, diese spitzen Ecken werden durch Scheidewände abgetrennt und bilden die ersten sekundären Rindenzellen. Weiterhin werden noch Rindenzellen namentlich an den Seitenkanten der peripherischen Zellen abgeschieden, (vergl. Taf. X, Fig. 11 und 12), und endlich bildet diese sekundäre Rinde eine aus verschiedenartigen Zellen bestehende zusammenhängende Schicht, welche die ursprünglichen peripherischen Zellen vollständig zudeckt.

Die Tetrasporen finden sich in wenig veränderten Aesten in einer oder zwei Reihen; sie waren in dem vorliegenden Material sparsam vertreten und nicht ganz entwickelt. Die etwas reichlicher vorhandenen Cystocarpien stehen meist zu mehreren nahe bei einander, auf kurzem dickem Stiel; sie sind fast kugelig; die Höhe ist etwas geringer als der Durchmesser, etwa 320 μ auf 370 μ, (vergl. Taf. X, Fig. 10).

Ueber die Art des Längen- und Dickenwachsthums der Glieder geben nachfolgende Messungen einige Auskunft:

Entfernung von der Spitze	Länge	Durchmesser
	der Glieder	
0,04 mm	10 μ	42 μ
0,2 „	45 „	120 „
0,6 „	85 „	215 „
1,7 „	105 „	260 „

Entfernung von der Spitze	Länge der Glieder	Durchmesser der Glieder
5,0 mm	150 μ	400 μ
9 „	215 „	565 „
15 „	235 „	710 „
24 „	210 „	885 „
32 „	215 „	815 „

Am unteren Ende eines anderen 35 mm langen Fragments war der Durchmesser 1 mm, die Länge eines Gliedes 0,26 mm.

P. corymbifera (Ag.) Harvey Nereis Austral. p. 54. — Ad Prom. Bonae Spei, in portu opp. Capstadt. (7 F.). (T. 2. 10. 74.).

Bisher nur vom Kap der guten Hoffnung bekannt.

P. cloiophylla (Ag.) J. Ag. Sp. Alg. II. p. 954. — Ad Prom. Bonae Spei, in portu opp. Capstadt. (7 F.). (T. 2. 10. 74.). — Ins. St. Paul. (22 F.). (A. u. T.).

Bisher nur vom Kap der guten Hoffnung bekannt.

***Rytiphloea** pinastroides* (Gmel.) Ag. Synops. Alg. Scand. p. 25. — Ins. Madeira. (A.).

Bekannt vom Atlantischen Ocean (von den Kanaren bis England), vom Mittelmeer.

***Amansia** glomerata* (Ag.) J. Ag. Sp. Alg. II. p. 1111. — A. fasciculata Kütz. Tab. Phyc. XV. T. 4 (nach Grunow). — Ins. Vitiensis Matuku. (A.).

Bekannt vom Pacifischen Ocean (Upolu, Freundschafts-Inseln, Sandwich-Inseln, Samoa-Inseln, Nord-Australien) vom Indischen Ocean (Mauritius).

***Leveillea** gracilis* (Mart. & Har.) Decaisne Ann. Sc. nat. 1839 p. 376. — Polyzonia jungermannoides J. Ag. Sp. Alg. II. 1169. — Lev. Schimperi Harv. Phyc. austr. T. 171. — Australia occidentalis, ad ins. Dirk Hartog. (A. 23. 4. 75.). — Australia boreali-occidentalis. (A. 26. 4. 75.).

Bekannt vom Rothen Meer, Ceylon, Singapore, Nord- und West-Australien, Polynesien.

***Dasya** Berkeleyi* (Mont.) J. Ag. Sp. Alg. II. p. 1179. — Heterosiphonia Berkeleyi Mont. Voy. Pôl. Sud I. p. 137. T. V. f. 1. — Polysiphonia punicea Mont. l. c. p. 128 T. V. f. 3. — Polysiphonia Berkeleyi Hook. f. & Harv. — Ins. Kerguelen, Betsy Cove, ad litus usque ad 10 F. (A. u. T.). — Fretum magellanicum. (A.). — Taf. XI, Fig. 5—14.

Sonst bekannt von Fuegia, den Falkland- und Auckland-Inseln.

Der Thallus von Dasya Berkeleyi zeigt einen deutlichen Hauptstamm mit Seitenästen, die vielfach verzweigt sind. Die Axe des Hauptstamms und der Seitenäste ist hier wie bei Dasya coccinea und D. Würdemanni (vergl. Kny, Ueber Axillarknospen bei Florideen, Festschr. des hundertj. Best. d. Ges. naturf. Fr. Berlin 1873 S. 12—15), ein Sympodium, wie die Abbildung der Stammspitze auf Taf. XI, Fig. 5 sogleich deutlich erkennen lässt. Der aus den Theilungen der Scheitelzelle hervorgehende Trieb erzeugt an seiner einen Seite 3—4 Seitenzweige, die durch Internodien von 3—5 Zellen Höhe getrennt sind. Der erste (unterste) Seitenspross bildet weiterhin die Fortsetzung des Hauptstammes, der zweite kann sich entweder in ähnlicher Weise kräftig entwickeln und wird dann zu einem (scheinbaren) Seitenast des Hauptstammes, oder er verhält sich wie der dritte und (wenn er vorhanden) der vierte Seitenspross. Diese erzeugen höchstens noch einen kurzen wenigzelligen Seitentrieb und stellen dann sammt diesem ihr Wachsthum ein, indem ihre Scheitelzellen, nachdem sie eine Anzahl Glieder abgeschieden haben, sich zu theilen aufhören und zu kurz zugespitzten Dauerzellen werden. Ganz dasselbe geschieht auch mit der Scheitelzelle des Haupttriebes, aus dem das ganze hier beschriebene Sprosssystem hervorgegangen ist. Diejenigen Seitensprossen, die den Hauptstamm fortsetzen, verhalten sich gerade so wie der Haupttrieb, dem sie entstammen; die von ihnen erzeugten Seitensprossen stehen ebenfalls alle an einer Seite und zwar immer an der, die dem ursprünglichen Hauptspross zugewandt ist.

Die Hauptaxe des Thallus ist demnach auch bei D. Berkeleyi ein Sympodium, das aus einer Reihe aufeinanderfolgender Sprossen verschiedener Ordnung besteht. Die Internodien bestehen gewöhnlich aus 3—5 Zellen, doch kommen auch solche von 2 und bis zu 7 Zellen vor. Die Verzweigung findet durchweg in einer Ebene statt. Nicht selten findet man, dass auch ganze seitliche vielverzweigte Sprossen ihr Wachsthum einstellen, indem sämmtliche Scheitelzellen in Dauerzellen übergehen.

Der Hauptstamm und die Aeste der Pflanze bestehen aus einer centralen Zellreihe und anfangs 8 später 10 peripherischen Zellen (vergl. Taf. X, Fig. 7 und 8). Zwei einander gegenüberliegende seitliche peripherische Zellen sind häufig viel grösser als die anderen, woher der frühere Name Heterosiphonia; doch giebt es auch Exemplare, bei denen dieser Grössenunterschied nur sehr wenig hervortritt. An älteren Stämmen findet man, dass an der Grenze zweier Glieder sekundäre Rindenzellen gebildet werden (vergl. Taf. X, Fig. 9), indem am unteren und oberen Ende der peripherischen Röhren durch eine schiefe Wand je eine kleine Zelle abgetrennt wird. An ganz alten Gliedern wachsen diese Zellen zu kurzen zwei- bis dreizelligen Trieben aus, doch konnte ich eine weitere Ausbildung derselben nicht beobachten; wirkliche Berindungsfäden wurden nicht gebildet. Die oberen Enden der Sprossen, die ihr Wachsthum eingestellt haben, sind von einfacherem Bau, sie bestehen gewöhnlich aus einer centralen und vier peripherischen Zellreihen (vergl. Taf. X, Fig. 6), nur die obersten 3—4 Zellen, zusammen etwa 0,1 mm lang, bleiben ungetheilt; doch fand ich bei einer aus Kerguelen von 10 Faden Tiefe heraufgebrachten Form diese Astenden als lange einfache Zellreihen entwickelt, bis zu 1,5 mm lang und aus 15—20 Zellen bestehend.

Die reifen Cystocarpien der Dasya Berkeleyi (Taf. X, Fig. 12) sind gerade so gebaut, wie die anderer Dasyen. Sie sind von ellipsoidischer Gestalt bis zu 1 mm grösstem Durchmesser, vorn mit einem schnauzenförmigen Mundstück, das etwa 0,15 mm lang und breit ist. Ihr Scheitel ist von zwei hornförmigen Fortsätzen gekrönt. Sie entstehen aus der obersten Zelle eines Internodiums eines Sprosses, gewöhnlich desjenigen, das unmittelbar oberhalb der Stelle liegt, wo der erste oder zweite Seitenspross abgeht. Dieselbe Zelle, aus der das Cystocarp hervorgeht, erzeugt auch einen Seitenspross von begrenzter Entwickelung; dieser und das obere Ende des primären Sprosses bilden die beiden hornförmigen Fortsätze am Scheitel des Cystocarps.

Die Entwickelung des Cystocarps erfolgt zunächst ähnlich wie bei Polysiphonia. Das Trichophor geht aus der letzgebildeten inneren peripherischen Zelle hervor und wird bald von dem aus den seitlichen peripherischen Zellen sich entwickelnden Pericarp überdeckt (vergl. Taf. XI, Fig. 13, 14 und 15). Ueber die Lage der (carpogenen) Zelle, aus der die Sporen bildenden Zellfäden ihren Ursprung nehmen, habe ich keine volle Sicherheit gewinnen können, wahrscheinlich liegt sie seitlich vom Trichophor. (Vergl. JANCZEWSKI's Angaben über Dasya coccinea in dessen Notes s. l. develop. d. Cystoc. d. Florid. Mem. Soc. Cherb. T. XX. 1876.)

Die Tetrasporen erzeugenden Sprossen, Stichidien, finden sich bei D. Berkeleyi an besonderen Fruchtständen in grösserer Zahl beisammen (vergl. Taf. XI, Fig. 16 und 17). Diese Fruchtstände entstehen dadurch, dass jeder Spross ausser dem sympodial fortwachsenden Hauptspross noch eine Reihe von einfachen Seitenästen erzeugt, die sämmtlich nach dem Hauptspross zu gerichtet sind und alle zu Stichidien werden. Einzelne von diesen sind an der Basis, manche auch in ihrem oberen Theile verzweigt. Die Stichidien erreichen eine Länge bis zu 1,2 mm und einen Durchmesser bis zu 0,2 mm.

Die Antheridien sind in Bezug auf Anordnung und Gestalt den Stichidien ähnlich. Ihre Beschaffenheit ist aus den Fig. 10 und 11 der Taf. XI zu ersehen.

Die gesammelten Exemplare der Dasya Berkeleyi waren bis zu 12 cm lang. Die Grössenverhältnisse der Zellen mögen aus den unten folgenden Messungen an einem etwa 5 cm langen Stück entnommen werden:

Entfernung vom Scheitel	Länge eines Gliedes	Durchmesser eines Gliedes
Erste Gliederzelle	17 μ	70 μ
0,07 mm	50 „	92 „
0,3 „	100 „	120 „
0,4 „	170 „	160 „
2,0 „	240 „	170 „
4,5 „	400 „	270 „
9,0 „	500 „	270 „
20,0 „	900 „	370 „
42,5 „	830 „	330 „

D. capillaris? Harvey Nereis Austral. p. 60. — J. Ag. Sp. Alg. II. p. 1212. — Australia boreali-orientalis, Moreton-Bai. (A. 10. 75.).

Sonst von Tasmanien bekannt.

Diese Alge stimmt ziemlich gut zu J. AGARDH's Beschreibung von D. capillaris, von der ich aber weder Original-Exemplare noch die Abbildung vergleichen konnte. Die von der „Gazelle" mitgebrachte Alge ist bis zu 10 cm lang, der Stamm ist grossentheils dünn und schwach, nur in seinem untersten Theil dicker und fester, er ist sparsam verzweigt; ausser den normal am Vegetationspunkt erzeugten, findet man auch hier und da Adventivzweige, die an den Basalzellen der Haare entstehen. Diese Haare, wiederholt dichotom verzweigte einfache Zellreihen, sind, wenn erwachsen, über 3 mm lang und stehen nach allen Seiten ab. Ihre Stellung an den Stammgliedern scheint unregelmässig zu sein, man findet sie bald an mehreren auf einander folgenden Gliedern, bald werden einzelne übersprungen.

Der Stamm des Thallus hat 5 peripherische Zellen; die ziemlich späte Bildung von sekundärer Rinde erfolgt, indem an den Kanten der peripherischen Zellen durch schiefe Wände Zellen abgeschnitten werden, doch fand ich auch an den ältesten Gliedern keine vollständige Bedeckung durch sekundäre Rindenzellen.

Die Stichidien, an der Spitze einzelner kurzer Aeste der Haare stehend, sind nach oben stark konisch zugespitzt bis zu 0,4 mm lang bei 0,13 mm grösstem Durchmesser. Sie waren übrigens nur in geringer Zahl vorhanden.

Die Grössenverhältnisse der Glieder ergeben sich aus nachfolgender kleinen Tabelle:

Entfernung vom Scheitel	Länge	Durchmesser
0,07 mm	8 μ	15 μ
0,14 „	20 „	21 „
0,32 „	52 „	25 „
1,27 „	141 „	42 „
2,6 „	190 „	65 „
6,0 „	280 „	100 „
9,0 „	300 „	133 „
18,0 „	420 „	180 „

Die älteren Glieder des etwa 30 mm langen Stückes zeigten keine erhebliche Zunahme an Länge und Durchmesser. Die ältesten Glieder, die ich überhaupt habe messen können, waren 0,7—0,8 mm lang bei einem Durchmesser bis zu 0,5 mm.

D. Callithamnion? (Sonder) Harvey Transact. Irish Acad. vol. XXII. p. 543. — Ins. Vitiensis Matuku. (A.).

Bisher von Westaustralien bekannt.

Sehr kleines Fragment. Eine nicht näher bestimmbare Dasya hat die „Gazelle" von der Insel Ascension mitgebracht.

***Taenioma** perpusillum* J. Ag. Sp. Alg. II. p. 1257. — T. macrourum Thur. Notes algol. Pl. 25. — Polysiphonia nana Kütz. Tab. Phyc. XIII. T. 29. — Australia occidentalis, ad Ins. Dirk Hartog. (A. 4. 75.).

Bekannt vom Mittelländischen Meer (Tanger, Neapel), vom Pacifischen Ocean (Mexico, Tonga Tabu), vom Kap der guten Hoffnung.

Diese interessante Alge, die eine weite Verbreitung besitzt, wurde sehr sparsam unter anderen Algen gefunden. Von Vermehrungsorganen waren Tetrasporen vorhanden, die auch allein bisher beschrieben worden sind.

***Sarcomenia** intermedia* Grunow Novara p. 92. — Ins. St. Paul in oc. Ind. (22 F.). (A.).

Sonst nur vom Kap der guten Hoffnung bekannt.

Corallineae.

***Melobesia** antarctica* Hooker f. et Harvey in Harvey Nereis Australis p. 111. — M. verrucata v. antarctica Hook. f. et Harv. Fl. Antarct. II. p. 482. — Ins. Kerguelen ad Balliam callitricham. (A.).

Sonst bekannt von Fuegia, den Falkland- und Auckland-Inseln, Tasmanien.

Andere Melobesien und Hapalidien von Kerguelen und dem Pacifischen Ocean konnten nicht specifisch bestimmt werden.

***Lithothamnion** polymorphum* (L.) Aresch. in J. Ag. Sp. Alg. II. p. 524. — Ins. Kerguelen. (T.).

Bekannt vom Atlantischen Ocean in Europa und Amerika, vom Kap der guten Hoffnung.

L. fasciculatum (Lamarck) Areschoug in J. Ag. Sp. Alg. II. p. 522 var. *fruticulosum* Hauck Meeresalg. Deutschl. p. 274 T. V. — Ins. Madeira. (A.).

Die Varietät ist vom Mittelmeer bekannt.

***Jania** rubens* (L.) Lamour. Hist. d. polyp. flex. p. 272. — Ins. Ascension. (A.). — Australia occidentalis, ad Ins. Dirk Hartog. (A.). — Ins. Neu-Guinea, litus occidentalis. (A.).

Wohl allgemein verbreitet.

Erklärung der Tafeln.

Tafel I.

Fig. 1— 9. Nitella dualis Nordst. n. sp.
„ 10—11. Gymnozyga longicollis Nordst. n. sp.
„ 12—13. Micrasterias Torreyi.

Die nähere Erklärung dieser Figuren findet sich im Text.

Tafel II.

Fig. 1. Durchschnitt durch den Thallus von Dictyosphaeria favulosa. Vergr. $^1/_{30}$.
„ 2. Desgleichen, halbe natürliche Grösse. Die letzte Zelle hat sich in sechs kleinere getheilt.
„ 3. Ansicht von oben auf die Grenze dreier benachbarter grosser Zellen, die oberste Reihe der kleinen Zellen zeigend. Vergr. $^1/_{30}$.
„ 4. Seitliche Ansicht zweier übereinander liegender Reihen von kleinen Zellen. Vergr. $^1/_{230}$.
„ 5. Unterste Reihe von kleinen Zellen von ihrer unteren Fläche aus gesehen. Vergr. $^1/_{230}$.
„ 6. 2 Fäden von Microchaete vitiensis n. sp. Vergr. $^1/_{550}$.
„ 7. Stück des Thallus von Anadyomene reticulata n. sp. Vergr. $^1/_{10}$.
„ 8. Fragment eines Blattes von Caulerpa delicatula Grun. n. sp. Vergr. $^1/_{50}$.
„ 9. Fragment eines Thallus von Rhabdonia decumbens Grun. aus Madeira. Natürliche Grösse.
„ 10. Theil derselben Pflanze aus den Capverden. Halbe natürliche Grösse.
„ 11. Fragment eines Thallus der Hildenbrandtia Lecanellieri P. Hariot. n. sp. trocken. Natürliche Grösse.
„ 12. Kleines Stück desselben Thallus, angefeuchtet. Vergr. $^1/_2$.
„ 13. Durchschnitt durch ein Conceptakel derselben Pflanze. Vergr. $^1/_{100}$.
„ 14. Durchschnitt durch ein grösseres Stück des Thallus derselben Pflanze mit mehreren durch den Schnitt geöffneten Conceptakeln. Rechts unten eine längliche Lücke im Thallus, die mit einer sehr kleinzelligen Rivulariee erfüllt war. Der dunkel schraffirte Theil bezeichnet die durch besonders regelmässige Anordnung der Zellen charakterisirte Aussenschicht. Vergr. $^1/_{30}$.
„ 15. Querschnitt durch den Thallus von Rhabdonia decumbens; links oben ein zonenförmig getheiltes Tetrasporangium. Vergr. $^1/_{120}$.

Tafel III.

Fig. 1. Scheitel von Halimeda incrassata im Längsschnitt. Vergr. $^1/_{100}$.
„ 2. Scheitel von Hal. cuneata, Ansicht von oben. Vergr. $^1/_{100}$.
„ 3. Aussenfläche eines Gliedes derselben Pflanze. Vergr. $^1/_{120}$.
„ 4. Gelenk von derselben Pflanze im Längsschnitt. Vergr. $^1/_{100}$.
„ 5. Theil eines Längsschnitts durch ein Glied derselben Pflanze (senkrecht auf die Fläche des Gliedes, wie alle anderen Längsschnitte durch flache Halimeden), nach Behandlung mit Säure. Vergr. $^1/_{100}$.
„ 6. Scheitel von Hal. macroloba von oben gesehen. Vergr. $^1/_{90}$.
„ 7. Theil eines Gelenks von Hal. incrassata im Längsschnitt. Vergr. $^1/_{170}$.
„ 8. Scheitel von Hal. macroloba im Längsschnitt. Vergr. $^1/_{70}$.
„ 9. Scheitel von Hal. macroloba im Längsschnitt, Anfang des Aussprossens eines neuen Gliedes. Vergr. $^1/_{50}$.
„ 10. Längsschnitt durch einen Scheitel von Hal. macroloba während des Aussprossens eines neuen Gliedes. Dieses ist weiter entwickelt als bei Fig. 9. Vergr. $^1/_{75}$.
„ 11. Längsschnitt durch den Scheitel (Vegetationspunkt) von Hal. Opuntia während der Ausbildung eines neuen Gliedes. Vergr. $^1/_{90}$.
„ 12. Zwei Rindenschläuche von Hal. cuneata mit kugliger Anschwellung des Halstheiles. Vergr. $^1/_{240}$.

Tafel IV.

Fig. 1. Halimeda macrophysa n. sp. Ansicht der Aussenfläche des Thallus; die dunkel schraffirten Stellen gehören der Kalkplatte an. Vergr. 1/100.
„ 2. Dieselbe Pflanze. Fragment eines Thallus in natürlicher Grösse.
„ 3. Dieselbe Pflanze. Theil eines Längsschnittes durch ein Glied nach Behandlung mit Säure. Vergr. 1/50.
„ 4. Dieselbe Pflanze. Längsschnitt durch die Rindenschicht; die dunkel gehaltenen Stellen entsprechen der Kalkplatte. Vergr. 1/180.
„ 5. Hal. incrassata. Theil eines Querschnittes durch ein sehr altes Glied, mit Säure behandelt. Vergr. 1/240.
„ 6. Hal. incrassata. Theil eines Querschnittes durch ein junges Glied, mit Säure behandelt. Vergr. 1/250.
„ 7. Theil eines Querschnitts durch ein Glied von Hal. cuneata, nach Behandlung mit Säure. Vergr. 1/240.
„ 8. Desgleichen von Hal. Opuntia nach Behandlung mit Säure. Vergr. 1/240.
„ 9. Desgleichen von derselben Species, nicht mit Säure behandelt. Die schraffirten Stellen entsprechen der Kalkplatte. Vergr. 1/390.
„ 10. Theil eines Querschnittes durch ein Gelenk von Hal. incrassata mit Einstellung auf die Lücken der Membran der Schläuche. Vergr. 1/120.
„ 11. Theil eines Querschnittes von Hal. macroloba nach Behandlung mit Säure. Vergr. 1/240.
„ 12. Ansicht eines Scheitels von Hal. cuneata von oben mit Einstellung auf die Lücken der Schlauchmembran. Vergr. 1/240.

Tafel V.

Fig. 1. Ectocarpus simpliciusculus. Theil eines Thallus. Vergr. 1/30.
„ 2. Ect. indicus. Theil eines Thallus. Vergr. 1/30.
„ 3. Ect. geminatus. Theil eines Thallus. Vergr. 1/30.
„ 4. Ect. fasciculatus, var. macrosporus. Theil eines Thallus. Vergr. 1/30.
„ 5. Ect. Constanciae Hariot. n. sp. Theil eines Thallus. Vergr. 1/30.
„ 6. Ect. geminatus. Ast mit plurilocularen Sporangien. Vergr. 1/280.
„ 7. Derselbe. Ast mit unilocularen Sporangien. Vergr. 1/280.
„ 8. Ect. Constanciae Hariot. Stück eines Thallus mit plurilocularen Sporangien. Vergr. 1/220.
„ 9. Ect. geminatus. Abweichende, auf Codium difforme wachsende Form. Ast mit plurilocularen Sporangien. Vergr. 1/280.
„ 10. Ect. indicus. Ast mit plurilocularen Sporangien. Vergr. 1/300.
„ 11. Ect. simpliciusculus. Ast mit am Scheitel stumpfem plurilocularem Sporangium. Vergr. 1/280.
„ 12. Ect. confervoides var. Ast mit plurilocularen Sporangien. Vergr. 1/220.
„ 13. Ect. fasciculatus. Ast mit Sporangium. Vergr. 1/250.
„ 14. Ect. simpliciusculus. Ast mit einem oben spitzen plurilocularen Sporangium. Vergr. 1/300.
„ 15. Brutknospe von Sphacelaria Novae Hollandiae, Seitenansicht. Vergr. 1/130.
„ 16. Dieselbe, Vorderansicht. Vergr. 1/130.

Tafel VI.

Fig. 1. Zweig von Sargassum carpophyllum. Vergr. 1/2.
„ 2. Zweig von Sarg. flavicans var. Moretonensis Grun. Vergr. 1/2.
„ 3. Cystophyllum nothum Grun. n. sp., Zweig. Vergr. 1/2.
„ 4. Ein Receptakel derselben Pflanze. Vergr. 1/4.
„ 5. Sarg. pulchellum Grun. n. sp. var. subspathulata. Zweig. Vergr. 1/2.
„ 6. Antheridien derselben Pflanze.
„ 7. Sarg. stenophyllum var. subdisticha Grun. Zweig. Vergr. 1/2.
„ 8. Sarg. gracile var. pseudogranulifera Grun. Zweig. Vergr. 1/2.
„ 9. Sarg. Boveanum var. Mauritiana Grun. Zweig. Vergr. 1/2.

Tafel VII.

Fig. 1. Galaxaura (Actinotrichia) rigida. Querschnitt durch den Stamm nach Behandlung mit Säure. Vergr. 1/160.
„ 2. Längsschnitt durch den Scheitel derselben Pflanze. Vergr. 1/230.
„ 3. Längsschnitt durch den Stamm derselben Pflanze nach Behandlung mit Säure. Vergr. 1/160.
„ 4. Ansicht eines Astendes derselben Pflanze. Vergr. 1/40.
„ 5. Querschnitt durch die Aussenschicht eines jungen Stammes derselben Pflanze; die dunkleren Stellen sind stärker verkalkt. Vergr. 1/240.
„ 6. Abgezogenes dünnes Stück der äussersten Schicht des Thallus, von aussen gesehen. Oben ist nur die äussere unverkalkte Wand der äussersten Rindenzellschicht abgezogen, weiter unten sieht man auch die verkalkten, von radialen Kanälen durchzogenen Seitenwände derselben. Vergr. 1/250.

Fig. 7. Querschnitt durch einen jungen Ast derselben Pflanze, wie er bei Betrachtung im Polarisationsmikroskop erscheint. Die hellen Stellen sind Kalkkrystalle. Vergr. 1/450.
„ 8. Längsschnitt durch den Scheitel von Galaxaura rugosa (in Alkohol). Vergr. 1/70.
„ 9. Längsschnitt durch die Rinde derselben Pflanze. Die dunkel gehaltenen Wände sind verkalkt. Vergr. 1/270.
„ 10. Junge Cystocarpanlage derselben Pflanze. Vergr. 1/270.
„ 11. Letzte Auszweigungen an der ältesten untersuchten Cystocarpanlage. Vergr. 1/300.
„ 12. Junge Cystocarpanlage (jünger als 10); noch ganz von den Zellen der Rinde umschlossen. Vergr. 1/210.
„ 13. Etwas mehr entwickeltes Cystocarp (älter als 10). Vergr. 1/210.
„ 14. Etwas älteres Cystocarp in situ, nach Ausbildung der äusseren Mundöffnung, der Schnitt war nicht ganz axil und wurde wie auch 12 nach Behandlung mit Säure gezeichnet. Vergr. 1/140.

Tafel VIII.

Fig. 1. Querschnitt durch den Thallus von Galaxaura lapidescens. Die schraffirten Theile sind verkalkt. Vergr. 1/280.
„ 2. Längsschnitt durch den Thallus derselben Pflanze, nach Behandlung mit Säure. Vergr. 1/100.
„ 3. Längsschnitt durch den Scheitel derselben Pflanze. Vergr. 1/90.
„ 4. Callithamnion simile. Junges Cystocarp. Vergr. 1/200.
„ 5. Antheridienkomplex derselben Pflanze. Aussenansicht. Vergr. 1/230.
„ 6. Cystocarpanlage (Procarp) derselben Pflanze. Vergr. 1/150.
„ 7. Ast mit Tetrasporangien derselben Pflanze. Vergr. 1/60.
„ 8. Junger Antheridienkomplex derselben Pflanze im optischen Längsschnitt. Vergr. 1/230.
„ 9. Ende eines wachsenden unbegrenzten Sprosses derselben Pflanze. Vergr. 1/190.
„ 10. Antheridienkomplex von Centroceras clavulatum. Vergr. 1/340.
„ 11. Theil eines Antheridienkomplexes derselben Pflanze. Vergr. 1/450.
„ 12. Desgl. mit mehr kurzgliedrigen Tragfäden der Antheridien. Vergr. 1/500.
„ 13. Chantransia Naumannii n. sp. Theilstück eines Thallus mit zahlreichen Sporen. Vergr. 1/150.
„ 14. Ast mit einer Spore derselben Pflanze. Vergr. 1/630.
„ 15. Corynospora Wüllerstorfiana. Theilstück des Thallus mit einer jungen noch ungetheilten Polyspore. Vergr. 1/200.
„ 16. Ast derselben Pflanze mit entwickelter Polyspore. Vergr. 1/200.

Tafel IX.

Fig. 1. Antheridienkomplex von Griffithsia thyrsigera im optischen Durchschnitt. Vergr. 1/340.
„ 2. Theil eines Tetrasporangien tragenden Gliedes von Griffithsia tasmanica. Vergr. 1/80.
„ 3. Ein einzelner junger Büschel von Tetrasporangien derselben Pflanze; es ist ein Spross mit zahlreichen Auszweigungen, deren Endzellen theilweise zu noch ungetheilten Tetrasporangien angeschwollen sind. Vergr. 1/300.
„ 4. Tetrasporangien tragender Spross von Griffithsia thyrsigera. Vergr. 1/340.
„ 5. Ende eines Zweigs von Ptilota Eatoni mit Tetrasporangien. Vergr. 1/220.
„ 6. Ptilota Eatoni. Oberes wachsendes Ende eines jungen (begrenzten) Primanzweiges. Vergr. 1/60.
„ 7. Oberes Ende eines Sekundanastes derselben Pflanze. Vergr. 1/600.
„ 8. Junges Cystocarp derselben Pflanze. Vergr. 1/180.
„ 9. Asparagopsis Delilei. Spross mit Antheridien. Ansicht von aussen. Vergr. 1/230.
„ 10. Ein etwas abweichend gestalteter, Antheridien tragender Spross derselben Pflanze im optischen Durchschnitt. Vergr. 1/125.
„ 11. Acanthophora orientalis. Spross mit blattartigen Antheridienkomplexen, Aussenansicht. Vergr. 1/36.
„ 12. Einzelner Antheridienkomplex derselben Pflanze. Das seitliche dazu gehörige Haar ist nur zum kleineren Theile gezeichnet. Vergr. 1/65.

Tafel X.

Fig. 1. Junges Cystocarp von Polysiphonia abscissa im optischen Durchschnitt, das apicale Haar ist abgefallen. Vergr. 1/420.
„ 2. Aelteres noch unbefruchtetes Cystocarp derselben Pflanze im optischen Durchschnitt. Die Trichogyne ist eben in Bildung begriffen. Vergr. 1/350.
„ 3. Cystocarp derselben Pflanze bald nach erfolgter Befruchtung, im optischen Durchschnitt; die carpogene Zelle ist in drei Zellen getheilt, von denen weiterhin die Sporenbildung ausgeht; die Trichophorzellen beginnen auseinanderzuweichen. Vergr. 1/280.
„ 4. Zwei nach einander an demselben Haar entwickelte Cystocarpien derselben Pflanze im optischen Durchschnitt. Vergr. 1/70.
„ 5. Junge Cystocarpanlage von Polysiphonia anisogona im optischen Durchschnitt. Die schraffirte Zelle ist die äussere peripherische, aus der sich der ganze generative Theil (Trichophor und carpogene Zelle) entwickelt. Vergr. 1/500.
„ 6. Etwas weiter entwickeltes Cystocarp derselben Pflanze im optischen Durchschnitt. Die schraffirten Zellen sind aus der schraffirten Zelle der vorigen Figur hervorgegangen. Vergr. 1/510.

Fig. 7. Aelteres aber noch unbefruchtetes Cystocarp derselben Pflanze im optischen Durchschnitt: der schraffirte Theil entspricht dem der vorigen Figur. Vergr. 1/360.
„ 8. Durchschnitt durch den Stamm derselben Pflanze. Vergr. 1/120.
„ 9. Theilstück des Thallus von Polysiphonia atricapilla. Vergr. 1/2.
„ 10. Ein Spross derselben Pflanze mit mehreren Aesten, die reife Cystocarpien tragen. Vergr. 1/15.
„ 11. Theilstück eines älteren Stammes derselben Pflanze mit ausgebildeten Rindenzellen. Ansicht von aussen. Vergr. 1/60.
„ 12. Theil eines Querschnittes durch einen älteren Stamm derselben Pflanze. Vergr. 1/60.
„ 13. Aeussere Ansicht eines jungen Sprosses derselben Pflanze. Vergr. 1/60.
„ 14. Polysiphonia Calothrix. Ende eines Langtriebs. Vergr. 1/70.
„ 15. Zweite Form derselben Pflanze. Ende eines Langtriebs. Vergl. den Text des Aufsatzes. Vergr. 1/50.
„ 16. Ende eines Kurztriebs der in Fig. 14 abgebildeten Pflanze. Vergr. 1/480.
„ 17. Ende eines Langtriebs derselben Pflanze. Vergr. 1/360.

Tafel XI.

Fig. 1. Polysiphonia havanensis var. Zweig mit zwei Antheridienkomplexen. Vergr. 1/270.
„ 2. Sehr junger Antheridienkomplex derselben Pflanze. Vergr. 1/240.
„ 3. Tetrasporangien tragender reich verzweigter Spross derselben Pflanze. Vergr. 1/30.
„ 4. Zweig derselben Pflanze mit zwei reifen Cystocarpien. Vergr. 1/35.
„ 5. Wachsendes Sprossende der Dasya Berkeleyi; man erkennt leicht die sympodiale Ausbildung des Hauptstamms. Vergr. 1/200.
„ 6. Querschnitt durch das Ende eines begrenzten Zweiges derselben Pflanze; vier pericentrale Zellen. Vergr. 1/75.
„ 7. Querschnitt durch einen (ausnahmsweise sehr dünnen) Hauptstamm derselben Pflanze; acht pericentrale Zellen. Vergr. 1/140.
„ 8. Querschnitt durch den älteren Theil eines Hauptstammes derselben Pflanze; zehn pericentrale Zellen. Vergr. 1/60.
„ 9. Perspectivische Ansicht eines Stücks eines älteren Hauptstammes derselben Pflanze. An den Ecken und theilweise auch an den Kanten der pericentralen Zellen sind sekundäre Rindenzellen abgeschnitten worden. Vergr. 1/100.
„ 10. Spross mit mehreren Antheridienkomplexen derselben Pflanze, die schraffirten Theile sind mit Antheridien bedeckt Vergr. 1/80.
„ 11. Ein einzelner Antheridienkomplex derselben Pflanze. Vergr. 1/150.
„ 12. Erwachsenes Cystocarp derselben Pflanze. Aussenansicht. Vergr. 1/45.
„ 13. Sehr junge Cystocarpanlage derselben Pflanze; Aussenansicht. Vergr. 1/95.
„ 14. Junges Cystocarp derselben Pflanze im optischen Längsschnitt. Vergr. 1/230.
„ 15. Etwas älteres Cystocarp derselben Pflanze im optischen Längsschnitt. Vergr. 1/230.
„ 16. Stichidien tragender vielfach verzweigter Spross derselben Pflanze. Vergr. 1/80.
„ 17. Ein einzelnes Stichidium der vorigen Figur. Vergr. 1/90.

Tafel XII.

Marchesettia spongioides.

Fig. 1. Ansicht eines horizontal ausgebreiteten Stückes mit zahlreichen Mundöffnungen. Natürliche Grösse.
„ 2. Ein einzelner aufrechter Ast mit mehreren abgebrochenen Seitentrieben; vereinzelte Mundöffnungen. Natürliche Grösse.
„ 3. Längsschnitt durch ein Astende, die vielfach durcheinander wachsenden Triebe der Floridee zeigend; schwach vergr.
„ 4. Querschnitt durch einen Ast; schwach vergr.
„ 5. Ansicht eines Sprosses der Floridee mit zahlreichen Seitenzweigen. Vergr. 1/25.
„ 6. Längsschnitt durch ein Sprossende. Vergr. 1/120.
„ 7. Querschnitt durch einen solchen Spross. Vergr. 1/120.
„ 8. Längsschnitt durch einen ähnlichen Spross. Vergr. 1/120.
„ 9. Ansicht der Verwachsungsstelle zweier Sprossen im Durchschnitt. Vergr. 1/120.
„ 10. Querschnitt durch einen Ast der Marchesettia. Die dunkel schraffirten Stellen sind die durchschnittenen Sprossen der Floridee. Die grauen punktirten Streifen gehören der Spongie an. Die Punkte entsprechen den Farbstoff einlagernden kernartigen Theilen. Vergr. 1/12.
„ 11. Ansicht des Kieselnadelgerüstes der Spongie, wie es sich stellenweise an der Aussenfläche der Marchesettia findet. Die dunkel schraffirten Stellen sind Astenden der Floridee, auf denen das Kieselnadelgerüst ruht. Vergr. 1/390.

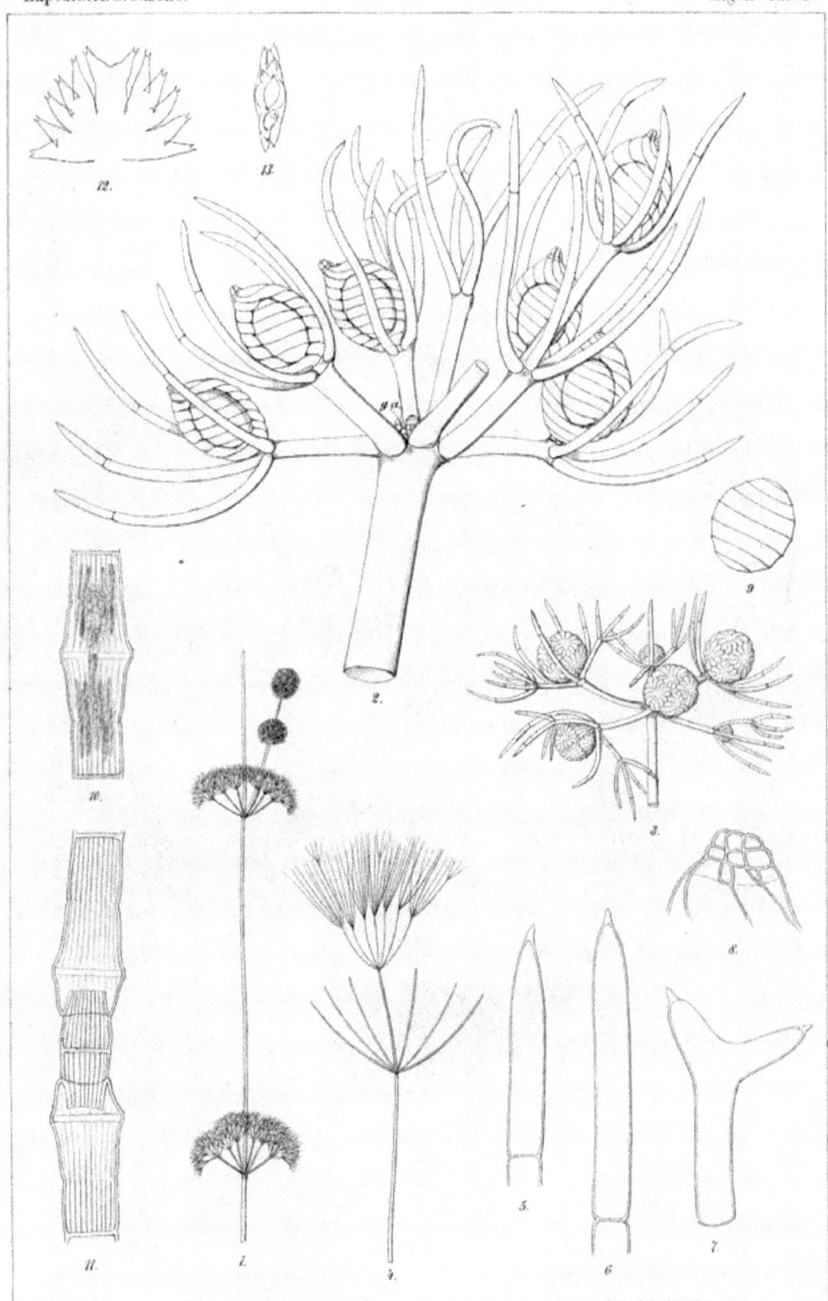

Nordstedt del. Br Keller lith.

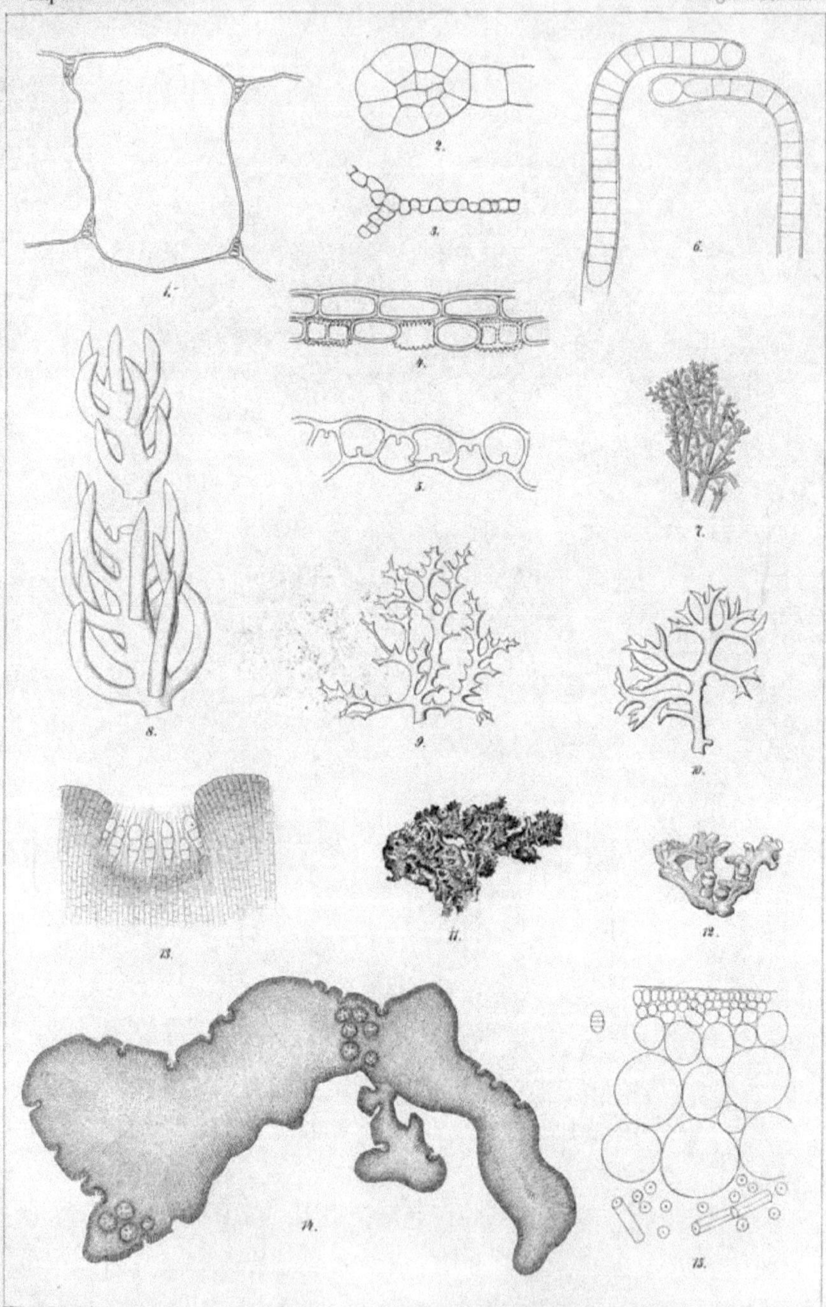

Askenasy u. Möbius del. Dr. Keller lith.

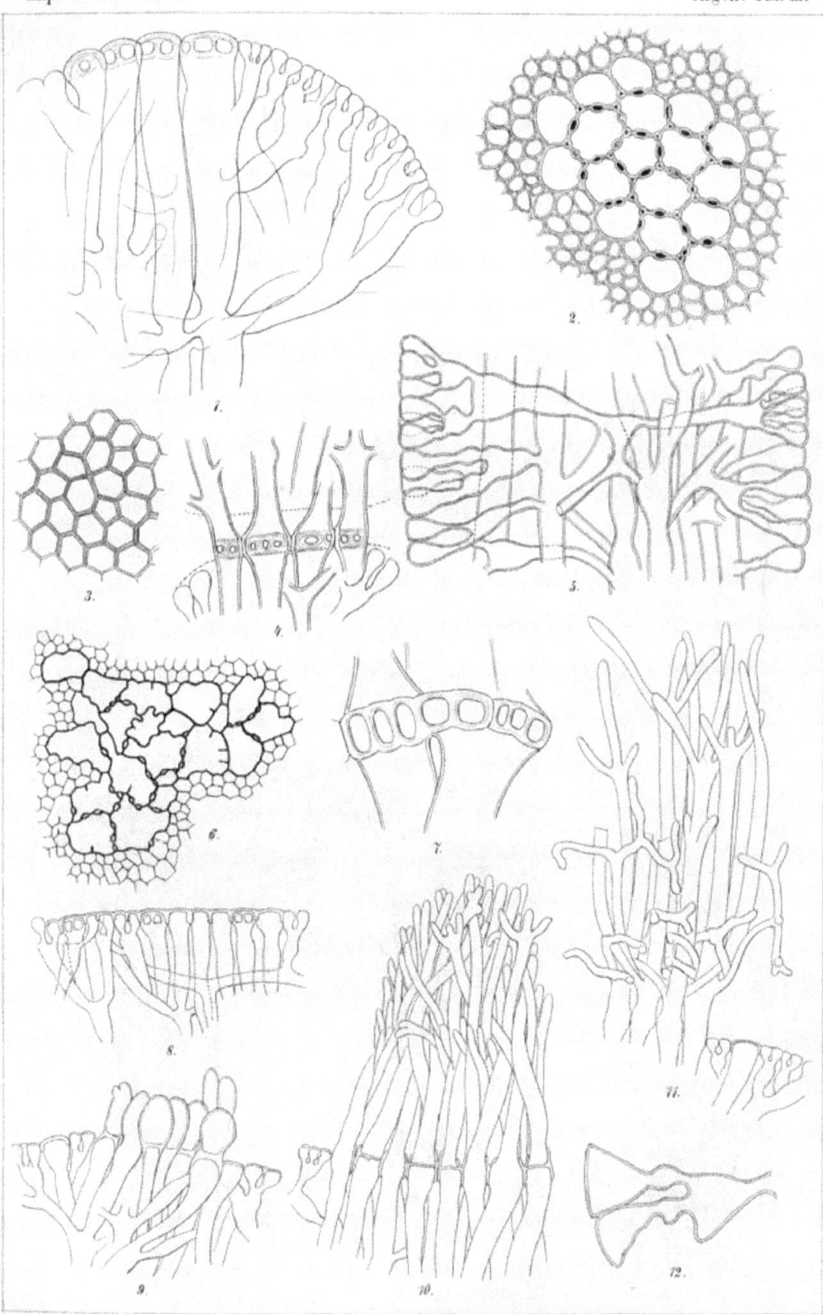

Möbius del. Br. Keller lith.

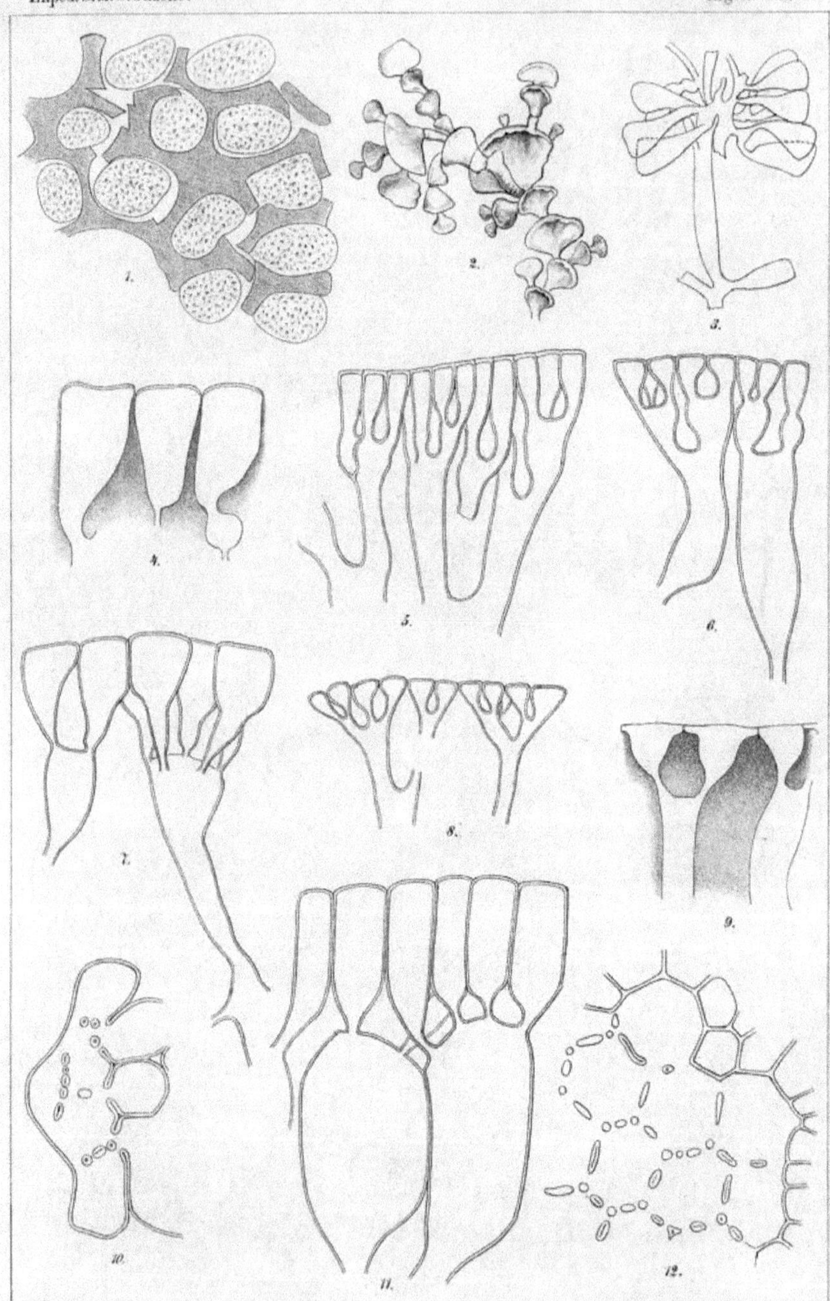

Askenasy del. Br. Keller lith.

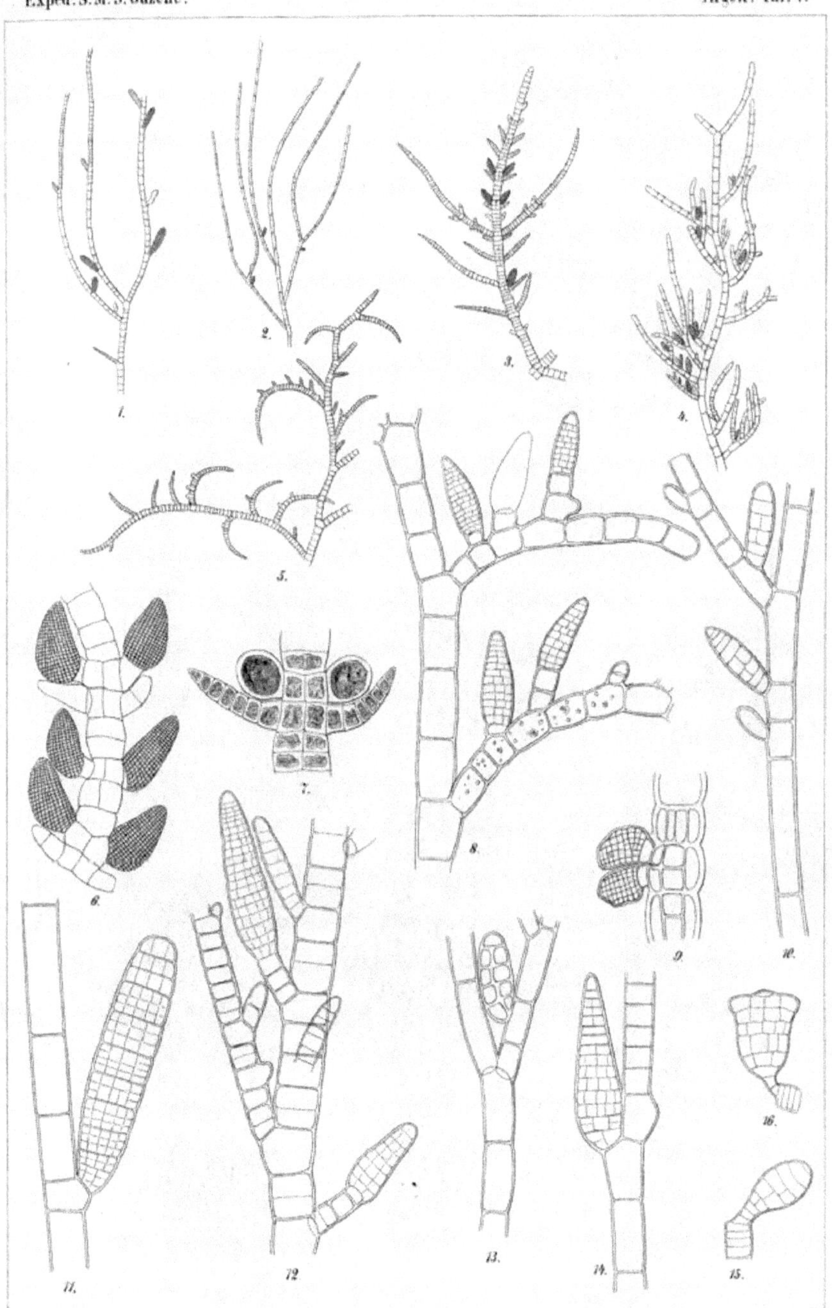
1.
2.
3.
4.
5.
6.
7.
8.
9.
10.
11.
12.
13.
14.
15.
16.
Askenasy u. Möbius del.
Br. Keller lith.

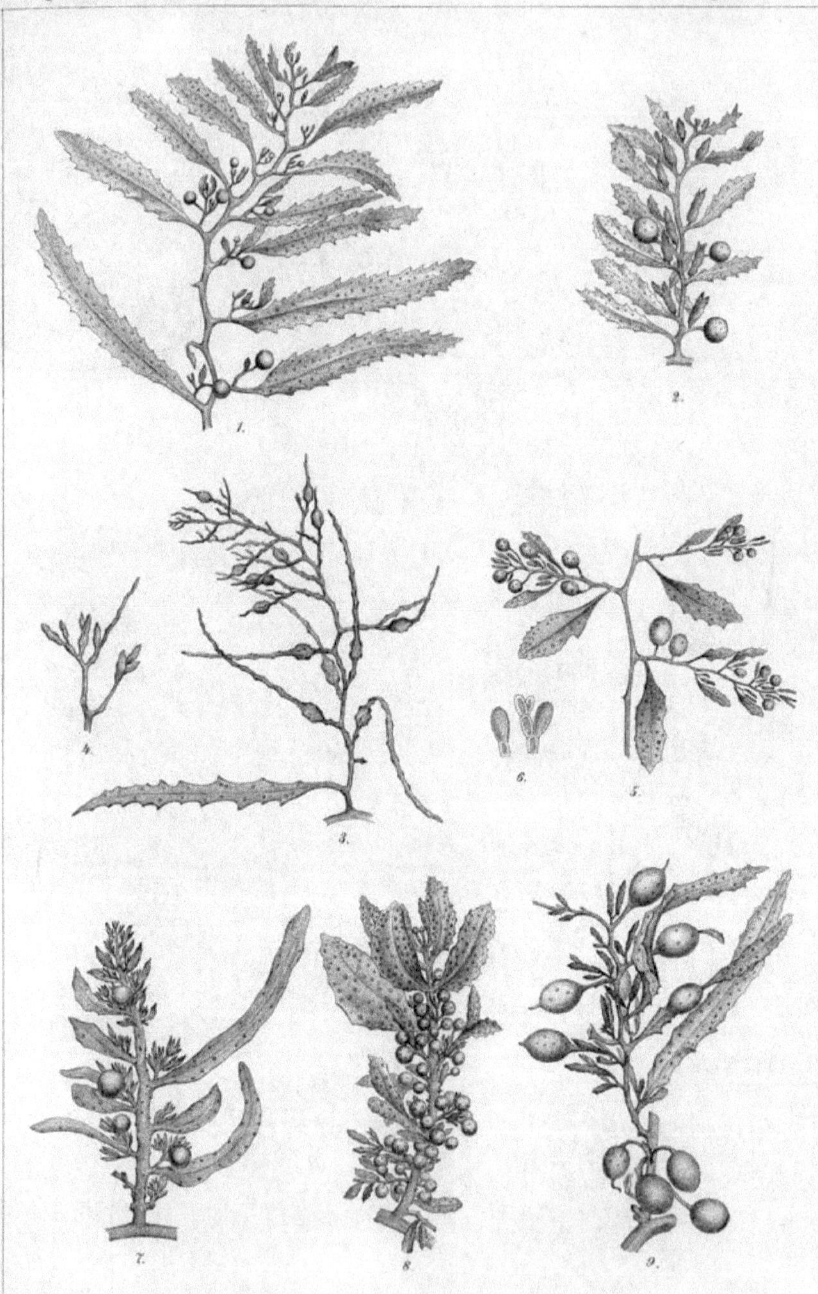

Möbius del. Br. Keller lith.

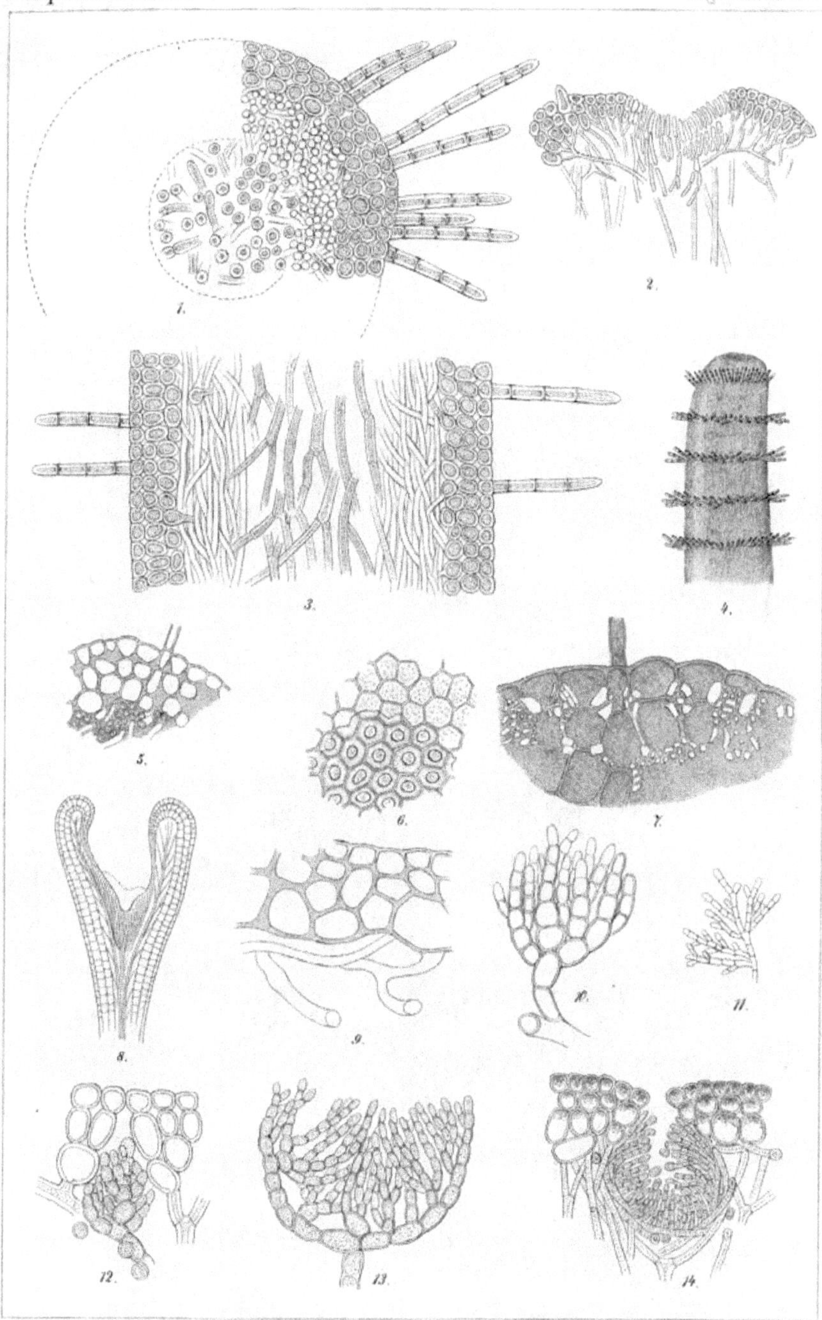

Askenasy u. Möbius del. Br. Keller lith.

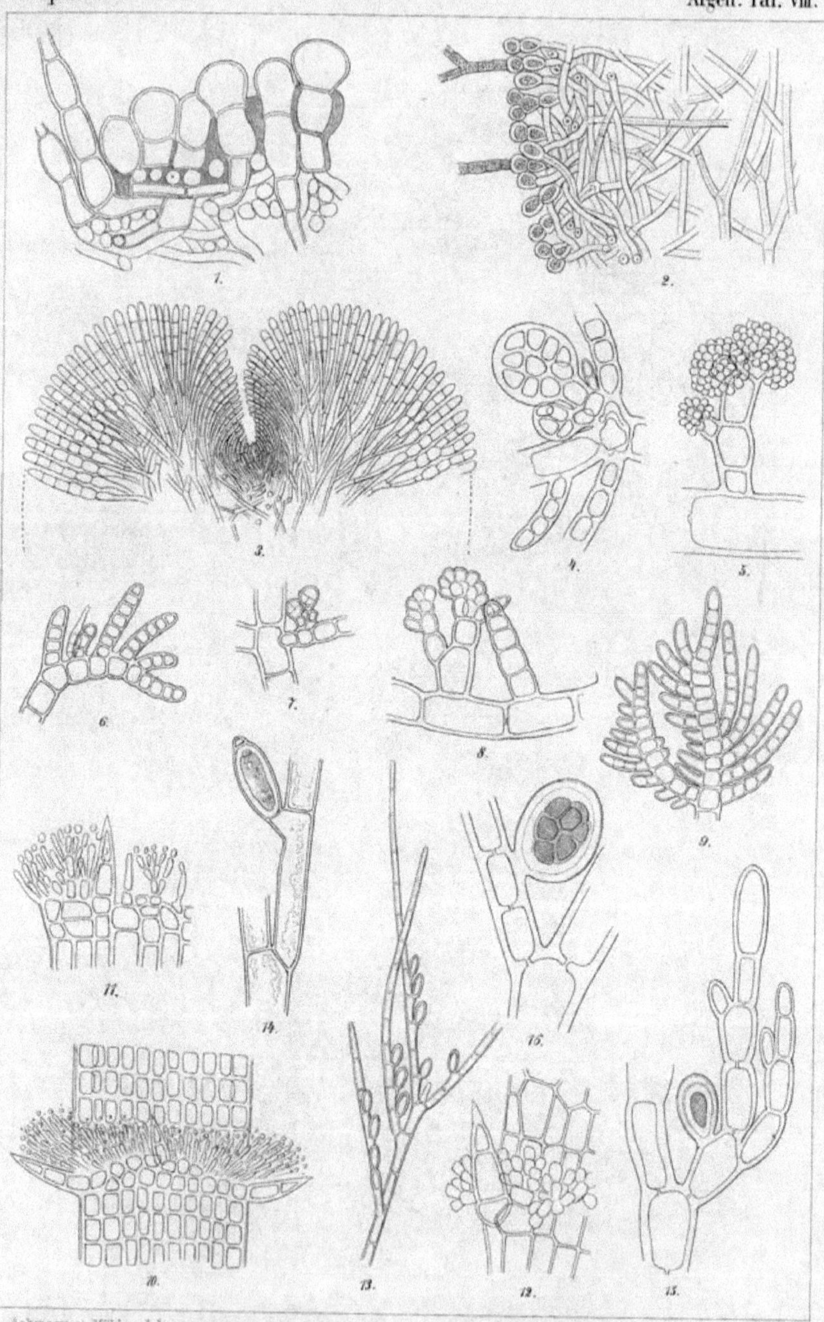

Askenasy u. Möbius del.

Br. Keller lith.

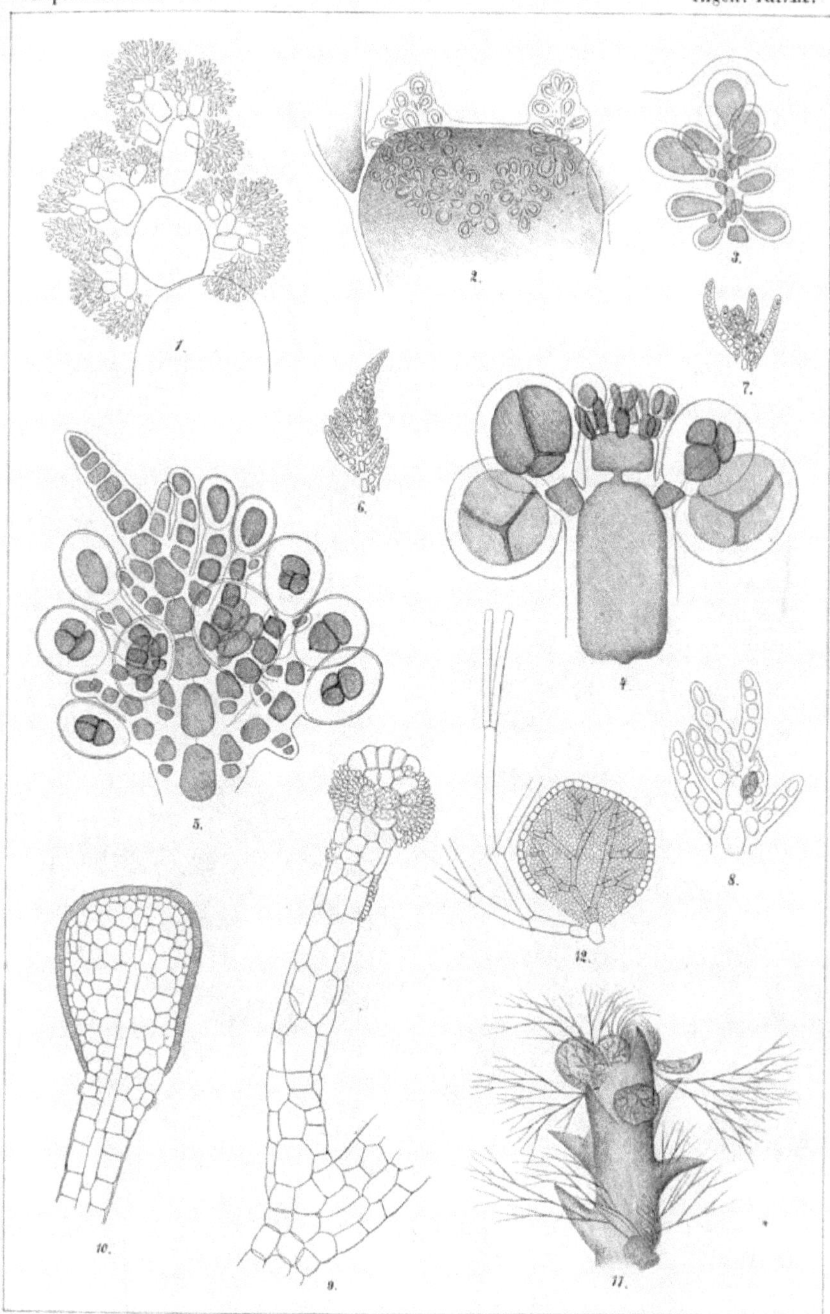

Askenasy u. Möbius del. Br. Keller lith.

Exped. S. M. S. Gazelle. Algen. Taf. X.

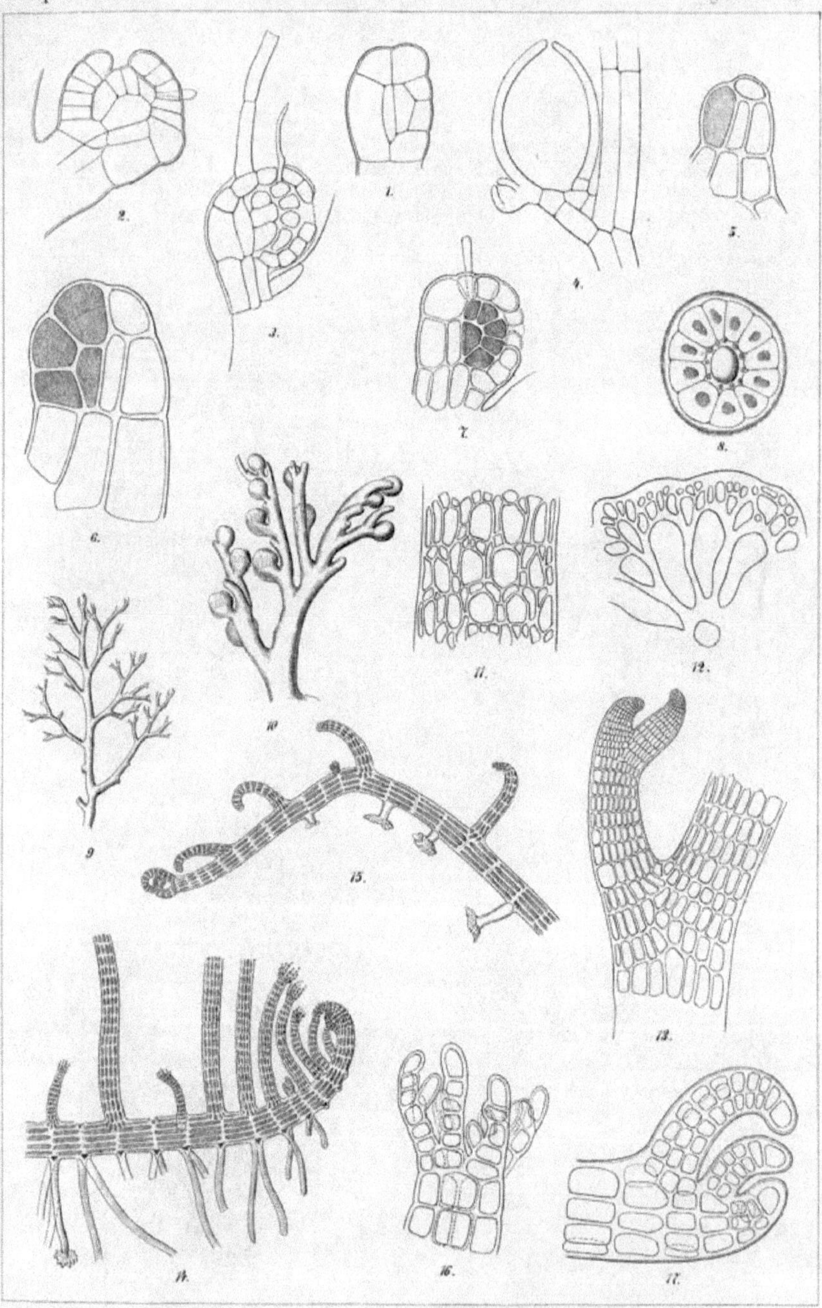

Askenasy u. Möbius del. Br. Keller lith.

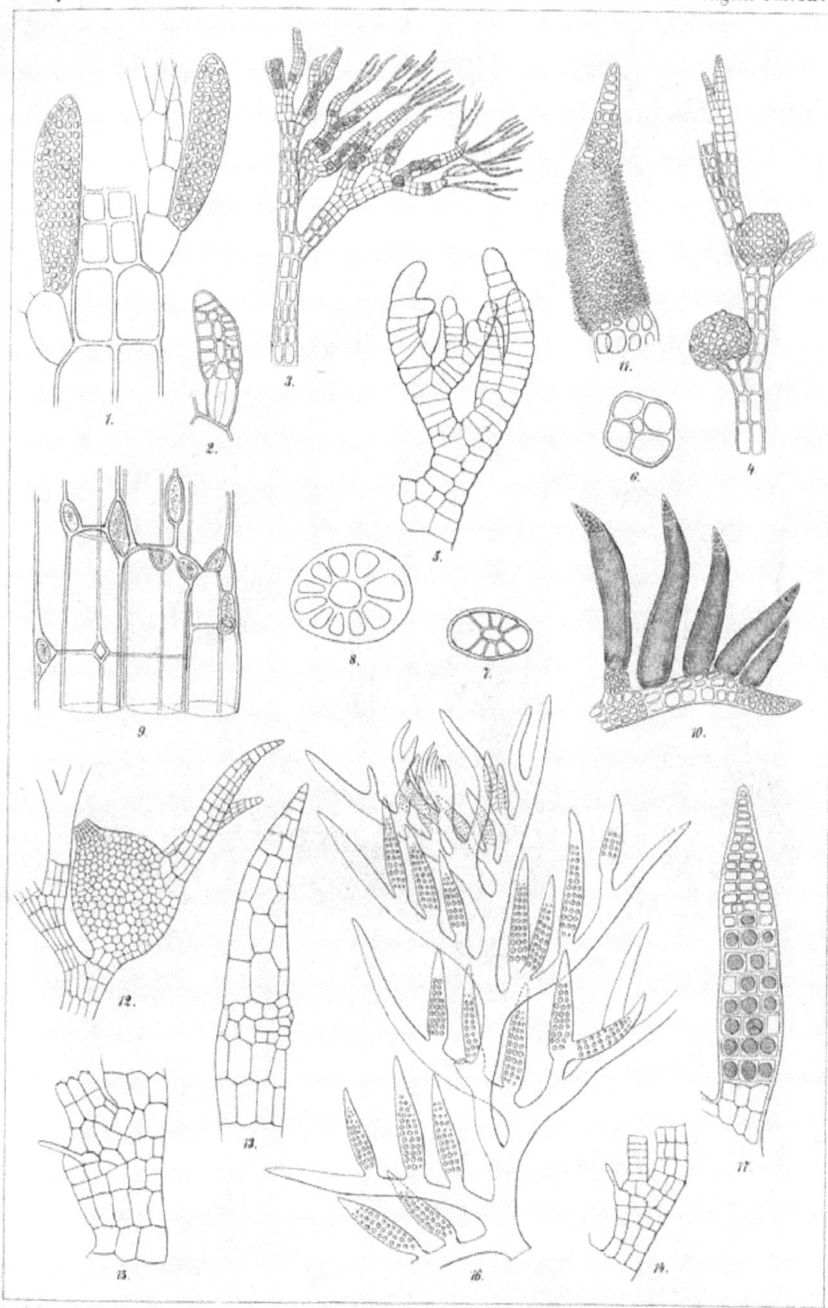

Askenasy u. Möbius del. Ed. Keller lith.

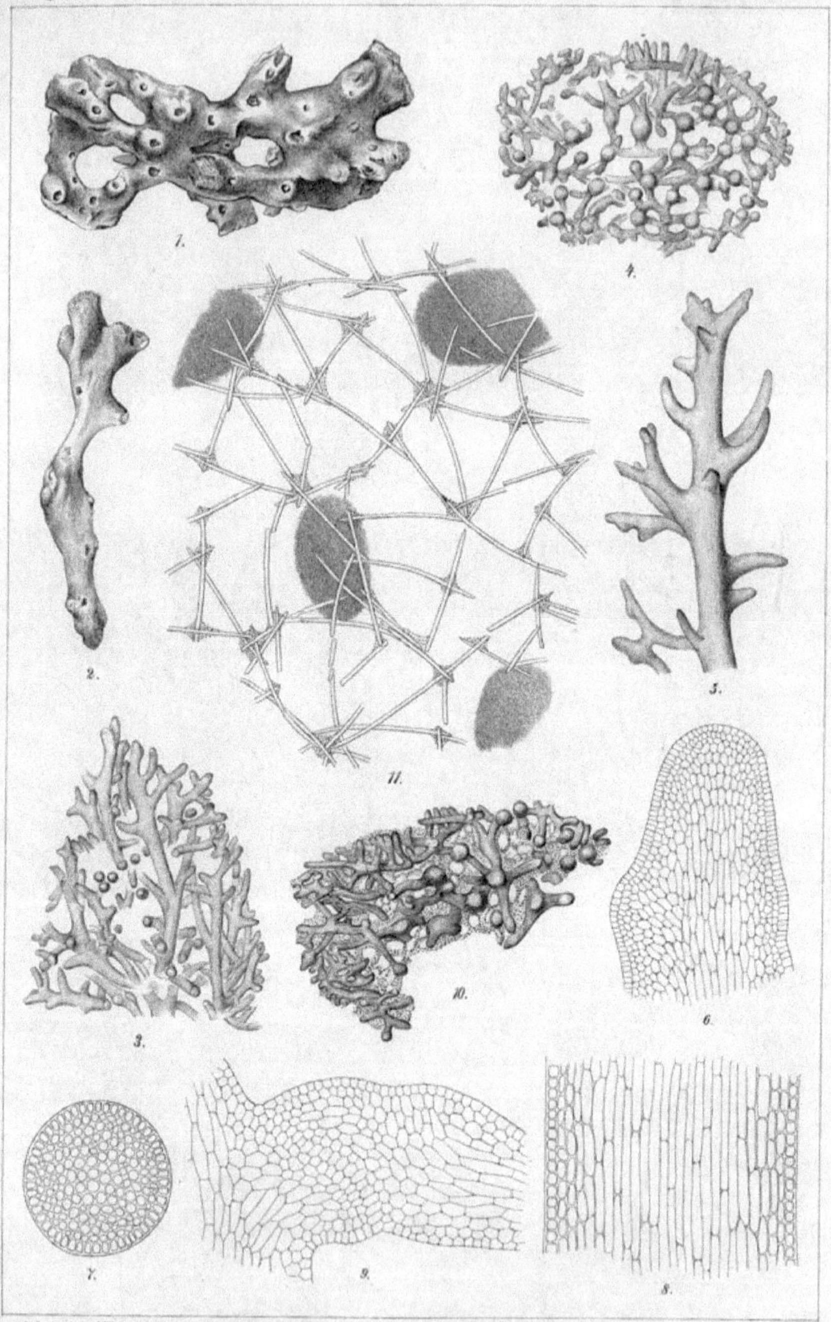

Askenasy u. Möbius del. Fr. Keller lith.

Pilze und Flechten.

A. Pilze

bearbeitet von

Baron Felix von Thümen.

Die Anzahl der naturhistorischen Objekte, welche im Laufe der zweijährigen Reise von den verschiedenen Mitgliedern der Expedition S. M. Schiff „Gazelle“, in sehr verschiedenen Theilen der südlichen Erdhemisphäre zusammengebracht wurden, ist eine sehr reichhaltige und an wissenschaftlichem Werthe bedeutende. Dass diese Gegenstände sich sehr ungleichmässig auf die einzelnen Naturreiche, innerhalb dieser aber wohl noch ungleichmässiger auf die Klassen und Ordnungen vertheilen, ist durchaus nicht zu verwundern. Liegt die Erklärung dieses Umstandes doch zum Theil allein schon in der Natur der vorzugsweise explorirten Oertlichkeiten, andererseits aber auch in den allgemeinen Verhältnissen, die sich — wie genugsam bekannt — ja bei allen derlei Expeditionen fühlbar machen.

So ist es namentlich das Reich der Pilze, welches von allen Reisenden in fremden Gegenden — sofern dieselben nicht, wie in ganz seltenen Fällen, Fachmänner sind — am allergeringsten beachtet, häufig genug sogar ganz und gar vernachlässigt wird. Das wenig Auffällige der meisten Formen, die Schwierigkeit, die grossen, fleischigen Arten zu konserviren und zu transportiren, und noch andere Gründe mehr, lassen solches übrigens auch sehr begreiflich und ebenso entschuldbar erscheinen.

Zieht man diese, hier nur ganz flüchtig skizzirten Umstände in Erwägung, so wird man auch nicht darüber staunen, dass die Pilzausbeute, welche gelegentlich der „Gazelle“-Expedition gemacht ward, nur eine sehr dürftige ist. Es unterliegt aber auch andererseits gar keinem Zweifel, dass dürre Zweig- und Stengeltheile, vor Allem jedoch die abgestorbenen Blätter der gesammelten Phanerogamen, wäre einem Mykologen Gelegenheit geboten gewesen, sie zu untersuchen, eine nicht geringe Ausbeute an mikroskopischen Pilzen geliefert hätten. So setzte das zur Untersuchung vorliegende Material sich nur zum kleineren Theil aus solchen „Gelegenheitsobjekten“ zusammen, während das meiste desselben aus fleischigen oder holzigen grösseren Pilzen bestand. Aber auch da war die Ausbeute eine recht magere. Namentlich von den in Alkohol aufbewahrten Exemplaren sind die meisten nur ungemein dürftig, dabei verschwärzt, durch zehnjähriges Schütteln und Rütteln in den engen Glasgefässen erbärmlich zugerichtet: es war daher bei einigen Nummern die Eruirung des Namens eine absolute Unmöglichkeit.

Ich lasse nunmehr die Bestimmungen und Beschreibungen der einzelnen Arten folgen. Es sind im Ganzen 32 Species, und da sich darunter nicht weniger als sieben neue, bisher noch unbeschriebene befinden, so legt dies beredtes Zeugniss ab, dass auch in Betreff der Pilzflora die besuchten Oertlichkeiten sehr reiche sein müssen. Von den determinirten Arten bezw. angeführten Oertlichkeiten entfallen auf Neu-Guinea 8, auf die Kerguelen-Insel 4, auf Neu-Hannover und Amboina je 3, auf die Inseln Bougainville, St. Paul, Neu-Pommern (Neu-Britannien) und auf die Magellans-Strasse je 2 und je eine auf Timor, Luzon, Ascension, Neu-Mecklenburg (Neu-Irland), Viti, Dana, ebenso viel auf Chile, Liberia und auf die Ufer des Kongo. Irgend welche phytogeographische Konklusionen lassen sich daran natürlich nicht knüpfen, darin glauben wir aber nicht zu irren, dass wir in den Species aus Neu-Pommern und Neu-Mecklenburg wohl die ersten Pilze begrüssen dürfen, welche aus diesen, nunmehr dem deutschen Reiche angehörenden entlegenen Gebieten bekannt werden!

Hymenomycetes.

Agaricini.

***Agaricus** (Collybia) acervatus* Fr. Syst. mycol. I. p. 122.
Fretum magellanicum, ad terram. — (2. 76.)

A. (Omphalia) scyphoides Fr. Syst. mycol. I. p. 163.
Amboina (6. 75.)

A. (Hypholoma) fascicularis Pers. Syn. fung. p. 421.
Fretum magellanicum, Tuesday-Bai. (2. 2. 76.)

***Coprinus** murinus* Kalchbr. in Grevillea VIII. p. 152. Tab. 142. Fig. 10.
Ins. Kerguelen, ad terram — (12. 74.) — (No. 165.) Valde dubius!

***Marasmius** epiphyllus* Fr. Epicr. p. 386.
Amboina. — (6. 75.)

***Lentinus** Murrayi* Kalchbr. et Mac Ow. in Grevillea IX. p. 136.
Ins. Nova Guinea, in ligno. — (6. 75.)
Cum speciminibus austro-africanis perfecte adaequat!

***Lenzites** Beckleri* Berk. Austral. Fungi in Journ. of Botany 1872 p. 161 no. 60. — Pileo lignoso, verrucoso, azono!
Insula Neu-Hannover, in parte australi, in trunco arboris. — (25. 7. 75.)

L. Palisoti Fr. Syst. mycol. I. p. 335. Id. Epicr. p. 404. — Ins. Nova-Guinea, in parte occidentali, ad arborum truncos. — Pileo valde zonato!
Ins. Nova-Hannover. — (25. 5. 75.)

L. Palisoti Fr. Syst. mycol. I. p. 335. *var. Afzelii* Fr. Symb. mycol.
Ins. Neu-Guinea, in sylvis pr. sinu Mac Cluer, ad truncos arborum. — (6. 75.)

Polyporei.

***Polyporus** (Mesopus) xanthopus* Fr. Obs. mycol. II. p. 255.

Ins. Timor, in monte „Taimanani“, in trunco Fici — (Naumann n. 382) pr. Mergui, leg. Phillippi.

***P.** (Mesopus) lucidus* Fr. Syst. mycol. I. p. 354. Monstrum!

Ins. Neu-Guinea, in arboris trunco.

Verosimiliter a monstrositatibus Polypori amboinensis, a Jagori in ins. Lucon lectis, valde pauce diversum!

***P.** (Pleuropus) declivis* Kalchbr. nov. spec. — Pileus suberosus, integer, vertice per stipitem ligno affixus, hinc nutans aut pendulus, convexus, ad latera valde declivis, fere perpendicularis, totus concentrice sulcatus et radiatim rugoso-lineatus, laccatus ex ochroleuco expallens. Hymenium planum, albidum. Pori minuti, rotundi, obtusi. Stipes brevis, pollicaris vel in gomphum reductus, curvatus, crustoso-laccatus, sanguineo-castaneus.

Ins. Bougainville (8. 75) — No. 526 pr. p.

Singulare naturae artefieium! — Polyporo mutanti Fr. Symb. p. 61 analogus, sed ab hoc differt: stipite brevi, pileo pro ratione nullo majore, fere ovum gallinaceum aequante et colore laetiore. — Substantia fusco-ferruginea, tegitur crusta tenui, albida. Rugae radiantes, strictae, densae in latere declivi parallelae. Margo acutus. Color in latere a luce averso saepe castaneo-niteus. (Kalchbrenner in litteris ad me.)

***P.** (Pleuropus) sanguineus* Fr. Syst. mycol. I. p. 371. Id. Epicr. p. 444.

Ins. Neu-Hannover, ad truncos arborum. — B. No. 485.

***P.** (Pleuropus) modestus* Knz. in Linnaea V. p. 519.

Ins. Neu-Guinea, in arborum truncis. — (B. n. 413.)

***P.** (Pleuropus) amboinensis* Fr. Syst. mycol. I. p. 354. Id. Epicr. p. 442.

Ins. Neu-Guinea, pr. sinu Mac Cluer. Junio 1875. — No. 413, No. 440, No. 442. — Ad ripas fluvii Congo Africae. — No. 80.

***P.** (Apus) cinnabarinus* Fr. Syst. mycol. I. p. 371.

Ins. Nova-Guinea pr. sinu Mac Cluer. — In truncis arborum. Junio 1875.

Auricularini.

***Stereum** involutum* Klotzsch in Linnaea VII. p. 499. Fr. Epicr. p. 546.

Liberia, Monrovia, in truncis ramisque arborum. (8. 74.)

***St.** tenellum* Kalchbr. nov. spec. — St. umbonato-sessile, tenue, coriaceum. Pileus ex orbiculari-reniformis, plano-convexus, azonus, velutinus, cinereo-fuscus, margine dilutior, carneus. Hymenium laevi, glabrum, carneo-pallidum.

Ins. Amboina. — (6. 75.) — No. 368.

Ab affinibus (Stereo versicolori, lobato etc.) pileo azono, velutino, tenello differt.

***St.** hilare* Kalchbr. nov. spec. — St. effuso-reflexum, imbricatum, papyraceum. Pilei azoni, laeves, glabri, cum hymenio laevi glabro laete isabellini.

Pilei 2,5 cm longi, 4 cm lati, arcte sibi superpositi, vetustate rigescunt, corrugantur et colorem umbrinum induunt.

Ins. Bougainville. — (27. 8. 75.) — No. 526.

Uredinei.

***Puccinia** amboinensis* Thüm. nov. spec. — P. acervulis hypophyllis in macula plus minus orbiculata infuscata (in folii pagina superiore nitido-castanea, irregulariter ochraceo marginata), densissime gregariis, verrucaeformibus, brunneis vel obscure fusco-ochraceis, hemisphaericis, sat induratis; sporis elongato-ellipsoideis, medio valde constrictis, cellulis fere aequalibus, utrinque pauce angustato-subrotundatis, episporio laevi, subcrasso, 48—58 mm longis, 18—24 mm crassis, fuscis, pedicello longiore, semper curvatulo, 60—65 mm longo, basi 9 mm, apice 5 mm crasso, hyalino; paraphysibus nullis.

Amboina. — (7. 6. 75.) — In foliis vivis fruticis ignoti in sylvis littoralibus.

Fungus admirabilis! Primo aspectu ob acervulorum forma et dispositione in macula subregulari, infuscata, Aecidio valde similis.

Pyrenomycetes.

Perisporiacei.

***Apiosporium** foedum* Sacc. in Nuov. Giorn. botan. Ital. VII. 1875 p. 299.

Capnodii Nerii Rabh. status spermogonicus. Saepe hic fungus folia enecat et destruit. Omnia specimina non perfecto evoluta sunt. In foliorum pagina superiore perithecia sparsa sed cassa ejusdem fungi.

Ins. Vitiensis Viti-Levu (Rewa super.) in horto Storchiano ad folia viva Nerii Oleandri L. — (30. 11. 75.)

Sphaeriei.

***Phomatospora** scirpina* Thüm. nov. spec. — P. peritheciis solitariis, sine ordine dispositis, primo longe diu epidermide tectis, dein semiimmersis, sine macula, collo brevi, ostiolo griseo superficiali nitido; ascis longe cylindricis, vertice subacutatis, rectis, 60—65 mm longis, 4—8 mm crassis, octosporis; sporis hyalinis, ovato-ellipticis, continuis, monostichis, 6—7 mm longis, 4—4,5 mm crassis.

Ins. St. Pauli, in culmis aridis Scirpi arundinacei Carmich., socia saepe Leptostromatis scirpini.

Cucurbitariei.

***Gibberella** Saubinetii* Sacc. in Michelia I. p. 513. (Gibbera Saubinetii Montg. Syll. — Botryosphaeria Saubinetii Niessl. Beitr.)

Ins. Ascension, ad culmos emortuos Spartinae arundinaceae Carm.

Quidem asci et sporae desunt, sed tamen peritheciorum dispositione et contextu, sine ulla dubitatione hic fungus Gibberella Saubinetii propinquo.

Dothideacei.

***Phyllachora** Decaisneana* Sacc. Syll. fung. II. p. 598. (Dothidea Decaisneana Lév. in Ann. sc. natur. 1845. III. p. 56.)

Ins. Dana pr. Saon. Ad folia viva Ficus speciei indeterminatae, plerumque in pagina superiore sed interdum etiam in pagina inferiore. — (11. 5. 75.)

Discomycetes.

Pezizei.

***Humaria** arenosa* Fuck. Symb. mycol. p. 321. (Peziza arenosa Fuck. olim.)
Ins. Kerguelen ad terram. — (1. 75.) — No. 231.

Fungi imperfecti.

Sphaeropsidei.

***Phyllosticta** Stenotaphri* Thüm. nov. spec. — P. peritheciis solitariis, valde paucis, minutis, hypophyllis, conoideo-subglobosis, atris, semiimmersis, in macula irregulari-suborbiculata, sat magna, arescendo pallide grisea vel griseo-fuscidula, late sordide-ochraceo irregulariter marginata; sporis perpaucis, minutissimis, simplicibus, fere globosulis, hyalinis, 1,5 mm diametro.

Ins. Neu-Guinea, ad Stenotaphri subulati Trin. folia languescentia.

***Phoma** festucina* Thüm. nov. spec. — P. peritheciis dense gregariis, sine ordine dispositis, sub epidermide nidulantibus, subconoideis, nigris, subparvis, contextu fuligineo parenchymatico; sporis numerosissimis, unicellularibus, brevi cylindraceis, utrinque rotundatis, anucleatis, achrois, 3,5—5 mm longis, 2—2,2 mm crassis.

Ins. Kerguelen, in vaginis plantarum emortuarum Festucae erectae D'Urv.

Oculo nudo Leptosphaeriae speciei aliquanto consimilis.

***Leptostroma** scirpinum* Fr. Obs. mycol. II. p. 357.

Ins. St. Pauli; Socia Phomatosporae scirpinae Thüm. (no. 10 hujus operis) in Scirpi arundinacei Carm.? culmis emortuis. — Specimina adhuc maxime immatura.

Hyphomycetes.

***Cladosporium** graminum* Lk. in Linne Spec. plant. c. Willd. VI. 1. p. 42.

Ins. Neu-Pommern in Imperatae Koenigii Retz culmis aridis; ins. Kerguelen, ad Poae Cookei Hook. fil. folia emortua.

***Helminthosporium** arundinaceum* Cda. Icon. fung. III. p. 10. Tab. 2. Fig. 25.

Ins. Neu-Mecklenburg, in foliis vaginisque vivis vel sublanguidis Phragmitidis Roxburghii Nees ab Es.

***H.** flexuosum* Cda. Icon. fung. I. p. 13. Tab. 3. Fig. 196.

Ins. Neu-Pommern, in culmis vaginisque emortuis Imperatae Koenigii Retz.

B. Flechten

bearbeitet von

J. Mueller Argov.

Collemeae.

Gonionema velutinum Nyl. Syn. p. 88. — Thermutis velutina Körb. Par. p. 450. Liberia, prope Monroviam ad saxa quartzosa. — No. 22 (sterile).

Physma byrsinum Mass. Neag. p. 9. — Ins. Amboina in silvis humidis.

Leptogium phyllocarpum Montg. Syllog. p. 379. Insula Amboina, corticolum in silvis umbrosis. Timor, truncicolum in silvis montanis ad pedem Taimanani. — No. 386.

L. javanicum Montg. Syll. p. 379. — L. sphinctrinum Nyl. Syn. p. 131. — Ins. Neu-Hannover. — No. 491.

L. inflatum Müll. Arg. in Engl. Bot. Jahrb. V. 132. Thallus plumbeo-glaucescens, lobatus, lobi varie divisi, ultimi ambitu rotundati et integri, utraque facie laeves et nudi, madefacti pellucidi, epidermidis cellulae irregulariter pentagonae; thallus supra crebre in lacinulas caespitosas late inflato-cavas magnas, 2—3½ mm latas, 3—6 mm longas erectas simplices et rotundato-obtusas et laeves v. superne iterum 2—3-gibbosas v. subramulosas abiens; apothecia ut in L. tremelloide, sed paullo minora, magis biatorina, versus marginem laciniarum sparsa, pauca; sporae 18—25 μ longae et 7—8½ μ latae, saepe subsigmoideae, utrinque acuminatae, 3-septatae, loculi intermedii semel longitrorsum divisi. — Species insignis, juxta L. foveolatum Nyl. locanda. — Ins. Neu-Guinea, corticolum. — No. 409.

L. tremelloides Fries, Scan. p. 293. — Ins. Neu-Hannover, in parte occidentali.

L. diaphanum Nyl. Syn. p. 125. — Ins. Neu-Mecklenburg (Neu-Irland), ad truncos arborum, sterile. — Ins. Ascension, altit. circ. 2000 ped., inter caespites Physciae leucomelas. — No. 46.

Sphaerophoreae.

Sphaerophoron tenerum Laur. in Linnaea 1827 p. 45 t. 1 fig. 4. — Fretum magellanicum.

Sph. globiferum v. polycladum Müll. Arg. in Engl. Bot. Jahrb. IV. 53. Rami quam in forma normali 2—3plo breviores, graciliores et omnes cum ramillis albidi v. rosello-albidi; ramilli valde copiosi et divergenter ramulosi, conjunctim Cladoniae rangiferinae v. alpestrem simulantes.

Ad terram muscosam Freti magellanici, ubi etiam planta normalis speciei ab aliis (Lechl. n. 992) lecta fuit.

Propter colorem et tenuitatem ramillorum nonnihil ad Sph. tenerum accedit, sed ramilli breviores et apothecia ut in Sph. globifero.

Cladonieae.

***Cladonia** pyxidata v. costata* Flk. Clad p. 66. — Ad Fretum magellanicum et in ins. Kerguelen.

***Cl.** pyxidata v. chlorophaea* Flk. Klad. p. 70. — Insula Kerguelen, ad Betsy Cove.

***Cl.** fimbriata v. gracilenta* Nyl. Lich. Polynes. p. 236. — Insula Kerguelen.

***Cl.** gracilis v. turbinata* Schaer. Enum. p. 196. — Ins. Kerguelen.

***Cl.** squamosa* Hoffm. *v. gracilenta* Müll. Arg. in Engl. Bot. Jahrb. V. 134. Podetia 1—1²/₈ v. raro 2 cm longa, ²/₈—1¹/₈ mm crassa, rigidula, albida, inferne squamulosa, caeterum undique tenuiter granulosa, demum pro parte enudata et laevia, subcostata, simplicia, apice nonnihil cyphiformi-dilatata et apice verticillatim brevissime ramuligera, ramilli quasi basi in cyphulum connati, erecti, subduplo longiores quam lati, granulati et ipsi apice confertissime minute polycarpi. — Ins. Kerguelen, ad herbas et muscos destructos. — No. 257.

Eandem plantam antea (Lich. Gazelle p. 53) e speciminulis valde mancis erronee ad similem Cl. fimbriatam v. gracilentam Nyl. retuli. Juxta Cl. squamosam v. lacteam Flk. Clad. p. 134 et Cl. squamosam v. tenuiusculam (Cenomyc. squam. v. tenuiusc. Del. in Duby Bot. gall. p. 626) locanda est.

***Argopsis** Friesiana* Müll. Arg. in Engl. Bot. Jahrb. IV. 54. — Argopsis megalospora Th. Fries Monogr. Stereocaul. p. 31, obs. 2 ad Ster. Argus. — Ins. Kerguelen, saxicola, haud infra 500 ped. — No. 255 (sterilis) et 258 (fertilis).

Nomen specificum ex observatione incompleta erronea ortum non admittendum. Sporae re vera in ascis octonae, hyalinae et tantum 20—25 μ longae (nec solitariae, olivaceo-luteae et 60—80 μ longae) et satis similes iis plurium Collematum, transversim v. suboblique 3-4-septatae, loculis oblique longitrorsum 1-septatis, at dein singulari modo in unam quasi compositam magnam olivaceam coalescunt et vulgo pressione uno corpore ex ascis prorepunt. Hae pseudosporae non nisi optimo microscopio tum quo ad elementa componentia recognosci possunt. Asci angusti, apice more Arthoniarum alte solidi. Epithecium fuscum; hypothecium crassum et fuscum.

Argopsis Friesiana Müll. Arg. in his Jahrb. supra p. 54; huic sub synonymi titulo evidenter adjungendum est Stereocaulon cymosum Cromb. in Journ. of the Linn. Soc. 1877 vol. 15 p. 182, nonnisi sterile cognitum, ex data diagnosi cum speciminibus sterilibus Argopseos optime congruens. Alia species Stereocauli caeterum hucusque in Kerguelis non observata est et Argopsis ipsa in Enumeratione Lichenum omnium usque ad annum 1879 cognitorum a cl. Cromb. praetervisa fuit.

Usneeae.

***Neuropogon** Taylori* Nyl. Syn. p. 273.

Insula Kerguelen, ubique ad saxa.

***Usnea** Naumanni* Müll. Arg. in Engl. Bot. Jahrb. IV. 54. Thallus sulphureo-stramineus, dense caespitose crescens, erectus, rigidus, 3—5 cm longus, rami vage pauci-ramosi et subsimplices, inferne reticulatim subcostato-inaequales aut primum laeves, fere a basi ramillis subuliformibus copiosis adscendentibus praediti et papillosi, extremitates ramulorum et ramillorum plus minusve nigro-annulatae aut omnino nigrae; apothecia terminalia, evoluta 7—10 mm lata, dorso demum subalveolatim scrobiculata et undique v. marginem versus et in margine ciliis nigris rigidis brevibus (latitudine disci pluries brevioribus) munita, discus pallidus, nudus; lamina hyalina; sporae hyalinae, globoso-ellipsoideae, 8—10 μ longae, 7 μ latae.

In insula Kerguelen, ad Betsy Cove saxicola.

Nulli nisi Usneae Hieronymi Krplh. affinis est, a qua praesertim apotheciis dorso non laevibus et margine peculiariter brevi-multiciliatis differt. — Individua minus bene evoluta nigro-annulata facile pro forma ciliigera Neuropogonis melaxanthi haberi possunt, sed structura thalli et apothecia pallida (subinde demum nigrata) sunt Usneae.

***U.** plicata* Hoffm. Deutschl. Flora p. 132.

Insula Neu-Pommern, ramicola in silvis.

U. straminea Müll. Arg. L. B. n. 96.

Cum praecedente.

U. straminea f. rubricata, intense rubra.

Cum praecedente.

Ramalineae.

Evernia *magellanica* Montg. Cent. 4 n. 73, Syllog. p. 318.

Fretum magellanicum, e ramulis Fagi antarcticae dependens.

E. Prunastri Ach. Lichenogr. Univ. p. 442.

Ins. Ascension, alt. 2000 ped., ad lavam (sterilis).

Ramalina *linearis* Nyl. Recogn. Ram. p. 34.

Timor, corticola.

R. dendriscoides Nyl. in Flora 1876 (Ramalin. cub. n. 4). var. subnuda Müll. Arg., ramuli omnino v. fere omnino esorediosi, ultimi filiformes leviter noduloso-inaequales, vix nisi ad nodositates paullo sorediosо-erosi; apothecia ignota.

Insula Ascension, corticola, altit. 2000 ped. — No. 43.

Similis R. dasypogoni Tuck., sed rami, praesertim infimi, distincte compressi et magis anguloso-inaequales.

R. maculata v. tenuis Müll. Arg. L. B. n. 127.

Liberia, ad Monroviam ramulicola. — No. 21.

R. farinacea v. nervulosa Müll. Arg. L. B. n. 558.

Timor, prope Koepang, ramulicola. — No. 381 (sterilis).

Parmelieae.

Peltigera *polydactyla v. scutata* Nyl. Syn. p. 327.

Kerguelen ad Port Palliser et Betsy Cove.

P. rufescens v. spuria Körb. Syst. p. 59.

Ins. Kerguelen ad Betsy Cove.

Nephroma *antarcticum* Nyl. Syn. p. 317.

Fretum magellanicum, supra muscos.

Stictina *coriifolia* Müll. Arg. in Engl. Bot. Jahrb. IV. 55. Thallus valde rigidus, lurido-fuscus v. fuscescens, versus extremitates pallidius fuscus, subtus argillaceo-fuscescens, in centro nigricans, undique glaber v. in centro brevissime puberulus et parce brevissime rhizinosus, leviter scrobiculoso-inaequalis, pseudocyphellae albae, prominulae, planae, demum modice excavatae, mediocriter copiosae v. rarescentes; laciniae in thallo late concretae, versus ambitum liberae, apice latiores, obtuse crenato-lobatae, planae v. ultimae non raro scrobiculoso-inaequales, demum in margine dense v. etiam in pagina superiore sparse sorediis copiosis coralloideis lurido-griseis auctae. Apothecia ignota.

Fretum magellanicum ad Tuesday-Bai, saxicola in silvis Fagorum.

Rigiditate et crescendi modo et colore ad Ricasoliam coriaceam accedit, sed e structura anatomica thalli vera Stictina est. Ab affini Stictina intricata rigiditate, laciniis minus liberis et defectu indumenti densi paginae inferioris discernitur.

S. Lechleri Müll. Arg. L. B. n. 1883. — Sticta carpoloma v. latifolia Krplh. Lich. Exot. p. 316. — Fretum Magellanicum et ad Punta arenas, truncicola in silvis humidis Fagorum, Lechler n. 1008, c. fr.

S. filicina Nyl. Syn. p. 349. — Sticta filicina Ach. Meth. p. 275, Del. Stict. t. 12. Fig. 49. Fretum magellanicum, ad truncos Fagi betuloidis.

S. marginifera v. corallina Müll. Arg. L. B. n. 399. — Fretum Magellanicum, cum sequente.

Sticta *Urvillei* (Durvillei) Del. Stict. p. 70. — Fretum Magellanicum, ad Tuesday-Bai.

S. Urvillei v. flavicans Nyl. Syn. p. 360.
Cum pracedente mixtim crescens.

Theloschistes *flavicans* Norm. Con. praem. gen. Lich. p. 17. — Ins. Ascension, alt. 2000 ped., ramulicola. — No. 42 (sterilis).

Parmelia *latissima* Fée Ess. Suppl. p. 119.
Timor, prope Koepang, ad ramos arborum. — No. 381 (sterilis).

P. perforata v. cetrata Nyl. Syn. p. 378.
Ascension, alt. 2000 ped., ramulicola, sub caespitibus Theloschistes flavicantis. — No. 42 (sterilis).

P. perforata v. ulophylla Mey. et Flot. in Act. Acad. Leopold. 1843. p. 218.
Insula Ascensionis, ad saxa vulcanica.

P. perlata v. platyloba Müll. Arg. L. B. n. 410. — Insula Neu-Hannover, truncicola.

P. perlata v. olivaria Ach. Meth. p. 217. — Insula Amboina, ad truncos et secus ripas Rewa in insulis Fidji. — Ins. Ascensionis, alt. 2000 ped., ad ramos. — No. 42 (sterilis).

P. sulphurata Nees et Flot. in Linnaea 9, 1834, p. 501. — Insula Vitiensis Levu, truncicola.

P. Soyauxii Müll. Arg. Lich. Afric. occid. n. 10.
Ascension, ad lavam: n. 36 (sterilis, caeterum evoluta; fragmentula sterilia ejusdem antea, Lich. Gaz. p. 55 pro simillima mea Parmelia tiliacea v. rimulosa habui).

P. limbata Laur. in Linnaea 1827 vol. 39. t. 1. Fig. 2; Müll. Arg. L. B. n. 411. — Insula Salomonis Bougainville, ad truncos arborum. — No. 526.

Physcia *leucomelas* Mich. Flor. bor. amer. 2. p. 326.
Ascension, alt. 2000 ped., saxicola. — No. 46 (sterilis).

P. speciosa v. hypoleuca Nyl. Syn. p. 417.
Ascension, alt. 2000 ped., terricola: — No. 45 (sterilis).

P. obsessa Nyl. Syn. p. 426. — Insula moluccaua Banda, ad truncos Pandanorum.

P. picta Nyl. Syn. p. 430.
Ins. Viti Levu, corticola.

P. picta v. sorediata Müll. Arg. Lich. Afr. occid. n. 12. — Timor, ad cortices annosos in silvis montanis ad pedem Taimanani: — No. 386.

Placodieae.

***Pannaria** pannosa* Nyl. in Prodr. Nov. Granat. p. 27. — Ins. Neu-Hannover et Amboina truncicola.

***Coccocarpia** aurantiaca* Montg. et v. d. Bosch. Lich. Javan. p. 39. — Ins. Amboina, ad truncos muscosos sylvarum.

C. pellita v. smaragdina Müll. Arg. L. B. n. 421 β. Cum praecedente.

C. pellita v. isidiophylla Müll. Arg. L. B. n. 421 ε. Ins. Amboina et ins. Neu-Mecklenburg (Neu-Irland), cum praecedente.

***Amphiloma** murorum β lobulatum* Körb. Par. p. 48.

Ascension, ad saxa basaltica et dein eodem loco ad stercora emigratum. — No. 40, 41.

A. depauperatum Müll. Arg. in Engl. Jahrb. V. 135. Thallus placodialis, arcte adnatus, margine radians, caeterum diffracto-subareolatus, areolae demum turgidulae, saepe dispersae, periphericae crenulatae, omnes supra laevigatae et vitellinae v. demum decolorato-albescentes; lamina et structura paraphysium ut in affinibus, hae tamen superne vix moniliformi-articulatae; asci angusti, 8-spori; sporae (orculiformes) 9—13 μ longae, 5—7 μ latae, ambitu eximie ludentes, demum globoso-ellipsoideae.

Ins. Kerguelen, ad Betsy Cove, saxicolum. — No. 103.

Habitu et colore proxime ad Amphiloma medians, s. Physciam mediantem Arn. accedit et similiter saepe diperso-areolata, sed thallus laevigatus est ut in Amph. Heppiano Müll. Arg. — Ab Amph. elegante etiam in Kerguelenland crescente jam thallo arcte adnato, omnino aliter colorato et apotheciis non sessilibus sed subinnatis differt.

***Placodium** (s. Placopsis) gelidum* Körb. Syst. p. 117. — Lecanora gelida Ach. Lich. Univ. p. 428.

Ins. Kerguelen, ultra 300 ped. alt., saxicolum. — No. 201.

Placodii sect. Placopsis Müll. Arg. eadem est ac Squamariae sect. Placopsis Nyl. Addit. ad. Lich. And. Boliv. p. 376, praesentia cephalodiorum et forma lineari ascorum distincta.

P. (s. Placopsis) bicolor Müll. Arg. — Placodium bicolor Tuck. in Bull. of the Torrey Club 1875 p. 57 (sc. Placodio sporis orculiformibus). — Squamaria lateritia Nyl. Enum. gén. p. 11 (nomen nudum). — Lecanora gelida v. lateritia Cromb. Lich. Kerg. p. 3. — Placopsis gelida f. lateritia Nyl. in Cromb. Revis. Kerg. Lich. p. V.

Ins. Kerguelen, alt. 300—2000 ped., saxicola, raro fertilis. — No. 103, 201.

Praeter colorem valde simile est P. gelido, sed thallus validior, ambitu vulgo amplius lobatus, areolae centrales convexiores et apothecia alia: margo lobato-crenatus et discus rufo-fuscus (nigro-fuscus Tuck.). Color aurantiaco-lateritius caeterum revera non genuinus videtur, in specimine uno enim, ubi partim cum caespite Andreaeae connexus saxo minus arcte adhaeret distincte in olivaceum (non album Pl. gelidi) vertit. Sporae simplices sunt (nec orculiformes), et structura internarum partium cum illa Pl. gelidi bene congruit.

P. (s. Aspiciliopsis) macrophthalmum. — Urceolaria macrophthalma Tayl. in London Journ. of Bot. 1844, p. 640. — Lecanora macrophthalma Cromb. in Journ. Linn. Soc. v. 14, p. 220 et v. 15, p. 185; Tuck. in Bull. Torr. Club 1877, p. 58.

Ins. Kerguelen, saxicola, varia altitudine cum praecedente in insula late dispersa et frequenter cum aliis Lichenibus mixta: — No. 103, 241, et aliis admixtum.

Placodii s. Aspiciliopsis Müll. Arg. iisdem characteribus omnibus gaudet ac Pl. sect. Placopsis, sed apothecia innata sunt ut in Lecanorae sect Aspicilia, et quidem distinctius quam in laudata Aspicilia. — Thallus vulgo omnino crustaceus valide limitatus est, interdum autem margine distincte radiatim evolutus est, et laciniae ad extremitates tantum breviter liberae sunt. Affinatas naturalis et carpica cum sect. Placopside caeterum est arctissima.

P. (s. Aspiciliopsis) antarcticum Müll. Arg. im Engl. Jahrb. V. 136; thallus placodialis, arcte adnatus, ex initio monophyllo radiatim laciniatus, laciniae contiguae et applanatae, ultimae late et obtuse lobulatae, in extremitate non linea nigra zonante terminatae, lateritio-aurantiacae, e laevi demum minute ruguloso-inaequales; apothecia minuta, tantum poro perspicua, dein accreta in protuberantia nano-hemisphaerica rugulosa vertice depressa defossa et porinoidea aut thelotremoidea, rarius dein apertura majore discum $1/2$ mm latum rufo-fuscescentem defossum ostendentia; lamina praeter epithecium aurantiaco-rufescens hyalina; paraphyses tenellae, capillares; asci lineares, 8-spori; sporae uniseriales, simplices, hyalinae, ellipsoideae, 20 μ longae, circ. 13 μ latae.

Ins. Kerguelen, ad Betsy Cove, altit. circ. 500 ped. — No. 191 et 241.

Thallus junior perfecte „Lecanoram fuscatam v. synopicam" simulat. — Color thalli verisimiliter spurius, quasi oxydatus est, sed praeter eum species a. Pl. macrophthalmo, quocum commiscue crescit, thallo molliore, crassiore, linea hypothallina deficiente et protuberantiis thallinis, interdum fere marginem simulantibus, optime diversum est.

P. *(s. Urceolina) kerguelense* Müll. Arg. — Urceolina kerguelensis Tuck. in Bullet. of the Torrey Bot. Club. Oct. 1875, p. 58 (a cl. Dr. Nylandero ap. Cromb. Revision of the Kerguelen Lichens coll. by Dr. Hooker in Journ. of Botan. 1877, p. V, falsissime ad specierum seriem Lecanorae subfuscae relata). — Lecanora kerguelensis Cromb. in Journ. of Bot. 6. p. 106 et Bot. of Kerguel. Island Lich. p. 4, n. 11.

Ins. Kerguelen, frequens ad saxa basaltica altit. 500—2000 ped. — No. 103 et 241.

Sit sectio Placodii characteribus legitima et habitu bene distincta, sub nomine Urceolina servanda. Est quasi Amphiloma quoad habitum, Placodium (nostro sensu) e sporis simplicibus, sed apothecia sunt plus minusve profunde gyalectiformi-innata, margine nec thallino nec proprio praedita, thallo ipso circumcirca limitata et demum thallo cingente (margine spurio) apice centrum versus connivente ibidemque nigrescente et superficie spurie in marginem proprium abeunte pro parte decolorato et demum in lacinulas convergentes diviso cincta; structura interior apotheciorum caeterum ad amussim cum Placodii sectionibus. Placopside et Aspiciliopside (ascis linearibus, sporis uniserialibus, paraphysibus capillaribus) convenit; apothecia juniora ut in Placodii sect. Aspiciliopside, unde vera affinitas naturalis optime patet.

Dimelaena *Ascensionis* Müll. Arg.; thallus placodialis, albus, centro bulloso- v. toruloso-subareolatus, peripherice v. fere undique radiatim effiguratus, laciniae $1/2$—$4/5$ mm. latae, convexae, ultimae adplanatae, omnes arcte adnatae, superficie laeves; apothecia sessilia (unicum vix $1/2$ mm latum at sporis jam bene evolutis praeditum vidi), crassiuscula, margine omnino thallino crassiusculo et integro obtuso albo cincta, discus obscure fuscus, nudus; epithecium fusco-nigricans, lamina subhyalina, hypothecium inferne fuscum; asci 8-spori; sporae fuscae, 2-loculares, oblongo-ellipsoideae, 9—12 μ longae, 5—6 μ latae.

Ins. Ascension, ad saxa basaltica: — No. 37.

Habitu ad „Ricasoliam candicantem" Auct. accedit, sed lacinulae longe magis toruloso-turgidae et sporae non hyalinae.

Lecanoreae.

Lecanora *subfusca v. hypnorum* Schaer. Spicil. p. 391.

Ins. Kerguelen, supra caespites herbarum destructos.

L. *subfusca v. subgranulata* Nyl. Syn. Lich. Nov. Caledon. p. 26.

Timor, in silvis montanis ad pedem Taimanani, corticola: — No. 386.

L. *subfusca v. chlarona* Ach. Syn. p. 158.

Ascension, ramulicola, cum Opegrapha aterula et Patellaria atlantica: — No. 42.

L. umbrina Mass. Ric. p. 10.

Ins. Kerguelen, Betsy Cove, inter areolas thallinas Amphilomatis depauperati.

L. *sublutescens* Nyl. ap. Cromb. in Journ. of Bot. v. 14, p. 21 et vol. 15, p. 186.

Ins. Kerguelen, Betsy Cove: — No. 103.

Sporae hujus speciei nondum cognitae sunt, in fragmentulis a me visis nonnisi apothecia novella exigua carnea vidi sporis omnino destituta.

***Callopisma** subunicolor*: Lecanora subunicolor Nyl. ap. Cromb. Lich. from the Cape of Good Hope in Trimen Journ. of Bot. 1876 v. 14, p. 19 et 1877 p. 122.

Kerguelen, ad Betsy Cove, saxicolum, commixtim cum Amphilomate depauperato. — No. 103.

Lecideeae.

***Lecidea** subassentiens* Nyl. ap. Cromb. in Journ. of Bot. v. 14, p. 21 (1876) et v. 15, p. 188.

Ins. Kerguelen, ad Betsy Cove. — No. 103.

Patellaria (s. *Catillaria*) *basaltica* Müll. Arg. in Engl. Jahrb. V. 137. Thallus tenuissimus, continuus, effusus, submaculiformis, olivaceo-nigricans v. olivaceo-fuscus; apothecia 1/5—1/4 mm lata, adnato-sessilia, tota nigra, crassiuscule marginata, discus planus et nudus; epithecium summum atro-fuscum, lamina virenti- v. aeruginoso-hyalina v. hyalina, hypothecium crassum fusco-atrum; paraphyses separabiles, apice capitatae; asci 8-spori; sporae hyalinae, 2-loculares, ovoideae, medio constrictae, utrinque late rotundato-obtusae, 15—18 μ longae et 8—10 μ latae.

Ins. Kerguelen, ad Betsy Cove, aliis Lichenibus parcissime intermixta.

Valde affinis europaeae Patellariae Hochstetteri, sc. Catillariae Hochstetteri Körb. Par. p. 195, sed thallus obscurior, apothecia pluries minora, crassius marginata et epithecium aliter coloratum.

P. (s. *Bacidia*) *atlantica* Müll. Arg. Thallus tenuissimus, maculiformis, albidus, evanescens, laevigatus; apothecia 1/4—1/2 mm lata, sessilia, juniora rufo-carnea, plana, margine concolore v. paullo obscuriore vix prominulo cincta, demum nigrescentia, opaca, nuda, plana aut leviter convexa, intus pallida; epithecium rufo- v. subcerasino-fuscum, lamina ceterum cum hypothecio hyalina, circ. 60 μ alta; paraphyses conglutinatae; sporae in ascis octonae, rectae v. subrectae, aciculari-fusiformes, 28—32 μ longae, 2 1/2 μ latae, evolutae regulariter 7-septatae.

Ins. Ascension, ad ramulos siccos. — No. 42.

Proxime affinis neocaledonicae Patellariae superulae (Nyl.) Müll. Arg. L. B. n. 436.

P. (s. *Rhaphiospora*) *flavovirescens* Wallr. Comp. 1. p. 359. — Lecidea citrinella Nyl.

Ins. Kerguelen, sterilis ad terram in ins.

***Buellia** punctiformis* Mass. Ric. p. 82.

Liberia, ad Monroviam, ramulicola inter caespites Ramalinae maculatae v. tenuis. — No. 21.

***B.** subplicata*. — Lecidea subplicata Nyl. ap. Cromb. in Journ. of Bot. v. 13, p. 334 et v. 15, p. 190.

Ins. Kerguelen. — No. 103.

Hypothecium immediate sub lamina latiuscule hyalinum est, inferne autem atro-fuscum.

Arthonieae.

***Ocellularia** papuana* Müll. Arg. Thallus pallide olivaceus v. nonnihil flavescenti-olivaceus, late expansus, 1/2 mm crassus v. tenuior, laevis et nitidulus, sterilis aequalis; apothecia in emergentiis depresso-hemisphaericis thallinis 1 1/2 mm latis rotundato-obtusis basi sensim in thallum horizontalem abeuntibus (nec basi constrictis) et apice obtuse umbilicatis defossa; discus fusco-rufus, angustie ostioli fere omnino occlusus; perithecium simplex, lateraliter fulvo-brunnescens, inferne subhyalinum, undique tenue, apice a thallo marginante non conniventer secedens; epithecium fuscescens, lamina caeterum hyalina; paraphyses capillares et simplices; asci 4—6-spori; sporae hyalinae, limaciformes, 65—75 μ longae, 12—15 μ latae, obiter sigmoideae, utrinque obtusae, 12—15-loculares, loculi lentiformes ut in Graphidibus.

Ins. Neu-Guinea, patria Papuanorum, corticola. — No. 409.

Nulli arcte affinis.

***O.** defossa* Müll. Arg. Thallus glaucus, crassiusculus, irregulariter undulatim tuberculoso-inaequalis, superficie ipsa laevis; apothecia omnino immersa, thallo marginante non emergente cincta, 1/4 mm lata aut paullo minora, distincte defossa, margine interiore a thallino saepe circumscisso-segregato obtuso albescente integro v. radiatim fisso-lobato tecta v. etiam nuda et discus defossus tum obscurus; lamina vitreo-hyalina, epithecium obiter fusco-obscuratum, hypothecium flavescenti-fuscescens v. subhyalinum, perithecium lateraliter indistinctum, paraphyses capillares et valde tenellae; asci 8-spori; sporae hyalinae, fusiformes, utrinque acutatae, 16—19 μ longae et $4^1/_2$—5 μ latae, 7—10-septatae.

Timor, in silvis montanis ad pedem Taimanani, corticola. — No. 386.

Affinis Ocellulariae terebranti, s. Thelotremati terebranti Nyl. Lich. Andam. p. 7.

***Arthonia** pellicula* Müll. Arg. in Engl. Jahrb. IV. 56. Thallus tenuissimus, cinereo-virens, minutissime rugulosus, demum subsecedens; apothecia circ. 1 mm lata, orbicularia v. anguloso-suborbicularia, pelliculiformi-tenuia, fusca v. virenti-fusca, nuda, margine destituta; epithecium fuscum, lamina valde nana et hypothecium hyalina; asci obovoidei, 6—8-spori; sporae hyalinae, aequaliter 4-loculares, late digitiformes, utrinque obtusae, circ. 22 μ longae et 8 μ latae.

Insula Viti Levu, in foliis Aurantium.

Habitu ad A. Myristicae Müll. Arg. accedit, sed sporae multo majores et loculus superior reliquis non longior.

***A.** pellicula f. trichariosa.* — Tricharia leucothrix Fée Meth. p. 87. t. III. fig. B. — In margine thallorum fertilium hujus speciei, sc. Arthoniae pelliculae, subinde inveniuntur pili albidi qui evidenter Tricahriam leucotricham Fée minus evolutam referunt, et in eodem folio caeterum thalli eximie consimiles adsunt eadem Tricharia pulchre evoluta ornati. Tricharia leucothrix Fée dein nihil est nisi evolutio quasi monstrosa seu evolutio quasi piliformi-isidioidea thalli sterilis quae absque dubio ullo apud alias species Arthoniae et generum affinium observanda est. Status bene evolutus hujus Trichariae in foliis coriaceis lichenigeris regionum calidiorum caeterum satis vulgaris est.

***Phaeographis** (s. Melanobasis) diversa* Müll. Arg. L. B. n. 455. — Graphis diversa Nyl. Syn. Lich. Nov. Caledon. p. 74.

Ins. Neu-Hannover, corticola.

***Ph.** (s. Platygramma) dendriticella* Müll. Arg., in Engl. Jahrb. V. 139. Tota similis parvulae Ph. dendriticae et Ph. subinustae, sc. thallus tenuissimus, albidus, nitidulus; apothecia innata v. leviter emergentia, stellatim ramulosa, ramuli obtusi et acuti; perithecium completum, basi et lateribus tenue, fusco-nigrum, apice nigrum, margo acutus, tenuis, leviter discum planum nudum et nigrum superans; epithecium olivaceum; asci sat angusti, 8-spori; sporae fusco-olivaceae, 4-loculares, elongato-ellipsoideae v. ovoideae, utrinque obtusae.

Liberia, ad Monroviam, ramulicola inter caespites Ramalinae maculatae v. tenuis. — No. 21.

Nulli cognitarum nisi citatis affinis at sporarum minutie et structura valde distincta. Non est status junior unius comparatarum, nam sporas numerosas semper 4-loculares vidi bene ochraceo-obfuscatas.

Graphina (s. *Aulacographina*) *insulana* Müll. Arg. in Engl. Jahrb. IV. 56. Thallus argillaceo-pallidus, margine sublimitatus, circ. $^1/_5$ mm crassus, laevis; lirellae 4—6 mm longae, $^4/_{10}$—$^5/_{10}$ mm latae, simplices v. furcatae, varie curvatae, pro $^2/_3$ emersae; perithecium lateraliter undique thallino-duplicatum, apice anguste nudum et atrum, dorso praesertim parte obtecta longitrorsum pauci-sulcatum v. sublaeve, basi deficiens, margines subconniventes; epithecium late et obtuse sulcatum; lamina hyalina; asci 1-spori; sporae hyalinae, 80—90 μ longae, 20—24 μ latae, oblongato-ellipsoideae, utrinque rotundato-obtusae, valde parenchymaticae, sc. transversim circ. 14-septatae, partitiones longitrorsum 3—4-septulatae, loculi ipsi dein vulgo cruciatim 4-locellati.

Insula Vitiensis Levu, corticola.

Affinis Graphinae fisso-furcatae, sed lirellae graciliores, minus turgide thallino-tectae, sporae in ascis solitariae et crebrius parenchymaticae.

Graphis (s. *Eugraphis*) *venosa* Eschw. Bras. p. 77.

Ins. Neu-Guinea, corticola. — No. 409.

Planta visa sporis destituta est, sed forma, magnitudo et structura apotheciorum cum specie perfecte conveniunt.

Opegrapha *aterula* Müll. Arg. in Engl. Jahrb. V. 139. Thallus macularis, albidus, tenuissimus; lirellae sparsae, adpresso-sessiles, $^1/_{10}$—$^1/_2$ mm tantum longae et $^{90-100}/_{1000}$ mm latae, saepius 2—3-plo longiores quam latae, atrae; margines arcte conniventes, dein leviter hiantes, opaci; discus planus, valde angustus, niger et nudus; epithecium fuscum; lamina subhyalina; hypothecium supra basin integram nigram perithecii fuscescens; asci oblongo-obovoidei, 8-spori; sporae 13—15 μ longae, 3—3$^1/_2$ μ latae, fusiformes, 3-septatae, utrinque acutiusculae.

Ins. Ascension, in ramulis siccis. — No. 42.

Proxima brasiliensi O. atratulae Müll. Arg. L. B. n. 157, sed lirillae tenuiores, vulgo abbreviatae, margines haud nitiduli et asci ambitu latiores; sporae utriusque bene conveniunt.

O. (s. *Solenotheca*) *symbiotica* Müll. Arg. Thallus cinereo-flavicans, tenuiter tartareus, leviter rugulosus, demum rimulosus, margine linea fusco-nigra cinctus; apothecia immersa, superficiem thalli fere omnino attingentia, demum $^2/_5$ mm lata, vulgo minora, orbicularia v. leviter anguloso-orbicularia, in areolis solitaria, non confluentia nec seriata, demum thallo tumente subdistincte spurie marginata; discus planus, e livido-nigrescente mox nigrefactus, opacus, nudus; marginis proprii laterales et valde tenues, fusci, tota altitudine laminae evoluti; hypothecium mediocriter crassum aut tenue, fuscum, subinde fere nullum aut centro tantum late evolutum; lamina unius ejusdemque apothecii dupliciter fertilis, simul peripherice copiose hyphidii- (spermatii-) gera et caeterum centro late ascosporophora; hyphidia oblongo-ellipsoidea, microgonidia 4 continentia, 3$^1/_2$—4 μ longa; asci inter paraphyses arcte connexas angusti, subcylindrici, 8-spori; sporae hyalinae, 4-loculares, 13—15 μ longae et 3—3$^1/_2$ μ latae, fusiformes, utrinque subacutae.

Insula Viti Levu, corticola.

Species praesentia hyphidiorum in lamina sporophora insignita est.

O. (s. *Rotula*) *melanophthalma* Müll. Arg. L. B., 1883.

Ins. Neu-Guinea, foliicola.

Chiodecton *rubrocinctum* Nyl. Prodr. Nov. Gran. p. 110.

Ins. Neu-Guinea, corticolum. — No. 110.

Thallus hinc inde rubens, non vere rubro-cinctus, verisimiliter tamen hujus loci, sed sterilis.

Coenogonieae.

***Coenogonium** confervoides* Nyl. in Ann. Sc. nat. sér. 4. vol. 11. p. 242.

Insula Amboina, ad truncos muscosos.

***Byssocaulon** gossypinum.* — Byssocaulon molle Nyl. Enum. gén. p. 119. — Lecidea gossypina (Sw.) Ach. Lich. Univ. p. 217. — Pannaria gossypina Tuck.

Insula Salomonis Bougainville, ad truncos muscosos. — No. 526.

Planta a cl. Dr. NAUMANN sterilis tantum lecta est, quo statu a simillimo B. molliusculo ex insula Borbonia vix nisi thallo laeviore discernenda est.

Dictyonemeae.

***Dictyonema** sericeum* Montgn. in Bél. Voy. aux Indes orient. p. 159.

Neu-Hannover, vulgatissimum ad truncos in silvis humidis montanis.

***D.** laxum* Müll. Arg. in Engl. Jahrb. IV. 57. Thallus laxe caespitose indefinite expansus, nec in laminas suborbiculares aut semiorbiculares subliberas excrescens; filamenta superficiei copiose fasciculatim conglutinata, fasciculi longiusculi, aeruginosi, e filamentis aeruginosis et hyphis subhyalinis formati, apice albido- v. subflavescenti-acuminati et ibidem filamentis tantum hyalinis constituti, superne nonnihil virgatim lacero-divisi, ramuli sensim attenuati. Apothecia ignota.

Ins. Neu-Hannover, corticolum.

Planta crescendi modo et thallo laxe contexto distincta, sed elementa constitutiva ab iis D. sericei et D. membranacei non differunt. Hyphae 5 μ latae, septatae, patenter dichotome ramosae, hyalinae; filamenta oscillatorialia 15 μ lata, articulis duplo et ultra latioribus quam longis, cum filamentis hyphinis involventibus circ. 20 μ lata aut paullo tenuiora.

Pyrenuleae.

***Trypethelium** grossum* Müll. Arg. in Engl. Jahrb. V. 139. Thallus pallido- v. flavescenti-olivaceus, laevis, cartilagineo-corticatus; verrucae magnae, 3—6 mm latae, convexae, subirregulares et hinc inde confluentes, cum thallo consimiles, modice polycarpicae; ostiola minute nigro-macularia, vix prominentia, haud peculiariter evoluta; perithecia tecta, $^1/_2$ mm lata, globosa, nigra, in collum iis aequilongum sub apice distinctius excavatum nigrum abeuntia; nucleus albus; paraphyses laxe quasi in cellulas elongato-hexagonas clathratim connexae; asci cylindrici, sporis modice latiores, 8-spori; sporae hyalinae, 4-loculares, oblongato-ellipsoideae, 15—19 μ longae et circ. $7^1/_2$ μ latae.

Ins. Neu-Guinea, corticolum. — No. 409.

Juxta novogranatense Tryp. ochrothelium Nyl. locandum est, cui extus (exceptis coloribus) subsimile, at grossius verrucosum et a quo jam sporis duplo et ultra majoribus differt.

***Verrucaria** ceuthocarpa* Wahlenb. in Ach. Meth. Suppl. p. 22.

Ins. Kerguelen, ad Castle Mount. altit. 2000 ped.

Sporae quidem non visae, sed planta thallo nigro diffracto adeo bene cum illo V. ceuthocarpae, syngonidiis praedito, quadrat, ut determinatio vix dubia. — Verrucaria tessellatula Nyl. in eadem regione lecta e descriptione thallo gaudet multo pallidiore.

***Pyrenula** Santensis* (Tuck.) Müll. Arg. L. B. n. 487.

Timor, in silvis montanis ad pedem Taimanani, corticola. — No. 487.

Anthracothecium *libricolum* (Fée) Müll. Arg. Lich. Afric. occid. n. 52.

Timor, prope Koepang, corticolum. — No. 381.

Porina *praestans* (Nyl.) Müll. Arg. Lich. Afric. occid. n. 44.

Ins. Neu-Guinea, cum sequente, foliicola.

P. *multiseptata* Müll. Arg. in Engl. Jahrb. IV. 57. Thallus tenuissimus, argillaceus, instratus, intricatim cellulosus, juvenilis tamen ad instar Phyllactidii regulariter constructus; apothecia $^1/_3$—$^1/_2$ mm lata, argillaceo-carnea, late conico-hemisphaerica, ostiolo fuscescenti-carneo instructa; paraphyses capillares; asci angusti, 8-spori; sporae 75—85 μ longae, $3^1/_2$—4 μ latae, circ. 12-septatae.

Ins. Neu-Guinea, in pagina superiore foliorum viventium in silvis montanis.

Juxta malaccensem P. insperatam Müll. Arg. locanda est, a qua differt apotheciis majoribus et sporis longioribus et crassioribus.

Lebermoose (Hepaticae)

mit Zugrundelegung der von Dr. A. C. M. Gottsche ausgeführten Vorarbeiten

bearbeitet von

Dr. Victor Schiffner,

Privat-Docent an der k. k. Universität Prag.

Mit 8 Tafeln.

Das sehr reiche Lebermoos-Material, welches Dr. Naumann auf der Reise S. M. S. „Gazelle“ vorzüglich in der Magellan-Strasse auf den malayischen Inseln und Kerguelen-Land gesammelt hat, wurde ursprünglich von Dr. Gottsche zur Bearbeitung übernommen und von ihm zunächst das Material gesichtet und in seiner bekannten sorgfältigen Weise alle Arten, selbst die bereits beschriebenen, gezeichnet. Diese sehr schönen und wegen ihrer vielen Detaildarstellungen ausserordentlich instruktiven Zeichnungen bilden einen Theil von Gottsche's „Icones Hepaticarum ineditae“, ein bewundernswerthes Denkmal deutschen Fleisses. Im Texte habe ich diese Zeichnungen öfters zu citiren Anlass genommen. Auch einige Diagnosen und kritische Bemerkungen wurden schon von Gottsche fertiggestellt und sind mit geringen Ergänzungen und Aenderungen in den Text aufgenommen.

Als der genannte Forscher die von ihm eingeleitete Bearbeitung nicht mehr fortsetzen konnte, wurde das vorhandene Material zur Vollendung der Arbeit Herrn G. Limpricht übermittelt, welcher aber, mit anderen wissenschaftlichen Arbeiten und Berufsgeschäften überhäuft, die Bearbeitung nicht fortsetzte.

Gottsche bezeichnete in seinen Zeichnungen bezw. handschriftlichen Aufzeichnungen fast alle Arten als neu und belegte sie mit neuen Namen. Bei der kritischen Bearbeitung stellten sich mir aber viele davon als bereits bekannte dar, was hauptsächlich auf den Umstand zurückzuführen ist, dass seit den Arbeiten Gottsche's mehrere Jahre verflossen sind, und dass in dieser Zeit einige Werke über exotische Hepaticae erschienen, so die Schriften über die Hepaticae der Magellan-Strasse von C. Massalongo und Bescherelle, das epochemachende Werk von R. Spruce über die Hepaticae Amazonicae, das Reisewerk der englischen Kerguelen-Expedition u. a., in denen mehrere der betreffenden Arten unterdessen beschrieben wurden. Nichts desto weniger ist immer noch eine stattliche Anzahl neuer Arten und Varietäten vorhanden, worunter einige von ganz besonderem systematischen oder phyto-geographischen Interesse sind. Von einigen schon bekannten aber mangelhaft beschriebenen Arten habe ich ausführliche Beschreibungen gegeben. Die beigegebenen Figuren sind zum grössten Theile nach den erwähnten Zeichnungen Gottsche's angefertigt, nur wenige habe ich selbst entworfen.

Für die Zusendung von Originalexemplaren bin ich den Herren Prof. Dr. C. Massalongo in Ferrara und F. Stephani in Leipzig zu grösstem Danke verpflichtet.

Gymnomitria.

***Gymnomitrium** vermiculare* nova sp. — G. amphigastriis nullis, caulibus inordinate ramosis, flexuosis, filiformibus fragilibus, radiculis rectis albis fasciculatim ad innovationum basin (rarius) ornatis; ramis teretibus divaricatis; filiformibus, fusco-olivaceis flexuosis (10—15 millim. longis), fertilibus apice paullo crassioribus flores femineas aut antheridia includentibus; ramis foliatis flexuosis teretibus irregularibus; foliis distichis parvis, utrinque caulem ad medium circumdantibus, suberectis semiellipticis, concavis, margine integris, apice 4—6 cellularum seriebus diaphanis ornatis, sequentibus flavis parvis; foliis medio tribus vel pluribus cellularum stratis effectis. Flores masculi in apice ramorum, si folia ope glycerini vel liquoris carbolici pellucida redduntur, et etiam profundius in utroque latere stirpis bene videntur, singulum antheridium in folio perigoniali; — in unico flore femineo pistillidia 5 inveni; folia floralia et involucralia integra erant. — Taf. I. fig. 9, 10. — In Kerguelen insulae portu „Successful Harbour" c. flor ♂ et ♀ (12. 74).

Gymnomitrio corallioidi et concinnato affinis. Haec planta in patria sua simili modo infestatur ac Gymnomitrium concinnatum et corallioides in nostris terris. Hyphomycetum (?) fila caulem adscendunt, et in partes foliorum teneriores transeunt et connectunt; eorum retibus indutae cellulae primo exsuguntur, ut earum parietes tenuiores appareant, postea earum forma quadrata laqueis inextricabilibus corrugatur, denique franguntur, quo fit ut foliorum vetustiorum margines saepe erosi appareant. Caespites quoad colorem et caulium crassitudine formas humiles Bryopogi jubati in mentem revocant.

***Sarcoscyphus** kerguelenus* nova sp. — S. caulibus 20—25 mm longis, discretis crescentibus vel in denso caespite, fibris subflagellaribus (10 mm longis) radiculosis intricatis, foliis distichis approximatis virescenti-griseis vel flavis (0,8 mm longis et aeque latis), apice bilobis, lobis (0,2—3 mm longis) ovato-acutis, sinu rectangulo vel acutiore. — Reliqua desunt. — Tab. I. fig. 4.

Si vitris fortioribus margines foliorum perlustrantur, subtilissime crenulati apparent, quod verruculis minutis (ternis plerumque) cellulis impositis efficitur. Cellulae disci quoque in parietibus et in angulis et saepe in medio verruculas prominentes monstrant. Etiam in Sarcoscyphis europaeis videtur similis ornatus.

In Kerguelen insulae portu „Successful Harbour" (11. 74).

Ob diese Pflanze wirklich ein Sarcoscyphus ist, mit welcher Gattung sie allerdings in der Stellung und Form der Blätter, sowie in der Flagellenbildung übereinstimmt, oder ob sie einem anderen Genus zuzuzählen sei, wollen wir wegen der fehlenden Fruktifikation nicht entscheiden. Vielleicht gehört sie gar als eine sehr abweichende Form zu Tylimanthus viridis.

Coelocaules.

***Gottschea** alata* N. ab E. in Syn. Hep. p. 16 n. 6; Massal. Epatiche della Terra del Fuoco in Nuov. Giorn. bot. XVII. 1885, p. 204 n. 2 Tab. XII. f. I. — Jungermannia alata Lehm. in Linnaea IV. p. 359, Pug. pl. III. p. 44; Gottsche, Icon. Hep. ined. — Jung. Zeyheri N. ab E. in Herb. Zeyher. — Fretum magellanicum, steril. (2. 76).

Forma nostra a speciminibus a cl. Mac Owan 1884 in monte Tafelberg Capitis Bonae spei lectis et ab illis e freto magellanico, quas cl. Massalongo l. c. depinxit, foliorum lobis longioribus densius dentatis, amphigastriis longius et densius ciliato-dentatis, quibus notis G. Gayanae se appropinquat.

G. *Gayana* Gott. Pugillus nov. Hepat. Musei Paris. in Ann. sc. nat. ser. IV. Tom. VIII. p. 320 n. 2 tab. 9 fig. 7—10.

β. Massalongoana — G. Gayana var. Massal. in Epatiche della Terra del Fuoco in Nuovo Giorn. bot. XVII. p. 205 n. 4 tab. XII. fig. II. — G. Gayana var. major Gott. Musc. — Fretum magellanicum, Tuesday-Bai (2. 76).

G. *pachyla* (Tayl.) Syn. Hep. p. 621 n. 10b. — Jungermannia pachyla Tayl. Hep. antarct. in Lond. Journ. of bot. 1844, p. 456 n. 4; Hook. f. et Tayl. Fl. antarct. P. II. pag. 424 tab. 156 fig. 3.

β. ambigua, Bescherelle et Massalongo, Hep. du Cap Horn (Mission franc. du Cap Horn tom. V. bot.) p. 206 n. 7 tab. I. fig. I. — G. subfalcata Gott. Mnsc. — Tab. I. Fig. 3. — Fretum magellanicum, Tuesday-Bai; ster. (2. 2. 76).

Var. ambigua omnes formas transitorias sistit inter G. pachylam typicam (foliorum lobo dorsali integerrimo) et G. Gayanam (non ut cl. C. MASSALONGO dicit inter G. pachylam et alatam, quae sane affinissima est) et foliorum forma et denticulatione; foliorum lobus dorsalis mox subintegerrimus mox dentibus 1—5 armatus est. Aliquantum minor est quam G. Gayana β. et folia subfalcata sunt. Cellularum interstitia magnitudine cellulas fere adaequant.

G. *pusilla* nova sp. — G. caule 10—12 mm longo, cum foliis expansis 2—2,5 mm lato, inferne dense radiculoso, simplici; foliis haud contiguis lobo ventrali majore lanceolato-ovato acuto, dorsali minore semiovato acuto aeque ac lobus ventralis margine dense fere spinuloso-dentato, carina lata dentata; amphigastriis minutis ut folia apicem versus majora caulem latitudine vix excedentibus, subquadratis apice sinu obtuso ad 1/4 longitudinis progrediente bifidis marginibus spinuloso dentatis; cellulis foliorum apice rotundis angulis conspicue incrassatis interstitiis rotundato-triangularibus, basin versus multo majoribus, oblongo rectangularibus. Fructificatio latet. — Tab. I. fig. 1, 2.

Statura pusilla praeprimis ab aliis Gottscheis dorsilobis foliis laevibus distat. An sit status juvenilis alicujus speciei jamdudum descriptae autores nobis doceant, quibus specimina meliora in manibus sunt.

Fretum magellanicum, Tuesday-Bai, pauca frustula sterilia inter alias Hepaticas (2. 2. 76).

G. *lamellata* N. ab. E. in Syn. Hep. p. 20 n. 14 et p. 623. — Tayl. Hep. antarct. in Lond. Journ. of bot. 1844, p. 455 n. 2; Massalongo, Epatiche della Terra del Fuoco in Nuovo Giorn. bot. XVII. 1885, p. 206 n. 6, Bescherelle et Massal., Hep. du Cap Horn p. 207 n. 4. — Jungermannia lamellata Hook. fl. antarct. P. II. p. 424 et Hook. Musc. exot. tab. 49. — Fretum magellanicum, Tuesday-Bai; in silvis umbrosis Fagi betuloidis copiose sed steril. (2. 2. 76).

G. *laminigera* Tayl. in Syn. Hep. p. 623 n. 14 b; Massalongo, Epatiche della Terra del Fuoco in Nuovo Giorn. bot. XVII. 1885 p. 206 n. 7, Bescherelle et Massal. Hep. du Cap Horn p. 207 n. 5. — Jungermannia laminigera Hook. fil. et Wils. in Fl. antarct. P. II. p. 425 tab. 156 fig. 4, Tayl. Hep. antarct. in Lond. Journ. of bot. 1844, p. 456 n. 5. — Fretum magellanicum, Tuesday-Bai; parce ♂ et ster. (2. 2. 76).

Jungermannideae.

Plagiochila *hirta* Tayl. Mnsc., Mitten in Hook. f. Antarct. Voy. II. (Fl. New-Zeal.) 2 p. 134 in nota; Massal. Epatiche della Terra del Fuoco in Nuovo Giorn. bot. XVII. 1885, p. 209 tab. XIII. fig. IV. — Fretum magellanicum, Tuesday-Bai; parce inter al. Hepat. ♂ (2. 2. 76).

In Herbario Hampeano, nunc in Britannia, nonnulli surculi ex Insulis Falklandicis inveniebantur, quos celeberrimus monographiae Plagiochilarum auctor LINDENBERG „Plagiochilam hirtam" nominavit et quas delineare mihi contigit. Quod haec planta in Taylori Mss. ut refert cl. Mitten, eodem nomine salutata sit non admiraberis, cum characteristica illa nota statim in oculos cadat omnium observatorum. In exemplaribus magellanicis majoribus in expeditione Gazellae a Dre NAUMANNO collectis in eadem stirpe innovationes videntur, quarum folia dentes et spinulas longiores habent, dum alia pars ejusdem stirpis folia minus dentata et spinulas minores monstrat, quod observatorem fallere posset, ita ut duas plantas diversas crederet; itaque inutile mihi non videtur haec monere. Florem masculinum cum antheridiis in 5 paribus foliorum perigonialium subdentatorum vidimus ut etiam florem femineum in stirpe bifurca pistillidiis notatum. „Perianthium, ob innovationes fere semper supervenientes, pseudolaterale, subobovato-oblongum emersum inferne subinflatum, apice compressum ore bilabiato, labiis subrotundatis laciniato-ciliatis." Massalongo Epatiche della terra del Fuoco, Nuovo Giornale Bot. Ital. Vol. XVII. (1885) p. 209 tab. XIII. fig. IV. (sub Sarmiento in Magdalenae-Bai Majo c. perianthiis collecta).

P. *novo-Hannoverana* nova sp. — Pl. caule in cortice repente, ramis erectis 3,5—4 cm longis, cum foliis expansis 3 mm latis, ramis sterilibus simplicibus, in plantis masculis utrinque pinnatis; foliis imbricatis planiusculis linearibus apice subrotundis, longitudine 2 mm, latitudine baseos 1,2 mm in medio 1 mm et apicis 0,6 mm, margine ventrali 10—12 dentibus, apice 4—5 dentibus ornato, margine dorsali inermi linea paullo curvata decurrente; amphigastriis parvis bis bifidis vel quadrifidis laciniis curvatis e 12 cellulis uniseriatis conflatis basin versus interdum ter quaterque binas cellulas monstrantibus; perianthiis 4 mm longis obconicis, ore rotundato-compresso, labiis spinoso (12—15) dentatis, medio ventre 1,5—1,75 mm latis; foliis perichaetialibus fere 4 mm longis, margine ventrali rotundato a basi ad apicem fortius dentato, margine dorsali reflexo et interdum paucioribus et minoribus dentibus armato sinu magno ad apicem armatum adscendente. Planta mascula spiculam e 12—32 paribus foliorum perigonialium inermium constantem habet. — Tab. I. fig. 5—7. — In rivuli faucibus in insula Nova-Hannover (24. 6. 75).

Die Blätter sitzen mit sehr breiter Basis dem Stengel an. Auf der Dorsalseite laufen sie nur schwach herab; auf der Ventralseite greifen sie kaum über den Stengel über, so dass derselbe zwischen ihnen fast ganz frei liegt. Das Blatt bildet dort, wo es an der Ventralseite dem Stengel angewachsen ist, keine starke Krümmung, sondern der Ventralrand läuft fast gerade dem Stengel zu. Die Blätter sind also an der Basis am breitesten und erscheinen losgelöst schief dreieckig mit abgerundeter Spitze. Der Dorsalrand ist nur schwach umgerollt und zahnlos oder nahe der Basis mit einem obsoleten Zahne versehen. Der Ventralrand ist besonders gegen den Stengel zu lang cilienartig gezähnt, während die Zähne der Blattspitze nur kurz sind. — Die Amphigastrien sind nur schwer sichtbar und fehlen hier und da ganz, am besten an den kurzen Perianthiumästen. Die Pflanze bildet kriechende Stengel mit aufrechten, dicht und flach beblätterten Aesten, die seitlich flach ausgebreitete Zweige tragen; bei der männlichen Pflanze (sie ist zweihäusig) sind diese Zweige zu Antheridienähren umgewandelt, bei der weiblichen sind sie sehr verkürzt und tragen die Perianthien, die nicht länger als die grossen Hüllblätter sind, letztere sind an der Basis mehr verschmälert und bilden an der Ventralseite eine starke Krümmung. — Gehört nach der Eintheilung der Syn. Hep. zu Sect. I. § 2 und ist in der Blattform der Pl. Martiana N. ab E. und P. Raddiana Lindenb. am ähnlichsten aber durch die Verzweigung, die Zähnung der Blätter und das Vorhandensein der Amphigastrien weit verschieden.

P. *Savatieriana* Bescherelle et Massalongo Hepaticae du Cap Horn in Mission scientifique du Cap Horn 1882—83, Tom. V. (1889) p. 212 Tab. I. fig. IV. — Fretum magellanicum, Tuesday-Bai, rarissime inter al. Hep. ♀ c. archeg. (2. 1876). — Tab. I. fig. 8.

P. *heterodonta* Hook. f. et Tayl. Fl. antarct. 428 tab. 157 f. 2; Syn. Hep. p. 638 n. 32b; Mitten in Transit of Venus Expedition 1874—75 p. 32. — Jungermannia heterodonta Tayl. Hep. antarct. in Lond. Journ. of bot. 1844 p. 460 n. 12. — P. Kerguelensis, P. humilis, P. ovalifolia Gott. Ic. Hep. ined. — E minoribus generis, late caespitans, olivaceo viridis. Caulis primarius repens radiculosus nudus vel foliis minutis rotundis integerrimis instructus. Rami erecti 1—5 cm alti subsimplices rarius fasciculatim ramosi densius vel laxius foliosi, foliis inferioribus rotundatis subintegerrimis, superioribus haud explanatis sed saepe plus minus involuto plicatis ovato-quadratis, margine ventrali curvato 8—9 dentibus inaequalibus parvis armato, dorsali oblique in dorsum descendente integerrimo vel sub apice subdentato, apice dentibus duobus majoribus emarginato-bidentato vel late et oblique truncato ibidemque nonnullis dentibus parvis armato. Perianthium parvum (1,5 mm longum, 1 mm latum) inter folia involucralia reconditum, ovatum in rami axilla oriundum, ore labiis subrotundis brevissime dentatis (dentibus 3—4 cellulis longis, unica cellula latis, numero in utroque labio 12—16) ala nulla, in basi 15 pistilla adhuc clausa fovente. Folia involucralia majora (2 mm longa, medio 1,5 mm lata) apice lunulato 4—5 dentata, margine ventrali rotundato 7—8 dentibus majoribus interjectis minoribus armato, margine dorsali plus minus dentato vel unico tantum dente ornato, linea obliqua descendente. Areolatio foliorum minuta, densa subopaca.

Planta quoad magnitudinem, foliationem, foliorum magnitudinem formamque maxime variabilis, formas sequentes dictu digna invenimus.

α. major — Rami 3—6 cm alti densius foliosi, folia latiora. — Insula Kerguelen, Irish-Bai, „altes Gletscherthal" ca. 30 m, copiose et c. per. (15. 1. 75). — Tab. I. fig. 11—13.

β. humilis — Rami vix 1 cm (rar. 2 cm) alti, densissime foliosi, folia lata. — Insula Kerguelen, ster. (Nov. et Dec. 1874). — Port Palliser (Febr. ineunte 1875). — Tab. I. fig. 14, 15.

γ. ovalifolia — Tenella, flaccida, caulibus tenuissimis (rarius robustior) foliis angustioribus oblique ovatis, apice sinu profundiore exactius bifidis, lobis acutis, dentibus marginalibus majoribus acutioribus. — Tab. I. fig. 16, 17. — Ins. Kerguelen, „Successful harbour" steril. (11. 1875).

Die Pflanze gehört nicht, wie in Syn. Hep. angegeben ist, zu der Sect. Adiantoidea, sondern zu Sect. I: Vagae.

***P.** fagicola* nova sp. — P. tristis Gott. Ic. Hep. ined. — Caules elongati usque ad 8 cm longi, e caule primario repente subefolioso nascentes, erecti vage — rarius dichotome — ramosi. Folia alterna subcontigua vel remotiuscula arcuato — disticho — patula et suberecto-patentia, haud plana sed saepe subplicata, late obovata vel potius cuneato — obovata basi angustiore cauli insidentia, margine dorsali inferne breviter decurrente, subrecurvo — patulo integerrimo apicem versus subdentato, margine ventrali arcuato plus minus dentato, apice rotundato denticulato vel subtruncato — bidentulo. (Denticulatio foliorum maxime variabilis.)

Amphigastria rudimentaria ad basim marginis ventralis foliorum cauli inserta saepe (sed nequaquam semper!) adsunt. Cellulae foliorum rotundo-polygonae circumcirca fere aequaliter incrassatae vel magis rotunda et angulis magis incrassatae. Perianthium terminale (in ramis majoribus vel in caule) vel e dichotomia, breviter obovatum vel subturbinatum medio ventricoso inflatum apice (juventute subconstrictum) subcompressum usque ad medium vel ultra bilabiatum, labiis rotundatis ciliato-dentatis; folia involucralia perianthium subaequantia foliis caulinis fere conformia sed majora.

α. typica. Planta aliquantum robustior, magis ramosa, foliis densioribus contiguis exacte dentatis, dentibus inaequalibus circuitu 10—20 armatis. Cellulae foliorum oblongo-rotundae, circuitu inaequaliter incrassatae interstitiis subtriangularibus. — Tab. I. fig. 18, 19.

β. var. *subpectinata.* — Plagiochila subpectinata Bescherelle et Massal. in Bull. de la soc. linnéenne de Paris 6 Oct. et 4 Nov. 1886. — Hepat. du Cap Horn. p. 213 n. 14 tab. 2. f. V. — P. elegans Gott. Mnsc. — Laxius foliosa, statura graciliore foliis parcissime dentatis, apice saepissime emarginato bidentulis, amphigastriata vel amphigastriis nullis. Cellulae foliorum minores subpolygonales circuitu fere aequaliter incrassatae. Inter *α* et *β* formas intermedias invenimus. — Tab. II. fig. 1—3. — Fretum magellanicum, Tuesday-Bai cum Pl. patagonica aliisque Hepaticis ad truncos Fagi betuloidis habitat. *α.* copiosior et parce fructificans, *β.* rarior caespitibus Plagiochilae patagonicae irrepens (2. 1876).

Steht der Blattform nach der Pl. heterodonta nahe, unterscheidet sich aber durch die bedeutendere Grösse, anderen Wuchs, die nicht so deutlich zweizähnige Blattspitze, die oft vorkommenden Amphigastrien etc. — Pl. subpectinata Besch. et Mass. ist trotz ihres anderen Aussehens sicher nur eine Form der Pl. fagicola.

***P.** bispinosa* Lndbg. Mns. — Gott. Pug. novar. Hep. Musei Paris. in Ann. sc. nat. Ser. IV. tom. VIII. 1857, p. 326. n. 10. tab. 11; Bescherelle et Massal. Hep. du Cap Horn 1889, p. 209 n. 8, tab. I. fig. II.

γ. Naumanniana nova var. — Pl. caule repente ramis principalibus adscendentibus foliis ovato-trapezoideis basi imbricatis erecto patentibus et saepe reflexo-subsecundis unde stirps angustior apparet, margine ventrali arcuato serrato-dentato basi saepius reflexo, apice (in ramis novellis) lunato-bidentato, vel in vetustioribus 1,5 mm longis 3—4 dentibus armato, margine dorsali apicem versus uno alterove dente ornato vel rarius edentato leni sinu longius in dorsum caulis decurrente et in basi angustissimo 4—6 dentes habente adjectis cristulis parallelis disjunctis denticulis vel cellulis singulis prominentibus crenulatis inter folia cellulis foliorum magnis rotundis vel ovalibus subcontiguis, interstitiis triangularibus parvis; perianthio pro more maximo (3 mm longo, 3,5 mm lato) semimaturum fructum fovente late obconico ore compresso labiis rotundatis fere 20 dentibus latiusculis armatis, in medio altitudine 1,5 mm lato, basi ad 0,4 mm attenuato; foliis involucralibus majoribus (2,6 mm longis, medio 1,5 mm latis) oblique ovatis dentibus majoribus ornatis. — Tab. II. Fig. 6—10.

Perianthium unicum vidimus una latere ad basin fere fissum et basi ala rudimentaria instructum alia perianthia laevia et integra erant. Planta ♂ (= P. accola Gott. Ic. Hep. ined.) minor flaccidior, habitu differens, caule repente surculos flagelliformes interdum edente, ramis erectis 0,5—1 cm altis cum foliis expansis 2,2 mm latis. Folia quoad formam et areolationem illis plantae ♀ simillima saepe margine dorsali integerrimo (excepta basi in caule decurrente dentibus paucis ut in planta ♀ armata), cristulae insertioni foliorum parallela ut in planta ♀ plerumque proveniunt. Flore ♂ interstitiali saepe in eodem ramo 2—3 uno supra altero, e 3—6 paribus foliorum perigonialium apice plerumque tridentatorum conflato.

Fretum magellanicum in sinu Tuesday-Bai inter alias Hepaticas praeprimis Plag. patagonicam crescens ad truncos Fagi betuloidis (2. 2. 76).

Perianthii magnitudine ratione caulis foliati et praesertim cristis denticulatis discretis ad basin foliorum dorsalem facile cognoscenda, ceterum etiam foliis involucralibus latioribus fere ovatis a forma normali et var. β. recedit.

P. *blepharophora* N. ab E. in Syn. Hep. p. 39 n. 39. — Lindenb. Sp. Hep. p. 102 n. 63 tab. 21. — Jungermannia blepharophora N. ab E. Enum. pl. Jav. I. p. 71. n. 98.

δ. *major* nova var. — P. soluta Gott. Mnsc. — Statura majore, habitu fere Pl. adiantoidem referens, ramis 1 dm et plus longis et foliis expansis 5—9 mm latis, simplicibus apice saepe attenuatis ibidemque radicantibus iterumque in ramum normalem excrescentibus vel apice innovantibus, ramis novellis tenuibus laxe et minute foliosis. Folia margine dorsali subinvoluta, integerrima, ventrali ciliato-dentatis in caule longius decurrentia, basin versus valde infixa ibidemque integerrima vel ciliato-dentata (sed non cucullata ut in Pl. bantamensi) Perianthium (juvenile) late campanulato-apertum, ore longissime ciliatum. Folia involucralia suberecta basi perianthium amplectentia, longius ciliata ceteris notis caulinis similia. Ramorum novellorum foliatio mire congruit cum illa var. γ. a cl. Lindenberg l. c. depicta. (An species propria?) — Tab. I. fig. 20, 21. — In insula Neu-Hannover ad ramulos arborum in rivuli faucibus (24. 7. 75) c. per. jun.

ε. *vitilevuana* nova var. — Varietati nostrae similis sed multo minor (rami 4—5 cm longi et foliis expansis 4—5 mm lati sunt). Folia remota nunquam contigua sunt, margine dorsali subreflexo integerrimo vel dente unico instructo; margine dorsali usque ad dimidium vel ad $^2/_3$ longitudinis ciliato-dentato pars ejus cauli proxima involuta sed multo minus, quam in Var. majore nostra. Perianthia terminalia et folia involucralia quoad formam illis Var. majoris nostrae simillima sunt. — Rami novelli et plantae juniores folia multo minora, minus dentata margine ventrali multo minus (fere haud) involuta sunt. Plantam masculam haud vidimus. — Tab. II. fig. 4, 5. — Fidji-insulae, Vitilevu, Reva superior in silva montana (30. 11. 75) c. perianth.

P. *bantamensis* N. ab E. in Syn. Hep. p. 39 n. 40. — Spec. Hepatic. Plagiochila p. 104 n. 64. tab. XXII. — Jungermannia bantamensis N. ab E. Bl. et Reinw. Hep. Jav. p. 235 N. 52; Spreng. Syst. Veg. P. IV. 1. p. 225 N. 94; Nees ab E. Hep. Jav. p. 69 N. 95. — Novo-Guinea, Mac-Cluer-Bai in silva montana ad arbores, c. perianth. et ♂ (20. 6. 75). — Galevo-Strasse in insula quadam, ad arborum cortices, plt. ♂ (forma pusilla, ramis vix 3 cm longis, sed non var. minor Syn. Hep. ob folia longe ciliata) (23. 6. 75).

Plantae nostrae folia aliquantum breviora sunt quam in speciminibus javanicis, sed ceteris notis cum planta javanica omnino congruit.

P. *aurita* nova sp. — Quoad modum vegetandi, magnitudinem et foliorum auriculas similis Plagiochilae bantamensis valde affini sed his notis differt: Folia multo latiora, apice rotundata, fere ovata sunt (nec elongato-trapezoidea, ut in Pl. bantamensi) eorumque margo ventralis magis arcuatus, est. Foliorum dentes remotiores et multo breviores sunt. Amphigastria desunt vel plus minus obsoleta sunt. — Auriculae magnae et illis Pl. bantamensis simillimae sunt. — Spicae masculae in apice ramorum saepe binae vel ternae inveniuntur in facie ventrali amphigastria rudimentaria monstrant. Folia spicae marginibus integerrima sunt. — Tab. II. fig. 14, 15. — Novo-Guinea, Mac-Cluer-Bai, in silva montana ad arborum truncos (16.—18. 6. 75).

Unsere Pflanze steht der Pl. bantamensis so nahe, dass sie vielleicht nur eine Varietät derselben darstellt. Möglicherweise ist es nur die männliche Pflanze der typischen Pl. bantamensis, die wir nirgends beschrieben finden, nur von der kleinen Form (f. pusilla) haben wir die ♂ Blüthe gesehen; die Aehren sind hier interstitiell (d. h. sie treiben an der Spitze weiter, die ♂ Hüllblätter sind auch hier am Rande ganzrandig, aber die Ränder stehen aufrecht ab und sind nicht wie bei Pl. aurita mit den Rändern rechtwinklig abgebogen. Bei den uns vorliegenden Exemplaren der Pl. aurita sind die ♂ Aehren bis zur Spitze mit Antheridien tragenden Blättern besetzt und scheinen nicht in sterile Zweige auszuwachsen.

Mitten führt in seinen Fidji-Lebermoosen eine Plag. auriculata an, die wir nicht gesehen haben; sie ist vielleicht identisch mit unserer Pl. aurita. — In den Annales des sciences nat. 1849 pag. 39 führt Montagne eine Plagiochila Chauviniana auf und hat Dr. Gottsche ein Originalexemplar geschickt mit der Scheda: „patria ignota". Unsere Pflanze passt ziemlich gut zu der Montagne'schen, hauptsächlich stimmen die Blattöhrchen, die sonst nur noch bei sehr wenigen verwandten Arten vorkommen, vollkommen überein.

***P.** patagonica* Bescherelle et Massalongo Hep. du Cap Horn p. 211 n. 10 tab. I. fig. III. — Pl. ambusta Massalongo, Epatiche della Terra del Fuoco in Nuovo Giorn. bot. XVII. (1885) p. 210 n. 14 bis tab. XXVIII. fig. 38. — Pl. intermedia Gott. Icon. Hep. ined et Mnsc. (non Lndb. et Gott.). Pl. caule repente, ramis erectis (ad 8 cm longis) interdum nonnullos ramulos edentibus, foliis ovatis imbricatis secundis viridibus (3 mm longis, medio 2 mm latis, basi 1 mm metientibus), margine dorsali late reflexis, versus apicem et apice rotundato sicut et margine ventrali arcuato usque ad basim folii denticulis 20—25 vel pluribus ornatis; cellulis sexangularibus majoribus conflatis cuticula primaria optime definitis, lamina interiore incrassata et poris canaliformibus plerumque (ad parietum numerum) sex diffusionis causa cum cellulis proximis ad cuticulam primariam progredientibus; perianthio cylindrico apice compresso, ore truncato denticulato (d. 16 in utroque labio vel pluribus) I, 5 mm longo, 2,5 mm medio lato, ore 1,8 mm; II, 4,7 mm longo, 3 mm lato, ore 1,8 mm; in perianthio juniore 0,8 mm longo et aeque lato 12 archegonia videbantur; foliis involucralibus supra medium perianthii adscendentibus (3, ad 3,25 mm longis, 2,6 mm latis, apice angustiore 0,9—1,5 mm), foliis subinvolucralibus 3 mm longis, 2,5 mm latis, apice 1—1,3 mm latis.

Planta mascula brevior est et iteratis vicibus (3—4) spicas masculas in eodem ramo monstrat, interjectis foliis caulinis majoribus dentatis sejunctas; foliorum perigonalium 6—7 paria adsunt, quorum suprema marginem integerrimum monstrant; in remotioribus margo primum repandus, denique subdentatus videtur, tamen omnia unicum antheridium proferunt.

Valde variat: α. *f. typica.* — Tab. II. Fig. 11—13.
β. *f. minor.* — Caule 2—4 cm longo, foliis ut in α.
γ. *f. ambusta* = *Pl. ambusta* Massal. l. c.

Fretum magellanicum, Tuesday-Bai copiosissime ad truncos Fagi betuloidis c. per evol. et ♂ formae α. β. et γ. (2. 2. 76). — Punta Arenas c. per et ♂ α. et β. (7. 2. 76).

In Plagiochilarum Monographia sua clarissim. Lindenberg p. 132 enumerat tres plantas, quas omnes nomine Plagiochilae deltoideae salutat, primam e portu Dusky Bay Novae Zeelandiae, alteram e Terra van Diemen, quam cel. Frazer in Hb. Hooker dederat et quam Lindenberg l. c. pag. 133 „folia minute denticulata habentem, reliquis notis vero convenire" dicit, tertiam plantam quoque e Terra van Diemen a cel. Billardiero collectam et sub nomine Plag. ramosissimae No. 246 in Hb. cl. Montagne asservatam itidem ad suam Plag. deltoideam refert; quarta denique planta e Barbadoes Hb. Neesii quoque ad hanc speciem refertur, quae tamen in Synopsi Hepaticarum recte omissa est. Patet Lindenbergium plantae e Dusky-Bai priores partes dare et inquirendum est, quomodo Pl. patagonica a Plag. deltoidea differat. Cum exemplaria typica omnium plantarum hic referatarum habeam et accuratissimae icones prismatis ope sub oculis meis sint, dicendum mihi est, figuras in tabula 27 operis Lindenbergii non accurate cum figuris meis congruere. Planta e Dusky-Bai (Hb. Lindenbg.) monstrat perianthium anguste alatum cum apice spinoso, quot, quia in specimine suo ille apex textus erat folio involucrali, cel. auctorem effugerat et exinde in textu ala non descripta est. Etiam in Plag. deltoidea Ldbg. e Van Diemens Land, leg. La Billardière, perianthium alatum videtur, et in plantis e van Diemen, quas celeberrimus R. Spruce mecum communicavit sub nomine Plag. deltoideae, inveniuntur alae parvae versus basin perianthii. Pl. deltoideam et cel. Mitten (Hook. Ant. Voy. II. 2 p. 131) ut et Lindenbg. (Synops. Hepat. p. 655) „Plagioch. gregariae" proximam esse dicunt, cujus perianthium alam integerrimam angustam habet, et Mitten dicit: „Pl. deltoidea differs in appearance only, the form of the leaves and perianth is the same as usual".

***Adelanthus** unciformis* (Hook. f. et Tayl.) R. Spruce, On Anomoclada, Odonth. and Adelanthus p. 25; C. Massalongo, Epatiche della Terra del Fuoco in Nuovo Giorn. bot. XVII. 1885 p. 213; Bescherelle et Massal., Hepat. du Cap Horn p. 217 n. 21. — Jungermannia unciformis Hook. f. et Tayl. Fl. antarct. P. II. p. 425; Tayl. Hep. antarct. in Lond. Journ. of bot. 1844 p. 457 n. 7. — Jungermannia sphalera Fl. antarct. p. 427 tab. 156 fig. 8. — Plagiochila unciformis et P. sphalera eorundem in Syn. Hep. p. 653 n. 77 c et d. — Adelanthus Lindenbergianus Mitten Journ. of Proc. of Linn. Soc. vol. VII. n. 28 p. 243 (1863). — Plagiochila Lindenbergiana Lehm. in Linnaea IV. 1829 p. 367; Lindenb. in Lehm. Pug. Plant. III. p. 42 (1829) — Synop. Hep. p. 59 n. 96.

Var. *major* Massalongo l. c. — Jungermannia haliotiphylla De Not. Pugill. Jung. Americ. in Mem. Acc. Tor. ser. II. tom. XVI. p. 217 ic. V. (cum varietate: major verisimiliter quadrant Jung. sphalera et Adelanthus Lindenbergianus (vide supra). — Tab. III. fig. 10—12. — Forma typica, raro et ster. inter Spinellam magellanicam; Fretum magellanicum, Tuesday-Bai (2. 2. 76).

Var. *majorem* copiose et c. perianth. evolutis paucis legit Dr. Naumann ad truncos Fagi betuloidis in sinu Tuesday-Bai (2. 2. 76).

Quod fructificatio varietatis hucusque ignota erat descriptionem damus.

Perianthium ovato-cylindricum subsulcatum decolor albescens (cum bulbo 2,25 mm longum, 0,9 mm medio latum) apice contracto denticulatum, basi in bulbum cum foliis involucralibus et floralibus concretum, ramulo insidens vel lateraliter adhaerens (sacculi fundo radicelloso libero dependente) fructum ineunte Februario fovet semimaturum cujus pedunculus cum nodulo involutionis profunde in sacculum descendit; calyptra vel basi 8 pistillis stipata, vel pistillis distantibus et in diversam altitudinem elevatis ornata. Folia involucralia et floralia (3—4 paria) basi lata bulbo fructifero accreta sunt; invenitur in facie ventrali bulbi tertius ordo foliorum minorum amphigastriorum ad instar, quamquam caulis ne rudimentum quidem harum stipularum habet. Margo foliorum involucralium (200 : 1 fere auctus) cellulis prominentibus crenulatus videtur. In inflorescentia Ad. magellanici, quam cl. Mitten (l. c.) breviter describit, conditio omnino alia est.

Die Gattung Adelanthus verbindet das Genus Plagiochila mit den Geocaliceae besonders mit Gymnanthe (laxa, approximata etc.). Der Thorus verlängert sich bei Adelanthus (so bei einem unserer Exemplare der var. major von A. unciformis) oft sackartig nach unten, so dass der Fruchtast dem Stengel seitlich anzukleben scheint (dasselbe hat auch Massalongo bei seinem A. brecknockiensis beobachtet). Die Vegetationsorgane stimmen mit gewissen Plagiochila (P. biserialis et affin.) überein.

Die var. major variirt mit 5—10 cm langen Stengeln, die meist einfach oder gabeltheilig sind. Die Blätter sind bei der gewöhnlichen Form etwas zugespitzt und am Scheitel meist mit zwei grösseren Zähnen versehen, der obere eingerollte Rand ist zahnlos, doch kommen seltener auch Formen vor mit mehr abgerundeten Blättern und solche, die einen entfernt gezähnten oberen Blattrand haben. Exemplare von A. unciformis var. major von der Insel Hoste lgt. Hahn, die mir Herr Prof. Dr. Massalongo gütigst mittheilte, haben etwas breitere und dichtere Blätter, sonst stimmen sie mit unseren überein.

Scapania *clandestina* Mont. Bot. Crypt. in itinere navis Astrolabe tab. 10 f. 4. — Mont. Sylloge Crypt. p. 57; Syn. Hep. p. 73; Massalongo, Epatiche della Terra del Fuoco in Nuovo Giorn. bot. XVII. 1885 p. 207 n. 9; Mitten in Journ. Soc. Linn. XV. 197; Transit of Venus-Exped. Bot. p. 35. — Gott. Ic. Hep. ined. — Jungermannia clandestina Hook. fl. Antarct. II. p. 434. — Ins. Kerguelen, Irish-Bai, Altes Gletscherthal ster. (15. 1. 75).

Ganz ähnlich den MONTAGNEschen Originalexemplaren, die HOMBRON auf der Reise des Astrolabe (Cap. Dumont-d'Urville) „in inundatis ad Port-Gallant et Port-Famine freti magellanici" gesammelt hat.

Blepharidophyllum *densifolium* (Hook.) Ångstr. in Ofversigt af Kongl. Vetensk.-Akad. Forhand. 1873 n. 5 p. 151 (sensu ampliore!). — C. Massalongo, Epatiche della Terra del Fuoco in Nuovo Giorn. bot. XVII. 1885 p. 208; Bescherelle et Massal. Hep. du Cap Horn p. 208 n. 6 (1889). — Scapania (?) densifolia N. ab E. in Syn. Hep. p. 72 n. 19; Mitten in Transit of Venus-Exped. 1874—75. Bot. p. 34. — Diplophyllum densifolium Mitten in Journ. Linn. Soc. XV. p. 69 (1875). — Jungermannia densifolia Hook. Musc. exot. tab. 36. — Spr. Syst. Veg. IV. p. 227 n. 124.

α. typicum — Foliorum lobi apice integri vel rarius subemarginati. — Fretum magellanicum, Tuesday-Bai, ad Fagum betuloidem copiose, sterile, frustulum unicum c. perianth. evoluto (2. 2. 76).

β. vertebrale — Blepharidoph. vertebrale (Tayl.) Ångst. l. c.; Massalongo l. c. — Scapania (?) vertebralis Tayl. in Syn. Hep. p. 72 et 663. — Jungermannia vert. Tayl. et Hook. f. Fl. Antarct. I. p. 153. — Foliorum plurimorum lobi apice excisi, saepe in eodem frustulo folia lobulis integris intermixta sunt. — Fretum magellanicum (Tuesday-Bai?), raro Muscis frondosis intermixtum. — Ins. Kerguelen, in portu „Successful harbour" copiosissime et pro parte c. perianth. evolutis. (Mens. Nov. et Dec. 1874.)

Die Formen oder Varietäten dieser, in Grösse, Tracht, Dichte der Blätter, Farbe, Form und Ciliirung der Blätter etc., ausserordentlich variablen Pflanze wurden früher als Arten beschrieben, jedoch sind sie nicht wesentlich verschieden und durch alle möglichen Uebergänge verbunden; die Beschaffenheit der Blattlappenspitzen ist an ein und demselben Stengel meistens ungleich. Der Vollständigkeit wegen führen wir noch folgende Formen an, obwohl sie sich unter den auf der „Gazelle" Expedition gesammelten Lebermoosen nicht vorfinden.

γ. chloroleucum — Blepharidophyllum chlorol. Ångst. l. c. — Bl. vertebrale β. chloroleucum C. Massal. l. c. — Scapania chloroleuca Syn. Hep. p. 662 n. 19 b. — Jungermannia chloroleuca Tayl. Hep. antarct. in Lond. Journ. of bot. 1844 p. 467 n. 28. — Tayl. et Hook. f. Flor. antarct. II. p. 433 tab. 161 n. 5.

δ. fuscum — Bleph. fuscum Bescherelle ms. olim.

ε. pycnophyllum. — Bleph. pycnoph. Ångst. l. c. — C. Massal. l. c. — Scapania pycnophylla De Not. Pugillus Jungerm. Amer. in Mem. Acc. Tor. ser. II. tom. XVI. p. 215 icon. III.

Ueber diese Varietäten zu vergl. Bescherelle et Massal. Hep. du Cap Horn p. 208 n. 6.

Jungermannia (Anastrophyllum) *involutifolia* Mont. in Sylloge p. 59 n. 185, in: Flora, Historia fisica y polit. de Chile por. Cl. Gay, pl. cellul. (1852) et Voy. au Pôle Sud. Bot. Crypt. p. 259; Hook. Crypt. antarct. p. 125 n. 30; De Not. Pug. Jungerm. Americ. in Mem. Acc. Tor. ser. II. tom. 16 p. 216 ic. IV.; Massal. Epatiche della Terra del Fuoco in Nuovo Giorn. bot. XVII. p. 219 n. 26; Bescherelle et Mass. Hepat. du Cap Horn. — Fretum magellanicum, Tuesday-Bai, ster. inter Sendtnera chilensis (2. 2. 76).

J. (Anastrophyllum) *schismoides* Mont. Voy. au Pôle Sud. Bot. Crypt. p. 258 tab. 17 f. 1; Hook. Crypt. antarct. p. 128 tab. 161 fig. 9; Syn. Hep. p. 81 et 667; Mont. Syll. p. 59; Mont. in Ann. sc. nat. Avril 1843 p. 250 n. 23; Tayl. Hep. antarct. in Lond. Journ. of bot. 1844

p. 375 n. 18; Hook. f. et Tayl. Fl. Antarct. P. I. p. 150 et P. II. p. 434 tab. 161 f. 9; Fl. New-Zeal. II. p. 129; Handbook of New-Zeal. Fl. p. 503; Massal. Epat. della Terra del Fuoco in Nuovo Giorn. bot. XVII. 1885 p. 218 n. 25; Bescherelle et Massal. Hep. du Cap Horn p. 216 n. 18. — Fretum magellanicum, Tuesday-Bai, surculum c. fl. ♂ inter Jung. coloratam (2. 2. 76).

J. (Jamesoniella) colorata Lindenb. in Linnaea IV. p. 366 et in Lehm. Pug. pl. III. p. 52. — Syn. Hep. p. 86 n. 23; Nees in Linnaea VI. 4 p. 605; Hook. fl. antarct. I. p. 189 et II. p. 428; Hook. f. Fl. New-Zeal. II. p. 128 et Handbook of New-Zeal. Fl. p. 502; Spruce, On Anomoclada p. 30; Spruce, Hepat. Amaz. et And. p. 510; Mitten, in Transit of Venus-Exped. 1874—75 p. 34; Massal. Epat. della Terra del Fuoco in Nuovo Giorn. bot. XVII. 1885 p. 215 n. 21. — Jung. colorata β. angustior Nees, En. pl. crypt. Jav. Fasc. V. p. 27 n. 31. — Adelanthus magellanicus Gott. Mnsc. (false!). — In Neu-Seeland, Auckland, in declivis argillaceis inter Anthocerotes (Forma minor, pallidior, cuticula sublaevi); c. perianth., c. fr. nondum emersis et ♂ (8. 11. 75). — Ins. Kerguelen (forma major, elongata, intense purpurascens, cuticula cellularum granulata); copiose dense caespitans. (Mense Nov. 1874.) — Ins. Kerguelen, „Irish-Bai, altes Gletscherthal" (forma major, cuticula sublaevi) (15. 1. 75). — Fretum magellanicum, Tuesday-Bai (forma major purpurascens, perianthiis longioribus, cuticula granulata); copiose, c. per. et ♂ (2. 2. 76).

Variirt bedeutend, bald klein, kaum 2 cm lang, bald 5—6 cm lang. Die Farbe ist blass olivengrün bis dunkel purpurroth, die Blattzellen sind bald grösser bald kleiner, die Cuticula ist meist sehr rauh gekörnelt (so besonders bei den Exemplaren aus Tuesday-Bai) seltener bis fast glatt (unsere Exemplare aus Auckland). Das Perianth. ist meistens zur Hälfte eingesenkt in die lappig getheilten Hüllblätter, die oft wieder ihrerseits von den viel grösseren ganzrandigen Subinvolucralblättern ganz oder zum Theil verdeckt werden; in diesem Falle ist die tiefe Faltung des Per. sehr deutlich. Bei den Exemplaren aus der Magellan-Strasse sind die Perianthien aber weit hervorragend, cylindrisch kegelförmig und nur an der Spitze gefaltet (vide var. β. arcta [De Not.] Massal. l. c.). Das Per. ist immer endständig, jedoch bildet sich meist an der Basis des Per. ein Ventralspross, der wieder mit einem Per. endigt, dieser Vorgang wiederholt sich öfter, so dass der Stengel eigenthümlich gegliedert und die Per. seitenständig zu sein scheinen. J. Spegazziniana (R. Spr.) Massal. l. c. p. 216 tab. XIII. f. VI. gehört wohl auch unter die Varietäten der J. colorata.

J. coniflora nova sp. — Jung., amphigastriis nullis, caespitosa, caule subflexuoso adscendente radiculoso virente (10—15 mm longo) sub apice fertili innovante et ramis profundioribus flaccidis elongatis cum sociis intricato, foliis distantibus, superioribus erectis vel erecto-patentibus, rotundis (0,8 mm longis et aequae latis), foliis involucralibus majoribus ad tertiam partem vel ad medium perianthium adscendentibus; perianthio clavato-ventricoso in apicem conicum desinente (1,5—2 mm longo, parte latissima 0,8 mm lato), plerumque 2 plicas cum sinu intermedio in parte exserta supra involucrum monstrante, ore parvo aperto, margine tribus cellularum decolorum seriebus ornato (interdum plus minus solutis vel omnibus evanidis). In perianthii basi pistilla nunc demum nascentia videbantur. — Tab. II. fig. 16—17. — Ins. Kerguelen, in portu Successful-harbour, c. perianth. (Mense Dec. 74.) Forma perianthorium insigni ab affinibus facile distinguenda.

J. decolor nova sp. — J. examphigastriata, caule repente vel adscendente radiculoso, subsimplici, sub perianthio saepe innovante, ca. 1 cm longo cum foliis 2 mm lato, foliis cauli oblique insertis, erecto-patentibus vel subexplanatis, suboblique ellipticis, apice (praecipue in caulibus sterilibus) plerumque conspicue obtusatis, e cellulis magnis, hyalinis, leptodermis ad angulos vix incrassatis, basin versus sensim duplo longioribus; foliis involucralibus duplo fere majoribus, quam caulina, ad medium fere longitudinis perianthio adnatis, saepe subemarginatis; perianthio conico-cylindraceo, dimidia parte superiore involucrum superante ibidemque profunde plicato, ore constricto (quadrifido?) et irregulariter dentato; capsulis parvis, longe petiolatis. — Tab. III. fig. 6, 7. — Fretum magellanicum, in sinu Tuesday-Bai, c. fr. (2. 2. 76).

Steht wegen der Verwachsung der Hüllblätter mit dem Kelche unserer J. obovata N. ab E. und J. hyalina Lyell nahe, unterscheidet sich aber durch die schief ovalen Blätter mit oft eingedrückter Spitze und durch das Zellnetz.

Cephalozia *scabrella* Massalongo, Epatiche della Terra del Fuoco in Nuovo Giorn. bot. XVII. (1885) p. 233 tab. XX. f. 19. — Jungermannia conspersa Gott. Mnsc. Jg. amphigastriis nullis, caulibus capillaribus rigidis parce ramosis et parce radiculosis, foliis distantibus erecto-patentibus quadrato-ovatis bifidis sinu laciniisque acutis, badiis, epidermide granulato pellucido, fructu in ramulo longiusculo terminali, perianthiis ovatibus decoloribus (junioribus adhuc in foliis involucralibus inclusis) plicatis ore denticulato-ciliato sublobato, dentibus 3 ad 4 cellulas longis, ciliis ad 6 cellulas eminentibus; foliis involucralibus pluribus imbricatis majoribus bifidis et in cellulis marginalibus sub lente fortiore (300 : 1) papillulis parvis (fere tribus in quave cellula) ornatis. Pistilla 10 in perianthio reperta. — Tab. III. fig. 1—3.

Caules capillares erecti inter alias Hepaticas adscendentes 15—25 mm longi fragiles, verrucis hemisphaericis creberrimis ut folia scabriusculi.

Fretum magellanicum, Tuesday-Bai, ster. et c. per. jun. (2. 2. 76).

Pigafettoa *crenulata* Massal. Epat. d. Terra del Fuoco in Nuovo Giorn. bot. XVII. (1885) p. 237 tab. XXI. f. 30, Bescherelle et Massal. Hep. du Cap Horn p. 228 n. 46. — Jungermannia coronata Gott. Mnsc. — J. amphigastriata (dioeca?), caule filiformi capilliformi laxo ad speciem 4 cellulas lato, repente radicellis sub amphigastriis oriundis singulis saepe in discum 4—5 lobum divisis, foliis distantis erecto-patentibus (basi 9 cellulas latis) bifidis, lobis ovato-lanceolatis incurvis (6 cellulas altis, basi 3—4—5 cellulas latis amphigastriis bifidis angustioribus, 6—7 cellulas longis, basi radicantibus; perianthio cylindrico-ovato, apice contracto laciniato, laciniis conniventibus; foliis involucralibus majoribus bifidis lobis longioribus cum dentibus lateralibus. — Tab. IV. fig. 10, 11.

Planta mascula spicam parvam e tribus vel quatuor paribus foliorum perigonialium majorum basi saccato-excavatorum apice bifidorum in medio ramo habet, unicum antheridium in gremio foventium. Plurimae plantae in foliis cellularum fines non monstrant; videtur tantum cellulae lumen coarctatum membranula cinctum, reliqua cellulae pars gelatinosa et cum gelatina proximarum cellularum confusa esse videtur; margo foliorum quasi margaritis gelatinosis ornatus est; rarissime plantas sanas vidi, inflorescentia mascula hucusque ignota erat.

Fretum magellanicum, in sinu Tuesday-Bai inter alias Hepaticas sparse repens, ♂ et c. perianthiis evolutis (2. 2. 76).

Lophocolea *bidentata* N. ab E. Hep. Eur. II. p. 327 n. 1, p. 325 n. 1, III. p. 568, IV. p. LIV. n. 1, Syn. Hep. p. 159 n. 15. — Jungermannia bid. L. Sp. pl. ed. 2 II. p. 1598 n. 5.

Diagnosis Synopseos Hepat emendanda est:

L. caule elongato parce ramoso, foliis ovato-triangularibus explanatis laxis pallidis vel nigricantibus sinu sublunato bidentatis dentibus subobliquis cuspidatis, vel inaequales uno cuspidato minore altero majore obtuse-rotundato, vel foliis subemarginatis laciniis rotundatis vel rarius integerrimis; amphigastriis folio multo minoribus liberis distantibus bipartitis laciniis profunde bifidis lineari-angustis integerrimis aut inciso dentatis, perianthio prolificatione mox laterali subsessili angulis ala nulla (vel rarissime alatis) ore laciniato-dentato, involucri foliis subconformibus vel latioribus acute bifidis subdentatis.

α. typica. — Forma e Kerguelen-Island simillima est nostris plantis; perianthium junius tantum visum nondum excultum sed amphigastrium et folia involucralia bene cum nostris exemplaribus hercynicis (Bodethal) et silesiacis (Kochelfall) congruunt, quae tantum duobus dentibus ornantur; in altero exemplari amphigastrium erat bidens cum dente laterali.

ζ. ventricosa nova var. — Perianthio utitur inflato.

η. varia nova var. — Folia caulina multa habet, quae uno dente tantum utuntur, lobus alter multo major obtuse rotundatus est.

Forma intermedia, partim folia caulina quadrata bidentata, partim folia apice retusa habens, etiam in Portu Palliser inter muscos initio Februarii 1875 a Dr. Naumann collecta est. Frustulum ♂, antheridia in foliis perigonialibus fovens, folium obtusum inter alia bidentata habebat.

ϑ. kerguelensis nova var. — Folia ovato-quadrata caulina apice retusa vel paullo profundius excavata et folia floralia et perichaetialia rotundiora cum laciniis et dentibus minoribus numquam cum forma nostra prima conjugeres, sed ne vestigium quidem perianthii inveniri potuit, plus quam 20 pistillidia in ima basi perichaetii aderant.

Forma extrema in serie varietatum Lophocoleae bidentatae, an ob formam peculiarem foliorum caulinium et perichaetialium pro specie habenda?

Var. α, ζ, η in ins. Kerguelen, Successful-harbour (mense Nov. et Dec. 1874), var. η etiam in Portu Palliser (mense Feb. 1875).

L. grandistipula nova sp. — L. laxe caespitans, minuta; caule subramoso ad 2 cm longo, parce radiculoso repente, dense folioso; foliis erecto-secundis, triangulariter ovalibus, apice sinu obtuso bidentatis, dentibus acutis; amphigastriis permagnis dimidium foliorum adaequantibus, a caule valde subreflexe-distantibus, concavis, inferioribus minoribus subcuneatis ad medium fere bifidis, lobis distantibus, anterioribus majoribus triangulariter ovatis, apice breviter bidentatis sinu obtuso. Fructificatio deest. — Tab. III. fig. 29—32. — Ins. Neu-Seeland, Auckland, in terra humida. ster. (8. 11. 75).

Ist der Loph. bidentata nahe verwandt, unterscheidet sich aber durch die viel geringere Grösse (kaum grösser als L. minor) und hauptsächlich durch die sehr grossen, im oberen Theile des Stengels den Stengelblättern ähnlich gestalteten Amphigastrien, die auf der dem Stengel zugewendeten Seite aufgetrieben sind und daher weit vom Stengel abstehen. An jüngeren Stengeln sind die Amphigastrien kleiner und tiefer getheilt. Die Blätter haben dieselbe Form wie bei L. bidentata, bestehen aber aus kaum halb so grossen, in den Ecken etwas stärker verdickten Zellen. Die obersten Stengelblätter waren an einigen Stämmchen grösser, breiter, fast kreisrund und am vorderen Rande mit einigen kurz cilienförmigen, entfernten Zähnen versehen.

L. fulvella (Hook. f. et Tayl.) Massalongo, Epat. della Terra del Fuoco in Nuovo Giorn. bot. XVII. 1885, p. 227. — Chiloscyphus fulvellus N. ab E. in Syn. Hep. p. 711, Bescherelle et Massal. Hep. du Cap Horn p. 25 n. 38. — Jungermannia fulvella Hook. f. et Tayl. Fl. antarct. P. II. p. 432 tab. 158 f. 1. — Fretum magellanicum, Punta-Arenas: in declivis et pascuis humidis, c. per. (7. 2. 76).

Planta quam maxime variabilis quoad habitum, denticulationem foliorum et formam amphigastriorum. Folia caulina remotiora minus dentata, saepe dente apicali unico, ramulina dense imbricata, conspicue dentata, dentibus irregularibus obtusiusculis. Amphigastria magna saepe dimidiam magnitudinem folior. adaequantia basi decurrentia, mox subintegerrima, mox apice sinu lunato bidentata vel 4-pluridentata. Fructificatio lateralis in ramulis brevibus, fol. involucr. majora dense (fere ciliato-) dentata. Amphig. versus perianth. sensim majora, amph. invol. magnum, fol. invol. magnitudine fere adaequans, integrum ciliato-dentatum. Perianthium longe exsertum triquetrum, ore aperto truncato ciliato dentatum.

L. ctenophylla nova sp. — L. minima, albicans, caespitosa; caule procumbente flaccido (radicellis aliis hepaticis accolis adhaerente), flexuoso intricato inordinate multiramosa, ramis propter folia concava et conniventia rotundo-filiformibus, foliis arcte imbricatis subverticalibus suborbiculatis concavis conniventibusque (decoloribus subpellucidis) toto margine rotundo subinflexo denticulis 14—20 (e duabus vel rarius tribus cellulis confectis) ornatis (excepta basi dorsali; — folia novella etiam interdum denticulis carent —), amphigastriis liberis ovatis apice bifidis lobis ovato-lanceolatis margine laterali unidentato (in basi saepius cum fasciculo radicellarum apice libero in patellam suctoriam confusarum); fructu plerumque terminali, rarius e ventre caulis oriente, perianthio triquetro, uni-trialato, 1,5—2 mm longo, ore et alis denticulis similibus ac in foliis ornatis; foliis involucralibus (1 mm longis et aeque latis) rotundioribus et margine dentibus numerosis (ad 40) armatis. Flos masculus hucusque latet. — Tab. III. fig. 25—28. — Fretum magellanicum, in sinu Tuesday-Bai c. per aliis Hepat. irrepens (2. 2. 76).

Steht der L. fulvella nahe, unterscheidet sich aber sofort durch die viel geringere Grösse, die bleiche Farbe (unter dem Mikroskop erscheint die Pflanze hyalin, durchscheinend farblos). Die dichte Zähnung der Blätter, besonders der Involucralblätter, die ebenso wie die Mündung des Perianthiums äusserst zierlich gefranst erscheinen, gehört zu den kleinsten und zartesten Arten der Gattung.

L. arenaria nova sp. — L. exigua, grisea vel albicans, vix caespitans, inter al. Hep. repens, radicans rhizoideis fasciculatis hyalinis apice saepe ramoso-appendiculatis; caule irregulariter ramoso, ramis densissime foliosis, foliis latis, concavis, basi angustata cauli adnatis irregulariter ad medium vel ultra 3—4-partitis, laciniis lacerato-dentatis, marginibus involutis, cellulis in media basi majoribus, hyalinis, circuitu parum incrassatis, interstitialibus nullis, amphigastriis foliis triplo minoribus plus minus profunde bipartitis et praeterea irregulariter dentatis, fructificatione laterali in ramulo brevi, foliis involucralibus caulinis similibus sed majoribus minus profunde incisis plerumque bifidis circumscriptione ovatis, amphig. invol. ovato permagno dentato, perianthio longe exserto trialato, ore subtrilabiato aperto dense lacerato vel potius spinoso-dentato, laciniis marginibus involutis. — Tab. III. fig. 20—24. — Fretum magellanicum, Punta Arenas, parce inter alias Hepaticas, c. perianthiis (7. 2. 76).

Habituell zwischen L. fulvella und ctenophylla stehend, ist diese ausgezeichnete Art durch die Lappung und Zahnung der Blätter, die mit schmaler Basis dem Stengel quer inserirt sind, mit keiner anderen Art der Gattung zu verwechseln. Die Blätter erinnern fast mehr an die von Ptilidium als an die einer Lophocolea.

L. striatella (Massal.) nobis. — Chilosc. striatellus Massal. Epat. Terra del Fuoco in Nuovo Giorn. XVII. p. 232 n. 51 tab. XIX. fig. XVIII.; Besch. et Mass. Hep. du Cap Horn p. 220 n. 28. — L. grandistipula Gott. Mnsc. — Fretum magellanicum, Tuesday-Bai, Metzgeriae frontipili Lindb. irrepens aliisque Hepaticis intricata. c. per. jun. (2. 2. 76).

Massalongo kannte von dieser Pflanze die Fructific. nicht und stellte sie zu Chilosc. Uns liegen junge Per. vor, nach deren Form kaum ein Zweifel ist, dass sie zu Loph. gehört. Der Beschreibung Massalongos ist also noch beizufügen: Per. in ramis ventralibus brevibus vel longioribus. Folia involucralia utroque margine unidentata, dentibus apicis multo longioribus eorumque sinu intermedio a foliis caulinis diversa. Perianthium jun. obconico-triquetrum ore latiore trilabiato, labiis laciniato-dentatis laciniis mediis angustis praelongis (serie unica 8—14 cellularum longe acuminatis) adjectis utrinque 3—4 dentibus, ala nulla. — Tab. III. fig. 8, 9.

Loph. striatella dürfte mit L. arenaria, die übrigens durch die Grösse und durch andere Merkmale auf den ersten Blick verschieden ist, eine eigene Gruppe der Gattung Lophocolea bilden.

L. Puccioana (De Not. reform.) Massalongo Epat. della Terra del Fuoco in Nuovo Giorn. bot. XVII. p. 227 n. 43 tab. XVII. f. 14. — Jungermannia? Puccioana De Not. Pugillus Jung. Americ. in Mem. Acc. Tor. ser. II. vol. 16 p. 221 ic. 9. — Jungermannia humilis Tayl. et Hook. f. ? ex p. Fl. Ant. P. II. p. 434, Syn. Hep. p. 672.

var. *suspecta* Massal. l. c. — Fretum magellanicum, Tuesday-Bai, ster. (2. 2. 76).

var. *primigenia* Massal. l. c. — Fretum magellanicum, Tuesday-Bai, frustulum unicum, ster. (2. 2. 76).

L. obvolutaeformis (De Not.) Massal. Epat. della Terra del Fuoco in Nuovo Giorn. bot. XVII. p. 223 n. 36, Besch. et Massal. Hep. du Cap Horn p. 226 n. 43. — Jungermannia obvolutaeformis De Not. Pug. Jung. Amer. in Mem. Acc. Tor. ser. II. vol. 16 p. 220 ic. 8. — Fretum magellanicum, Tuesday-Bai, parcissime inter alias Hepaticas c. per. (2. 2. 76).

Unsere Pflanzen entsprechen ganz denen, die Lechler in der York-Bai (Magellan-Strasse) sammelte. Die Exemplare von den Falkland-Inseln zeigen eine stärkere Kräuselung und grössere Lappen des Dorsalrandes. Ueber Jung. obvolutaeformis De Not. vgl. Bescherelle et Massal. l. c.

L. magellanica nova sp. — Differt a L. otyphylla Besch. et Massal. Hep. du Cap Horn 1889 p. 222 n. 34 quoad foliorum amphigastriorumque formam simillima statura graciliore, colore dilutiore, cellulis multo minoribus incrassatis fere guttulatis. Perianthium terminale vel ob innovationem sub eo prodeunte pseudolaterale, triquetrum, juniore ab utroque latere ventrem versus inflexo, ala nulla ore rotundato-truncato integerrimo. Folia involucralia et amphig. invol. magna ovato rotundata integerrima. — Tab. IV. fig. 22, 23. — Fretum magellanicum, Tuesday-Bai, paucae stirpes aliis Hepaticis arctius intertextae c. per. (2. 2. 76).

L. otyphylla ist schwarzbraun, robuster, die Blattzellen sind doppelt so gross nur in den Ecken dreieckig verdickt, die Randzellen sind viel grösser (etwa doppelt so gross) als die der Blattmitte; übrigens ist die Form der Blätter und der Amphigastrien ganz ähnlich wie bei unserer L. magellanica. Von L. otyphylla = Chiloscyphus notophylloides konnte ich Originalexemplare MASSALONGO's vergleichen.

***Chiloscyphus** fissistipus* Tayl. in Syn. Hep. p. 175. — Jungermannia (Chilosc.) fissistipa Tayl. in Lond. Journ. of bot. 1844 p. 384 n. 37. — Chilosc. spinosus Gott. Ic. Hep. ined. — Jungermannia Billardieri β. Lndnb. in Herb. Nees.

β. *magellanicus* var. nov. = Chil. fissistipoides Gott. Ic. Hep. ined. — Chil. fissistipus Massal. Epatiche della Terra del Fuoco in Nuovo Giorn. bot. XVII. 1885 p. 229 tab. XVIII. f. 16. — Differt a forma normali amphigastriis ovatis nec „transversalibus, reniformibus". Planta mascula adhuc nondum descripta spicas ♂ profert parvas laterales, ovatas e tribus foliorum perigonialium concavorum ventricosorum integerrimorum paribus conflatas, antheridium unicum in quovis folio perigoniali foventes. — Tab. II. fig. 18. — Fretum magellanicum, Tuesday-Bai, sterilis, c. per. et ♂ (2. 2. 76).

***Ch.** argutus* N. ab E. in Syn. Hep. p. 183. — Jungermannia arguta N. ab E. R. et Bl. Hep. Jav. p. 206 n. 14; Spr. S. Veg. IV. 1 p. 224 n. 85; N. ab E. Hep. Jav. p. 22 n. 21; Endl. Prod. Fl. Norfolk. p. 4 n. 12. — Ins. Neu-Guinea, Segaar-Bai in Mac Cluer-Bai, in silvis montanis ad arbores, c. flor. ♀ (17. 6. 75). — Ins. Neu-Hannover, in litore australi, in valle silvatica (24. 7. 75) (forma normalis).

***Ch.** coalitus* N. ab E. in Syn. Hep. p. 180 n. 16. — Jungermannia coalita Hook. musc. exot. p. 23 n. 17 tab. 123. — Tayl. in Lond. Journ. of bot. 1844 p. 384 n. 34 et p. 580 n. 13. — N. ab E. R. et Bl. Hep. Jav. p. 205 n. 12. — N. ab E. Hep. Jav. p. 23 n. 23. — Spr. Syst. Veg. IV. I. p. 223 n. 68. — Hook. Crypt. antarct. p. 45 n. 40. — Raoul Fl. Nov. Zeelandiae p. 36. — In Amboina insula, sterilis inter alias Hepaticas (7. 6. 75).

***Ch.** Endlicherianus* N. ab E. in Syn. Hep. p. 184 n. 22. — Jungermannia Endlicheriana N. ab E. in Endl. Prodr. Fl. Norfolk. p. 4 n. 13. — Ins. Vitienses, Viti-Levu, ad Revam superiorem, sterilis (30. 11. 75).

β. *ambiguus* nova var. — Chilosc. ambiguus Gott. Ic. Hep. ined. — Foliis caulinis apice contracto-retusis, vel saepius sublunato-bidentatis, dentibus brevibus, rarius tridentatis. Perianthium cyathiforme laeve vel hic illic lacinia accessoria parva extus adnata, ore longe lacinioso-dentatum, folia involucralia integerrima bidentata. — Tab. IV. fig. 16. — Fretum magellanicum, Tuesday-Bai, frustulum unicum c. perianth. (2. 2. 76).

Durch die Blattspitze und die viel gröbere, aus schmalen Lacinien bestehende Zähnung des Perianthiums unterscheidet sich diese Var. von der Normalform, der sie am nächsten steht. Könnte noch am ehesten als eigene Art aufgefasst werden.

γ. *novo-guineensis* nova var. — Chilosc. novo-guineensis Gott. Ic. Hep. ined. — Differt tantum a forma normali perianthio lacerato-fisso, grosse lacerato-dentato, amphigastrio et foliis involucralibus eodemque modo dentatis ac perianthium. — Tab. IV. fig. 3, 4. — Ins. Novo-Guinea, Mac Cluer-Bai in parte interiore ad arbores in silva montana; c. per. jun. (18. 6. 75).

Unsere Pflanze stimmt mit der Normalform im sterilen Zustande vollkommen überein. Auch hier besitzen die Blätter gar keine oder nur 1—2 sehr kurze Zähne; doch ist bei letzterer (nach einem Original HOOKERS von der Norfolk-Insel) das Per. tief dreitheilig; die Lappen sind unregelmässig wimperig gezähnt, ebenso besitzen die Perichaetialblätter nur wenige lange Zähne; das Amphigastrium involucrale ist oval, zweispaltig mit zwei langen Zähnen, sonst glatt oder am Rande mit 1—2 sehr kleinen Hervorragungen.

δ. amboinensis nova var. — Chilosc. amboinensis et caledonicus Gott. Ic. Hep. ined. α var. γ. differt foliis caulinis apice magis dentatis, dentibus 3—4. Amphig. aut lunulato bifidis parvis, aut majoribus lateribus pluridentatis apice profundius bidentatis, foliis et amphigastriis involucralibus quam maxime laceratis. — Tab. IV. fig. 7—9. — In Amboina insula, in parte boreali, ster. et c. flor. ♀ (7. 6. 75).

Hierher gehört sicher Ch. caledonicus Gott. Ic. Hep. ined. aus Neu-Caledonien n. 191. Deplanche (Herb. Lenormand); er unterscheidet sich höchstens durch etwas grössere mehr gezähnte Amphigastrien.

Chilosc. Endlicherianus variirt ungemein in der Zähnung der Blätter (wie der nächstverwandte Ch. argutus) und besonders in der Form und Zähnung der Involucralblätter und Perianthien; nichtsdestoweniger stimmen alle die angeführten Formen im Habitus, in der Textur der Blätter etc. so sehr überein und bilden eine so kontinuirliche Reihe, dass wir sie nicht als eigene Arten auffassen können.

Die geographische Verbreitung ist, soviel nun bekannt, folgende: Norfolk-Inseln, Neu-Caledonien, Fidji-Inseln, Neu-Guinea, Amboina, Magellan-Strasse.

***Ch.** pallide-virens* Tayl. in Syn. Hep. p. 178; Massalongo, Epat. della Terra del Fuoco in Nuovo Giorn. bot. XVII. 1885 p. 232 n. 12. — Jungermannia pallide-virens Hook. f. et Tayl. Fl. antarct. P. II. p. 439 tab. 159 f. 9. — Fretum magellanicum, in sinu Tuesday-Bai, sterilis (2. 2. 76).

Nähert sich der Formengruppe des Ch. Endlicherianus, mit dem das Zellnetz und die Amphigastrien, welche zumeist mit beiden Seiten mit den Blättern verwachsen und breiter als der Stengel sind, übereinstimmt. Die Blattform ist aber verschieden, die Zähnung der Blätter fehlt fast ganz, selten kommt ein einziger rudimentärer Zahn an der Spitze vor oder sie sind stumpf gestutzt, ausgerandet bis abgerundet und ganzrandig. Auch ist die Pflanze grösser als Chil. Endlicherianus und dessen Varietäten. Exemplare von SPEGAZZINI in Staten-Island gesammelt stimmen mit unseren völlig überein.

***Ch.** grandifolius* Tayl. in Syn. Hep. p. 185 n. 24; Massal. Epat. della Terra del Fuoco in Nuovo Giorn. bot. XVII. 1885 p. 231 n. 48. — Jungermannia grandifolia Hook. f. et Tayl. Fl. antarct. P. II. p. 440 tab. 159 f. 8. — Leioscyphus magellanicus Gott. Ic. Hep. ined. (false). — Tab. III. fig. 13, 14. — Fretum magellanicum, in sinu Tuesday-Bai, sterilis et unicum surculum c. perianthio (2. 2. 76).

MASSALONGO, der l. c. sehr gute Bemerkungen über diese Pflanze macht, macht darauf aufmerksam, dass das Perianth. hier und bei Ch. pallide-virens anders gebildet ist als bei den anderen Chilosc. Arten: es ist oben flachgedrückt und fast zweilippig, daselbst an der Mündung lang wimperig-gezähnt, auch sind die Perichaetialblätter grösser als die Stengelblätter, und der Fruchtast ist länger als bei anderen Arten. Daher möchte MASSALONGO die beiden Arten zu einer eigenen Sect. der Gattung Chiloscyphus erheben. — Wenn das Per. endständig wäre, müssten die Pflanzen entschieden zu Leioscyphus gerechnet werden, mit denen sie im Bau des Per. und durch andere Merkmale vollkommen übereinstimmen. Exemplare von SAVATIER gesammelt, die mir Herr MASSALONGO sandte, sind mit unseren übereinstimmend.

***Ch.** retroversus* nova sp. — Ch. caule procumbente (60 mm longo et cum foliis explanatis 4 mm lato) simplice vel paucos novellos edente, foliis contiguis (vel in ramulis distantibus) ovato-rotundis brunneis patentissimis integerrimis, in dorsum decurrentibus, amphigastriis majoribus caulem latitudine superantia quadrato-oblongis, altero latere cum folio subjecto angustissima lamina connatis, apice quadrispinosis, utroque latere disci uni-vel bispinosis, basi radicellis ornatis. Cellulae communes magnae, rotundo-quinquangulares et sexangulares, parietibus primariis in angulis triangula minima cum proximis parietibus efficientibus. — Tab. III. fig. 17—19.

Plantam masculam vidimus. In medio ramo deprehendimus 5 paria foliorum perigonialium, quae caulinis conformia basi dorsali saccato erant, non aliter ac in nostro Chiloscypho polyantho et in Ch. dorsilobo Brasiliae, in Synopsi Hepaticar. ubi haec res pag. 186 fusius descripta est. Reliqua desiderantur.

Ad insulae Kerguelen portum „Successful harbour" (11. 74) sterilis a Dre Naumanno collectus est; nonnulla frustula sterilia inter muscos frondosos e portu Palliser apportata sunt (2. 75).

Leioscyphus surrepens (Tayl.) Bescherelle et Massalongo, Hepaticae du Cap Horn, p. 218 (1889). — Jungermannia surrepens Taylor, Hep. antarct. in Lond. Journ. of bot. 1844 p. 475 n. 46; Hook. f. et Tayl. Fl. antarct. P. II. p. 440 tab. 160 f. 1. — Chiloscyphus surrepens Tayl. in Syn. Hep. p. 179 n. 13; Massal. Epat. della Terra del Fuoco in Nuovo Giorn. bot. XVII. 1885 p. 231 n. 47. — Plt. Dioica, fusca partes juniores pallide flavo-virides. Caulis repens ad 4 cm longus, 2 mm latus subsimplex vel parce ramosus, parce radiculosus, dense et aequaliter foliosus. Folia distiche explanata, opposita, orbiculari-reniformia, integerrima, convexiuscula, margine anteriore aliquantum in latus ventrale, posteriore sursum converso, dorso haud decurrentia sed rotundata, tam exacte coëunt, ut difficile dictu sit, utrum revera sint connata nec ne, vel ut plurimum in surculis junioribus revera limbo cellularum angusto connata, ventre amphigastriis conjuncta, cellulis effecta rotundatis, incrassationibus triangularibus magnis 5—6 regulariter circumdatis. Amphigastria parva caulem latitudine haud superantia, oblonga bifida, laciniis productis valde approximatis subulatis, basi foliorum marginibus ventralibus connata ibidemque radicellarum fasciculos proferentes. Perianthium terminale, sed ob innovationem saepe sub flore ♀ proveniente et caulem magnitudine adaequante, ventrale videtur. Folia involucralia bina suberecta forma caulinium sed majora. Perianthium subcurvatum, involucrum dimidio longitudinis superans, compressum vel compresso-triquetrum, ore haud angustatum, truncatum irregulariter repando-dentatum hic illic incisura profundiore. — Plantam ♂ non vidimus. — Tab. IV. fig. 20, 21. — Fretum magellanicum, Tuesday-Bai, ster. et planta unica c. per. (2. 2. 76).

Wir haben nochmals eine ausführliche Beschreibung dieser Pflanze gegeben, da die früheren nicht deutlich genug sind. Schon Massalongo führt an: „colesula trigona (vel compresso-applanata fere ut in Leioscypho)". Es kann nach der Form der Colesula, sowie nach der terminalen Stellung derselben kein Zweifel sein, dass die Pflanze zu Leioscyphus gehört, obwohl sie sich in einigen Punkten noch den Chyloscyphen nähert. Verwandt ist sie mit Lei. chiloscyphoides, von dem sie sich aber durch die Blattform und die bei L. chiloscyphoides abwechselnde Stellung der Blätter, die weder auf der Dorsalseite mit einander, noch auf der Ventralseite mit den Amphigastrien verwachsen sind, die kleineren, in den Ecken viel stärker verdickten Blattzellen, sowie durch die Form der Amphigastrien auch im sterilen Zustande deutlich unterscheidet.

L. fuegiensis Bescherelle et Massal. in Bull. de la Soc. linn. de Paris 1886 n. 10. — Leios. repens? β. fuegiensis Massal. Epat. della Terra del Fuoco in Nuovo Giorn. bot. XVII. 1885 p. 212 n. 17 bis. tab. XXVIII. f. 37. — Plagiochila fuegiensis C. Massal. in Besch. et Massal. Hep. du Cap Horn 1889 p. 210 n. 9. — Jungermannia lophocoloides Gott. Ic. Hep. ined. — Tab. III. fig. 15, 16. — Fretum magellanicum, Tuesday-Bai inter alias Hepaticas, sterilis et c. perianthiis (2. 2. 76).

L. pallens Mitten in Journ. Linn. Soc. XV. p. 68. — Mitten in Transit of Venus-Exped. 1874—75 Bot. p. 32 tab. III. fig. VI. — Jungermannia? fausta Gott. Mns. et Ic. Hep. ined. — Leioscyphus caule erecto parce radiculoso, versus apicem pauciramoso brunneo; foliis integerrimis imbricatis interdum orbiculatis vel ovato-rotundis concaviusculis cauli appressis alternantibus flavobrunneis, e cellulis rotundo-hexagonalibus satis inaequalibus in apicibus incrassatis conflatis; amphigastriis majoribus prominentibus, basi dimidio caulis latitudine, longe bifidis laciniis curvatis, apice longe subulato interdum e 16 cellulis uniseriatis confecto, dein binis, ternis, quaternis, vel pluribus sequentibus, basi at 16 cellulas latis, longitudine in nonnullis ad 30 cellulas monstrantibus; cetera desunt. — Tab. III. fig. 4, 5.

Plantae 30—40 mm longae; folia 1 mm longa et fere aeque lata.

Geocalyceae.

Gymnanthe *unguiculata* Mitten in Hookers Antarctic Voy. II. 2 p. 144 n. 5 tab. 99 fig. 6. — Jungermannia unguic. Hook. jun. et Tayl. in Lond. Journ. of bot. 1846 p. 279 n. 18; Syn. Hep. p. 676 n. 48d. — Podanthe (Tayl.) unguiculata Gottsche in Abhand. d. naturw. Vereins in Hamburg Bd. VII. p. 55, 56. — Australia bor.-orientalis, Moreton-Bai, Peel-Insel in humo arenoso. Cum inflorescentiis fem. evolutis et ♂ (16. 10. 75).

Marsupidium *crystallinum* Massal. in Bescherelle et Massal. Hep. du Cap Horn 1889 p. 229. — Gymnanthe crystallina Massal. Epat. della Terra del Fuoco in Nuovo Giorn. bot. XVII. 1885 p. 238 tab. XXII. f. 24. — Marsupidium excisum Mitt. in Journ. Linn. Soc. XV. p. 69; Mitten, in On Account of the Bot. Coll. mad. in Kerguelen's Land during the Transit of Venus-Expedition; Mitten in Philos. Trans. vol. 168 p. 36. — Jungermannia verruculosa Gottsche Ic. Hep. ined. — Fretum magellanicum, Tuesday-Bai inter Sendtueram chilensem. c. flor. ♂ et ♀ sed sacculis fructiferis nondum evolutis (2. 2. 76). — Punta Arenas (7. 2. 76).

Flores ♂ Clariss. Massalongo haud notae erant. Planta est dioica, antheridia in angulis foliorum basi saccatorum apice minus vel non incisorum singula vel bina magna breviter petiolata. Inflorescentia ♂ versus apicem caulium normalium; suprema folia spicae ♂ saepissime normaliter convoluta sunt.

Tylimanthus *viridis* Mitten in Journ. Linn. Soc. XV. p. 197. — Transit of the Venus Expedition 1874—75 Bot. p. 36 Tab. III. f. X. — Jungermannia kerguelensis Gott. Ic. Hep. ined. et Mns. — T. amphigastriis nullis, in denso caespite crescens, caulibus (10—15 mm longis) parce radiculosis, subramosis et flagellis (10 mm longis) foliatis et radicellosis ornatis; foliis ovato-quadratis, obliquis, patentibus, dissitis, bilobis, margine ventrali arcuato adscendente repando in apiculum lobi majoris transeunte, margine dorsali minus arcuato in apicem lobi minoris transeunte, incisuram semper variam inter se reliquentibus. — Tab. IV. fig. 1, 2.

Flagella primo foliolis parvis squamiformibus et radicellis vestitis, demum interdum in ramos perfectos bene foliatos accrescunt.

Folia caulina 0,5 mm lata, 0,75 mm longa; folia involucralia majora 1 mm longa, 0,9 mm lata, ovato-oblonga, minorem incisuram habent.

Cellulae foliorum quinque-sexangulares, nihil novi monstrant; membrana primaria in cellularum angulis non, vel rarissime incrassata.

Reliqua desunt. — In insula Kerguelen mense Novembri 1874.

Lepidozieae.

Mastigobryum *peruvianum* N. ab E. in Syn. Hep. 220 n. 19. — Lndbg. et Gott. Spec. Hep. (Mastig.) No. 18 p. 25 tab. VI.

β. minimum nova var. — Quoad formam foliorum et amphigastriorum eorumque fabrica omnino congruit cum M. peruviano sed differt minutie (caulis 1—2,5 cm longus) et amphigastriis angustioribus caule sape vix latioribus. Etiam simile M. Lechleri Stephani in Hedwigia 1886 p. 134 n. 20 c. ic. sed differens amphigastriis basi foliis adnatis. An revera species? — Tab. IV. fig. 17, 18. — Fretum magellanicum, Tuesday-Bai (2. 2. 76).

Mit einem Exemplare von M. peruvianum aus Chile (lgt. Lechler), welches ich der Güte des Herrn Stephani verdanke, stimmt unsere Pflanze ganz überein, nur ist sie 2—3 Mal kleiner. Mast. trilobatum variirt noch bedeutender in der Grösse.

M. *inaequilaterum* L. et Lndbg. in Syn. Hep. p. 218 n. 11. — Lndbg. et Gottsche Spec. Hep. (Mastigob.) No. 11 p. 14 tab. IV. — Jungermannia inaequilatera L. et Lndbg. in Lehm. Pugillus Pl. VI. p. 56 n. 29 excl. var. *β.* — Jung. dirhyncha Tayl. in sched. ex p. — Ins. Neu-Guinea, Galewostrasse in arundineto (Dschungel) insulae cujusdam ad arbores (23. 6. 75) ster. — Mac Cluer-Bai, pars interior in silva montana ad arbores (18. 6. 75) ster.

M. divaricatum N. ab E. in Syn. Hep. p. 219 n. 16. — Lndbg. et Gott. Spec. Hep. (Mastigob.) No. 14 p. 19 tab. IV. — Jungermannia divaricata N. ab E. Hep. Javan. p. 60 n. 79. — Fretum magellanicum, Tuesday-Bai (2. 2. 76) ster. rarissime.

Lepidozia laevifolia (Tayl.) Syn. Hep. p. 208 n. 23. — Lndbg. et Gott. Spec. Hep. Fasc. IV. p. 47 tab. VII. — Jungermannia laevifolia Taylor in Lond. Journ. of bot. 1844 p. 385 n. 38. — In insula Neu-Seeland, Auckland (8. 11. 75) ster.

L. quadrifida Ldbg. in Syn. Hep. p. 203 n. 9. — Lndbg. et Gott. Spec. Hep. Fasc. VI. p. 23 tab. IV. — Jungermannia quadrifida Kunze Mns. — Ins. Kerguelen (11. 74) ster.

L. oligophilla Lndbg. in Syn. Hep. p. 201 n. 1 et in Lndbg. et Gott. Spec. Hep. Fasc. VI. p. 18 tab. 1 (Perianth. perfectum incognitum!). — Jungermannia oligophylla Ludbg. in Lehm. Pug. pl. VI. p. 26; Taylor in Hep. antarct. in Lond. Journ. of bot. 1844 p. 475 n. 48 — Fretum magellanicum, Tuesday-Bai (2. 2. 76) copiose et cum per. evolutis.

Rami fructificantes ♀ in ventre caulis pone amphigastrium exsurgunt et 3—4 paribus foliorum floralium ornati sunt. Folium involucrale ovale, apice quadri-6-dentatum, fere 1,5 mm longum; folium subinvolucrale fere 1 mm longum est. Perianthium subcurvatum cylindricum, apice subtriquetrum, ore subcontracto denticulis parvis ad instar foliorum involucralium armato spectabilem longitudinem 5 mm; latitudinem in medio 1 mm monstrat.

L. saddlensis Bescherelle et Massal. Hep. du Cap Horn (1889) p. 232 n. 56 tab. 3 f. XIV. — L. magellanica Gott. Msc. — Tab. IV. fig. 5, 6. — Fretum magellanicum, Tuesday-Bai, parcissime inter al. Hepat. c. per. (2. 2. 76).

Ptilidiaceae.

Polyotus Menziesii Gottsche in Syn. Hep. p. 247 No. 5. — Massal. Epat. della Terra del Fuoco p. 250. Bescherelle et Massal. Hep. du Cap Horn p. 39. — Jungermannia Menziesii Hook. fl. antarct. P. II. p. 443. — Hook. Musc. exot. t. 118. — Lepidolaena Menziesii Dmrt. — Fretum magellanicum, Tuesday-Bai (2. 2. 76) sterilis.

P. magellanicus Gott. in Syn. Hep. p. 248. — Hook. f. Fl. Tasman. II. p. 234 et Fl. New-Zeal. II. p. 152; Ejusd. Handbook of New-Zeal. p. 529; Massalongo, Epat. della Terra del Fuoco in Nuov. Giorn. bot. XVII. 1885 p. 251 n. 86; Besch. et Massal. Hep. du Cap Horn p. 239 n. 71. — Jungermannia magellanica Lam. Enc. Bot. III. p. 284; Schwaegr. Prod. p. 14 t. 1; Weber, Prod. p. 120 n. 6; Hook. musc. exot. tab. 115; Spreng. Syst. Veg. IV. 1 p. 218 n. 16; Tayl. Hepat. antarct. in Lond. Journ. of bot. 1844 p. 393 n. 56 et p. 476 n. 52. — Jung. elegans Richard Mns. — Jung. diversifolia Tayl. in Herb. Greville. — Gackströmia magellanica Trevis. Nuova class. Ep. p. 15; Hook. Crypt. antarct. p. 50 n. 63. — Fretum magellanicum, in sinu Tuesday-Bai (2. 2. 76) pauca frustula sterilia.

Trichocolea tomentosa (Sw.) Gottsche in Rabenh. Hep. Eur. exs. n. 272; Massal. Epat. della Terra del Fuoco in Nuov. Giorn. bot. XVII. 1885 p. 250 n. 84; Gott. Mex. Leverm. p. 119 et Hep. Novo-Granat. p. 38. — Trichocolea Tomentella β tomentosa Syn. Hep. p. 237. — Jungermannia tomentosa Sw. in Angström, Mossor färn Magelhaens Sund in Vetensk. Acad. Forh. Stockh. 1872 n. 4 p. 12. — Basichiton tomentosum Trevis. in Mem. R. Ist. Lomb. sc. mat. e. natur. ser. III. vol. IV. p. 394; Bescher. et Massal. Hep. du Cap Horn p. 238 n. 69. — Fretum magellanicum, Tuesday-Bai et al. locis (2. 2. 76) c. fr.

Sendtnera chilensis De Not. in Pugillus Jung. Amer. Mem. Acc. To. ser. II. tom. 16 p. 228 ic. 14. — Herbertia chilensis Trevis. Nuov. Class. Ep. p. 15. — Schisma chilense Massal. Epat. della Terra del Fuoco in Nuovo Giornale Bot. XVII. 1888 p. 251 Tab. XXV. fig. 31. —

Fretum magellanicum, Tuesday-Bai (2. 2. 76). Declivia montium humida, saxosa obtegens et colore sua rubro-ferruginea tingens, una cum herbis alpinis, ster.

S. ochroleuca N. ab E. in Syn. Hep. p. 240 n. 5. — Jungermannia ochroleuca Spr. S. Veg. IV. 2 p. 325 n. 210. — Jung. hirsuta N. ab E. in Sched. — Taylor Hep. antarct. in London Journ. of bot. 1844 p. 389 n. 50 et p. 475 n. 49. — Fretum magellanicum, Tuesday-Bai (2. 2. 76). Cum aliis Muscis et Hepaticis umbrosas silvas Fagi betuloidis ornans, copiosissime et parce c. flor. ♀.

S. filiformis nova sp. — S. caule erecto nudo, foliis distantibus semiverticalibus ultra medium quadrifidis, laciniis divaricatis erectis, basi e tribus vel quatuor cellulis conflatis cum dentibus lateralibus, deinde angustatis et e binis cellulis exstructis additisque dentibus lateralibus obliquis et denique in seriem 5—6 cellularum attenuatarum terminatis (ultima cellula granuloso-punctata acuminata fusca); disco foliorum 3—5 series lato, ad basin laciniarum in facie externa utrinque calcaribus validis reflexis e 3–4 cellulis compositis ornato et saepius hic inde aculeis vel verruculis ornato, amphigastriis foliis minoribus, sed aeque laciniatis et dentatis et ad basin lacinularum calcaribus utrinque in facie externa armatis, in basi radicellis apice disco digitato saepe ornatis; perianthio et foliis involucralibus ignotis; foliis perigonialibus in medio ramo, interruptis, paucis, ventricoso-inflatis, lacinulis marginalibus brevius dentatis et conniventibus, antheridium unicum laceratum continentibus. — Tab. IV. fig. 19. — In Insula Kerguelen „Irische Bai, Altes Gletscherthal" sterilem et ♂ inter majorem formam Plagiochil. kerguelens. repens (15. 1. 75).

Nach den Beschreibungen zu schliessen, ist unsere Pflanze identisch mit Jungermannia polyacantha Taylor in Lond. Journ. of bot. 1844 p. 390 n. 52 = Trichocolea polyacantha Syn. Hep. p. 238 und wahrscheinlich auch mit Jungermannia quadripartita (Teinnoma quad.) Hook. Musc. exot. t. 117. Von Leperoma quadrilaciniata aus Staten-Island (lgt. Spegazzini) ist unsere Pflanze weit verschieden.

Platyphylleae.

***Madotheca** acutifolia* L. et Ldbg. in Lehm. novar. et minus cogn. stirp. Pug. VII. 1838 p. 8 n. 1. — Synop. Hep. p. 266 n. 6. — Sande Lacoste Synop. Hep. Jav. p. 53 n. 140. — Mitten in Journ. of the Proc. of Linn. Soc. Vol. V. p. 108 n. 136. — Fretum magellanicum, Tuesday Bai; pauca frustula sterilia (2. 2. 76). — Specimina nostra omnino congruunt cum exsiccatio cli. Wight: Hep. e Madras et in Penins. Indiae or. n. 9 et 38 Herbarii Neesiani, tali modo congruunt exemplaria ex insula Java propre Ledé in Salak a cl. Teysmann lecta sed Madotheca acutifolia clari Mitten e Mont. Khasian n. 1573 in collectione Hookeriana aliquantum differre videtur. — Species e freto magellanico adhuc nondum nota erat.

M. foetens De Not. Pugillus Jung. Americ. in Mem. Acc. Tor. ser. II. tom. 16 p. 231 ic. 17. — Porella foetens Trevis. Schem. nuov. class. Epat. p. 25; Massalongo Epatiche della Terra del Fuoco in Nuovo Giorn. bot. XVII. 1885 p. 243 n. 71; Bescherelle et Massalongo, Hep. du Cap Horn (Mission scientif. du Cap Horn 1882—83 Tom. V.) p. 233 n. 59. — M. caule inordinate furcato-pinnatim ramoso, ramis arhizis, foliis arcte imbricatis integerrimis flavis et olivaceis, lobo superiore oblique obovato-rotundo, convexo apice paullisper inflexo et inferiore margine sinum interdum infractum faciente in acuminatam basin terminato, basi dorsali super caulem extensis lobulo ventrali subquadrato-rotundo duplo vel triplo minore laterali, margine superiore anguste reflexo amphigastrium a latere semitegente et sub ejus prominentia inflata in caule affixa et decurrente, amphigastriis imbricatis lobulis subaequimagnis ovato-rotundis adpressis margine undique revolutis et medio globulosa prominentia notatis; fructu in ramo parvo laterali, perianthio oviformi basi ventricoso apice compresso ut margines perianthii sibi impositi videantur in facie ventrali, ore denticulato (in labiis conniventibus parvi dentes [e 2—3 cellulis uniseriatis angustis conflati] fere 20 numerantur); in longitudine perianthio carina dorsalis visa est. Folia perichaetialia angustiora lobulis triangularibus apice lanceolato-denticulatis; amphigastrium apice reflexum. Cellulae fol. subrotundo-polygonae angulis valde incrassatae, interstitiis trigonis conspicuis. — Tab. V. Fig. 1—3. — Fretum magellanicum, Tuesdai Bai (2. 2. 76) c. perianth.

Archetypica ipsa clariss. De Notaris in ejusdem herbario et in herb. Gottscheano in Chile lecta cum speciminibus nostris optime congruunt, tali modo M. foetens (?) missa a cl. DR. KRAUSSE e Valdivia in Chile (Herb. Gottscheanum!). — Clari HAMPE Mad. Lechleri e Chile (Valdivia) et Mad. subquarrosa M. et N. ex insula Juan Fernandez legt. Bertero (Syn. Hep. p. 275 n. 24) alligata in herbario Gottscheano (et teste cl. Massalongo et Stephani) etiam huc accedunt. — Mad. partita Tayl. speciei nostrae affinis est; vide Massalongo l. c. in nota.

Radula multiflora nova sp. — Gott. Ic. Hep. ined. — Dioica, laete vel obscure viridis, stratificata in ramis fruticum et arborum saepe pendula e lobulorum medio saepe fasciculatim radiculosa, e majoribus. Caules rigidi 3—5 cm (rarius plus) longi cum foliis 2 mm lati, pinnatim ramosi, ramis iterum irregulariter pinnatis vel subdichotomis. Folia contigua vel imbricata saepissime explanata (rarius in ramis pendulis subsecunda) snbplana, e basi (lobulo) oblique adscendente $^1/_3$ vel plus longitudinis folii metiente distantia, semicordato-ovata, apice rotundata, basi dorsali rotundata caulem haud multum superantia, omnino integerrima. Lobulus magnus planus, rhomboideus, apex subrotundatus rhombi cauli approximatus (axis longior rhombi cum caule angulum acutissimum sistit), basis adeo cauli adnata est, ut lobuli pars basalis interna ad medium (rarius ultra) caulem tegat. Lobuli subcontigui, in ramis junioribus et apicem caulis versus contigui sunt. Areolatio illi Radulae complanatae simillima. Flores feminei terminales innovando laterales vel in ramis subdichotomiales, creberrimi, foliis involucralibus oblique patentibus caulinis simillimis, sed lobulo majore instructis, archegoniis 20 vel pluribus. Perianthia 3—3,5 mm longa, laevissima, subcompressa, longe cuneata. Spicae ♂ aut terminales in ramis aut intercalares (haud raro iteratae in eodem ramo) longitudine diversa, foliis perigonialibus 3—25 jugis, saccatis, lobo lobulum magnitudine parum superante, utroque rotundato, antheridiis 1(—2) magnis globosis fulvis. — Tab. IV. fig. 12, 13. — In insula Neu-Hannover ad litus occidentale, ad arborum et fruticum ramos copiose una cum Dendro-Lejeunia vittata cum perianthiis et ♂ (20. 7. 75). — Ins. Neu-Mecklenburg S. O. c. perianthiis (19. 8. 75).

Der zweihäusige Blüthenstand, die Form des Lobulus der rhombisch und so gestellt ist, dass die Längsaxe mit dem Stengel einen sehr kleinen Winkel bildet, während die eine Seite des Rhombus durch die angeheftete Basis des Lobulus gebildet wird und sehr schräg von der Mitte des Stengels nach abwärts verläuft und der obere gegen den Stengel zu gelegene freie Rand des Lobulus oft etwas aufgekrümmt erscheint, charakterisiren diese Art. Sie wird schon von Stephani in: Die Gattung Radula, Hedwigia 1884 p. 159 ohne Diagn. unter den neuen Arten erwähnt.

R. intempestiva nova sp. Gott. Ic. Hep. ined. — Dioica, Radulae flavifoliae proxima eique quoad magnitudinem, colorem, foliorum et lobuli formam similis, sed differt foliorum apice minore semper fere reflexo; lobulo basi multo magis inflato, quo fit, ut lobulus angustior appareat. Cellulae foliorum magis rotundatae, circacircum multo magis incrassatae et convexe subprominulae. — Spicae ♂ in ramulis terminales, perlongae, saepe ramificatae, foliis perigonialibus densissimis valde saccato-inflatis, 5—12 jugis, aequilobis. — Tab. V. fig. 6. — Fretum magellanicum, Tuesday-Bai, inter alias Hepaticas paucos tantum surculos invenimus ♂ et c. fl. ♀ (2. 2. 76).

Ist sicher specifisch von Rad. flavifolia verschieden und zeichnet sich von dieser auf den ersten Blick durch die fast immer eingebogene Blattspitze, das andere Zellnetz und den viel mehr und breiter aufgeblasenen Lobulus aus; in letzterer Hinsicht nähert sich diese Art unserer R. magellanica, die aber durch viel geringere Grösse und die ganz andere Blattform, sowie durch den Blüthenstand sofort zu unterscheiden ist. Die ganze Pflanze erreicht wohl nie mehr als 15 mm Länge und besitzt eine gelbgrüne Farbe, die an den unteren älteren Blättern in röthlichgelb übergeht.

R. crenulata nova sp. — Radulae ancipiti Sande Lac. (Syn. Hep. Javan. p. 52 tab. X.) maxime affinis, paulum major et robustior, foliorum et lobuli forma congruens; lobulus totus inflatus est ejusque apex versus folii paginam interiorem inflexus est, ut lobulus apice oblique truncatus appareat (vide l. c. fig. 4). Sed nostra species differt primo visu a R. ancipite foliis non longe ciliato-dentatis, sed irregulariter subrepandis tantum et toto ambitu irregulariter minutissime celluloso-crenulatis. Flores ♀ innovando-laterales; folia involucralia acuta exactius subdentata, lobulis latissimis rotundatis. Caetera adhuc ignota. — Tab. V. fig. 4, 5. — Insula Neu-Hannover, ad litus occidentale, cum R. multiflora (20. 7. 75).

Ist durch die spitzen und crenulirten Blätter von allen andern Arten zu unterscheiden und steht sicher der R. anceps sehr nahe.

R. magellanica nova sp. — Autoica, minuta in aliis Hepaticis repens, flavo-pallida. Caulis tenuis flexuosus, 1 cm raro excedens remote-pinnatus vel vage ramosus. Folia contigua vel subimbricata late et oblique cordiformia, apice rotundata omnino integerrima valde concava, lobulo magno ½—⅔ folii magnitudinem adaequante, ad apicem marginis ventralis adscendente apice angulato, basi valde inflato, margine libero impresse vel rarius involuto. Flores ♀ in ramis brevibus terminales. Folia involucralia complicato-biloba lobis aequalibus apice rotundatis, suberecta. Perianthium pro more magnum, 1,75—2 mm longum parte latissimo 0,5 mm latum obconico-compressum. Sub ipso flore ♀ in eodem ramulo sequuntur folia perigonialia 3—4 juga saccato-inflata aequiloba lobis rotundatis, monandra. Flos ♀ saepissime innovatione suffultus est. — Tab. IV. fig. 14, 15. — Fretum magellanicum, ad Tuesday-Bai, *Sendtnerae chilensi* irrepens.

Ist der Radula Helix Hook. nahe verwandt und habituell sehr ähnlich, unterscheidet sich aber sofort durch die Blattform, indem bei dieser der Lobulus nicht bis zur Spitze reicht und die Spitze ist etwas nach aussen gekrümmt, wodurch eine ganz andere Blattform entsteht. Die Blätter unserer Rad. magellanica sind in der Form auffallend denen der Micro-Lejeunien ähnlich. Ist mit Rad. physoloba zu vergleichen, von welcher ich bisher kein Exemplar bekommen konnte, die Beschreibung derselben ist so unklar, dass daraus nichts Sicheres zu entnehmen ist.

Jubuleae.

***Mastigo- (Thysano-) Lejeunia** convoluta* Spruce Hepat. Amazon. p. 106. — Thysananthus convolutus Gottsche Ic. Hepat. ined. — Lndbg. in Synop. Hep. p. 288 n. 2. — Jungermannia spathulistipa var. γ Nees ab E. Hep. Jav. p. 38.

var. *ornata* nova var. — Brunnea, subfastigiatim ramosa, rami ad 3 cm alti inferne foliis destituti, superne densissime foliosi, foliis subverticalibus, late ovatis, cymbiformi-concavis, margine supero incurvo subintegerrimo vel apicem versus subdenticulato, margine infero latius convoluto sensim fere in lobulum transiente, sub apice saepissime explanato ibidemque denticulato; lobulus parvus inflato-convolutus; Amphigastria imbricata obovato-cuneata, apice late-subtruncata ibidemque dentata, marginibus subintegerrimis plus minus revoluta; perianthia vix emersa pseudolateralia, obovata, apice rotundata et brevissime rostellata, triquetra sed parietibus plicatis, quo fit, ut forma triquetra haud tam clara sub microscopio appareat, ac in sectione perianthii transversali. Perianthia marginibus et carina densius cristis laciniato-dentatis vestita atque in ipsis faciebus ventrali et dorsali cristis pluribus irregularibus laciniato dentatis et lacinulis singulis interjectis ornata sunt. Folia perichaetialia caulinis majora et longiora biloba lobo ventrali ½ minore explanato dentato, dorsali subexplanato apicem versus dentato; totum folium a ventre visum quoad formam fere folium Scapaniae cujusdam in mentem revocat. Amphigastria involucralia majora valde revoluta et etiam marginibus dentata. — Ins. Novo-Guinea, ad sinum Segaar-Bai et Mac Cluer-Bai ad arbores (17. 6. 75), Galewo-Strasse in insula quadam, ad arbores in arundineto (Jungle) c. perianthiis et c. fruct. supermaturis (23. 6. 75).

Mastigo- (Thysano-) L. *amboinensis* nova spec. — Monoica! olivaceo-badia. Caules 3—4 cm longi, cum foliis explanatis 2—2,5 mm lati rigidi, inferne subfasciculati, dein remote pinnati, ramulis brevibus androecia gerentibus vel longioribus decurvis flagelliferis dense sed parve-foliosis, subtus foliis destituti, superne confertissime foliosi. Folia siccando cauli julaceo-convoluta, humectata horizontaliter disticho-patentia, explanata ovato-oblonga acuta sed in situ naturali propter involutionem marginis inferioris lingulato-falcata et apice late oblique truncata apparent. Margo dorsalis arcuatus explanatus vel paulum incurvus integerrimus vel apicem valde acutam vel apiculatam versus serrulatus. Apex folii acutus vel apiculatus; sub apice folium late oblique-truncatum apparet ibidemque inaequaliter spinuloso-dentatum est. Margo ventralis folii ad $^{2}/_{3}$ longitudinis margini dorsali subparallele et fere falcato involutus est. Lobulus folii parvus ovatus involutus apice rotundatus vel subacutus involutione marginis ventralis in folii situ naturali omnino obtectus. Amphigastria $^{1}/_{2}$ vel plus magnitudinis foliorum aequantia dense imbricata cauli incumbentia subobcordato-cuneata apice obtuse truncata vel emarginata marginibus lateralibus saepe reflexis exactius cuneata apparent apice et marginum parte anteriore spinuloso-dentata a basi ad medium gibboso-sulcata. Perianthia innovando pseudolateralia, secundo-seriata quasi ramulis brevissimis insidentia exserta, cylindrico vel cuneato trigona apice subtruncata, in parte superiore trialata alis apicem versus spinoso-dentata, dentibus inaequalibus saepe hamatis. Foliis involucralibus arcuato distantibus perianthio vix breviora foliis caulinis majora complicato-biloba lobo dorsali illi foliorum caulinium simillimo, ventrali multo minore ovato vel apice bi-trifido, toto ambitu spinuloso-dentato. Amphigastrio involucrali foliis involucralibus subaequale oblongo ovatum apice anguste $^{1}/_{4}$ longitudinis bifidum spinuloso-dentatum undulatum. Folia perigonialia 6—12-juga lobulo dorsali ovato-acuto subintegerrimo, ventrali subaequali acuto, basi inflato-complicata. Amphigastria ramuli ♂ caulinis similia sed multo minora. Areolatio ut in Th. L. comosa. — Tab. V. fig. 13—15.

Var. *β. paucidentata* nov. var. — Foliis minus dentatis fere integerrimis. Amboina, ad arbores; c. perianthiis et ♂ (7. 6. 75). Var. *β.* ibidem.

Unsere Pflanze steht der Thysano-Lejeunia comosa (Lndb. reform.) R. Spr. sehr nahe und ist eigentlich nur eine Form derselben. Ich verdanke der besonderen Güte des Herrn F. Stephani in Leipzig ein Originalexemplar aus dem Herb. Hooker in Kew von Th. L. comosa aus Pulo-Penang und kann danach folgende Unterschiede konstatiren: Th. L. Amboinensis ist einhäusig, unsere Normalform besitzt viel deutlicher und dichter gezähnte Blätter, als Th. L. comosa, welche in dieser Beziehung unserer var. *β.* sehr ähnelt. Die Blätter sind bei Th. L. comosa gehöhlt-vertieft (von der Unterseite gesehen), doch reicht diese Cavität nicht bis ganz an die Spitze was R. Spruce (Hep. Amaz. p. 108) zu dem Ausdrucke „apice decurvo-cucullato“ Anlass gegeben hat. Bei Th. L. Amboinensis ist diese Cavität auch vorhanden, doch ist sie nicht so deutlich und reicht nicht so weit gegen die Spitze zu, ferner sind bei ihr die Seitenränder der Amphigastrien umgebogen, während bei Th. L. comosa fast alle ganz flach sind. Bei letzterer ist der umgebogene Ventralrand der obersten Blätter des Stengels und der Zweige der ganzen Länge nach grob gezähnt, was ich bei unserer Art nicht gefunden habe, auch sind bei derselben die Kiele des Perianthiums bei Weitem nicht mit so dichten und langen Zähnen besetzt, wie bei Th. L. comosa. Im Habitus und allen anderen Punkten stimmen beide Pflanzen sonst völlig überein. Der einzige wesentliche Unterschied ist der Blüthenstand, alle anderen sind unwesentlich, und selbst dieser ist nur relativ, denn es ist möglich, dass Th. L. comosa als einhäusige und zweihäusige Pflanze auftritt.

Mastigo- (Trigono-) L. *atypos* nova spec. — Th. L. amboinensis maxime affinis. Pallide-fusca; caules longiores 5—6 cm longi cum foliis explanatis ad 2,5 mm lati radiculosi, irregulariter et remote pinnati ramulis aliis flagelliformibus parvifoliis recurvatis radicantibus rarius subsimplices. Folia quoad formam et fabricam illis praedictae speciei similia sed pro more angustiora et longius acuminata apice acutissima vix incurvata omnino integerrima vel valde inconspicue undulato subrepanda; basi dorsali caulem lobo parvo fere orbiculari vel potius margine subspirali amplectentia (in Th. L. amboinensi margine arcuato tantum in caulem nitentia), margine ventrali brevius basin versus subinflate-convoluto lobulo majore semicordato ¼ folii longitudinis adaequante margine integerrimo vel repande-dentato, apice vel rarius subacuto explanato folio adpresso nec reflexo semper involutionem marginis ventralis longe superante, areolatione cellulis effecta paulo majoribus quoad formam illis praecedentis speciei simillimis. Amphigastriis latioribus omnino integerrimis marginibus lateralibus et apice plus minus reflexis quo fit, ut apice profundius emarginata esse videantur. Inflorescentia et fructificatio haud nobis nota. Forsan aeque ac Th. L. amboinensis varietas tantum Th. L. comosae. Forma transitoriae ad Th. L. amboinensem verisimiliter proveniunt. — Tab. V. Fig. 7—10. — Ins. Novo-Guinea, ad sinum Segaar-Bai et Mac Cluer-Bai, in silvis montanis ad arbores copiose sed omnino ster. (17. 6. 75).

Unzweifelhaft sind zwischen den ganzrandig beblätterten Formen (Trigono-L.) und den gezähntblättrigen Formen (Thysano-L.) der Sektion Mastigo-L. Uebergänge vorhanden, und ist es sehr wahrscheinlich, dass unsere Th. L. amboinensis und Trig L. atypos demselben Formenkreise angehören, daher wäre es besser, die Spaltung des Subgenus Mastigo-L. in die beiden erwähnten Gruppen ganz aufzugeben, da dieselbe eine rein künstliche ist.

Mastigo- (Trigono-) L. *minuta* nova sp. — (Phragmicoma? novoguineensis Gott. icon. Hep. ined.). — Monoica, parva, subfusca. Caules e caudice repente efolioso radicante 1,5—2 cm longi, cum foliis 1—1,4 mm lati, inordinate subpinnati, ramis inaequalibus, aliis apicem versus parvifoliis, radicantibus recurvatis. Folia imbricata, horizontalia, parva, late-semicordata integerrima basi dorsali rotundata caulem vix amplectentia, apice utplurimum rotundata rarius acutiuscula, margine ventrali plerumque haud revera reflexo sed aliquantum recurvato vel elevato (quo fit, ut folia non ut in congeneribus tam exacte sub apice oblique truncata appareant, subito fere in lobulum, oblique insertum transeunte et cum lobulo angulum obtusum vel fere rectum efficiente. Lobulus ca. ¼ vel ⅕ longitudinis folii adaequans, subinflato-involutus apice saepe subacutus. Amphigastria subimbricata foliis dimidio minora, cuneato-rotunda conspicue latiora quam longa, apice rotundato-truncata vel leniter impresso-emarginata et ibidem aliquantulum reclinata, quo obtusiora appareant, integerrima medio subgibbosa. Perianthia innovando monotropa in caulis parte superiore et in ramulis, longe exserta cylindrico triquetra, aequaliter fere tricarinata carinis laevibus, faciebus ecarinatis sed facie dorsali medio sulco instructa, apice rotundata sub-emarginata breviter rostellata. Capsula parva flavescens ad medium 4 partita, perianthio breviter exserta, elateris apice obtusis. Folia involucralia bina caulinis majora, erecto-patentia perianthio ½ vel ⅓ breviora, complicato-biloba ad ⅔ longitudinis in lobos divisa, quorum dorsalis elongato-semicordatus integerrimus subundulatus apice rotundatus, ventralis minor lingulatus integerrimus apice emarginato-bifidus laciniis rotundatis. Amphig. invol. majus ovatum apice emarginato-bifidum. Spicae ♂ in eadem planta in ramulis propriis vel saepe in innovatione subflorali, ut rami basin versus complura perianthia subsecunda dein spicam ♂ proferre videantur. Spica ♂ plerumque intercalaris, foliis perigonialibus 10—15-jugis, lobulo saccato permagno integerrimo. Areolatio ut in congeneribus. — Tab. V. fig. 25—27. — Ins. Novo-Guinea, in parte interiore sinus Mac Cluer-Bai, ad arbores, pauca specimina sed c. fr. vetustis, c. per et ♂ (18. 8. 75).

Von den verwandten Arten durch die geringe Grösse, die Form der Blätter und Involucralbl. etc. leicht zu unterscheiden. Wenn die Fruktifikation fehlte, könnte man diese Art für eine Jugendform z. B. der M. L. atypos halten.

Mastigo- (Trigono-) L. *novo-hibernica* nova sp. — E minoribus, dioica, fuscescens; caules 2—2,5 cm longi cum foliis ca. 2 mm lati, subflaccidi, inaequaliter subpinnati, ramis aliis caulem longitudine subaequantibus et iterum subpinnatis, quo caules interdum subfastigiatim ramosi appareant aliis brevibus subsimplicibus, aliis parvifoliis apice radicantibus. Folia imbricata, fere exacte horizontaliter distantia rectum angulum margine sua ventrali cum caule sistentia, subplana integerrima.

lingulata pro more angusta recta haud falcata ut in congeneribus basi ventrali rotundata caulem subamplectentia, margine dorsali parum curvato vel substricto, apice latissime rotundato vel rarissime subacutiusculo, sub apice haud (in foliis rotundatis) vel valde inconspicue (in foliis subacutis) oblique truncatis, margine ventrali insigniter recto (haud falcato ut in congeneribus) margini dorsali subparallelo, anguste reflexo in lobulum parvum subinflatum involutum transeunte vix $^1/_6$ longitudinis folii metientem, apice subacutum vel rotundatum. Areolatio densa, valde opaca, cellularum forma ut in congeneribus. Amphigastria imbricata cuneato-rotundata, conspicue latiora quam longa, integerrima vel inconspicue repanda, apice retuso subemarginata, medio gibbosa marginibus (excepto apice, quo interdum subreflexa sunt) plana. Perianthia monotrope innovantia sed haud creberrima, emersa triquetro-oblonga vel prismatica, fere aequaliter tricarinata carinis laevibus, faciebus laevibus dorsali medio sulcata. Folia involucralia caulinis majora, longe lingulata apice rotundata vel acutiuscula, integerrima vel subrepanda ad medium ultrave complicato-biloba, lobulo lanceolato acutissimo fere cultriformi integerrimo. Amphigastrium involucrale magnum, diversiforme oblongum mox integerrimum mox apice irregulariter pluridentatum mox apice subbifidum. Planta mascula haud nobis visa. — Tab. V. fig. 11, 12. — Ins. Neu-Mecklenburg, in litore meridionali (5. 8. 75).

Statura M. L. minutae similis sed paulo major, differt ab illa foliorum forma omnino alia, foliorum involucr. lobulo acutissimo haud apice bifido, laciniis rotundatis etc. dein inflorescentia dioica, ab omnibus aliis congeneribus statura minore et foliorum forma insigni praecipue margine ventrali recto haud falcato primo visu distinguenda.

Phragmo-Lejeunia subgenus novum. — Phragmicoma Sande Lac. — Plantae elatiores, laxe depresso-caespitosae, stratificatae, caulibus e caudice repente assurgentes ultra matricem (fruticis ramulum) patulis vel pendulis, laete virides, flavicantes. Caules fertiles superne plus minus exacte dichotomi, inferne saepe ramis irregularibus. Ramis flagelliformibus radicantibus nullis.

Folia magna imbricata, siccando convoluta, apice obtuso-rotundata vel acutiuscula, margine ventrali incurvo, quo folia lingulato-falcata apparent apicem versus denticulata. Lobulus magnus, $^1/_8$ vel $^1/_4$ folii longitudinis metiens, oblongus inflatus apice abrupte dentatus, rarius confluens. Cellulae parvae in margine rotundatae, in medio folio oblongae, basin versus multo majores, pellucidae, utriculo primordiali parietibus adpresso, circuitu eodemque modo ac in Thysano-Lejeuniis incrassatae.

Amphigastria contigua vel imbricata, rotunda apice obtusa, denticulata.

Flores monoici; ♀ in caule et ramis iteratim monotrope-innovatis, conferti, creberrimi, seriatim secundi et in dichotomia. Folia involucralia caulinis subaequalia, biloba, lobo dorsali obtuse-rotundato vel acuto, ventrali multo minore acuto, uterque lobus denticulatus rarius subinteger. Amphigastrium involucrale majus, integrum vel emarginatum, serrulatum. Spicae ♂ longissimae ramos terminantes vel e dichotomia, saepe hypogynae.

Perianthia exserta, subtrigono-prismatica, apice rotundata, breviter rostellata, in facie ventrali tricarinata carinis obtusis, media major, laterales quasi plicas secundarias sistentes, exalatis inermibus; in facie dorsali plicata, in medio plica profunda adjectis 1—2 lateralibus minoribus instructa quo fit, ut ibidem plus minus inconspicue bi-tricarinata appareant. Carinae omnes inermes laevissimae, vel raro marginales denticulis obsoletis 1—2 valde inconspicuis ornatae. Capsula et pedicellus ut in Mastigo-Lejeuniis.

Phragmo-Lejeunia differt a Thysano-Lejeunia proxima defectu ramorum flagelliformium (in nullo permultorum speciminum mihi obviorum vestigium illorum ramorum inveni) ramificatione sub-dichotoma, floribus ♀ crebrius dichotomialibus, perianthiis ventre tricarinatis, laevibus; sed congruit cum Thysano-Lejeunia magnitudine, habitu, floribus ♀ pro maxima parte seriatim secundis confertis, foliorum forma et denticulatione et areolatione; foliis siccando convolutis. A Trigono-

Lejeuniis (quoad perianthium laeve similibus) differt praeter nota praelaudata etiam foliis et amphigastriis dentatis. A Brachio-Lejeunia, cui cl. Stephani Phragmicomam polymorpham attribuit (Hedwigia 1889, Heft 3), recedit praeter alia perianthiis pro parte dichotomialibus, pro parte in ramis innovando-secundis.

Phragmo-L. *polymorpha* (Sand. Lacoste) Schiffn. — Phragmicoma polymorpha Sande Lacoste Synop. Hep. Javan. p. 58 n. 156. — Idem in Nederl. Kruidk. Archief III. p. 420. — Dozy, Plagiochila Sandei p. 9.

var. *undulifolia* Sande Lac. l. c. tab. XI. — Ins. Neu-Mecklenburg (Neu-Irland), Port Sulphur in ramulis fruticum copiose et ditissime c. perianthiis et ♂ (19. 8. 75).

Dendro-L. *vittata* (Mitt.) Stephani[1]) in Hedwigia 1885 p. 90 tab. II. (Thysananthus eminens Gott. Mns.) — Bryopteris vittata Mitt. in Seemann's Fl. Vitiensis. — Dioica, olivacea. Caules e caudice repente denudato frutescentes vel ramis arborum dependentes rarisseme apice iterum radicantes, rigiduli, 10—25 cm longi cum foliis ca. 2,5 mm lati, simplices rarius dichotomi, fere regulariter pinnatim ramosi, ramis bifarie insertis 1—2,5 cm longis simplicibus, raro iterum ramulosis. Folia distiche explanata subacutato-subplana, subacuto-semicordata, basi dorsali caulem lobulo rotundo amplectentia praecipue apicem versus inaequaliter remote et grosse dentata, vittata, margine ventrali plus minus inflexa, vel subplana, lobulo parvo plerumque explanato semicordato apice acuto 6—7plo folio breviore. Areolatio folii e cellulis parvis oblongo hexagonis circuitu aequaliter parum incrassatis, cellulis vittae duplo majoribus longioribus, circuitu moniliformiter incrassatis. Amphigastria imbricata a caule subdistantia subacuto-ovata (apice angustata) in medio anteriore grosse et fere duplicato (ut folia) dentata, ad medium vittata, marginibus semper late et valde reflexa saepissime fere tubuloso-revoluta. Flores ♀ in ramis terminales sed mox innovatione sub ipsa flore orta pseudo-laterales, monotrope-innovati, in ramis saepe secunde-seriati (rarissime e dichotomia). Perianthium exsertum obconico-cylindricum, exacte triquetrum acute tricarinatum carinis, interstitialibus nullis, in carinis lateralibus et ventrali apicem versus grosse dentatis, dentibus sursum hamatis, apice rotundatum vel subcordatum, rostellatum; calyptra pyriformis perianthio dimidio brevior. Capsula breviter pedicellata, pedicello laevi suffulta, perianthio haud vel vix emergens, elateres longi apice obtusati. Folia involucralia caulinis aequalia ad $^2/_3$ complicato-bifida, lobis fere aequalibus, dorsali lanceolato acuto, ventrali apice bifido, utroque grosse dentato, dentibus sursum hamatis. Amphigastrium invol. permagnum longitudine perianthio eminens lingulato-lanceolatum, medio sulco gibboso instructum, apice bifidum, marginibus valde reflexum et toto ambitu grosse et inaequaliter dentatum. Spicae ♂ ramos laterales terminantes, longae, graciles, foliis perigon. 10—20-jugis saccato-cavis bilobis, lobis fere aequalibus acutis subintegerrimis, amphig. spicarum ♂ quoad formam caulinis similia sed minora et vix revoluta. — Tab. V. fig. 16, 17. — Ins. Neu-Hannover, in interiore parte insulae, fauces secus rivulum in

---

[1]) Von Herrn STEPHANI erhielt ich ein Exemplar seiner Dendro-L. vittata, welches mich belehrt, dass diese Pflanze mit Thysananthus eminens Gottsche identisch ist. Unsere Pflanze unterscheidet sich von der von Herrn STEPHANI gesandten (Neue Hebriden, Herb. Melbourne), durch grössere Lobuli, die stets an der Spitze quer gestützt sind, also nicht in den Blattrand verlaufen, doch ist dieses Merkmal ohne besonderen Werth, die Zeichnung in Hedwigia l. c. fig. 2 entspricht dem Verhältniss bei unserer Pflanze sehr gut. Der eigenthümliche Anhang des Lobulus (hauptsächlich an dem der Stengelblätter), den STEPHANI beschreibt, findet sich in gleicher Weise bei unserer Pflanze. Ich hatte früher denselben übersehen. Als Synonyme führt Herr STEPHANI noch an: Thysano-Lejeunia fruticosa Steph. — Bryopteris vittata Mitten. — Br. fruticosa Ldb. G. und Thysananthus manillanus Gott. Dass dieses letzte Synonym hierher gehört, habe ich auch schon früher vermuthet. Vergl. auch STEPHANI in GEHEEB, Beiträge zur Moosfl. von Neu-Guinea 1889.

silva montana, ad arborum ramulos, copiose c. per. et c. fr. evolutis paucis et ♂ (24. 7. 75). -- Ins. Neu-Mecklenburg, Port Sulphur c. per. (19. 8. 75).

Bisher war nur eine einzige Art dieses Subgenus, Dendro-L. fruticosa (Lndb. et Gott.) Spruce, bekannt, von welcher unsere Species durch die dreikantigen, auch am Ventralkiel gezähnten Perianthien und hauptsächlich durch die Amphigastrien auffallend verschieden ist. R. Spruce (Hepat. Amaz. p. 110) führt Dendro-B. fruticosa von der Insel Mauritius lgt. Sieber an. Ich besitze vier Exemplare der Sieber'schen Sammlung No. 33 und finde bei Allen die ♀ Blüthen (Perianthien sind noch nicht entwickelt) seitenständig auf sehr kurzen Aestchen. Die mir vorliegenden Sieber'schen Pflanzen aus Mauritius gehören also zu Bryo-Lejeunia Spruce.

Nahe verwandt, ja wahrscheinlich identisch mit Dendro-L. vittata, ist Thysananthus manillanus Gott. (Pugillus Hep. nov. e mus. Paris. in Ann. sc. nat. 4. ser. tom. VIII. p. 342 tab. 16); leider ist aus der Beschreibung nicht deutlich ersichtlich, wie die ♀ Aeste beschaffen sind, jedoch scheint der Ausdruck: „pinnis superioribus versus apicem fertilibus" darauf hinzudeuten, dass die ♀ Blüthen nicht auf kurzen Seitenästchen stehen, ebenso deuten die „folia falsinervia" auf Dendro-Lejeunia. Nach der Zeichnung und Beschreibung Gottsche's sind die sonst ähnlichen Amphigastria nicht fast röhrig zurückgerollt, sondern nur „marginibus elevatis". Das Amphigastrium involucrale scheint kleiner und breiter, der Ventrallappen der Involucralblätter an der Spitze nicht zweitheilig. Alle diese Unterschiede sind so gering, dass sich bei Vergleich der Pflanzen vielleicht ihre specifische Identität erweisen wird.

Acro-L. *densifolia* nova sp. = Phragmicoma amboinensis Gott. ic. Hep. ined. — Dioica, fuscescens; caules 2—3 cm longi, cum foliis expansis 2 mm lati, irregulariter pinnatim ramosi ramis aliis brevibus vel brevissimis simplicibus, aliis longis ramulos breves proferentes, arcte repentes saepe ex amphigastriorum basi fasciculatim radicantes. Folia confertissima, subconvexa, disticha explanata, late semicordato-ovata, integerrima, margine dorsali fere semicirculari in apicem late rotundatum transeunte, margine ventrali subarcuato, breviter involuto in lobuli permagni partem inflatam transeunte. Lobulus magnus ½ longitudinis et ⅓ fere latitudinis folii aequans oblique triangularis apice in marginem ventralem folii sensim attenuatus ibidemque bidentatus, ad carinam valde inflatus, dein planus et lamina plana versus folii faciem interiorem reclinata. Amphigastria confertissima ultra medium sese tegentia, late truncato-reniformia, basi exciso-amplexante. apice retuso subrecurva (quo fit, ut fere latissime obcordata appareant), medio subgibbosa, marginibus plana, basi haustorium e radicellis fuscis fasciculatis proferentia. Areolatio valde regularis e cellulis pellucidis, marginibus tantum opacis oblongo-rhomboideis angulis incrassatis effecta. Perianthia in ramulis lateralibus 4—7 mm longis terminalia, turgide ovata lateribus carinata, dorso gibbo ecarinata ventre ad medium bicarinata (in toto igitur 4 carinata) carinis laevibus. Folia involucralia caulinis majora ad ⅓ biloba, lobo dorsali late-ovato subundulato acutissimo, ventrali angustiore subaequilongo acutissimo, uterque integerrimus. Amphigastrium involucrale ovatum permagnum medio carinatum marginibus lateralibus subrecurvum apice obtuse bifidum, laciniis acutissimis in parte apicali praeter hoc saepe remote dentatum. Folia et amphigast. subinvolucralia sensim ad magnitudinem formamque normalem redeuntia. Spicae ♂ terminales perbreves; folia perigonialia 4—6-juga, lobo dorsali rotundato, ventrali acuto, basi saccata, integerrima. — Tab. V. fig. 22—24. — Amboina, in silvis humidis ad arbores (7. 6. 75).

Acro-L. fertili (Nees) Spruce. valde affinis et forsan illae speciei attribuenda sed differens statura majore, amphigastriis majoribus, amphigastrio involucrali et subfloralibus apice bifido etc.[1])

Acro-L. *rostrata* nov. spec. — Dioica, fuscescens. Caules repentes, siccate subjulacei, graciles, vage ramosi, fusci, e basi amphigastriorum parce radiculosi, 2—4 cm longi (pro varietate) cum foliis

---

[1]) Ich habe unterdessen ein von Zollinger auf Java gesammeltes Exemplar der Acro-L. fertilis von Herrn Stephani erhalten und finde, dass sich die beiden Pflanzen wirklich zum Verwechseln ähnlich sind, doch ist A. L. densifolia ausser durch die etwas stattlichere Grösse, durch die zweitheiligen Amphigastria floralia (bei A. L. fertilis ist das Amph. invol. eiförmig und vollkommen ganz und ganzrandig) sofort zu unterscheiden.

explanatis 1,5—2,5 mm lati. Folia imbricata subconvexa, semicordato-ovata, apice rotundata vel breviter triangulari-obtusa, integerrima, margine ventrali incurvo, lobulo permagno folii dimidiam longitudinem adaequante vel superante, oblique inserto (quo fit, ut in medio margine ventrali eo loco quo lobulus in marginem folii transit, curvatura oriatur) ad carinam et basi inflato, marginem versus plus minus plano et folio appresso, margine transverso rotundato dentibus 2 vel pluribus, majoribus vel plus minus obsoletis armato. Cellulae areolationis parva, oblongae, subincrassatae. Amphigastria foliis 3plo minora aut orbiculata aut late rotundato-cuneata et apice inconspicue emarginata, basi exciso-amplexante, integerrima apice marginibusque subreflexa. Inflorescentia ♀ in ramis plus minus elongatis saepe ramuligereis (sed nunquam sub ipso flore) terminalis. Perianthia involucro immersa ovata vel pyriformia vix compressa, laevia, in medio anteriore profunde 8—9 plicata, plicis dorso 3—4, ventre 3, apice longiuscule rostrata. Folia involucralia magna foliis caulinis duplo majora ad 1/4 vel 1/3 biloba lobis subaequilongis, dorsali latissimo apice obtuso, ventrali 1/2 angustiore acutiusculo. Amphigastrium involucrale permagnum, apice subobtusum, integerrimum. Folia subfloralia sensim in formam magnitudinemque foliorum caulinium renitentur. Spicae ♂ terminales in ramis, foliis perigonialibus 6—8-jugis, diandris, saccatis, lobo dorsali submajore obtuso, ventrali acutiusculo.

Variat: α. *minor*, gracilis, foliorum lobulo pro more longiore dentibus minoribus vel obsoletis, amphigastriis orbiculatis (Lejeunia textilis Gott. Icon. Hep. ined.). — Tab. V. fig. 18—20.

β. *major*, foliis majoribus, lobulis latioribus, 2-pluridentatis, dentibus majoribus, amphigastriis latioribus quam longis, rotundato cuneatis, basi profundius exciso-amplexantibus. (Lejeunia? dentiloba Gott. Ic. Hep. ined.). — Tab. V. fig. 21. — In Amboina insula, in latere sinus boreali-occidentali (7. 6. 75). α. cum perianthiis evolutis capsulas semimaturas ferentibus et ♂, β. ♂ tantum.

Die Form α ist vielleicht eine anormale, weil sie uns in einem Rasen vorliegt, der von Raupen zum Nestbau benutzt wurde, die Pflanzen waren verklebt, mit Raupenkoth beschmutzt und vielfach verletzt, doch fanden sich Perianthien und ♂ Inflor. Die Form β, trotzdem sie von α durch die oben hervorgehobenen Merkmale und vorzüglich durch die grösseren Blätter abweicht, gehört ganz sicher hierher und stellt wahrscheinlich die normale Form dar. — Unsere A. L. rostrata ist mit der neotropischen A. L. torulosa nahe verwandt (vgl. SPRUCE, Hep. Amazon p. 117). Sie gehört unstreitig auch in den Formenkreis der Acro-L. fertilis. Besonders die Form β. major steht derselben so nahe, dass sie kaum specifisch davon verschieden ist, hat aber viel laxer gestellte Blätter und etwas anderen Lobulus.

Lopho-L. *Sagraeana* (Mont.) Spruce, Hepat. Amazon. p. 120. — Lejeunia Sagraeana Mont. in Ramon de la Sagra, hist. phys. polit. et nat. de Cuba. Crypt. edit. franc. p. 494 tab. 18 f. 1. — Syn. Hep. p. 314 n. 9 et 750. — Amboina, ad cortices c. perianthiis (7. 6. 75). — Ins. Neu-Hannover, in litore occidentali ad cortices (20. 7. 76). — Lej. major Gott. Ic. Hep. ined. e Amboina ster. (7. 6. 75) etiam e formis L. L. Sagraeanae est.

Adde diagnosi: „amphigastrio involucrali margine integerrimo“.

In speciminibus typicis, quae cl. MONTAGNE nobis misit, amphig. involucrale margine integerrimum erat; in textu Synops. Hep. p. 315 amphigastrium florale reliquis majus „dentatum“ describitur; tamen in omnibus plantis hujus speciei ex Insula Trinitatis, ex Insula Taiti, e Madagascar et ex Amboina amphig. involucrale integerrimum videtur, Cl. R. SPRUCE in opere suo eximio amphigastrium involucrale integerrimum esse dicit.

Var. *dentistipula* nova var. — (Lejeunia sagraenodes Gott. Ic. Hep. ined.) — Differt a formis aliis praecipue amphigastrio involucrali apicem versus dentato et saepe fere bifido laciniis acutis, dein lobulo foliorum longiore fere conico sensim in marginem attenuato, areolatione pellucidiore cellulis effecta rhomboideo-oblongis, angulis subincrassatis, caeteris notis congruit. — Tab. VI. fig. 3—5. — Ins. Amboina, in iisdem locis ac typica, pauca tantum frustula sed c. per. et ♂ inventa sunt (7. 6. 75).

Lopho-L. *eulopha* Tayl. in Lond. Journ. of bot. 1846 p. 387. — Spruce, Hep. Amaz. p. 121 in nota. — Adde diagnosi in opere Sprucei (l. c.): Caulis atrofuscus; folia pallida exsiccatione subalbescentia, margine ventrali late involuto-reflexa. Lobulus involutione magna marginis ventralis folii absconditus inter laminas vitreas compressus, apice lacinia rotundata explicabili margine longe 5—6-ciliata (ciliis e 4—8 cellulis uniseriatis) formatur basin versus haud explanabilis miro modo convoluto-plicatus et ciliatus est. Folia involucralia caulinis haud longiora sed angustiora lineali-lingulata apice late rotundato spinulose-vel laciniato-dentata, lobulo minore acuto. Amphigastrium involucrale maximum foliis caulinis duplo plusve majus late rotundato-spathulatum margine reflexo laciniato-dentatum, medio late carinato-gibbosum. Folia subinvolucralia (7—9 paria) et amphigastria subinvolucralia sensim in formam normalem transformantur. — Ins. Amboina (7. 6. 1875). Pauca fragmenta cum floribus ♀ in collectione cum L. L. Sagraeana var. dentistipula asservata reperimus.

Lopho-L. *fimbriata* Gottsche. — (Conf. Mitten in F. de Müller Fragment. Phytogr. Australiae vol. XI. Suppl. p. 64 n. 108.) — Dioica; fuscescens; caules 4—5 cm longi, cum foliis 1—1,5 m lati, valde flaccidi, serpentino repentes, saepe subsimplices vel remote et inaequaliter brevipinnata vel rarius ramulo unico caulem magnitudine aequante subdichotomi apparent. Folia imbricata depresso-explanati, concaviuscula, latissime semicordata fere orbicularia, integerrima, saepissime, apiculata, marginibus breviter apice semper conspicue inflexis; lobulo parvo apice subexplanato sensim in marginem folii transeunte basin versus saccato-involuto omnino integerrimo. Areolatio e cellulis rotundato-hexagonis, aequilateris (haud rhomboideo-ovatis) subleptodermis, basin versus majoribus, utriculo primordiali lateribus adjecto. Amphigastria imbricata foliis majora reniformia duplo latiora quam longa basi exciso amplexante, medio gibbosa, plana margine apicali subreflexa, integerrima, e basi fasciculatim radicellosa. Inflorescentia ♀ saepissime terminalis, rarius in ramulis lateralibus terminalis, semper fere ramulo interdum valde elongato sed non e bracteorum ipsorum sed foliorum inferiorum subfloralium angulo oriundo aucta; hic illic ramulis subfloralibus binis suboppositis inflorescentia pseudo-dichotomialis apparet. Folia involucralia caulinis majora lobo dorsali ovato-acuminato margine reflexo, laciniato-dentato, ventrali multo minore laciniato-dentato. Folia subfloralia sensim ad formam foliorum caulinium recedentia. Amphigastrium invol. maximum apice valde reflexum, orbiculatum subacutatum, laciniato-dentatum. Amphigastria subfloralia sensim ad formam et magnitudinem caulinium redeuntia. Perianthium subemersum ovato conicum carinis et marginibus laciniato-cristatum. Plantam ♂ haud vidimus. — Tab. VI. fig. 1, 2. — Ins. Novo-Guinea; ad sinum Mac-Cluer-Bai, ad arbores c. flor. ♀ (17. 6. 75). Etiam e Madagascar et Australia, Rockingham-Bai nobis nota.)

Statura majore foliis plerumque apiculatis, amphigastriis foliis majoribus, foliis involucralibus lobulatis, laciniato-dentatis, apice reflexis, amphig. invol. maximo margine reflexo, laciniato-dentato innovationibus saepissime provenientibus subfloralibus, inflorescentia dioica etc. satis a L. L. Sagraeana diversa. L. L. eulopha differt statura robustiore, foliis non apiculatis, lobulo ciliato, nec non areolatione.

Harpa-L. *subfenestrata* Massalongo, Epatiche della Terra del Fuoco in Nuovo Giorn. bot. XVII. 1885 p. 249 n. 82 tab. XXV. fig. XXX.; Bescherelle et Massal. Hep. du Cap Horn. 1889 p. 238. — Lejeunia ludificans Gott. Ic. Hep. ined. et mus. — Adde diagnosi Massalongianae l. c.: Perianthium fere 1 mm longum, 0,25 mm latum argute quinque-angulare (ventre bi-dorso uni-carinatum) carinis fere alatis irregulariter denticulatis; apice evidenter rostellatum. Perianthium junius communem formam habet, sed capsula ejecta, fundus perianthii elongatus, ut fere breviter et crasse stipitatum appareat et in cellulas triplo majores transiens, singularem adspectum praebet. Calyptra basi longius pedicellata videtur. Spicae ♂ terminales vel intercalares, brevissimae, foliis perigonialibus 2—4-jugis. Plantam dioicam esse videtur. — Tab. VI. fig. 10, 11. — Fretum magellanicum, in sinu Tuesday-Bai; aliis Hepaticis irrepens, ♂ et c. perianthiis (2. 2. 76).

Harpa-L. *Massalongoana* nova sp. — Omphalanthus magellanicus Gott. Ic. Hep. ined. et mns. — Monoica. Caulis ca. 2 cm longus, vage simpliciter ramosus, parce radiculosus, tenuis cellulosus. Folia contigua vel subimbricata, e basi saccata semierecta divergentia, subconcava apice vix incurva, late semicordato-ovata acuta ad lobuli junctionem subsinuata, margine integerrima vel inconspicue et valde irregulariter subcrenulata, lobulo saccato-inflato fere ovoideo, $^1/_3$ vel $^1/_4$ folii longitudinis adaequante apice confluente vel oblique subtruncato. Cellulae omnes subaequales, mediocres, pellucidae, hexagonae, leptodermes. Amphigastria minuta, foliis 7—8 plo minora, cauli vix duplo latiora, orbicularia ad vel ultra medium bifida, sinu et lobis acutiusculis. Flores ♀ in ramis brevissimis lateralibus terminales, innovatione brevi longioreve suffulti; folia involucralia caulinis minora subcomplicato-biloba lobis inaequalibus acutis subintegerrimis; amphigastrium involucrale magnum, duplo longius quam latum apice ad $^1/_4$—$^1/_3$ bifidum. Perianthia turbinata, subcompressa apice quinquealata alis dense irregulariter·ciliatis, ciliis hic illic hamatis cellulis 2—6 effectis, basi demum elongata tereti propter calyptrae stipellum longius in perianthii basin descendentem; capsula pellucida supra medium quadrifida valvulis ovato-acutis, e binis cellularum stratis conflata (quarum interius in medio similem fere conditionem monstrat, qualis Lej. serpyllifolia). Prope ramulos laterales femineos parva androecia e binis vel tribus paribus foliorum perigonialium inveniebantur. — Tab. VI. fig. 8, 9. — Fretum magellanicum, ad sinum Tuesday-Bai, inter alias Hepaticas pauca frustula ditissime fructificantes invenimus (2. 2. 76).

Diese, dem ausgezeichneten Kenner der magellanischen Lebermoose, Prof. Dr. C. Massalongo in Ferrara, gewidmete Art steht der Harpa-L. acanthogona R. Spr. Hep. Amaz. p. 177 am nächsten, unterscheidet sich aber von dieser durch die länger gespitzten Blätter, den viel grösseren Lobulus, das gleichmässigere Zellnetz, die ganz und gar nicht verdickten Zellwände etc. Nach Gottsche ist sie auch nahe verwandt mit Omphalanthus Cuervi Gott. aus Bogota (Prodr. Florae Novo-Granat. in Ann. d. sc. nat. 1864 p. 53 n. 3).

Harpa-L. *decurvicuspis* Bescherelle et Massal. Hep. du Cap Horn 1889 p. 237 tab. 4 f. XVII. — Bull. Soc. Linn. Paris 1886. — Lejeunia praeacuta Gott. Ic. Hep. ined. et mnsc.

α. major. — Tab. VI. fig. 6.

β. minor nova var. amphigastriis sinu lunato, aliter conformatis, duplo latiora quam longa; foliis minoribus sed densius imbricatis; flore ♀ in ramo laterali innovatione suffulto, foliis involucralibus caulinis majoribus complicato-bilobis acutis subrepandis, amphigastrio involucrali oblongo-ovato bifido, lobis acutis.

Utraque forma aliis Hepaticis intricata; α sterilis, β c. flor. ♀ in freto magellanico, Tuesday-Bai (2. 2. 76).

Harpa-L. *Savatieriana* Bescherelle et Massalongo, Hep. du Cap Horn 1889 p. 236 tab. 4 fig. XVI. — Lejeunia longipes (et uliginosa?) Gott. mns. et. ic. Hep. ined. — Tab. VI. fig. 7.

Plantae nostrae cum descriptione et icone l. c. optime congruunt sed differunt carinis superioris partis perianthii haud sub apice desinentibus sed usque ad apicem productis; perianthia juniora eandem formam habent ac cl. Massalongo illas depinxit sed vetustiora longe stipitata et perichaetio longissime exserta sunt, folia praecipue ramorum paulum longius cuspidata sunt; caetera nota consentiunt. Quamquam cll. autores Lej. Savatierianam Eu-Lejeuniis quibusdam comparant, quarum habitum et magnitudinem revera aemulatur, tamen vix ullum dubium est, quin ad Harpa-Lejeunias accedat, nam folia longe acutata fere cuspidata etc. hanc opinionem favent caeterum planta magnam similitudinem habet cum Harpa-L. decurvicuspide, praeprimis rami foliis minoribus longius cuspidatis praediti, sed differt tamen foliis paulum minus longe cuspidatis, forma amphigastriorum, cellulis magis incrassatis magis fere papilloso-prominulis etc.

Fretum magellanicum, in sinu Tuesday-Bai aliis Hepaticis irrepens, haud rara esse videtur; c. per. et ♂ (2. 2. 76).

In Synops. Hepatic. p. 272 n. 155 enumeratur Lejeunia nudipes Tayl. e Nova Zeelandia „foliorum lobo superiore obovato acutiusculo" quae vox (Taylor Hepat. antarctic in London Journ. of botany 1844 p. 568 n. 34) in Hook. Antarct. Voy. II. 2 p. 159 n. 12 (tab. 103 f. 4) in „obtusissimo" ab illustrissimo Mittenio mutata est. In diagnosi cl. TAYLOR scripsit: „perianthium demum laterali elongato stipitato obovato quinquealato integerrimo" et in textu legitur: Perianthium basi nudum elongatum, perichactium omnino excedens." — Haec planta nostrae sane proxima est. Jam in Lejeunia serpyclifolia nostra post disseminationem calyptra stipitata fit, sed praecipue in Lejeuniis exoticis, quae amphigastriis bifidis utuntur, insignem calyptrae stipitem invenimus, quae res hucusque auctores latuit.

Cerato-L. *auriculata* nova sp. — Lejeunia brachytoma Gott. Ic. Hep. ined. — Dioica, prostrata, dense stratificata, ramis assurgentibus, in corticibus plagas perlatas, pallidas, subvernicosas efficiens. Caules tenues inaequaliter pinnati, ca. 2 cm vel plus longi, 1,5—2 mm lati. Folia imbricata, aqua facillime saturanda, siccatione parum mutata, concaviuscula sed apice haud inflexa, late semi-cordata, margine dorsali valde arcuato ventrali fere recto, apice rotundato vel rarius subimpresso, integerrima vel inconspicue repanda sed saepe una alterave cellula marginali majore elongata et margine prominente; lobulo parvo vel minimo, inflato, apice rotundato vel protracto. Areolatio pellucida, e cellulis hexagonis leptodermis angulis non incrassatis. Amphigastria subimbricata magna $^1/_2$ magnitudinis folii adaequantia, orbicularia, integerrima, apice sinu parvo angusto acuto ad $^1/_7$—$^1/_5$ longitudinis incisa. Flores ♀ terminales, innovando pseudo-laterales; folia involucralia erecta, caulinis majora, complicato biloba, lobo dorsali semiovato apice rotundato, integerrimo, ventrali multo minore, lingulaeformi apice rotundato; amphigastrium involucrale permagnum, $^2/_3$ foliorum involucralium adaequans, ovatum subrepandum, apice sinu brevissimo incisum. Perianthia longitudine folia involucralia adaequans pyriforme superne 4-carinatum, carinis 2 lateralibus, dorso ecarinatum sulco laevi medio instructum, apice breviter tubolosum, carinis in auriculas magnas, erectas rotundatas laeves dilatatis. Auriculae marginales majores ventrales paulo breviores sunt et duobus lamellis (non ut in Otigonio-Lejeuniis singula lamella) formantur. Tab. VI. fig. 14—17.

Lejeuniam ♂ ex insula Bougainville (Insulae Salomonis) habemus simillimam Cerato-L. auriculatae, sed differentem, lobulis paulo majoribus, cellulis angulis inconspicue incrassatis necnon amphigastriis latioribus profundius bifidis. Haec forma verisimillime planta ♂ C. L. auriculatae est. Spicae ♂ ramos laterales breves sistentes, raro basi 2—3 juga foliorum normalium gerentes. Folia perigonialia 5—7 juga, saccata, lobis subaequalibus.

In insula Neu-Hannover, in litore occidentali, ad arborum cortices in arundineto („Jungle") quodam, c. perianthiis (20. 7. 75). — Insula Bougainville (insulae Salomonis) planta ♂, in corticibus (28. 8. 75).

Die Pflanze weicht durch ihre blasse Farbe und die nicht gehörnten, sondern nur geöhrelten Perianthien von dem Typus der Cerato-Lejeunien ab und nähert sich in dieser Beziehung den Hygro-Lejeunien, besonders der Hygro-L. pentothanta Spruce, jedoch besitzt das Perianthium nur vier Kiele (nicht fünf wie alle Hygro-L.); das Zellnetz stimmt auch in Form und Beschaffenheit und Grösse der Zellen mit dem der Cerato-L. (z. B. C. L. variabilis) vollkommen überein, nur sind hier die Zellwände nicht gebräunt, sondern völlig hyalin.

Hygro-L. *latistipula* nova sp. — Dioica, e majoribus pallida vel subfuscescens, structura tenera. Caulis 2—3 cm longus, cum foliis 2—2,5 mm latus, arcte repens inordinate pinnatus, ramis caulem saepe magnitudine adaequantibus iterum ramosis. Folia a tergo valde compressa et arcte densissimeque imbricata (quo planta quoad foliationem Radulam complanatam nostram in mentem revocat), latissime semicordato-ovalia apice late rotundata ibidemque incurva, integerrima vel valde inconspicue repanda, marginibus praecipue apicali incurvis, margine ventrali lobulum versus tantum subinvoluto, ex apice late rotundato subito fere ad lobuli inflati a caule oblique distantis apicem ascendente et cum lobulo angulum rectum vel acutum efficiente. Lobulus $^1/_4$ folii longus a ventre visus crasse piriformis fere subglobosus apparet; a dorso desumpto folio insignis fabrica lobuli perspicitur: pars superior caulem versus sita ad medium latitudinis sacculi involuta est et in dentem excurrit apice sursum spectantem, dens alter etiam sursum curvatus apparet in margine superiore apicem versus sitae partis lobuli haud involuto sed folii pariete interiore adpresso. Amphigastria contigua vel imbricata permagna aequilata, quam folia longa sunt sed breviora quam folia lata sunt, latissime reniformia triplo latiora quam longa, antice late rotundata integra et integerrima vel subemarginato-repanda basi subrecte-truncata vel in utraque latere subemarginata, exciso amplexantia basi fasciculatim radicantia. Spicae ♂ ramos terminantes, longissimae 10—18 jugae, foliis perigonialibus saccatis obtuse-lobatis. Areolatio subpellucens, e cellulis mediocribus medio hyalinis, chlorophyllo marginibus adjecto. Fructificationem haud vidimus. — Tab. VI. fig. 26—28. — Insula Neu-Hannover, in litore occidentali ad arbores in arundineto (Dschungel) quodam (20. 6. 75). — Ins. „Anachoreten", ad cortices ♂ (8. 7. 75).

Trotzdem die Perianthien noch nicht bekannt sind, kann man diese Form doch nach der blassen Farbe, nach dem Habitus, dem Zellnetz und anderen Merkmalen unbedenklich zu Hygro-Lejeunia stellen. Sie ist leicht an der Form der ungetheilten Amphigastrien und an dem höchst eigenthümlichen Bau des Lobulus zu erkennen.

Hygro-L. *amboinensis* nova sp. — Dioica, caespites formans densos, depressos in sicco albido-flavicantes; caules prostrati vel adscendentes, parce radiculosi tenues, quoad habitum Eulejeuniis simillimi ad 2 cm longi, cum foliis explanatis 0,7—1 mm latis, subpinnatim ramosi sed pinnis paucis tantum saepe monotropis inaequalibus, vel fere subsimplices. Folia contigua vel subimbricata a sacculo basali inflato divergentia, late rotundo-semicordata fere orbicularia, convexa integerrima, vel cellulis marginalibus parietibus liberis convexis inconspicue celluloso-crenulatis, margine dorsali rotundato caulem valde excedentia, apice rotundato. Cellulae mediocres subplanae, medio pellucidae leptodermes vel paulum triangulariter incrassatae. Amphigastria in caulibus maxima folia magnitudine valde superantia in ramis minora, plana reniformia, exciso-amplexantia, apice sinu obtuso, lato, breviter ad 1/4 incisa, lobis paulum protractis subacutis. Flores ♀ in ramis terminales sed saepissime innovando pseudo-laterales seriati in caule et ramis rarius duabus innovationibus suffulti dichotomialoo. Folia involucralia caulinis aequalia complicato-biloba; lobus dorsalis late ovato-rotundatus ventralis dimidio angustior lingulaeformis apice rotundato. Amphigastrium involucrale magnum longe ovatum subrepandum sinu angusto acutissimo ad 1/2 vel ultra incisum lobis acutis. Perianthium emersum pyriforme in medio inferiore laeve turgidum, in medio superiore subcompressum 5 carinatum, carinis laevibus; capsula parva pallida parum emersa. Flores ♂ non vidimus. — Tab. VI. fig. 21, 22. — In Amboina insula, ut videtur, ad ligna putrescentia, c. floribus ♀ permultis, sed unicum tantum perianthium vetustum invenimus (7. 6. 75).

Es kann zweifelhaft erscheinen, ob diese Art zu dem Subgenus Hygro-Lejeunia gehört, denn die Pflanze ähnelt in Grösse, Farbe, Anordnung und Bau der ♀ Inflorescenzen sehr einer Eu-Lejeunia. Die Blattzellen sind aber viel grösser und stimmen mit denen von Hygro-Lejeunia überein; vor allen Dingen sind es aber die sehr grossen Unterblätter (sie sind meist viel grösser als die Blätter), die mich veranlassen diese Pflanze hierher zu stellen. Von anderen Hygro-Lejeunia ist unsere Art durch die Kleinheit, die Grösse und Form der Amphigastrien und durch die Involucralblätter verschieden, von allen Eu-Lejeunia durch die sehr grossen Unterblätter etc.

Euosmo-L. *trifaria* (Nees ab Es).[1]) — Tab. VI. fig. 12, 13. — In insula Amboina, cum paucis perianthiis et ♂ (7. 6. 75).

---

1) Herr STEPHANI, der die Formengruppe der E. L. trifaria genau studirt hat und mehrere früher als eigene Arten beschriebene Pflanzen als hierher gehörig erkannte (vide Hedwigia 1888 p. 292), hatte die Güte, mir eine der kleinsten ihm vorliegenden Formen dieser polymorphen Art zu übermitteln, die mit unserer Pflanze identisch ist.

Pycno-L. *Schwaneckei* Stephani in Hedwigia 1888 p. 290 tab. XIII. fig. 28. — Dioica, pallide viridis, repens parce ex amphigastriorum basi radicans; caulis ca. 2 cm longus, cum foliis expansis 1—1,5 mm latus vage et irregulariter ramosus. Folia imbricata, concaviuscula, disticbe patula, late semicordata, apice subinflexa late rotundata; lobulus subhorizontalis vel paulum adscendens, magnus cylindrico-involutus, in foliis caulinis $^1/_2$ longitudinis folii vel plus adaequans, in ramulinis brevior, apice oblique truncatus. Margines foliorum integerrimi, laeves. Cellulae mediocres hexagonae valde pellucidae, leptodermes, basin versus sensim majores, convexae, quo folium inconspicue papillosum apparet, lobuli cellulae planiores. Amphigastria subcontigua vel remotiuscula late-ovata vel potius fere orbiculata, integerrima, apice sinu acuto ad $^1/_3$ rarius ultra incisa laciniis subacutis. Flos ♀ in ramis terminalis, innovatione unica (vel binis) saepe iterum florifera suffulti igitur pseudolateralis vel subdichotomialis. Folia involucralia caulinis majora sed similia, lobulo dorsali rotundato, ventrali perangusto acutiusculo; amphigastrium involucrale magnum ovato-cuneatum integerrimum ad $^1/_4$ sinu angustissimo bifidum laciniis contiguis acutis. Perianthium emergens late cuneato-ovatum (fere cordiforme) apice late rotundatum vel subimpressum, rostellatum basin versus valde attenuatum, compressum, dorso subplanum ventre bicarinatum, carinis acutis haud altis, marginibus valde fere alato-compressum, marginibus laevissimis. Inflorescentia ♂ ramulos breves laterales sistens et in ramis caulibusque terminalis; folia perigonialia saccata fere aequiloba, majuscula, 3—9-juga, diandra. — Tab. VI. fig. 18—20. — In insula Amboina ad cortices una cum Lopho-Lej. Sagraeana et aliis c. perianth. et ♂ (7. 6. 75).

Die hier beschriebene Pflanze ist von der Pycno-L. Schwaneckei Stephani, von welcher ich ein Originalexemplar der Güte des Autors verdanke, nicht specifisch verschieden. Die Grösse und Tracht der Pflanze, die Amphigastrien, das Zellnetz (die Zellen sind an dem mir vorliegenden Originalexemplare nicht, wie STEPHANI in Hedwigia 1888 p. 290 sagt: „angulis trigone incrassatae", sondern völlig gleichmässig ringsum verdickt, polygonal), den Blüthenstand (♂ auch hier an seitlichen, kurzen Aestchen), die schwach mamillöse Beschaffenheit der Blätter etc. haben beide Arten gemeinsam. Der einzige etwa angebbare Unterschied ist der, dass die Blätter bei unserer Pflanze schmäler sind und der Lobulus ein wenig kürzer, doch sind auch diese Merkmale nicht ganz constant, und finden sich Stämmchen, die von dem mir vorliegenden Originalexemplar der P. L. Schwaneckei nicht zu unterscheiden sind. Bei der grossen Verschiedenheit der geographischen Verbreitung ist die so auffallende Uebereinstimmung beider Pflanzen sehr eigenthümlich.

Pycno-L. *ventricosa* nova sp. — Pusilla, dioica?, inter alias Lejeunias ad cortices; caules ad 1,5 cm longi, laxe pinnati, ramis inaequalibus, parce radiculosi. Folia imbricata valde concava fere orbicularia integerrima, lobulo maximo ventricose-utriculato, inflato apicem versus angustiore et apice truncato (vel rarius confluente) $^3/_4$ folii longo vel fere ad apicem folii producto. Cellulae parvae leptodermes subplanae extus paulum convexae, quod nonnisi extricari potest in planta valde aucta. Amphigastria contigua $^1/_2$ folii magnitudinem aequantia, fere orbicularia vel paulum latiora quam longa integerrima apice ad $^1/_4$—$^1/_3$ bifida. Flores ♀ in ramis terminales vel innovando pseudolaterales. Folia involucralia complicato-biloba, lobo dorsali rotundato integerrimo, ventrali multo angustiore apice obtuso; amphigastrium involucrale magnum ovatum, apice sinu angusto sed rotundato brevissime bifida, lobis acutis conniventibus. Perianthia emersa, quantum e semiputridis vetustis cognosci potest, in medio basali subturgida, apicem versus 5-carinata carinis haud elatis. Flos ♂ in ramis normalibus terminalis, foliis perigonialibus 3—4 jugis, ventricosis diandris. — Tab. VI. fig. 24, 25. — In insula Amboina cum aliis Lejeuniis parcissime, cum fl. ♀ et perianthiis vetustis (7. 6. 75).

Durch die Kleinheit, die stark convexen Blätter und den sehr grossen, fast bis zur Blattspitze reichenden Lobulus, sowie durch die kleineren, kaum papillös vorgewölbten Zellen sehr ausgezeichnet.

Pycno-L. *connivens* Gott. nov. sp. — L. caule curviusculo adscendente parce ramoso, foliis contiguis convexis ovatis, margine ventrali et in dorso lobuli cellulis prominentibus crenulatis, lobulo magno oblongo cylindrico, basin versus ventricosiore, apice profundius in binas lacinulas aduncas ad instar psittaci rostri conniventes diviso; amphigastriis foliis triplo minoribus distantibus ovato-rotundis bifidis laciniis acutis, caulis triplicem latitudinem explentibus. Cetera desunt. — Tab. VI. fig. 23. — Ins. Amboina, in litore boreali-occidentali in congerie aliarum Hepaticarum paucae plantae steriles collectae sunt (7. 6. 75).

Die Pflanze habe ich unter dem Exsiccatenmaterial nicht vorgefunden, und gebe ich die von GOTTSCHE gemachte Diagnose und eine Copie seiner Handzeichnung. Ob die Pflanze wirklich zu dem Subgenus Pycno-Lejeunia gehört, will ich aus dem Grunde nicht entscheiden, weil ich sie nicht selbst untersuchen konnte und ausserdem die Fructification fehlt, jedoch sprechen die papillösen Blätter und der sehr grosse Lobulus für diese Annahme. Jedenfalls ist die Pflanze an dem eigenthümlichen Baue des Lobulus und den papillösen Blättern leicht zu erkennen.

Eu-L. *crenulata* nova sp. — Lejeunia flavo-pallida Gott. ic. Hep. ined. — Dioica, laete vel pallide viridis, caespitulos formans depressos intricatos. Caules tenues flaccidi ad 2,5 cm longi vix ultra 1 mm lati, parcissime radicantes, pauciramosi. Folia contigua, distiche patula, plana, fere orbicularia sed margine ventrali saepe subrecto a lobulo subobliquo paulum decurrente subrecte divergentia, margine dorsali caulem haud excedente, basi lata cauli adnata, toto margine cellulis prominulis regulariter crenulata, lobulo aut $^1/_3$ longitudinis folii adaequante turgido triangulari, apicem versus unidentato aut plus minus obsoleto. Cellulae mediocres leptodermes pellucidae, marginales dimidio minores turgido-prominulae. Amphigastria foliis triplo vel quadruplo minora, remota, rotunda, integerrima, apice ad $^1/_2$ vel ultra bifida sinu latiore acuto, laciniis acutiusculis. Flores ♂ in ramis lateralibus brevibus, foliis perigonialibus parvis semiglobosis, 3—8-jugis diandris. Flores ♀ et perianthia haud nobis visa. — Tab. VII. Fig. 1—4. — Ins. Neu-Guinea, in Freto Galewoano, in arundineto („Dschungel") insulae cujusdam ad arborum truncos (23. 6. 75). — Fretum magellanicum, ad sinum Tuesday-Bai (2. 76) (?).

In Habitus und Grösse stimmt unsere Art mit L. flava, L. thymifolia u. A. überein und ist noch mit L. lutea Mont. (von der Insel Cuba) zu vergleichen, mit welcher sie vielleicht identisch ist. Trotzdem die Fruktifikation unbekannt ist, so ist nach dem Habitus kaum ein Zweifel, dass die Pflanze in das Subgenus Eu-Lejeunia gehört. Die mit der Scheda Magellan-Strasse, Tuesday-Bai, versehene Pflanze ist völlig identisch mit der von Neu-Guinea und ebenfalls nur ♂; vielleicht liegt ein Irrthum vor, insofern, dass zufällig einige Exemplare unter die Exsiccaten aus der Magellan-Strasse gemischt wurden.

Micro-L. *parallela* nova sp. — Caulis tenuis, saepe subsimplex. Folia ovalia, duplo fere longitudine latitudinem superantia plerumque ita inserta ut cauli exacte parallela eique contigua sunt, apice rotundata integerrima lobulo magno $^1/_2$ folii adaequante subinflato dorso cellulis prominentibus crenulato apice sinu semilunato exciso et unidentato. Amphigastria caule latiora, foliis 6—7-plo minora, ovalia vel orbicularia sinu acutangulari ad vel ultra medium bifida, laciniis subacutis. Flores ♀ laterales; folia involucralia expansa, distantia, caulinis multo majora, late semiovata, apice rotundata, integerrima, lobulo, angusto, longitudine $^2/_3$ folii adaequante, acuto; amphigastrium involucrale magnum ovatum apice breviter bifidum, sinu obtusiusculo. Perianthium pro plantae teneritate magnum subcompressum obovatum apice late rotundatum breviter rostellatum 5-carinatum carinis serrulatis. — Tab. VI. fig. 29—32. — Ins. Neu-Guinea, Mac Cluer-Bai, in silva montana inter alias Hepaticas (20. 6. 75). — Ins. Amboina (7. 6. 75) steril.?

Da sich unter den Exsiccaten keine Exemplare dieser Art vorfinden, so musste die vorliegende Beschreibung nach den Handzeichnungen GOTTSCHE's angefertigt werden. Auf einem den beiden GOTTSCHE'schen Tafeln beiliegenden Zettel findet sich die Bemerkung: „Lejeunia parallela, nahe bei Lej. cucullata N. ab E. Syn. Hep. p. 389 n. 198 oder Form derselben: Lej. cucullata var. parallela". Jedenfalls ist unsere Form von Lej. cucullata ziemlich verschieden und von ihr schon durch die Stellung der Blätter sofort zu unterscheiden. Die Pflanze von Amboina gehört nach GOTTSCHE's Zeichnung wahrscheinlich auch hierher.

Colo-L. *pseudostipulata* nova sp. — Dioica? pallide flavescens. Caules filiformes, intricati, caespitulos laxos formantes, ad 2 cm longi, parce ramosi, saepe fere simplices. Folia contigua vel imbricata, erecto patentia, semi cordata acuta basi saccata, apice subinflexa vel incurva, margine ventrali ad apicem fere saccato involuta sacculum formans dimidium fere folii adaequantem. Lobulus duplicatus, pars normalis lobuli involuta apice dentiformi sacculum involutum folii superans, pars altera basi sacculi et cauli adnata, foliolum sistit planum oblique semiovatum, ⅓ folii magnitudinem aequantem, acutum amphigastrium simulantem. Cuique folio ad basin appendicis amphigastriiformis fasciculus radicellarum hyalinarum tributus est. Cellulae folii parvae hexagonae cuticula extus valde papillosa, opacae. Folia et uterque pars lobuli late hyaline marginata sunt; margo dentatus, dentibus apice obtusis saepe 2—3-fidis. Flores ♀ pseudolaterales, folia involucralia caulinis majora, cymbiformi concava. Flos ♂ ignotus est. — Tab. VII. fig. 9—11. — Ins. Neu-Guinea, Mac Cluer-Bai, ad cortices (17./18. 6. 75).

Diese Art ist von allen verwandten Arten durch die Blattform, die ringsum breit hyalin gerandeten und eigenthümlich gezähnten Blätter, deren Zellen stark papillös und daher fast undurchsichtig sind (jede Zelle trägt mehrere dicht gedrängte fast traubig erscheinende Papillen) und besonders durch den täuschend einem Amphigastrium ähnelnden Anhang auf den ersten Blick zu unterscheiden. Dass diese Anhängsel keine Amphigastrien sind, leuchtet sofort ein, da sie nicht genau die Mitte des Stengels einnehmen, sondern den Blättern genähert sind; sie hängen mit der einen Seite mit fast ⅓ ihrer Länge mit der Basis des Lobulus zusammen und bilden so zu sagen nur eine Fortsetzung desselben, mit der Basis sind sie dem Stengel angewachsen und reichen daselbst bis zur Mitte des Stengels. Andeutungen derartiger Lobulusanhänge finden sich auch bei mehreren anderen Colo-L. (z. B. C. L. stylosa Stephani in Hedwigia 1888 p. 289), doch bilden sie hier nur einen langen stielförmigen Fortsatz und kein wirkliches grosses Blättchen, das genau den Bau der Blätter zeigt. Der breite vollkommen hyaline Rand, der alle Theile des Blattes umgiebt und überall höchst eigenthümlich gezähnt ist, hat bei anderen Colo-L. auch ein Analogon; bei gewissen Arten trägt nämlich die Blattspitze eine Gruppe hyaliner, langgestreckter Zellen. Die Zellen des Randes scheinen überhaupt gar kein Lumen zu haben. Die Rhizoiden sind hyalin und an der Spitze zu Haustorien verzweigt und entspringen an der Basis jedes Lobulusanhanges, also jedem Blatte entsprechend an Stelle der Amphigastrien und zwar, wie dies schon Stephani bei anderen Colo-L. beobachtet hat (Hedwigia l. c.) zu vier in einem Büschel.

Colo-L. *angustibracteata* nova sp. — Parva, arctissime repens in foliorum vivorum facie superiore, planissima, pellucida. Caules vage ramosi, 1—2,5 cm longi, 1—1,5 mm (cum foliis expansis) lati, tenues flexuosi. Folia imbricata vel contigua, oblique et late obovata, basi angustissima cauli inserta subplana, basi dorsali caulem superantia, toto margine minutissime, ad basin dorsalem magis conspicue eroso serrulata; apice late rotundata, lobulo basi inflato caeterum subplano oblongo, quadrato, vel ¼—⅓ folii longitudinem adaequante, vel plus minus obsoleto, apice subito oblique truncato et in margine truncato dente acuto majusculo armato (eoque inaequaliter bidentato). Cellulae pellucidae in medio folio oblongae subincrassatae, versus margines multo minores fere rectangulares minus incrassatae, ad basin dorsalem angustissimae, fere vermiculares ut in Harpidiis quibusdam. Amphigastria omnino nulla; cuique folio haustorium patelliforme e radicellis tenuissimis apice ramificatis tributum est. Flores ♀ creberrimi in ramulis lateralibus brevissimis, 2—3 folia minima gerentibus, terminales, rarissime innovatione suffulti. Folia involucralia caulinis aequilonga sed triplo angustiora subinaequalia alterum minus, lingulato-cuneata complicato biloba, lobulus ventralis dorsali fere aequalis. Perianthium pyriforme subcompressum apice rotundatum, brevissime rostellatum, medio subinflatum, omnino ecarinatum. Spicae ♂ in ramulis lateralibus brevissimis, fere globosae, folia perigonialia 2—3-juga, parva subglobosa. Planta dioica videtur. — Tab. VII. fig. 5—8. — Insula Neu-Guinea, in litore occidentali, in interiore parte sinus „Mac Cluer-Bai“ in foliis vivis *Cinnamomi* cujusdam, c. fl. ♀, c. per. et ♂ (17. 6. 75).

Unter GOTTSCHE's Zeichnungen findet sich die Abbildung einer Pflanze, die augenscheinlich identisch ist mit Colo-L. angustibracteata. GOTTSCHE nannte sie L. singularis. Bei ihr finden sich hier und da an der Basis des Perianthiums traubenförmige Zellwucherungen. Der Abbildung ist die Scheda beigefügt: „Expeditio Gazellae; fretum magellanicum, Tuesday-Bai in frustulo folii lgt. Dr. Naumann. 2. Feb.“ Exemplare finden sich nicht unter den Exsiccaten.

Coluro-Lejeunia R. Spruce, Hep. of the Amazon. — Jungermannia Aut. — Lejeunia Sect. anomalae ex p. Syn. Hep. — Colura Dumort Syll. Jung. 1831 p. 32. — Folia alterna, erecta, margine ventrali utriculato-involuta, apicem versus pluries convoluta, vel in appendicem cavam clavatam, calceoliformem vel disciformem dilatata. Cavitas folii utriculosa, ubi utriculus deorsum in appendicem cavam transit, apparatu mira constructione confecto clauditur. Apparatus clausorius praedictus efficitur lamina parva tenuissima ovata in cavitate appendicis recondita, margine forma ferrum equinum simulante valvae ad instar imposita, basi duobus tantum locis ita affixa, ut facillime introrsus aperitur. Cellularum hujus laminae internae forma diversa et singularis est, ut unaquaeque cognosci possit, unde desumpta est. Amphigastria bifida duplicata, i. e. cuique folio tributa sunt. Perianthium (quantum quidem de hoc nobis notum est) supra quadrialatum, alis apice angulose productis vel quadricorne, vel cylindricum sublaeve, vel 5-plicato-costatum. Calyptra maxima. Folia involucralia bina lanceolata, haud plicata. Amphigastrium involucrale deesse videtur. Spicae ♂ parvae, ventrales, foliis perigonialibus minutissimis subhaemisphaerico-concavis, diandris. [1])

Hujus subgeneris formae adhuc nobis notuerunt:

I. Folii alter margo involutus, apex folii bis terve cylindrice convolutus, sed non ut in formis caeteris marginibus connatis, quo appendix cava calceoliformis vel disciformis formatur. Perianthia quadricornia.

1) Coluro-L. tortifolia Mont. et Nees in Ann. sc. nat. 1843 vol. II. p. 265. — R. Spruce Hep. Amazon. p. 304 (non aliorum!). E descriptione valde incompleta cl. MONTAGNE l. c. tamen vix dubitandum est, quin plantae a MONTAGNE et a cl. Spruce descriptae congruant. Sed icones cli. GOTTSCHE secundum exemplaria originalia herbarii Neesiani delineata et scheda: „L. tortifolia M. N.' — L. contorta M. N. No. 299!" designata ad Coluro-L. superbam pertinere videntur. Caeterae formae a cl. GOTTSCHE in iconibus Hepat. ined. depictae etiam ad Coluro-L. superbam pertinent.

II. Folia utriculata, calyptraeformia, adeo torta, ut lobulus inflatus ventralis lobulum dorsalem multo minorem superet. Apex folii in appendicem cavam subulato-cornutam tubulosam prolongatur. Perianthium quadricorne.

2) Coluro-L. calyptrifolia (Hook. Dumort.) R. Spruce. Hibernia et Anglia. — Cuba, lgt. Weight (sub nom. Colura Cubana Gott. Icon. Hep. ined.

var. β. subulaefolia (Gott. Icon. ined. pro specie). — Foliis magis ventricosis, apice subito fere in cornutam appendicem longiorem elongatis. — In insula Guadeloupe.

III. Folia vix torta, quo fit, ut lobulus dorsalis apicem versus spectet. Lobulus dorsalis major subexplanatus, ventralis convolutus sed haud utriculato-inflatus. Apex folii in appendicem calceoliformem magnam, tertiam partem vel plus longitudinis folii occupantem elongatus. Perianthium quadrialatum alis longe angulose productis.

3) Coluro-L. superba (Mont.) ampl. (vide descriptionem subtus sequentem!) = Colura tortifolia Gott. Icon. ined. nec Montagne nec Spruce! Maxime variabilis quoad formam foliorum appendicisque.

α. typica nob. — Appendix magna, calceoliformis, apice rotundata vel rarius subapiculata; lobulus dorsalis subintegerrimus, latitudine appendicem haud multum vel ad duplum superans. — In insula Guadeloupe lgt. L'Herminier. — Insula Bourbon, lgt. Brûlé de St. Denis in herb. Bescherelle. — Insula Franciae, lgt. Commerson in herb. Musei Paris. — Insula Amboina, lgt. Dr. Naumann in Expeditione navis „Gazelle".

β. latifolia nob. — Appendix brevior, lobulus dorsalis latissimus, subintegerrimus. — Insulae Anachoretarum, lgt. Dr. Naumann — Java (Herb. Gottsche) — Insula Bourbon.

γ. dentata nob. = Lejeunia superba Mont. Sylloge. p. 83 n. 273. — Ann. sc. nat. 1848 p. 115 tab. 6 fig. 2. — Folia ut in forma typica sed lobulus dorsalis irregulariter dentatus. — In insula Tahiti lgt. Lépine.

4) Coluro-L. Zollingeri Gott. Icon. ined. — Java, ad saxa in rivulo Prabakti, lgt. Zollinger. — Colura crispata Gott. Icon. ined. secundum iconem huc pertinere videtur.

5) Coluro-L. sagittistipula Spruce, Hep. Amaz. p. 304. — Apud San Carlos del Rio Negro in folio vivo lgt. Spruce.

6) Coluro-L. ceratophora N. ab E. (sub Lejeunia) secundum descriptionem Neesii valde incompletam huc pertinere possit.

IV. Folia oblique cuneata, basi angustata, margine ventrali recto vel subarcuato parallele involuto, appice in appendicem parvam cavam, cucullatam transeunte; in eadem planta saepe folia inveniuntur sine appendice sed margine ventrali secundum totam fere longitudinem involuto. Perianthia ut in sectione III.

7) Coluro-L. corynephora N. ab E. in Syn. Hep. p. 405 sub Lejeunia. — In insula Manila lgt. Meyen. — Java, lgt. Zollinger.

---

[1]) Es wird hier nochmals eine Beschreibung dieses höchst sonderbaren Subgenus gegeben, da R. Spruce nicht alle Formen bei Abfassung seiner Diagnose berücksichtigt hat. Neuerdings hat Prof. K. GOEBEL darüber publicirt in: Annales du jardin bot. de Buitenzorg. Vol. VII.

8) Coluro-L. apiculata nov. sp. — Fidji-Inseln (Unit. St. Explor. Exped. Wilkes) in Gott. Icon. ined. sub nom. Lej. superba var. apiculata. — Nova Caledonia, N. de la Conception, lgt. Balansa 3694 in Gott. Icon. ined. sub nom. L. corynephora var. denticulata.

V. Folia illis Coluro-L. superbae subsimilia, appendice breviore subglobulosa, papillosa. Amphigastria magna ovata, apice ad 1/4 bifida. Perianthium omnino a praedescriptis diversum nempe ovatum, 5 plicis profundis fere 5-costatum apice rotundato breviter tubulosum, extus papillosum.

9) Coluro-L. clavigera Gott. Icon. ined. sub Lejeunia. — Cuba, lgt. Wright.

VI. Appendix foliorum magna globosa vel orbiculariter disciformis. Amphigastria parva profunde bifida. Perianthium cylindricum, verisimiliter laeve, ore subdepresso in mamillam constrictum.

10) Coluro-L. minor nova sp. — Fretum magellanicum, lgt. Dr. Naumann in Expeditione navis „Gazelle".

11) Coluro-L. Naumanni nova sp. — Fretum magellanicum.

In Expeditione navis „Gazelle" species tres collectae sunt:

Coluro-Lejeunia *superba* (Mont.) ampl. — Caespitulos densos pallide virides formans. Caulis arcte repens e basi amphigastriorum fasciculatim radiculosus, radicellis brevibus apice saepe dilatatis, inordinate ramosus, 1—1,5 cm longus, spongiosus cellulis permagnis quadratis pellucidis effectus. Folia altena erecto-adscendentia ad 2 mm longa, lobo dorsali fere explanato semiovato mox augustiore mox latiore, basi arcuata fere in petiolum brevissimum angustata, margine dorsali integerrimo vel subrepando, margine ventrali parallele involuto et lobulum ventralem simulante. Apex in appendicem cavam calceoliformem magnam tertiam vel quartam partem longitudinis folii occupantem elongatus. Appendix folii parte inferiore explanata mox aequilata mox multo angustior et forma maxime variabilis est, inter formam oviformem et subcylindricam variat, apice plerumque rotundato, obtuso vel rarius apiculato. Appendix saepe extus propagula lentiformia plurima profert, quae germinatione in corpora lenticularia multicellularia, propagulis Tetraphidis pellucidae similia, transformantur. In pluribus appendiculis animalcula (vermes e Nematodum ordine) inclusa invenimus. Apparatus clausorius appendicis ut in congeneribus. Amphigastria pro more parva, profunde bifida, laciniis angustis vel subulatis divaricatis. Perianthium longitudine foliorum, longe cylindricum, quadrialatum, alis haud dentatis apicem versus angulose dilatatis, quo fit, ut perianthium apice quasi truncatum appareat. Folia involucralia bina perianthio breviora lanceolato-lingulata subplana, haud complicata. Spicae ♂ ramulis parvis, foliis brevioribus ventralibus formantur; foliis perigonialibus parvis semigloboso-concavis, diandris, paucijugis. Areolatio foliorum ut in congeneribus, densa, cellulis parvis subpellucidis elongato-hexagonis circacircum incrassationibus parietis punctis hyalinis 10—15 ornatis.

α. *typica* (descriptionem vide supra!) = Colura amboinensis Gott. Icon. Hep. ined. — Tab. VII. fig. 16. — In insula Amboina in litore septemtrionali, *Pycno-Lejeuniae Schwaneckei* adhaerens, ster. (7. 6. 75).

var. *β. latifolia* nova var. (vide supra!). — In ins. Anachoretarum in cortice arboris cujusdam, caespitulos formans, cum spicis ♂.

Coluro-L. *Naumanni* nova sp. — C. monoica, caule repente, dense fere distiche folioso, foliis lobulo dorsali angustiore fere explanato vel subinflexo margine dorsali integerrimo vel subrepando, ventrali (lobulus ventralis) secundum totam longitudinem late involuto, appendice magna orbiculariter-disciformi folio duplo angustiori sicuti petiolo insidente, amphigastriis parvis profunde bifidis laciniis erecto-divergentibus, perianthio longe clavato-cylindrico, sublaevi calyptram magnam includente apice ut videtur subdepresso ore in apiculum constricto, foliis involucralibus minimis. — Tab. VII. fig. 13—15. — Fretum magellanicum, Tuesday-Bai, frustula pauca c. perianthiis et ♂ inventa sunt (2. 2. 76).

Caulis verisimiliter repens, ut in congeneribus spongiosus cellulis magnis hyalinis effectus, 0,1 mm circiter crassus, ex amphigastriorum basi parcissime fasciculatim radiculosus. De longitudine totius plantae e frustulis fragmentariis nil certi dicere possumus sed 1 cm vix excedere videtur. Foliis expansis frustula 2 mm lata sunt. Folia densa contigua basibus dorso imbricata et fere horizontaliter inserta sunt. Folii totius longitudo 1,2 mm est. Lobulus dorsalis folii fere semiovatus est et basi semicordato-dilatata caulis dorsum amplectens appendicem versus attenuatur; in plerisque foliis explanatus et integerrimus rarius subinflexus et hic illic subrepandus est. Lobulus ventralis (vel potius margo ventralis folii) secundum totam longitudinem parallele late involutus est, ut folii margo posterior subrectus appareat. Apice folium in appendicem magnam orbiculariter-disciformem cavam subito dilatatur, ut folii pars inferior sicuti petiolus disci esse videatur. Appendix ca. 0,6 mm latus et 0,7 mm longus est et cellulis minoribus efficitur. Introitus appendicis apparatu clausorio valde mirabili constructione adeo clauditur, ut animalcula facile in cavitatem interiorem venire sed nullo modo evadere possint. In appendicibus plurimorum foliorum corpora emortua istorum animalium (Insectorum quorundam larvas? et Acarina) invenimus, quo facto elucet, ut mirabilis apparatus illius usus captatio parvorum animalium sit, quorum corpora planta verisimiliter pro alimento utitur. Areolatio foliorum e cellulis parvis hexagonis circuitu punctis parvis hyalinis ornatis constat. Infima folia surculi plerumque minima cochleariformi-concava et appendice destituta sunt. Amphigastria parva profunde bifida, laciniis lanceolatis acutis erecto-distantibus. Perianthium terminale vel laterale longe cylindrico-clavatum ca. 2 mm longum et ad 0,6 mm latum, basi quasi in petiolum crassum attenuatum et quantum elucet e statu jam putrescente nobis viso omnino laeve et teres est; apice depressum et ore in appiculum constrictum videtur. Calyptra evoluta oblongo-pyriformis permagna maximam partem cavitatis perianthii occupat et apice collo archegonii coronatur. Folia involucralia bina pro more minima petiolum perianthii tantum obtegentia lingulata et appendiculo destituta sunt. Ramuli ♂ in eadem planta ac perianthia vix 1 mm longa et paucis tantum paribus foliorum perigonialium fere semigloboso-concavorum instructi sunt.

Species nostra ab omnibus congeneribus mira constructione foliorum et perianthii forma longe recedit.

Coluro-L. *minor* nova sp. — Minima, caule crasso spongioso parce ramoso, suberadiculoso 2—3 mm longo laxe folioso foliis parvis erecto patentibus lobo dorsali recto angusto integerrimo, ventrali secundum totam longitudinem late involuto quo fit, ut illa pars folii canaliculata appareat, appendice pro more magna subglobosa, longitudine folii partem alteram fere aequante latitudine superante, apparatu clausorio ut in congeneribus constructo, amphigastriis latitudinem caulis vix adaequantibus ad medium vel ultra bifida laciniis suberectis. Fructificatio latet. — Forsan nostra species est status juvenilis Coluro-L. Naumanni. — Tab. VII. fig. 12. — Fretum magellanicum, Tuesday-Bai, frustulum unicum sterile inter alias Hepaticas inventum est (2. 76).

Frullania *nodulosa* N. ab E. Hep. Jav. p. 217. n. 28 et p. 415. — Syn. Hep. p. 433. — En. pl. crypt. Javan. Fasc. I. p. 48 n. 62. — Spr. Syst. Veg. IV. 1 p. 219 n. 28. — Fidji Islands, Viti Levu ad Rewam superiorem, in silvis ad arbores (30. 11. 75) c. flor. ♀ copiose. — Amboina, in silvis udis ad arbores (7. 6. 75) parce c. fr.

β. plana nova var. — Differt a forma normali foliis apice tantum angusto decurvis, quo fit, ut caules siccate magis explanati appareant; (in forma typica siccate folia aliquantum cauli circumvoluta sunt). Amphigastria medio gibba marginibus plana non ut in forma typica ibidem rursus inflexis. Ceteris notis conferunt.

Forsan ad nostram varietatem referenda erit Frull. cognata Lindb.

Amboina, cum forma typica crescens ad arbores (7. 6. 75) ditissime fructificans.

F. *novoguineensis* nova sp. — Dioica, 6-plurigyna, flavo-viridis inferne fuscescens, caule 10—15 cm longo, pinnato, ramis 1—2 cm longis plerumque simplicibus, rarius ramulis perbrevibus instructis, arcuato-recurvis. Folia oblique cordata, margine dorsali arcuato, ventrali subhorizontali, mucronata, marginibus undulato subrepandis. Auriculae reflexae a caule remotae, oblique distantes, amphigastriis obtectae, parvae, clavatae, apice saepe calcaratae, rarius (in caule primario) subevolutae tum inflato-lunulatae. Amphigastria subquadrata apice sinu levi vel ad 1/4 longitudinis bifida, medio plica gibbosa caulem amplectentia, haud decurrentia sed basi cordata caule affixa, marginibus valde undulata remote dentata hic illic subrevoluta. Cellulae foliorum circuitu nodoso-incrassatae, stellatae. Flores feminei numerosi seriati, foliis involucralibus inaequaliter bifidis, lobo ventrali saepe iterum profunde bifido, lacero-dentatis, amphigastrio involucrali magno profunde bifido, lacero-dentato, archegoniis 6—10 in flore. Fructum et plantam masculam haud vidimus. —

Tab. VII. fig. 17—22. — Ins. Neu-Guinea; Patipi-, Segaar- et Mac Cluer-Bai, in silvis montanis ad arbores (17. 6. 75) copiose, c. flor. ♀.

Gehört der Section Secundiflorae an und steht der Fr. Billardieriana N. ab E. von der Insel Amboina nahe. Ist durch die Form der Blätter, die stark gezähnten Amphigastrien, die oft mit einem Spornfortsatz an der Spitze versehenen Oehrchen, sowie durch das Vorhandensein von mehr als sechs Archegonien in jeder Blüthe sehr ausgezeichnet. Das letztgenannte Merkmal hat sie mit den folgenden nahe verwandten Arten gemeinsam. Bei allen bisher bekannt gewordenen Frullanien finden sich sehr constant 2 oder 4 Archegonien.

F. regularis nova sp. — Dioica, 8—12-gyna, olivaceo-viridis vel fuscescens. Caulis divisus plerumque dense et regulariter pinnatus, ramis alternis subcurvatis, simplicibus vel potius subsecundo-ramulosis. Folia deplanata, oblique ovata apice rotundata saepe leviter reflexo, cellulis rotundatis circuitu nodoso-incrassatis. Auriculae reflexae, pro more magnae, saepe omnino amphigastriis obtectae, lunulato-cucullatae, subcurvatae, apiculatae, caulem versus fissura longa marginibus subinvoluta apertae, nonnunquam basi denticulo minutissimo instructae. Amphigastria imbricata magna, caulina duplo fere longitudinem latitudine superantia, basi vix decurrentia, margine plana, integerrima, medio plicato-gibba, apice sinu acuto ad medium fere bifida, lobis acutissimis. Amphigastria ramulorum minora pro more angustiora et profundius divisa sunt. Spicae masculae copiosissimae oblongo-ellipticae, in caule regulariter pinnatim ordinatae in ramis saepe secundae. Flores feminei in ramis secundo-seriati. Folia involucralia inaequaliter bifida, lobo minori ventrali saepe iterum profunde diviso, marginibus lacerato-dentata. Amphigastrium involucrale profunde bifidum, lacero-dentatum. Archegonia 8—12 in flore. Perianthia evoluta haud vidimus. — Tab. VIII. fig. 2—5. — Ins. Neu-Guinea, in freto Galewoano ad arbores silvae paludosae („Djungel") in insula (23. 6. 75) ♀ et ♂. — Ins. Neu-Hannover, in silva montana in faucibus secus rivulos (24. 7. 75) parce c. fl. ♀. — Ins. Neu-Guinea, Segaar-Bai (17. 6. 75); Mac-Cluer-Bai (17./18. 6. 75) c. flor. ♀.

Ist ganz nahe der F. heteromorpha verwandt und im Habitus sowie im Bau der Blätter und Amphigastrien mit dieser sehr übereinstimmend, doch sind bei dieser die Auriculae verschieden. (Uebrigens findet man auch bei F. regularis, allerdings nur selten, in den Spitzen der Aestchen einzelne aufrechte Auriculae, welche ganz so gestaltet sind, wie bei F. heteromorpha, und an der Oberfläche auch hervorragende Warzen tragen.) In der Gestalt der hier sehr grossen Auriculae ist unsere Pflanze der F. scandens Mont. sehr ähnlich. In denselben Formenkreis gehört auch F. novoguineensis, unterscheidet sich aber schon auf den ersten Blick durch die gespitzten, oft ausgerandet gezähnten Blätter und die gezähnten Amphigastrien. Ebenso dürfte hierher Fr. amboinensis zu ziehen sein. Alle Formen dieser Gruppe, welche die Sektion der Secundiflorae mit den Verwandten der Fr. brunnea Spr. F. magellanica etc. verbindet, zeichnen sich durch den Umstand aus, dass mehrere 6—12 Archegonien in jeder Blüthe vorkommen. Die Pflanze von Neu-Hannover besitzt weniger dicht beästelte Zweige und Stengel, stimmt aber sonst ganz überein.

F. heteromorpha nova sp. — F. Naumanni Gottsche msc. — Dioica, 8—10-gyna, fusca vel fusco-viridis. Caulis 5—6 cm longus, dense pinnatifidus, ramis simplicibus vel breviter pinnatifidis, foliis deplanatis, oblique ovatis apice rotundatis, cellulis circuitu nodoso-incrassatis. Auriculae a caule distantes, amphigastriis obtectae vel apice tantum prominentes, reflexae versus caulis et ramificationum apicem horizontales et erectae, cellulis prominulis crenato-papillosae, in caule primario late-cylindricae, apertura in caulem spectante instructae, in ramificationibus anguste clavaeformes, rarissime una alterave auricula omnino evoluta est et lobum triangularem subplanum format. Saepissime proveniunt ramuli brevissimi ventrales amphigastriis caulinis fere omnino obtecti, qui auriculas geminatas in communi petiolo sine ulla folii lamina et amphigastria bifida proferunt. Similes auricule proveniunt ad basin ramulorum, praeprimis fertilium. Amphigastria caulis imbricata, reniformia, latitudine longitudinem duplo fere superantia, basi vix decurrentia, margine plana, medio plicato-gibba, apice sinu lato acuto ad quartam partem longitudinis vel saepe ad medium tenus bifida, lobis acutis aliquantum productis. Flores feminei copiosissimi in ramis brevibus seriati, foliis involucralibus inaequaliter bifidis, lacerato et ciliato dentatis, amphigastrio involucrali profunde bifido lacerato-dentato. Perianthia evoluta et plantam ♂ haud vidimus. — Tab. VIII. fig. 1. — Ins. Neu-Guinea, Mac Cluer-Bai, in silva montana ad arbores (17./18. 6. 75) copiose c. flor. ♀.

Ist durch die zahlreichen Archegonien in jeder Blüthe und durch die Heteromorphie der Oehrchen sehr ausgezeichnet. Die warzige Oberfläche derselben, die sich auch bei Fr. integristipula N. ab E., Fr. magellanica Web. et Nees, Fr. ramuligera N. ab E. und anderen Arten findet, ist nur bei stärkerer Vergrösserung und hauptsächlich an den kleinen Seitenästchen deutlich. Die Eigenthümlichkeit, dass die Auriculae theils zurückgeschlagen theils aufrecht sind, theilt unsere Art mit Fr. fallax Gott. und Fr. intermedia N. v. E., von beiden ist sie aber weit verschieden. Der Fr. brunnea Spr. und Fr. ramuligera ist sie nächstverwandt, doch nähert sie sich auch der Fr. intermedia und fallax aus der Sektion Secundiflorae, jedenfalls bildet sie einen Uebergang zwischen den beiden Sektionen. Die ♀ Blüthen stehen reihenweise zu beiden Seiten des Stengels.

F. *amboinensis* nova sp. — Fr. heteromorphae maxime affinis et cum illa inflorescentia dioica, foliorum forma, auriculis heteromorphis, verruculosis, amphigastriorum caulinorum forma et aliis notis congruit, sed differt notis sequentibus. Planta triplo minor est, rami remotiores regulariter alternantes, foliorum cellulae minus incrassatae, auriculae folii margine ventrali implicato pedicellatae apparent. Inter curiculam et caulem processus minutus interjectus est. Amphigastria saepe e medio radicantia remotiora et in ramis angustiora sunt, quo fit, ut auriculas haud obtegunt. Plantam ♂ tantum vidimus. Spicae masculae globulares sunt. Quamquam habitu tam diversa cum Fr. heteromorpha adeo notis laudatis congruit, ut forsan plantam masculam illius speciei praebet. — Ins. Amboina, in latere boreali-occidentali, in silvis udis (7. 6. 75) parce inter alias Hep. ♂. — Ins. Neu-Mecklenburg, Port Sulphur (19. 8. 75) parce ♂.

F. *magellanica* Web. et N. ab E. Synop. Hep. p. 446 No. 76. — Jungermannia magellanica Sprg. in Annal. d. Wetter. Ges. I. p. 25 t. 4 fig. 10. — Fretum magellanicum, Tuesday-Bai (2. 2. 76) parce inter al. Hep. c. fr. et ♂.

Unsere Pflanze besitzt Perianthien, die auf dem Bauche einen breiten, flügelartigen Kiel haben. In der Syn. Hep. ist angegeben „ventre obtuse carinato".

F. *Boveana* Massalongo, Epatiche della Terra del Fuoco in Nuovo Giornale Bot. XVII. 1885 p. 244 tab. XXIII. f. 27. — Fretum magellanicum, Tuesday-Bai (2. 2. 76) parce inter al. Hep. sterilis.

F. *apiculata* N. ab E. Synop. Hep. p. 452 n. 90. — Jungermannia apiculata N. ab E. Hep. Javan. p. 226 n. 33. — Amboina, in latere boreali-occid. (7. 6. 75) ♂ et ster.

Codonieae.

Fossombronia *Naumanni* nova sp. — Dioica. Laxe caespitans vel inter aliis muscis, repens vel adscendens. Caulis 4—5 cm longus, simplex vel parce ramosus, in pagina ventrali dense atro-violaceo radiculosus. Folia densa, crispata, succuba, 4 mm lata, 5—7 mm longa, in pagina dorsali longe decurrentia, in ventrali pagina caulem valde amplectentia, margine irregulariter repanda et 4—5 dentibus, remotis, acutis instructa. Cellulae folii magnae, rectangulares, pellucidae, valde leptodermicae. Inter foliis in caulis dorso saepe foliola stipularia, parva, lanceolata inveniuntur. Antheridia in parte anteriore dorsali caulis numerosa, magna, globosa, petiolo longissimo (triplo vel quadruplo longiore) insidentia. Folia perichaet. caulinis similia. Perianthium magnum, cyathiforme vel cylindricum, ore aperto, subplicato, irregulariter dentatum, saepe foliolis stipularibus, laciniatis adnatis apice tantum liberis. Capsula globosa, flavescens, dein fusca, irregulariter dehiscens, in pedicello ad 2 cm longo. Sporae triangulariter rotundatae, 33—39 Mikr. diam. flavido-fuscae, subpellucidae, rugis irregulariter vermicularibus, incohaerentibus — etiam in sporis omnino maturis inconspicuis — obrutae, margine verrucoso aculeatae, aculeis irregularibus 25—30 hic illic membrana pellucida conjunctis. — Tab. VII. fig. 23—25. — Ins. Kerguelen, Successful Harbour, in rupibus humidis (12. 74). ♂ et c. fr. evol.

β. rielloides nova var. (Riella kerguelena Gottsche Mscr.) — Statura majore (plus quam 5 cm longa) robustiore, habitu maxime peculiari. Plantae fuscescentes, plerumque simplices, erectae (submersae?), omnino eradiculosae vel rarius parcissime radiculosae. Caulis subspiraliter tortus. Folia areolatione firmiore, latissima, in pagina ventrali caulem magis amplectentia, valde plicata, margine dentibus minoribus vel subnullis, Riellarum alae ad modum spiraliter circa caulem tortae. Stipulae dorsales paucae sed majores saepe irregulariter bifidae. Organa genitalia haud vidimus. — Tab. VII. fig. 26—28. — Ins. Kerguelen (11. 74) steril.

Trotzdem die Pflanze ihrem Habitus nach so auffallend ist und sich durch die oben angeführten Merkmale so sehr von der Foss. Naumanni unterscheidet, stimmt sie doch in ihrem anatomischen Bau mit dieser überein. Es ist der eigenthümliche Habitus wohl nur durch den Standort bedingt. Die Pflanze macht ganz den Eindruck, als ob sie aufrecht am Grunde seichter Gewässer wüchse, welches Vorkommen das Fehlen der Rhizoiden, die braune Färbung und das Bestreben, einen mehr multilateralen Wuchs anzunehmen, erklären würde.

Diplomitrieae.

Podomitrium *Phyllanthus* Mitten in Hook. antarct. Voyage II P. 2 p. 164. — Blyttia Phyllanthus N. ab E. in Syn. Hep. p. 478 n. 10 ex parte. — Jungermannia Phyllanthus Hook. Musc. exot. t. 95. — Ins. Amboina, in sinus septemtr.-occident. ripa (7. 6. 75).

P. *majus* nova sp. — Blyttia Lyellii a major Gott. in Msc. — Modus vegetandi Podomitrii Phyllanthi sed frondes sicco fusco-virides, costa fusca percursae, duplo vel triplo longiores, ad 6 cm longae sed 3—6 mm tantum latae, subfurcatae rarius simplices; frondes novellae e ventre costae vetustioris frondis prodeuntes. Frons primaria eradiculosa vel basi et ad basin novellarum frondarum parce fusco-radiculosa, basi attenuata ibique rhizomoidea, tali modo frondes novellae basi in costam attenuatae et quasi petiolatae sunt; apice frondes saepe angustatae sunt. Costa frondis tenuis, tractu cellularum centrali filiformi percursa. Alae unistratosae planae, margine integerrimae cellulis majoribus, quam in Podom. Phyll. effectae. Involucr. ♀ ut in Podom Phyll. — Ins. Neu-Hannover, in interiore parte insulae, in faucibus silvaticis secus rivulos (24. 7. 75).

Unterscheidet sich von Podomitrium Phyllanthus hauptsächlich durch die viel stattlichere Grösse, die Farbe und die oben angegebenen weniger wichtigen Merkmale und ist vielleicht als var. major zu der genannten Art zu stellen.

Aneureae.

Pseudoneura *fuegiensis* (Massalongo) = Riccardia fuegiensis Massalongo, Epatiche della Terra del Fuoco in Nuovo Giorn. Bot. 1885 p. 225. Tab. 26 fig. 36. — Bescherelle et Massal. Hep. du Cap Horn p. 45 n. 81. — Ps. lineolata Gottsche Msc. — Fretum magellanicum, Tuesday Bai (2. 2. 76) copiosissime, pars vegetationis umbrosorum fagetorum, in ipsissima terra et ad arbores, plerumque sterilis, paucas plantas ♂ et fructificantes invenimus.

Quia cl. MASSALONGO fructificationem ♀ haud vidit, ejus descriptio his notis augenda est.

Planta dioica. Calyptrae saepe oppositae in utraque margine frondis, magnae, clavaeformes basi squamis paucis parvis, acutis instructa, apice appendice ut in congeneribus, coronatae, tota, superficie granis irregularibus fuscis adnatis scaberrimae, quasi arenae particulis angulosis adglutinatis obsitae. — Tab. VIII. fig. 7—9.

P. crispa nova sp. — Caulis 3—5 cm longus, compressus, sectione transversali lentiformis, haud hyalino-marginatus, glaber fuscus dense pinnatus apicem versus aliquantum dilatatus, pinnis plus minus destitutus; pinnis pro more brevibus pallidioribus crispatis (siccate valde crispis) glabris, infimis tripartitis, superioribus bipartitis simpliciter vel duplicato-pinnatifidis, pinnulis brevibus oblongo-ovatis, costa tenui instructis late hyalino-alatis, alis cellulis leptodermis permagnis omnino hyalinis effectis. Cellulae marginales rotundatae aliquantum prominent, quo fit ut pinnulae margine crenulatae sint. Spicae masculae eodem modo hyalino-marginatae sunt, ac pinnulae; ceterum ut in congeneribus. — Tab. VIII. fig. 14, 15. — Fretum magellanicum, Tuesday-Bai (2. 2. 76) ster. et ♂ etiam ad Fagos.

P. crispa steht der P. fucoides (Mont. et Nees) Gott. am nächsten, unterscheidet sich aber durch geringere Grösse, die auch im trockenen Zustande hellbraune Farbe, die kürzeren Fiedern, die stark gekräuselt sind, die kurzen (nicht lang linealen) Endverzweigungen der Fiedern, deren Flügel aus viel grösseren, ganz hyalinen Zellen gebildet sind. Bei P. fucoides ragen diese Zellen am Rande nicht vor, sondern hier finden sich entfernte mehr oder weniger deutliche Zähne, so dass die Fiederchen oft entfernt an Thalluszweige von Fucus serratus erinnern. In der äusseren Erscheinung sind die beiden Pflanzen recht unähnlich; in dieser Beziehung ist P. crispa der P. prehensilis ähnlicher, diese unterscheidet sich aber sofort durch bedeutendere Grösse und die mamillöse Oberfläche der Frons.

P. prehensilis (Tayl. et Hook. fil.) Gott. Mexik. Leverm. p. 259 (in obs.). — Metzgeria prehensilis Taylor et Hook. fil. in Synop. Hep. p. 505. — Taylor, Hep. antarct. in London Journ. of botany (1844) p. 480 n. 63. — Sarcomitrium prehensile Mitten in Hook. Fl. Nov. Zel. II. p. 167. — Aneura prehensilis Mitten in Handb. of the N.-Zeal. Fl. p. 543. — Acrostolia prehensilis Trevisan, Nuov. class. Ep. p. 49. — Ps. marginata Gottsche Msc. — Fretum magellanicum, Tuesday-Bai (2. 2. 76) ♂ et ♀. — Punta Arenas (7. 2. 76). Planta distinctissima cellulis frondis superficialibus ubique in appendices mamillaeformes prolongatis, quo fit, ut frondis margines unica serie cellularum, valde regulari, hyalina marginati appareant. — Tab. VIII. fig. 12, 13.

Ps. prehensilis ist von Ps. eriocaula (Hook.) wohl kaum specifisch verschieden, wenigstens sind die Unterschiede in der Syn. Hep. ganz unzureichend. Die sehr ausführliche Beschreibung und Abbildung, die LEITGEB, Untersuchungen über die Lebermoose III. p. 49 ff. et tab. II. von der Pflanze aus Neu-Seeland (also wohl Ps. eriocaula) giebt, stimmt ganz genau auch auf unsere Pflanze.[1])

Spinella novum genus. — Frons subbipinnata, ramis pinnatifidis, laciniis obtusiusculis, caules et ramificationibus subcompresso-teretibus, sectione transversa ovalibus, ubique aculeis squamiformibus pluridentatis asperrima, organa genitalia in ramis brevibus lateralibus. Perianthium nullum, calyptra clavata, papilloso-scabra; spicae masculae subovales, asperrimae, antheridiis biseriatis 6—14 immersis. Capsula breviter pedicellata, parva, ovalis, pedicello haud crassior, quadrivalvis, leptodermica, unico cellularum longarum, efibrosarum strato effecta. Sporae in capsula seriatae, minutissimae, laeves fulvae. Elateres breves apice valvarum insidentes, laeves, unispiri.

Genus Aneuris proximum, sed differt frondis fabrica peculiari. Characteribus genitalibus haud diversum ab Aneuris et Pseudoneuris.

---

[1]) Herr Prof. C. MASSALONGO hatte die Güte, mir Exemplare von Pseudoneura prehensilis (Staten Island, lgt. Spegazzini) und P. eriocaula var. chilensis (Terre de la Desolation, lgt. Savatier) zu übersenden. Ein eingehender Vergleich der beiden Pflanzen liess mich auch nicht den geringsten nennenswerthen Unterschied entdecken. P. eriocaula ist etwas grösser und mehr rothbraun (im feuchten Zustande, wo der bläuliche Reif verschwindet), P. prehensilis ist blasser gefärbt. In diesen Beziehungen gleicht unsere Pflanze der P. prehensilis. In der Verzweigung und im Zuschnitt der Lacinien, sowie im mikroskopischen Befunde stimmen beide Pflanzen völlig überein und können unmöglich als eigene Arten unterschieden werden.

S. magellanica nobis = Riccardia spinulifera Massalongo, Epatiche della Terra del Fuoco in Nuovo Giorn. bot. XVII. 1885 p. 254 tab. 26 fig. 33. — Bescherelle et Massal., Hep. du Cap Horn p. 44 n. 78. — Tab. VIII. fig. 17—19. — Fretum magellanicum, Tuesday Bai, in silvis umbrosis Fagi betuloidis, in terra et ad arbores (2. 2. 76) copiose, ♂ et c. fr. plerumque juv.

***Aneura** calva* nova sp. — Dioica (?) Frons ad 5 cm longa, pinnata atrofusca, caudice margine non pellucente, in pinnulorum margine tantum subpellucens. Caulis sectio transversa forma lenticulari, margine alis unistratosis (ut in A. multifida proveniunt) nullis, medio ita aucta, ut 13—14 cellularum series numerari possis, quo charactere ab A. pinnatifida diversa est, ubi semper 5—6 cellularum series inveniuntur. Pinnae pro more breves plerumque oppositae, raro alternae, simplices vel saepius iterum pinnatae vel rarius duplicato pinnatae, obtusae vel subulato-attenuatae, pinnulis brevibus acutis. Flos ♀ in axillis lobulorum, archegoniis brevibus crassis 10—12 in flore. Plantam ♂ non vidimus. — Tab. VIII. fig. 16. — Fretum magellanicum, Tuesday-Bai inter alias Hepaticas crescens (2. 2. 76) sterilis et ♀.

Ist der A. pinnatifida nächstverwandt und möglicher Weise nur eine sehr abweichende Var. derselben; unterscheidet sich von dieser durch den Wuchs, der dem der Pseudoneuren ähnelt, die tiefbraune Farbe und der Querschnitt der Frons, der in der Mitte aus 13—14 Zelllagen besteht, bei A. pinnatifida nur 5—6.

A. pinnatifida Nees ab E. Hep. Eur. III. p. 442, 426 n. 2 IV. p. LXII. n. 2. — Syn. Hep. p. 495 n. 3. — Ins. Vitiensis, Viti Levu, ad flumen Rewa (30. 11. 75) c. flor. ♀. — Fretum magellanicum, Tuesday-Bai (2. 2. 76) ♂.

Die Pflanze aus der Magellan-Strasse ist eine kleine, zierliche, reichverzweigte Form mit sehr schmalen Verzweigungen.

A. umbrosa nova sp. — Planta elegantissima, atro- vel fusco-viridis. Frons ca. 2 cm longa, 0,5 mm lata, conferte pinnatim ramosa, marginibus haud pellucida ibidemque haud unistratosa; pinnae inaequales, alternae ad 5 mm longae, conferte duplicato pinnatae, pinnulis brevibus, apice obtusis, marginibus irregulariter undulato crenatae. Caulis sectio transversa lenticularis, medio 8—9 cellularum stratis effecta. Fructificatio adhuc latet. — Tab. VIII. fig. 10, 11. — Fretum magellanicum, Tuesday-Bai (2. 2. 76) inter alias Hepaticas, sterilis.

Habitu distincta et etiam in statu sterili facile distinguenda. An varietas Aneurae pinnatifidae?

A. multifida (L.) Dumort. Comm. Bot. p. 115. — Jungermannia multifida L. sp. pl. ed 2 p. 1602 n. 26. — Ins. Neu-Hannover, in interiore parte insulae, in faucibus silvaticis secus rivulos (24. 7. 75). — Fretum magellanicum, Tuesday-Bai (2. 2. 76) ♂.

Unsere Pflanze ist eine grosse, laxe, schlaffe Form mit zweitheiligem oder einfachem Stengel und meist einfachen verlängerten, oft spitzen Aesten. Der anatomische Bau stimmt ganz mit dem der europäischen Pflanze überein.

A. latifrons Lindberg, Manipulus muscorum secundus 1874, in Acta Soc. pro Fauna et Flora Fennica p. 372. — A. palmata α. major N. ab E. Hep. Eur. III. p. 459. — Jungermannia multifida Hook. Brit. Jung. t. 45 f. 4 et 7. — Mackay, Fl. Hib. II. p. 57 n. 7 adnot. — Amboina, in solo argillaceo (7. 6. 75) c. fr. junior. et ♂.

Planta monoica est et omnino congruirt cum planta europaea.

Metzgerieae.

***Metzgeria** linearis* (Sw.) Lindbg. Monogr. Metzgeriae in Acta Soc. pro Fauna et Flora fennica I. 1877. (M. furcata α. extensa Nees ab E.) — Fretum magellanicum, Tuesday-Bai (2. 2. 76) c. fr. — Punta Arenas (7. 2. 76) c. fr.

***M.** magellanica* nova sp. — Dioica. Frons angusta, linearis, 2—5 cm longa plerumque vage alternatim ramosa vel dichotoma, raro ventre prolificans, marine utrinque involuto, subglabro vel saepe remote ciliato, ciliis rarius simplicibus sed plerumque binis vel ternis e basi multicellulari oriundis. Costa nuda, supra et subtus duobus cellularum majorum seriebus obtecta. Involucra mascula nuda antheridiis 4—6 inclusis, feminea bipartita, margine ciliata. Calyptra clavata basi subnuda, extus densissime brevipilosa. Capsula breviter pedicellata calyptram vix superans. — Tab. VIII. fig. 6. — Fretum magellanicum, Tuesday-Bai (2. 2. 76) c. fr. et ♂.

Unterscheidet sich von der nächstverwandten M. linearis durch zarteres, schmächtigeres, viel reicher verzweigtes Laub, die unterseits nicht borstige Rippe, die mit viel dichteren kürzeren Borsten besetzte Calyptra. Wie die genannte Art besitzt M. magellanica stark umgerollte Laubränder.

***M.** decipiens* (Massal.) = M. furcata β decipiens Massalongo. Epatiche della Terra del Fuoco in Nuovo Giornale botanico XVII. 1885 p. 226 tab. 28 f. 36. — Bescherelle et Massal. Hepat. du Cap Horn 1889 p. 46. — Fretum magellanicum, Tuesday-Bai (2. 2. 76) abundanter sed ♀ tantum.

Der Diagnose MASSALONGO's sei noch beigefügt: Zweihäusig. Habitus ganz von M. conjugata, bleich gelblichgrün, kräftiger als M. furcata Lindbg. Dichotom, seltener abwechselnd ästig, fast immer reichlich von der Bauchseite der Rippe sprossend, Rand etwas wellig, flach, meist borstig. Rippe unterseits kahl, stets oberseits und unterseits von zwei Zellreihen bedeckt. Durch die angeführten Merkmale von M. conjugata verschieden; durch den Habitus, die breiteren flachen Lappen und die vorherrschend ventrale Sprossung unterscheidet sie sich von M. magellanica.

***M.** frontipilis* Lindbg. Monog. Metzgeriae p. 14 n. 2. Massalongo, Epatiche della Terra del Fuoco p. 257. — Bescherelle et Massal. Hep. du Cap Horn p. 46. — M. pubescens Mont. Voy. au pôle Sud I. Bot. crypt. p. 214 excl. syn. — Metzgeria sp. Mitten in Hooker f. Fl. Nov. Zel. II. p. 166 ex p. — Jungermannia (Metzgeria) furcata β. pubescens Hook. f. et Tayl. Fl. antarct. P. II. p. 445 exc. syn. — Fretum magellanicum, Tuesday-Bai (2. 2. 76) ad filices? c. fr. et ♂. — Punta Arenas (7. 2. 76).

Jecorariae.

***Dumortiera** hirsuta* Syn. hep. p. 543 n. 3. — Ins. Vitiensis, Matuku; in vallo rivuli cuiusdam ad terram (24. 11. 75) ♀ junior.

***Marchantia** polymorpha* L. — Fretum magellanicum, Punta Arenas (7. 2. 76) c. fr.

***M.** tabularis* N. ab E. Hep. Eur. IV. p. 71 in observ. sec. Mitten (M. polymorpha sec. Thom. Taylor.). — Ins. Ascension, Green mount ad 2000′ (19. 8. 74). — Ins. Kerguelen, Successful-Bai, in rupibus humidis (11. 74).

***M.** chenopoda* L. sp. pl. II. p. 1603 n. 2. — Ins. Vitienses, Viti Levu, in arena humida ad ripas fluminis Rewa (30. 11. 75) ♀ c. fr. junioribus et cum scyphis. ♂ cum rec. evolutis.

Planta nostra differt a speciminibus a cl. Sieber in insula Martinica collectis fronde rigidiore regulariter pluries palmato-dichotoma subtus omnino obscure purpurea, scyphis crebrioribus, pedunculis receptaculorum femineorum brevibus, involucrorum laciniis latis ciliato-dentatis, intense purpureis nec pallidis, squamis ventralibus violaceis margine ciliato-dentatis nec subintegris pallidis.

Ricciaceae.

***Ricciella** linearis* nova sp. — Frons omnino congruit cum illa formarum minorum R. fluitantis var. canaliculatae Br., pluries dichotoma, linearis 2—3 cm longa, vix 1 mm lata, sed species nostra differt primo visu sporis triangulariter rotundatis minoribus, eodem modo fuscis sed margine pellucido membranaceo vix crenulatis et in cancellas dimidio minores plus quam 30 divisis. Sporae 70—78 Mikr. diamet. — Ins. Vitienses, Viti Levu; ad ripas fluminis Rewa in arena humida (30. 11. 75) cum sporis.

Bei der nahe verwandten R. fluitans var. canaliculata Br. sind die Sporen grösser, 90—85 Mikr. rund, der Rand ist schmaler und unregelmässig crenulirt. Auf einem Gesichtsfelde erscheinen hier nur etwa 12—16 aber doppelt so grosse, unregelmässig polygonale Felder. Bei R. linearis ist die Frons verhältnissmässig kleiner und zarter und auf der Unterseite reichlich mit gekörnelten Rhizoiden versehen. Die Sporogonien bilden auch hier grosse halbkugelige Protuberanzen auf der Unterseite,

***Riccia** novo-hannoverana* nova sp. — Frons dichotoma ad 1,5 cm longa, basi cuneata, attenuata, ad 2,5 mm lata, membranacea, pallide viridis, sublaevis, humectata subdiaphana (subcavernosa?), intus fibrosa, e cellulis magnis leptodermicis, margine tenui, plano, nudo, sublobato-crenulata, subtus concolor, medio rhizoidis longis obsita. Sporogonia plura in parte anteriore frondis. Sporae suborbiculares, atro-fuscae minus pellucidae, in cancellas parvas 26—32 partitae, margine pellucido, membranaceo, subcrenato. Sporae 75—82 Mikr. diam. — Tab. VIII. fig. 20, 21. — Ins. Neu-Hannover (6. 75) c. fr.

Gehört wohl zu der Section Lichenoides, da an der Oberfläche keine aufgerissenen Lufthöhlen sichtbar sind, wie bei R. crystallina und anderen. Die Pflanze ist von stattlicher Grösse. Ihr blassgrünes Laub erinnert in der äusseren Erscheinung sehr an das von Sauteria alpina; dasselbe ist dünn und besonders im aufgeweichten Zustande (zumal an den Rändern) durchscheinend; es scheint nicht Rosetten zu bilden.

***R.** amboinensis* nova sp. — Frons subcarnosa, stellata, permagna surculi ad 2,5 cm longi, 3,5 mm lati, cuneati, bifidi, in lobos late-lineares, apice cordato-incisos divisi. Frondis margo nudus haud lobatus, planus. Cavernae in superficie non apparent. Cellulae superficiales regulariter seriatae, circuitu incrassatae, mamilloso-convexae. Frons in parte superiore concolor. Sporogonia vix prominentes, minores, basin versus posita. Sporae magnae, fuscae, paulum pellucidae, orbiculares, in cancellas irregulariter hexagonas, parvas ca. 30 partitae, margine dense aculeatae apparent, aculeis irregularibus hic illic membrana pellucida conjunctis. Sporae cum margine 87 Mikr. longae, 90 Mikr. latae, margo ca. 6 Mikr. latus. — Tab. VIII. fig. 22, 23. — Ins. Amboina, in litore boreali ad terram humidam circa casas indigenorum Malayanorum (7. 6. 75) parce fructif.

Gehört sicher in die Section Lichenoides; die Lufthöhlen des Inneren durchbrechen die Oberfläche nicht, diese ist durch die uhrglasartig vorgewölbten Zellen, welche in regelmässige, radiale Reihen geordnet sind, fein mamillös. Der Querschnitt des Laubes giebt eine durch eine Querlinie getheilte, auf beiden Seiten langspitzig zulaufende Ellipse; das Parenchym über dieser Linie ist anders, als das unter derselben; es besteht aus im Querschnitte quadratisch erscheinenden Zellen. Die Mittelpartie der Unterseite ist stark mit Rhizoiden bekleidet.

R. amboinensis gehört zu den grössten Arten, ihre Rosetten können den Durchmesser von 5 cm erreichen. Die Lappen sind breit keilförmig, die letzten Verzweigungen breit lineal; ihre Ränder sind gerade und flach, an der Spitze herzförmig eingeschnitten und besitzen daselbst eine Mittelfurche. An den älteren Laubtheilen ist eine Mittelrinne nicht wahrzunehmen. Die Unterseite ist wie die Oberseite blassgrün bis bräunlich. Die Sporogone sind klein. Die Sporen sind dadurch sehr auffallend, dass sie unter dem Mikroskop durch hervorragende Leisten in etwa 30 kleine unregelmässige, polygonale Felder getheilt sind und der Rand durch diese hoch vorragenden Leisten dicht stachelig erscheint. Hier und da bemerkt man zwischen den Stacheln die durchsichtige Membran, welche sie verbindet.

Anthocerotaceae.

***Anthoceros** endiviaefolius* Mont. Voy. au pôle Sud, Bot. crypt. I. p. 211; Syllog. p. 93. — Syn. Hep. p. 590. — Massalongo, Epatiche della Terra del Fuoco in Nuovo Giorn. bot. XVII. 1885 p. 258 n. 103. — Bescherelle et Massal. Hepat. du Cap Horn in Mission scient. du Cap Horn 1882—83 Tom. V. p. 248. — Anth. giganteus sec. Gottsche (false). — Fretum magellanicum, in sinu Tuesday-Bai; c. capsulis et sporis. — Adhaerens Gottscheae lamellatae ad Fagi betuloidis truncos ut videtur haud rarus (2. 2. 76).

Anth. endiviaefolius (Mont.) Massal. unterscheidet sich von dem sehr ähnlichen A. giganteus L. et Lndb. durch den ungerippten Thallus. Ich verdanke der Güte des Herrn Prof. C. MASSALONGO in Ferrara ein Original-Exemplar (Fuegia lgt. Dr. Hariot), welches vollkommen mit unserer Pflanze übereinstimmt. Ob die Pflanze MASSALONGO's wirklich identisch ist mit der MONTAGNE'schen, ist nach MONTAGNE's höchst unvollständiger Diagnose nicht sicher zu entscheiden, jedoch sehr wahrscheinlich.

A. amboinensis nova sp. — Frons subrosulacea, deplanata tenuis obscure viridis, in lacinias late cordatas vel rotundatas margine irregulariter crenato-incisas vel sublaciniatas divisa, subtus radiculosa, supra laevis, paucistratosa ut videtur stratis 3 cellularum confecta. Involucra solitaria (haud geminata) ad 3 mm longa, cylindrico-conica. Capsula evoluta pertenuis, crine equino simillima, 3 cm longa, nigra. Sporae maturae subtetraedrice-rotundae ca. 0,025—0,035 mm diametro (dimidium fere magnitudinis sporarum Anthocerotis punctati) metientes, brunneae, verrucosae, verrucis acute et late conicis, inaequalibus. Pseudoelateres sine spira laeves haud conspicue articulati opaci brunnei tenuissimi vermiculariter flexuosi fragiles, ca. 0,25 mm longi, ca. 0,007 mm lati. Antheridia haud vidimus. — Tab. VIII. fig. 24, 25. — In Amboina insula, Aneurae cuidam adhaerens c. capsulis maturis et semimaturis (16. 6. 75).

Unserem A. laevis in der Tracht nicht unähnlich, doch ist das Laub viel dünnhäutiger, die Kapseln länger und viel dünner, die Sporen sind etwas mehr als halb so gross als die von A. punctatus und dunkelbraun gefärbt und mit spitzen Warzen besetzt. Sehr ausgezeichnet ist übrigens diese Art noch durch die langen, sehr dünnen, tiefbraunen Pseudoelateren, an denen äusserlich keine Gliederung zu erkennen ist. Im Gewebe des Thallus finden sich Nostoc-Kolonien vor.

A. glandulosus L. et Ldbg. in Lehm. Pug. pl. IV. p. 26. — Gott. Ic. Hep. ined. — Syn. Hep. p. 585 n. 6. — Ins. Novo-Zelandia, Auckland, in declivis argillaceis; c. fr. (8. 11. 75). — Ins. Vitienses, Viti-Levu, in solo humido (30. 11. 75).

A. affinis nova sp. — Omnibus notis confert cum Anthocerote laevi sed differt sporis extus omnino laevissimis (haud punctatis). Caeterum sporae illis speciei europeae aequimagnae sunt. — Forsan varietas tantum Anthocerotis laevis L. — Ins. Novo-Zelandia, Auckland; c. fr. (8. 11. 75).

Erklärung der Abbildungen.

Tafel I.

Fig. 1, 2. Gottschea pusilla. 1. Oberer Theil der Pflanze, Dorsalansicht (Verg. 18 : 1). — 2. Blatt und Amphigastrium, Ventralansicht (Verg. 18 : 1).

Fig. 3. Gottschea pachylla Tayl. var. ambigua Besch. et Massal. Zwei Blätter ausgebreitet und ein Amphigastrium. a) Dorsal-Lappen, b) Ventral-Lappen (Verg. 17 : 1).

Fig. 4. Sarcoscyphus kerguelenus, Theil des Stengels mit einer blattwinkelständigen Innovation (Verg. 13 : 1).

Fig. 5—7. Plagiochila novo-hannoverana. 5. Theil des Stengels, Ventralseite (Verg. 4 : 1). — 6. Amphigastrium (Verg. 40 : 1). — 7. Perianthium (Verg. 7 : 1).

Fig. 8. Plagiochila Savatieriana Besch. et Massal. Stengel mit ♀ Inflor. Ventralseite (Verg. 10 : 1).

Fig. 9, 10. Gymnomitrium vermiculare. 9. Nat. Grösse. — 10. Oberer Theil des Stengels mit ♀ Inflor. (Verg. 30 : 1).

Fig. 11—13. Plagiochila heterodonta α major. 11. Nat. Grösse. — 12. Mittlerer Theil des Stengels, Ventralseite (Verg. 15 : 1). — 13. Stengelspitze, Dorsalseite (Verg. 12 : 1).

Fig. 14, 15. Plagiochila heterodonta β humilis. 14. Nat. Grösse. — 15. Mittlerer Stengeltheil, Ventralseite (Verg. 12 : 1).

Fig. 16, 17. Plagiochilia heterodonta γ ovalifolia. 16. Nat. Grösse. — 17. Oberer Stengeltheil, Ventralseite (Verg. 8 : 1).

Fig. 18, 19. Plagiochila fagicola. 18. Oberer Stengeltheil, Ventralseite (Verg. 12 : 1). — 19. Amphigastrium (Verg. 150 : 1).

Fig. 20, 21. Plagiochila blepharophora δ major. 20. Stengeltheil mit einer Innovation, daneben ein junges Perianthium (Verg. 6 : 1). — 21. Junges Perianthium mit einem Involucralblatte (Verg. 6 : 1).

Tafel II.

Fig. 1—3. Plagiochila fagicola var. subpectinata. 1. Form mit vielzahnigen Blättern, die einen Uebergang bildet zur Stammform; oberer Theil des Stengels mit jungem Perianthium, Ventralseite (Verg. 15 : 1). — 2. Junges Perianthium mit einem Involucralblatte (Verg. 30 : 1). — 3. Typische Form der Varietät, Ventralseite (Verg. 15 : 1).

Fig. 4, 5. Plagiochila blepharophora ε vitilevuana. 4. Ventralseite des mittleren Stengeltheiles (Verg. 12 : 1). — 5. Junges Perianthium mit Involucralblättern (Verg. 6 : 1).

Fig. 6—10. Plagiochila bispinosa γ Naumanniana. 6. Mittlerer Theil des Stengels der ♂ Pflanze, Dorsalseite (Verg. 12 : 1). — 7. ♂ Inflorescenz (Verg. 12 : 1). — 8. Ein Blatt der Pflanze in seiner natürlichen Stellung (Verg. 25 : 1). — 9. ♀ Pflanze mit entwickeltem Perianthium (Verg. 15 : 1). — 10. Dorsalseite des Stengels mit den Blattbasen (Verg. 47 : 1).

Fig. 11—13. Plagiochila patagonica Besch. et Massal. — 11., 12. Stengelblätter der typischen Form (Verg. 9 : 1). — 13. Perianthium (Verg. 6 : 1).

Fig. 14, 15. Plagiochila aurita; zwei Blätter von der Ventralseite (Verg. 17 : 1).

Fig. 16, 17. Jungermannia coniflora. 16. Habitusbild (Verg. 13 : 1). — 17. Querschnitt des Perianthiums.

Tafel III.

Fig. 1—3. Cephalozia scabrella Massal. — 1. ♀ Inflorescenz (Verg. 25 : 1). — 2. Einige Blattzellen mit den dichten papillenartigen Hervorragungen (stark verg.). — 3. Theil der Pflanze mit ♀ Infloresc. (Verg. 16 : 1).

Fig. 4, 5. Leioscyphus pallens Mitten. 4. Theil des Stengels, Seitenansicht (Verg. 13 : 1). — 5. Amphigastrium (stärker verg.).

Fig. 6, 7. Jungermannia decolor. 6. Habitusbild (Verg. 10 : 1). — 7. Perianthium mit den Involucralblättern; die punktirte Linie deutet die Stelle an, wo das Involucralbl. dem Perianthium angewachsen ist (Verg. 20 : 1).

Fig. 8, 9. Lophocolea striatella (Massal.). 8. Ventralseite. — 9. Dorsalseite des Stengels (Verg. 12 : 1).

Fig. 10—12. Adelanthus unciformis β major. 10. Theil des Stengels mit den Blätter in natürl. Lage (Verg. 20 : 1). — 11. Fruchtast, der dem Stengel seitlich ansitzt und einen fleischigen Thorus entwickelt hat (dies ist gewöhnlich nicht der Fall, vide Text), an der durchschimmernden Calyptra stehen zwei Archegonien. — 12. Stengelblatt, Dorsalansicht (Verg. 20 : 1).

Fig. 13, 14. Chiloscyphus grandifolius; Fruchtast (Verg. 9 : 1) und Perianthium (Verg. 6 : 1).

Fig. 15, 16. Leioscyphus fuegiensis (Massal.) 15. Theil des Stengels, Dorsalseite (Verg. 6 : 1). — 16. Perianthium (Verg. 6 : 1).

Fig. 17—19. Chiloscyphus retroversus. 17. Theil des Stengels, Ventralseite (Verg. 5 : 1). — 18. Pflanze in nat. Grösse. — 19. Amphigastrium (Verg. 32 : 1).

Fig. 20—24. Lophocolea arenaria. — 20. Perianthium (Verg. 25 : 1). — 21. Involucralblatt (Verg. 30 : 1). — 22, 23. Stengelblätter (Verg. 30 : 1). — 24. Amphigastrium (Verg. 30 : 1).

Fig. 25—28. Lophocolea ctenophylla. — 25. Theil des Stengels, Seitenansicht (Verg. 40 : 1). — 26. Blatt, ausgebreitet (Verg. 50 : 1). — 27. Amphigastrium (Verg. 250 : 1). — 28. Perianthium (Verg. 20 : 1).

Fig. 29—32. Lophocolea grandistipula. — 29. Mittlerer Stengeltheil mit 2 Blättern und 2 Amphigastrien in natürlicher Lage. — 30, 31. Amphigastrien. — 32. Blatt von der Stengelspitze (Involucralblatt?)

Tafel IV.

Fig. 1, 2. Tylimanthus viridis Mitten. — 1. Nat. Grösse. — 2. Mittleres Stengelstück verg.

Fig. 3, 4. Chiloscyphus Endlicherianus γ. Novo-Guineensis. — 3. ♀ Inflorescens (Verg. 14 : 1). — 4. Stengel von der Ventralseite (Verg. 8 : 1).

Fig. 5, 6. Lepidozia saddlensis Besch. et Massal. — 5. Stengel von der Ventralseite. — 6. Perianthium.

Fig. 7—9. Chioscyphus Endlicherianus δ. amboinensis. — 7. Stengelstück, Ventralseite (Verg. 9 : 1). — 8. Amphigastrium (Verg. 95 : 1). — 9. ♀ Inflorescenz (Verg. 32 : 1).

Fig. 10, 11. Pigafettoa crenulata Massal. — 10. Stengel (Verg. 65 : 1). — 11. Perianthium (Verg. 60 : 1).

Fig. 12, 13. Radula multiflora. — 12. Stengel, Ventralseite (Verg. 8 : 1). — 13. Ebensolcher, mit Perianthium (Verg. 8 : 1).

Fig. 14, 15. Radula magellanica. — 14. Stengelstück mit Perianthium, Dorsalseite (Verg. 20 : 1). — 15. Ein gleiches, Ventralseite (Verg. 30 : 1).

Fig. 16. Chiloscyphus Endlicherianus β. ambiguus. — Stengel von der Ventralseite (Verg. 12 : 1).

Fig. 17, 18. Mastigobryum peruvianum N. ab. E. var. minimum. — 17. Ast von der Ventralseite (Verg. 25 : 1). — 18. Amphigastrium (Verg. 60 : 1).

Fig. 19. Sendtnera filiformis. — Stengelstück (Verg. 125 : 1).

Fig. 20, 21. Leioscyphus surrepens (Tayl.) Besch. et Massal. — 20. Stengel einer sehr laxblätterigen Form, Ventralseite (Verg. 16 : 1). — 21. Stengelstück der normalen Form mit Perianthium, Dorsalseite (Verg. 6 : 1).

Fig. 22, 23. Lophocolea magellanica. — 22. Theil der Pflanze mit einem Perianthium, Ventralseite (Verg. 9 : 1), α. Amphigast. involucrale, α_1, α_2 Amph. subinvolucralia. — 23. Das dreikantige Perianthium (Verg. 9 : 1).

Tafel V.

Fig. 1—3. Madotheca foetens De Not. — 1. Ast von der Ventralseite (Verg. 12 : 1). — 2. Einzelnes Blatt, Ventralseite (Verg. 12 : 1). — 3. Perianthium (Verg. 20 : 1).

Fig. 4, 5. Radula crenulata. — 4. Stengelblatt, Ventralansicht (Verg. 25 : 1). — 5. Involucralblatt (Verg. 25 : 1).

Fig. 6. Radula intempestiva. — Theil des Stengels von der Ventralseite (Verg. 25 : 1).

Fig. 7—10. Trigono-Lejeunia atypos. — 7. Pflanze in nat. Grösse. — 8. Theil des Stengels; die Amphigastrien sind bis auf das oberste entfernt (Verg. 18 : 1). — 9. Stengelblatt von der Ventralseite (Verg. 18 : 1). — 10. Amphigastrium (Verg. 20 : 1).

Fig. 11, 12. Trigo-Lejeunia novo-hibernica. — 11. Theil des Stengels von der Ventralseite (Verg. 25 : 1). — 12. Involucralblatt (Verg. 15 : 1).

Fig. 13—15. Thysano-Lejeunia amboinensis. — 13. Theil des Stengels von der Ventralseite gesehen; die Amphigastrien sind weggenommen (Verg. 25 : 1). — 14, 15. Amphigastrien (Verg. 25 : 1).

Fig. 16, 17. Dendro-Lejeunia vittata (Mitt.) Stephani. — 16. Theil des Stengels mit ♀ Inflorescenz von der Ventralseite (Verg. 10 : 1). — 17. Perianthium, Ventralseite (Verg. 10 : 1).

Fig. 18—20. Acro-Lejeunia rostrata α. minor. — 18. Theil des Stengels mit Perianthium von der Ventralseite (Verg. 13 : 1). — 19. Involucralblatt (Verg. 13 : 1). — 20. Querschnitt des oberen Theiles des Perianthiums (Verg. 30 : 1).

Fig. 21. Acro-Lejeunia rostrata β. major. — Theil des Stengels mit theilweise weggenommenen Amphigastrien von der Ventralseite (Verg. 20 : 1).

Fig. 22—24. Acro-Lejeunia densifolia. — 22. Theil des Stengels mit einem Amphigastrium von der Ventralseite (Verg. 20 : 1). — 23. Amphigastrium involucrale (Verg. 20 : 1). — 24. Folium involucrale (Verg. 20 : 1).

Fig. 25—27. Trigono-Lejeunia minuta. — 25. Pflanze in nat. Grösse. — 26. Theil des Stengels, unten mit einem Theile der ♂ Inflorescenz (Verg. 12 : 1). — 27. Perianthium mit dem Involucrum von der Dorsalseite (Verg. 12 : 1).

Tafel VI.

Fig. 1, 2. Lopho-Lejeunia fimbriata. — 1. Oberer Theil des Stengels mit ♀ Involucrum von der Ventralseite (Verg. 13 : 1). — 2. ♀ Inflorescenz von der Ventralseite (Verg. 13 : 1).

Fig. 3—5. Lopho-Lejeunia Sagraeana var. dentistipula. — 3. Theil des Stengels von der Ventralseite (Verg. 15 : 1). — 4. Perianthium mit Involucrum von der Dorsalseite (Verg. 15 : 1). — 5. Amphigastrium involucrale (Verg. 15 : 1).

Fig. 6. Harpa-Lejeunia decurvicuspis Besch. et Mass. var. major — Theil des Stengels von der Ventralseite (Verg. 25 : 1).

Fig. 7. Harpa-Lejeunia Savatieriana Besch. et Mass. — Stück der Pflanze mit Perianthium von der Ventralseite (Verg. 8 : 1).

Fig. 8, 9. Harpa-Lejeunia Massalongoana. — 8. Stück des Stengels von der Ventralseite (Verg. 50 : 1). — 9. Perianthium (Verg. 50 : 1).

Fig. 10, 11. Harpa-Lejeunia subfenestrata Massal. — 10. Theil des Stengels mit ♀ Inflorescenz, Ventralansicht (Verg. 33 : 1). — 11. Perianthium von der Ventralseite (Verg. 30 : 1).

Fig. 12, 13. Euosmo-Lejeunia trifaria. — 12. Perianthium in Ventralansicht (Verg. 30 : 1). — 13. Folium involucrale (Verg. 30 : 1).

Fig. 14—17. Cerato-Lejeunia auriculata. — 14. Theil des Stengels, Ventralseite (Verg. 10 : 1). — 15. ♀ Inflorescenz, Ventralseite (Verg. 30 : 1). — 16. 17. Perianthium von der Ventral- und Dorsalseite (Verg. 30 : 1).

Fig. 18—20. Pycno-Lejeunia Schwaneckei Steph. — 18. Ast von der Ventralseite (Verg. 20 : 1). — 19. Perianthium, Dorsalansicht (Verg. 20 : 1). — 20. Einzelnes Blatt (Verg. 20 : 1).

Fig. 21, 22. Hygro-Lejeunia amboinensis. — 21. Pflanze in nat. Grösse. — 22. Stück derselben von der Ventralseite (Verg. 40 : 1).

Fig. 23. Pycno-Lejeunia connivens. — Theil des Stengels von der Ventralseite (Verg. 40 : 1).

Fig. 24, 25. Pycno-Lejeunia ventricosa. — 24. Theil des Stengels von der Ventralseite (Verg. 31 : 1). — 25. ♀ Inflorescenz, Ventralansicht (Verg. 62 : 1).

Fig. 26—28. Hygro-Lejeunia latistipula. — 26. Pflanze in nat. Grösse. — 27. Theil derselben von der Ventralseite (Verg. 15 : 1). — 28. Lobulus von innen gesehen; der Dorsallappen des Blattes ist grossentheils abgeschnitten (in der Linie α — α), um den inneren Bau sichtbar zu machen (Verg. 50 : 1).

Fig. 29—32. Micro-Lejeunia parallela. — 29. Theil des Stengels mit Perianthium, Dorsalansicht (Verg. 50 : 1). — 30. Stück desselben, Ventralansicht (Verg. 130 : 1). — 31. Perianthium mit folium und amphigastrium involucrale von der Ventralseite (Verg. 60 : 1). — 32. Junge Frucht, frei präparirt (Verg. 60 : 1).

Tafel VII.

Fig. 1—4. Eu-Lejeunia crenulata. — 1. Pflanze in nat. Grösse. — 2. Blatt und Amphigastrium (Verg. 60 : 1). — 3. Lobulus des Blattes (Verg. 250 : 1). — 4. ♂ Inflorescenz (Verg. 16 : 1).

Fig. 5—8. Colo-Lejeunia angustibracteata. — 5. Theil des Stengels mit ♂ Inflorescenz von der Ventralseite (Verg. 30 : 1). — 6. Lobulus und der unter dem Stengel hervorragende Dorsalrand des nächstunteren Blattes (Verg. 100 : 1). — 7. ♀ Inflorescenz von der Ventralseite (Verg. 60 : 1). — 8. Halbzerstörtes Perianthium mit den traubigen Zellen an der Basis von der Ventralseite (Verg. 30 : 1).

Fig. 9—11. Colo-Lejeunia pseudostipulata. — 9. Theil des Stengels von der Ventralseite. — 10. Anhang des Lobulus, von der dem Stengel zugekehrten Seite gesehen; links ein Stück des Innern des Lobulus. — 11. Theil des Blattrandes, stark vergrössert.

Fig. 12. Coluro-Lejeunia minor. — Stämmchen von der Ventralseite (Verg. 100 : 1).

Fig. 13—15. Coluro-Lejeunia Naumanni. — 13. Stämmchen mit Perianthium, welches aber theilweise an der Spitze zerstört ist (angedeutet durch punktirte Linie) von der Dorsalseite (Verg. 25 : 1). — 14. Einzelnes Blatt von der Ventralseite; bei α sieht man durch die Wand des Schlauches den Schliessapparat durchschimmern, bei β eine gefangene Insektenlarve (Verg. 32 : 1). — 15. Amphigastrium (Verg. 50 : 1).

Fig. 16. Coluro-Lejeunia superba (Mont.) ampl. α. typica. — Stück des Stämmchens (Verg. 25 : 1). Durch die Wand des Anhanges sieht man die Schliessapparate mit ihren hufeisenförmigen Rahmen durchschimmern.

Fig. 17—22. Frullania novoguineensis. — 17. Stück des Stengels in Ventralansicht (Verg. 25 : 1). — 18. Lobulus mit Basalzahn (Verg. 50 : 1). — 19. Ein gleicher, andere Form (Verg. 64 : 1). — 20. Amphigastrium. — 21. ♀ Inflorescenz mit 6 Pistillen. — 22. Involucralblatt.

Fig. 23—25. Fossombronia Naumanni (typische Form). — 23. Blatt, Dorsalschuppe und Antheridium, schwach vergrössert. — 24. Perianthium mit Involucralblatt und den oft vorkommenden, an das Perianthium angewachsenen Lacinien; der Stiel der Kapsel ist nicht ganz gestreckt (schwach vergrössert). — 25. Spore, stark vergrössert.

Fig. 26—28. Fossombronia Naumanni var. rielloides. — 26. Blatt, ausgebreitet, schwach vergrössert. — 27, 28. Dorsalschuppen.

Tafel VIII.

Fig. 1. Frullania heteromorpha. — Stück des Stengels von der Ventralseite (Verg. 15 : 1).

Fig. 2—5. Frullania regularis. — 2. Stück des Stengels mit einer ♀ Inflorescenz (Verg. 10 : 1). — 3. Blatt mit Oehrchen (Verg. 15 : 1). — 4. Amphigastrium (Verg. 15 : 1). — 5. Involucralblatt (Verg. 15 : 1).

Fig. 6. Metzgeria magellanica, Ventralansicht mit einer jungen Frucht (Verg. 5 : 1).

Fig. 7—9. Pseudoneura fuegiensis Massal. — 7. Fiederchen mit einer ♂ Inflorescenz (Verg. 6 : 1). — 8. Querschnitt, 9. Längsschnitt durch ein Fiederchen, die Lamellen der Oberseite darstellend (Verg. 150 : 1).

Fig. 10, 11. Aneura umbrosa. — 10. Oberer Theil der Frons (Verg. 6 : 1). — 11. Querschnitt (Verg. 50 : 1).

Fig. 12, 13. Pseudoneura prehensilis. — 12. Fiederchen mit ♂ Inflorescenzen (Verg. 6 : 1). — 13. ♂ Spross (Verg. 16 : 1).

Fig. 14, 15. Pseudoneura crispa. — 14. Pflanze in nat. Grösse. — 15. Ein Endlappen der Frons (Verg. 95 : 1).

Fig. 16. Aneura calva. — Oberer Theil der Frons (Verg. 5 : 1).

Fig. 17—19. Spinella magellanica. — 17. Pflanze mit junger Frucht (Verg. 5 : 1). — 18. Querschnitt, 19. Theil des Längsschnittes der Frons (Verg. 55 : 1).

Fig. 20, 21. Riccia novo-hannoverana. — 20. Frons mit Sporangien (Verg. 2 : 1). — 21. Spore, stark verg.

Fig. 22, 23. Riccia amboinensis. — 22. Frons (Verg. 2 : 1). — 23. Spore, stark verg.

Fig. 24, 25. Anthoceros amboinensis. — 24. Frons mit 2 jungen Kapseln, bei α Nostoc-Kolonien im Thallus. — 25. Drei Sporen und ein Pseudo-Elater (Verg. 200 : 1).

Gedruckt in der Königlichen Hofbuchdruckerei von E. S. Mittler & Sohn, Berlin SW., Kochstrasse 68—70.

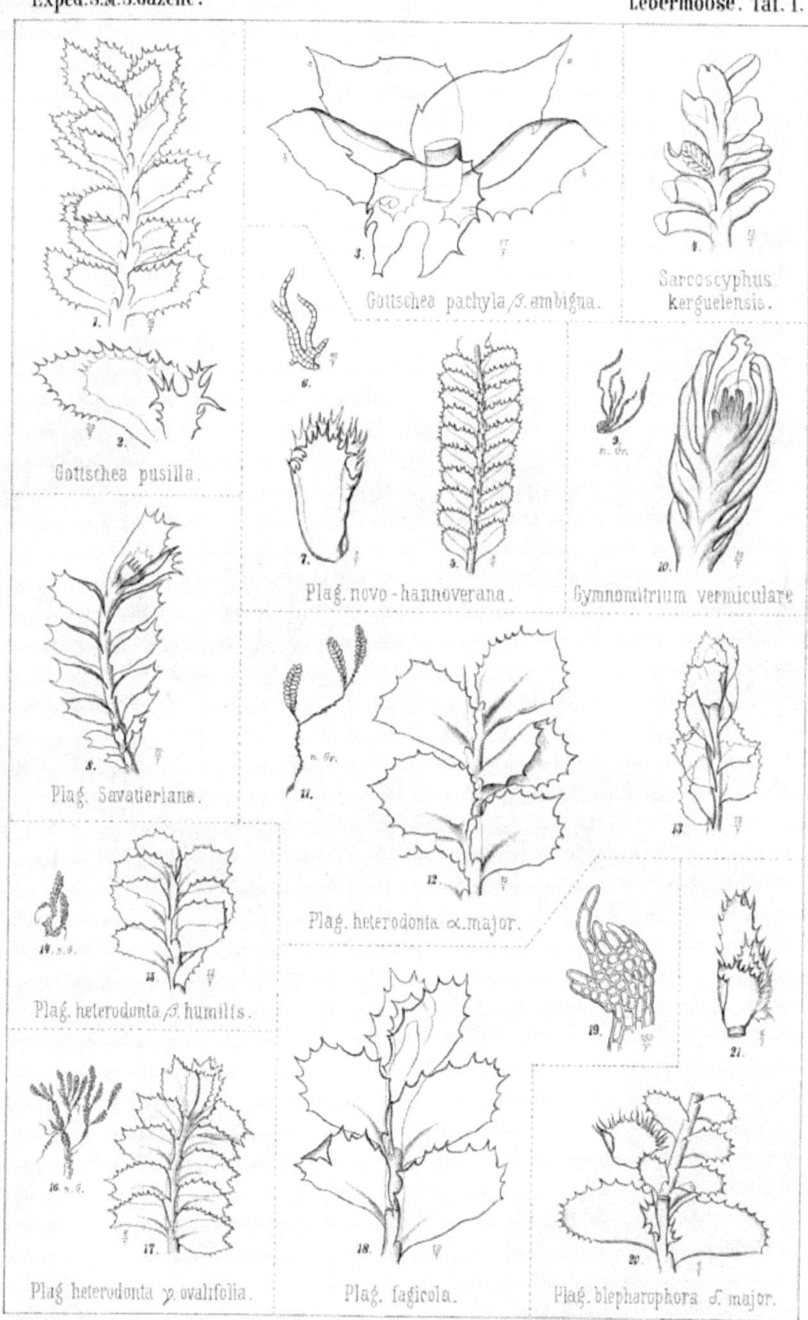

Gottsche del. ad nat. Fr. Keller lith.

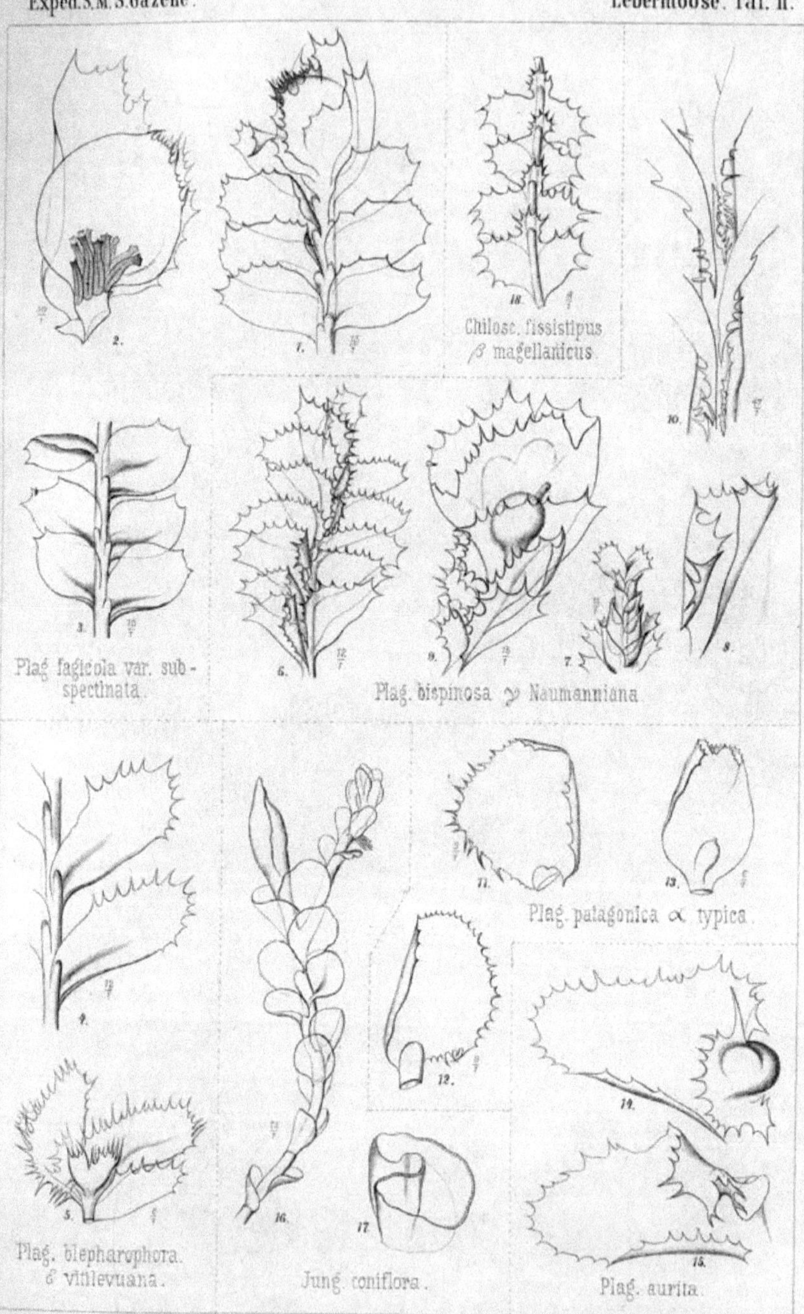

Gottsche del. ad nat.

Br. Keller lith.

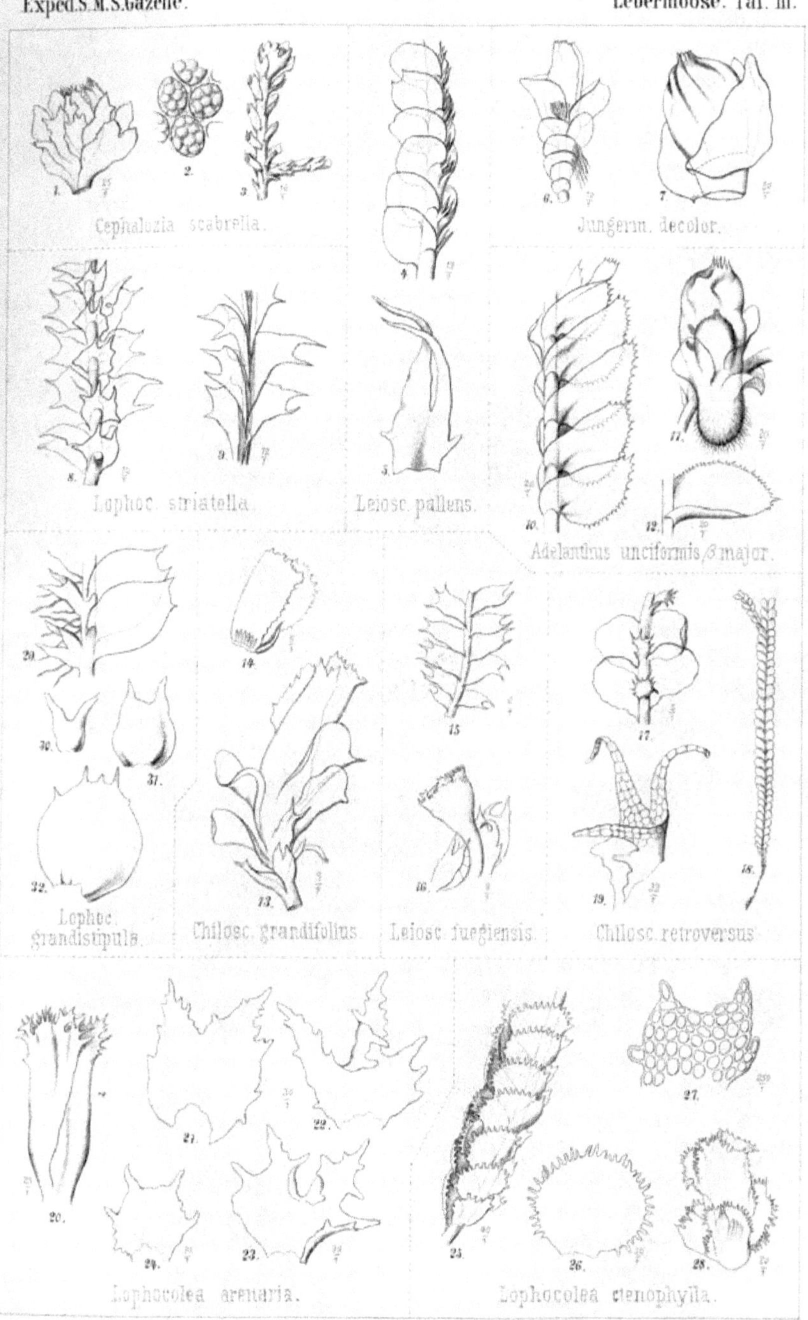

Gottsche et Schiffner del. ad nat. Fr. Keller lith.

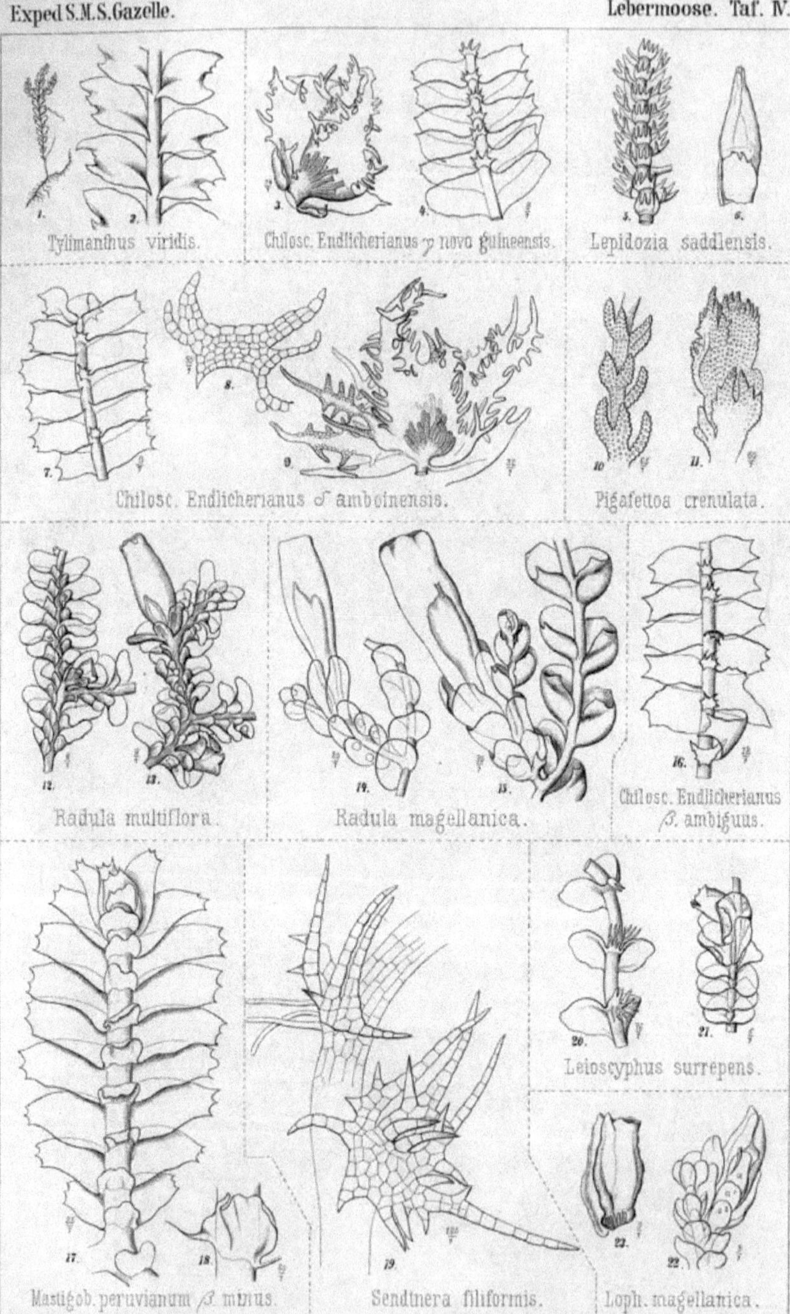

Gottsche del. ad nat. Dr. Keller lith.

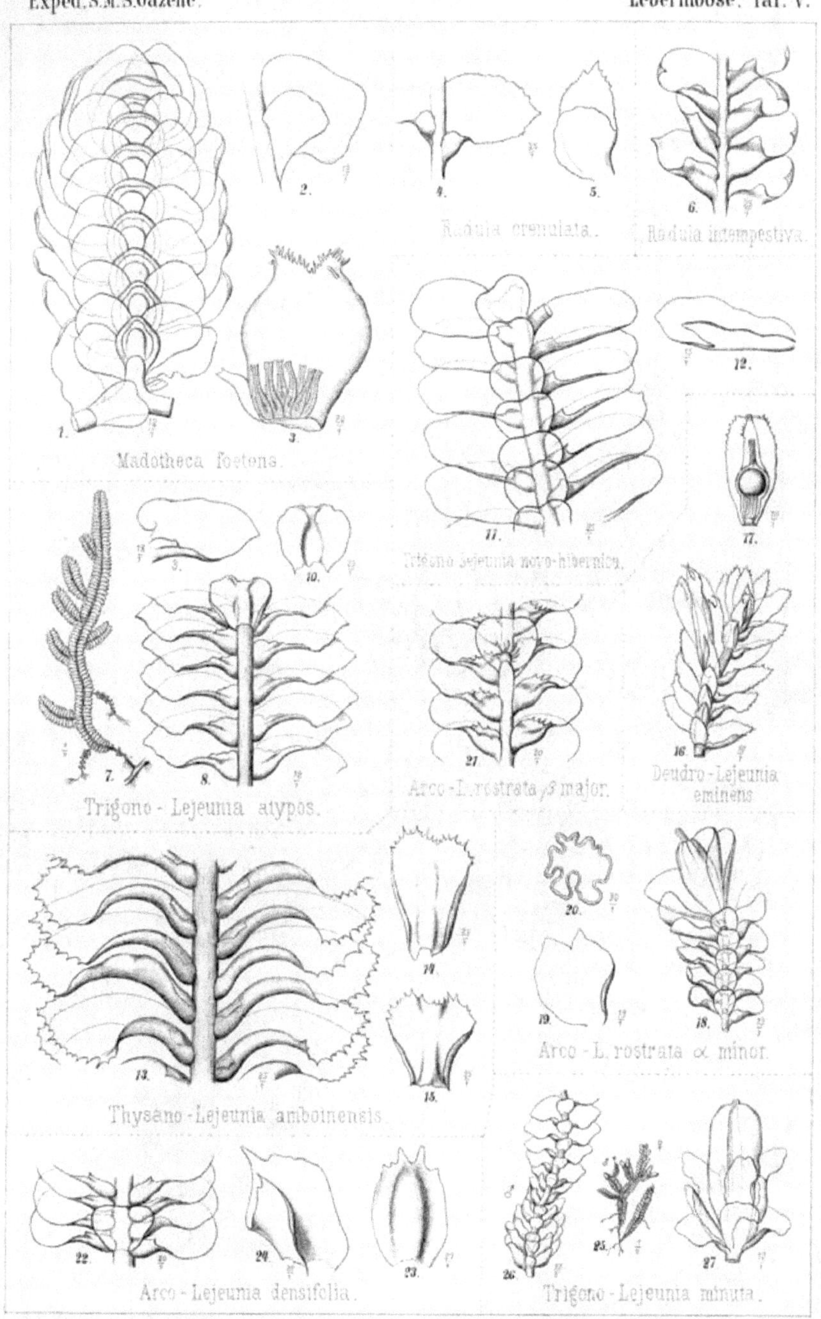

Gottsche et Schiffner del. ad nat. Br. Keller lith.

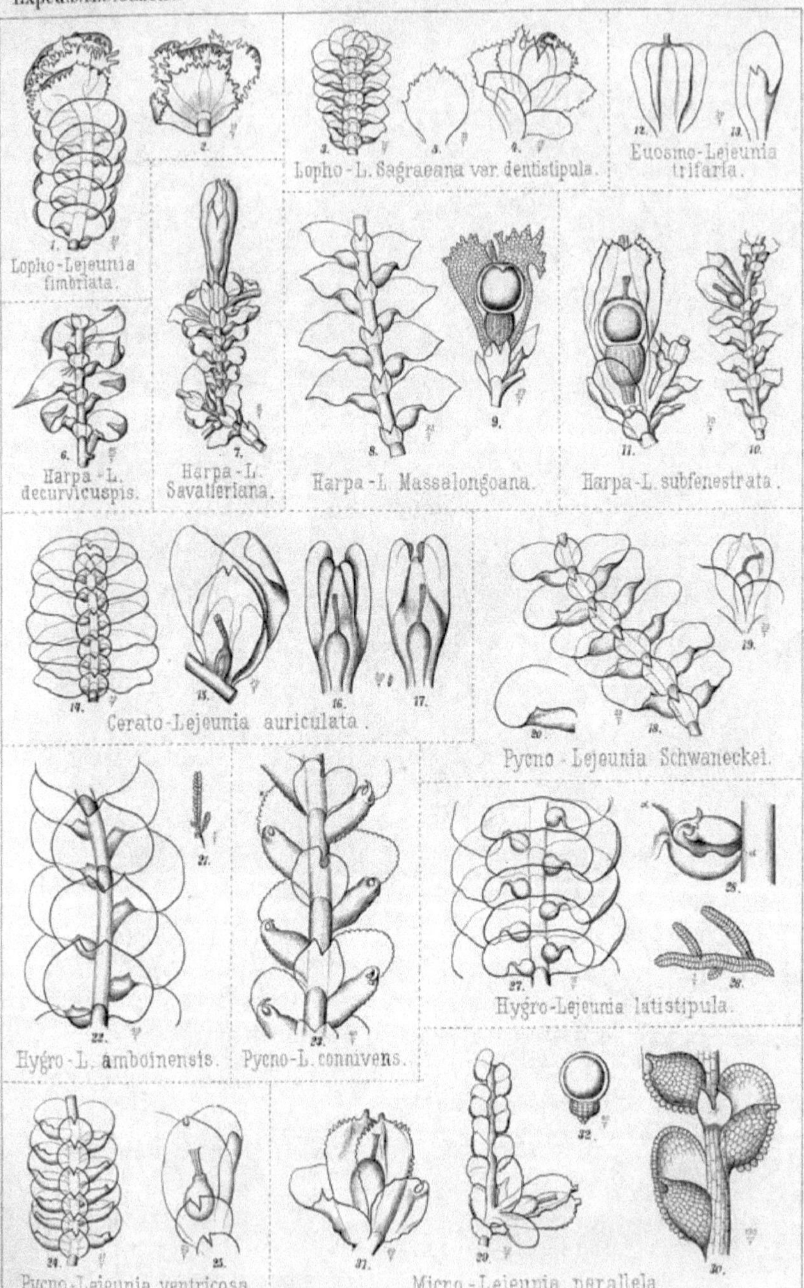
Lopho-Lejeunia fimbriata.
Lopho-L. Sagraeana var. dentistipula.
Euosmo-Lejeunia trifaria.
Harpa-L. decurvicuspis.
Harpa-L. Savatieriana.
Harpa-L. Massalongoana.
Harpa-L. subfenestrata.
Cerato-Lejeunia auriculata.
Pycno-Lejeunia Schwaneckei.
Hygro-Lejeunia latistipula.
Hygro-L. amboinensis.
Pycno-L. connivens.
Pycno-Lejeunia ventricosa.
Micro-Lejeunia parallela.

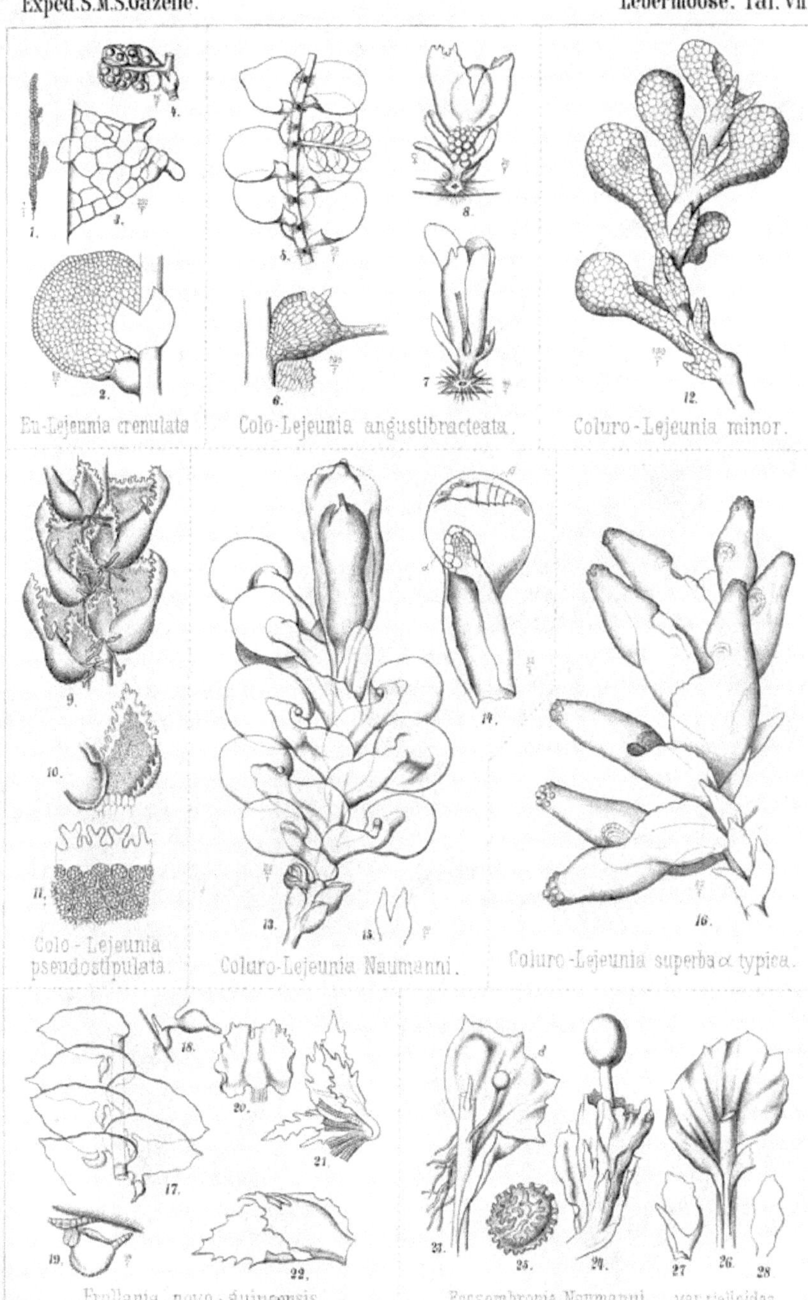

Wittsche et Schiffner del. ad nat.

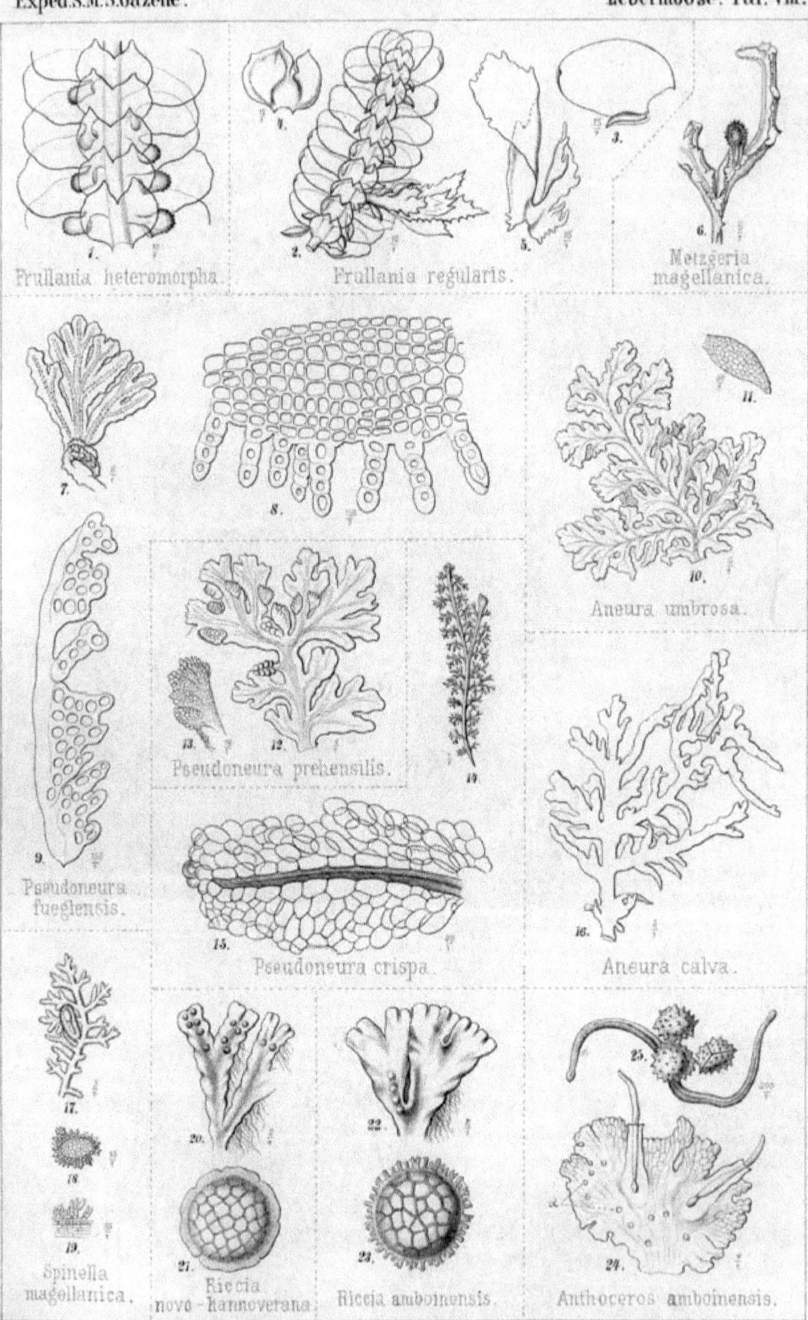

Gottsche et Schiffner del. ad nat. Br. Keller lith.

Laubmoose (Musci Frondosi)

bearbeitet von

Dr. Karl Müller Hal.

Nachstehende Abhandlung bildet einen wichtigen Beitrag zu einer Bryologia universalis. Denn nicht nur hat die Expedition an Punkten, welche schon früher von Botanikern besucht wurden, vortrefflich gesammelt, sondern sie hat auch an Punkten angelegt, von wo wir bisher noch kein einziges Moos kannten. In Folge dessen hat die Bryologie allen Grund, sich sowohl bei dem Führer der Expedition — Herrn Admiral v. Schleinitz —, als auch bei dem Sammler — Herrn Marinestabsarzt Dr. Naumann — zu bedanken. Denn wenn auch die Sammlung an und für sich nur 174 Arten umfasst, so führt sie der Bryologie doch 138 neue Arten zu, und diese vertheilen sich wie folgt:

91	Arten	für	Kerguelen's-Land	davon	neu:	80
12	„	„	Feuerland	„	„	4
1	„	„	St. Paul	„	„	—
10	„	„	Ascension	„	„	10
8	„	„	Westafrika	„	„	7
20	„	„	Neu-Guinea	„	„	17
7	„	„	Viti- und Tonga-Inseln	„	„	1
10	„	„	Neu-Hannover und Anachoreten .	„	„	10
9	„	„	die Amboina-Regionen	„	„	5
6	„	„	Australien und Neuseeland . .	„	„	4
174	Arten					138 n. sp.

Manche Gruppen haben damit einen nicht unbeträchtlichen Zuwachs erhalten, und darum dürfte es zweckmässig sein, auch diese Zahlenverhältnisse näher anzugeben. Natürlich kann sich das nur auf die neuen Arten beziehen, und diese vertheilen sich über folgende Tribus und Gattungen:

1) ***Andreaeaceae.***
Andreaea: 8.

2) ***Sphagnaceae.***
Sphagnum: 1.

3) ***Leucobryaceae.***
Leucobryum: 1.
Octoblepharum: 1.
Leucophanes: 3.

4) ***Fissidenteae.***
Conomitrium: 1.
Fissidens: 1.

5) ***Funariaceae.***
Entosthodon: 1.

6) ***Polytrichaceae.***
Psilopilum: 1.
Eupolytrichum: 1.
Pogonatum: 1.

7) ***Mniaceae.***
Mniomalia: 1.

8) ***Bryaceae.***
Mielichhoferia: 1.
Eubryum: 11.
Senodictyon: 8.
Apalodictyon: 1.
Argyrobryum: 1.
Doliolidium: 1.

9) ***Dicranaceae.***
Blindia: 4.
Dicranum: 2.

10) ***Leptotrichaceae.***
Trematodon: 1.
Dicranella: 1.

11) ***Bartramiaceae.***
Eubartramia: 1.
Vaginella: 2.
Philonotis: 5. Mit *Catenularia.*

12) ***Pottiaceae.***
Eupottia: 3.
Barbula:
Senophyllum: 1.
Syntrichia: 4.
Hyophiladelphus: 2.
Eutrichostomum: 1.

13) ***Orthotrichaceae.***
Euorthotrichum: 1.
Ulota: 1.
Macromitrium: 2.

14) ***Grimmiaceae.***
Platystoma: 4.
Eugrimmia: 4.
Dryptodon: 8.
Rhacomitrium: 1.

15) ***Fontinaleae.***
Dichelyma: 1.

16) ***Hypopterygiaceae.***
Rhacopilum: 1.

17) ***Hookeriaceae.***
Hookeria: 3.

18) ***Cryphaeaceae.***
Cryphaea: 1.

19) ***Neckeraceae.***
Neckera: 1.
Endotrichella: 1.

20) ***Hypnaceae.***
Brachythecium: 3.
Drepanocladus: 4.
Plagiothecium: 1.
Pseudoleskea: 2.
Orthotheciella: 2.
Vesicularia: 2.
Leucomium: 1.
Chaetomitriella: 1.
Sigmatella: 5.
Homalia: 1.
Cupressina: 1.
Tamariscella: 1.
Pelekium: 1.

Ausserdem sind in dem Texte gelegentlich noch 3 neue Octoblepharum-Arten beschrieben worden, so dass sich die Zahl der neuen Moosarten in dieser Abhandlung auf 141 erhöht. Den grössten Beitrag hat das antarktische Kerguelens-Land mit 79 neuen Arten geliefert, so dass dieses merkwürdige Inselland nunmehr in einem ganz neuen bryologischen und phytogeographischen Lichte glänzt. Am Feuerlande sind nur wenige Moose gesammelt worden, aber ein neues Macromitrium, welches eine eigene Sektion bildet und zugleich mit einer zweiten Art in Chile korrespondirt, sowie ein neues Hypnodendron sind doch ein Gewinn für eine Moos-Flora, aus der wir schon über 150 Arten kennen. Von den beiden Einzel-Inseln, St. Paul im Indischen Ocean und Ascension im Atlantischen Ocean, hat letzteres eine kleine bemerkenswerthe Reihe neuer Arten (10) ergeben. Aus Oceanien lieferten die Viti- und Tonga-Inseln, welche schon so viel untersucht sind, doch noch eine neue Cryphaea. Dagegen treten uns nun Neu-Hannover und Anachoreten zum ersten Male bryologisch entgegen. Neu-Guinea ergab aus einer einzigen Bai (Mac Cluer-Bai) unter 20 Arten doch 18 neue, und selbst die viel besuchten Amboina-Regionen 5. Australien und Neu-Seeland sind nur berührt worden, und dennoch lieferten sie 4 neue Arten. Endlich sendete die Westküste Afrika's noch 7 neue Moose; der erste grössere Anfang, nachdem wir vom Niger einige wenige, von dem Kamerun-Gebirge und der Loango-Küste die meisten empfangen hatten. Was sonst über die betreffenden Moosregionen und die Moose selbst Allgemeines oder Specielles zu sagen war, ist an den entsprechenden Orten mit Sorgfalt beigebracht worden. Möge das Ganze für die fraglichen Regionen recht bald einen Nachfolger finden!

A. Antarktische Regionen.

1. Kerguelens-Land.

Als Sir J. D. Hooker auf der antarktischen Entdeckungsreise des Kapt. Ross (1839—43), also etwa 70 Jahre nach der ersten Entdeckung durch den französischen Marinelieutenant Kerguelen 1772 zum ersten Male die Pflanzendecke von Kerguelens-Land untersuchte, sammelte er daselbst unter 150 Arten, von denen nur 18 phanerogamische waren, 25 Laub- und 10 Lebermoose. Die ersteren stellten sich bei näherer Untersuchung des damals bedeutendsten englischen Bryologen Wilson zum grössten Theile als europäische Arten heraus, während einige mit dem Feuerlande zusammenhingen und nur eine sehr kleine Zahl neu war: Physcomitrium laxum, Blindia stricta, Bl. tortifolia, Dicranum pungens, D. Kerguelense mihi (D. Boryanum Hook. & Wils.), Orthotrichum crassifolium, Grimmia falcata, Gr. amblyophylla mihi (Gr. apocarpa var. Hook. & Wils.), Hypnum conspissatum und Hypnum politum. Daraus ging schon hervor, dass die Moosflora von Kerguelens-Lande einen europäischen Typus an sich trägt.

Dieses bestätigte sich, als einige dreissig Jahre später William Mitten im Jahre 1876 in dem Journal of the Linnean Society zum zweiten Male in der Lage war, dieselbe Moosflora in einer Sammlung des Rev. A. E. Eaton zu untersuchen. Diese Sammlung ergab ihm bereits 38 Arten, und ich wiederhole seine Liste, indem ich bei denjenigen Arten, wo ich von ihm abweichen zu müssen glaube, meine Bemerkungen anbringe. Zu diesem Behufe mache ich entweder nach dem Namen ein Kreuz (†) oder ich spreche mich besonders darüber aus. Seine Liste ist folgende:

1) Cynodontium conicum Mtge. Vergl. hinten Blindia pulvinata.

2) Cynodontium Hookeri Mitt. Leptotrichum Hookeri mihi. Habe ich nicht in der Naumann'schen Sammlung gefunden. Sie stammt ursprünglich vom Feuerlande.

3) Anisothecium vaginatum Mitt. Ångströmia Hookeri mihi; sie stammt von dem Andes-Gebirge und lag nicht unter vorliegender Sammlung. Auch bezweifele ich stark ihr Vorkommen auf Kerguelens-Lande.

4) Blindia curviseta Mitt. Der Autor beschrieb sie ursprünglich vom Feuerlande und von den Anden Quitos. Entweder gehören die Exemplare von Kerguelens-Land und vom Feuerlande zu einer und derselben Art und die von Quito zu einer eigenen, oder es sind überhaupt drei Arten zu unterscheiden.

5) Dicranum Kerguelense C. Müll. Siehe oben.

6) Dicranum (Isocarpus) tortifolium Mitt. Blindia tortifolia C. Müll. Weisia tortifolia Hook. & Wils. Siehe oben.

7) Ceratodon purpureus Brid. Da ich bisher keine einzige europäische Art auf Kerguelens-Lande fruchtbar nachweisen konnte, so dürfte auch diese Art eine eigene antarktische sein, wie sterile Räschen bewiesen. Ich will die Art vorläufig als C. Kerguelensis aufnehmen.

8) Grimmia apocarpa L. Vergl. die deutsche Anmerkung zu Grimmia (Platystoma) serrato-mucronata n. sp.

9) Grimmia (Dryptodon) chlorocarpa Mitt. Vergl. Grimmia ochracea n. sp.

10) Grimmia (Rhacomitrium) lanuginosa C. Müll. Ist mit Sicherheit meine neue Gr. chrysoblasta. Vergl. diese.

11) Orthotrichum crassifolium Hook. & Wils.

12) Orthotrichum rupestre Schl. Mit Sicherheit mein Orth. rupicolum n. sp. Vergl. dieses.

13) Streptopogon australis Mitt. Wie diese Gattung nach dem Kerguelens-Lande gerathen soll, ist mir nicht verständlich; sie gehört in Amerika nur den Hochgebirgen Süd- und Mittel-Amerikas an. Wahrscheinlich meine neue Gattung Willia von Süd-Georgien.

14) Tortula (Syntrichia) Fuegiana Mitt. Habe ich in der NAUMANN'schen Sammlung nicht gesehen; sie stammt, wie auch ihr Name andeutet, vom Feuerlande und weicht schon durch das lange gänzlich weisse Blatthaar ab. Vergl. Barbula semirubra n. sp.

15) Entosthodon laxus Hook. & Wils. Siehe oben.

16) Bartramia (Philonotis) australis Mitt. Siehe B. anisothecioides n. sp.

17) B. (Philonotis) appressa Hook. & Wils. Siehe B. subexigua n. sp. Catenularia Sect. C. Müll.

18) B. (Breutelia) pendula Hook. Siehe B. chrysura n. sp.

19) B. (Eubartramia) patens Brid.

20) B. (Eubartramia) robusta Hook. & Wils. Diese von der antarktischen Auckland-Ins Art habe ich in der NAUMANN'schen Sammlung zum ersten Male fruchtbar gesehen.

21) Bryum (Webera) nutans Schreb. Vergl. Br. austro-nutans n. sp. †

22) Br. (Webera) albicans Whlbg. Vergl. Br. austro-albicans n. sp.

23) Br. (Webera) crudum Hdw. Vergl. Br. austro-crudum n. sp.

24) Br. (Webera) elongatum Dicks. Vergl. Br. austro-elongatum n. sp. †

25) Br. (Eccremothecium) pendulum Hsch. Vergl. Br. macrantherum n. sp.

26) Bryum (Eccremothecium) Eatoni Mitt. n. sp. „Synoicum; caulis humilis gracilis subsimplex rubro-fuscus; folia inferiora remota, omnia erecto-patentia anguste elliptico-lanceolata, nervo in acumen tenue laeve excurrente, margine limbo tenui e seriebus cellularum elongatarum 4—5 composito anguste reflexo, integerrima. In the form of its capsule this resembles Br. inclinatum Br. Eur., but differs from all its near allies by its narrow pungent pointed leaves." Ob sich diese Art unter einer der von mir als neu beschriebenen Bryum-Arten befindet, vermag ich aus Mangel an Original-Exemplaren nicht zu sagen. Nach der Diagnose möchte ich es bezweifeln.

27) Mielichhoferia campylocarpa (M. campylotheca C. Müll.). Wie diese Art von den peruvianischen Hochgebirgen nach Kerguelens Land kommen sollte, ist mir aus phytogeographischen Gründen unverständlich. Vergl. M. kerguelensis n. sp.

28) Plagiothecium antarcticum Mitt. Vergl. meine ausführliche Charakteristik dieses Mooses weiter hinten.

29) Acrocladium politum Mitt. (sub Hypno Hook. & Wils.). Dass man dieses schöne Moos, welches Dr. NAUMANN höchst spärlich sammelte, nicht mit den sonst zu Acrocladium von MITTEN gestellten Moosen zusammenbringen kann, liegt auf der Hand. Ich habe das Moos s. Z. ganz richtig mit H. mucronatum und H. Auberti in nahe Verwandtschaft gebracht und gebrauche heute dafür eine eigene Gruppe, welche ich Catagonium nenne.

30) Stereodon cupressiformis L.

31) Amblystegium decussatum Hook. & Wils. Stammt aus Neuseeland.

32) Amblystegium fluitans L. Vergl. Hypnum austro-fluitans n. sp.

33) Ambl. uncinatum Hdw. Vergl. Hypnum austro-uncinatum n. sp.

34) Hypnum (Brachythecium) paradoxum Hook. & Wils. Vom Feuerlande zuerst beschrieben, war es doch bisher nur unvollkommen bekannt.

35) Hypnum (Brachythecium) salebrosum Hoffm. Vergl. Hypnum austro-salebrosum n. sp.

36) Psilopilum trichodon Hook. & Wils. Vergl. Catharinea (Psilopilum) antarctica n. sp.

37) Pogonatum alpinum L. Vergl. Polytrichum austro-alpinum n. sp.

38) Andreaea acuminata Mitt. Vergl. A. subappendiculata n. sp.

In demselben Jahre (1876) hatte übrigens MITTEN in demselben Journale (XV. No. 82, Seite 65 bis 68) eine kleinere Sammlung von 28 Arten aus Kerguelens-Lande bekannt gemacht, welche von den Naturforschern des „Challenger" daselbst veranstaltet worden war. Darin fanden sich noch folgende Arten verzeichnet, welche die vorstehende Abhandlung nicht brachte:

1) Cynodontium australe Mitt. Diese Art beschrieb der Verf. zuerst in seinen „Muscis austro-americanis" p. 42 vom Chimborazo und muthet uns hiermit zu, das gleiche Moos für Kerguelens-Land, die Falklands-Inseln, Aucklands-Inseln, Campbells-Inseln, Tasmania und Neuseeland zu adoptiren. Wahrscheinlich haben wir das Moos unter einer der von mir beschriebenen neuen Blindien zu suchen.

2) Blindia microcarpa Mitt. n. sp.; monoica, pulvinate cespitosa; caulis dichotomus fastigiatim ramosus; folia patentia stricta plus minus falcato-curvatave dimidio inferiore lanceolato superiore carinato anguste attenuato integerrima, nervo angusto percursa, cellulis alaribus in auriculam parvam dispositis fuscis, reliquis elongatis angustis; perichaetialia brevia parva ovata convoluta in acumen subulatum producta; theca in pedunculo gracili foliis caulinis dimidio breviore erecta parva ovalis, operculo subulato demum ore dilatato cyathiformis fusca; peristomii dentibus teneris; calyptra parva dimidiata. Flos masculus foliis propriis perichaetialibus similibus inclusus. Caulis subuncialis; folia trilinearia sicca subcurvata parum mutata vix nitida; pedunculus lineam longus. Es ist mir unmöglich gewesen, unter den von mir gesehenen oder beschriebenen Blindien von Kerguelens-Lande diese Art wieder zu erkennen.

3) Campylopus appressifolius Mitt. Musc. Austr. Amer. Nach diesem Citate gehört auch dieses Moos Südamerika an, doch habe ich es in dem angegebenen Werke vergebens gesucht.

4) Dicranum pungens var. lucidum Hook. & Wils. Diese Art war von den betreffenden Autoren auf Kerguelens Lande, auf den Falklands-Inseln und auf der Eremiten-Insel am Kap Horn angegeben; ich habe es aber von Kerguelens-Lande nicht gesehen.

5) Tortula serrulata Hook. & Gr. Diese Art gehört dem Feuerlande an und dürfte unter den vier von mir beschriebenen Syntrichien zu suchen sein.

6) Tortula erubescens Mitt. in Handb. New Zealand Flora II. 421 sub Didymodon. Mitten zieht hiermit auch ein neuseeländisches Moos nach Kerguelens-Land, was sich schwerlich bewähren wird. Ich vermag die Art nicht zu errathen.

7) Streptopogon australis Mitt. n. sp. Hierüber habe ich mich schon bei der Eaton'schen Sammlung ausgesprochen, füge aber zum Vergleiche mit Pottia compacta mihi Mittens Diagnose bei, wie folgt: „Folia inferiora patentia spathulato-ligulata obtusiuscula acuta, nervo in apice desinente margine apicem versus denticulata, superiora duplo latiora a basi erectiore sensim recurva patentia apice cum nervo in acumen longitudinis variabilis sensim educto, margine superne serrulata.“ Der Autor sah nur Fragmente, und deren Blätter zeigten keine Spur von dem Limbus, welchen sonst die Streptopogon-Arten haben. Für mich ein sicherer Beweis, dass das Moos wo anders hin gehört.

8) Orthotrichum atratum Mitt. n. sp.; monoicum; caulis humilis cespitosus; folia patentia sicca incurva laxe contorta lanceolata apice lata obtusiuscule acuta, nervo sub summo apice evanescente, cellulis fere ubique parvis rotundatis obscuris; perichaetialia majora; theca in pedunculo longitudine perichaetii subaequali ovalis levis, sicca infra os contracta, inferne collo crasso, operculo convexo rostro angusto; peristomii dentibus 16 vel plus minus cohaerentibus 8; calyptra magna fusca calva ad medium usque thecae descendens. Caulis subsemiuncialis. Folia lineam longa juniora pauca viridia reliqua nigra. Theca straminea subcarnosa. Differs from O. crassifolium in its leaves being twice as wide, less dense and opaque in areolation. The peristome in some capsules is in sixteen equal teeth, in others partly coherent into eight. Ich vermuthe, dass diese Art nur eine Abart von O. crassifolium oder O. angustifolium H. & W. sei.

9) Zygodon Brownii Schw. Das Dasein dieser tasmanischen Art auf Kerguelens-Lande bezweifle ich durchaus; doch sagt ja schon Mitten, dass das Moos auch zu einer anderen Art gehören könne.

10) Bryum Kerguelense Mitt. n. sp.; monoicum; caulis brevis ramosus; folia erecto-patentia imbricata, inferiora rameaque ovali-lanceolata acuta carinato-concava, nervo rubro percursa, margine integerrimo, cellulis angustioribus in seriebus duabus limbum subindistinctum formantibus, reliquis suboblongis, comalia longiora latiora, perichaetialia interna minora; theca in pedunculo breviusculo rubro superne flexuoso curvato horizontalis tenui-membranacea nitida, sporangio ovali, collo recto aequilongo sensim angustato, ore satis parvo contracto, operculo convexo apice brevissime acuto, peristomii dentibus pallidis interni fragmentis externo usque ad medium adhaerentibus. Caulis 3 linearis crassitudine cum foliis lineam haud excedens. Folia pallide viridia subnitida fusco-nigrescentia. Pedunculus 4 linearis. Theca cum ejus collo sesquilinearis fulva. Flos masculus in innovatione brevi terminalis. Es ist mir, da der Autor keine Verwandtschaft angab, unmöglich, diese Art auf eine der von mir gesehenen und beschriebenen Arten zurückzuführen. Doch scheint sie durch ihren monöcischen Blüthenstand eine wirklich eigene Art zu bezeichnen.

11) Hypnum (Sciaromnium) conspissatum H. & W.

12) Hypnum (Brachythecium) subpilosum H. & W. Diese Art des Feuerlandes gehört höchst wahrscheinlich einer der von mir beschriebenen Brachythecien, vielleicht dem H. austro-glareosum mihi an.

Aus dem Vorstehenden geht hervor, dass die bisherige Bryologie des interessanten Insellandes eine sehr mangelhafte war. Um so freudiger nahm ich die Sammlung entgegen, welche Herr Marine-Stabsarzt Dr. Fr. Naumann daselbst mit offenbarer Liebe und günstigem Erfolge gemacht hat. Schon bei ihrem ersten Erblicken fasste ich deshalb den Entschluss, die Sammlung bis auf den kleinsten Moosbrocken zu bestimmen, ihr die grösste Sorgfalt zuzuwenden, deren ich fähig bin, weil sich sogleich die höchsten phytogeographischen Probleme an sie knüpfen liessen. Denn wenn der Typus dieser Moosflora wirklich ein europäischer ist, so fragt es sich augenblicklich, ob auch die Arten europäische sind? Die bisherigen englischen Bestimmungen haben dies bejaht. Meine Untersuchungen haben mir aber das Gegentheil gezeigt; keine einzige wirklich europäische Art habe ich angetroffen, wohl aber so nahe stehende Arten, dass eben die umsichtigste Vergleichung zwischen den verwandten europäischen und kerguelensischen Moosen dazu gehört, um ein solches Ergebniss zu gewinnen. Kurz gesagt, ist die Moosflora vollständig eine Korrespondenz-Flora zu der europäischen alpinen. Es kam aber auch darauf an, eine zweite Frage zu lösen, die nämlich, ob Kerguelens-Land Arten gemeinsam mit dem Feuerlande habe, wie die englischen Beobachtungen schon seit Hooker's Reisen ergeben haben wollten. Diese Frage muss in der That bejaht werden; aber es sind nur wenige Arten, die ich dafür nachzuweisen vermochte: Orthotrichum crassifolium, O. angustifolium, Bartramia patens und Hypnum paradoxum sind die einzigen hierher gehörigen Arten. An sie knüpft sich deshalb die weitere Frage, ob sie vom Feuerlande eingewandert sein können? Bekanntlich huldigen einige Geographen, wie GRISEBACH, der Meinung, dass ein grosser Theil der Pflanzen nach Kerguelens-Land von anderen antarktischen Regionen wirklich eingewandert sei. Das löst das Räthsel freilich in keiner Weise, und man hätte sich alsbald selbst sagen können, dass man damit den Schauplatz nur hinaus schiebe, da ja z. B. die Kerguelen-Moose alsdann doch ebenso gut nach dem Feuerlande hätten einwandern können, wie umgekehrt. Es liegt doch gar kein Grund vor, das Feuerland als alleinigen Schöpfungsherd anzusehen. Die betreffende Frage löst sich darum einfach und natürlich nur dahin, dass diejenigen Arten, welche Kerguelens-Land gemeinsam mit Fuegia besitzt, wirklich eingeborene Arten des Insellandes sind, welche, da die gleichen Schöpfungsbedingungen hier ebenso, wie auf dem Feuerlande existirten, selbstständig dem Schosse der Erde entsprossten. Dass dem so sei, beweist die grosse Winzigkeit der gemeinsamen Moosarten. Wie hätten selbige auf eine so gewaltige Strecke aus dem einen Gebiete in das andere Gebiet wandern sollen? Dazu wurden sie gerade auf solchen Stellen gefunden, wo sie allein gedeihen konnten, auf Felsen. Sporen so winziger Moose, wie Orthotrichum crassifolium und O. angustifolium durch die Luft reisen lassen, dazu gehört eine Phantasie, wie ich sie nicht besitze. Dass die betreffende Moosflora mit der fuegianischen am meisten verwandt ist, liegt folglich in der Natur der Verhältnisse. Sie ist aber auch mit der tasmanischen verwandt, obgleich das nur mit Einschränkung gesagt werden kann. Das einzige Moos, welches diese Verwandtschaft andeutet, ist das schöne und stattliche Psilopilum antarcticum, welches seinen nächsten Verwandten in Ps. Australe Hpe. von dem Gipfel des Mount Wellington auf Tasmanien hat.

Nach der NAUMANN'schen Sammlung muss Kerguelens-Land ein äusserst moosreiches Gebiet sein. Denn obgleich der Sammler nur an wenigen Punkten aufnahm, so haben dieselben doch relativ ein äusserst reichhaltiges Material ergeben, und so übertrifft die deutsche Sammlung alle bisherigen um ein Namhaftes. Wenn man die nachfolgenden Bestimmungen überblickt, gewähren sie den Eindruck, dass man es mit einem sehr stürmischen Klima zu thun habe. Denn wie in solchen Klimaten vor allen übrigen Gewächsen die Flechten ihren Wohnsitz vorherrschend aufzuschlagen pflegen, überwiegen unter den Moosen an derartigen Orten, wenn die Unterlage nur eine felsige ist, die Andreaea- und Grimmia-Arten. Es ist gewiss ausserordentlich, 7 neue Arten von Andreaea und 17 neue Arten von Grimmia aufstellen zu können, während zu den letzteren noch 2 schon beschriebene kommen, nämlich: Gr. falcata und Gr. amblyophylla, vielleicht auch noch ausserdem Gr. chlorocarpa Mitt., so dass wir im Ganzen 20 Grimmia-Arten von dem merkwürdigen Fjord-Lande kennen würden. Eine Zahl, welche den 49 Grimmiaceen der SCHIMPER'schen Synopsis von ganz Europa merkwürdig genug gegenüber steht. Im Allgemeinen tragen beide Gattungen den europäischen Charakter an sich, der auch auf dem Feuerlande ein ähnlicher ist. Nur in einzelnen Arten weichen sie bemerkenswerth ab: einige Andreaea-Arten durch gezähnelte Blätter, wie sie auch Andr. pseudo-alpina mihi, Andr. appendiculata und A. crassifolia Fuegias besitzen; unter den Grimmia-Arten besonders Gr. falcata durch ihre sichelförmig gekrümmten Blätter und Gr. ochracea durch ihre kleinen ockerfarbigen Früchte. Ganz zum äussersten Norden Europas versetzt uns Psilopilum antarcticum, ohne jedoch etwa die Tracht des Ps. laevigatum anzunehmen, die das Moos von einer tasmanischen Art entlehnt. Die Bryum-Arten zeigen dagegen in keiner Weise einen von dem europäischen abweichenden Typus. Im Gegentheil stehen sie manchen dieser Arten so nahe, dass nur eine sehr umsichtige Vergleichung sie auseinander zu halten vermag. Wahrscheinlich giebt es auf Kerguelens-Lande noch ein ganzes Heer von Bryum-Arten, das wir noch nicht kennen, und gerade dieses dürfte am besten zeigen, wie die entsprechende kalte gemässigte Zone der antarktischen Welt die genaue Abspiegelung gleicher Naturgesetze der arktischen Welt ist. In derselben spielt die Gattung Blindia an Ausdehnung zwar keine besondere Rolle, doch ist sie ein charakteristischer Typus, und darum begegnen wir diesem in der antarktischen Region mit ganz besonderem Interesse. Denn während die nahe verwandten Dicranum-Arten im gesammten antarktischen Inselmeere mehr oder weniger den europäischen ähneln, weichen die Blindiae beträchtlich ab und entwickeln hier eigenthümliche Formen, welche z. Th. an den australischen Typus von Blindia erinnern; z. B. in Blindia stricta, die nur mit Bl. robusta von den australischen Alpen verglichen werden kann. Fünf solcher Blindiae auf Kerguelens-Lande zu finden, während ganz Europa, mit Einschluss von Bl. Stylostegium, welche Andere als eigene Gattung betrachten, nur zwei Arten besitzt, ist bezeichnend genug und deutet auf einen noch grösseren Reichthum, den das noch unbekannte Innere von Kerguelens-Eiland haben wird. — Eine ganz ähnliche Formung tritt uns auch in den Bartramia-Arten entgegen. So erinnert Catenularia subexigua, sammt der ihr so nahe stehenden B. exigua auf Fuegia, an die australische B. catenulata Hpe. von den australischen Alpen, an eine noch unbeschriebene B. glaucescens weiter aus dem Südosten von Neuholland und an B. appressa Hook & Wils. von Neuseeland und eine von Süd-Georgien. Eubartramia chrysura mihi stellt sich der australischen E. affinis an die Seite, während Vaginella patens und die Philonotis-Arten mehr oder weniger an europäische Arten herantreten. — Sonderbar genug, scheint Kerguelens-Land einigermaassen ärmer an Barbula-Arten zu sein, während doch das entsprechende Fuegia ein ganzes Heer von Syntrichia-Arten beherbergt. — Orthotrichum wiederholt ebenfalls z. Th. europäische Arten in überraschender Weise (in O. rupicolum), bildet andere (in O. phyllanthoides) in ganz eigener Weise um und erzeugt (in O. crassifolium und O. angustifolium) ganz neue Typen. Ueber die pleurokarpischen Moose ist wenig zu sagen. Dieselben sind auffallender Weise so spärlich gesammelt, dass man fast glauben möchte, sie kämen auf dem grossen Insellande auch nur spärlich vor. In Wahrheit fehlen ihnen Baum und Busch; nur auf Erde und Felsen angewiesen, kann man folglich auch nur terrestrische Arten erwarten. Diese erscheinen aber bei der Gattung Hypnum in deren einzelnen Sektionen (Brachythecium, Drepanocladus, Plagiothecium, Pseudoleskea) völlig europäisch und weichen nur in einzelnen Arten beträchtlich ab. Dieses bezieht sich auf zwei eigenthümliche Sektionen: Orthotheciella und Catogonium. Erstere gehört bis jetzt dem Insellande eigenthümlich an, letztere (Hypnum [Catogonium] politum Hook. & Wils.) nähert sich zwar Plagiothecium sehr, bildet jedoch mit H. Phyllogonium aus Chile, H. mucronatum und H. orthorhynchoides mihi (ined.) vom Kap der guten Hoffnung, H. Auberti von den Maskarenen, Plagiothecium Novae Caesareae Aust. (Hypn. fissidentoides Hpe.) aus Nordamerika und H. subpolitum mihi (ined.) von Tasmanien eine eigene Gruppe mit reizenden Arten. Uebrigens bewohnt das fragliche Moos auch das Feuerland. Alle übrigen Moose von Kerguelens-Lande weichen von europäischen Formen nicht oder wenig ab; nämlich die Eupolytricha, Pottia Naumanni, welche sogar unsere P. Heimii vertritt, welche selbst auf dem Feuerlande existirt, die Barbulae, Trichostomum und Dichelyma. Nur Entosthodon entwickelt in E. laxus eine eigenthümlichere Form, während E. antarcticus nicht von dem europäischen Typus zurücktritt. — Alles in Allem genommen, ist die Gestaltungskraft von Kerguelens-Land für den Moostypus weniger reich für die Gattungen, als für die Arten gewesen. Von den ersteren zählt es etwa 17, und das ist im Verhältniss zu der strauch- und baumlosen Insel immerhin noch reichlich genug, so ärmlich es auch im Hinblick auf die gemässigte Zone Europas ist, welche einige 60 Gattungen besitzt. Wahrscheinlich besass das Inselland einst ungleich mehr, als es noch seine Nadelholzwaldungen kannte, deren Reste nur noch fossil gefunden werden.

Das ist wahrscheinlich auch der Grund, weshalb es nicht die tropischen Moostypen zeigt, welche doch noch das Feuerland und die Campbells-Insel als Macromitria, Schlotheimiae, Mniadelphus u. s. w. beherbergen. Sonderbar genug, da Kerguelens-Land doch noch Hymenophyllaceen besitzt!

---

1. Trib. Andreaeaceae.

Andreaea subappendiculata, C. Müll. in Engl. Bot. Jahrb. V 76, laxe cespitulosa aterrima rigida, longa supra basin teneram in ramulos multos simplices vel dichotomos breves fasciculatim divisa, flexuosa tenuis; folia caulina erecto-imbricata cuspidibus patulis madore valde patula subulata parva angusta, e basi profunde ventricosa rotundata in laminam acuminatam plus minus ventricosam nec constrictam curvatam vel falcatam attenuata, margine erecto infero tenerrime crenulata (igitur appendiculata), enervia fusca, e cellulis minutis maxime incrassatis pachydermis intense fuscis (juventute flavioribus) quadrato-ellipticis reticulata. Caetera ignota. — A. acuminata Mitt. in Journ. of Linn. Soc. XV 1876? Insula Kerguelen, Foundery branch, in rupibus siccis cum A. aterrima associata (12. 74).

Ab A. appendiculata Schpr. Fuegiana foliis appendiculatis affini differt: statura robustiore, foliis multo majoribus longiuscule cuspidato-acuminatis falcatis tenerrime crenulatis atque ramificatione ditissima. A. appendiculata ramificationes tenues teretes, A. subappendiculata patulifolias habet.

Diese eigenthümliche Art kann auf keinen Fall mit A. appendiculata zusammen geworfen werden; denn sie unterscheidet sich bereits durch ihre vom Stengel abstehenden zugespitzten Blätter, wodurch eine ganz andere Tracht entsteht. Uebrigens fand ich unter anderen Andreaea-Arten dieselbe Art mit schön rothbraun gefärbten Blättern, so dass ich die tiefschwarze Färbung der eben beschriebenen Exemplare für lokal oder für einen Alterszustand halten muss. An und für sich bildet die Art, gemeinsam mit A. appendiculata vom Feuerlande, mit A. parallela, A. aterrima und A. Naumanni von Kerguelens-Land, eine eigene Gruppe mit fein gekerbtem Blattrande; ein Kennzeichen, welches bisher nur unter den antarktischen Andreaea-Arten bekannt geworden ist.

A. aterrima C. Müll. l. c. 76; dioica; laxe cespitulosa pusilla tenella aterrima leniter nitidula supra basin nudiusculam filiformem flexuosam teneram in ramulos nonnullos breves subaequales flexuosos fasciculatim divisa; folia caulina dense squamato-imbricata brevia majuscula basi parum patula, e basi angustiore brevi parum ventricosa fuscata margine obsolete et tenerrime papillata in laminam latiorem symmetricam ovatam breviter obtusiuscule et incurviuscule acuminatam concavam producta enervia, e cellulis minutis incrassatis pachydermis quadratis fuscis basi magis rectangularibus areolata; perich. majora e basi longiuscule oblongata elongate ovata acumine brevissimo robustiuscula incurviusculo terminata leniter papillosa vel glabra, intima involuta; theca parva brevissime pedicellata ovalis. — Insula Kerguelen, Foundery branch, in rupibus siccis, cum A. subappendiculata consociata (12. 74).

Ab A. subappendiculata foliis dense imbricatis majoribus late ovatis breviter acuminatis certe distinguitur.

A. parallela, C. Müll. l. c. 76; dioica; cespituli maxime symmetrico dispositi densiuscule cohaerentes, caulibus aequalibus semipollicaribus atris leniter nitidulis supra basin brevem foliosam vel defoliatam in ramos longiusculos multos teretiusculos parallelos plus minus apressos graciles strictiusculos simplices vel apice brevissime dichotomos divisis; folia caulina inferiora patentia veluti squarrosa superiora dense squamato-imbricata madore patula parva, e basi brevi valde ventricosa rotundato-semiamplexicauli in laminam anguste ovatam valde ventricosam reflexiusculam acumine flexuoso longiusculo acutiusculo terminatam attenuata, medio constricta, margine basilari distinctius superiore, obsoleta tenuiter crenulata vel papillosa, enervia, e cellulis pachydermis intense fuscis valde incrassatis quadrato-ellipticis basi magis rectangularibus areolata; perich. minuta sed caulinis longiora et longius cuspidata gemmulam minutissimam sistentia; theca minuta brevissime pedicellata vix emersa. — Ins. Kerguelen, Foundery branch, in rupibus siccis (12. 74).

Cespitulis symmetricis pulchellis, ramis multis gracilibus parallelis, foliis inferne patentibus superne dense imbricatis atque theca minutissima vix emersa primo visu ab omnibus congeneribus facile distinguenda.

A. Naumanni, C. Müll. l. c. 76; monoica: sed planta mascula ex eodem rhizomate emissa, vel cum ramulo masculo in eodem ramo, floribus masculis nonnullis secus ramulum lateraliter et terminaliter nodosiuscule dispositis; cespites robusti dilatati pulvinati vix semipollicares laxe cohaerentes rigiduli sordide fuscati symmetrici nec intricati; caulis primarius subrepens tener nudus surculos strictiusculos graciles ramulis plerumque parallelis subflabellatim supra basin dispositis teretiusculis emittens; folia caulina erecto-conferta apicem surculi plus minus clavatum sistentia vel undique aequaliter inserta, madore parum patula olivaceo-nitidula brevia, e basi rotundata angustiore ventricosa in laminam ovatam breviter obtusiuscule vel acutius acuminatam cochleariformi-concavam producta, margine infero tenerrime crenulata, e cellulis minutis densis valde incrassatis rotundis grimmiaceis basi rectangularibus incrassatis aetate intense fuscis areolata; perich. exserta in calycem majusculum congesta multo majora latiora basi longiore; theca breviter pedicellata minuta cyathiformis. — Ins. Kerguelen, Foundery branch, in rupibus siccis, Decbr. 1874. Copiosa; in rupibus basalticis declivium secus flumen „Cascade-Fluss" (12. 74).

Quoad inflorescentiam monoicam, cespitem symmetricum non intricatum, surculos parallelos, folia olivaceo-nitida conferta madore parum patula basi solum profunde ventricosa superne symmetrico-concava margine basilari tenerrime crenulata facile distinguenda. Flores masculi foliis lato-ovatis brevissime acuminatis obtusiusculis basi nec ventricosis, antheridiis magnis clavatis, paraphysibus filiformibus flavidis longiusculis.

Diese schöne und leicht zu unterscheidende Art scheint auf Kerguelens-Land die häufigste zu sein. Der Tracht nach mit A. rupestris oder A. alpina verwandt, unterscheidet sie sich doch sogleich von beiden Arten durch die Folia crenulata.

A. flabellata C. Müll. l. c. 76; *dioica;* cespituli tenelli symmetrici nec intricati $^1/_3$-pollicares fusci laxe cohaerentes pulchelli; caulis supra basin brevem filiformem tenuem nudam in ramos breves superne dichotomos nonnullos saepius flabellatim divisus; folia caulina ramulos inordinatim teretiusculos sistentia imbricata madore juniperoideo-patula brevia minuta, e basi longiuscula angustate oblongata flaviore sensim in acumen angustum plus minus curvatum acutum vel obtusiuscule acutum subulatum attenuata symmetrico-concava nec ventricosa enervia integerrima, e cellulis maxime incrassatis angulate rotundatis basin versus rectangularibus tenerioribus areolata, dorso papillosa; perich. multo majora caulinis similia. — Ins. Kerguelen, Foundery branch, in rupibus siccis cum A. Naumanni (12. 74).

Ab omnibus congeneribus Kerguelensibus foliis angustis aequaliter oblongato-acuminatis linealibus nec ventricose concavis primo visu differt. Planta pulchella tenella amoene fusco-brunnea.

Eine äusserlich fast an A. rupestris der nördlichen Halbkugel heran tretende Art, die aber durch ihre schmalen, lineal zugespitzten Blätter ohne bauchige Höhlungen eigenthümlich dasteht. Diese Art muss auch in ansehnlicher Höhenlage vorkommen, da ich ein Räschen mit Resten von Psilopilum antarcticum vermischt fand.

A. nana C. Müll. l. c. 76; dioica; cespituli planiusculi tenelli nigricanti-fusci rigidissimi; caulis nanus flexuosus simplex vel in ramulos binatos divisus inferne tenuis apicem versus clavatus, surculis multo brevioribus simplicibus valde flexuosis teneris stolonaceis basi associatus; folia dense imbricata madore patula minutissima, inferiora e basi latiore plus minus profunde ventricosa enervi in laminam reflexam lanceolatam saepius iterum ventricoso-concavam acutiusculam integerrimam glabram protracta pallidiora, superiora majora fusca magis erecta, perich. majuscula e basi flaviore elongata oblongata longiuscule acuminata plus minus convolutacea dorso interdum tuberculose papillosa, omnia e cellulis parvis ellipticis maxime incrassatis pachydermis areolata; theca in pedunculo brevissimo vix emersa minuta ovalis, vetusta valvulis destituta veluti cyathiformis. — Insula Kerguelen, Foundery branch (12. 74).

Planta mascula parum robustior, apice ramulis brevissimis fasciculatim divisa, floribus terminalibus, foliis perigonialibus latiuscule convolutaceo ovatis breviter acuminatis margine infero tenerrime crenulatis, antheridiis magnis. Planta tenella pygmaea distincta, habitu formis nanis A. rupestris haud dissimilis, inflorescentia autem dioica jam diversa.

***A.** squamata* C. Müll. l. c. 77; dioica; laxe cespitosa pollicaris robustiuscula, ramis longiusculis teretiusculis sed foliis siccitate et madore patentibus squamaeformi-imbricatis veluti squarrosifoliis sordide fuscis vel nigrescentibus flexuosis multis saepius apice dichotomis supra basin tenuiorem filiformem maxime fasciculatim divisa; folia caulina majuscula e basi angustiore rotundata profunde ventricosa flaviore enervia brevi latiuscule ovata, acumine brevi robustiusculo acuto vel obtusiori parum incurvo terminata, medio panduraeformi-constricta, margine ubique integerrimo erecta, glaberrima symmetrico-concava ex aureo fuscescentia, e cellulis minutis maxime incrassatis rotundatis aetate magis quadratis areolata; perich. convolutaceo-imbricata, basi multo longiore vix vel haud ventricosa pallide flava, e cellulis multo longioribus laxioribus reticulata; theca parva elliptica post dehiscentiam autem robustiuscula, breviter exserta. — Ins. Kerguelen, Foundery branch, in rupibus siccis (12. 74). Christmas harbour, in rupibus (7. 12. 1874), forma nana. In rupibus basalticis declivium secus „dem Cascade-Flusse" (12. 1874).

E. robustioribus, Andr. alpinae similis, sed foliis siccis atque madefactis valde patentibus jam distincta.

Die derben Rasen sind unten so mit Erde bestreut, dass das schöne Moos wohl tiefer in den lockeren Boden hinein wachsen muss. Der tiefe Bauch des Blattgrundes wird im Alter ebenfalls tief braunroth und bricht nicht selten von dem Blatte ganz aus.

***A.** acutifolia* Hook. & Wils. Kerguelen Foundery-branch, Dcbr. 1874; in rupibus basalticis declivium secus flumen „Cascade-Fluss". (12. 74).

2. Trib. **Funariaceae.**

***Entosthodon** antarcticus* C. Müll. l. c. p. 77 monoicus; plantae pusillae pallide virides vel lutescentes gregariae vel vix cespitulosae simplices; folia pauca laxe imbricata madore patula erecta strictiuscula, e basi elongata angustiore anguste oblongo-acuminata, cellula unica brevi mucroniformi acutata terminata, carinato-concava, margine erecto integerrimo vel cellulis paulisper protuberantibus nodoso-dentata, nervo angusto purpurascente ante apicem dissoluto percursa, e cellulis angustatis elongatis laxis luteis deinque dilute purpureis eleganter reticulata; theca in pedunculo longiusculo rubro flexuoso erecta parva, e collo brevi ovalis sub ore angustissime constricta, gymnostoma seu membrana angustissima, rubens, operculo brevi cupulate conico, calyptra glabra. — Insula Kerguelen, Foundery branch (12. 1. 75).

Planta pulchella tenella, foliis eleganter reticulatis angustis regularibus peculiaris. Entosth. laxus Mitt. (Physcomitr laxum Hook. et Wils.) differt: caule plurifolio multo robustiore, f. liis pallidissimis nitidis squamoso-imbricatis, latioribus brevioribus, reticulatione pallidiore breviore et nervo pallido.

3. Trib. **Polytrichaceae.**

***Catharinea** (Psilopilum) antarctica* C. Müll. l. c. p. 77; dioica; cespites lati humiles robusti laxi vel densiores intense rubiginosi; caulis pusillus simplex basi gracillimus apicem versus foliis laxe imbricatis rigidis varie curvatis turgescens; folia caulina madore erecto-patula stricta brevia robusta, e basi lata longiuscula membranacea pallidiore dilute fuscata cellulis majusculis hexagonis laxis pachydermis reticulata in laminam breviorem lanceolatam densius et minutius areolatam rufescentem integerrimam producta, nervo latissimo applanato vix carinato apice lamellis parallelis flexuosis brevibus striato summitate incrassato et in aristam crassam pungentem rufescentem protracto; perich. multo longius aristata, basi longiore laxissime reticulata, apice lamina multo latiore instructa, magis membranacea; theca in ped. caulem pluries superante rigido valido rubro flexuoso inclinata majuscula oblique ovalis pachyderma levis brunnescens microstoma, operculo e basi brevissima conica in rostrum recurvum attenuato rubro, calyptra brevi stricta dimidiata pachyderma fusca summitate truncatula apicem versus pilis strictis nonnullis filiformibus fuscis hirtula; peristomii dentes maxime inaequales breviores vel longiores, perfecti vel obsoleti, erecti vel obliqui, albescentes in medio lutescentes, plerumque acuti vix 32. — Psilopilum trichodon Mitt. Journ. of Linn. Soc. XV (1876). — Ins. Kerguelen, Betsy Cove (12. 74).

Ex habitu Psilopilo australi Hpe. Tasmanico Montis Wellington solum affinis et simillima, sed foliis pungenti-aristatis longe diversa. — Planta mascula pusilla, flore discoideo terminali foliis parvis latis incluso, foliis caulinis minoribus brevioribus.

Wie Herr MITTEN dazu kommt, das Ps. trichodon Hook. et Wils. vom Paramo de Ruiz in Neu-Granada und den Anden überhaupt zu dieser Art zu ziehen, weiss ich nicht zu beantworten. Nach meiner Ansicht kann die neue Art nur mit der Tasmanischen verglichen werden, was phytogeographisch von hohem Interesse ist, da das eine Verwandtschaft beider Floren-Gebiete einschliesst. Jedenfalls gehört die Kerguelen-Art mit der Tasmanischen und den australischen Arten überhaupt zu den robustesten ihrer Gruppe und weicht darin sehr von den übrigen Verwandten ab. Das schöne Moos setzt aber auch auf Kerguelens-Land das Dasein eines Conostomum voraus, das bisher noch nicht gefunden ist; mindestens kommen stets beide Typen unter gleichen klimatischen Verhältnissen vor.

***Polytrichum** (Eupolytrichum) microcephalum* C. Müll. l. c. p. 77; caulis humilis pollicaris simplicissimus inferne foliis minutissimis squamaeformibus pallidissimis maxime appressis veluti nudiusculus, apice solum foliis in capitulum breve fuscum oblongate attenuatum congestis instructus; folia dense imbricata brevia robusta rigidissima firma fusca madore erecto-patula, e basi brevi latissima vaginata cellulis marginalibus anguste linearibus conflatis albidis marginata, nervum versus sensim majoribus laxioribus pallide fuscatis reticulata in laminam robustiusculam lanceolatam intense fuscam lamellis ubique fere occupatam angustiorem attenuata, nervo lato ferrugineo in aristam brevem subhyalinam saepius subabruptam et dentatam excurrente percursa, e margine basilari supremo cellulis depressis incrassatis intense fuscis areolata in laminam angustissimam fuscam dentibus remotis brevibus apice hyalinis ornatam attenuata. Caetera ignota. — Ins. Kerguelen, inter cespitem Blindiae pulvinatae (12. 1. 75).

Polytricho pilifero habitu simile, sed foliis brevissime hyalino-aristatis jam diversum.

Die Zähne des Blattrandes pflegen sich zu kugelartigen Körperchen zu verdicken. Ob diese Eigenthümlichkeit aber normal sei, möchte ich bezweifeln.

***P.** (Eupolytrichum) tuberculosum* C. Müll. l. c. p. 77; caulis humilis simplicissimus: capitulum breviter stipitatum globosum robustulum intense fuscum, e cujus medio stolo brevis vix pollicaris angustior prolificans; folia seniora capituli dense conferta madore parum patula, e basi brevissima lata intense fusco-aurantiaca inferne e cellulis parvulis laxis reticulata superne e cellulis depressis valde incrassatis conflatis margine albidis areolata in laminam brevem lanceolatam crassam intense fuscam integerrimam sed apice valde tuberculosam producta abrupta vel pilo deciduo albido robusto tereti longiusculo flexuoso dentibus papilliformibus acutis teneris erectis ubique dense obtecto basi fuscescente terminata, folia juniora stolonis angustiora laetius viridi-lutescentia semper pilifera, omnia nervo lato ferrugineo lamellis flexuosis laminae $^2/_3$ partem occupantibus obtecto, superne tuberculoso-papilloso. Caetera ignota. — Ins. Kerguelen, Mt. Crozier, 1000 ped. alt. in Mount Castle (12. 74).

Polytricho pilifero proximum et simillimum, sed foliis superne ubique tuberculosis jam distinctum; a P. microcephalo capitulis robusto globosis foliisque integerrimis toto coelo recedens.

Auch das Feuerland besitzt in Pol. trachynotum n. sp. eine ähnliche Art, die aber durch eine längere Blattscheide mit lockerem Zellnetze und durch ein längeres Blatthaar sich unterscheidet, welches, weil dünner und zugespitzter, nur am Grunde dicht papillös, oben fast ungezähnelt ist.

***P.** (Pogonatum?) austro-alpinum* C. Müll. l. c. p. 77; caulis supra-bipollicaris simplex vel in ramos binatos parallelos divisus; folia caulina horride imbricata madore difficile emollientia patula nec reflexo-patula, e basi multo latiore majore raptim in laminam perangustam linealem nec lanceolato-linealem protracta, ad basin pellucidam haud ferrugineam angustius reticulatam superam usque ad laminam solum anguste albide marginata nec usque ad partem inferiorem laminae marginata, ad laminam e cellulis majoribus magis quadrato-rotundatis incrassatis areolata, nervo in cuspidem aristiformem robustam pro more abruptam nec piliformi-aristatam attenuato. Caetera ignota. — Pogonatum alpinum Mitt. in Journ. of Linn. Soc. XV. 1876? — Ins. Kerguelen, Mt. Crozier, usque 2000 ped. altitudinis (12. 74).

Caracteribus accuratius explicatis a Pogonato alpino certe differt. Folia grossius serrata et dorso grossius aculeata.

Gewiss wird auch hier die Frucht noch andere Unterschiede ergeben. Darum muss ich das Moos bis dahin auf das Bestimmteste von dem europäischen P. alpinum getrennt halten.

4. Trib. Bryaceae.

***Mielichhoferia** kerguelensis* C. Müll. l. c. p. 77; synoica et monoica: flores synoici terminales et flores masculi laterales in eodem surculo; caules laxe cespitulosi basi tomentosuli graciles lutescentes; folia caulina inferiora minuta remota apicem versus majora densius conferta surculum madore sciuroideum sistentia parva, e basi ovata in acumen breve subserrulatum pro foliolo robustum veluti obtusate-acutum producta carinato-concava, nervo validiusculo in acumine evanescente, cellulis majusculis rhombeis firmiusculis; perich. aurantiaco-colorata, margine distinctius angustissime revoluta apice dentibus pro more recurviusculis grossius serrulata, e cellulis majoribus laxioribus reticulata; theca in ped. longiusculo tenui flexuoso rubro rectiuscula, e collo brevissimo cylindracea parum semilunari-curvata fuscata leptoderma, operculo brevi conico, annulo brevi, peristomio simplici: dentes capillares in membrana brevissima stricti subhyalini simplices nec sulcati latere plus minus irregulariter lacerati.

***M.** campylocarpa* Mitt. l. c. — Ins. Kerguelen, Betsy-Cove in rupibus cum aliis muscis, ut videtur haud rara (11. 74).

Foliis perichaetialibus apice recurvato-serrulatis, theca cylindracea vix lunata et peristomii dentibus simplicibus latere appendiculatis facile distincta.

***Bryum** (Eubryum?) pygmaeum* C. Müll. l. c. p. 77; cespites minuti densi pallide lutescentes sericei; caulis pygmaeus paucifolius pallide rubens simpliciusculus pro plantula validiusculus; folia inferiora remota, superiora in gemmulam dense clausam congesta, omnia minuta e basi latiuscula ovata brevissime acuminata, acumine e cellulis nonnullis grossiusculis laxe reticulato terminata, carinato-concava integerrima margine infero parum convexa, nervo pallide virente pro plantula validiusculo in acumine evanido carinato, cellulis majuscule rhombeis teneris laxiusculis inanibus pellucidis. Caetera ignota. — Ins. Kerguelen, Foundery branch, in rupibus siccis cum Syntrichia hyalinotricha n. sp. (16. 11. 74).

Ex habitu Mielichhoferiis nonnullis bryaceis sericeis tenellis aemulans. An Bryum? An Mielichhoferia?

***B.** (Eubryum) micro-laevigatum* C. Müll. l. c. p. 77; pusillum compacte cespitosum humile vix pollicare; caulis ruber foliis julaceo-imbricatis amoene luteis madore julaceo-turgescens obtusiusculus;

folia caulina dense conferta, e basi angustiore latiuscula elliptica brevissime acuminata obtuse acuta valde concava, margine e basi usque fere ad apicem anguste revoluto marginato integerrimo, nervo valido flavido in mucronem brevissimum fere excurrente vel ante summitatem evanido carinato, cellulis grossiusculis acute rhombeis valde incrassatis madore emollientibus mollioribus chlorophyllosis basi multo amplioribus. Caetera ignota. — Ins. Kerguelen, Winter harbour (13. 1. 75).

A. Bryo laevigato antarctico statura humili foliisque margine distinctius ubique revolutis validinerviis jam distinctum.

B.* *(Eubryum) splachnoideum C. Müll. l. c. p. 77; cespites splachnacei lutescenti-virides molles pollicares infra purpurascentes e ramulis flaccidissimis gracillimis stolonaceis compositi; caulis pusillus inferne radiculosus paucifolius sed plerumque in ramulum longiorem stolonaceum gracilem laxifolium flexuosum attenuatus; folia angusta longiuscula valde corrugata crispula madore autem strictissima patula, e basi breviter et ventricose decurrente cellulis nonnullis multo laxioribus pellucidis vel purpurascentibus teneris reticulata oblongata ovato-acuminata, carinato-concava, margine usque fere ad summitatem anguste revoluta latius marginata apice obsolete denticulata, nervo rufescente superne luteo angustiusculo in acumen longiusculum acutum evanescente percursa, e cellulis majusculis pellucidis utriculo primordiali flexuoso tenero repletis eleganter reticulata; folia innovationum multo minora angustiora pro foliolo longius cuspidata. Caetera ignota. — Insula Kerguelen (12. 1. 75).

Quoad surculos luxuriantes teneros et folia ventricose decurrentia facile cognoscendum.

Jedenfalls liegt uns hier eine Wucherform der Art vor, welche durch ihre Stengelausläufer dem Rasen etwas Splachnumartiges mittheilt. Obgleich wir somit nicht die Urform des Mooses vor uns haben, so weicht doch das Moos durch die eigenthümliche Blattbasis so von den übrigen Kerguelen-Bryen ab, dass wir es nicht übergehen mochten.

B.* *(Eubryum) austro-cespiticium C. Müll. l. c. p. 77; synoicum; cespites humiles laxiusculi lutescenti-virides ditissime fructiferi inferne fusco-tomentosi tenelli; caulis fertilis pusillus inter innovationes plures graciles breves dispositus; folia laxe imbricata horrida convolutaceo-crispula madore patula stricta angusta longiuscula, e basi oblongata elongate acuminata carinato-concava, margine ubique fere anguste revoluta subintegerrima latiuscule flavide marginata, nervo angusto luteo vel rufescente in aristam longiusculam tenuem parce denticulatam flexuosam vel strictiorem acutatam cuspidata, e cellulis angustis rhomboideis utriculo tenerrimo viridi repletis basi laxioribus purpurascentibus reticulata; folia sterilia minora densius areolata; theca in pedunculo tenuissimo pallide rubente flexuoso nutans brevicolla ovalis macrostoma, operculo conico; peristomii duplicis dentes ext. breves angusti lutescentes apice albidi glabri basi rufescentes valde trabeculati linea media longitudinali destituti, interni (ut videtur) adglutinati. Caetera ignota. — Insula Kerguelen, sine loco natali, 1874.

Bryo cespiticio Europaeo habitu simillimum, sed inflorescentia synoica jam certe diversum.

B.* *(Eubryum) gemmaceolum C. Müll. l. c. p. 77: dioicum; perpusillum tenellum ramulos gemmaceos brevissimos vix stipitatos minutos nonnullos gerens lutescenti-viride; folia in gemmulam minutam congesta conferta, e basi truncata oblongata longiuscule lanceolato-acuminata, nervo valido valde carinato luteo basi purpurascente in aristam robustulam denticulatam strictiusculam excedente cuspidata, margine ubique distincte anguste revoluta, carinato-concava, e cellulis majusculis rhomboideis firmiusculis pachydermis utriculo primordiali maxime tenero flexuoso repletis vel pellucidis grossiuscule reticulata; theca in ped. longiusculo apice stramineo basi rubente flexuoso pendula minuta, e collo brevi obovata ochracea leptoderma, operculo minuto planiusculo apiculato rubro, annulo revolubili lato multiplici; perist. d. ext. breves valde angusti e basi latiore aurantiaca valde sulcato-trabeculata latere nec lamelloso-cristata linea longitudinali destituta in subulam tenuem albescentem glabram flexuosam attenuati, int. in membrana tenerrima fugaci vix sulcati tenuissimi albidissimi subadglutinati leves, ciliis obsoletis. — Ins. Kerguelen, Winter harbour, inter Barbulam aliquam sterilem (1. 75).

Exiguitate, ramulis gemmaceis, foliis pro plantula robustis atque crassinerviis, areolatione grossiuscula, peristomii dentibus externis perangustis nec latere cristatis, internis incompletis tenerrimis et inflorescentia dioica facile cognoscenda species tenella.

B. (Eubryum) robustulum C. Müll. l. c. p. 77; synoicum; dense cespitosum pollicare vel tripollicare lutescens infra tomentosum ferrugineum lutescens; caulis humilis fertilis inter ramulos paucos graciles dispositus; folia caulina laxe conferta horrida recta strictiuscula firmiuscula lutescentia madore patula, e basi angustiore purpurascente oblongata ovali-lanceolata longe acuminata, nervo valido carinato in aristam longiusculam acutam parce denticulatam exeunte flavido cuspidata, carinato-concava, margine ubique fere valde revoluta integra marginata, e cellulis firmis lutescentibus grossiusculis rhomboideis utriculo primordiali tenerrimo flexuoso vel inanibus reticulata; perich. majora flavida basi valde purpurea, nervo angusto purpurascente percursa longe aristata stricta; theca in ped. elongato rubente flexuoso parva obconico-ovalis olivacea dein fusca, operculo conico, annulo lato multiplici; perist. duplex: dentes ext. elongati angusti membranacei. Caetera ignota. — Insula Kerguelen, Winter harbour (1. 75), Foundery branch (12. 74) c. fr. deoperculatis senioribus.

Bryo macranthero proximum et simillimum, sed foliis multo majoribus angustiuscule oblongato-acuminatis longe cuspidatis et aristatis carinate concavis ut videtur certe et valde distinctum.

So nahe auch diese Art dem Br. macrantherum stehen mag, so hatte ich doch nicht den Muth, sie mit demselben zusammen zu werfen. Die Unterschiede in der Blattform sind dazu viel zu beträchtlich. Wahrscheinlich auch werden sich noch andere Verschiedenheiten im Baue des Mundbesatzes ergeben, wenn die Frucht erst in voller Reife bekannt sein wird, in welcher ich sie nicht sah. Mindestens ist selbst das nur ungenügend und unvollständig beobachtete Peristom nicht mit dem von Br. macrantherum zu vereinigen, da ersteres nicht die schmalen Zähne besitzt, deren Querbalken schwielig und knotig von der Membran des Zahnes abstechen.

B. (Eubryum) macrantherum C. Müll. l. c. p. 77; synoicum; cespites altiusculi supra-pollicares dense tomentosi apice lutescentes; caulis robustiusculus usque ad innovationem novissimam fuscotomentosus, innovando parce divisus; folia caulina conferta madore patula apice innovationis in gemmam robustiusculam subrosulatam congesta, inferiora squamato-appressa minuta ovalia, sequentia sensim majora robustiora e basi late truncata late lanceolata brevissime obtusiuscule acuminata, suprema angustiora longius acuminata, omnia carinate cochleariformi-concava, superiora nervo valido lutescente in mucronem brevissimum vel in supremis in aristam brevem luteam exeunte, margine latiuscule marginato ubique fere lato-revoluto summitate denticulato, cellulis grossiusculis densis firmis subinanibus vel utriculo primordiali tenerrimo repletis luteis basi majoribus purpureis; theca in ped. elongato rubente flexuoso pendula majuscula pro planta parva obconico-elliptica olivacea leptodermis subvernicosa fuscidula microstoma, operculo parvo apiculato, annulo lato multiplici; peristomium robustum: dentes ext. e basi late lanceolata in subulam longiusculam simplicem nodosiusculam glabram protracti dense trabeculati linea longitudinali tenerrima notati, int. in membrana altiuscula pallidiore late lanceolati breviter subulati hiantes tenerrimi distantes, ciliis nullis. — Insula Kerguelen, Port Palliser, Betsy Cove, cum Hypno paradoxo etiam occurrit (2515).

Bryum (Eccremothecium) pendulum Mitt. in Journ. of Linn. Soc. Vol. XV. 1876?

Antheridia magna turgida clavata, unde nomen triviale macrantherum. Species foliis robustis crassinerviis saepius obtuse acutis firmis dense reticulatis ad Br. Billardieri Australe accedens. Nervus foliorum inferiorum magis obtusorum saepius evanescens. Caeterum planta quoque feminea ramulum flore masculo terminatum producit. Capsula evacuata parva subrotunda macrostoma.

B. *(Eubryum) validinervium* C. Müll. l. c. p. 77; synoicum; cespites supra-pollicares densi lutescentes firmi inferne ferruginei tomentosi; caules graciles recti strictiusculi dense appressi humore inferne turgide tomentosi apice in innovationes breves graciles strictos laete lutescentes paucas divisi; folia caulina conferta madore patula stricta, e basi latiuscule oblongata robustiuscule acuminata, nervo valido carinato flexuoso purpurascente in aristam flavidam apice albescentem parce denticulatam excunte cuspidata, margine e basi usque fere ad summitatem valde revoluta latiuscule marginata integerrima, e cellulis firmis majusculis densis inanibus luteis basi multo majoribus latioribus purpureis reticulata; perich. interna lanceolato-acuminata angustiora longius aristata; theca in ped. elongato rubente flexuoso nutans parva, cylindraceo-oblonga saepius medio constricta ochracea vel olivacea madore obconico-ovalis macrostoma, operculo cupulato apiculato pallidius ochraceo, annulo lato multiplici revolubili; perist. duplex: dentes ext. latiuscule lanceolati longe subulati membranacei pallide lutei glabri trabeculati linea longitudinali destituti, interni in membrana pallida tenerrima latiusculi hiantes parum sulcati, ciliis singulis rudimentariis. — Insula Kerguelen, sine loco natali (12. 74); Winter harbour, (1. 75).

Bryo Orthotheciellae proximum, sed multo altius robustius, foliis multo robustioribus basi purpureis marginatis, theca multo majore longe pedunculata, macrostoma, operculo majuscule cupulato, peristomii dentibus externis longe subulatis multo latioribus et internis in membrana alta tenerrima obsoletis longe refugiens. Ex habitu Bryo Brownei septentrionali valde simile.

B. *(Eubryum) Orthotheciellae* C. Müll. l. c. p. 78; synoica; caulis tenuissimus innovando subpollicaris tenellus inferne radiculosus; folia caulina imbricata, inferiora minutissima purpurascentia superiora lutescentia in gemmulam dense clausam congesta madore parum patula parva, sed pro plantula robustiuscula, e basi latiuscula oblongata late lanceolato-acuminata, nervo valido luteo in aristam strictam acutatam parce minutissime denticulatam exeunte cuspidata, carinato-concava, margine integerrimo exlimbato usque fere ad summitatem revoluta, e cellulis longiusculis rhomboideis lutescenti-viridibus subinanibus firmiusculis basi pellucidioribus reticulata; perich. majora; theca in pedicello mediocri tenui rubente stricto nutans minutissima obconico-ovalis madore subturgescens collo destituta microstoma firma pachyderma olivacea, operculo minutissimo e basi planiuscule cupulata mammillato apiculato, annulo revolubili et persistente multiplici lato peristomii partem tertiam vel quartam attingente; peristomii parvi duplicis dentes ext. breves angustissime lanceolato-subulati valde trabeculati linea longitudinales destituti glaberrimi basi lutei apice integerrimo albidi, interni breviores angustissimi vix sulcati perforati vel omnino obsoleti dentibus externis adglutinati tenerrimi, ciliis nullis. — Ins. Kerguelen, Winter harbour, inter Orthotheciellam filum dispersum (1. 75).

E minutissimis Eubryis, quoad staturam pusillam gracillimam, folia robustiuscula late lanceolato-acuminata revoluta exlimbata aristata integra, thecam minutissimam obconico-ovalem microstomam, operculum minutissimum mammillatum et peristomium imperfectum dentibus externis parvis angustissimis primo visu cognoscendam. — Flores feminei antheridiis singulis, flores autem masculi sine archegoniis nonnulli observantur. Paraphyses breves tenuissimi lutei. Species tenella pulchra ad Bryum algovicum aliquantulum accedens, magis autem versus Br. Gayanum Chilense multo majus et robustius inclinans.

B. *(Senodictyon) austro-albicans* C. Müll. l. c. p. 78; formis elongatis gracillimis Bryi albicantis simillimum, sed folia multo minora angustiora strictiora magis imbricata, e basi vix decurrente angustiore lanceolato-acuminata, carinato-concava apicem versus serrulata, nervo plerumque purpurascente evanido notata, e cellulis multa angustioribus tenerioribus reticulata. — Br. albicans Mitt. in Journ. of Linn. Soc. XV. 1876. — Ins. Kerguelen, inter Bartramiam (12. 1. 75). — Christmas harbour, Mt. Crozier (12. 1. 75).

So wenig auch nach der Diagnose dieses Moos von unserem europäischen Br. albicans, zu welchem es Herr MITTEN in der That zog, abzuweichen scheint, so verschieden ist es doch beim wirklichen Vergleiche mit demselben durch die so viel kleineren, schmaleren und zugespitzten Blätter, welche selbst die dünnsten Formen unserer Br. albicans nie in solcher Weise entwickeln. Ich muss das Moos folglich ebenso abscheiden, wie Br. austro-crudum von Br. crudum, und erwarten, dass die Fruchtorgane noch bedeutendere Kennzeichen ergeben werden. Ich fand die Art auch noch in einer sehr niedrigen Form von der Tracht eines Fissidens, und in einer allseits-blätterigen niedrigen Form unter anderen Moosen, immer aber mit purpurn gefärbten Blättern. Auch das Feuerland bringt eine nahe verwandte Art (Br. alticaule n. sp.) hervor, die sich jedoch sofort durch weit grössere Blätter und einen weit robusteren Stengel· dicht an die Seite von Bryum glaciale stellt.

B. Bryum (Senodictyon) austro-crudum C. Müll. l. c. p. 78; dioicum; Bryo crudo simillimum, sed multo angustius et purpurascens, foliis caulinis minoribus apice surculi strictis nec patenti-patulis, perichaetialibus minutis angustissimis, cellulis distinctioribus nec in membranam conflatits strictioribus nec lunato-flexuosis aetate saturate purpurascentibus, nervo perangusto purpureo. — Bryum (Webera) cruda Mitt. Journ. of Linn. Soc. XV. 1876. — Ins. Kerguelen, ad Betsy Cove, cum Lomaria alpina (12. 1. 75).

So nahe auch dieses Moos unserem Br. crudum steht, so wenig kann ich doch beide vereinigen, wie es Herr MITTEN that. Davon halten mich die angegebenen Merkmale zurück, die mir die Annahme nahe legen, dass die Fruktifikationsorgane wahrscheinlich noch wesentlichere Unterschiede ergeben werden. Sonst beweist ja das Auftreten so nahe stehender Formen nur, dass sich überall in ähnlichen Klimaten auch ähnliche Arten bilden konnten. Eine Verschleppung unseres Br. crudum nach Kerguelens-Land ist völlig unwahrscheinlich. Die fast ganzrandigen Blätter werden so purpurfarbig, wie ich sie bei Br. crudum nie gesehen habe. Auch das Feuerland besitzt eine sehr nahe stehende Art in Bryum synoico-crudum, welche ihren Unterschied vom vorigen schon in ihrem Namen trägt, von welcher aber vorstehende Art durch eine sehr schmale Rippe weit abweicht.

B. (Senodictyon) austro-elongatum C. Müll. l. c. p. 78; synoicum nec androgynum; habitus Bryi elongati, sed caulis gracilior, folia remotiora e basi angustissima pulchre purpurea anguste oblongo-ovata breviter acuminata acuta elongata, margine ubique erecto apice remote denticulato, nervo basi purpureo validiusculo subito fere angustato ante apicem evanido, cellulis elongatis linearibus vermiformibus basi multo laxioribus; theca in pedunculo elongato stramineo deinque rubente erectiuscula, e collo brevi cylindracea longiuscula vix curvula olivacea dein fuscata, operculo brevi conico oblique rostellato, annulo persistente majusculo; perist. dentes externi cornei pallide flavidi maxime sulcato-trabeculati diaphani, interni albidissimi teneri valde secedentes, ciliis singulis nodosiusculis. — Bryum (Webera) elongatum Mitt. l. c. — Ins. Kerguelen, Betsy Cove, in rupibus (11. 74).

Bryum elongatum simile differt: inflorescentia monoica vel androgyna, foliis multo robustioribus basi late truncatis pallidis margine valde convexis apice serratis chlorophyllosis densius imbricatis atque peristomii dentibus externis homogeneis nec sulcato-trabeculatis mollibus nec corneis. Quoad staturam species nostra nova versus Bryum longicollum magis spectat.

B. (Senodictyon) austro-nutans C. Müll. l. c. p. 78; androgynum, antheridiis per paria in axillis foliorum superiorum aggregatis brevibus robustis; folia in capitulum apice surculi congesta, e basi rotundata latiuscula ovato-acuminata vel angustiora longiuscula, margine hic illic valde revoluto, acumine plus minus longo plerumque semitorto remote breviter dentato, nervo valido lutescente profunde canaliculato carinato in acumine supremo evanido, cellulis angustis linearibus ubique valde incrassatis igitur apice subellipticis; theca in pedunculo longissimo rubente flexuoso subnutans fuscate breviuscula oblonga vel cylindracea macrostoma aequalis leptoderma nitidula; peristomium robustum: dentes externi latiusculi breviter subulati ubique lutescentes glabri dense trabeculati homogenei, interni albidi teneri, ciliis singulis brevibus nodosiusculis. Caetera ignota. — Bryum (Webera) nutans Mitt. l. c. — Ins. Kerguelen, Betsy Cove, in rupibus (11. 74).

Br. nutans proximum foliorum areolatione haud incrassata atque theca turgide ovali nitidula jam differt.

B. (Senodictyon) austro-polymorphum C. Müll. l. c. p. 78; androgynum, antheridia in axillis superiorum singula libera; caules perpusilli simplices dense aggregati, inferne dense tomentosi; folia ad apicem surculi pygmaei gemmaceo-imbricata pauca minuta e basi latiore breviter lanceolato-acuminata carinato-concava, margine vix vel parum revoluta apicem versus denticulato-serrulata, nervo pro foliolo valido luteo ante apicem evanido calloso percursa, saepius perangusta, e cellulis firmis incrassatis angustis luteis basi infima quadratis areolata; theca in ped. perbrevi flexuoso rubente nutans minutissima ochracea oblonga, operculo minutissimo conico, operculo lato multiplici; perist. duplex: dentes ext. breves, int. aequilongi sulcati, ciliis rudimentariis, ut videtur. Caetera ignota. — Ins. Kerguelen (12. 1. 75).

Ex habitu formis minutissimis Bryi polymorphi simile, sed partibus omnibus pygmaeis praesertim capsula minutissima oblongo-ovali nutante raptim diversum.

B. *(Senodictyon) aptychoides* C. Müll. l. c. p. 78; cespites lati pollicares laxi rubiginoso-lutescentes; caulis gracilis simplex vel apice ex axillis foliorum ramulos brevissimos minute foliosos exmittens; folia parva conferta subsecunda madore surculum teretiusculum sistentia, e basi decurrente ovato-lanceolata plus minus obtusiuscule acuta carinato-concava, margine erecto medio parum denticulata apice grossius serrulata, nervo validiusculo rubiginoso ante summitatem dissoluto, cellulis majusculis laxiusculis elongatis lutescentibus. Caetera ignota. — Ins. Kerguelen, Winter harbour (13. 1. 75); Betsy Cove: forma minor, inter Bartramiam subexiguam.

Ab omnibus congeneribus Kerguelensibus surculis ob dispositionem foliorum aptychoideis rubiginosis foliisque laxe reticulatis prima inspectione distinctum.

Diese reizende und niedliche Art bleibt sich auch in der sehr kleinen Form von Betsy's Cove in ihrem Charakter gleich und dürfte dereinst eine ebenso interessante Frucht ergeben.

5. Trib. **Dicranaceae.**

Blindia *stricta* C. Müll. in Syn. Musc. I. p. 343; dioica; cespites humiles dense pulvinati rigidissimi laete lutei radiculosi; caulis semipollicaris, brevior vel longior, parce divisus; folia caulina rigida horride crispatula ad apicem surculi parum crispato-secunda madore valde patula, e basi elongata oblongata sensim acuminata robustiuscule subulata obtusiuscule acutata concava subinvolutacea integerrima, nervo lato applanato subulam totam carinatulam supremam occupante luteo percursa, e cellulis rectangularibus densis incrassatis luteolis apicem versus brevioribus areolata, e cellulis angustissimis linearibus marginalibus in membranam pallidiorem teneriorem conflatis angustissime basi marginata, cellulis alaribus multis parenchymaticis laxis teneris fuscidulis deinque marcescentibus ornata; perich. multo latiora basi laxe reticulata magis raptim acuminata robustius areolata; theca in ped. breviusculo rigido valido rubente flexuoso vel curvulo madore strictiusculo erecta globosa maxime pachyderma et firma subcornea rubra vernicosa aequalis submicrostoma exannulata, operculo e basi breviter conica oblique rostrato, calyptra drummondioidea lata firma obtusiuscula; dentes peristomii lanceolati plus minus lati vel angustiores membranacei teneri albescentes breviusculi trabeculati. — Weisia stricta Hook. et Wils. in Lond. Journ. of bot. 1844. p. 540. — Ins. Kerguelen, Christmas harbour, Mt. Crozier (12. 1. 75), Winter harbour (1. 75).

Flos masculus terminalis majusculus fuscus, foliis paucis brevibus e basi latissima ovata colorata in acumen breviusculum attenuatis late nervosis, paraphysibus filiformibus aureis permultis, antheridiis magnis. — Species perpulchra distinctissima, cujus nomen triviale propter pedunculum magis cavatum flexuosum male derivatum. Quoad staturam valde varians mox altior mox brevior, fructibus longius exsertis vel inter cespitem immersis. E cespite rigidissimo, foliis firmis praesertim capsula globosa cornea nitida primo visu cognoscenda. Folia quoque magnitudine variant ita, ut interdum dicranaceo-falcata observentur.

Eine herrliche Art, deren Charakteristik ich nicht umgehen mochte, da sie in meiner Synopsis nach den dürftigen Exemplaren aus HOOKER's Hand nur unvollständig beschrieben worden ist. Sie ist zugleich die einzige Art, welche an die alpin-australische Bl. robusta Hpe. durch Blatt und Kapsel erinnert.

B. aschistodontoides C. Müll. l. c. p. 78; pollicaris vel supra-pollicaris dense cespitosa rigidiuscula flava subnitens, ramis elongatis parallelis gracilibus paucis vix divisa flexuosa nec tomentosa; folia caulina erecto-conferta madore patula strictissima, summitate surculi in cuspidem vix falcatam longiusculam congesta, e basi angustissima elongata concava oblongo-acuminata flavissima cellulis alaribus paucis vix ventricosis minutis sed laxis purpurascentibus parenchymaticis ornata in subulam longissimam tenuem summitate obsolete denticulatam attenuata, nervo angusto flavido subulam totam occupante percursa, e cellulis angustissime linearibus densis in membranam flavam quasi conflatis areolata. Caetera ignota. — Ins. Kerguelen, Winter harbour, Whate Bay, Januario 1875 ut videtur, in locis inundatis.

Ex habitu Leptotricho flexicauli aliquantulum similis, sed cellulis alaribus distinctis jam toto coelo diversa. Quoad foliorum formam et membranam Aschistodonti conico Mtge. haud dissimilis.

β. nigrescens; foliis siccitate et humore magis patulis nec apicem surculi cuspidatum sistentibus nigrescentibus. — Cynodontium Hookeri Mitt. (non C. Müll. sub Leptotricho in Syn. Musc. I 450) in Journ. of Linn. Soc. XV 1876? — Ins. Kerguelen, Christmas harbour, Mt. Crozier (12. 1. 75).

Ausser der schwärzlichen Färbung, welche höchst wahrscheinlich durch Ueberfluthung des Standortes verursacht ist, und ausser den pinselartig stehenden Endblättern des Stengels finde ich keine Unterschiede, die eine Trennung von Bl. aschistodontoides rechtfertigen könnten.

B. tortifolia (Hook. et Wils. sub Weisia) C. Müll. in Synops Musc. I p. 343. — Ins. Kerguelen, Christmas harbour, Mt. Crozier, 12. 1. 1875. Cum Andreaea Naumanni in rupibus basalticis declivium secus flumen „Cascade-Fluss" (12. 74).

Eine durch die sehr krausen Blätter und die sehr kurz gestielte kleine Frucht leicht erkennbare hübsche Art, deren stumpfspitzige Blattform noch ganz an die von Blindia stricta erinnert, obgleich sie äusserlich nicht viel Aehnlichkeit mit derselben hat. Die Räschen sind entschieden viel lockerer und weicher, als die der letztgenannten Art. Ihm ähnlich, aber durch Tracht und Blatt doch verschieden, ist die folgende Art.

B. tortelloides C. Müll. l. c. p. 78; laxe cespitosa humilis vix pollicaris valde crispula rigidula laete lutea inferne ferruginea parce ramosa; folia caulina laxe conferta usque ad apicem surculi crispata madore valde patula, e basi latiuscule oblongata subito fere in acumen subulatum robustiusculum obtusiusculum vel acutum flexuosum attenuata, basi concava superne magis convolutacea, integerrima rigidiuscula firma lutescentia, nervo lato ferrugineo vix carinato applanato percursa, e cellulis majusculis quadratis apicem versus parum minoribus magis rotundatis areolata, cellulis alaribus majoribus quadratis teneerioribus fuscidulis vel albidis ornata. Caetera ignota. — Ins. Kerguelen, Christmas harbour, Mt. Crozier (12. 1. 75).

A priore differt: statura robustiore, foliis usque ad summitatem surculi valde crispatis nec in cuspidem convolutam congestis, Tortellam aliquam parvam generis Barbulae in memoriam redigentibus et areolatione folii minore superne obscura nec cellulis in membranam flavidam incrassatis.

So leicht auch diese Unterschiede aussehen mögen, so sehr weicht doch die ganze Pflanze von der vorigen ab, deren sehr breit-rippige Blätter in viel weiteren Bogen während der Trockenheit abstehen und nicht so kraus sind. Wahrscheinlich wird erst die Frucht die entscheidenden Merkmale ergeben. Bis zu ihrer Kenntniss muss ich beide Moose auseinander halten.

B. dryptodontoides C. Müll. l. c. p. 79; dioica; cespites circa bipollicares lutescentes inferne sordide ferruginei rigidiusculi densi sed laxe cohaerentes; caulis gracilis dryptodontoideus in ramos binos apice plerumque iterum brevissime dichotomos divisus flexuosus; folia caulina erecto-conferta suprema lutescentia, parum horride crispatula madore patula surculum subturgescentem sistentia stricta breviuscula, e basi oblongata elongata flavida in subulam acutiusculam apice pro more mucrone hyalino brevissimo terminatam canaliculatam sensim attenuata integerrima concava, margine erecto interdum parum involutaceo, nervo angustiusculo fuscato in subulam excurrente, cellulis rectangularibus parvis densis apicem versus minutis quadratis ubique incrassatis et in membranam firmam veluti conflatis; cellulis alaribus planis fuscis laxis nonnullis; perich. basi multo latiora; theca in pedunculo perbrevi recto vix exserta tenella minuta globosa firma pachyderma fusca vernicosa, dentibus brevibus lanceolatis simplicibus (aetate) albidis trabeculatis. Caetera ignota. — Ins. Kerguelen, in rupibus praeruptis humidis, Betsy Cove (12. 74).

Blindiae tortelloidi proxima et simillima, sed haecce species differt: foliis multo magis crispatis late costatis obtusatis.

B. pulvinata C. Müll. l. c. p. 79; cespites subbipollicares dilatati pulvinati lutescentes molles radiculosi; caules flexuosi gracillimi paralleli parce divisi; folia caulina erecto-subconferta madore patula e basi angustissime oblongato-acuminata elongata concava in subulam longiusculam planiusculam integram attenuata, nervo pro foliolo latiusculo applanato subulam totam occupante percursa, e cellulis ellipticis luteis densis incrassatis areolata, cellulis alaribus lateralibus paucissimis longiusculis planis teneris marcescentibus pallidis ornata. Caetera ignota. — Cynodontium conicum (Aschistodon Mtge.) Mitt. in Journ. of Linn. Soc. XV. 1876? — Insula Kerguelen (12. 1. 75).

Blindiae aschistodontoidi proxima, sed multo mollior lutescens, foliis luteis elliptico-areolatis latius nervosis brevius subulatis certe distincta. Forma robustior folia producit summitatibus hyaline acutis.

***Dicranum** (Oncophorus) arctoacoides* C. Müll. l. c. p. 79; monoicum; humile compacte cespitosum e lutescenti-viridi nigrescens tenellum; caulis pusillus in ramulos nonnullos brevissimos falcatulos dichotome divisus; folia caulina minuta angusta erecto-conferta apicem versus magis secunda atque falcatula, e basi elongate oblongata subito fere in subulam elongatam tenuem integerrimam acutam attenuata subinvolutaceo-concava, margine erecta, nervo tenui applanato subulam supremam totam occupante, cellulis elongatis angustis lutescentibus deinque fuscescenti-brunnescentibus et cellulis alaribus nonnullis majoribus laxis fuscis deinque marcescentibus; perich. e basi magis amplexicauli-vaginata multo laxius reticulata subito subulata: theca in ped. recto tenuissimo apice spiraliter torto rubente erecta minuta cylindraceo-elliptica basi latiuscule strumulosa leviter plicata, operculo minuto conico oblique rostrato, annulo latiusculo revolubili; peristomii dentes dense aggregati conum sistentes parvi anguste lanceolato-subulati rubri apice pallidi asperi trabeculati cruribus binis indistinctis dense appressis divisi per paria geminati. — Ins. Kerguelen, Betsy's Cove (12. 74).

Ex habitu caulina et foliatione ad Arctoam fulvellam accedens, quoad fructum Dicranum strumiferum referens. Species distincta tenella pulchella. Flos masculus in ramulo proprio terminalis gemmaceus aureus, foliis parvis late ovatis breviter acuminatis laxo reticulatis enerviis. Ad tribum Cynodontium pertinens.

***D.** (Oncophorus) kerguelense* C. Müll. in Synopsi Musc. frondos. I. p. 370. — Ins. Kerguelen, in locis diversis.

Species ob folia perfecte subpectinato-secunda pulcherrima et distinctissima.

6. Trib. **Bartramiaceae.**

***Bartramia** (Eubartramia) chrysura* C. Müll. l. c. p. 79; ferrugineo-tomentosa humilis aureo-lutescens parce divisa flexuosa sericeo-foliosa apice subcurvata subsecunda; folia caulina ramulum teretiusculum horridifolium sistentia conferta apice patula madore stricta breviuscula e basi lata truncata ovato-acuminata cuspidata acuta concava margine infero incrassato-limbato revoluta integerrima, nervo validiusculo lutescente carinato excurrente percursa concava, e cellulis angustis linearibus lutescentibus apicem versus brevioribus incrassatis areolata. Caetera ignota. — B. (Breutelia) pendula Mitt. in Journ. of Linn. Soc. XV. 1876? — Insula Kerguelen, inter alios muscos specimina perpauca sterilia; Port Palliser, Betsy Cove (2. 75).

Ex habitu Bartramiae affinis et specierum affinium; quoad ramulos amoene lutescentes sericeos atque folia limbatula primo visu cognoscenda.

β. elongata; tripollicaris gracilior. — Betsy's Cove.

γ. nigrescens; nigro-tomentosa, caulibus latioribus magis turgidis. — Foundery branch. (16. 11. 74).

B. *(Vaginella) patens* Brid.; peristomii dentes externi e basi latiuscula in cuspidem elongatam attenuati valde trabeculati inferne glaberrimi superne asperuli pulchre aurantiaci, interni externis subadglutinatis e membrana brevi perforata aurantiaca in cuspidem angustissimam longiusculam fugacem protracti glaberrimi. — Insula Kerguelen, sine loco natali (12. 1. 75).

Ich habe diese Art genau mit Exemplaren vom Feuerlande verglichen und muss die Gleichheit vollkommen bestätigen, woraus einfach folgt, dass Kerguelen's-Land auch einige Moose besitzt, welche ebenfalls dem Feuerlande angehören. Dies hat phytogeographisch insofern eine besondere Wichtigkeit, als es uns zeigt, wie gleiche Arten unter gleichen klimatischen Verhältnissen an verschiedenen Punkten entstehen konnten. Denn die Gleichheit von einer Einwanderung herleiten wollen, wie Grisebach das mit den fuegianischen und falklandischen Pflanzen auf Kerguelen's-Lande that, muss bei so winzigen kryptogamischen Pflanzen vollkommen ausgeschlossen werden. Wenn auch Bartramia patens allenfalls noch seine Rasen einigermassen polsterförmig entwickelt, so sinken doch dieselben bei Orthothrichum crassifolium so gut wie auf nichts herab. In Folge dessen halte ich auch alle Moose, welche Kerguelen's-Land gemeinschaftlich mit dem antarktischen Südamerika besitzt, für eingeborene der grossen Insel, da ich mir eine Wanderung etwa durch Sporen, und zwar auf so weite Entfernungen, auf keine Weise denken kann. Uebrigens würde ja überhaupt eine Einwanderung aus anderen antarktischen Regionen nichts für das Dasein solcher gemeinschaftlichen Arten erklären, sondern die Erklärung nur auf einen anderen Punkt verlegen.

B. *(Vaginella) robusta* Hook. et Wils. — Ins. Kerguelen, Betsy Cove et Monte Castle ad rupes.

Foliis robustioribus latioribus magis erectis primo visu a Bartr. patente simillima differt. Sporae magnae globosae. Fructus Bartr. patentis. An varietas ejusdem?

B. *(Vaginella) diminutiva* C. Müll. l. c. p. 79; synoica; cespites pusilli densi tenelli sordide glauco-virides; caulis vix semipollicaris gracilis; folia erecto-conferta parva madore patula nunquam patentia brevia, e basi vaginata longiuscula cellulis elongatis angustis laxis reticulata erecta sensim nec rotundate in laminam rectiusculam vel parum reflexam angustam lanceolato-subulatam longiusculam acutatam protracta margine et dorso minutissime punctato-papillosa, nervo lato vix carinato subulam superiorem totam occupante, cellulis minutis angustis elongatis apicem versus quadratis incrassatis; perich. caulinis simillima; theca in pedunculo perbrevi recto rubro erecta minuta globoso-ovalis obliquiuscula sulcata leptoderma e cellulis laxis minutis reticulata gymnostoma? Caetera ignota. —Ins. Kerguelen, Winter harbour (13. 1. 75).

Ex habitu Bartramiae ithyphyllae, cujus thecae membrana dense areolata est. — A. Bartr. patente, sporangio laxe (sed minute) reticulato affini, exiguitate partium omnium foliisque erectis vix denticulatis longe differt.

B. *(Philonotis) graminicola* C. Müll. l. c. p. 79; elongata subgracilis laxe cespitosa subsimplex flexuosa flaccida inferne ferruginea radiculosa superne lutescens; folia caulina tenuia apicibus cuspidatis flexuosis valde patenti-patula summitate surculi densius imbricata gemmulam minutam sistentia, madore strictiora, e basi angustiore elongato-ovata in acumen longum latiusculum cuspidatum strictiusculum attenuata, margine infero cellulis magis incrassatis latius marginata revoluta subintegerrima carinato-concava lutescentia, nervo angusto carinato excurrente percursa, e cellulis angustissimis linearibus elongatis apicem versus brevioribus magis incrassatis areolata glabriuscula sed papillis distantibus nodosiusculis hic illic tuberculosa, infima basi fuscescentia. Caetera ignota. — Insula Kerguelen, inter gramina vigens sine loco natali. (12. 1. 75).

Habitum meeseoideum habens, statura elongata flaccida, foliis siccis et madefactis valde patulis longe cuspidatis integris basi limbato-marginatis facile discernenda.

B. *(Philonotis) anisothecioides* C. Müll. l. c. p. 79; dioica; elongata supra-bipollicaris flexuosa inferne fusco-tomentosa superne lutescens subsimplex vel innovando ramulum emittens tenuiuscula teretiuscula; folia caulina laxe disposita apicibus patulis flexuosis, in planta feminea apicem surculi versus et basi magis squamato-imbricata, madore aequaliter stricto-patula, e basi elongato-oblonga longe acuminata, nervo tenui angustato carinato apicem versus canaliculato in aristam longam tenuem acutam cuspidata, margine subintegerrimo usque ad acumen revoluta, e cellulis incrassatis ellipticis basin versus longioribus angustioribus infima basi fuscatis superne lutescenti-viridibus areolata glabriuscula leviter plicata. Caetera ignota. — Bartramia (Philonotis) Australis Mitt. in Journ. of Linn. Soc. XV. 1876? — Insula Kerguelen (12. 1. 75).

Ex habitu alicui Anisothecio similis, unde nomen triviale. Flos masculus terminalis discoideus, foliis multo latioribus majoribus, nervo angustissimo evanido percursis. A. B. fontana Europaea haud dissimili foliorum forma et areolatione jam longe recedit.

B. *(Philonotis) polymorpha* C. Müll. l. c. p. 79; cespites elati ca. tripollicares laxe cohaerentes sordide virentes; caulis teretiusculus elongatus in ramos parallelos parum divisus flaccidus, ramis apice bryoideo-gemmaceis et bryoideo-foliosis brevioribus, folia parva erecto-conferta madore patula dimorpha: folia rami senioris latiuscule ovato-lanceolata, nervo validiusculo rubro carinato dorso minute papilloso in aristulam brevem rubentem asperam excedente subulata, carinato-concava, margine erecto ob papillas protuberantes remote denticulata, e cellulis parvis rectangularibus lutescentibus diaphanis inanibus ad parietes transversales papillosis reticulata, inferiora minora apice obtusata saepius cucullato-inflexa, folia ramuli junioris teneriora, inferiora ut seniora inferiora obtusata et cucullato-incurva, superiora in acumen breve reflexiusculam producta, omnia valde tenuiter papillosa. Caetera ignota. — Ins. Kerguelen, Betsy Cove, in rupibus ut videtur inundatis (12. 74).

Quoad ramulos dimorphos et folia dimorpha jam distinctissima species.

B. *(Catenularia) subexigua* C. Müll. l. c. p. 79; dioica; Bartramiae exiguae Sulliv. Fuegianae simillima, sed folia caulina e basi brevi ovali hastata in cuspidem elongatam flexuosam acuminata multo angustiora nec ovato-lanceolata, nervo valido carinato cuspidem superiorem totam occupante veluti in aristam excurrente percursa, margine ubique angustissime revoluta et papillis tuberculosis obtecta diaphana; perich. e basi late ovata acuminata et in subulam elongatam robustiusculam flexuosam teretiusculam flavidam vix denticulatam attenuata, margine usque ad acumen valde revoluta, concava (nec plicata), nervo valido flavido subulam acutam sistente, cellulis diaphanis basi rectangularibus leviusculis apicem versus magis quadratis papillosis; theca in pedunculo valido rubro flexuoso mediocri erecta majuscula globosa valde sulcata rubra, peristomio duplici: dentibus externis e basi latiuscula lanceolata in subulam brevem attenuatis valde cristato-trabeculatis aurantiacis, internis externis adglutinatis brevioribus lanceolatis pallidius coloratis. Caetera ignota. — Bartramia (Philonotis) appressa Mitt. in Journ. of Linn. Soc. XV. 1876. — Insula Kerguelen, inter Bryum austro-crudum (12. 1. 75), sterilis. Fertilis in Foundery branch, ubi copiose viget. Quoque Betsy Cove, planta simplex.

Nach der Blattform, welche von SULLIVANT in seinem Folianten der „United States Exploring Expedition, during the years 1838—42 under the command of CHARLES WILKES Botany. Musci. 1859" für seine Fuegianische Bartr. exigua vollkommen richtig auf Tafel 8 abgebildet ist, was ich bei Exemplaren vom Feuerlande bestätigen kann, muss ich das Kerguelen-Moos von dem fuegianischen entschieden trennen. Es ist das nur ein Beweis dafür, dass auf Kerguelen's-Lande wohl dieselben Typen vorkommen, wie im Feuerlande, dass aber die Arten allermeist eigenthümliche sind. Im Uebrigen wiederholen sich auch bei der neuen Art dieselben Verzweigungsverhältnisse, wie sie SULLIVANT abbilden liess. Die Pflanze variirt übrigens sehr nach ihrer Höhe; ich fand Rasen von 3 Zoll Länge, wobei natürlich die Stengel sehr schlank werden. Namentlich geschieht das bei der männlichen Pflanze, welche ihre Blüthenzweige hoch hinaus sendet und sie mit einem sternförmigen Köpfchen abschliesst. Auch trifft man völlig unverzweigte, ganz schlanke Stengel, nach Art der Philonotis, welche sich dann in dichte Rasen zusammendrängen.

7. Trib. **Pottiaceae.**

Pottia *(Eupottia) fusco-mucronata* C. Müll. l. c. p. 79; dioica? cespituli pulvinatuli humiles tenelli, fusciduli; caulis subsimplex paucilinearis basi radiculosus; folia crispula parva e viridi fuscata humore patula, e basi oblongata aequaliter lata cellulis laxis pellucidis teneris reticulata ovato-acuminata, nervo pro foliolo validiusculo pallide fuscato parum carinato in mucronem acutum cellulosum aureo-fuscum exeunte percursa, margine erecto supremo dentibus nonnullis minutis inaequalibus serratula, e cellulis minutis hexagonis plus minus tenerrime punctulatis obscuris areolata; theca in ped. perbrevi pro plantula validiusculo flavido spirali flexuoso vel curvato erecta parva turgide ovalis exannulata leptoderma coriacea, operculo conico oblique rostellato in columella crassa persistente, calyptra pro capsula majuscula sordide fusca nitidula glabra totam fere thecam obtegente. — Insula Kerguelen, Betsy Cove cum Pottia Naumanni, November 1874, c. fr. junioribus; Winter harbour (1. 75) c. fr. maturis.

E minutissimis sectionis, quoad staturam pusillam weisioideam, thecam turgide ovatam parvam, pedunculum valde curvulum et folia fusco-mucronata apice inaequaliter dentata prima inspectione cognoscenda, habitu Pottiae minutulae aliquantulum similis, sed caracteribus explicatis longe recedens.

P. *(Eupottia) Naumanni* C. Müll. l. c. p. 79; androgyna, flore masculo pone femineum paraphysibus multis aureis articulo conico-ovali terminatis; cespites pusilli humiles densiusculi; caulis simplex paucifolius; folia laxe imbricata madore patula, e basi latiuscula parum involutacea concava laxe reticulata rufescente latius ovato-acuminata, nervo validiusculo paululo carinato in aristam breviusculam acutatam exeunte percursa, apice irregularia plus minus oblique involutacea, margine erecto integerrima summitate solum vix denticulata, superne e cellulis majusculis hexagonis rufescentibus laxiusculis reticulata; theca in ped. aureo breviusculo validiusculo paulisper spiraliter torto erecta parva cylindraceo-ovalis pachyderma gymnostoma fusca exannulata, operculo e basi conico oblique rostellato in columella persistente; calyptra brevis dimidiata firma fuscata nitida glabra. — Insula Kerguelen, Betsy Cove (11. 74).

Pottiae Heimii proxima, sed foliis integris ubique glabris laxiuscule vel laxe hexagono-reticulatis jam toto coelo diversa. Species perpulchra distinctissima. P. flavipes Mtge Chilensis pedunculo elongato et theca robustiore jam differt.

P. *(Eupottia) oedipodioides* C. Müll. l. c. p. 79; monoica; cespites pollicares compacti lutescentes; caulis pusillus mollis luteus apice in ramulos nonnullos masculos et femineos innovando divisus valde tomentosus; folia tenera pallide lutescentia crispatula madore laxe patula, e basi angustata longiuscula subspathulate ovata, acumine breviusculo mucroniformi vel aetate longiori laxius reticulato terminata, hic illic margine erecto undulata vel involutacea, integerrima apice solum cellulis vel papillis protuberantibus teneris subcrenulata, carinato-concava pellucida, nervo angusto pallido deinque rubiginoso laxe celluloso striato ante acumen dissoluto, cellulis basi laxis ampliusculis longiusculis pellucidis apicem versus minoribus magis hexagonis teneris pellucidis vix tenerrime papillosis, juventute utriculo primordiali chlorophylloso repletis; theca in pedunculo semipollicari validiusculo recto aurantiaco erecta cyathiformi-ovalis macrostoma brevis pachyderma, calyptra dimidiata laxe elongate reticulata. Caetera ignota. — Ins. Kerguelen, Betsy Cove (11. 74).

Planta memorabilis modo crescendi compacto, foliis teneris laxe reticulatis pellucidis atque theca oedipodioidea.

Diese Merkmale hätten wohl ausgereicht, eine eigene Sektion auf das wunderbare Moos zu begründen; doch hielt ich dafür, dass ausser dem kompakten Wuchse sie doch alle nur relativ von Eupottia abweichen. Die weiblichen Blüthen sind ohne Paraphysen, während die männlichen reich mit solchen versehen sind, wie man sie auch bei Syntrichien mit keulenförmigen Gliedern findet.

Barbula *(Senophyllum) validinervia* C. Müll. l. c. p. 79; dioica; cespites pulvinati pusilli tenelli e viridi rufescentes inferne sordide lutescentes; caulis vix pollicaris gracilis flexilis dichotome ramosus; rami ramulis brevissimis appressis compositi; folia caulina erecto-conferta subhorrida madore patula parva sed robustiuscula, e basi latiuscule ovata breviter lanceolata acutiuscula integerrima regulariter concava, margine a basi usque fere ad summitatem valde revoluta, nervo lato calloso-valido profunde canaliculato excurrente percursa, e cellulis parvis rotundato-quadratis firmis distinctis viridibus areolata. Caetera ignota. — Ins. Kerguelen, sine loco natali (12. 74) Winter harbour, inter alios muscos cum Bryo gemmaceo.

Ob cespites pulvinatos densiusculos rufescentes, caulem gracilem ramulis brevissimis fragilibus compositum, folia parva robuste ovato-lanceolata et costam validam vel melius latam canaliculatam species peculiaris, Barbulae gracili aliquantulum similis.

Von dieser eigenthümlichen, durch den breiten, nicht stielrunden, sondern tief rinnenförmigen Nerven höchst ausgezeichneten Art fand ich unter anderen Moosen auch eine sehr zarte Form mit viel kleineren Blättern, welche von Winter harbour stammt.

B. *(Syntrichia) geheebiaeopsis* C. Müll. l. c. p. 80; cespites dilatati robusti ex fuscescente brunnescentes rigidi; caulis elatus circa bipollicaris subsimplex flexuosus squarrosifolius; folia caulina crispula patentia madore valde reflexa robusta, e basi longiuscula vaginata pallidiore flavida in laminam lanceolato-acuminatam summitate crenulato-dentatam valde reflexam plus minus undulatam margine revolutam complicato-concavam producta, nervo rubiginoso validiusculo excurrente, cellulis basi elongatis angustis laxiusculis apicem versus hexagonis multo minoribus valde incrassatis igitur plus minus rotundatis rubiginosis. Caetera ignota. — Ins. Kerguelen, Castle Mount, 2000 ped. alta (10. 74).

Ex habitu Barbulae (Geheebiae) giganteae Fk., sed foliis valde reflexis vaginatis longe diversa et memorabilis species.

Ich bezweifle nicht, dass ich, trotzdem dieses sonderbare Moos ohne Frucht gesammelt ist, den rechten Platz getroffen habe. Doch weicht das Moos durch die auch in der Trockenheit merkwürdig zurückgekrümmten Blätter, ihre Form und Areolation sehr von den Syntrichien ab, ohne jedoch einer anderen Gruppe näher zu stehen.

B. *(Syntrichia) semirubra* C. Müll. l. c. p. 80; dioica; cespites dilatati subdepressi vix pollicares robusti veluti globuloso-foliacei sordide virides; folia laxe conferta sed cum planitie latiuscula complicata, madore surculum robustum laete vigentem sistentia erecto-patula, e basi lata brevi vaginata cellulis laxis amplis pallidis vel flavidis reticulata et margine cellulis longioribus flavioribus latiuscula pseudo-limbata in laminam erectiusculam spathulato-ovatam rotundata obtusatam vel acuminatiorem carnosam undulatulam nusquam revolutam integram papillis solum protuberantibus tuberculosam producta valde aperta parum carinato-concava, nervo valido rubro dorso levi in pilum robustum breviusculum acutum strictiusculum laeviusculum basi rubrum apice hyalinum excedente, cellulis grossis mollibus hexagonis ob utriculum primordialem desmidiaceum chlorophyllosum indistinctis valde papillosis. Caetera ignota. — Tortula (Syntrichia) fuegiana Mitt. l. c. — Ins. Kerguelen, Foundery branch, in rupibus siccis (16. 11. 74).

Syntrichia vera foliis robustis latis apertis carnosis grosse papillosis et grosse areolatis pilo semirubro terminatis primo visu distinguenda. Folia basi radiculis obsita longescentibus atque lorum elongatum sistentibus, cujus cellulae illis folii superioris aemulantur.

Diese Wurzelfasern, welche in ihrem Verlaufe ein langes Band bilden, das aus einer einfachen oder doppelten Reihe derjenigen papillösen und chlorophyllösen Zellen, wie sie das obere Blatt besitzt, besteht, sind gewiss ein merkwürdiges systematisches Kennzeichen, obgleich dasselbe nicht bei allen Blättern vorkommt. Zugleich beweist es, dass in diesen Wurzelfasern noch ganz dasselbe Formen bildende Gesetz thätig ist, welches die Zellen des Blattes webt.

B. *(Syntrichia) hyalinotricha* C. Müll. l. c. p. 80; cespites pulvinati tenelli incani; folia madore erecto-patula parvula e viridi amoena aurantiaca, e basi vaginata brevi laxe pallide vel flavide reticulata margine cellularum seriebus pluribus minutarum hexagonarum pseudo-limbata in laminam spathulato-ovatam cymbiformi-concavam vel magis involutaceam summitate rotundatam vel acuminatiorem producta, margine e basi usque fere ad apicem valde appresso-revoluta integra sed papillis protuberantibus tuberculosa, nervo valido rubro dorso levi in pilum basi latum longiusculum hyalinum vix denticulatum acutum flexuosum excedente, cellulis grosse hexagonis carnosis mollibus propter chlorophyllum desmidiaceum indistinctis. Caetera ignota. — Ins. Kerguelen, Foundery branch in rupibus siccis (16. 11. 1874).

E minoribus Syntrichiis, foliis parvuli scymbiformi-complicatis margine eleganter et appresse ubique revolutis hyalinopilosis facile distinguenda.

***B.** (Syntrichia) calobolax* C. Müll. l. c. p. 80; cespites dense pulvinati subsemiorbiculares tenelli rufi, humore difficilius emollientes; caulis pusillus gracilis parum dichotome divisus; folia caulina parum contorta madore patula minuta, e basi concava tenera pallida cellulis parvis quadratis laxius reticulata oblonga in laminam cochleariformi-ovatam vix acuminatam concavam dilatata medio panduraeformi excavata, parte superiore e cellulis opacis rotundato-hexagonis pro foliolo grossiusculis tenuiter papillosis areolata carnosula, margine ubique erecto integerrima, nervo valido carinato purpureo in aristam breviusculam sed robustam pungentem purpuream scabram attenuato. Caetera ignota. — Ins. Kerguelen, Foundery branch, in rupibus siccis (12. 74).

Species ob cespites pulvinatos compactos rufescentes, surculum tenellum pusillum et folia pungenti-aristata prima fronte ab omnibus congeneribus diversa.

Die Polster dieser eigenthümlichen Art sind so dicht und halbkugelig, dass man auf den ersten Blick im Zweifel bleibt, was man für eine Gattung vor sich habe. Dieselbe erweist sich aber zweifellos als Barbula-Syntrichia, ohne besondere Abweichung von dem Typus, durch Blattform und Blattbau. Im ersten Anblicke glaubt man dagegen irgend eine Pottiacee von dem Charakter des Trichostomum convolutum Brid. vor sich zu haben; so dicht liegen die Blätter übereinander, während nur einzelne rothe Spitzen aus dem zusammengeballten Rasen hervorschauen.

β. angustinervia: folia teneriora magis crispula et spathulata, nervo angustiore in mucronem breviorem excedente. — In iisdem locis cum priore.

An status junior?

***Trichostomum** (Eutrichostomum) austro-alpigenum* C. Müll. l. c. p. 80; Trichostomo alpigeno simillimum, sed folia summitate extrema solum dentibus brevibus flavis serrulata vel integriuscula, e cellulis majoribus grossiusculis minus papillosis itaque glabrioribus areolata, apice surculi subsecundo-crispatula. Caetera ignota. — Ins. Kerguelen, inter alios muscos sine loco natali, 1874.

Auch bei dieser Art, welche in ihrer Tracht auf den ersten Blick etwas Eigenthümliches durch die einwärts gekrümmten röthlichen Gipfelblätter erhält, muss ich annehmen, dass ihre Frucht noch besondere Kennzeichen zur definitiven Unterscheidung liefern werde. Vor der Hand kann ich sie unmöglich mit dem sonst so nahe stehenden Tr. alpigenum Vent. zusammen werfen.

8. Trib. **Orthotrichaceae.**

***Orthotrichum** (Euorthotrichum) rupicolum* C. Müll. l. c. p. 80; monoicum; cespites lati laxi robusti plus minus elongati plerumque pollicares; caulis pluries dichotome divisus lutescens strictus; folia caulina erecto-apressa, madefacta recurvo-patula dein erecta, e basi latiuscula ovata robusta late lanceolata, profunde canaliculata concava, margine basi maxime recurva inde ad apicem fere usque valde revoluta integerrima, nervo rufo valido carinato ante apicem evanido percursa substricta, e cellulis majusculis dolioliformi-quadratis lutescentibus tenerrime papillosis infima basi fuscatis areolata; perich. latiora conformia; theca immersa vel emersa majuscula ovalis leviter 8-striata, operculo e basi depressa margine aurantiaco-rufa breviter apiculata; calyptra magna cumpanulata, basi in lacinias plus minus horizontales divisa, pilis plus minus longis angustis ob papillas tenues nodosiusculis striato-cellulosis strictis hirta; peristomium duplex: externi dentes 8 bigeminati (igitur 16) lanceolati linea longitudinali secedentes trabeculati pallidi nec rugulosi aetate aurantiaco-lutescentes trabibus tumescentibus callosi leves, interni dentes externis adglutinati valde imperfecti.

— Orthotr. rupestre Mitt. Journ. Linn. Soc. 1876. No. 84. — Ins. Kerguelen, Foundery branch, in rupibus siccis cum Orthotricho crassifolio et Orthotricho angustifolio.

Flores masculi magni plures in eodem caule innovando fructifero pluries seriati, foliis late ovatis apice obtusatis. — Orthotricho rupestri simillimum, sed areolatione folii majore dolioliformi angulata, calyptrae laciniis basilaribus horizontalibus nec obtusatis, praesertim peristomio interno adglutinato imperfecto facile praeterviso distinctum.

Diese schöne Art ist eine ganz auffallende Erinnerung an eine europäische, weit auf Felsen verbreitete Art, O. rupestre, weshalb ich auch durch ihren Trivialnamen (rupicolum) daran erinnern wollte. Ohne genauen mikroskopischen Vergleich ihrer einzelnen Theile mit denen von O. rupestre würde man beide Arten leicht mit einander verwechseln, während ihre Selbständigkeit durch die angegebenen Merkmale für mich ganz ausser Zweifel steht, obgleich Herr Mitten ohne Weiteres die Art der Kerguelen-Insel zu O. rupestre stellte, dessen Porenspalten kryptopor sind, während die von O. rupicolum als phaneropor angesehen werden.

***O.** (Orthophyllaria) crassifolium* Hook. & Wils. — Foundery branch.

***O.** (Orthophyllaria) angustifolium* Hook. & Wils. — Foundery branch.

***O.** (Ulota) phyllanthoides* C. Müll. l. c. p. 80; laxe cespitosa pusilla tenella sed robustiuscula pallide lutea fastigiatim divisa; folia caulina laxe imbricata introrsum curvata itaque surculum quasi globulosum sistentia crispula nitidula, madore valde patula brevia robustiuscula, e basi latiuscula concava ovata vel oblonga late lanceolata acumine capituliformi brevi anomalo corpusculis phragmidiiformibus brevibus simplicibus fuscis pluries articulatis deciduis ornato terminata, margine utrinque e basi usque ad medium valde revoluta papillosa integra, nervo lato virente carinato profunde canaliculato in capitulum brunneum turgescens acutum excunte percursa, e cellulis grossis incrassatis pallide lutescentibus diaphanis rotundatis basin versus longioribus ellipticis areolata. Caetera ignota. — Ins. Kerguelen, sine loco natali, forsan Foundery branch. Rupestre?

Orthotricho Jutlandico Brid. (O. phyllantho Br. Eur.) proximum et simillimum, sed foliis latioribus lanceolatis nec acuminatis multo brevioribus atque capitulo brevi turgescente conico acuto diversum.

Eine sehr merkwürdige Art dadurch, dass sie unser europäisches, an die Küsten des Nordens geknüpftes, aber auch auf den Inseln des Feuerlandes vorkommendes O. phyllanthum in abweichender Form vertritt.

9. Trib. **Grimmiaceae.**

***Grimmia** (Platystoma) chrysoneura* C. Müll. l. c. p. 80; monoica, habitus Grimmiae apocarpae; cespites laxi humiles fuscati; caulis innovando in ramos multos breves fertiles dichotome divisus gracilis; folia caulina fusca laxe horride imbricata, madore raptim reflexa deinque patula parva angusta, e basi anguste oblongata in laminam perangustam acuminatam inaequalem integerrimam margine e basi usque ad medium et ultra anguste revolutam attenuata, inferiora pilo hyalino acuto brevissimo superiora elongato flexuoso denticulato terminata, nervo validiusculo carinato superne canaliculato flavido deinque aurantiaco vel fuscato evanescente percursa, e cellulis incrassatis grossiuscule rotundate quadratis nec crenulatis diaphanis fuscatis areolata; perich. majora basi pallidiora et e cellulis plus minus elongatis incrassatis angustis areolata; theca immersa parva urniformis macrostoma leptoderma, operculo cupulato apiculato pallidiori in columella exserto, dentibus peristomii lanceolatis integris vel apice plus minus bifidis vel pertusis trabeculatis obscure aurantiacis. Calyptra ignota. — Insula Kerguelen, Foundery branch, in rupibus siccis (12. 74).

Flos masculus parvus infra femineum positus foliis ovatis vix acuminatis inermibus. — A. Gr. stylostegia proxima certe differt: ramificatione graciliore patente distinctius dichotoma canescente, foliis omnibus pilosis angustioribus apicem versus irregulariter attenuatis diaphanis fuscatis, nervo valido flavido percursis, praecipue foliis superioribus pilo elongato flexuoso terminatis, atque dentibus peristomii aurantiacis.

***G.** (Platystoma) stylostegia* C. Müll. l. c. p. 80; monoica; cespites dense pulvinati vel compacti humiles lutescentes; caulis vix semi-pollicaris dichotome divisus fastigiatus, ramulis brevissimis appressis apicalibus acutis; folia caulina dense imbricata madore subito reflexa deinque erecto-patula angusta, e basi oblongata in acumen aequaliter lanceolatum acutiusculum attenuata stricta, superiora pilo hyalino breviusculo tenui vix denticulato terminata, concava, nervo validiusculo luteo vix fuscescente apicem versus canaliculato percursa, margine basilari utrinque anguste revoluta integerrima, e cellulis incrassatis dolioliformi-quadratis crenulatis membranaceis areolata; perich. majora robustiora robustius areolata; theca immersa urniformis macrostoma levis fuscata, operculo longius in columella emerso persistente cupulato apiculato, calyptra tenerrima pallida in lacinias tres lobatas divisa glabra; peristomium purpureum e dentibus 16 lanceolatis robustiusculis integriusculis apice parum perforatis. — Ins. Kerguelen, Foundery branch, in rupibus siccis (11. 1874).

Flos masculus in ramulo proprio brevissimo in vicinia feminei terminalis minutus, foliis ovatis breviter acuminatis inermibus. — Quoad pulvinulos compactos, folia anguste oblongata lutescenti-membranacea firma, operculum per columellam exsertum dentesque robustos integriusculos et calyptram tenerrimam fugacem facile a congeneribus distincta. Ex habitu Blindiae Stylostegii, sed genere toto coelo diversa.

G. (*Platystoma*) *cupularis* C. Müll. l. c. p. 80; monoica; pusilla dense pulvinata rigida firma fuscata tenella; caulis perbrevis lineas paucas altus, ramulis brevissimis appressis dichotomus madore turgescens globulosus; folia caulina dense conferta humore celeriter parum reflexa deinque erecto-patula stricta pro plantula robustiuscula sordide viridia vel fuscescentia, regulariter anguste oblongo-acuminata in mucronem robustiusculum plus minus hyalinum producta, inferiora inermia sed acuminata carinato-concava integerrima, nervo profunde canaliculato luteo percursa, e cellulis basi longiusculis laxiusculis molluscis angustis pallidioribus medio quadratis apicem versus minutis rotundatis obscurioribus areolata, margine sinistro per longum folium fere anguste revoluta; perich. multo majora latiora robustiora; theca immersa parva macrostoma cupularis rubiginosa, operculo planiuscule mammillato aurantiaco; peristomii dentes robusti lati lanceolato-acuminati amoene intense aurantiaci diaphani glaberrimi membranacei trabeculati apice linea longitudinali levi notati integri. — Insula Kerguelen, Foundery branch, in rupibus siccis (11. 1874) cum Andreaeis.

Flos masculus in ramulo proprio brevissimo prope femineum disposito terminalis angustus minutus, foliis oblongo-acuminatis. Grimmiae apocarpae formis minoribus similis; capsula pro plantula maxime macrostoma peculiaris.

G. (*Platystoma*) *serrato-mucronata* C. Müll. l. c. p. 80; monoica; habitus Gr. apocarpae; cespites laxe cohaerentes pollicares sordide rufo-fuscati firmi, caulis in ramos longiusculos dichotomos divisus; folia caulina conferta madore primum reflexa deinque patula robustiuscula, e basi ovata ligulato-lanceolata mucrone hyalino brevissimo denticulato terminata, margine inferiore revoluta ubique integerrima, concava, nervo validiusculo fuscato carinato percursa, e cellulis minutis quadratis apicem versus rotundatis punctiformibus sordide viridibus vel fuscatis saepius obscuris areolata; perich. multo majora calycem involutum sistentia late ovato-lanceolata, mucrone lato brevissimo obtusato hyalino tuberculato-serrato coronata, sub mucrone saepius albescentia veluti deformia utrinque albescenti-callosa, nervo canaliculato apice flexuose evanescente valido albido inferne fusco, cellulis basi majoribus laxioribus pallidis mollioribus medio minutis quadrato-rotundis; theca immersa urniformis fuscata leptoderma majuscula levis, operculo cupulato apiculato ochraceo, annulo nullo; peristomii dentes robusti dense aggregati lanceolato-subulati trabeculati asperuli integri vel apice interdum bifidi obscuri purpurei. Calyptra ignota forsan mitriformis. — Ins. Kerguelen, Foundery branch, in rupibus siccis (12. 74).

Flos masculus infra femineum minute gemmaceus foliis ovatis breviter acuminatis pulchre aurantiacis, antheridiis majusculis. — A Grimmia apocarpa foliis omnibus mucrone brevissimo denticulato vel tuberculose serrato prima inspectione differt.

Ob diese Art die Gr. apocarpa Mitt. in Journ. of Linn. Soc. XV. 1876 No. 84 sei, weiss ich nicht zu beantworten, da mir Originalexemplare fehlen. Wenn sie aber hierher gehört, so kann gar kein Zweifel über die Selbständigkeit der Art bestehen, welche durch die Form ihrer Blattspitze allein schon gewährleistet ist. Wie aber bei Gr. apocarpa, so verlängert sich auch bei ihr der Stengel durch Innovation, wodurch ein ganzer Stamm voll von fruchtbaren Aestchen verschiedener Zeiten wird.

***G.** (Eugrimmia) minutifolia* C. Müll. l. c. p. 81; pusilla dense pulvinata tenella valde canescens murina gracilis dichotoma subsimplex; folia caulina imbricata caulem teretiusculum sistentia madore raptim reflexa deinque erecto-patula minuta, e basi peranguste oblonga angustius lanceolata, margine supero parum involutacea, integerrima concava vix carinata nec canaliculata, nervo pro foliolo lato applanato evanido luteo laminam superam fere totam occupante percursa, e cellulis grossiusculis valde incrassatis quadratis lutescentibus deinque ferrugineis margine basilari nonnullis laxius quadratis areolata, inferiora obtusatula inermia, superiora pilo elongato folium adaequante vel breviore vel longiore hyalino leviusculo flexuosa acutato linealiter strigoso coronata. Caetera ignota. — Insula Kerguelen, inter alias Grimmias, Foundery branch, in rupibus siccis, November 1874.

Ex habitu ad Grimmiam leucophaeam accedens; species foliis minutis longe pilosis peculiaris.

***G.** (Eugrimmia) rufa* C. Müll. l. c. p. 81; dioica; dense pulvinata humilis canescens sordide virens inferne nigricans simpliciuscula dichotoma tenella; folia caulina imbricata madore patula stricta, inferiora minutissima appressa carinata ovata breviter acuminata lutescentia, superiora sensim majora e basi latiuscula ovalioblongate concava in acumen flexuosum integerrimum robustiusculum longiusculum hyaline mucronatum vel subinerme attenuata, margine basilari sinistro valde revoluta, nervo validiusculo profunde canaliculato luteo percursa, e cellulis sordide viridibus vel lutescentibus apice folii plerumque obscuris ubique valde incrassatis grossiusculis basi rotundato-quadratis apicem versus minutis punctiformibus areolata; perich. plura multo majora, e basi semivaginante lata oblongata diaphana multo teneriore in acumen elongatum flexuosum angustum attenuata, pilo elongato hyalino parum denticulato terminata; theca in ped. perbrevi flavido paulisper exserta elliptica levis subnitida rufa erecta, operculo conico recte rostrato, annulo multiplici revolubili, dentibus peristomii paululo recurvi madore conniventes intense aurantiaci anguste lanceolati trabeculati apice in crura plus minus bifidi, calyptra glabra operculum totum obtegente. — Insula Kerguelen, Foundery branch, in rupibus siccis (11. 74).

E tribu Grimmiae ovatae, a qua inflorescentia dioica et perichaetio longe piloso jam toto coelo differt.

***G.** (Eugrimmia) pulvinatula* C. Müll. l. c. p. 81; monoica; pulvinuli majusculi laxe cohaerentes sordide fuscato-incani inferne brunnescentes; caulis vix pollicaris gracilis teretiusculus in ramulos similes parallelos binos dichotome divisus; folia caulina conferta madore patula nec reflexa parva angusta, e basi angustiore apicem versus magis dilatata longiuscula flavida ligulato-lanceolata rotundato-obtusata concava, margine ubique erecto integerrima, nervo profunde canaliculato evanescente percursa, suprema in pilum elongatum parce denticulatum hyalinum flexuosum vel breviorem attenuata, omnia e cellulis basi parallelogrammaticis densis incrassatis flavis superne minoribus dolioliformi-quadratis crenulatis areolata; theca in pedunculo perbrevi curvato flavido subnutans minuta rufa elliptica leviter 8-striata, operculo conico, annulo latiusculo, peristomio triplo breviori; peristomii dentes breves rubri conum densum sistentes integriusculi trabeculati. Calyptra ignota. — Ins. Kerguelen, Foundery branch, in rupibus siccis cum Grimmia stolonifera (11. 74).

Grimmiae stoloniferae similis, sed caulis robustior teretiusculus nec fastigiatus, folia angustiora margine ubique erecta, suprema tantum pilifera, theca elliptica 8-plicata, stolonibus destituta. — Flos masculus infra femineum compressiusculus, foliis ovatis brevissime acuminatis rotundato-obtusatis inermibus. — Folia seniora basi plus minus ventricoso-concava, margine cellulis nonnullis teneris pellucidis marginata. E. Grimmiis trichophylleis.

So sehr auch diese Art mit Gr. stolonifera auf den ersten Blick verwandt ist, so wenig können doch beide Moose mit einander verwechselt werden. Durch dickere Stengel und überhaupt eine robustere Tracht erinnert vorstehende Art einigermaassen an unsere Gr. pulvinata, weshalb ich ihr auch den Namen pulvinatula gab, ohne damit etwa eine innigere Verwandtschaft andeuten zu wollen.

G. (Eugrimmia) stolonifera C. Müll. l. c. p. 81; monoicum; pulvinuli laxi latiusculi rufo-incani murini teneri depressi tenelli radiatim dilatati; caulis ramis longiusculis gracilibus dichotomis pluribus teneris fastigiatim divisus, basi stolones flexuosos elongatos luteos filiformes apice in surculum brevem foliosum fertilem exeuntes mittens; folia caulina conferta caulem subangulatum sistentia madore erecto-patula (nec subito reflexa serius erecta) parva oblongo-lanceolata vel ligulatula, inferiora rotundato-obtusata inermia, superiora sensim in pilum elongatum hyalinum basi latum vix denticulatum flexuosum producta concava, margine sinistro parum revoluta integerrima, nervo profunde canaliculato percursa, e cellulis basi rectangularibus laxiusculis pellucidis medium versus plus minus incrassatis flavidis apicem versus dolioliformibus incrassatis virentibus areolata; perich. majora robustius pilosa; pedunculus parum exsertus tener curvatus flavidus levis terminalis prope ramulum lateralem; theca minuta levis (nec plicata) orbiculari-ovalis rufa tenera, operculo minuto conico aurantiaco, annulo latiusculo persistente, peristomio minuto: dentibus annulum vix superantibus anguste lanceolatis apice plus minus bifidis dense trabeculatis intense rufis. Calyptra ignota. — Ins. Kerguelen, Foundery branch, in rupibus siccis (11. 74).

Flos masculus majusculus foliis late ovatis breviter rotundate obtusate acuminatis. — Quoad pulvinulos rufo-incanes, gracilitudinem partium omnium, surculum stoloniferum elongatum gracilem, thecam minutam globosam et peristomium perbreve facil edistinguenda optima species. Gumbeliae orbiculari persimilis, sed folia hujus speciei madore raptim reflexa. — Foliola stolonum dense appressa squamiformia minuta ovalia, superiora e basi ovali lanceolata depilia carinato-concava, e cellulis minutis quadratis areolata. — Species propter stolones hosque et caracteres ceteros valde propria tenella e tribu Grimmiarum trichophyllearum.

Es ist sehr eigenthümlich, an vorstehender Art ganz ähnliche Sprossungen wieder zu finden, wie an unserer europäischen Grimmia unicolor. Dieselben gehen in der Regel von dem unteren Theile des Stengels aus und an der Spitze allmälig in einen normal beblätterten Ast über, der dann auch fruchtbar ist.

G. (Dryptodon) aterrima C. Müll. l. c. p. 81; cespites elatiusculi bipollicares laxissime cohaerentes aterrimi apice summo solum parum fuscescenti-virides; caulis flexuosus irregulariter ramosus vel simpliciusculus robustiusculus teres; folia caulina dense conferta madore celerrime patentia, e basi erecta longiuscula oblongata in laminam parum reflexam curvatam profunde carinato-concavam integram obscure coloratam attenuata, mucrone hyalino brevissimo terminata, margine dextero revoluta, nervo profunde canaliculato fuscato evanescente percursa, e cellulis elongatis valde crenulatis apicem versus brevioribus obscuris crenulatis areolata. Caetera ignota. — Ins. Kerguelen, Foundery branch, in rupibus siccis, Decbr. 1874.

Grimmiae rupestri antarcticae proxima et similis, sed haecce species foliis brevioribus robustioribus strictioribus difficile emollientibus itaque madore difficile patentibus caulem graciliorem sistentibus jam differt.

Diese Art zeigt in ihrer sicheren Selbständigkeit ebenso, wie Dryptodon zygodonticaulis, wie auf Kerguelen zwar antarktische Formen wiederkehren, dann aber in eigenen Arten auftreten. Will man dies weiter ausdehnen, so kann man auch sagen, dass sie unsere hochalpine Grimmia atrata auf Kerguelen vertritt.

G. (Dryptodon) zygodonticaulis C. Müll. l. c. p. 81; dioica; habitus Grimmiae crispulae simillimus; cespites 1—2-pollicares lutescentes rigidi orthotrichacei laxi; caulis rigidus fragilis gracilescens longiusculus, innovando ramulis permultis fertilibus dichotome divisus fastigiatus zygodontoideus, ramis superioribus acuminatis, folia caulina conferta madore raptim reflexa deinque patula surculum juniperoideum sistentia stricta rigida, e basi latiuscula oblongata latere sinistro valde revoluta integerrima carinato-concava, nervo canaliculato evanido sordide luteo percursa, e cellulis elongatis angustis incrassatis crenulatis apicem versus sensim brevioribus sed grossiusculis crenulatis areolata, omnia brevissime hyalino-mucronata; perichaetium in ramulo brevi innovando laterali terminale, foliis similibus; theca in ped. perbrevi flexuoso levi flavido deinque rubente erecta minute elliptica brunnescens nitida microcarpa, calyptra levi, peristomii dentibus breviusculis anguste lanceolato-acuminatis trabeculatis apice irregulariter bifidis pertusis. Caetera ignota. — Ins. Kerguelen, Foundery branch, in rupibus siccis, Dcbr. 1874, et Port Palliser, 4. Febr. 1875 c. fr.

A. Gr. crispula insulae Campbelli antarcticae simillima ramificatione ditissima fastigiata foliisque longe piliferis jam diversa. A Dryptodonte orthotrichaceo quoad caulem elongatum aliquantulo simili ramificatione ditissima ramisque gracilibus prima fronte differt.

G. (Dryptodon) defoliata C. Müll. l. c. p. 81; laxissime cespitosa humilis tenella gracilis aterrima flexuosa dichotome ramosa; caulis niger plerumque defoliatus apice solum foliosus pilo equino similis tenuis; folia caulina imbricata parva horrida madore patula plus minus curvata obscure viridia siccitate nigrescentia, e basi oblongata flexuose acuminata obtusiuscula integerrima tenerrime papillosa, margine usque fere ad apicem utrinque revoluta, concava, nervo valido fuscato carinato profunde canaliculato evanido laminae partem angustiorem occupante percursa, inermia, e cellulis minutis pachydermis valde incrassatis quadratis lutescentibus indistinctis parum crenulatis areolata; perich. similia; theca in pedunculo perbrevi longius exserta erecta ovalis nigrescens levis nitida. Caetera ignota. — Ins. Kerguelen, Betsy Cove 12. 1. 1875.

Quoad cespites maxime nigros, caules defoliatos apice solum clavatulo-foliosos graciles et folia obscura rotundate obtusata inermia fragilissima jam distincta species, habitu aliquantulum ad Grimmiam genuflexam accedens, sed foliis inermibus obtusis longe distans. A. Grimmia falcata Hook. et Wils. ob ramificationem, caulem tenuem et folia horrida caulem parum obtegentia simili foliis rectis nec falcatis, nervo valido nec laminam superiorem totam fere occupante et theca brevipedunculata nec immersa toto coelo diversa. Grimmia aterrima quoad ramificationem, staturam robustam et surculum perfecte foliosum prima inspectione omnino recedit.

G. (Dryptodon) genuflexa C. Müll. l. c. p. 81; dioica; laxe pulvinata elongata rigida geniculato-flexuosa gracilis, ramis elongatis paucis flexuosis gracilibus teretiusculis e sordide viridi brunnescentibus; folia caulina laxe horride conferta madore difficile emollientia valde patula longiuscula, e basi oblongata angustiucula in laminam lanceolato-acuminatam flexuosam mucrone quam maxime brevi hyalino indistincto terminatam protracta, margine basilari dextero valde, sinistro anguste revoluta integerrima, nervo valido carinato fuscato apice canaliculato evanido percursa, e cellulis obscuris viridibus indistinctis basi elongatis apicem versus rotundato-quadratis crenulatis minutis areolata, inferiora sordida obscura, suprema solum lutescentia vel virescentia; perich. similia; theca in ped. perbrevi flavido recto erecta ovalis levis nitida fuscata vel brunnescens, operculo e basi depressa longe recte rostrato; perist. dentes breves patentes aurantiaci e basi lata brevi trabeculata in crura 2—3 divisi. Calyptra ignota. — Ins. Kerguelen, Mt. Crozier, 2000 ped. alt., Decbr. 1874, ut videtur, aquosa.

Habitus peculiaris Grimmiam falcatam ejusdem insulae in memoriam redigens vel ad Grimmiam aquaticam foliis obtusis toto coelo diversam inclinans.

G. (Dryptodon) orthotrichacea C. Müll. l. c. p. 81; habitus alicujus Orthotrichi rupestris forma gracili; cespites dilatati elongati pollicares lutescentes laxe cohaerentes rigidiusculi; caulis gracilis strictiusculus in ramulos longiusculos plures dichotome divisus teretiusculus, inferne brunnens superne fuscescenti-luteus orthotrichaceus; folia caulina dense conferta apicem surculi acutiusculum sistentia madore subito reflexa deinque patentia angusta, e basi oblongata lanceolato-acuminata, acumine brevissimo hyalino obsoleto terminata, margine dextero infero solum revoluta integerrima, profunde canaliculata concava, e cellulis parvis dolioliformibus angustis crenulatis virenti-luteis areolata, nervo carinato ante apicem evanido percursa. Caetera ignota. — Ins. Kerguelen, Foundery branch, in rupibus siccis cum Orthotricho rupicolo, Decbr. 1874; Betsy Cove, 100 ped. alta, forma robustior laxius foliosa, sterilis quoque cum Hymenophyllo.

Grimmiae crispulae (Hook. et W.) mihi insulae Campbelli habitu simillima, sed haecce species pilo elongato hyalino raptim diversa. Folia madefacta denso disposita surculum patentifolium valde regularem aequalem sistunt.

G. (Dryptodon) suborthotrichacea C. Müll. l. c. p. 81; dioica; cespites robustiusculi humiles pollicares lutescentes laxe cohaerentes rigidi; caulis orthotrichaceus robustiusculus teretiusculus subsimplex paulisper dichotomus apice gemmaceo-acutato curvatus lutescens inferne flexuosus sordide fuscatus; folia caulina conferta madore raptim reflexa deinque juniperoideo-patula robustiuscula, e basi angustiore latiuscule et eleganter ovato-oblongata in acumen latiusculum robustum et robuste acutum inerme attenuata regulariter concava superne profunde canaliculata integerrima; margine sinistro valde revoluta, nervo valido a basi usque ad apicem evanidum profunde canaliculato carinato percursa, e cellulis grossiusculis flavo-lutescentibus basi latiusculis superne dolioliformibus valde crenulatis areolata; perich. similia; theca in ped. perbrevi flavido erecta parva ovalis fuscata levis nitida, dentibus regularibus longiusculis e basi latiuscula trabeculata aurantiaca in crura duo valde aspera fissis, siccitate recurvatis ad capsulam adhaerentibus. Caetera ignota. — Ins. Kerguelen, Christmas harbour, 7. Decbr. 1874, in rupibus cum Gr. ochracea. In monte Crozier Decembri fertilis.

Inter congeneres Kerguelenses Dryptodonti orthotrichaceo solum affinis, sed foliis robustis horride dispositis caulem irregularem juniperoideum sistentibus inermibus margine sinistro basilari valde revolutis grosse areolatis certe diversa.

β. robustissima: caulis brevior multo robustior subturgidus. — Rhacomitrium cataractarum var.? Hook. et Wils. in Fl. Antarct. — Kerguelen (J. D. Hooker, Dr. Naumann).

G. (Dryptodon) ochracea C. Müll. l. c. p. 81; monoica; cespites pulvinatuli parvi depressi flavescenti fusciduli; caulis breviusculus curvatulus parce divisus laxifolius; folia caulina inordinatim disposita horrida subtortilia apicem falcatulum sistentia longiuscula, e basi anguste oblongata in acumen curvatum apice hyalinum asperulum rhacomitrioideum attenuata concava, margine infero revoluta, integerrima, nervo profunde canaliculato carinato percursa, e cellulis basi angustis elongatis incrassatis latere valde undulato-crenulatis superne minoribus dolioliformi-quadratis crenulatis areolata; perich. similia robustius cellulosa, intimum e basi vaginata in acumen breve productum; theca in pedicello perbrevi curvato flavido spiraliter torto vix inclinata ovalis vel elliptica levissima pallide ochracea, operculo conico apiculato, calyptra arcte adhaerente basi 8-laciniata levi obtecto; annulo lato multiplici; peristomii dentes 16 geminati e basi latiuscula trabeculata pallida leviuscula membranacea in crures binos longiores maxime asperos opacos rubentes producti erecti vel reflexi. — Grimmia (Dryptodon) chlorocarpa Mitt. in Journ. of the Linn. Soc. Vol. XV. Botany, No. 84, London 1876? — Ins. Kerguelen, Christmas harbour, in rupibus, 7. Decbr. 1874.

Flos masculus minutus, foliis minutis ovatis apice obtusatulis. — Habitus grimmioideus, sed areolatio perfecta dryptodontoidea. Species propria, foliis horride imbricatis madore nec reflexis firmiusculis theca minuta ochracea levissima parum exserta, calyptra persistente et peristomio dimorpho facile cognoscenda.

Eine reizende Art, die nach den angegebenen Merkmalen bald erkannt werden muss. Ich bedauere, keine Diagnose von Mitten's Grimmia chlorocarpa zu kennen, um zu entscheiden, ob sie mit selbiger zusammenfällt, wie ich nach dem Trivialnamen fast schliessen möchte.

G. (Dryptodon) minuta C. Müll. l. c. p. 81; dioica; pusilla tenella laxe cespitosa rigida gracilis flexuosa parce ramosa fuscata apice rami lutescens; folia caulina dense imbricata madore sensim reflexa deinque patentia parvula e basi robustiuscula oblongata margine sinistro valde revoluta flexuose acuminata, inferiora obtusiuscula acutata vel obtusiuscula inermia, superiora mucrone brevissimo hyalino terminata, nervo carinato profunde canaliculato dilute fuscato evanido percursa, e cellulis elongatis angustis valde crenulatis incrassatis lutescenti-viridibus apicem versus multo brevioribus obscuris areolata; perich. similia vix majora; theca in pedunculo perbrevi flavido spiraliter torto erecta minuta elliptica rufo-fusca levis, dentibus breviusculis integriusculis conniventibus. Caetera ignota. — Ins. Kerguelen, sine loco natali, 12. 1. 1875, et in monte Crozier Decbr. 1874.

Statura pusilla tenella, theca minuta elliptica brevissime pedicellata, ramis brevibus firmis gracilibus foliisque vix mucronatis facile cognoscenda pulchella species. E minutissimis Dryptodontis.

G. (Rhacomitrium) chrysoblasta C. Müll. l. c. p. 81; cespites latissimi altiusculi decumbentes rigidissimi laxi maxime lanuginosi vel altissimi erecti inferne valde lutescentes superne solum lanuginosi; caulis gracilis ramulis brevissimis gracilibus reflexo-curvatis distantibus per longitudinem totam plus minus regulariter dispositi; folia caulina imbricata madore patenti-patula, e basi longiuscula latiuscule oblongata lanceolata-acuminata, e lamina valde asperula punctata hyalina latiuscula longe decurrente in pilum strictum vel flexuoso-strictum latiusculum capillare producta, dentibus brevibus patentibus vel curvatulo-erectis simplicibus vel quasi brevissime ramulosis asperulis runcinato-serrata, nervo carinato et profunde canaliculato summitate hyaline evanido percursa, margine basilari dextero valde revoluta, e cellulis longis latiusculis valde punctulate crenulatis et valde incrassatis pulchre flavido-aureis areolata. Caetera ignota. — Grimmia (Rhacomitrium) lanuginosa Mitt. in Journ. of Linn. Soc. Vol. XV. Bot. No. 84 (1876). — Ins. Kerguelen, Foundery branch, in rupibus siccis (16. 11. 74).

Ab omnibus congeneribus cellulis pulcherrime aureis in pilo hyalino laminam longe acuminatam sistentibus jam distincta, ex habitu Rhacomitrio pruinoso mihi Novae Seelandiae vel Rh. gerontico chilensi proxima.

Ich habe schon 1869 in den Verhandlungen der zoologisch-botanischen Gesellschaft in Wien darauf hingewiesen, dass sich die Rhacomitria lanuginosa des Erdkreises nach ihren Blattspitzen leicht in eine Gruppe von Arten auflösen lassen, und ich finde das auch an vorliegender Art um so mehr bestätigt, als hierzu prachtvoll goldgelbe Blattzellen sich gesellen, wie ich sie noch bei keiner anderen Art dieser Gruppe kenne.

10. Trib. **Fontinaleae.**

***Dichelyma** (Eudichelyma) antarcticum* C. Müll. l. c. p. 82; elongatum fluitans gracillimum summitatibus longe subulatis vix lutescentibus instructum parum divisum nigrescens; folia caulina erecto-patula angustissima elongata, e basi longa oblongato-acuminata in subulam elongatam strictam extremitate solum obsolete denticulatam attenuata, nervo paululo carinato ferrugineo subulam supremam totam occupante percursa, integerrima siccitate circa se convoluta, alis basilaribus teneris e cellulis parenchymaticis parvulis laxis marcescentibus albidis reticulatis planis subdecurrentibus instructa, e cellulis angustissime linearibus in membranam luteam denique ferrugineam conflatis areolata. Caetera ignota. — Ins. Kerguelen, loco non indicato 12. Januario 1875, in aquosis. In lacu Margot ad lapides Novbr. 1874.

Formis gracilibus Dichelymatis capillacei proximum et simile, sed foliis parvis multo angustioribus nunquam falcatis dis imiliter constructis, alis basilaribus reticulatis et areolatione omnino alienum.

Nach der ganzen Formung der Blätter kann ich dieses hübsche Moos, trotz seines unfruchtbaren Zustandes, nur zu Dichelyma stellen, so dass es nun die zweite Art auf dem antipodischen Erdkreise mit D. australis Hpe. bildet. Die grosse Zierlichkeit der äusserst schmalen Blätter bei langgezogener Spitze nebst dem zierlichen Zellnetze der Blattflügelzellen unterscheiden sie sogleich von allen Verwandten.

11. Trib. **Hypnaceae.**

***Hypnum** (Brachythecium) austro-salebrosum* C. Müll. l. p. 82; cespites decumbentes dilatati pallido-virentes vel lutescenti-albidi sericei molles laxissimi; caulis 2—3-pollicaris flexuosus inferne tenuis superne sensim crescens compressus rigidiusculus, ramulis inaequalibus brevioribus et longioribus flexuosis compressis distantibus apice gemmaceis inordinatim divisus; folia caulina erecto-conferta madore patula sericea albide lutescentia vel viridescentia, e basi anguste et breviter decurrente angustiore late ovato-oblongata, acumine brevi cuspidato acuto stricto terminata, usque ad acumen concava plicatula, margine infero hic illic revoluta ubique integerrima, nervo angustissimo luteolo mediano carinato notata, e cellulis pallidissimis elongatis perangustis inanibus infima basi et alaribus solum majoribus magis quadratis nonnullis reticulata. Caetera ignota. — Hypnum (Brachythecium) salebrosum Mitt. in Journ. of Linn. Soc. XV 1876. — Ins. Kerguelen, sine loco natali (12. 1. 75).

Ab Hypno salebroso simillimo caule compresso plerumque rigidiusculo, foliis integerrimis breviter cuspidatis cellulisque alaribus planis nec impressis jam longe differt. Planta pulchre sericea.

Auf keinen Fall kann dieses schöne Moos mit H. salebrosum und ebenso wenig mit H. glareosum vereinigt werden. Von beiden Arten weicht es schon durch die zusammengedrückten, bei der kräftigen Form sogar etwas steifen Stengel und Verzweigungen ab, wohingegen die beiden europäischen Moose mehr oder weniger stielrunde kätzchenartige Ramifikationen erzeugen.

H. (*Brachythecium austro-glareosum*) C. Müll. l. c. p. 82; cespites lati bipollicares laete lutei sericei inferne pallidissime ferruginei laxe cohaerentes nec radiculosi nec tomentosi; caulis elatiusculus teretiusculus flexuosus apicem versus in ramulos nonnullos breviores rectos gemmaceo-cuspidatos fastigiatim divisus, madore subturgescens; folia caulina dense conferta madore parum patula robustiuscula angustiuscule ovato-acuminata in subulam longiusculam strictiusculam acutatam integerrimam vel vix minutissime denticulatam attenuata, eleganter concava plicis binis longitudinalibus lateralibus profundius sulcata, margine usque ad subulam valde revoluta, nervo tenui subvirente in acumine evanescente, cellulis perangustis elongatis membranam lutescentem sistentibus; cellulis alaribus paucis parvis quadratis. Caetera ignota. — Ins. Kerguelen, Betsy Cove, cum Hypno paradoxo associatum, Novbr. 1874. Copiosissimum.

Hypnum glareosum Europaeum statura robustiore atque foliis multo latioribus flaccidis et multo magis sulcatis laxius reticulatis jam certe differt. H. austro-salebrosum statura multo robustiore altiore, caulibus fere compressis albidis et foliis subintegerrimis jam distinguitur. Ex habitu ad Hypnum albicans magis accedit.

Dieses schöne Moos bildet ganz so, wie unser europäisches H. glareosum, sehr grosse, locker zusammenhängende, ins Gelbliche stechende Polster.

H. (*Brachythecium*) *euryodictyon* C. Müll. l. c. p. 82; cespites latissime decumbentes e viridi vel luteo ferruginei nitiduli; caulis inferus tenuissimus tenerrimus defoliatus apicem versus ramis brevibus dichotomis fasciculatus; folia caulina laxe conferta madore ramulos subturgescentes gemmula minuta acuta terminatos sistentia, e basi breviter anguste decurrente perfecte lato-ovalia profundius concava plicatula, acumine strictiusculo plus minus longo obsolete denticulato vel integerrimo coronata, margine infero revoluta, nervo tenui carinato mediano notata, e cellulis pellucidis laxiusculis breviusculis et alaribus majoribus planiusculis quadratis eleganter reticulata. Caetera ignota. — Ins. Kerguelen, Betsy Cove, Decbr. 1874.

Propter surculum inferum tenuissimum elongatum defoliatum muscus habitum subfluitantem aliquantulum adoptans, sed ramificationes atque folia ad Brachythecium sine dubio inclinantes. Reticulatione folii elegante tenella pellucida et foliis madore veluti turgescentibus facillime discernendum.

Dieses eigenthümliche Moos nimmt in seinen unteren Theilen eine Art fluthenden Stengels wie bei den Fontinalis-Arten an und gibt sich schon hierdurch sogleich zu erkennen.

H. (*Brachythecium-Sphaerostegium*) *paradoxum* Hook. et Wils., monoicum; pusillum decumbens longiuscule repens, ramulos breves simpliciusculos multo tenuiores apice falcatos viridi-lutescentes exmittens; folia caulina laxiuscule disposita multo minora secunda multo minus falcata angusta, e basi brevissime rotundate ovali in laminam lanceolato-acuminatam plus minus longiuscule falcatule subulatam acutatam attenuata, profunde concava longitudinaliter plicata, uno latere margine valde revoluta e basi usque ad subulam remote minute denticulata, nervo angusto tenui virente vel pallidiore in acumine evanido, cellulis ubique angustis elongatis subincrassatis pallide lutescentibus; perich. pauca pallidissima tenerrima e basi semivaginata late ovata vel oblongata superne pro more sinuate dentata multo laxius reticulata enervia subito in subulam elongatam flexuosam denticulatam protracta, e cellulis pallidissimis elongatis laxiusculis apicem versus multo angustioribus densioribus reticulata; theca in pedunculo vix semipollicari vel breviore validiusculo flexuoso rubro ubique muriculato horizontalis minor sed e basi turgidiuscula curvata oblongata sub ore valde constricta rubra deinque brunnescens nec vernicosa, evacuata amblystegioidea cylindracea ante orem maxime constricta, operculo brevi subcupulate sphaerico e cellulis seriatis laxiusculis composito, annulo medio composito persistente; peristomii duplicis dentes externi latiuscule lanceolato-subulati lutescentes superne pallidi dense trabeculati linea longitudinali destituti, interni in membrana breviuscula aurantiaca glabra latiusculi subulati sulcati medio maxime secedentes, ciliis singulis rudimentariis capillaribus nodosiusculis; sporae viridissimae minutissimae. — Ins. Kerguelen, Betsy Cove, cum aliis Hypnaceis associatum, Decbr. 1874.

Dieses merkwürdige Moos kennt man bereits vom Feuerlande, wo es zuerst J. D. HOOKER auf der Eremiten-Insel, neuerdings Dr. SPEGAZZINI 1882 sammelte, aber in einer viel robusteren Form. Die Unterschiede von demselben habe ich in der Diagnose durch gesperrte Lettern ausgedrückt, woraus aber hervorgeht, dass die angegebenen Unterschiede nur eine relative Verschiedenheit begründen. Das Moos hält die Mitte zwischen Brachythecium, dem es ohne Zweifel wegen der Fruchtform angehört, und Drepanocladus oder Amblystegium. In Folge dessen habe ich eine Untergruppe Sphaerostegium vorgeschlagen, welche sie von den übrigen Brachythecium-Arten selbständiger halten soll. Jedenfalls gehört das Moos zu denen, welche die innigste Verwandtschaft der Kerguelensischen Moosflora zu der Fuegianischen kennzeichnen. Herr WILSON, der das Moos zuerst bestimmte, hatte wirklich ein Recht, es ein paradoxes zu nennen, wie das Vorstehende beweist. Erst MITTEN war auf der rechten Spur, indem er es zu Brachythecium stellte, wohin es allerdings schon durch den rauhen Fruchtstiel gehört. Ich selbst glaubte ehemals, es zu Drepanocladus stellen zu müssen, zu einer Zeit, wo ich von der Frucht freilich nur den Stiel kannte. Es variirt so ausserordentlich, dass eine var. leptoclada ganz an die Amblystegia oder an ganz zartstengelige Drepanocladus-Arten erinnert, zumal die niederliegenden, weit ausgebreiteten Rasen dieses Gepräge nur erhöhen. Unsere Fuegianischen Exemplare sind kaum als diese Art wieder zu erkennen.

H. *(Drepanocladus) austro-aduncum* C. Müll. l. c. p. 82; cespites humiles pollicares sordide lutei tenelli molles; caulis gracilis ramulis nonnullis teneris brevibus inaequaliter divisus; folia caulina inferiora ferruginea superiora sordide lutescentia praesertim apice surculi quam maxime et eleganter falcato-circinnata, e basi veluti abrupta angustiore late ovata valde aperta in acumen fere orbiculari-circinale longiusculum et elongate tenuiter cuspidatum acutum obsolete tenerrime denticulatum attenuata leviter plicata, margine erecta; nervo angusto carinato excurrente carinato percursa, e cellulis angustissimis elongatis veluti conflatis areolata, cellulis alaribus obsoletis vel iisdem destituta. Caetera ignota. — Ins. Kerguelen, Betsy Cove, cum Psilopilo antarctico, Decbr. 1874. Winter harbour, Whate Bay, Januario 1875.

Hypno adunco var. gracilescenti Br. Eur. habitu simillimum, saed haecce species omnino recedit foliis multo latioribus, multo brevioribus, minus circinnatis deplicatis, areolatione multo breviore densiore et cellulis alaribus perfecte evolutis ventricose impressis majusculis subdecurrentibus.

H. *(Drepanocladus) austro-uncinatum* C. Müll. l. c. p. 82; monoicum; Hypno uncinato proximum et simillimum, sed multo robustius et altius valde lutescens aetate fuscescens; folia caulina eleganter pectinato-falcata multo robustiora latiora longissime cuspidata et cuspide siccitate saepius spiraliter undulata, basi cellulis alaribus obsoletis instructa latiuscula (distincte pluries plicata), e cellulis pallidissimis quam maxime angustis linearibus longioribus in membranam pallidissime luteam conflatis areolata; perichaetialia longius cuspidata; omnia subintegerrima; theca minor siccitate sub ore aequalis nec amblystegioideo-constricta, ore aequali; peristomii dentes externi apice aequales nec dorso compresso instructi. Caetera Hypni uncinati. Annulus adest. Hypnum uncinatum

C. Müll. in litt. — Amblystegium uncinatum Mitt. in Journ. of Linn. Soc. XV 1876. — Ins. Kerguelen, copiosissime in loco non accuratius designato, ut videtur in humidis.

Es kam mir bei solchen europäischen Typen wesentlich auf die Frage an, ob selbige wirklich mit unseren inländischen Arten, vorliegendes Moos also mit Hypnum uncinatum, zusammenfallen oder nicht? In Folge dessen habe ich das Moos auf das Genaueste untersucht und muss es nun nach den angegebenen Merkmalen entschieden als eigene Art betrachten. Sie ist viel stattlicher als die europäische und zeichnet sich auf den ersten Blick durch die grosse Gleichmässigkeit in der kammartig-sichelförmigen Stellung der Blätter, den hohen Wuchs und die schöne fast goldgelbe Farbe aus. Uebrigens sammelte schon J. D. Hooker das Moos auf Kerguelens-Land in einer sehr kleinen, fast einfachen Form, welche in ihrer Tracht viel Aehnlichkeit mit H. austro-aduncum hat.

H. *(Drepanocladus) austro-fluitans* C. Müll. l. c. p. 82; Hypno fluitanti proximum et simillimum, sed folia e cellulis quam maxime linearibus densissimis veluti in membranam conflatis areolata. Caetera ignota. — H. *fluitans* Hook. et Wils. in Musc. Antarct. — Amblystegium fluitans Mitt. in Journ. of Linn. XV. 1876. — Ins. Kerguelen ubi Clarissimus J. D. Hooker primus legit.

Bekanntlich ist Hypnum fluitans an den grösseren durchsichtigen Zellen der äussersten Blattspitze leicht zu erkennen. Dieses Merkmal hat auch die vorliegende Art, was sie jenem um so näher verbindet. Trotzdem ist das übrige Zellnetz der Blätter so abweichend von dem des europäischen H. fluitans, dass ich das Moos ebenfalls von ihm getrennt halten muss. Denn das Zellnetz desselben ist viel weiter, was auch auf die Blattflügelzellen übergeht. Wahrscheinlich liegt auch hier, wie bei H. austro-uncinatum, ein wesentlich unterscheidendes Merkmal in der Fruchtform, welche noch nicht bekannt ist. Uebrigens könnte unser Moos nur mit Hypn. pseudo-stramineum C. Müll., einer ausgezeichneten Form des H. fluitans mit aufrechten, nicht sichelförmig gekrümmten Blättern, verglichen werden, denn es hat ebenfalls solche aufrechten Blätter.

H. *(Drepanocladus) Fontinaliopsis* C. Müll. l. c. p. 82; longissime fluitans gracillimum superne solum ramulis brevissimis inordinatim dispositis divisum fontinalioides flexuosum flaccidum ferrugineum summitatibus gracillimis tenuiter acutis lutescentibus; folia caulina minuta erecto-patula siccitate magis appressa surculum teretiusculum sistentia remotiuscula, e basi angustiore parum impressa lanceolato-acuminata vel magis ovato-lanceolata longius acuminata, margine erecto superne quoad cellulas marginales paululo prominentes pseudo-crenulata, aequaliter concava angusta, nervo pro foliolo latiusculo paulisper carinato intense luteo mediano percursa, e cellulis densis angustis brevibus veluti incrassatis lutescentibus et alaribus paucis quadratis majoribus pellucidis areolata. Caetera ignota. — Ins. Kerguelen, Betsy cove, in aquosis.

Ex habitu Hypno pseudo-stramineo foliis erectis nec falcatis instructo aliquantulum simile, sed gracilitudine partium omnium foliisque dense areolatis toto coelo diversum. Distinctissima species, cujus sedes subdubia.

H. *(Plagiothecium) antarcticum* Mitt. (sub Plagiothecio); monoicum; Hypno denticulato vel sylvatico simillimum laxius vel densius cespitosum; folia e basi plus minus longe decurrente laxe pellucide reticulata planiuscula symmetrica late ovata, acumine breviusculo vel longiori stricto vel retuso acuto integerrimo vel obsolete denticulato terminata, margine ubique erecta, nervis binis tenuibus inaequalibus medium folii longitudine haud superantibus vel brevioribus, cellulis angustis elongatis pellucidissimis basin versus multo majoribus laxioribus elongatis; perich. minora convolutacea breviter et stricte acuminata; theca in ped. longiusculo vel breviore rubro levi erecta fuscata, e collo brevissimo obconico-ovalis macrostoma, operculo conico oblique rostellato, annulo lato multiplici; perist. dentes ext. robusti latiuscule lanceolato-subulati valde trabeculati albidissimi glaberrimi, interni aequilongi angusti sulcati parum hiantes levissimi tenerrime membranacei candidissimi, ciliis singulis subrudimentariis vel longioribus tenerrimis nodosis fugacibus. — Insula Kerguelen (12. 1. 75).

A. Plagiothecio denticulato monoico foliis teneris flaccidulis longe decurrentibus tenuinerviis, dentibus peristomii candidissimis atque ciliis singulis brevibus jam longe differt.

Da ich nicht ganz sicher bin, ob ich die MITTEN'sche Art wirklich, wie ich freilich glaube, vor mir habe, so verfehlte ich nicht, sie genauer zu charakterisiren. Dieses Moos ändert übrigens, wie unsere europäischen Plagiothecia, nach der Form der Blätter und nach dem Zellnetze, welches viel lockerer werden kann, als das der typischen Art. Auch die Zähne des Mundbesatzes ändern insofern, als die äusseren Zähne gelblich und die inneren sehr schmal und steifer werden können.

H. (Plagiothecium) austro-pulchellum C. Müll. l. c. p. 82; monoicum; intricato-cespitosum tenuissimum filescens subtile lutescens rigidiusculum; caulis tenerrimus flexuosus pollicaris vel brevior simplex vel superne in ramulos paucos (2–3) subparallelos summitate tenuiter gemmaceos divisus lutescens; folia caulina pallide lutescentia remota igitur laxe erecta, madore valde patenti-patula undique inserta sed pro oculo nudo distichaceo-disposita surculum plumosulum sistentia minuta, e basi rotundata angustiore concava ovato-acuminata in subulam acutam plus minus elongatam et flexuosam protracta integerrima subsecunda vel horride disposita margine erecta, nervis binis brevissimis obsoletis tenuissimis notata, e cellulis paucis elongatis angustis luteis densis areolata; perich. pauca minora appressa ovato-acuminata brevissime subulata recta; theca in ped. tenui rubente flexuoso elongato recta vel vix inclinata madore perfecte erecta minuta ovalis macrostoma aequalis rubens, operculo minuto conico; peristomium albidissimum strictum breve: dentes externi angusti breviter subulati membranacei dense trabeculati vix lamellosi, interni illos longitudine aequantes sulcati parum hiantes, ciliis binis parallelis tenerrimis nodosiusculis fugacibus interpositis. Annulo —? — Insula Kerguelen, Betsy Cove, cum Bryo austro-crudo et Bartramia subexigua associatum, 12. Januario 1875. Quoque in Foundery branch cespitibus latis.

Flores masculi minutissimi gemmacei in vicinia feminei, foliis latius ovatis convolutaceis subula semitorta terminatis. — Planta pulchella tenella, Plagiothecio pulchello proxima et similis, foliis autem remotis multo minoribus magis subulatis jam primo visu diversa.

Diese schöne und niedliche Art vervollständigt in nicht geringem Grade die nahe Verwandtschaft der Kerguelen-Moosflora mit der europäischen Berglands-Flora und zeigt durch ihre entschiedene Selbständigkeit, wie dort unsere eigenen Moostypen abgeändert werden. In dieser Beziehung ist die Moosflora von Kerguelensland eine ganz entschiedene Korrespondenzflora der europäischen gemässigten Zone. Ich fand unter anderen Moosen von Kerguelensland noch eine Forma nana, deren Blattnetz noch viel enger ist. Doch halte ich selbige nur für einen Jugendzustand der Art. Uebrigens empfing ich von Herrn EMILE BESCHERELLE in Paris eine ganz ähnliche Art, die er vom Feuerlande durch Mr. HARIOT erhielt, wo sie von diesem in einer Bucht der Ile Clarence gesammelt wurde. Er nannte sie Isopterygium fuegianum.

H. (Catogonium) politum H. & W. — Insula Kerguelen, Foundery branch, in rupibus siccis cum Bartramia subexigua (16. 11. 74).

Das schöne Moos wächst ganz so, wie die Orthorrhynchia aus der Familie der Phyllogonieae zwischen anderen Moosen versteckt und vertritt gewissermaassen diesen Moostypus in seiner Zone.

H. (Pseudoleskea) desmiocladum C. Müll. l. c. p. 83; decumbens tenerum e viridi lutescens molle, ramulis permultis teneris flexuosis flaccidulis apice saepius falcatulis brevibus vel plus minus longis inaequalibus fasciculatim divisum, paraphylliis lanceolatis solitariis hic illic obtectum; folia caulina erecto-imbricata apicem ramuli minutissime acute gemmaceum parum secundum sistentia madore erecto-patula, e basi brevissime decurrente cordata latiuscule ovata in acumen longiusculum vix falcatum angustum integerrimum protracta, symmetrico-concava margine basilari paulisper convexo-revoluto, nervo latiusculo flavido flexuoso excurrente carinato percursa, e cellulis parvis ellipticis vel rotundatis pellucidis areolata. Caetera ignota. — Ins. Kerguelen, Port Palliser, Betsy Cove (2. 75).

Ab omnibus congeneribus ramulis teneris flaccidis nec teretibus jam differt, habitu Pseudoleskeam atrovirentem var. brachycladam multo robustiorem aliquantulum in memoriam redigens, sed foliis symmetricis nec plicatis toto coelo distinctum. Forma quoque compacta occurrit in iisdem locis.

Dieses merkwürdige Moos, das in der Länge und Dicke seiner Stengel und Aeste sehr ändert, bildet grosse weit ausgebreitete bräunliche Polster, die eine Amblystegium-artige Tracht besitzen. Ich habe sehr lange geschwankt, ob sie deshalb nicht besser zu dieser Gruppe gebracht würden, bin aber durch das Zellnetz und die fadenartige Bildung (daher desmiocladum) der Stengeltheile immer wieder darauf zurückgekommen, sie in die Nähe von Orthotheciella und damit in die Gruppe von Pseudoleskea zu stellen. Nur durch die Weichheit der Stengel und deren grössere Divergenz unterscheidet sich das hübsche Moos von Orthotheciella.

H. (Pseudoleskea) chalarocladum C. Müll. l. c. p. 82; cespites lati 3—4-pollicares arcte cohaerentes intricati sed nec radiculosi nec tomentosi amoene aurantiaco-flavescentes inferne ferruginei; caulis tenuis elatus flaccidus flexuosus superne in ramulos tenues flaccidos flexuosos summitate tenui gemmacea obliqua minuta coronatos divisus; folia caulina laxe horride conferta madore patula firmiuscula axin flavidum mollem validiusculum dispositione aequali cingentia, e basi brevissime decurrente cellulis alaribus nonnullis majoribus parenchymatosis pellucidioribus reticulata latiuscule ovato-acuminata in subulam rectiusculam robustiusculam acutam attenuata, nervo valido flavido summitatem totam occupante, perfecte concava margine erecta integerrima, e cellulis ellipticis incrassatis indistinctis membranam firmam sistentibus areolata. Caetera ignota. — Ins. Kerguelen, Betsy Cove (11. 74).

Ex habitu formis elongatis Pseudoleskeae atrovirentis var. brachycladi simile, longitudine surculi, ramis amoene aureis foliisque eleganter formatis validinerviis prima fronte distinguendum.

Dieses merkwürdige Moos hat äusserlich sehr grosse Aehnlichkeit mit MOLENDO's Lesquereuxia saxicola, nach dem Blattnetze aber kann ich es nur mit Pseudoleskea vereinigen. Vollkommene Sicherheit kann natürlich erst die Kenntniss der Frucht geben.

H. (Orthotheciella) filum C. Müll. l. c. p. 83; cespites latiusculi altiusculi supra-pollicares densiusculi sed laxe cohaerentes lutescentes rigidi firmi; caulis elongatus gracillimus strictus firmus, in ramos elongatos gracillimos parallelos teretes filiformes acutiusculos pluries dichotomus itaque ramosissime fastigiatus; folia caulina dense conferta madore paulisper patula minuta, e basi truncata ovata in acumen cuspidata carinato-concava, margine basilari vix convexo, integerrima, nervo luteo pro foliolo valido flexuoso in cuspidem excurrente, e cellulis minutis rotundis firmis diaphanis glabris areolata. Caetera ignota. — Ins. Kerguelen, Winter harbour (1. 75).

Species maxime peculiaris perpulchra, ex habitu Orthothecio stricto Lrtz. valde similis, sed areolatione, nervatura atque ramificatione toto coelo-distans. Prima inspectione Bryum julaceum in memoriam fert.

Dieses höchst merkwürdige Moos charakterisirt sich sowohl durch die dichten Rasen, welche es nach Art von Bryum julaceum bildet, als auch durch die sonderbare Verästelung, welche einen ganzen büschelförmigen Komplex von dichotomisch getheilten, dicht aufeinander gedrängten parallelen Aesten, die erst weit über dem Basilar-Theile des Stengels zum ersten Male entspringen, darstellt, endlich durch die fadenförmigen Verzweigungen und die kleinen Blätter mit kleinem rundlichen Zellnetze, das auch mit seiner einfachen dicken Rippe an Pseudoleskea erinnert. Aus diesen Gründen habe ich mich genöthigt gesehen, das Moos von Orthothecium abzuzweigen und eine eigene Sektion (Orthotheciella) darauf zu begründen. Durch das Blattnetz und das Verzweigungssystem gehört das merkwürdige Moos ohne allen Zweifel in die nächste Nähe von Pseudoleskea, und zwar in dieselbe Gruppe, welcher unser Hypnum catenulatum zugeschrieben werden muss. Ich bin der Meinung, dass auch dieses Moos unter Umständen einen ähnlichen Bau hat, wenn sich auch die Aeste nicht so parallel aneinander drängen. Der gleiche Fall passt auf Hypnum austro-catenulatum n. sp. In Folge dessen würden wir Orthotheciella als eine kleine Gruppe von Pseudoleskea zu betrachten haben.

H. (Orthotheciella) austro-catenulatum C. Müll. l. c. p. 83; cespites latissimi deplanati Hypno-catenulato simillimi, ramis autem magis fasciculatis; folia caulina madore ramulos tenuissime sciuroideos flaccidos sistentia, plumosule imbricata longiora minuta e basi rotundata anguste ovata lanceolato-acuminata, nervo valido carinato flavido summitatem folii totam fere occupante, margine basi parum revoluto erecto integerrimo, cellulis minutis rotundis diaphanis. Caetera ignota. — Ins. Kerguelen, Betsy Cove (11. 74).

H. catenulatum primo visu differt: ramis rigidis, foliis minoribus ovato-lanceolatis brevissime obtusiuscule acuminatis seminerviis.

H. (Limbella) conspissatum H. et Wils. in Flora Antarct. II. p. 419. t. 155. Fig. 3. — Ins. Kerguelen, Betsy Cove, in aquosis (11. 74).

Leider hat der Sammler diese eigenthümliche Art so wenig mit Frucht gesammelt, wie ehemals J. D. HOOKER. Ich stellte sie ehemals in meiner Synopsis Muscorum in die Gruppe der Drepanophyllaria, bin aber längst davon zurückgekommen. Denn nachdem sich eine ganze Reihe ähnlicher Arten zusammenfand, zeigte es sich, dass wir es hier mit einer selbständigen Gruppe zu thun haben, der ich den Namen Limbella gab, weil sie sich sämmtlich durch einen mehr oder weniger dicken angeschwollenen Limbus des Blattrandes auszeichnen. Auf der nördlichen Halbkugel hat die Gruppe eigenartig umgestaltete Vertreter in Hypnum tricostatum Sulliv., H. subtricostatum mihi, und in H. limbatulum mihi auf den Hawaii-Inseln. Der Kerguelensische Typus hingegen, welcher sich äusserlich ganz an Drepanophyllaria anschliesst, besass seine zuerst bekannt gewordene Art in Gymnostomum (Hedwigia) pachyloma Mtge. aus den Gewässern Chiles; eine mir früher ganz unerklärliche Art, der ich nun die Stellung hier als Hypnum (Limbella) pachyloma einräumen muss. Eine der Limbella conspissata sehr ähnliche Art, nämlich Limbella Krauseana mihi, sammelte Dr. KRAUSE auf Zweigen an Flussufern bei 2500 Fuss Erhebung im südlichen Chile. Eine andere, nahe verwandte Art entdeckte Dr. SPEGAZZINI in den andinischen Gewässern des Rio Gallego im Feuerlande; ich nannte sie Limbella confluens. Endlich kenne ich noch ein paar neue Arten aus dem argentinischen Patagonien, von Dr. P. G. LORENTZ gesammelt, welche anderwärts beschrieben werden sollen. Alles in Allem sind mir folglich bisher 10 Arten bekannt, von denen 7 der südlichen Halbkugel angehören.

2. Feuerland.

Im Ganzen sind im Feuerlande zwölf Moosarten gesammelt worden, die ich sogleich folgen lasse:

Trib. **Mniaceae.**

***Rhizogonium** polycarpum Schpr.* — Punta Arenas, in sylva Fagi antarcticae, in solo humido (7. 2. 76).

Trib. **Dicranaceae.**

***Dicranum** (Oncophorus) australe* Bescher. ined. — Tuesday-Bai, in sylva Fagi betuloidis (2. 2. 76).

Trib. **Bryaceae.**

***Bryum** (Leptobryum) pyriforme* var. fuegiana. — Punta Arenas, in solo arenoso (7. 2. 76).

***B.** (Senodictyon) synoico-crudum* C. Müll. l. c. p. 83; synoicum: flos terminalis antheridiis maximis clavatis et archegoniis elongatis angustis; folia caulina e basi angustiore late ovata in acumen robustiusculum breve producta carinato-concava, margine erecto supremo dentibus remotis nonnullis brevissimis serrulato, nervo e basi lata purpurea valido acumen versus angustate evanido, cellulis angustis elongatis vermiformi-flexuosis hypnaceis in membranam pallidam plus minus conflatis; perich. exteriora multo angustiora lineali-lanceolata, intima angustissima breviora; theca in ped. pro plantula longo nutans majuscula cylindraceo-oblonga rufa; perist. magnum: dentes ext. lati lutescentes, int. albidi valde sulcati et albidissimi glaberrimi, ciliis binis inaequalibus breviusculis. Caetera ignota. — Punta Arenas, in declivibus graminosis (7. 2. 76).

A Bryo crudo simillimo jam differt inflorescentia synoica, a Bryo austro-crudo foliis robustis latis validinerviis.

***B.** (Senodictyon) alticaule* C. Müll. l. c. p. 83; Bryo albicanti var. glaciali simillimum, suprabipollicare gracile, sed folia e cellulis multo angustioribus tenerioribus leptodermis nec turgidis reticulata. Caetera ignota. — Punta Arenas, in solo humido sylvae Fagi antarcticae (7. 2. 76).

A Bryo glaciali differt, ut Philonotis calcarea a Ph. fontana. Fructus caracteres alios certe producet.

β. robustior: foliis densius imbricatis vix secundis, apicem surculi versus lutescentibus, basin surculi versus rufescentibus. — Staaten-Insel, Blossom Bai in turfosis montanis (2. 82), sterile: Dr. SPEGAZZINI.

Trib. Bartramiaceae.

***Bartramia** (Vaginella) patens* Brid. — Punta Arenas, in solo arenoso sub fruticetis (5. 2. 76).

Trib. Orthotrichaceae.

***Macromitrium** (Ceratodontium) tenax* C. Müll. l. c. p. 83; dioicum; cespites prostrati lutescentes maxime tenaces rigidi laxi; caulis prorepens ramis brevibus apice fasciculatim dichotomis horride foliosis; folia caulina inordinatim conferta parum crispata madore surculum turgescentem patulifolium sistentia intense lutescentia tenacissima, e basi latiuscule lanceolata parum longitudinaliter plicata valde aurantiaca incrassata in acumen longe subulatum strictiusculum vel flexuosum sensim attenuata pilo hyalino brevissimo terminata, nervo basi aurantiaco profunde complicato-carinato apicem versus parum canaliculato multo pallidiore in pilum excurrente percursa, e cellulis seriatis plus minus ellipticis basin versus longioribus in membranam diaphanam fragilem pallidam maxime incrassatis areolata; perich. similia, sed intima ante subulam aristiformem plerumque latiora et sinuose excavata; omnia integerrima; theca in ped. perbrevi flexuoso flavido deinque rubro levi erecta, e collo brevi cylindraceo-oblonga rubra pachyderma subcornea sub ore angustissime constricta, operculo longe rostrato, annulo imperfecto latiusculo, calyptra profunde in lacinias angustas 8, basi infima incurvas cucullatas obtusas fissa fusca glabra aurea; peristomium duplex: dentes externi breves obtusiusculi plus minus incurvi ex articulis brevibus corneis pallidis turgidis compositi glaberrimi diaphani linea longitudinali notati, interni: membrana brevis dentibus externis adglutinata pallida. — Tuesday Bai, ad marginem sylvae Fagi betuloidis in Ericaceis fruticosis (2. 2. 76).

Macromitrio Krausei Lrtz. Chilensi solum affine et proximum, sed robustitate partium omnium jam distinctum. Ich bin zweifelhaft gewesen, ob ich diese schöne und merkwürdige Art nicht zu einer besonderen Gattung zu erheben habe, welche dann aus ihr und M. Krausei bestehen würde; zwei Arten, die sich im südlichen Amerika ganz merkwürdig vertreten. Ich will keinen Werth darauf legen, dass hier sämmtliche Theile aus einer höchst zähen, ja hornig-festen Membran bestehen, was besonders von der Kapsel und ihrem Mundbesatze zu sagen wäre; allein der Bau der äusseren Zähne ist doch so merkwürdig, dass ich mindestens eine eigene Sektion aufstellte, in deren Namen (Ceratodontium) schon das Hornige der Glieder ausgedrückt sein sollte. Diese Glieder ketten sich so anfschwellend an einander an, dass jedes wie eine Art gewölbter Kapsel erscheint. Dazu kommt noch die Form der Mütze, die sich in acht sehr schmale, am Grunde kapuzenartig eingeschlagene Lappen theilt. Jedenfalls war es zweckmässig, eine eigene Sektion zu begründen, um diesen Besonderheiten Rechnung zu tragen.

Trib. Pottiaceae.

***Barbula** (Syntrichia) magellanica* C. Müll. — Punta Arenas, in solo arenoso, (7. 2. 76).

Trib. Mniadelphaceae.

***Mniadelphus** procumbens* Mitt. — Punta Arenas, loco humido, in sylva Fagi antarcticae (7. 2. 76).

Trib. Hypnaceae.

***Hypnum** (Illecebrina) auriculatum* Mtge. — Punta Arenas, in truncis Fagi antarcticae (7. 2. 76).

***H.** (Hypnodendron) Naumanni* C. Müll. l. c. p. 83; caulis circa tripollicaris dendroideus, inferne foliis subappressis obtectus, apice in comam laxam plus minus dilatatam pallidam e ramis turgidulis compressiusculis robustiusculis curvatis brevioribus atque longioribus saepius iterum ramulosis obtusiuscule et breviter gemmaceo-cuspidatis compositam divisus, latere interdum stolonem dendroideum minorem exmittens; folia caulina laxius conferta madore patula majuscula e basi vix angustiore oblongato-ligulata obtusatula apice grosse serrata subcymbiformi-concava margine ubique fere revoluta longitudinaliter lenissime plicata, nervo parum carinato deplanato saepius furcato glabro supra medium evanido pallidissimo percursa, e cellulis pallidissimis indistinctis veluti conflatis angustissime linearibus summitate ellipticis incrassatis areolata, cellulis alaribus paucis ad alas extremas dispositis minutis incrassatis instructa. Caetera ignota. – Tuesday Bai, in freto Magellanico, in sylvis Fagi betuloidis (2. 2. 76).

Hypnodendro spininervio aliquantulum simile, sed nervo levi jam toto coelo diversum.

Trib. Leucodonteae.

***Lepyrodon** Lagurus* Hpe. — Punta Arenas, in solo humido sylva Fagi antarcticae (7. 2. 76).

Hiervon waren folglich vier Arten neu, und zwei derselben sind ein wesentlicher Gewinn für die Bryologie, da sie beide Lücken ausfüllen und sehr schöne Charaktermoose sind.

3. Insel St. Paul (Ind. Ocean).

Die vollständigste Aufzählung der Pflanzen dieses interessanten, mit der Insel Amsterdam so vereinzelt im Indischen Ocean liegenden Eilandes stammt von dem verst. Professor H. W. Reichardt (Verh. der k. k. zool. bot. Ges. in Wien 1871) in Wien, der auch die Moose bearbeitete. Es waren sechs Arten: Sphagnum Reichardti Hpe., Campylopus eximius Reich., Ceratodon calycinus Hpe., Barbula muralis Hdw., Bryum laxum Reich. und ein steriles unbestimmbares Bryum. Später sammelte der Franzose G. de l'Isle, Mitglied der französischen Venus-Expedition, ein Bryum daselbst, welches Bescherelle in Paris Bryum Isleanum nannte und welches vielleicht Reichardt's unbestimmte Art ist. Ebenso sammelte derselbe dort noch drei andere Moose: Syrrhopodon Platycerii Mitt., Rhynchostegiella confertula Bescher. (= Hypnum (Sigmatella) confertulum mihi), unter diesem ein neues kleines, aber auch steriles Bryum, das ich Br. paulense nannte, das jedoch nur in zwei winzigen Stengelchen vorhanden, folglich einer weiteren Beschreibung kaum würdig war, und Campylopus megalotus Bescher. Von allen diesen Moosen hat Hr. Dr. Naumann nur Campylopus eximius Rchdt., der nach seinem Autor die Insel allerdings oft auf weite Strecken überzieht, gesammelt.

4. Insel Ascension.

Wir haben es als einen bryologischen Gewinn von Bedeutung zu betrachten, dass Herr Dr. Naumann bei seiner Besteigung des Green Mount auf Ascension auch einige Moose sammelte. Denn von dorther kannten wir bis jetzt nur ein einziges Moos, welches der französische Seefahrer Dumont d'Urville auf der Weltfahrt der „La Coquille“ unter dem Kommando Duperrey's in den Jahren 1819/21 von der Insel mitbrachte, nämlich Campylopus smaragdinus Brid. Von diesem unbedeutenden Moose liessen sich keinerlei Schlüsse auf die fragliche Moos-Flora machen. Es musste über ein halbes Jahrhundert vergehen, bevor wir im Stande waren, einen solchen Blick zu thun; und gegenwärtig können wir nur sagen, dass die betreffende Moos-Flora eine durchaus eigenthümliche ist, welche indess bis jetzt keinerlei eigene Typen, sondern gewöhnliche tropische Typen in eigener Formung besitzt. Das grösste ihrer

Moose ist Campylopus Naumanni, obwohl es gerade auf der höchsten Höhe des „Grünhügels" gesammelt wurde; und dies setzt um so weniger in Erstaunen, als dieser Typus eigentlich der gemässigten Zone mehr, wie der heissen angehört. Sonderbar genug, hat der Sammler daneben keine Andreaea-Art gefunden, welcher Gattung, die ihm wohlbekannt war, er doch auf Kerguelens-Land eine grosse Aufmerksamkeit schenkte. Auffallend sticht bei solcher Grösse eines hoch reichenden Mooses die ausserordentliche Zwergigkeit der meisten übrigen Moose ab. Ich habe schon bei Philonotula subolescens darauf hingewiesen, dass diese mit Bryum argentatum und Bryum rubro-costatum gleichsam nur einen Anflug bildet, dem jedoch eine grosse Eleganz des Blattbaues zur Seite geht, wie ich hinzusetzen will. Selbst ein zweites, in grösserer Menge gesammeltes Moos, Rhacopilum Naumanni, ein echter Tropentypus, gesellt sich insofern hinzu, als selbiges ebenfalls zu den kleinsten Arten seiner Gattung gehört. Auch die beiden Barbulae machen hiervon keine Ausnahme, bilden aber dadurch die besten Merkmale der fraglichen Moos-Flora, als sie durch spitze oder Grannen tragende Blätter eine eigene Verarbeitung der Sektion Hyophiladelphus unter Barbula bilden, wie ich sie bisher noch von keinem anderen Punkte der Welt sah. Die neue Callicostella und der neue Calymperes schliessen sich an bekannte Formen der Tropenwelt an und involviren keinen besonderen Mooscharakter. Alles in Allem betrachtet, scheint die Insel vollkommen tropische Moose zu besitzen, die aber durch Zwergigkeit oder durch sonstigen Blattbau einen eigenen Schöpfungsherd konstatiren. Man kann aber nicht sagen, dass sie einen Charakter bedingen, welcher dem der gegenüberliegenden tropischen Westküste Afrikas, oder dem der Ostküste Südamerikas völlig entgegengesetzt, oder gar in der Mitte gelegen sei. Denn beide Küsten nähern sich in ihrem bryologischen Charakter sehr, so dass das in der Mitte gelegene Ascension, nebst St. Helena, ja bei solchem Verhältnisse nicht anders, als beiden verwandt sein kann. Nur die auffallende Zwergigkeit der fraglichen Arten ist und bleibt eine Thatsache, welche kaum in der Polarzone, geschweige in einer tropischen, angetroffen wird.

Trib. **Bryaceae.**

***Bryum** (Eubryum) zygodontoides* C. Müll. l. c. p. 83; dioicum; cespites latiusculi tenelli decumbentes pusilli virescentes inferne radiculosi; caulis gracillimus innovando ramulos breves flexuosos madore strictos zygodontoideos exmittens; folia caulina conferta apicem ramuli acute gemmaceum sistentia, madore stricta patula apalodictyacea, inferiora minuta remotiora hastato-lanceolata flaccida tenera complicata angusta cuspidata, nervo rubente longe decurrente exarata, superiora majora latiora e basi parum decurrente ovata acuminata carinato-concava eleganter symmetrica, margine angustissime revoluta integerrima, nervo virente validiusculo carinato in aristam brevem minute denticulatum excedente exarata, e cellulis parvulis leptodermis utriculo primordiali et chlorophyllo repletis reticulata; perich. hisce foliis majoribus simillima robustius aristata. Caetera ignota. — Ins. Ascension, Green mount, supra 1000 ped. alt., cum Barbula cuspidatissima (19. 8. 74).

Inter Eubrya gracilitudine foliisque apalodictyoideis integerrimis perfecte symmetricis immarginatis arista brevi denticulata instructis eleganter et minute tenuiter reticulatis excellit. Formis minoribus Bryi cespiticii simile.

***B.** (Apalodictyon) rubro-costatum* C. Müll. l. c. p. 83; pygmaeum lineas paucas altum cespitosulum purpureum gracillimum ramulis brevissimis subangulatis dense aggregatis apice divisum; folia caulina minutissima dense conferta madore parum patula, inferiora minora angustiora remotiora superiora majora latiora densius in comulam gemmaceam congesta, e basi ovatula acuminata vel oblongato-acuminata tenerrima purpurascentia carinato-concava integerrima margine erecta, nervo validiusculo carinato intense purpureo in mucronem brevem pro foliolo robustiusculo excedente elegantissime exarata, e cellulis angustis elongatis inanibus teneris basi amplioribus laxis pallide purpureis reticulata. Caetera ignota. – Ins. Ascension, Green mount, supra 1000 ped. alt., inter Barbulam cuspidatissimam, 19. 8. 1874.

Habitus peculiaris ad Mielichhoferias nonnullas laxe reticulatas nanas spectans. Species elegantissima distinctissima. E minutissimis!

B. (Argyrobryum) argentatum C. Müll. l. c. p. 83; cespites byssacei nani depressi sordide argentei plus minus compacti; caulis brevissimus gracillimus tenuissimus radiculosus, ramulis nonnullis saepius iterum dichotomis strictis brevissimis divisus; folia caulina inferiora laxius imbricata appressa, superiora in gemmam minutissimam globulosam dilute viridem congesta, omnia in caule tenerrimo molli luteo tenerrima, e basi angustiore cochleariformi-ovata, acumine brevi subulato tenerrimo acuto plus minus reflexo hyalino terminata integerrima, nervo tenuissimo subobsoleto pallido in acumen excurrente, cellulis usqe fere ad acumen pro foliolo majusculis laxiusculis dilute chlorophyllosis ante acumen solum paucis hyalinis. Caetera ignota. — Ins. Ascension, Green mount, 2000 ped. altum, 19. 8. 1874.

Statura minutissima byssacea et foliis minutissimis sed majuscule reticulatis tenuinerviis hyalino-apiculatis peculiaris species.

Trib. Dicranaceae.

Dicranum (Campylopus) Naumanni C. Müll. l. c. p. 84; cespites lati robusti sericeo-lutescentes vel fuscescentes maxime incani; caulis robustiusculus supra-pollicaris in ramos sciuroideos graciliores flexuosos divergentes divisus; folia caulina dense imbricata madore parum patula, e basi lata lanceolato-acuminata in pilum longissimum latum robustum strictiusculum hyalinum valde serratum dorso denticulatum attenuata, nervo latissimo in pilum excurrente dorso levi lamelloso-striato pallido exarata, e cellulis laminae marginalis nervo angustioris ellipticis incrassatis basin versus subito elongatis angustis albidis laxiusculis areolata, cellulis alaribus pro folio robusto paucis parvis laxis fuscidulis deinque emarcidis albidis planis vel rarius parum ventricosis ornata. Caetera ignota. — Ins. Ascension, Green mount, 2000 ped. supra mare (19. 8. 74).

Quoad cespites robustos maxime incanos sericeos foliaque robusta lata, latinervia et lato-pilosa facile distinguendum.

Diese schöne Art, welche in so bedeutender Höhe wohl weiter verbreitet und für selbige ein wahres Charakter-Moos sein muss, weicht schon äusserlich durch die ausserordentlich entwickelten breiten und gesägten, darum ein seidenartiges Licht reflektirenden Blatthaare von allen Verwandten ab, die wir bisher von derselben Insel oder von der zunächst gelegenen Insel St. Helena kennen gelernt haben. Allenfalls hat sie noch einige Aehnlichkeit mit Campylopus eximius Rchdt. von der Insel St. Paul, von dem sie jedoch schon durch die viel robusteren Stämmchen abweicht. Gegen diese Art gehalten, ist Campylopus smaragdinus Brid. von Ascension ein wahrer Zwerg.

Trib. Bartramiaceae.

Bartramia (Philonotula) subolescens C. Müll. l. c. p. 84; cespitulosa maxime nana lineas paucas alta radiculosa ex apice ramulos breviores nonnullos densifolios exmittens; folia caulina inferiora remota apicem versus dense imbricata perbrevia anguste lanceolata breviter acuminata acuta carinato-concava margine simpliciter serrulata, nervo tenui flavido carinato in acumen excurrente distincte exarata, ubique e cellulis parvis anguste rectangularibus laxis pellucidis unipapillosis eleganter reticulata. Caetera ignota. — Ins. Ascension, Green mount, altitudine 1000 pedum inter Rhacopilum Naumanni.

E minutissimis, surculo fastigiato-ramuloso nano foliisque brevibus lanceolato-acuminatis simpliciter serrulatis laxe reticulatis pellucidis facile cognoscenda.

Es ist ganz auffallend, wie die meisten der Moose von der Insel Ascension, obgleich in einer tropischen Zone entsprungen, ganz unverhältnissmässig winziger Statur sind. Vorliegende Art bildet mit Bryum argentatum und Bryum rubrocostatum gleichsam nur einen Anflug und deutet auf Verhältnisse, die bei dem gänzlichen Mangel von Waldung auf dem 2900 Fuss hohen Green mount sicher in den Winden und der dadurch hervorgebrachten Magerkeit des Bodens begründet sein werden.

Trib. **Calymperaceae.**

***Calymperes** (Hyophilina) Ascensionis* C. Müll. l. c. p. 84; cespites pollicares densiusculi sed laxe cohaerentes ex viridi lutescentes rigidi; caulis simplex robustiusculus apice curvulus inferne ferrugineo radiculosus; folia caulina e basi albida squamose imbricata incurva veluti crispula complicata laxe disposita, madore patula, e basi vaginata longiuscula oblongata apicem versus parum dilatata hyalina cellulis amplis figuram rotundatam sistentibus reticulata, limbo flavido latiusculo superne cellulis minutis marginato erosulo circumducta, in laminam paulo longiorem subconvolutam latiusculam oblongato-acuminatam producta, nervo valido calloso in apicem anomalum teretem robustum rotundate obtusatum undique papillosum brevem excedente, limbo deplanato flavido ante apicem evanido, margine superiore erosulo, cellulis minutis rotundatis obscuris. Caetera ignota. Ins. Ascension, Green mount, supra 1000 ped. (19. 8. 74).

Ex habitu ad Codonoblepharum accedens, sed quoad folii praesertim costae formam (anomalam) Calymperes.

Trib. **Pottiaceae.**

***Barbula** (Hyophiladelphus) leucochlora* C. Müll. l. c. p. 84; Barbulae cuspidatissimae proxima et simillima, sed folia caulina laxius disposita latiora teneriora magis chlorophyllosa, e basi perbrevi concava laxiuscule reticulata pellucida tenera latiuscule lineali-acuminata perfecte carinato-concava, margine erecto integerrima, nervo flavido angusto carinato levi in acumine brevi acuto evanido eleganter exarata, e cellulis minutis rotundis diaphanis nec obscuris infima basi quadratis parvulis laxis areolata. Caetera ignota. — Ins. Ascension, Green mount, supra 1000 ped. alt., inter Barbulam cuspidatissimam.

Es ist sehr merkwürdig, dass eine so auffallend hübsche Art unter einer anderen Art wächst, die mit ihr zu einer an Arten armen Gruppe, wie Hyophiladelphus, gehört. Ich kenne bis jetzt erst 10 Arten dieser Gruppe, welche sich über die Antillen mit 3, über die Sunda-Inseln mit 2 Arten, über Borouga Island im Indischen Meere, über Bengalen und über Pennsylvanien mit je 1 Art verbreiten. Gleichzeitig mit dieser Ar wuchs noch unter B. cuspidatissima eine neue Hyophila, die aber wegen zu grosser Unvollständigkeit nicht beschrieben werden konnte.

***B.** (Hyophiladelphus) cuspidatissima* C. Müll. l. c. p. 84; dioica; cespites pusilli tenelli semipollicares e viridi lutescentes laxe cohaerentes; caulis gracilis tenellus weisiaceus pluries breviter divisus; folia caulina laxe conferta crispula madore patula, apicem versus in comulam densiorem congesta, apicibus parum incurvatis, e basi semiamplectente pallidiore longiuscula lineali-oblongata acuminata, nervo validiusculo flavido carinato longiuscule excedente acute cuspidata, margine parum vel vix convolutacea integerrima, e cellulis minutis rotundatis obscuris viridibus basin versus sensim quadratis majoribus flavioribus areolata; perich. longius cuspidata; calyptra levis. Caetera ignota. — Ins. Ascension, Green mount, supra 1000 ped. alt. (19. 8. 74).

Ex habitu weisioideo nonnullis congeneribus simile, e. gr. B. agrariae Antillensi, B. javanicae etc., sed foliis cuspidate pungentibus ab omnibus congeneribus raptim distinguenda typica species.

Um diese eigenthümliche Art sammeln sich, wie es scheint, auf Ascension noch ein paar ähnliche Arten, welche, vereint durch die stachelspitzigen Blätter, eine ganz allein stehende Gruppe der Hyophiladelphus-Barbulae bilden.

Trib. **Hypopterygiaceae.**

***Rhacopilum** Naumanni* C. Müll. l. c. p. 84; cespites lati subdeplanati e viridi-lutescentes vel ferruginei intricati; caulis longiuscule prorepens, ramis perbrevibus siccitate bryaceis madore fissidentoideis distichaceo-foliosis simplicibus apicem versus increscentibus; folia caulina majora siccitate subsecunda pectinato-torquescentia maxime setacea, madore disticha densiuscule imbricata minuta, e basi subrotundata ovato-acuminata, nervo angusto carinato viridi in aristam plus minus elongatam strictiusculam integerrimam excedente longe setacea, perfecte symmetrica vel apice inaequalia integerrima vel apice parum denticulata, e cellulis parvis valde chlorophyllosis mollibus areolata; stipulacea multo minora sed arista longissima instructa. Caetera ignota. — Insula Ascension, Green mount, 1000 ped. alt., cum Hymenophyllacea aliqua nana commixtum (19. 8. 74).

Es ist bekanntlich sehr schwierig, wenn nicht unmöglich, ein Rhacopilum zum Greifen ähnlich zu schildern. So auch hier; das Auge unterscheidet die Art sofort als eigenthümlich, ob es aber vorstehende Diagnose vermag, steht dahin. Jedenfalls gehört die Art zu den kleinsten ihrer Gattung scheint aber häufig vorzukommen und deutet mit der ihr beigemengten Hymenophyllacee sogleich auf die Tropenwelt hin. Sie hat den Charakter von Rh. Mauritianum der auf der Ostseite Afrikas liegenden Maskarenen mehr, als den des Kaplandes, weicht aber sofort von jenem durch die langen Grannen ab, welche im trockenen Zustande des Mooses fast allein von den Blättern hervortreten.

Trib. **Hookeriaceae.**

***Hookeria** (Callicostella) Ascensionis* C. Müll l. c. p. 84; caulis latiusculus pallescens deplanatus; folia caulina ligulato-oblongata latiuscula pallida apice late rotundato-obtusato vix vel brevissime apiculato labiato-plicata inaequaliter concava apicem versus tenuiter eroso-denticulata, nervis binis apice folii in arcu magno peripherico subconniventi-percurrentibus pallidis exarata, e cellulis rotundatis incrassatis veluti conflatis areolata. Caetera ignota. — Insula Ascension, Green mount, supra 1000 ped. alt., inter Barbulam cuspidatissimam.

Foliis apice labiato-plicatis nervisque in arcu magno peripherico usque ad labium conniventi-percurrentibus raptim distincta.

Ich fand von dieser eigenen Art zwar nur ein Bruchstückchen, allein ich mochte sie doch nicht übergehen, da ihr Vorkommen auf Ascension offenbar ein höchst interessantes ist, indem sie die tropische Zone ebenso ankündigt, wie Rhacopilum Naumanni derselben Insel.

5. Viti- (Fidji-) und Tonga-Inseln.

1. Viti-Inseln.

Trib. **Cryphaeaceae.**

***Cryphaea** (Dendropogon) Schleinitziana* C. Müll. l. c. p. 84; monoica; cespites ditissimi laxissimi subpenduli; caulis 3—4-pollicaris vel brevior gracillimus, ramulis permultis gracillimis erectopatulis flexuosis longiusculis sterilibus vel apice fertilibus simplicibus remotiusculis undique insertis subpinnatim divisus, sordide viridis vel lutescens flexuosus flaccidulus in apicem gracillimum brevem ramulis similem excurrens; folia caulina minuta erecto-imbricata madore patula, e basi longiuscule decurrente latiuscule ovata breviter obtusate acuminata concava profunde carinata, margine infero latiuscule revoluta supero obsolete minutissime crenulata vel integra, nervo angustiusculo lutescente flexuoso exarata, e cellulis minutis ellipticis pallescentibus areolata; perich. erecta pallidissima

6*

tenera e basi vaginata ovata vel oblongata vel angustiore in acumen longius strictum firmius crenulatum attenuata, nervo latiore in subulam excurrente, e cellulis elongatis angustis veluti in membranam conflatis reticulata; theca terminalis sessilis minute ovalis leptoderma, operculo minutissimo conico, calyptra operculum obtegente basi laciniata superne papillosa, annulo imperfecto angustissimo; peristomium breve perfecte hyalinum: dentes externi angustissime lanceolati linea longitudinali mediana exarati inferne pseudo-reticulati nec trabeculati, interni capillares tenuissimi externis aequilongi. — Cryphaea Vitiana C. Müll. in Hb. Naumann. et Berolin. — Insulae Vitienses, Viti Levu, Rewa superior, ad arbores (30. 11. 75).

Quoad formationem ramulorum fertilium Dendropogon verus, surculis gracilibus densiuscule ramulosis, foliis minutis obsolete crenulatis, praesertim peristomii dentibus brevissimis longe infra orificium oriundis vitreo-albidis translucentibus teneris ab omnibus congeneribus prima fronte diversa. Species pulchra, ex habitu Cryphaeae decurrenti nob. Mexicanae aliquantulum similis, sed ramulis fertilibus gracilibus longiusculis toto coelo distans et ex tribu Dendrop. rufescenti Schpr. Mexicano proxima.

Es ist ganz auffallend, dass diese schöne und gar nicht zu übersehende Art bisher noch nicht beschrieben wurde. Ich vermuthe deshalb, dass sie niemals mit Frucht gefunden und so leicht mit einer Papillaria verwechselt werden konnte, wohin sie freilich unter keinen Umständen gehört.

Trib. **Neckeraceae.**

Pilotrichum *Vitianum* Sulliv. — Ins. Vitienses, Viti Levu, Rewa superior, in sylva montana ad arbores (30. 11. 75).

Diese schöne Art wurde reichlich gesammelt und bewährte dadurch wiederum ihr allgemeines Vorkommen in der Bergregion jener Inselwelt.

Trib. **Hypnaceae.**

Hypnum (*Vesicularia*) *inflectens* Brid. — Ins. Vitienses, Matuku in valle rivulari (24. 11. 75).

Von dieser Art gilt das Gleiche, was von der vorigen gesagt wurde.

H. (*Leucomium*) *debile* Mitt. — Ins. Vitienses, Viti Levu, Rewa superior, in sylva montana ad terram (30. 11. 75).

Genau dieselbe Form, welche für den betreffenden Archipel auf Ovalau von Dr. E. Graeffe gesammelt wurde.

Trib. **Fissidenteae.**

Fissidens *samoanus* C. Müll. in Journ. des Mus. Godeffroy. VI. — Ins. Vitienses, Viti Levu, inter Leucomium debile Mitt. ad terram (30. 11. 75).

Zum ersten Male auf den Vitis gefunden, bisher nur von den Samoanen auf Upolu bekannt.

2. Tonga - Inseln.

Trib. **Pottiaceae.**

Hyophila *samoana* Mitt. in Journ. of Linn. Soc. X. 1869. p. 193. — Ins. Tongaensis Vavau, in rupibus (Korallenkalk) prope litus maris (12. 75).

Trib. **Bryaceae.**

***Bryum** melanothecium* C. Müll. in Musc. Samoanis Graeffeanis in Journ. des Mus. Godeffroy. Fasc. VI p. 12. — Ins. Tongaensis Vavau, in rupibus (Korallenkalk) prope litus maris cum priore vigens (12. 75).

Beide Arten waren bisher nur von den Samoanen, von den Inseln Tutuila und Upolu bekannt, woselbst sie ebenfalls gemeinschaftlich wachsen.

6. Neu-Hannover und Anachoreten.

Obgleich von der interessanten Insel Neu-Hannover nur 9 Moosarten mitgebracht wurden, so ist doch der bryologische Gewinn um so grösser, da wir bisher von dort kein einziges Moos kannten und die gesammelten Arten sämmtlich neu sind. Darunter befinden sich aber Moose von ungewöhnlichem Interesse. In erster Linie stehen hier Octoblepharum linealifolium und Mniomalia Naumanni; ersteres, weil es die kleine Gattung weiter ausdehnt, letzteres, weil sie die vierte Art einer Gattung ist, die zuerst von den Samoanen kam, in allen Fällen jedoch leider noch immer ohne Frucht bekannt ist. Auch Endotrichella Novae Hannoverae ist ein Gewinn insofern, als wir hiermit die auf Australien, die Südsee und das indische Inselmeer angewiesene Gattung sich in einer recht stattlichen Art vermehren sehen. Neckera bicolorata verdient die gleiche Betrachtung. Unter den Hypnum-Arten, welche sonst ganz den Typus einer tropischen Niederungs-Moosflora an sich tragen, ragt namentlich Hypnum pycnodontium als sehr eigenthümlich hervor, und Chaetomitriella bunodicarpa stellt sich ihm darin zur Seite. — Die flachen Korallen-Eilande der Anachoreten, welche nichtsdestoweniger doch mit Palmen und Cykadeen angefüllt sind, haben einen neuen interessanten Vertreter der echt ozeanischen Gattung Leucophanes geliefert und in Macromitrium semipellucidum dessen Verbreitungskreis erweitert.

1. Neu-Hannover.

Trib. **Leucobryaceae.**

***Octoblepharum** linealifolium* C. Müll. l. c. p. 84; latissime cespitosulum pusillum sordide album tenellum gracillimum; folia caulina maxime patula angustissima, e basi anguste vaginata concava pellucidissima amplo-reticulata anguste pallide limbata erecta in laminam valde aequaliter linealem ligulatam obtusatam et apice membrana brevissima lata coronato-dentata terminata pallide limbata. Caetera ignota. — Ins. Neu-Hannover occidentalis, „im Dschungel“ ad arbores (20. 7. 75).

Species pulcherrima, foliis linealibus obtusatis ubique limbatis nec apiculatis sed membrana dentata coronatis ab omnibus congeneribus prima fronte distinctissima.

Viele Jahrzehnte hat es gewährt, ehe wir zu dem alten Octoblepharum albidum Hdw. eine zweite Art bekamen, und als dieselbe in O. cylindricum Schpr. aus Guiana erschien, währte es abermals sehr lange, ehe MITTEN in seiner Bearbeitung der POWELL'schen Samoa-Moose sechs neue Arten aufstellte, die jedoch nach meiner Ansicht keine echten Octoblephara sind, sondern zu anderen Gattungen der Leucobryaceae gehören. Um so erfreulicher ist es, hier in einer echten Art einen neuen Zuwachs zu der charakteristischen Moosgattung zu empfangen; um so mehr, als O. albidum fast über die ganze Tropenwelt reicht und in der Regel bei uns allein eingeführt wird.

Trib. **Mniaceae.**

***Mniomalia** Naumanni* C. Müll. l. c. p. 84; cespites lati pollicares viridissimi rigidiusculi inferne subtomentosi ferruginei; caulis pusillus ad basin innovando plantas graciliores novas exmittens, ad apicem innovando parum breviter divisus; folia caulina erecto-conferta crispatula vel secunda, madore patula surculum mnioideum vel fissidentoideum pusillum sistentia distichacea, inferiora minuta superiora sensim majora maxime asymmetrica; lamina altera latiuscule ovata limbo crasso pallido deinque flavido aetate rubiginoso parum reflexo circumducta, altera e basi perangusta vel obsoleta sensim latior limbo nullo vel apice folii parum angustissimo obsoleto, omnes laminae apice vix crenulatae, nervo valido ut limbus colorato in mucronem brevem acutum excedente, cellulis parvis densis hexagonis chlorophyllosis mollibus aetate pellucidis. Caetera ignota. — Ins. Neu-Hannover, in parte occidentali, in sylvis littoralibus ad arbores (20. 7. 75), in fauce rivulari sylvae montanae insulae interioris (24. 7. 75): forma minor perfecte fissidentoideo-disticha elegantissime reticulata.

Mniomaliae semilimbatae Samoanae simillima, sed multo robustior, foliis majoribus crasso limbatis atque reticulatione multo ampliore chlorophyllosa distincta.

Zum ersten Male kam dieser merkwürdige Moostypus in besseren Exemplaren aus Ozeanien nach Europa, leider aber auch diesmal unfruchtbar. Die neue Art steht der Samoanischen etwa so gegenüber, wie Philonotis calcarea der Ph. fontana, und es ist deshalb wahrscheinlich, dass erst die Frucht die durchschlagenden Charaktere ergeben wird. Auch konnte ich beide Arten unmöglich zusammen werfen; wer beide unter dem Mikroskope verglich, empfing sogleich zwei ganz verschiedene Eindrücke von dem Zellnetze des Blattes. Diese Moose gehören recht eigentlich der Südsee-Flora an, da sie in solcher Art noch nirgends entdeckt wurden. Denn Mn. viridis mihi (Drepanophyllum viride Mitt.) vom Rio Negro in Brasilien, das ich hierher zog, hat keine Folia limbata, ebenso wenig eine neue Art aus Guatemala, die ich Mn. Bernoullii nannte und welche bei recht asymmetrischen Blättern von zugespitzter eingebogener, etwas undulater Form ein sehr papillöses Zellnetz besitzt. Keine dieser vier Arten ist seltsamer Weise bis heute mit Frucht gefunden worden.

Trib. Leptotrichaceae.

Trematodon *Novae Hannoverae* C. Müll. l. c. p. 84; flos masculus in ramulo basilari; caulis fertilis perbrevis subsimplex; folia valde flexuosa subcrispata, e basi vaginata elongate anguste laxiuscule reticulata pellucida in laminam elongatam plus minus reflexam flexuosam latiuscule linealem obtusatam vel acutiorem profunde canaliculatam, margine hic illic undulato revolutam apice praesertim summitate minute serrulata, nervo virente excurrente exarata, e cellulis quadratis, pellucidis areolata; theca in pedunculo longiusculo flavido flexuoso erecta, e collo elongato minute strumifero curvato ovalis ochracea deinque fusca, operculo conico oblique rostrato, annulo lato multiplici; peristomii dentes elongati stricti angusti, inferne aureo-fusci medio perforati vel secedentes striati trabeculati, superne integri nec fissiles capillari-subulati pallidiores; calyptra levis. — Ins. Neu-Hannover, in parte occidentali, in fauce rivulari sylvae montanae ad terram inter muscos alios (24. 7. 75).

Trematodonti acuto Sundaico proximus, sed foliis obtusis jam distinctus.

Trib. Neckeraceae.

Endotrichella *Novae Hannoverae* C. Müll. l. c. p. 84; cespites latos turgidos molles viridi-lutescentes sistens elata robusta compressiuscula flexuosa apice saepius arcuata subsimplex; folia caulina laxe disposita siccitate et madore patentia apice surculi substellata, e basi cordata angustiore latissime ovata in acumen elongatum flexuosum robustum attenuata, longitudinaliter plicatula, concavula margine infero maxime involuto-revoluto remote dentato supremo erecto remote grosse serrato, nervis binis divergentibus virentibus breviusculis, cellulis grosse ellipticis incrassatis basin versus longioribus angustioribus infima basi aureis. Caetera ignota. — Ins. Neu-Hannover interior, in sylvae montanae fauce ad arbores copiose (24. 7. 75).

Endotrichellae samoanae similis, sed foliis multo majoribus latioribus elongate flexuose acuminatis diversa, Quoad staturam magis ad E. Campbellianam Hpe. Novarum Hebridarum accedens, haecce species antem acumine folii multo latiore robustiore semitorto recto jam refugit.

So nahe auch vorliegende Art den beiden genannten Arten Ozeaniens stehen mag, so weicht sie doch sogleich durch eine viel schlankere Gestalt, einen dichter beblätterten und darum runderen Stengel und eine lebhaft grüne Farbe der glänzenden Blätter ab, weshalb man auch auf eine Verschiedenheit der Fruchtorgane mit Sicherheit rechnen darf. Das Moos gehört zu einem Typus, welcher der grossen Inselwelt der Südsee und des Indischen Meeres bis nach dem tropischen Australien eigenthümlich ist und hier wahrhafte Charakter-Moose erzeugt.

Neckera (*Rhystophyllum*) *bicolorata* C. Müll. l. c. p. 85; cespites laxissime cohaerentes elatiusculi; caulis 2—3-pollicares inferne nudus gracilis teres apicem versus foliosus et ramulis inaequalibus angustis teneris bicoloribus juventute virenti-lutescentibus aetate nigrescentibus obtusiusculis vel attenuatis inordinatim pinnatus; folia distichacea tenera e basi latiore uno latere plerumque complicata longiuscule anguste ligulato-oblongata rotundato-obtusata acumine brevissimo coronata, aperto-concava longitudinaliter vel rarius transverse undulata, margine erecto apice eroso-denticulata, nervo unico elongato tenui pallido ante apicem abrupto exarata, e cellulis minutis rotundis basin versus longioribus ubique in membranam pallidam veluti conflatis areolata. Caetera ignota. — Ins. Neu-Hannover; in sylvae montanae fauce rivulari ad arbores copiose (24. 7. 75).

E tribu Neckerae implanae Mitt. et N. Graeffeanae Samoanae, N. plumulae et aliarum specierum Sundaicarum vel Philippinensium, ab omnibus hisce congeneribus statura alta robustiore foliisque bicoloratis jam primo visu distincta. Species perpulchra.

Auch diese hübsche Art bildet ihrem Typus nach ein rechtes Charakter-Moos, welches die Zahl derer, welche MITTEN in der Sektion Himantocladium vereinigte, um eine sehr distinguirte vermehrt.

Trib. **Hypnaceae.**

Hypnum (*Vesicularia*) *brachytheciopsis* C. Müll. l. c. p. 85; monoicum? intricatum longe prostratum robustum ramulis brevibus inordinate pinnatum albescens; folia caulina madore obsolete distichacea magis undique inserta surculum brachythecioideum sistentia, patula, e basi angustiore rotundata ovato-acuminata in subulam elongatam setaceam flexuosam attenuata integerrima, regulariter concava, margine hic illic anguste revoluta, nervis binis angustissimis obsoletis brevibus notata, e cellulis elongato-rhombeis ampliusculis laxis pellucidis mollibus eleganter reticulata; perichaetialia similia pauca laxius reticulata et in subulam multo longiorem attenuata; theca in pedunculo longiusculo rubente levi nutans ovalis, evacuata ore constricta macrostoma; peristomii dentes externi robustiusculi linea tenui media exarati intus valde cristati, interni angusti sulcati vix perforati flavidi. Caetera ignota. — Ins. Neu-Hannover, in fauce rivulari sylvae montanae (24. 7. 75).

Quoad staturam robustam brachythecioideam Hypnum glareosum haud male referens, sed folii reticulatione laxa jam longe diversum. Medium tenens inter Leucomium et Vesiculariam, ab illo robustitate partium omnium madefactarum atque surculo pinnato differt, huic magis aemulans, sed foliis longe setaceis distinctum.

Auf diese Unterschiede hin mochte ich keine eigene Sektion begründen. Den Blättern nach, welche doch entschieden der Pflanze den Ausdruck geben, dürfte die neue Art am besten unter Leucomium untergebracht sein, das sich eben nur durch folia subulata setacea von den eigentlichen Vesicularien unterscheidet, wie wir das auch in H. crinitifolium mihi und H. cuspidatifolium aus Südamerika kennen. Auch betrachte ich Leucomium immer als der Section Vesicularia untergeordnet.

H. (*Vesicularia*) *pycnodontium* C. Müll. l. c. p 85; monoicum; decumbens subdeplanatum intricatum robustiusculum sordide virescens nitidulum, ramis brevibus entodontoideis turgidulis obtusiusculis inordinatim pinnatus; folia caulina dense imbricata madore veluti vesiculoso-turgescentia symmetrica cochleariformi-ovata latiuscula obtuse brevissime acuminata, margine basilari parum reflexa integerrima apicali erecto denticulata, nervis binis tenuibus angustis ad medium evanidis obsoletis notata, e cellulis majusculis rhomboidalibus laxiusculis utriculo primordiali tenero chlorophylloso marginali repletis reticulata; perich. multo minora e basi latiuscula ovata vel oblongata in acumen subulatum acutum reflexiusculum attenuata, multo laxius reticulata pellucidissima; theca in pedunculo tenui rubente flexuoso mediocri pro planta longo subinclinata cylindracea parum arcuata rubens, aetate nutans valde constricta collo tuberculoso apophysato instructa, operculo conico oblique rostrato, annulo duplici tenero; peristomium longum robustiusculum strictum: dentes externi lamina externa perangusta trabeculatula lutea, lamina interna multo latiore valde cristata trabeculata, interni externis aequilongi in membrana aurea perbrevi stricti angusti aurei sulcati angustissime hiantes leves, ciliis rudimentariis fugacibus tenerrimis nodosis interpositis singulis vel binis. — Ins. Neu-Hannover, in fauce rivulari sylvae montanae ad arbores (24. 7. 75).

Flores masculi minuti plures in vicinia floris feminei, foliis minutis ovato-acuminatis integris. — Ex habitu Entodontis speciem aliquam robustam referens, sed peristomio externo longo plerumque reflexo-involuto et interno longo stricto conum longum sistente raptim distinguenda pulchra species.

Ich habe mich lange gefragt, ob ich dieses schöne Moos nicht zu einer eigenen Gattung erheben solle? Die symmetrischen locker gewebten Blätter, sowie der abweichende Bau der äusseren Mundbesatz-Zähne, deren äussere Lamelle viel schmaler als die innere ist, und deren innere Zähne wenigstens einen straffen Wuchs und nur verkümmerte Zwischenwimpern besitzen, entfernen es von Plagiothecium und stellen es zu Vesicularia in die Nähe von H. inflectens Brid.; allein schliesslich sind das doch alles nur relative Merkmale, um deren willen ich nicht wagte, eine eigene Gattung zu begründen. Wohl aber dürfte das Moos Veranlassung genug geben, es wenigstens als den Typus einer Sektion zu betrachten, und dieser könnte des äusseren Peristomes wegen nur Pycnodontium heissen, welches sich jedoch eng an Vesicularia ebenso anschliesst, wie mein Catogonium an Plagiothecium. Dem Habitus nach erscheint das Moos völlig wie ein Entodon, und wenn das Peristom nicht vorhanden wäre, dürfte es ein Unkundiger leicht auch zu dieser Gattung stellen. Sonderbar genug aber gehen die anfangs ziemlich aufrechten Früchte in gesenkte über, und wenn dann der Stengel mit seinen Blättern zarter wird, nimmt das Ganze die Tracht einer Cupressina an.

H. *(Chaetomitriella) bunodicarpum* C. Müll. l. c. p. 85; monoicum; plagiothecioideum vel chaetomitriaceum decumbens intricato-cespitosum pallidum; caulis latiusculus compressus apice gemmaceus setosus sericeo-nitens; folia caulina e basi latiuscule ovata valde aperta cellulis alaribus magnis vesiculosis sublunatis flavescentibus utrinque circa quaternis elegantissime ornata in acumen elongatum flexuosum latum denique subulatum acutum denticulatum attenuata, ante acumen marginibus conniventibus plus minus convoluta, brevissime obsolete binervia, e cellulis elongatis angustis subvermiformibus pallidis inanibus areolata; perich. minora nusquam involuta laxius reticulata; theca in pedunculo elongato rubro valido flexuoso levi nutans pedicello subappressa e collo brevi grosse tuberculoso ovalis pachyderma rubra plus minus grosse papillosa, operculo e basi conica aciculari; peristomium breve: dentes externi rubri angusti subulati valde cristati linea longitudinali exarati, interni breviores tenelli sulcati aurei parum hiantes, ciliis 2—3 brevioribus nodosis interpositis; calyptra levis. — Ins. Neu-Hannover, in fauce rivulari sylvae montanae ad arbores (24. 7. 75).

Flores masculi plures minuti in vicinia floris feminei, foliis ovatis in acumen brevius subreflexum valde serratum attenuatis. — Quoad thecae formam Cupressinam leptocarpam Schw. referens, sed papillis grossis toto coelo diversum; ex habitu surculi madore rubro-translucente folioso Chaetomitrium frondosum Mitt. Samoanum in memoriam redigens; propter foliorum formam et reticulationem ad sectionem: Tanythrix valde accedens, sed surculo frondoso subdistichaceo plagiothecioideo, foliis lato-acuminatis denique subulatis nec capillari-subulatis atque theca nutante grosse papillosa sectionem propriam sistens. Species pulcherrima maxime peculiaris.

Dieses sonderbare Moos gehört ohne Zweifel dicht in die Nähe meiner Sektion Tanythrix, von welcher es sich durch die angegebenen Merkmale sehr unterscheidet. Ebenso wenig kann es zu Trismegistia gebracht werden, deren Blätter allmälig ohne Absatz in eine breite grob gesägte Spitze übergehen; und noch viel weniger zu SCHIMPER's Heterophyllum, dessen Blätter nur eine kurze Blattspitze besitzen. Auf solche Art gehören alle vier Sektionen zu einer und derselben Gruppe mit ganz verschiedenen Merkmalen, unter denen die blatternartig papillose Frucht von Chaetomitriella einzig dasteht. Sie alle zusammen reihen sich aber innig an Aptychus als an eine Sektion an, deren Blattnetz, geschmückt mit den charakteristischen blasenförmigen Blattflügelzellen, mit zwei divergirenden Nerven und chlorophyll-losen engen Zellen, höchst eigenthümlich erscheint. Von Aptychus unterscheiden sich alle betreffenden Moose durch: rami cuspidati pungentes compressi vel complanati, folia pro more serrate acuminata, cellulae alares reticulatae vesiculosae flavidae et hyalinae.

H. (*Sigmatella-Thelidium*) *trachyamphorum* C. Müll. l. c. p. 85; monoicum; late cespitosum depressum sordide virens vel laete lutescens pusillum valde vage ramosum madore flaccidissimum, ramis breviusculis simplicibus vel divisis saepius pinnatulis; caulis fuscus inter folia madore translucens; folia caulina dense conferta secunda falcata apicem ramuli hamatum sistentia, madore strictiuscula, e basi valde constricta angusta vel latiore vix constricta cellulis alaribus elegantibus majusculis hyalinis 2—3 praedita involutaceo-oblonga in acumen elongatum lineari-loriforme acutum falcatulum denticulatum attenuata, haec majora illa minora, e cellulis tenerrimis elongatis incrassatulis scariosis tenerrime seriatim punctulatis angustissimis pallidissimis ob papillas plus minus obscuris areolata, enervia; perichaetialia pauca pro pedunculo minuta angusta e basi brevi vaginatula in acumen elongatum serrulatum curvatum punctulatum protracta; theca in pedunculo perbrevi rubro glabro ad curvaturam solum aspero nutans minuta obconico-ovalis plus minus papillosa, operculo cupulato longo recto aciculari, peristomio minuto tenero. — Ins. Neu-Hannover in littore occidentali, in silva littorali ad arbores (20. 8. 75). — Samoa-insulae Tutuila et Upolu, ubi primus legit Dr. Ed. Graeffe 1864. — Ins. Vitiensis, Ovalau, ubi Dr. Graeffe 1864 quoque collegit.

Diese niedliche Art, welche mir schon seit Jahren von den Samoanen und Vitis bekannt, früher aber von mir zu Thelidium rhinophyllum (Journal des Museum Godeffroy VI. p. 35) gezogen war, unterscheidet sich von letzterem durch die angegebenen Merkmale, also durch einen kürzeren Fruchtstiel und durch eine mehr oder weniger rauhe Frucht. Da diese Merkmale nun auch so weit entfernt auf Neu-Hannover wieder auftreten, so trage ich kein Bedenken, das Moos von Th. rhinophyllum zu trennen. Es bildet folglich mit diesem und Th. Pickeringi, welche alle drei nur an der Krümmung des Fruchtstieles diesen blatternartig-rauh gestalten, ein Charakter-Moos jener grossen Inselwelt.

H. (*Tamariscella Naumanni*) C. Müll. — Vgl. No. 20 bei Neu-Guinea.

2. Anachoreten.

Trib. **Leucobryaceae.**

Leucophanes (*Leionotus*) *pucciniferum* C. Müll. l. c. p. 85; aggregatum nec cespitulosum pusillum acaule tenerum albidum stellatifolium; folia caulina maxime patula erecta, e basi angustiore pellucidiore teneriore amplius reticulata in laminam lineali-lanceolatam parum latiorem carinatam dorso levem producta, limbo pallido latiusculo incrassato summitate folii pluries repando atque tenuiter denticulato ubique circumducta, nervo distincto angusto pallido deinque fusco in mucronem acutum excedente exarata, e cellulis parvulis quadrato-hexagonis reticulata, apice corpuscula puccinioidea crasso-articulata simplicia cylindracea vel vix clavata virescentia producentia. Caetera ignota. — Insulae Anachoretum, in truncis Palmarum et Cycadearum (8. 7. 75).

Inter omnes congeneres L. vitiano nob. proximum, sed foliis apice repando-limbatis puccinigeris distincte albide mucronatis longe diversum.

Trib. **Orthotrichaceae.**

Macromitrium *semipellucidum* Dz. et Mb. Vgl. hierüber No. 13 in Muscis Novae Guineae.

7. Neu-Guinea.

So lange auch schon Neu-Guinea gekannt und besucht ist, haben wir doch bisher nur äusserst wenige Moose von dort kennen gelernt. Um so freudiger wird man nachfolgende Arten aufnehmen, die, fast sämmtlich neu, einen Blick wenigstens in die Küsten-Bryologie des grossen Insellandes gestatten. An und für sich betrachtet, überraschen die Arten nach ihren Gattungen nicht. Es sind durchweg solche, die man daselbst erwarten durfte: Leucobryum, Leucophanes, Calymperes, Syrrhopodon, Macromitrium, Hookeria, Hypnum. Auch dass No. 2, 3 und 4 hier in ganz besonders reicher Gliederung auftreten, kam nicht unerwartet, wo es sich um ein so heisses und feuchtes Klima handelt. Die beiden schon bekannten Arten, welche wir zu verzeichnen hatten: Piloecium pseudo-rufescens und Macromitrium semipellucidum, wird man wohl gern von diesen Küsten entgegen nehmen, da diese interessanten Arten hiermit ihren Verbreitungskreis wesentlich erweitern. Im Uebrigen habe ich bei jeder einzelnen Art das Nothwendige und Allgemeine besonders angegeben.

Trib. Leucobryaceae.

Leucobryum microcarpum C. Müll. l. c. p. 84; dioicum; cespites lati decumbentes pallide glauci teneri molles; caulis foliis longis valde patulis angustis flexuosis latus; folia caulina valde flexuosa e basi angustiore lato-vaginata subito vel sensim in laminam lato-linealem eleganter canaliculatam obtusiuscula brevissime acuminatam vel acutiorem magis mucronatam attenuata, basi cellulis teneris elongatis angustis anguste marginata supra basin limbo angustissimo hyalino indistincto circumducta, summitate solum cellulis dorsalibus nonnullis protuberantibus veluti undulata, e cellulis ampliusculis brevibus apicem versus minoribus laxe reticulata; perich. multo minora e basi breviore in laminam angustiorem lineali-acuminatam longius acutatam attenuata; theca in pedunculo vix pollicari tenui stramineo deinque rubente strictiusculo inclinata minuta, e collo strumoso breviter curvato-obconica macrostoma fusca aetate plicata brunnea, dentibus peristomii robustis e basi longa latiuscula aurantiaca valde trabeculata in crura duo longiuscula capillaria conniventia asperula divisis, operculo e basi conica oblique rostrato, calyptra glabra. — Ins. Neu-Guinea, in freto Galewo, „Dschungel-Insel", ad arbores, (23. 6. 75.)

Quoad staturam et habitum L. Bowringi Mitt. Ceylonicum cum L. stenophyllo Bescher. Novae Caledoniae microcarpo veluti conjungens. Species e tribu Leucobryi longifolii Hpe.

Leucophanes (Trachynotus) sordidum C. Müll. l. c. p. 85; cespites lati depressi sordide lutescentes tenuifolii; folia caulina in ramulis gracilibus laxe disposita horride patula circa se spiraliter contortula madore patentiora facillime decidua, e basi multo angustiore longiuscula oblongata dorso anguste plano-compressa in laminam elongatam angustam lineali-lanceolatam profunde canaliculatam dorso carinatam et dentibus brevissimis acutis hyalinis singulis obtectam attenuata, limbo angusto basi pallide flavido apicem versus hyalino summitate sinuato-denticulato circumducta, nervo angustissimo in mucronem brevem acutum hyalinum excedente exarata, e cellulis basi multo majoribus amplioribus teneris hyalinis flexuosis apicem versus sensim minoribus atque sordidis obscurioribus reticulata. Caetera ignota. — Ins. Neu-Guinea, in sinu Mac Cluer Bai interiore, ad truncos arborum sylvae montanae (18. 6. 75).

L. scabro Mitt. Samoano ex habitu et colore proximum, sed folia multo majora latiora caulem multo robustiorem sistentia. Haecce species foliis dorso ubique scabris angustissimis lamina veluti obsoleta instructis toto coelo recedit.

Leucophanes (Leionotus) Reinwardtianum C. Müll. in Synopsi Musc. Frond. I. p. 82. — Ins. Neu-Guinea, Mac Cluer Bai, Patippi Bai, in sylva montana ad arbores (17. 6. 75); Galewo fretum, in iisdem locis (18. 6. 75).

Damit umfasst dieses schöne Moos das ungeheuere Gebiet von Java, Amboina, den Philippinen, Borneo, Singapore und Neu-Guinea, ohne sich wesentlich zu verändern.

L. (Tropinotus) Naumanni C. Müll. l. c. p. 85; cespites humiles leucobryacei densi robusti firmi pallidissime lutei vel albidi; caulis breviusculus fragilis dense et breviter foliosus; folia caulina dense conferta erecta robustiuscula veluti truncato-imbricata et in ramulos breves aggregatos turgidos subglobosos congesta vix secunda, madore valde patula, e basi angustiore longiuscule oblongata lineali-lanceolata obtusatula, nervo angustissimo carinato in mucronem brevem hyalinum acutum tenuem excedente notata, profunde carinato-concava ubique angustissime limbata integerrima summitate solum parum indistincte et brevissime denticulata, e cellulis brevibus hyalinis reticulata levissima. Caetera ignota. — — Ins. Neu Guinea, in sinu Mac Cluer Bai interiore, ad truncos aborum sylvae montanae (18. 6. 75).

Ab omnibus congeneribus sectionis Tropinotus cespitibus latis robustis leucobryaceis jam primo visu distinctum, L. albo-nitenti nob. Samoano proximum, sed foliis integerrimis facile distinguendum.

Trib. **Calymperaceae.**

***Calymperes** (Eucalymperes) arcuatum* C. Müll. l. c. p. 85; laxe cespitosum viridi-lutescens rigidum valde arucato-flexuosum; folia caulina fasciculatim laxissime disposita loriformia, e basi multo longiore et multo amplius apice cupulate reticulata margine e cellulis minutis teneris pallidissimis protuberantibus crenulata et secus marginem intra limbo angusto pallido parallelo exarata in laminam longiorem loriformem carinatam lutescentem apice obtuse acutam attenuata, limbo basilari in limbum marginalem magis incrassatum viridem subalatum et remote serrulato-denticulatum exeunte, nervo valido calloso levi flavido excurrente nunquam anomalo, cellulis minutis rotundis incrassatis. Caetera ignota. — Ins. Neu Guinea in sinu Mac Cluer Bai interiore, ad arborum truncos sylvae montanae (18. 6. 75).

C. serratum A. Br. javanicum proximum foliis brevioribus, basi breviore minutius reticulata haud limbata atque lamina superiore multo distinctius serrata longe differt.

Die vorstehende Diagnose ist stets im Vergleiche zu C. serratum gegeben worden.

C. (Hyophilina) stylophyllum C. Müll. l. c. p. 86; pusillum lutescens nitidulum vix cespitulosum aggregatum simplex robustiusculum; folia caulina normalia brevia latiuscula plus minus reflexa et flexuosa madore surculum valde turgescentem brevem funarioideum sistentia erecta maxime patula, e basi tertiam partem folii occupante e cellulis brevibus amplis hyalinis apicem versus linea obliqua lata promotis reticulata, e cellulis teneris pellucidis anguste apicem versus e cellulis minutis rotundis luteis latius marginata in laminam latiuscule oblongato-lanceolatam obtusiuscule acutatam producta, nervo validiusculo lutescente calloso in mucronem robustum breve acutum luteum exeunte levi exarata, ad marginem obscuriorem veluti alatum superiorem grosse serrata, limbo interno flavido e basi usque ad summitatem circumducta; folia anomala nervo valido tereti longe supra basin brevem protracto parum angustissime alato vel nudo valde tuberculoso in formam styloideam summitate capituliformi-clavatam mutata. Caetera ignota. — Ins. Neu-Guinea, Mac Cluer Bai, in sylva montana sinus interioris ad truncos arborum (18. 6. 75).

Quoad foliationem C. fasciculato Dz. et Mb. javanico aliquantulum simile, sed foliis brevioribus latioribus limbatis et foliis anomalis styloideis longe recedens.

C. (Hyophilina) chamaeleonteum C. Müll. l. c. p. 86; cespites tenelli decumbentes pusilli sordide lutei rigidi, caulibus simplicibus tenuiusculis plus minus incurvatis; folia conferta subhorrida parva madore patula stricta, e basi longiuscula hyalina cellulis amplis pellucidis foraminatis marginem versus sensim minoribus tenerioribus reticulata semivaginata in laminam triplo longiorem latiuscule lanceolatam concavam integerrimam producta, nervo valido calloso virente in summitatem anomalam oblique abscissam chamaeleonteo-involutam corpusculis pucciniaceis ellipticis obtectam exeunte papillis inferne parvis superne majoribus dense dispositis subcylindricis asperrimo, limbo flavido angustissimo ad basin folii intra areolationem teneram secus marginem parallelo currente supra basin marginali et summitate folii deliquescente, cellulis minute rotundis viridibus obscuriusculis. Caetera ignota. — Ins. Neu-Guinea, Segaar Bai in sinu Mac Cluer Bai, in sylva montana ad arbores, 18. 6. 75.

Ex habitu ad C. incurvatum mihi Samoanum accedens, sed foliis chamaeleontis linguae instar proboscideo-attenuatis toto coelo diversum.

β. nanum; pusillum, foliis nervo leviore praeditis; fructus breviter pedunculatus, angustissime cylindrica, calyptra plicata levi. — Ins. Neu-Hannover in partis occidentalis silvis littoralibus, ad arbores (26. 7. 75).

Dass dieses Moos auch auf Neu-Hannover vorkommt, ist dieselbe Verbreitung, welche Hypnum (Sigmatella) selenithecium n. sp. zeigt. Wenn der Sammler nicht etwa eine Verwechslung beging, da der Sammeltag nicht weit von dem auf Neu-Guinea auseinander liegt, so bietet diese Verbreitung ein geographisches Interesse.

C. (Hyophilina) denticulatum C. Müll. l. c. p. 86; dioicum; laxe cespitulosum robustum subpollicare subsimplex flexuosum rigidum sordide virens; folia caulina laxe et horride disposita plus minus incurva vel semi-circinnata firma, madore laxe patula multo latiora, e basi longiuscula pellucida cellulis ampliusculis breviusculis hyalinis reticulata in laminam loriformi-lanceolatam triplo longiorem robustam viridem attenuata, ad basin limbo pallide flavo angusto secus marginem tenerum angustissimum tenerrime crenulatum intra areolationem minutam rotundatam parallelo usque ad summitatem baseos folii excurrente inde limbum crassum viridem subalatum apice folii utrinque remote denticulatum sistente, nervo valido calloso in summitatem anomalam brevem crassam coarctatam paulisper supra folium sinuatum supremum exsertam exeunte clavato apice coronato-dentato, cellulis minutissime rotundis; perichaetialia interna pauca erecta multo minora anguste lingulato-lanceolata obtusata vix limbata summitate coronato-denticulata; theca in pedunculo vix exserto plicata levis. — Ins. Neu-Guinea, Mac Cluer Bai, in sylva humida montana interioris sinus ad arbores, 7. 6. 75.

Quoad staturam Calymperi Hampei Dz. et Mb. Javanico aliquantulum simile, sed haecce species minor foliis integerrimis jam differt.

Syrrhopodon *(Codonoblepharum) leucoloma* C. Müll. l. c. p. 86; cespites pusilli tenelli rigidi lutescentes laxi; caulis subsimplex pollicaris vel brevior robustiusculus flexuosus densiuscule foliosus; folia caulina laxe conferta subhorrida plus minus incurviuscula breviuscula, madore surculum turgescentem robustum latiusculum sistentia valde patula, e basi breviuscula hyalina e cellulis longiuscule rectangularibus laxis superne lineam latam sistentibus reticulata in laminam involutaceo-lanceolatam parum undulatam carinatam attenuata, limbo albido e basi usque fere ad summitatem crenulatam circumducta integerrima, nervo validiusculo subcalloso flavido levi apicem versus angustato in mucronem brevissimum albidum axeunte exarata, e cellulis minutissime rotundatis lutescentibus incrassatis punctato areolata; theca in pedunculo breviusculo tenui rubro strictiusculo erecta, e collo brevi cylindracea parva rubra, dentibus capillaribus rubris trabeculatis. Caetera ignota. — Ins. Neu-Guinea, Galewo-fretum, „auf Dschungel-Inseln" ad truncos arborum (23. 6. 75).

Syrrhopodon luteus Mitt. (sub Thyridio) Vitianus simillimus et proximus foliis flavido-limbatis ubique crenatis jam toto coelo refugit.

S. (*Orthotheca*) *subpolytrichoides* C. Müll. l. c. p. 86; cespitulosus laxus sordide viridis rigidus; caulis brevissimus (acaulis) vel longescens; folia multa veluti e puncto unico egredientia fasciculatim (ut in Pinis) disposita angustissima loriformi-linealia strictissima rigidissima firma patula, e basi vaginata longiuscula inferne solum cellulis amplis hyalinis versus costam reticulata superne aurantiaca cellulis ellipticis in membranam incrassatis areolata tenera integerrima in laminam angustatam carinatam apertam vel plus minus convolutam attenuata, supra basin (in medio folii) ciliato-dentata, inde limbo angusto flavido circumducta integerrima, sub apice exlimbato grossius dentata, nervo pro foliolo validiusculo flavido ad apicem abrupto, cellulis minutis rotundatis lutescentibus firmis. Caetera ignota. — Ins. Neu-Guinea, in freto Galewo, „auf Dschungel-Inseln" ad arborum truncos, (23. 6. 75).

S. polytrichoidi Bescher. ex Nova Caledonia simillimus, sed foliis medio fimbriatis longe diversus,

Auch die Philippinen besitzen eine ähnliche Art, und zwar in Calymperes aurantiacum Hpe., welches hierher zu Orthotheca gezogen werden muss.

S. (*Eusyrrhopodon*) *serra* C. Müll. l. c. p. 86; cespites teneri glauco-albidi pusilli laxi infima basi fusco-tomentosi; caulis semipollicaris gracilis simplex vel apice brevissime dichotomus flexuosus; folia caulina sicca et madefacta valde laxe disposita reflexa minuta angustissima, e basi vaginata longiuscula angusta cellulis amplis hyalinis teneris reticulata carinato-concava in laminam angustiorem patentem loriformem carinatam transverse undulatam et ad undas duplicato-serratam albido-mucronatam producta, ubique limbo albo angusto summitate plus minus undulato et introrsum connivente circumducta, minute rotundate glauco-viridi areolata, nervo validiusculo albido flexuoso excurrente; perich. similia vix majora; theca in pedunculo breviusculo tenuissimo rubro spiraliter torto erecta minuta elliptica vel cylindracea rubra vernicosa, operculo aciculari, calyptra minuta angusta albida; peristomii dentes brevissimi capillares aurantiaci leves trabeculati weisiacei. — Ins. Neu-Guinea; Mac Cluer Bai, in sylva montana interioris ad arbores (17. 6. 75).

Ex habitu peculiari ad tribum Syrrhopodontis elatioris Hpe. Brasiliensis inclinans, sed gracilitudine partium omnium atque foliis-veluti nodoso-serratis prima inspectione distinguenda pulchra species.

S. (*Eusyrrhopodon*) *Campylopus* C. Müll. l. c. p. 86; dioicus; cespites dilatati laxissimi lutescentes rigescentes; caulis pollicaris simplex vel apice in ramos breves dichotome divisus robustus; folia caulina majuscula usque ad summitatem surculi valde reflexa, e basi valde vaginata lata semiamplexicauli e cellulis amplis quadratis foraminatis pellucidis angulo acuto in laminam superiorem transeuntibus reticulata reflexa latiuscule loriformi-lanceolata, a basi usque ad apicem robustum secus marginem intra areolationem minutam rotundatam limbo flavido parallelo circumducta, ad vaginam superiorem tenuiter crenulata apicem versus dentibus grossis acutis remotis serrata, nervo valido flavido calloso papillis teneris asperulo vel in foliis anomalis lamina fere destituto apice clavato papillis cylindraceis dense obtecto. Caetera ignota. — Ins. Neu-Guinea, N. Mac Cluer Bai, NW. Galewo-Strasse, cum Leucophani Naumanni, in sylvis montanis ad arbores (18. 6. 75).

Ex habitu Campylopodis penicillati vel C. heterostichi vel C. Alopecuri, intra congeneres Syrrhopodonti elatiori Hpe. Brasiliensi aliquantulam similis, sed foliis aequalibus nunquam terebellato-contortis. Species elegans distinctissima.

Trib. **Orthotrichaceae.**

Macromitrium (*Eumacromitrium*) *semipellucidum* Dz. et Mb.; dioicum; cespites longe prostrati decumbentes laxi nec tomentosi pallide lutescentes deinque fuscati rigidi; caulis brevis gracilis apice in ramulos brevissimos paucos divisus; folia caulina dense imbricata parum crispula brevia madore valde patenti-recurva, e basi longa hyalina inferne aurea cellulis semilunatis levibus incrassatis areolata uno latere valde revoluta oblongata in laminam breviorem lanceolatam cellulis minutissimis obscuris areolatam producta, ubique profunde canaliculata itaque plus minus complicata integerrima, nervo angusto pallido vel flaviore carinato levi in mucronem aureum excurrente breviter pungentia; perichaetialia supra caulina exserta erecta majora late oblongato-lanceolata ubique e cellulis hyalinis semilunatis incrassatis areolata robustius aureo-pungentia summitate vix crenulata pallidinervia canaliculata; theca in pedunculo validiusculo breviusculo rubente rigido levi erecta ovalis brevicolla pachyderma ex olivaceo fuscata, operculo conico rostrato stricto, calyptra in lacinias 16 angustas strictas fissa pilis permultis strictiusculis vel flexuosis pallide flavidis acutis denticulatis hirtissima; peristomium simplex: dentes irregulariter lineali-lanceolati obtusiusculi linea longitudinali indistincta notati latere plus minus erosi grisei obscuri asperi. — Ins. Neu-Guinea, in parte occidentali Segaar Bai in sinu Mac Cluer Bai ad truncos arborum sylvae montanae (18. 6. 75). — Ins. Anachoretum (8. 7. 75).

Ich habe diese schöne, durch die lange helle Basis des Blattes und seine undurchsichtige Spitze sofort ausgezeichnete Art genauer charakterisirt, um darzuthun, dass sie sich von der typischen Art, welche die Bryologia javanica zuerst beschrieb, nur relativ unterscheidet, und zwar durch breitere Blätter und ein etwas unregelmässiges Peristom. In Folge dessen dehnt sie ihren Verbreitungsbezirk von Borneo über Amboina nach den Westküsten Neu-Guineas aus und kann als ein wirkliches Charakter-Moos jener Gegend betrachtet werden. Dass das wirklich der Fall, geht auch aus der interessanten Auffindung des Mooses auf den Anachoreten-Inseln hervor, womit das Verbreitungsgebiet sich bis nach Neu-Britannien zieht.

Trib. **Hookeriaceae.**

Hookeria *(Callicostella) paupera* C. Müll. l. c. p. 86; synoica, antheridiis singulis vel binis; caulis brevirameus robustiusculus; folia caulina crispatula madore perfecte disticha e basi angustiore spathulate ovata apice late truncato vel rotundate obtusata acumine obsoleto brevissimo coronata, nervis binis callosis hyalinis ante apicem spinosule abruptis levibus exarata, supra basin ubique dentibus brevibus irregularibus densiuscule eroso-serrulata parum concava inferne uno latere plerumque complicata, e cellulis majusculis teneris sed parietibus chlorophyllosis saepius veluti densis laxiusculis levibus reticulata; perich. pauca erecta multo angustiora profundius concava, nervis longis subparallelis dorsum angustiusculum sistentibus valde exarata, apice ligulato obtusato vel breviter acuminato solum serrulata; theca in pedunculo mediocri tenui flexuoso rubro undique muriculato minuta horizontalis e collo brevi cylindrico-ovalis rubra, siccitate ore valde constricta; calyptra in lacinias multas angustas profunde fissa apice dentibus appressis brevibus remotis scabra; peristomii dentes externi pro exiguitate thecae longiusculi angusti subulati linea media latiuscula exarati intus valde cristati, interni aequilongi angusti flavidi sulcati parum hiantes. Operculum ignotum. — Neu-Guinea, Mac Cluer Bai, ad arbores in sylva montana (17. 6. 75).

Multis congeneribus Archipelagi indici vel polynesiaci similis, sed foliis truncato-obtusatis et paupertate antheridiorum distincta.

Es würde sonderbar gewesen sein, wenn eine solche oder ähnliche Art nicht in den Küstenwäldern Neu-Guineas vorkäme. Man durfte diesen Typus Callicostella unter allen Umständen daselbst erwarten; an und für sich weicht er in der neuen Art wenig von dem indisch-polynesischen ab.

Trib. **Hypnaceae.**

Hypnum *(Homalia) bibrachiatum* C. Müll. l. c. p. 86; exiguum; rami in surculo repente breves stricti remotissimi tenues ante apicem in ramulos duos oppositos breviores subpatentes bibrachiate divisi; folia caulina minuta laxe erecta, e basi brevi angustiore spathulato-orbicularia leptoderma integerrima vel vix tenerrime crenulata planissima, nervo brevi pallido mediano notata, pallidissime lutescentia, e cellulis minutis rotundatis areolata. Caetera ignota. — Neu-Guinea, in sinu Mac Cluer Bai interiore, in truncis arborum sylvae montanae humidae, inter Tamariscellam Naumanni nob. (18. 6. 75).

Homaliae exiguae Bryol. Javan. quoad staturam exiguam et folii formam simile, sed ramis bibrachiatis atque foliis integerrimis jam distinctum.

Leider fand ich nur ein einziges kleines Bruchstück dieser allerliebsten kleinen Art, und so bin ich nicht im Stande, mehr über dieselbe auszusagen.

***H.** (Cupressina) macrobolax* C. Müll. l. c. p. 86; cespites latissimi turgescentes decumbentes molles laete lutescentes vel sulphureo-lutei; caulis elongatus inordinatim compressus angustiusculus flexuosus simplex vel ramis stolonaceis parum plumose ramulosus, ramulis brevissimis densiuscule imbricatis curviusculo-erectis; folia caulina e basi lata truncata cellulis alaribus paucis minutis et unica vesiculari majore hyalina tenera fugaci ornata in acumen falcatum plicato-concavum subulatum minute serrulatum attenuata, nervis binis brevibus remotis pallidissimis, cellulis angustissime linearibus indistinctis pallidis saepius scabro-papillosis; ramulina minora angustiora. Caetera ignota. — Ins. Neu-Guinea, Segaar Bai in Mac Cluer Bai, in sylva montana ad truncos arborum et in terra, Junio 1875.

Ex habitu ad H. eleganti-pinnatum mihi Philippinense accedens, sed angustius et foliis scabriusculis jam refugiens. Species e tribu elegante Hypni crista castrensis.

Dieses Moos muss an Ort und Stelle ein wahres Charaktermoos sein, da es unfehlbar weite Strecken überzieht und durch seine grossen, freudig schwefelgelben und weichen Rasen die betreffenden Wohnstätten über und über einhüllen wird. Durch die Schmalheit seiner federartig-geästeten Stengel, durch deren undeutlich federartigen Sprossen, durch die sehr dicht gewebten Blätter und durch die hellen, leicht übersehbaren scharfen kleinen Papillen auf dem Zellnetze der Blätter leicht zu unterscheiden.

***H.** (Sigmatella-Trichosteleum) substigmosum* C. Müll. l. c. p. 86; latissime cespitosum intricatum decumbens deplanatum sordide lutescens molle; caulis longe prostratus vage ramosus, ramis tenellis brevibus ramulis brevioribus inaequalibus inordinatim pinnatis dimorphis: undique foliosis vel distichaceis; folia caulina laxe imbricata parva e basi angustiore ovata concava in acumen breve vel longius strictum vel flexuosum protracta, margine ubique serrulata ad basin anguste revoluta, e cellulis angustissimis elongatis pallidissimis in membranam subscariosam conflatis grossiuscule unipapillosis areolata brevissime binervia, cellulis alaribus utrinque tribus vesiculosis hyalinis majusculis, basi parum constricta et impressa ornata; perich. e basi multo longiore levi laxius reticulata in acumen multo longius serratum papillosum subulatum attenuata; pedunculus glaber. Caetera ignota. — Ins. Neu-Guinea, in parte occidentali, Patippi Bai in Mac Cluer Bai, in sylvis humidis montanis ad arbores (6. 75).

Trichosteleo stigmoso Mitt. samoano proximum et simillimum, sed multo minus, ramulis dimorphis foliisque minoribus tenerius papillosis raptim distinguendum.

Auch Trichost. stigmosum gehört auf den Samoanen der Bergregion an, und es ist sehr interessant zu sehen, wie unter ähnlichen Verhältnissen sofort auch ähnliche Arten, welche sich völlig entsprechen, erscheinen.

***H.** (Sigmatella) selenithecium* C. Müll. l. c. p. 86; monoicum; caulis decumbens breviter ramosus, ramis distichaceo-foliosis sordide virentibus pinnato-divisis; folia caulina compressa laxe disposita e basi maxime constricta brevissima angusta cellulis alaribus minutissimis paucis quadratis teneris pellucidis planis ornata in laminam anguste ovato-acuminatam vel subulatam basi ventricose-concavam margine parum crenulatam rectam vel paulisper curvatam producta enervia, e cellulis angustissime linearibus seriatim punctulatis in membranam tenuem lutescentem subscariosam veluti conflatis indistinctis areolata; perich. majora e basi semivaginante longiuscula pallidissima laxius reticulata in acumen subulatum loriforme reflexiusculum punctulate areolatum crenulatum attenuata;

theca in pedunculo elongato tenuissimo rubente strictiusculo levi minuta anguste cylindracea semilunato-curvata rubra; operculo conico brevi; peristomium breve tenellum: dentes externi angusti subulati rubri linea media exarati dense trabeculati intus valde cristati, interni externis subaequilongi flavidi tenelli integri nec hiantes sulcati ciliis singulis. — Ins. Neu-Guinea, in parte occidentali in sinu Mac Cluer Bai interiore, ad arbores sylvae montanae (17. 6. 75); in Piperaceis parasiticum iisdem locis (18. 6. 75). — Ins. Neu-Hannover, „im Dschungel" ad arbores (20. 7. 75).

Flos masculus minutus in vicinia floris feminei. — Species ob thecam elongate pedunculatam minutam semilunato-curvatam primo visu distinguenda, ex habitu ad H. Powellianum nob. Samoanum accedens.

Eine jener Arten, welche so recht das tropische Niederland oder doch die feuchtesten Gegenden der Tropenwelt ankündigen und sich so sehr ähneln. Die Art scheint auch weit über Neu-Guinea hinauszugehen, da ich keinerlei Grund finde, das Moos von Neu-Hannover, obgleich diese Insel im Nordosten weit von Neu-Guinea entfernt liegt, auszuschliessen. Es hat folia apice semitorta, aber auch dieses Merkmal kommt nicht bei allen Blättern vor, und dazu ist die charakteristische minutiöse halbmondförmige Frucht die gleiche.

H. (Piloecium) pseudo-rufescens Hpe. (in Muscis Bornensibus Beccarianis, Nuova Giorn. Ital. 1872, p. 285). — Ins. Neu-Guinea, in parte septentrionali-occidentali, fretum Galewo, „Dschungel-Insel", ad truncos arborum (23. 6. 75).

Dieses wunderbare, ganz allein stehende Moos kam zuerst, in 1866 von Dr. O. Beccari gesammelt, von Borneo in sehr guten Exemplaren in die Hände der Bryologen nach Europa, während ich es auch in einem Bruchstücke von Singapore empfing. Ich machte damals schon, wo Freund Hampe das Moos beschrieb, denselben darauf aufmerksam, dass es eine ganz eigene Sektion begründe, und Hampe schloss sich auch dieser Meinung an, ohne sie aufzustellen. Er acceptirte eben privatim den von mir vorgeschlagenen Namen Piloecium, welcher besagen sollte, dass die männliche Blüthe knospenartig, wie bei Oncophorus-Arten, auf dem Wurzelfilze nistet. In meinem Herbarium charakterisirte ich diese Sektion folgendermaassen: Plantae habitu Pungentellae vel Orthothecii; caulis tomento obtectus; tomentum e radiculis fastigiatim ramosis, in vicinia floris feminei androecia gemmacea minuta producentibus compositum; folia longitudinaliter plicata enervia, Orthothecia et affinia Hypna in memoriam referentia; cellulae alares dicranoideae multae parenchymaticae magnae laxae reticulatae aureae vel brunneo-aureae ventrem sistentes. Damit ist die Stellung des Mooses neben Pungentella vollkommen gesichert, um so mehr, da hierzu auch eine sehr kleine Frucht kommt, wie man sie bei vielen Pungentella-Arten findet. Es ist höchst interessant, seinen Verbreitungsbezirk nun bis an die Nordwestküsten Neu-Guineas ausgedehnt zu beobachten, wo es nur durch bleichere oder schmutzigere Färbung abweicht.

H. (Tamariscella) Naumanni C. Müll. l. p. 87; dioicus; cespites latissimi applanato-decumbentes amoene virides rigidi; caulis longe prostratus tenuis ramulis brevibus tenellis remotis eleganter plumosis; folia caulina in axi paraphylliis torulaceis brevibus ramosis brevissime articulatis dense obtecto majora, e basi latissime hastato-ovata in acumen tenuissime subulatum acutatum plus minus raptim attenuata, margine infero usque ad acumen distincte revoluta integerrima, nervo mediano carinato, cellulis minutis rotundis papillosis; folia ramulina minuta densiuscule imbricata erecta patula ramulum eleganter symmetricum tenuem subaequalem apice minute gemmaceum sistentia incurviuscula minuta e basi hastata brevissime acuminata concava tenuiter papillosa chlorophyllosa minutissime rotundato-areolata; perich. majuscula pallidissima, e basi semivaginata longiuscula grossius laxius reticulata in acumen latum ciliis elongatis flexuosis nodose articulatis inferne duplicato-cellulosis superne simplicibus maxime fimbriatum producta, nervo lato viridi in subulam elongatam flexuosam serratam cellulosam attenuata; theca in pedunculo elongato rubro papillis verruciformibus dense obtecto erectiuscula, e collo levi subbullato cylindracea amblystegiaceo-curvata et constricta majuscula rubra, operculo longe rostrato, annulo lato; peristomii robusti dentes externi e basi lata fuscata linea longitudinali exarati intus valde cristati subulati, interni in membrana altiuscula lati profunde carinati vix hiantes nec secedentes, pallide flavidi robusti, ciliis 3—4 longiusculis tenuissimis glabris nodosis. — Ins. Neu-Guinea, in parte occidentali, in sinu Mac Cluer Bai interiore, ad truncos arborum sylvae montanae humidae (18. 6. 75). — Ins. Neu-Mecklenburg austro-orientalis, Port Sulphur, in sylvis montanis ad arbores et rupes (19. 8. 75). — Ins. Neu-Hannover interior, in fauce rivulari sylvae montanae (24. 7. 75).

Species distinctissima pulchra habitu Tamariscellae plumulosae Dz. et Mb. Sundaicae, sed foliis perichaetialibus valde fimbriatis atque pedunculo elongato grosse verrucoso jam longe diversa. — Flos masculus multo minor, foliis ovato-acuminatis ventricose concavis ad acumen subsubulatum margine revolutis pallidissimis denticulatis, nervo tenuissimo pallido obsoleto mediano carinato exaratis.

Es ist sehr merkwürdig, dass vorstehende schöne Art auch an dem Südostende Neu-Mecklenburgs gefunden wurde. Denn hieraus geht hervor, dass sie für jene Inselwelt ein wirkliches Charaktermoos ist, welches sich selbst an entfernten Punkten vollkommen gleich bleibt. Das bestätigt sich auch durch sein Vorkommen auf Neu-Hannover, woselbst es zwar ohne Frucht aber doch in völlig gleicher Form gefunden wurde.

8. Amboina-Regionen.

Die nachfolgenden 9 Arten, welche auf Amboina, Timor und Lucipara gesammelt wurden, haben insofern ein phytogeographisches Interesse, als sie sämmtlich der tropischen Niederung angehören und darum ein treuer Ausdruck derjenigen Moosflora sind, welche die Litoralzone jener Inselwelt belebt. Sie hat die grösste Aehnlichkeit mit jener von Borneo, Sumatra und anderen Inseln des ostindischen Inselmeeres, worin Syrrhopodon ciliatus Schw. in ganz überraschend schöner Formung vorangeht.

Trib. Leucobryaceae.

***Octoblepharum** albidum* Hdwg. — Ins. Timor, ad truncos Coryphae Gebangae prope Pariti (5. 75).

Wie von der Westküste Afrikas bis zu dem ozeanischen Afrika an der Ostküste und der westafrikanischen Südküste, reicht dieses Moos auch in der indischen Tropenwelt ausserordentlich weit. Es bewohnt Java und viele andere Sunda-Inseln, auch die Philippinen, welche sonst noch eine zweite ausgezeichnete Art besitzen (O. cuspidatum n. sp.), Malakka, die Nikobaren u. s. w., überall von gleicher Tracht. Dieselbe hat es auch auf Timor bewahrt, und darum dürfen wir das schöne Moos als das verbreitetste Charaktermoos der Tropenwelt für Asien, Afrika, Amerika und wahrscheinlich auch für einige Theile von Australien und Ozeanien betrachten.

Trib. Calymperaceae.

***Calymperes** (Hyophilina) pungens* C. Müll. l. c. p. 87; surculus perpusillus simplex subacaulis; folia caulina maxime patula surculum substellatum sistentia perangusta lutea rigida arcuata madore stricta, e basi brevi angusta hyalina cellulis amplis brevibus reticulata latiuscule limbata et marginata erecta in laminam reflexiusculam multo longiorem angustam oblongatam pro more involutam limbatam integerrimam attenuata, medio supra basin ad marginem obsolete limbatulum dentibus nonnullis tenuibus longiusculis acutis ciliata, e cellulis minutis rotundatis luteo-viridibus tenuiter papillosis areolata, nervo angusto calloso flavido in mucronem acutum plus minus longiusculum excedente pungentia. Caetera ignota. — Ins. Amboina, in parte septentrionali-occidentali in sylvis humidis ad arbores (7. 6. 75).

Ab omnibus congeneribus foliis pungentibus supra basin ciliatis facile distinguitur. Ex habitu C. linearifolii vel C. setosi nob. Samoani.

Obgleich diese charakteristische Art nur in Bruchstücken vorhanden war, so wollte ich sie doch nicht übergehen, um ihr bei ihren hervorstechenden Eigenschaften ihren Platz im Systeme zu sichern und der Amboinen-Moosflora ein neues Charaktermoos zuzuführen.

***C.** (Hyophilina) semimarginatum* C. Müll. l. c. p. 87; perpusillum tenellum simplex subacaule luteum aggregatum; folia caulina crispula madore surculum stellato-patulum sistentia brevia, e basi brevi flavido-hyalina cellulis amplis brevibus reticulata latiuscule stricto-marginata et ad marginem cellulis minutis albidis protuberantibus eroso-denticulata apicem versus parum dilatata in laminam longiorem oblongatam plus minus involutam obtusatulam integerrimam immarginatam producta, nervo validiusculo calloso papilloso in mucronem brevissimum frondosum obtusiusulum excedente, cellulis seriatis incrassatis parvis basi laminae grossioribus papillosis. Caetera ignota. — Ins. Amboina in parte septentrionali-occidentali, in sylvis humidis ad arbores cum C. pungente (7. 6. 75).

Statura pusilla foliisque brevibus semimarginatis normalibus ab omnibus congeneribus distinctum.

Auch diese Art mochte ich nicht übergehen, da alle Calymperes-Arten höchst charakteristische Merkmale tropischer Niederungsfloren sind, die namentlich die Küstenvegetation, z. B. die Rhizophoreten, gern bewohnen und am liebsten da leben, wo der Boden seine tropischen Fieber braut.

C. (Hyophilina) Pandani C. Müll. l. c. p. 87; dioicum; late densiuscule cespitosulum pusillum- sordide viride subsimplex tenellum; folia caulina perbrevia crispula madore pallide lutescentia celeriter emollita surculum dense et patule foliosum stellatum sistentia, e basi perbrevi pellucida e cellularum amplarum hyalinarum seriebus 3–5 brevibus composita et margine minute areolato lato circumducta erecta in laminam ligulato-oblongam apice rotundata obtusatam, nervo valido viridi excurrente angusto vel clavato-incrassato brevissime obtusate acuminatam aequalem vel plus minus involutam producta, integerrima dorso tenuiter papillosa normalia, e cellulis minutis areolata, nusquam limbata; perich. pauca similia parum longiora; theca in pedunculo perbrevi erecta angustissime cylindracea gymnostoma, calyptra sordide pallida vix spirali levi obtecta. — Banda insulae, Lucipara-insulae, ad truncos Pandani (1. 6. 75).

C. Motleii Mitt. Bornense proximum et simillimum areolatione foliorum multo grossiore foliisque anomalis certe distinguitur.

Es ist ganz auffallend, wie nahe C. Pandani und C. Motleii zu einander stehen, und doch kann es gar nicht übersehen werden, dass das Blattnetz beider, bei sonstiger Uebereinstimmung der Blattform, völlig verschieden ist. Wir haben folglich eine Korrespondenzart der Borneo-Art auf den kleinen Koralleninseln der Luceparainseln in der Bandasee vor uns.

C. (Hyophilina) Hampei Bryol. Javan. I. p. 48. tab. XXXIX. — Ins. Timor, ad corticem arborum prope Pariti (5. 75).

***Syrrhopodon** (Eusyrrhopodon)* ciliatus Schw. Suppl. II. 2. p. 114. t. 130 et Bryol. Javan. I. p. 60. t. 48. — Ins. Amboina, in parte septentrionali-occidentali in sylvis humidis ad arbores (7. 6. 75).

Dieses schöne Charaktermoos kannte ich bisher nur von Borneo, Sumatra, Ternate und Celebes; Amboina ist ein Gewinn für seine Verbreitung. Zwar weicht es durch seine Blätter von denjenigen Exemplaren ab, welche ich von Celebes besitze, und nähert sich mehr denen von Borneo, indem selbige aus einer längeren und schmäleren Basis hervorgehen und auch mehr gewimpert sind, allein dieses Merkmal halte ich nicht für ausreichend, eine neue Art darauf zu begründen. Uebrigens erzeugt die Amboina-Art auch folia anomala, wie wir sie bei den Calymperaceae gewohnt sind.

Trib. Hypnaceae.

***Pterogonium** Jagori* C. Müll. in Bot. Zeitschr. 1864, p. 373. — Ins. Amboina, in sylvis humidis ad arbores (7. 6. 75).

Weicht von denjenigen Exemplaren, welche Jagor auf Malakka sammelte, nur durch ein etwas lockereres Blattnetz und einen weniger blatternartig getupften Fruchtstiel ab. War noch nicht von Amboina bekannt und breitet sich hiermit über Malakka hinaus aus.

***Hypnum** (Sigmatella) turgidellum* C. Müll. l. c. p. 87; monoicum; decumbens intricatum lutescens pusillum prostratulum compressum ramulis perbrevibus inordinate pinnatum madore turgescens; folia caulina dense conferta humore patula surculum frondosum pusillum angustum diaphano-luteum sistentia turgidula, e basi constricta brevi angustiore rotundate-ovata breviter obtusiuscule acuminata vel acutiora cochleariformi-concava, margine erecto integerrima pallescentia leptoderma enervia, e cellulis angustis elongatis seriatim punctatis areolata, cellulis alaribus circa tribus vesiculosis pallidis et pluribus superioribus reticulatis minutis ornata; perich. reflexa multo majora e basi vaginata laxius reticulata ovata in acumen elongatum latiusculum subulatum attenuata inferne plus minus denticulata; theca in pedunculo pro plantula longiusculo tenuissimo flexuoso levi rubente minuta inclinata ovalis brevicolla fusca, evacuata sub ore constricta cernua, exannulata, operculo conico brevi acuminato recto; peristomium breve tenellum: dentes externi angusti lutei linea longitudinali obsoleta vix exarati intus cristato-lamellosi, interni angustissimi profunde sulcati haud pertusi aurei leves, ciliis singulis interpositis rudimentariis. — Hypnum nepalense Bryol. Javan. II. p. 168 ex parte. — Ins. Amboina, in parte septentrionali-occidentali in sylvis humidis ad arbores (7. 6. 75).

H. nepalense Schw. verum ramulis angustioribus subteretibus, foliis basi vix constrictis atque cellulis alaribus latiuscule reticulatis nec vesiculosis certe jam differt.

Nach dem Vorstehenden war diese neue Art bereits von Amboina bekannt, aber verkannt. Man hat eben unter Hypnum nepalense alles Mögliche, was diesem ähnlich sah, vereinigt.

***Pelekium** fissicalyx* C. Müll. l. c. p. 87; monoicum; tenellum prostratum parum divisum sed eleganter pinnatim ramulosum, ramulis teneris viridibus subaequalibus distichaceis iterum eleganter pinnatis, paraphylliis densiusculis brevibus obtectum; folia caulina majora remotissima pàllida e basi hastato-ovata in acumen longe subulatum tenue flexuosum attenuata, nervo angusto in subulam setaceam excurrente margine papillis crenulato; ramea hastato-ovata brevissime acuminata carinato-concava margine convexa ubique papillis asperula rotundate areolata chlorophyllosa obscure viridia, ramulina minora ut praecedentia nervo angusto pallido subexcurrente carinato exarata; perich. caulinis similia, sed majora et ante subulam remote denticulatam subciliato-fissa; pedunculus breviusculus rubens ob papillas cylindraceas tenues aciculares strictas vel superne curvulas basi breviores apicem versus sensim longiores hispidus; calyptra plicata basi in lacinias 16 cucullatas ubique papillis cylindricis longioribus remotis hispida. Caetera ignota. — Ins. Amboina, in sylvis humidis ad terram (7. 6. 75).

Ab omnibus congeneribus foliis calycinis breviter fimbriatis primo visu differt.

Dieser seltsame Moos-Typus, welcher sich von Tamariscella mihi oder Thuidium Schpr. wesentlich nur durch die calyptra hookeriacea campanulata hispida unterscheidet, mit welchem Merkmale freilich auch die Form des Stengels und der Frucht Hand in Hand geht, findet in vorliegender Art ein Analogon zu Tamariscella insofern, als auch hier Arten mit wimperartig geschlitzten Kelchblättern vorkommen. Jedenfalls ist der Typus für die Moosflora der Südsee-Inseln, Borneo, Philippinen, und nun auch für die Amboinen, äusserst charakteristisch.

9. Australien und Neuseeland.

1. Queensland.

Trib. **Sphagnaceae.**

***Sphagnum** Naumanni* n. sp.; *Sphagno plumoso* simile elongatum albidum tenerum, axi tenuissimo subtenaci cellulis corticalibus elongatis hyalinis inanibus obtecto; folia ramulos plumosos sistentia angusta elongata laxissime disposita, e basi rotundata lineari-oblongata perangusta, tenera, inferiora in acumen longiusculum apice truncato pluries excisum et dentatum attenuata, superiora in subulam longissimam capillarem undulatam et genuflexam acutissimam protracta, omnia parum concava, margine erecto limbo angustissimo tenuissimo albido apicem versus denticulato circumducta, e cellulis elongatis angustissimis vermiformibus basin versus parum amplioribus brevioribus densiuscule annulatis eleganter reticulata. Caetera ignota. — Ins. Australia tropica, Queensland, Moreton Bai, Peel solo arenoso (9. 10. 75).

Species distinctissima, foliis elongatis longissime subulatis genuflexis facillime cognoscenda.

Eine sonderbare Art, welche mit Sph. plumosum die längsten und zugespitztesten Blätter hat, die man bisher an einem Sphagnum beobachtete. Dem entsprechend verlängern sich auch die Zellen in ebenso ausserordentlicher Weise, so dass sie schliesslich mit ihren Ringfasern einem zarten Wurme nicht unähnlich sehen.

Trib. **Dicranaceae.**

Dicranum (*Campylopus*) *introflexum* Hdw. — Australia tropica, Queensland, Moreton-Bai, Peel Island, solo arenoso (9. 10. 75).

Ueber weite Strecken des östlichen Australiens verbreitet, zeigt es auch in der Moreton-Bai den gleichen Charakter, welcher durch die zurückgebogenen Blatthaare angezeigt wird.

Trib. **Orthotrichaceae.**

Macromitrium (*Eumacromitrium*) *repandum* C. Müll. l. c. p. 87; dioicum; cespites lati decumbentes sordide lutei; caulis longiuscule prostratus, ramulis brevissimis dense aggregatis densifoliis globulosis; folia caulina dense imbricata vix crispatula, madore valde patula ramulos perbreves vel brevissimos substellatos sistentia minuta angusta lineali-ligulata apice pro more profunde repanda vel rotundate excisa, nervo profunde canaliculato in mucronem brevem acutum excedente percursa, inaequaliter concava basi margine saepius papillis nonnullis pseudo-denticulata, e cellulis minutissimis rotundis basi ellipticis vel longioribus incrassatis areolata; perichaetialia acuminata nec excisa; theca in pedunculo breviusculo rubente levi erecta minuta elliptica microstoma ore plicata, operculo recto rostrato, calyptra levi basi laciniata, peristomio simplici, dentibus brevibus lanceolatis pallidis asperulis linea media tenera et trabibus teneris pallidis exaratis obtusiusculis. — Australia septentrionali-orientalis, Queensland, Moreton-Bai, ad truncos arborum (9. 10. 75.).

Quoad habitum Macromitrio Scottiae nob. statu sterili haud dissimile, sed foliis excisis atque theca brevipedunculata jam toto coelo diversum. E minutissimis Australiae orientalis.

2. Neu-Seeland.

Trib. **Bryaceae.**

Bryum (*Eubryum*) *varians* C. Müll. l. c. p. 87; dioicum; cespites lati compacti pusilli amoene luteovirides rigidi; caulis perbrevis inferne radiculosus apice solum foliis fertilibus nonnullis in gemmam clausam congestis, innovando ramulis brevissimis gemmae dense appressis sterilibus binis divisus; folia ramulina dense conferta minuta madore parum patula, e basi multo angustiore longiore sensim anguste ovato-acuminata, nervo carinato valido flavido in aristam robustiusculam subincrassatam vix incurvam excedente exarata, margine infero vix reflexa ubique integerrima, e cellulis parvulis incrassatis ellipticis madore rhombeis infima basi quadratis mollibus areolata; inferiora minora vix aristata; perichaetialia vix majora ligulato-lanceolata nec aristata inaequaliter concava, margine hic illic magis anguste revoluta, nervo excurrente percursa, e cellulis elongatis angustis tenerioribus pellucidis laxiusculis apicem versus minoribus reticulata, e cellularum longiorum angustissimarum flavidarum seriebus nonnullis marginata; theca in pedunculo brevi rubente subnutans, e collo brevi turgidiuscule ovalis vel clavatula, operculo brevi conico, annulo operculo valde adhaerente; peristomii dentes externi breves lutei diaphani tenues densiuscule trabeculati nec cristati, interni pallide aurantiaci ad sulcam perforati, ciliis singulis rudimentariis. — Ins. Neu-Seeland, Auckland, solo humido (10. 11. 75).

Species elegans pusilla, modo crescendi compacta, statura exigua, foliis dimorphis minutis atque theca clavatulo-ovali ochracea vel fuscata cupulato-conico-operculata primo visu distinguenda. An Bryum varium Hook. et Wils. (Flora Novae Zelandiae, 1855, p. 85, t. 85, Fig. 4) eadem species sit, ex eorum diagnosi plus quam pauperrima haud elucet.

β. mucronatum; folia magis ovata monomorpha, caulina nervo vix supra apicem folii excedente. — In iisdem locis.

Welche von beiden Formen, die an sich zur Aufstellung von zwei Arten leicht Gelegenheit geben könnten, die ursprüngliche, typische sei, kann ich natürlich nicht entscheiden; das muss durch Beobachtung festgestellt werden. Die hübsche Art spielt sehr zu Apalodictyon hinüber, hat aber Blätter mit zurückgerolltem, nicht gänzlich aufrechtem Rande, wie dieses.

Trib. **Leptotrichaceae.**

Ångstroemia (*Dicranella*) *cyrtodonta* C. Müll. l. c. p. 87; dioica; cespitulosa pusilla pallida lutescens simplex vel innovando pluries divisa; folia sicca crispula madore stricta, inferiora minora remota superiora magis imbricata parva, e basi plus minus ovata in acumen mediocre obtusulum vel acutius attenuata concava, margine hic illic ante acumen anguste revoluta integerrima, nervo latiusculo flaviore canaliculato in acumine evanescente valde exarata, e cellulis parvis firmis quadratis basi parum rectangularibus subpellucidis areolata; theca in pedunculo pro plantula longiusculo flexuoso rubro erecta minuta ovalis vix curvata submacrostoma, operculo conico-acuminato recto; peristomii dentes longiusculi e basi longa latiore valde trabeculata in crura duo longiuscula pallidiora orificium versus incurvati. — Ins. Neu-Seeland, Auckland, in solo humido argillaceo (10. 11. 75).

Statura pusilla, foliis latiuscule ovato-acuminatis obtusulis quadrato-areolatis dentibusque peristomii longiusculis valde incurvis facile cognoscenda. Dicranellae flavipedi Bescher. insulae Reunion aliquantulum similis.

Die einzige bisher von Neu-Seeland beschriebene Dicranella proscripta Fl. Nov. Zeland. p. 67 (von Hsch.) hat mit dieser Art nichts gemein.

Trib. **Hypnaceae.**

Hypnum (*Tamariscella*) *laevigatum* Mitt. in Flora Tasman. 1858. p. 207. — Ins. Neu-Seeland, in solo humido argillaceo (10. 11. 75).

10. Westküste von Afrika. Monrovia.

Acht Moose von der Westküste Afrikas sind freilich an und für sich keine grosse Sammlung; wenn man aber bedenkt, dass wir gerade von dorther, obgleich die Küste so viel besucht wird, noch so wenige Moos-Arten kennen, so ist jeder Beitrag ein Gewinn für die Bryologie. Die Moose selbst sind meist echte Tropen-Typen der Niederung, und wie sie sich zu anderen Floren verhalten, habe ich bei diesen Typen einzeln auseinandergesetzt. Sonst wüsste ich nichts über sie zu sagen.

Trib. **Fissidenteae.**

Conomitrium (*Sciarodium*) *palustre* C. Müll. l. c. p. 88; monoicum, flores masculi minutissimi secus caulem axillares; caules cespites pusillos globulosos sistentes simplices ad basin radiculosam dense aggregati vix semipollicares flexuosi tenues lutei apice uncinati; folia caulina ca. 20-juga laxe disposita siccitate et madore ubique distincte secunda, anguste lanceolato-acuminata acuta, nervo flavido angusto excurrente exarata integerrima sed cellulis tenerrime papillosis obscuris minutis rotundatis margine asperula; lamina vera valde aperta vaginata basi margine repanda usque ad acumen excurrens flavide limbata integerrima; lamina dorsalis ad insertionem folii oriunda parum rotundata apicem versus vix crescens immarginata; perichaetialia ad laminam veram magis hexagonato-areolata; thecae singulae vel binatae terminales in pedunculis strictiusculis teneris longiusculis flavidis minutae erectae ovales brevicollae ore valde constrictae vel madore aequales olivaceae pseudo-tuberculosae, operculo conico-aciculari recto; calyptra conico-mitraeformis basi integra minuta operculum solum obtegens levis; peristomii dentes breves angusti purpurei valde infra orificium incurvi. — Africa occidentalis, Mungo, in locis paludosis, September 1874.

Quoad surculum gracillimum pusillum apice hamatum, folia semilimbata secunda atque thecam minutissimam conico-calyptratam primo visu distinguenda pulchra species.

Diese hübsche Art ist insofern ein Gewinn für die Bryologie, als sie die zweite Art von Conomitrium an der afrikanischen Westküste ist, die uns bekannt wird. Doch hat sie gar keine Aehnlichkeit mit der zuerst bekannt gewordenen: C. hians Hpe. von Lagos in Guinea.

Fissidens *(Eufissidens) basicarpus* C. Müll. l. c. p. 88; late cespitulosus decumbens rigidissimus glaucescenti-pallidus latiuscule frondosus simplex sed innovando divisus breviusculus, fronde densifolio apice acutiusculo madore valde deplanato eleganter plumoso; folia caulina circa 14-juga densissime imbricata integerrima, infima minuta triangularia acuta, superiora scalpelliformi-lanceolata, nervo angusto flexuoso albescente in mucronem brevem acutum excedente exarata, ubique e cellulis minutis rotundatis densissimis valde obscuris griseis tenerrime papillosis areolota; lamina vera ante apicem parum infractum evanida ubique latiuscule albescenti-limbata; lamina dorsalis paululo infra insertionem rotundate oriunda limbo nullo; perichaetialia plantam propriam basilarem minutam paucifoliam sistentia, ad laminam veram magis apertam latissime albescenti-limbata triangulari-lanceolata magis pungentia; theca in pedunculo pro planta longiusculo tenui flexuoso erecta minuta ovalis leptoderma laxe reticulata parum tuberculosa, annulo angustissimo simplici, operculo obliquiuscule aciculari, calyptra levi, peristomio tenero angusto asperulo purpureo. — Liberia pr. Monroviam, in solo humido inter fruticeta prope litus maris (5. 8. 74).

Ex habitu Fissidenti glaucescenti Capensi similis, sed foliis nec pachydermis jam diversus. — Surculus quoque longescens folia remotiora habet. Propter plantam fertilem basilarem ad F. basilarem aliquantulo accedit. Species pulchra statura robustiuscula surculi eleganter plumosifolii, foliis albide semilimbatis obscuris mucronatis albide nervosis atque theca parum tuberculosa facile distincta.

Diese hübsche Art kat keinerlei Aehnlichkeit mit denjenigen Arten, welche ich bisher von der Westküste Afrikas, d. i. von Lagos, Victoria und aus der Kuilu-Niederung erhielt.

Trib. Leucobryaceae.

Octoblepharum *albidum* Hdw.; forma robusta. — Liberia pr. Monroviam, in truncis Palmarum (Elaeïs guineensis) cespites majores sistens steriles (5. 8. 74).

Es ist eine sehr merkwürdige Erscheinung, dass dieses schöne, so viele Tropenländer charakterisirende Moos, dessen Heimath eigentlich Südamerika ist, auch an der Westküste Afrikas vorkommt und hier einen weiten Verbreitungsbezirk hat. Ich kenne es nun von der Küste Liberias, von Gambia, vom Gabun (Soyaux), von Lagos an der Guinea-Küste (Rabenhorst Fil.), von der Loango-Küste auf Fächerpalmenstämmen in der Kuilu-Niederung (Soyaux). Ebenso geht das Moos auf die Ostseite Afrikas, wo ich es von der Comoro-Insel Johanna (J. M. Hildebrandt), von Mayotte (Boivin) und von Madagaskar (Rutenberg) habe. Schliesslich geht es auch auf die Maskarenen nach Mauritius und Isle de France über. Schon vor Jahren habe ich es von diesen Orten einer genauen Untersuchung unterworfen und keine Unterschiede finden können. In Folge davon muss ich annehmen, dass das Moos sowohl in den Tropen der Alten, als auch denen der Neuen Welt ein wirklicher Kosmopolit ist.

Trib. Bryaceae.

Bryum *(Doliolidium) afro-litorale* C. Müll. l. c. p. 88; cespites parvuli subdeplanati viridissimi vel sordide virides laxiusculi; caulis breviusculus apice innovando in ramulos nonnullos breves fastigiatim divisus radiculosus; folia caulina laxe imbricata horrida varieflexa, madore patula stricta angusta longiuscula, e basi angustiore spathulata vix ovato-lanceolata, nervo validiusculo flavido carinato plus minus excedente longiuscule aristata, ubique angustissime marginata, margine infero anguste revoluta supremo denticulata, e cellulis majusculis longiuscule rhombeis utriculo primordiali flexuoso valde repletis eleganter reticulata; perich. similia sed longius aristata latius revoluta; theca in pedunculo elongato rubente flexuoso nutans majuscula dolioliformi-cylindrica basi tuberculosa impressa pallide ochracea, operculo cupulato-conico majusculo rubro nitido, annulo lato; peristomium robustum elongatum: dentes externi lati valde cristati pallide lutei, interni lati sulcati hiantes pallide aurantiaci, ciliis binis brevioribus. — Africa occidentalis, Monrovia littoris Malagethae, sub fruticetis in solo humido prope litora (8. 5. 74). — Quoque prope Lagos Guineae, ubi Rabenhorst fil. 1881 legit (Hb. Hampeanum).

Ab omnibus congeneribus africanis foliis longe aristatis atque capsula majuscula cylindrica prima fronte differt.

Diese, auch von dem jüngeren RABENHORST an der Guinea-Küste gesammelte gute Art hatte Freund HAMPE Br. valde aristatum in seinem Hb. genannt. Aber sowohl dieser ganz unzulässige Name, als auch der Umstand, dass sie schon lange vor RABENHORST von einem Anderen entdeckt und mir damit die Freiheit gegeben war, sie selbständig zu beschreiben, bestimmte mich, sie unter dem vorgeschlagenen Namen zu charakterisiren. Wahrscheinlich ist sie an der tropischen Westküste Afrikas weit verbreitet und ein Charaktermoos derselben.

Trib. **Calymperaceae.**

***Calymperes** (Hyophilina) chrysoblastum* C. Müll. l. c. p. 88; pusillum robustum dense cespitosum sed laxe cohaerens rigidum dichotome divisum densifolium sordide luteum; folia caulina laxe imbricata brevia parum curvula madore patula robustiuscula latiuscula, e basi longiore vaginata cellulis laxis amplis flavis (nec hyalinis) foraminatis superne multo minoribus et rotundate liminatis elegantissime reticulata apicem versus parum dilatata in laminam angustiorem lanceolatam basi margine undulatam ubique plus minus convolutaceam producta, nervo valido parum calloso strictiusculo flavido dorso apicis leniter papilloso vix excedente normali profunde canaliculato exarata, limbo flavido ad basin folii lato margine cellulis teneris angustissime marginato et denticulato ad laminam folii pariter intramarginali angusto incrassato margine cellulis minutis rotundis luteis marginato et eroso-denticulato circumducta, e cellulis minutis rotundis obscuris luteis areolata. Caetera ignota. — Liberia pr. Monroviam sub fruticibus in solo humido prope litus maris cum Fissidente basicarpo n. sp. associatum (5. 8. 74).

Quoad cespites pusillos robustos luteos et folia basi lata eleganter flavide reticulata raptim cognoscendum, C. Afzelii Sw. ejusdem litoris habitu parum simile, magis ad Codonoblepharum accedens.

Auffallend bei dieser Art sind ihre terrestrische Lebensart und der schwefelgelbe Blattgrund. Ich kenne von der westafrikanischen Küste noch einige beschriebene und unbeschriebene Arten, welche sämmtlich nicht mit ihr zusammenfallen können. Es geht aber daraus hervor, dass jene Küste besonders reich an Calymperes-Arten sein muss, wie sie auch der erste Punkt der Welt war, der uns diesen Typus in C. Afzelii lieferte.

Trib. **Hookeriaceae.**

***Hookeria** (Callicostella) attenuata* C. Müll. l. c. p. 88; appressa pusilla inordinatim pinnata sordide lutescens crispula; folia caulina asymmetrica e basi latiore longiuscule oblongata subito vel sensim in acumen breviusculum flexuosum producta profundius concava, margine erecto vel hic illic angustius convexo inferne integra superne runcinate serrulata, nervis binis elongatis subparallelis pallidis aetate fuscato-luteis levibus callosis ante acumen subabruptis exarata, e cellulis parvis inanibus pellucidis reticulata pallida; perichaetialia sensim in acumen attenuata multo minus serrulata vel denticulata; theca in pedunculo longiusculo tenui flexuoso rubente levi apice arcuato solum remote tuberculoso subnutans minute, ovalis brevicolla siccitate ore valde constricta rubra levis, operculo conico aciculari recto, peristomio breviusculo: dentes externi angusti breviter subulati rubri linea media flavida angustissima exarati, interni aequilongi pallidi leves nec perforati. Caetera ignota. — Liberia pr. Monroviam in truncis fruticum prope litus maris (5. 8. 74). — Mungo (9. 74).

Foliis subito acuminatis nervisque longis parallelis fuscato-luteis facile cognoscenda.

Diese neue Art ist insofern ein Gewinn für die Bryologie, als sie die erste Callicostella ist, die wir von Afrikas Westküste empfangen, und weil dieser Typus überhaupt bisher nur ein paar Arten lieferte, während er doch im tropischen Amerika und in dem indischen Florengebiete bis nach Oceanien bereits so viele Arten ergab.

Trib. **Hypnaceae.**

Hypnum (Leucomium) commixtum C. Müll. l. c. p. 88; dioicum; caulis pusillus inordinatim pinnatulus albescens seu pallidus; folia caulina laxe patula e basi truncatula anguste lanceolato-acuminata in subulam elongatam flexuosam acutatam elongate reticulatam cellula unica acuta terminatam attenuata integerrima concava enervia, e cellulis elongatis rhomboideis laxis pellucidis inanibus reticulata; perichaetialia basi minora in subulam longiorem tenuiorem protracta; theca in pedunculo pro plantula elongato tenero rubente apice pro more parum tuberculoso subnutans minute ovalis rubra ore valde constricta collo brevi subtuberculoso substrumuloso, operculo e basi cupulato-conica longe aciculari tenero; peristomium breve: dentes externi angusti rubri linea longitudinali flaviore profunde sulcati breviter subulati valde tenuiter cristati, interni externis aequilongi angusti sulcati nec perforati, ciliis rudimentariis. — Africa tropica occidentalis, Mungo, ad truncos arborum in locis humidis cum Callicostella et Limnobiella intertextum (9. 74).

Ex habitu Hypni strumosi Hsch. brasiliensis, sed foliis multo angustioribus longioribus atque thecae forma differt.

Es ist diese schöne Art das erste Leucomium, welches hiermit von der afrikanischen Westküste beschrieben wird. Es hat ganz die Tracht der südamerikanischen Verwandten und trägt diesen Typus auch dadurch weiter in sich, dass es mit einer Sigmatella und einer Callicostella auf das Innigste vermischt lebt.

H. (Limnobiella) afro-acuminulatum C. Müll. l. c. p. 88; monoicum, latissime cespitosum deplanatum compressum longe prostratum vage ramosum pinnatim ramulosum lutescens splendidulum; folia caulina surculum robustiusculum latiusculum sistentia perfecte disticha densiuscule imbricata madore ramulos fissidentoideos sistentia, e basi brevi constricta cellulis alaribus nonnullis parvis vesiculosis pallidis et minoribus ornata cochleariformi-ovata brevissime obtuse acuminata tenerrime remote papillose denticulata summitate eroso-denticulata pallidissima, e cellulis angustissimis elongatis seriatim tenerrime punctulatis indistinctis areolata; perichaetialia e basi vaginata in subulam longam tenuem flexuosam denticulatam acutatam attenuata; omnia enervia; theca in pedunculo elongato tenuissimo stramineo levi erectiuscula minuta cylindracea cernua sub ore constricta, operculo brevi conico; peristomium breve densum: dentes externi angusti obscuri carnosi intus maxime pectinato-cristati lutei, linea media tenuissima notati, interni angusti flavidi leves imperforati, ciliis singulis rudimentariis; calyptra junior spiraliter cellulosa. — Africa occidentalis, Mungo, ad truncos arborum in locis aquosis (9. 74).

Ex habitu ad Hypnum acuminulatum Hsch. Brasiliense Amazonicum maxime accedens, sed peristomii dentibus externis vix cristatis distinctum.

Diese Art ist wahrhaft merkwürdig durch die ausserordentliche Aehnlichkeit mit der brasilianischen Art vom Amazonas, nur dass sie robuster wie diese ist. Sie bestätigt die auch schon anderwärts gemachte Erfahrung von der grossen Verwandtschaft der Moosflora Westafrikas mit der entsprechenden Seite Südamerikas, wozu ja Octoblepharum albidum Hdw., als völlig mit dem amerikanischen zusammenfallend, das merkwürdigste Beispiel liefert.

Farne (Filicinae) und bärlappartige Gewächse (Lycopodinae)

bearbeitet von M. KUHN.

Mit drei Tafeln.

Filices.

Hymenophyllaceae.

***Trichomanes** parvulum* Poir. Encycl. VIII. p. 64; Hook. et Bak. Syn. filic. p. 75. — Ins. Neu-Hannover, in arboribus silvarum orae occidentalis (20. 7. 75.). — Ins. Neu-Mecklenburg (Neu-Irland), in silvis montanis orae australis in truncis arborum (5. 8. 75.).

Verbreitet auf den ostafrikanischen Inseln, über Süd-China, Japan und über den ganzen Polynesischen Archipel.

***Tr.** cuspidatum* Willd. Spec. plant. V. p. 499. *var. bimarginata* (v. d. Bosch) Kuhn. — Trichomanes bimarginatum v. d. Bosch, Ned. Arch. V. p. 143. — Hemiphlebium Lürssen, Bot. Centralbl. IX. p. 437. — Tr. neilgherense Bedd. Ferns South. India II. Tab. 6. t. spec. — Folia brevi petiolata lanceolata elliptica s. ovato-elliptica, plerumque integra et monosora. — Ins. Neu-Guinea, Mac Cluer-Bai, in silva montana ad arborum truncos (18. 6. 75.).

Verbreitet über Süd-Indien, Ceylon, Nord-Australien, Neu-Caledonien, den Viti- (Fidji-) und Samoa-Inseln, bis jetzt im eigentlichen malayischen Gebiet nicht gefunden.

var. laciniata Mett. in Kuhn Fil. Afric. p. 34. — Trich. Kirkii Hook. in Hook. et Bak. Syn. fil. p. 78 t. spec. — Folia irregulariter laciniata, laciniis elongatis, pinnatifidis, basi soriferis. — Ins. Neu-Hannover, silva montana in declivibus rivuli (24. 7. 75.).

Bisher nur aus Ost-Afrika und von den Comorischen Inseln bekannt. Zwischen beiden Varietäten steht in der Mitte die var. erosa. (Trichomanes erosum Willd.), welche im westafrikanischen Guineagebiet verbreitet ist.

***Tr.** javanicum* Blume Enum. p. 224. Hook. Gard. Ferns Tab. 37. — Ins. Neu-Hannover, in silva montana locis humidis scopulosis circ. ad 200 m (24. 7. 75.).

Von den Nikobarischen Inseln über das malayische Gebiet bis zu den Carolinen und von den Admiralitäts-Inseln bis nach Samoa verbreitet.

***Tr.** obscurum* Blume Enum. p. 227 v. d. Bosch, Hymen. Javan. p. 23. Tab. 17. — Ins. Neu-Hannover, silva montana in faucibus rivuli (24. 7. 75.).

Auf Madagascar, den Comoren, in den Neilgherries, auf Java und den Philippinen bis jetzt beobachtet.

***Tr.** millefolium* Presl Hymen. p. 16. 43. — v. d. Bosch, Hymenoph. Javan. p. 25. Tab. 18. — Ins. Neu-Hannover, silva montana in rivuli angustiis (24. 7. 75.).

Verbreitet auf den malayischen Inseln, den Philippinen, Viti- und Samoa-Inseln.

Tr. *bipunctatum* Poir. Encycl. VIII. p. 69. — Trich. Filicula Bory Dupp. Voy. I. p. 283. — Didymoglossum Filicula Dsv. v. d. Bosch, Hymen. Javan. p. 35. Tab. 26. — Ins. Neu-Guinea, Mac Cluer-Bai, silvis montanis in truncis arborum (6. 75.). — Ins. Neu-Hannover, silva montana in declivibus rivuli (24. 7. 75.).

Verbreitet von den ostafrikanischen Inseln über die Sunda-Inseln und Philippinen, sowie über die Neuen Hebriden und Neu-Caledonien bis nach Tahiti.

var. *bilabiata* (Nees et Blume) Kuhn. — Trichomanes bilabiatum Nees et Blume Nov. Act. XI. p. 123. Tab. 13. fig. 2. — Trich. melanorhizum Hook. Spec. fil. I. p. 140. Hook. Icon. plant. Tab. 705. — Nervi spurii praeter marginalem pauci obliqui s. nulli; labia indusii semirotundata s. ovato-semirotundata s. abbreviata. — Ins. Neu-Hannover, silva montana locis humidis in truncis arborum (24. 7. 75).

Auf den Sunda-Inseln und Philippinen verbreitet.

Eine Mittelform zwischen der typischen Pflanze und der var. bilabiata ist von Dr. NAUMANN auf Neu-Guinea, Mac Cluer-Bai im Bergwalde an Baumstämmen gesammelt worden (17. 6. 75.) Habituell gleicht die Pflanze mehr dem eigentlichen Tr. bipunctatum, dagegen ist der Blattstiel ein wenig oder kaum geflügelt und die labia indusii sind semirotundata, nicht triangularia wie bei der Hauptspecies. Die Pflanze steht sonach genau in der Mitte hinsichtlich ihrer Merkmale und ist vielleicht auch noch auf anderen Polynesischen Inseln zu finden.

Tr. *humile* Forst. Prodr. p. 84. Hook. Grev. Icon. 85. — Ins. Neu-Guinea, Mac Cluer-Bai, silva montana in truncis arborum (6. 1875.) — Ins. Neu-Hannover, in declivibus rivuli silvae montanae (24. 7. 75.).

Von den Nikobaren über die Sunda-Inseln bis zu den Philippinen und südlich des Aequator von Neu-Guinea bis nach Tahiti verbreitet.

Im Verbreitungsgebiete finden sich etwas habituell von einander abweichende Formen. Die eine hat einen gedrungenen Wuchs, ist wenig verzweigt und ist die allgemein verbreitete Form, während dagegen die andere Form, welche ich als „forma laxa“ bezeichnen möchte, weit auseinanderstehende Segmente zeigt, und dadurch sich weit grösser entwickelt. Zu dieser letzteren Form gehören theilweise die auf Neu-Hannover von NAUMANN gesammelten Exemplare, und stimmen dieselben genau überein mit Samoaner Pflanzen (Upolu. Betche 76), welche ich durch Herrn Professor LUERSSEN erhielt.

Hymenophyllum *Blumeanum* Spreng. Syst. IV. p. 31. v. d. Bosch, Hymen. Javan. p. 46, Tab. 36. — Ins. Neu-Guinea, fretum Galewoanum, in silvis Rhizophoracearum ad arborum truncos. (23. 6. 75.).

Bisher nur bekannt von Ceylon, Java und Tahiti. Vorstehende Art wird von BAKER, CLARKE und BEDDOME zu der grossen Collectivspecies H. polyanthos Sw. gerechnet, unterscheidet sich aber leicht durch das Vorhandensein von kleinen mehrzelligen Haaren auf den Nerven, welche sowohl den übrigen ostindischen wie den amerikanischen Pflanzen fehlen. Während das eigentliche Hymen. polyanthos Sw. auf Amerika beschränkt ist, sind die ostindischen und afrikanischen Pflanzen als eigene Arten aufrecht zu erhalten.

H. *dichotomum* Cav. Dem. p. 276. no. 688. Hook. Spec. I. p. 98. Tab. 36. A. var. *magellanica* (Willd.) Kuhn. — Hymenophyllum magellanicum Willd. Herb. 20245 t. spec. — Didymoglossum magellanicum Desv. Ann. Linn. Paris VI. p. 331 t. spec. — Hymenophyllum tortuosum Hook. Grev. Icon. Tab. 129. — Trichomanes Beckeri Philippi in Linnaea vol. 33. p. 305. t. spec. — Hymenophyllum nigricans Colla Plant. Chil. p. 32 Tab. 62. t. spec. — Nervi excrescentiis destituti, dentes laciniarum subulati, indusium dorso spinulis paucis cristatum, labia obtusa s. obtusiuscula, ciliato-dentata. — Fretum magellanicum, ad sinum Tuesday-Bai, in silvis densissimis Fagi betuloidis (2. 2. 76.).

Verbreitet rings um die Magellanstrasse und in Chile bei Corall von OCHSENIUS gefunden sowie auf der Insel Juan Fernandez von BERTERO (1541) gesammelt. Hymenophyllum magellanicum Autorum (Kze. Bot. Zeit. V. p. 226. Sturm Fil. Chil. p. 42. Mett. Fil, Lechl. I. p. 26. Hook. und Bak. Syn. fil. p. 70) ist identisch mit Hym. attenuatum Hook. (1846) und muss nach Vergleichung der Originalexemplare im PRESL'schen Herbarium in Hym. seselifolium Presl Hymenophyll. p. 32. 52 (1843) umgeändert werden.

H. *caespitosum* Gaud. Ann. sc. nat. 1825. p. 99. Freyc. Voy. p. 374. Tab. 5. Fig. 2. — Trichomanes caespitosum Hook. Spec. fil. I. p. 132. Tab. 40. B. Hook. et Bak. Syn. fil. p. 83. —

Hymenophyllum densifolium Philippi in Linnaea vol. 29. p. 108. — Fretum magellanicum, ad sinum Tuesday-Bai in silvis densissimis Fagi betuloidis ad arborum truncos. (2. 2. 76.).

Auf den Falklands-Inseln und um die Magellansstrasse sowie längs der chilenischen Küste bis Arica verbreitet.

H. *peltatum* Desv. Ann. Linn. Paris VI. p. 333 t. spec. Kuhn Fil. Afric. p. 40. — Hymenophyllum unilaterale Bory in Willd. Spec. plant. V. p. 521. — Hym. Wilsoni Hook. Spec. fil. I. p. 95. — Ins. Kerguelen, copiose in saxis apricis: Irish Bai (15. 1. 75.); Betsy Cove (2. 2. 75.); ad saxa in monte „Hausberg“ (2. 2. 75.); inter scopulos in monte „Observationsberg“ (2. 2. 75.). — Fretum magellanicum, ad sinum Tuesday-Bai in silvis densissimis Fagi betuloidis (2. 2. 76.).

Auf der südlichen Halbkugel über Australien, Neu-Seeland, Chili, dem Kaplande und den Mascarenen verbreitet. Je nach dem mehr oder minder günstigen Standort für die Entwicklung der Pflanze finden sich grössere und kleinere Formen, die durch die mannigfaltigsten Uebergänge vermittelt werden.

H. *pectinatum* Cav. Demonstr. p. 275. no. 685. Hook. Spec. fil. I. p. 96. Tab. 34. Hook. Bak. Syn. fil. p. 69. — Fretum magellanicum ad sinum Tuesday-Bai in silvis densissimis Fagi betuloidis (2. 2. 76.).

In Süd-Amerika hauptsächlich auf der chilenischen Küste verbreitet.

H. *secundum* Hook. Grev. Icon. Tab. 133. Hook. et Bak. Syn. fil. p. 68. — Fretum magellanicum, ad sinum Tuesday-Bai in silvis densissimis Fagi betuloidis (2. 2. 76.).

In den Umgebungen der Magellanstrasse verbreitet.

Polypodiaceae.

Subfamilia I. ***Chaetopterides*** Kuhn in v. d. Decken, Reisen III. 3. p. 8.

Gymnogramme *Ascensionis* Hook. Spec. fil. V. p. 137. Kuhn Chaetopt. p. 24. — Grammitis Ascensionis Hook. Icon. plant. Tab. 967. — Ins. Ascension, Green Mount. altit. 600 m (19. 8. 74).

Nur von Ascension bekannt.

Lindsaya *tenuifolia* Blume Enum. p. 219 t. spec. Kuhn in Miq. Ann. Mus. Lugd. Bat. IV. p. 277. — Davallia Blumeana Hook. Spec. fil. I. p. 177 partim. Müller Papuan plants p. 77. t. spec. — Davallia triquetra Bak. in Hook. Bak. Syn. fil. p. 93. partim. — Ins. Neu-Guinea, Mac Cluer-Bai, in silvis umbrosis primaevis et in insula in paludibus Rhizophoracearum (17. 6. 75.).

Ueber die Sunda-Inseln und Neu-Mecklenburg verbreitet.

L. *La-Peyrousii* (Hook.) Bak. in Hook. Bak. Syn. fil. p. 106. — Davallia La-Peyrousii Hook. Icon. fil. II. Tab. 56. — Ins. Neu-Hannover, silva montana in angustiis rivulorum circ. ad 200 m (24. 7. 75.).

Von den Kei-, Viti- und Gilberts-Inseln bekannt.

L. *repens* Thwait. Enum. Ceyl. pl. p. 388. Bedd. F. S. Ind. p. 72. Tab. 209.

var. arguta Kuhn. — Odontoloma Boryanum J. Smith in Hook. Journ. III. p. 415. Hook. Gen. fil. Tab. 114. B. — Davallia Boryana Presl Rel. Haenk. I. p. 66. t. spec. — Segmenta sterilia argute dentata, dentibus triangularibus acutis; fertilia crenata, crenis denticulatis. — Ins. Neu-Guinea, Fretum Galewoanum, in insula silvae littoralis ad truncos arborum (23. 6. 75.).

Diese Varietät war bisher nur von den Philippinen und Carolinen bekannt.

Schizoloma *retusum* (Cav.) Kuhn Chaetopterides p. 26. — Davallia retusa Cav. Demonstr. p. 278. n. 682 t. spec. Hook. Spec. fil. I. p. 188. Tab. 52. A. — Lindsaya retusa Mett. Fil. Hort.

Lips. p. 105. Hook. Bak. Syn. fil. p. 110. — Ins. Neu-Hannover, in declivibus rivulorum vulgatissime (24. 7. 75.).

Verbreitet auf den Philippinen, Molukken, Celebes, Neu-Guinea, Salomons-Inseln und Neu-Caledonien.

Wibelia *Denhami* (Hook.) Kuhn. — Davallia Denhami Hook. Icon. fil. II. Tab. 47. Hook. Bak. Synops. Fil. p. 100. — Lindsaya Mett. msc. Kuhn in Verh. Zool. bot. Gesellsch. Wien 1869 p. 573. — Ins. Neu-Hannover, silva montana in angustiis rivuli (24. 7. 75.).

Verbreitet über Neu-Mecklenburg (Neu-Irland), den Neuen Hebriden und den Viti-Inseln.

Histiopteris *incisa* (Thbg.). J. Sm. Histor. fil. p. 295. — Pteris incisa Thbg. Prodr. p. 171. Baker in Martius Flora Brasil. vol. I. p. 408. Tab. 24 fig. 15; Tab. 25, fig. 5. 6. — Pteris Vespertilionis Labill. Flor. Nov. Holl. II. p. 96. Tab. 245. — Ins. Ascension, Green Mount, altit. 600 m (19. 8. 74.).

Ueber alle Continente und Inseln der südlichen Halbkugel weit verbreitet.

Microlepia *strigosa* Presl Epim. bot. p. 95. Bedd. Ferns South. Ind. p. 85. Tab. 255. — Ins. Vitienses, Matuku, in silvis montanis (24. 11. 75.).

Von Ceylon durch Central-Indien bis nach Japan und den Philippinen einerseits und von den Sunda-Inseln bis nach Neu-Caledonien und den Viti-Inseln andererseits verbreitet.

M. *exserta* Mett. in Linnaea vol. 36 p. 148. — Davallia Speluncae var. exserta Bak. in Hook. Bak. Syn. fil. ed. II. p. 470. — Ins. Vitienses, Levu, in silvis montanis rivuli „Rewa“ superioris (30. 11. 75.).

Bisher nur auf den Viti-Inseln verbreitet, bildet dieser Farn Stämme bis zu 2 m Höhe.

Subfamilia II. **Lepidopterides** Kuhn in v. d. Decken Reisen. III. 3. p. 11.

Adiantum *lunulatum* Burm. Flor. Ind. p. 235. Bedd. Ferns. S. India p. 1. Tab. 1. — Ins. Timor, in silvis prope Pariti (24. 5. 75.); in urbe Koepang ad muros humidos hortorum (15. 5. 75.); inter urbes Koepang et Baun (16. 5. 75.).

Innerhalb der tropischen Zone über alle Kontinente und Inseln verbreitet, neuerdings (1882—1883) auch von H. O. Forbes (no. 3434) auf Timor gesammelt.

A. *caudatum* Linn. 7928. Beddome Ferns South. Ind. I. Tab. 2. — Timor, Koepang-Bai, in silvis montium Taimanani ad rupes calcareas altit. 600 m (23. 5. 1875.).

Von der westafrikanischen Küste durch Vorder-Indien bis nach den Philippinen und südlich des Aequator über Madagaskar bis zu den Neuen Hebriden verbreitet.

A. *diaphanum* Blume Enum. p. 215. Ettingshausen Farn d. Jetztw. p. 78. Tab. 40. Fig. 3. 15. — Ins. Vitienses, Levu, in silvis montanis rivuli Rewa locis humidis (30. 11. 75.).

Durch das malayische Gebiet bis nach Samoa und Neu-Seeland verbreitet.

A. *hispidulum* Sw. in Schrad. Journ. 1800. II. p. 82. Beddome Ferns South. Ind. pag. 1. Tab. 3. — Australia boreali-orientalis, Moreton-Bai, in insula Peel ad rupes (10. 10. 75.).

Auf der südlichen Halbkugel vom Zambesi-Gebiet über die ostafrikanischen, Sunda-, melanesischen und polynesischen Inseln bis nach Tahiti verbreitet, nördlich des Aequator im Nigergebiet und in Vorder-Indien gefunden.

Cheilanthes *hirsuta* Mett. Ueber Cheilanth. p. 25 No. 17. — Notholaena distans Labill. Sert. Austro-Caledon. p. 5. Tab. 8. — Ins. Vitienses, Matuku, in dumetis ad rupes humidas (24. 11. 75.).

Von China und den Philippinen durch das malayische Gebiet bis nach Nord-Australien und von den Neuen Hebriden bis nach Tahiti verbreitet.

Ch. *tenuifolia* Swarz Synops. filic. p. 129. 332. Beddome Ferns South. Ind. p. 64. Tab. 188. — Ins. Amboina, in collibus graminosis prope urbem (6. 6. 75.).

Von Vorder-Indien bis zu den Viti-Inseln verbreitet.

***Doryopteris** ludens* J. Smith Hist. fil. p. 288. — Pteris ludens Wall. Cat. no. 88. — Timor, Koepang-Bai in parte boreali, in silvis montanis pr. Pariti altit. 170 m locis humosis (23. 5. 75.).
Bekannt von Hinter-Indien und den Philippinen.

***Pteris** longifolia* Linn. Spec. 1531. Jacq. Hort. Schoenbr. Tab. 399. 400. — Timor, in parte boreali sinus Koepang-Bai in silvis montium Taimanani altit. 500 m (24. 5. 75.).
In der tropischen und subtropischen Region aller Erdtheile weit verbreitet.

***Pt.** ensiformis* Burm. Flor. Ind. p. 230. — Pteris crenata Sw. Beddome Ferns S. Ind. p. 12. Tab. 35. — Ins. Vitienses, Matuku, in silvis montanis (24. 11. 75.).
Von Vorder-Indien aus über das malayische und polynesische Gebiet weit verbreitet.

***Pt.** biaurita* Linn. 7813. — Hook. Gen. fil. T. 65. A. — Timor, in parte boreali sinus Koepang-Bai locis silvaticis humidis montium Taimanani (24. 5. 75.).
Ueberall im tropischen Gebiet verbreitet.

***Pt.** arguta* Ait. Hort. Kew. Ed. I. vol. III. p. 478.
var. flabellata Mett. in Kuhn Fil. Afric. p. 76. — *β. minor.* Mett. in Kuhn Fil. Afric. p. 76. — Pteris Ascensionis J. Smith. Act. Taurin. V. p. 413. Schkuhr, Farne p. 87. Tab. 94. — Ins. Ascension, Green Mount, altit. 600 m (19. 8. 74.).
Diese Form ist bisher nur von Ascension bekannt.

***Pt.** tripartita* Sw. in Schrad. Journ. 1800. II. p. 67. — Litobrochia tripartita Beddome Ferns South. Ind. p. 73 Tab. 220. — Ins. Vitienses, Matuku, in silvis montanis (24. 11. 75.).
Von West-Afrika über Vorder-Indien bis zu den Carolinen, und von den ostafrikanischen Inseln durch das malayische, melanesische und polynesische Gebiet bis nach Tahiti verbreitet. Dieser Farn bildet auf den Viti-Inseln 2—3 m hohe fast baumförmige Stämme.

***Chrysodium** aureum* (L.) Mett. Fil. hort. Lips. p. 21. — Acrostichum aureum L. Hook. Gen. Fil. Tab. 81. — Liberia, locis paludosis prope urbem Monrovia (5. 8. 74.). — Timor, in parte boreali sinus Koepang-Bai, in paludibus maris prope Pariti (24. 5. 75.). — Saian Páku. Timorens.
Ueberall in den Tropen verbreitet, meist in brackischen Sümpfen, bildet oft über 2 m hohe Büsche.

***Stenochlaena** palustris* (L.) Bedd. — Polypodium palustre Linn. Flor. Zeyl. p. 200. Burm. Thes. Zeyl. p. 100. Tab. 46. — Stenochlaena scandens J. Sm. in Hook. bot. Journ. III. p. 401. Hook. Gen. Tab. 105. B. — Ins. Neu-Hannover, silva montana in declivibus rivuli (24. 7. 75.).
Von Ceylon durch das malayische Gebiet bis zu den Viti-Inseln verbreitet.

***Heteroneuron** Naumanni* Kuhn nov. sp. Rhizoma repens elongatum una cum basi petioli paleis lanceolatis apice obtusis ferrugineis squamulosum; folia disticha, 5 mm distantia, subchartacea glabra, opaco-viridia, pinnatisecto-pinnatifida; sterilium petiolus 18—24 cm longus, stramineus, supra profunde sulcatus, laxe paleaceus; lamina 25—47 cm longa, 14—22 cm lata, oblonga acuminata, segmenta inferiora petiolata 9—13 cm longa, 2 cm lata e basi utrinque subcuneata lanceolata longe acuminata, subpinnatifida, apice argute serrata, lobis oblongis dentatis, dente infimo antico porrecto herbaceo; superiora sessilia, suprema in segmentum pinnatifidum confluentia, apice hinc inde prolifera; costulae prominulae, maculae manifestae, laxae, appendiculatae; — fertilium petiolus ad 42 cm longus, lamina 50—55 cm longa, 18—20 cm lata, ovato-lanceolata, acuminata; segmenta subpetiolata, superiora sessilia 10—12 cm longa, 1 cm lata lobato-pinnatifida, longe acuminata, integerrima, lobis ovatis s. elongatis integris maculis secus costulas uniseriatis; sporangia nervos parenchymaque interjectum occupantia; paraphyses nullae. — Taf. I. — Ins. Neu-Hannover, ora australis, in silvis littoralibus (23. 7. 75.).

Vielleicht gehört zu dieser Art eine von MILNE auf den Salomons-Inseln gesammelte Pflanze, von welcher ich nur ein fertiles Fragment sah und daher über die Identität zweifelhaft bin. H. Naumanni steht in der Mitte zwischen H. repandum Feé und H. bipinnatifidum (Chrysodium Mett. in KUHN, Fil. Afric. p. 50).

Teratophyllum *aculeatum* Mett. var. *inermis* Mett. Ann. Mus L. Bat. IV. p. 297. — Ins. Neu-Guinea, Segaar-Bai, in silva montana ad arbores scandens (17. 6. 76.).

Von Hinter-Indien bis zu den Molukken verbreitet. Es liegen nur sterile, anomale Blätter vor, die, wenngleich sie gewisse Merkmale mit Terat. articulatum Mett. gemeinsam haben, dennoch in ihren übrigen Vegetationsverhältnissen mehr mit der var. inermis Mett. übereinstimmen. Trotzdem in den letzten Jahren zahlreiche Sammlungen aus dem malayischen Gebiete nach Europa gelangt sind, so haben dieselben leider nicht zur Aufklärung beigetragen, ob alle diese sterilen Formen zu Terat. aculeatum gehören, oder, wie BAKER, CLARKE und BEDDOME annehmen, Jugendzustände von Stenochlaena palustris sind.

Lomaria *Penna marina* Mett. in Kuhn Fil. Afric. p. 92. — Lomaria alpina Spr. Hook. Flor. antarct. p. 392. Tab. 150. — Ins. Kerguelen, copiose in locis siccioribus (Betsy Cove Dec. 1874. — Winterharbour 13. 1. 1875. — Foundery Branch 17. 11. 74.). — Fretum magellanicum, Punta Arenas, in pascuis sub virgultis copiose (7. 2. 76.).

L. *dentata* Kuhn nov. sp. — Differt a Lomaria lanceolata Spreng. laminae consistentia chartacea; laciniis foliorum sterilium ad 13 cm longis, 1,5 cm latis lanceolatis longe acuminatis apice argute dentatis; laciniis foliorum fertilium ad 20 cm longis, 0,5 cm latis, linearibus, acuminatissimis. — Ins. Neu-Hannover, in silvis montanis (24. 7. 75.).

Ich habe die Exemplare von Neu-Hannover früher für Lomaria lanceolata Spreng. gehalten, habe mich aber bei einer späteren Revision der Gattung überzeugt, dass diese Pflanze weder mit den Exemplaren von Tahiti noch mit denen von den Neuen Hebriden von Lomaria lanceolata übereinstimmt. Die Konsistenz der Blattfläche der Pflanzen von Tahiti und den Neuen Hebriden ist membranös, die Lacinien der sterilen Wedel sind nur 6 cm lang und 1 cm breit, an der Spitze undulirt ohne jedwede Neigung zur Zahnbildung; die fertilen Lacinien sind 9 cm lang und 2 mm breit. Es ergiebt sich hieraus, dass die Pflanze von Neu-Hannover viel grössere Dimensionen annimmt und sich durch die Zähnelung der Blattspitzen, welche innerhalb der Gattung zu den Seltenheiten gehört, wesentlich von allen anderen verwandten Arten unterscheidet. Mithin trage ich kein Bedenken, die Pflanze von Neu-Hannover für eine neue Art zu erklären, wenngleich augenblicklich mir nur je ein steriles und fertiles Wedelfragment vorliegt.

L. *tabularis* Mett. in Kuhn Fil. Afric. p. 94. — Blechnum Boryanum Schlecht. Adumbr. p. 35. Tab. 19. — Lomaria magellanica Dsv. Berl. Mag. V. p. 320. Hook. Gard. Ferns T. 52. — Fretum magellanicum, Tuesday-Bai, in collibus apricis maritimis sub fruticetis (2. 2. 76.).

Von den Antillen durch Süd-Amerika bis zum Kap Horn, sowie über das Kapland und über die ostafrikanischen Inseln verbreitet. Bildet an der Magellanstrasse schenkeldicke, über 0,5 m hohe Stämme.

Vittaria *elongata* Swarz Synops. filic. p. 109. 302. — Ins. Neu-Hannover, in angustiis silvarum montanarum (24. 7. 75.).

Ueber das malayische und polynesische Gebiet weit verbreitet.

Antrophyum *callaefolium* Blume Enum. p. 111. Flor. Jav. p. 83 Tab. 35. — Ins. Amboina, ad truncos arborum (7. 6. 75.).

Von Ceylon, den Philippinen und Sunda-Inseln bekannt.

A. *plantagineum* Kaulf. Enum. p. 197. Hook. Gen. 109. A. — Ins. Neu-Guinea, Mac Cluer-Bai, in silvis montanis ad truncos arborum (17. 6. 75.).

Im malayischen und polynesischem Gebiete weit verbreitet.

Asplenum *tenerum* Forst. Prodr. p. 80. no. 431. Schkuhr Farne p. 65. Tab. 69. — Ins. Amboina, ad truncos arborum copiose (7. 6. 75.).

Von Ceylon bis Tahiti verbreitet.

A. *lunulatum* Swarz Synops. fil. p. 80. forma. — Ins. Ascension, Green Mount, altit. 600 m (19. 8. 74.).

Die Pflanzen von Ascension stimmen am meisten überein mit Exemplaren vom Kap, sind aber verschieden von der var. prolifera Mett. (Asplen. p. 121. no. 80), welche sich auf St. Helena findet. Die Angabe von METTENIUS, dass A. lunulatum var. stolonifera (l. c. p. 121) auf Ascension vorkomme, beruht auf einem Irrthum, da die Pflanze bis jetzt nur auf den ostafrikanischen Inseln gefunden worden ist. Uebrigens bemerke ich, dass Aspl. stoloniferum Bory nach seinen ganzen Wachsthumsverhältnissen von A. lunulatum Sw. zu trennen und zwischen A. projectum Kze. und A. Sandersoni Hook. einzureihen ist.

A. obtusilobum Hook. Icon. plant. Tab. 1000. Hook. et Bak. Syn. fil. p. 221. — Ins. Neu-Hannover, silvae montanae in angustiis ad arborum truncos scandens (24. 7. 75.).

Bisher nur von den Neuen Hebriden und Viti-Inseln bekannt.

A. multilineatum Hook. Hook. Spec. fil. III. p. 102. Tab. 183. Luerss. Fil. Graeffean. p. 150. — Asplenum dubium Brack. Expl. Exped. p. 172. Luerssen, Samoa Farne p. 377. — Ins. Neu-Hannover, silvae montanae in angustiis ad arborum truncos. (24. 7. 75.).

Sterile Wedel auf einem kriechenden Rhizom genau übereinstimmend mit der Originalpflanze von Brackenridge im Leipziger Herbarium und einem Exemplare von Neu-Mecklenburg im Herbarium von METTENIUS. Nachdem ich von Freund LUERSSEN eine ausgezeichnete Uebersicht dieser Art von den Viti- und Samoa-Inseln erhalten habe, welche zwischen den doppelt und dreifach fiederschnittigen sterilen Fiedern und den einfach gefiederten fertilen Wedeln alle möglichen Uebergänge zeigt, bin ich ebenfalls zu der Ueberzeugung gekommen, dass das Asplenum dubium Brack. richtig an dieser Stelle und nicht zu Micropodium longifolium Mett. zu rechnen sei.

A. magellanicum Kaulf. Enum. p. 175. Hook. et Grev. Icon. 180. — Fretum magellanicum, Tuesday-Bai, in silvis densis Fagi betuloidis (2. 2. 76.); Punta Arenas, in pascuis sub fruticetis (5. 2. 76.).

Rings um die Südspitze von Süd-Amerika verbreitet.

A. pellucidum Lam. Enc. II. p. 306. Ettingsh. Farn d. Jetztw. p. 143. Tab. 83. Fig. 3. — Ins. Neu-Hannover, in valli rivuli in parte interiori insulae (24. 7. 75.).

Durch das malayische Gebiet weit verbreitet, scheint auf den Carolinen- und Salomons-Inseln seine Ostgrenze zu erreichen.

A. macrophyllum Swarz Syn. p. 77. 261. Hook. Spec. fil. III. p. 158. Tab. 196. — Timor, in parte septentrionali sinus Koepang-Bai, in montibus Taimanani ad rupes altit. 600 m (23. 7. 75.).

Trotz des einfachen Baues der Wedel in äusserst polymorphen Gestalten von den Ost-Afrikanischen Inseln durch das malayische Gebiet und durch Polynesien bis Tahiti und den Sandwichs-Inseln verbreitet.

A. praemorsum Sw. Flor. Ind. occid. III. p. 1620. 2008. — Kapstadt.

Durch Amerika und Afrika weit verbreitet.

A. cuneatum Lam. Enc. II. p. 309. Schkuhr Farne p. 73. Tab. 78. — Ins. Neu-Guinea, Segaar-Bai, in silvis montanis (17. 6. 75.). — Ins. Neu-Pommern (Neu-Britannien), Blanche-Bai, in silvis montis ignivomi „Kambiu“ locis humidis ad radices arborum altit. 500 m. (16. 8. 75.).

var. oceanica Kuhn. — Lamina bipinnato-pinnatifida; rhachis et segmenta primaria manifeste alata; segmenta ultima rhombeo-obtusa, apice obtuse dentata. — Ins. Neu-Hannover, silvae montanae in angustiis rivulorum (24. 7. 75.).

Während die Hauptart von den Westindischen Inseln durch Ost-Afrika bis zu den Polynesischen Inselgruppen verbreitet ist, ist die Varietät bisher nur von Neu-Hannover bekannt. Dieselbe zeichnet sich durch eine verzweigtere Wedeltheilung sowie durch eine viel lichtere Färbung der ganzen Pflanze aus, so dass ich anfangs geneigt war, diese Varietät für eine eigene Art zu halten, allein die bleigraue Färbung des Blattstieles und der Spindel, sowie die Lage der Fruchthaufen haben mich überzeugt, dass die Pflanze in den Formenkreis des A. cuneatum zu rechnen sei.

A. laserpitiifolium Lam. Enc. II. p. 310. Hook. Spec. fil. III. p. 171. Tab. 203. — Ins. Neu-Guinea, Fretum Galewoanum, in silvis littoralibus ad radices arborum (23. 6. 75.). — Ins. Salomonis, Bougainville, in silvis littoralibus (28. 8. 75.). — Ins. Vitienses, Viti Levu, in parte superiori rivuli „Rewa“ ad truncos arborum (30. 11. 75.).

Von Ost-Afrika durch Vorder- und Hinter-Indien über das malayische Gebiet bis weit nach Polynesien hinein verbreitet.

***Diplazium** arborescens* Swarz Synops. p. 92. — Asplenum arborescens Mett. Fil. Hort. Lips. p. 78. Tab. 13. Fig. 19. 20. — Ins. Neu-Guinea, Mac Cluer-Bai, in silvis montanis locis humidis (20. 6. 75.). — Ins. Neu-Hannover, in silvis littoralibus solo coralligeno copiose (20. 7. 75.) et in silvis montanis partis insulae interioris (24. 7. 75.).

Am häufigsten auf den ostafrikanischen Inseln verbreitet, ist diese Art aber auch auf Amboina und Tahiti gefunden worden.

***D.** proliferum* Desv. Ann. Linn. Paris. VI. p. 280. — Asplenum Lam. Encycl. II. p. 307. — Asplenum decussatum Sw. in Schrad. Journ. 1800. II. p. 51. Ettingsh. Farne d. Jetztw. p. 151. Tab. 99. Fig. 5; Tab. 100. Fig. 1. 6. 12. — Ins. Vitienses, Levu, silvae montanae in parte superiori rivuli Rewa (30. 11. 75.). — Ins. Neu-Mecklenburg (Neu-Irland) pr. Port Sulphur in silvis montanis. (20. 8. 75.).

Von West-Afrika über die ostafrikanischen Inseln durch das malayische Gebiet bis nach Polynesien verbreitet.

***D.** esculentum* Swarz Synops. fil. 92. 285. — Asplenum Presl Rel. Haenk. I. p. 45. Ettingsh. Farne d. Jetztw. p. 150. Tab. 100. Fig. 8. 9. — Ins. Vitienses, Levu, in parte superiori rivuli Rewa (30. 11. 75.).

Von Vorder-Indien durch das malayische Gebiet bis nach den Viti-Inseln verbreitet.

***Hypodematium** phegopteroideum* Kuhn n. sp. Rhizoma deest; folia membranacea tenera laete viridia utrinque pilis elongatis unicellularibus dense obtecta; petiolus ad 11 cm longus una cum rhachi stramineus, basi paleis cystopteroideis ferrugineis ad 5 mm longis lanceolatis acuminatis sparse praeditum; lamina 7—10 cm longa, 6—7 cm lata, pyramidata, triangulari-ovata, acuminata, bipinnatisecta; segmenta primaria oblique patentia petiolulata, infima subopposita, triangulari-ovata; secundaria e basi latiore oblonga obtusa pinnatipartita s. integra apice obscure crenata; nervi polystichoidei, furcati sinus crenarum adeuntes; sori rotundati in segmentis ultimis biseriati, unilaterales; indusium membranaceum, pallidum, reniforme dorso et margine dense setosum persistens versus apicem segmenti hians; sporangia nuda, paraphyses nullae; sporae globosae s. ovales superficie glabrae. — Timor, in parte boreali sinus Koepang-Bai, in montibus calcareis Taimanani ad rupes cacuminis (24. 5. 75.).

Leider liegen von diesem zierlichen Farne nur wenige Wedelfragmente vor, die indessen einerseits die neue Art constatiren sowie andererseits die Zugehörigkeit zur Gattung Hypodematium. Die Gattung Hypodematium hat ein zweischenkliges Gefässbündel, dessen Schenkel mehr oder minder verlängert sind und in Folge dessen nach aussen umgebogen und stimmt durch dieses Merkmal mit Athyrium überein. Andererseits besitzt die Gattung einen sorus cystopteroideus, dessen indusium bald mehr, bald weniger amplectens ist. Daher dürfte die Gattung Hypodematium neben Athyrium ihren natürlichen Platz finden.

Zur Gattung Hypodematium Kunze (in Flora 1833. II. 689. Analecta p. 45. t. 28.) zähle ich folgende vier Arten:

1) H. pusillum (Mett.) Kuhn. — Aspidium pusillum Mett. Ann. sc. nat. ser. V. vol. II. p. 245. — Nova Granada.
2) H. phegopteroideum Kuhn. — Timor.
3) H. crenatum Kuhn in v. d. Decken. Reisen III. 3. p. 37. — Aspidium eriocarpum Wall. — Nephrodium odoratum Bak. in Hook. Bak. Syn. fil. p. 280. — Ost-Afrika, Vorder-Indien bis China.
4) H. cystopteroides (Eat.) Kuhn Athyrium cystopteroides Eat. in Proceed. Americ. Acad. VI. p. 110. — Asplenum cystopteroides Hook. in Hook. et Bak. Syn. fil. p. 255. — Liukiu-Inseln.

***Aspidium** setigerum*, Kuhn in Verh. Zool. bot. Gesell. Wien. 1869. p. 578. — Nephrodium tenericaule Hook. Spec. fil. IV. p. 142. Tab. 269. — Ins. Vitienses, Levu, in silvis montanis (30. 11. 75.); Matuku, in silvis (24. 11. 75.).

Bildet Büsche über 2 m hoch. Von Ceylon durch Vorder- und Hinter-Indien, durch das malayische Gebiet bis Tahiti und bis zu den Sandwichs-Inseln verbreitet.

A. pennigerum (Forst.) Sw. Swarz in Schrad. Journ. 1800. II. p. 34. — Polypodium pennigerum Forst. Prodr. p. 82. no. 444. — Goniopteris costata Brack. Explor. Exped. p. 28. t. spec. — Ins. Vitienses, Levu, in silvis montanis partis superioris rivuli Rewa (30. 11. 75.).

Von den Viti-Inseln bis zu den Gesellschafts-Inseln verbreitet.

A. amboinense Willd. Spec. plant. V. p. 228. Mett. Ueber Aspid. u. Phegopt. p. 105. no. 251. — Ins. Vitienses, Levu, partes superiores rivuli Rewa in silvis montanis locis humidis (30. 11. 75.).

Von Ceylon, den Nikobaren und den Sunda-Inseln bisher bekannt.

A. hispidulum Decaisne Nouv. Ann. Mus. III. p. 346; Mett. Ann. Mus. Lugd. Batav. I. p. 234. — Timor, locis humidis inter Koepang et Baun (18. 5. 75.).

Von Timor und den Molukken bekannt.

A. pteroides Swarz in Schrad. Journ. 1800. II. p. 33; Ettingsh. Farn d. Jetztw. p. 186. Tab. 123. Fig. 5. 10. 11. — Timor, prope urbem Koepang locis humidis haud raro (15. 5. 75.) et in silvarum montibus Taimanani altit. 500 m (24. 5. 75.).

Von Hinter-Indien durch das malayische Gebiet bis nach Neu-Caledonien verbreitet.

A. plumiferum (Desv.) Kuhn. — Nephrodium plumiferum Desv. Ann. Linn. Paris VI. p. 254 t. spec. orig. (patria erronea indicata.). — Aspidium obscurum Blume Enum. p. 150. Metten. in Ann. Mus. Lugd. Bat. I. p. 232. — Ins. Neu-Hannover, in silva montana ad 250 m altit. (25. 7. 75.).

Wächst gesellig mit Gräsern und erreicht Meterhöhe im Bergwalde; verbreitet über die Sunda-Inseln, Philippinen und Molukken.

A. alienum Mett. in Linnaea 36. p. 120. — Nephrodium variolosum Bak. in Hook. Bak. Syn. fil. p. 298 partim.

Var. melanesica Kuhn. Folia sterilia et fertilia conformia. — Ins. Neu-Hannover, in silvis humidis montanis altit. 200 m (25. 7. 75.).

Die vorliegenden wenigen Exemplare stimmen hinsichtlich des Habitus, der Nervatur und der sonstigen Merkmale der Vegetationsorgane genau mit den Pflanzen von GRIFFITH aus Assam und Burma überein und weichen nur dadurch ab, dass die sterilen und fertilen Wedel gleich gross ausgebildet sind. Bei dem mangelhaften Material habe ich in Folge dessen nicht gewagt, die Pflanze von Neu-Hannover als eigene Art aufzustellen, und muss es ferneren Untersuchungen vorbehalten bleiben, zu prüfen, ob diese geographisch so weit entfernt auftretende Pflanze specifisch zu trennen ist. Zu Aspidium alienum Mett. dürfte zweifellos Polypodium chattagramicum C. B. CLARKE, Ferns of Northern India p. 548. Tab. 81. als exindusiate Form zu stellen sein, da eine solche Erscheinung bei Sagenia- und Bathmium-Nervatur nichts Seltenes ist, indem ich nur an Aspidium plantagineum Griseb. erinnere. Die von CLARKE gegebene Abbildung deckt sich genau mit den GRIFFITH'schen Exemplaren, die zur Diagnose von A. alienum gedient haben.

A. pachyphyllum Kze. Bot. Zeit. VI. p. 259 Mett. Fil. hort. Lips. p. 95. Tab. 21.

Forma scabra. — Ins. Neu-Pommern (Neu-Britannien), Blanche-Bai, ad radices arborum (16. 8. 75.).

Es liegt nur ein Wedelfragment mit je drei Segmenten erster Ordnung vor, deren Oberflächen beiderseits sehr rauh sind und dadurch vom Typus der sonstigen Exemplare sich unterscheiden. Die Hauptart ist durch Hinter-Indien über die Sunda-Inseln, Neu-Guinea bis zu den Neuen Hebriden verbreitet.

A. siifolium Metten. in Ann. Mus. Lugd. Bat. I. p. 237. — Polypodium siifolium Willd. Spec. plant. V. p. 196 t. spec. herb. Willd. 19689. — Aspidium Teysmannianum Hook. Spec. fil. IV. p. 61. Tab. 236. t. spec. orig. — Timor, in silvis montium Taimanani (24. 5. 75.).

Von Vorder-Indien durch das malayische Gebiet bis nach Neu-Guinea verbreitet.

A. Forsteri Kze. in Bot. Zeit. IV. p. 462. Metten. in Ann. Mus. Lugd. Bat. I. p. 240. — Ins. Vitienses, Matuku, in silvis montanis (24. 11. 75.).

Von Neu-Caledonien und Neu-Mecklenburg über die Viti-Inseln bis Tahiti verbreitet und ausserdem auf den Philippinen von CUMING gesammelt. Der Farn bildet auf den Viti-Inseln über 2 m hohe Büsche.

Calymmodon *cucullatum* (Nees et Blume) Presl Tent. p. 203. 204. — Polypodium cucullatum Nees et Blume Nov. Act. XI. p. 121. Tab. 12. Fig. 3. — Grammitis cucullata Blume Flor. Javan. p. 119. Tab. 50. Fig. 3. — Ins. Neu-Guinea, Fretum Galewoanum, silvae littorales in ramis arborum (23. 6. 75.).

Von Vorder-Indien über die Sunda-Inseln, Philippinen, Neu-Caledonien bis nach Samoa verbreitet. Die zweite zu dieser Gattung gehörige Art (C. clavifer Moore Ind. fil. p. 219 — Grammitis Hook. Icon. fil. Cent. II. p. 5) ist nur von Borneo bekannt.

Grammitis *australis* R. Brown Prodr. p. 146. — Grammitis Billardieri Willd. Kunze Anal. p. 15. Tab. 19. Fig. 2. — Fretum magellanicum, Tuesday-Bai, in silvis densis Fagi betuloidis. (2. 2. 76.). — Ins. Kerguelen, in rupibus basalticis copiose (Betsy Cove, Foundery Branch, Succesful-Bai, Schönwetterhafen) Oktob. 1874. — Jan. 1875.

In den Küstenländern und auf den Inseln der südlichen subarktischen und gemässigten Zone weit verbreitet.

Polypodium *vulgare* L. — Ins. Kerguelen, in angustiis apricis rupium haud raro. (Foundery Branch, Betsy Cove, Harbour Island, Irish-Bai) Novemb. 1874. — Jan. 1875.

Auf der südlichen Halbkugel von Kerguelen und dem Kaplande bekannt.

P. *lycopodioides* Linn. 7853. Metten. Fil. Hort. Lips. p. 36. Tab. 25. Fig. 4. — Liberia, ad urbem Monrovia in muris hortorum (5. 8. 74.).

Durch tropisch Afrika und Amerika weit verbreitet.

P. *leptochiloides* Kuhn nov. sp. Rhizoma repens carnosulum supra paleis ovato-lanceolatis nigricantibus obtectum mox denudatum; folia membranacea laete viridia glabra, sessilia lineari-lanceolata deorsum sensim ad rhizoma decrescentia 12—13 cm longa, 1,5 cm lata, integerrima; nervi Phlebodii appendiculati immersi; sori inevoluti. — Ins. Neu-Hannover, in silva montana (24. 7. 75.).

Dieser Farn fand sich zwischen Hymenophyllaceenrasen und erinnert im Habitus an P. phlebodes Kze. und P. loriforme Wall., von denen er sich aber durch eine einfachere Nervatur unterscheidet. Da die Pflanze weder mit irgend einer bekannten Art übereinstimmt, noch aus jenen Gegenden irgend eine Art mit dieser Nervatur bis jetzt erwähnt wird, so habe ich, trotzdem mir nur zwei Wedel mit Ansätzen von ganz jungen Fruchthaufen vorliegen, keinen Anstand genommen, die Pflanze für eine neue Art zu halten.

P. *sinuosum* Wall. Cat. 2231. Hook. Spec. fil. V. p. 61. Tab. 284. — Ins. Amboina, in silvis densis ad arbores scandens (7. 6. 75.).

Von Java über Neu-Guinea und die Molukken bis zu den neuen Hebriden verbreitet.

P. *Phymatodes* L. 7860. — Pleopeltis Bedd. Ferns South. Ind. p. 57. Tab. 173. — Liberia, pr. urbem Monrovia in muris hortorum (5. 8. 1874.). — Ins. Neu-Guinea, Segaar-Bai, in sinu Mac Cluer, silvae montanae ad arbores scandens. (17. 6. 75.). — Ins. Lucipara, in truncos Pandanorum scandens (1. 6. 75.). — Ins. Neu-Hannover, ora occidentalis, silvae littorales in ramis arborum (20. 7. 75.). — Ins. Vitienses, Levu, in silvis montanis partis superioris rivuli Rewa (30. 9. 75.).

In den tropischen und subtropischen Gegenden von Afrika, Asien und Polynesien weit verbreitet.

P. *punctatum* Swarz in Schrad. Journ. 1800. II. p. 21. — Polypodium ireoides Poir. Enc. V. p. 513. Blume Flor. Jav. p. 169. T. 77. — Timor, in parte boreali sinus Koepang-Bai, silvae montium Taimanani in ramis arborum (24. 5. 75.). — Ins. Neu-Hannover ora australis, ad ripas rivulorum in truncis arborum (25. 7. 75.).

Von der Westküste Afrikas durch das indo-malayische Gebiet bis nach Tahiti verbreitet.

P. *involutum* Metten. Fil. hort. Lips. p. 37. Tab. 25. Fig. 26. 27. — Antrophyum involutum Blume Flor. Jav. 87. — Timor, montes Taimanani in cacumine inter saxa (23. 5. 75.).

Ueber Vorder-Indien und über die Sunda-Inseln verbreitet.

P. adnascens Swarz Syn. fil. 25. 222. Tab. 2. Fig. 2. Metten. Ann. Mus. Lugd. Bat. II. p. 230. — Ins. Neu-Guinea, Segaar-Bucht in sinu Mac Cluer, silvae montanae ad truncos arborum (17. 6. 75.).
Im indo-malayischen Gebiet weit verbreitet.

P. varium Metten. in Ann. Mus. Lugd. Bat. II. p. 230. — Niphobolus Klf. Blume Flor. Jav. p. 54. Tab. 21. — Timor, in parte boreali sinus Koepang-Bai, in silvis montanis ad truncos arborum altit. 500 m (24. 5. 75.).
In gleicher Verbreitung wie die vorige Art.

P. acrostichoides Forst. Prodr. p. 81 no. 434. Mett. Ann. Mus. Lugd. Bat. II p. 231. — Ins. Neu-Guinea, Fretum Galewoanum, in silvis littoralibus insulae (24. 6. 75.).
Verbreitung wie die vorigen Arten.

P. molle Metten. Polypodium p. 128. No. 261. — *Niphobolus* Kze. Bot. Zeit. VI. p. 121. — Ins. Timor, in parte boreali sinus Koepang-Bai, in silvis montium Taimanani inter saxa alt. 600 m. (24. 5. 75.).
Aus dem Irawaddy-Thale und von den Sunda-Inseln bekannt.

P. quercifolium Linn. Cod. 7876. Bedd. Ferns. South. Ind. p. 63. Tab. 187. — Ins. Timor, in parte boreali sinus Koepang-Bai in silvis humidis propre vicum Taimanani (24. 5. 75.). Silvae inter urbes Koepang et Baun ad truncos arborum (18. 5. 75.). Silvae montanae haud procul ab urbe Pariti (23. 5. 75.). — Ins. Lucipara, in truncis vetustis arborum (1. 6. 75.).
Durch Vorder- und Hinter-Indien über die Sunda-Inseln bis nach tropisch Australien verbreitet.

P. Linnaei Bory Ann. sc. nat. ser. I. Vol. V. p. 464 Tab. 12 (excl. Syn. omn.). Mett. Ann. Mus. Lugd. Bat. II. p. 230. — Ins. Amboina, ad radices arborum haud raro (11. 6. 75.).
Von Ceylon über die Sunda-Inseln bis zum tropischen Neu-Holland verbreitet.

P. rigidulum Swarz Syn. fil. p. 38. 230. — Polypodium Gaudichaudii Bory. Blume Flora Javae p. 158. Tab. 57. — Ins. Vitienses, Levu, truncos arborescentes efformans (30. 11. 75.).
Auf den Sunda-Inseln weit verbreitet, ebenso im melanesischen Gebiete.

Platycerium *alcicorne* Desv. Ann. Linn. VI. p. 213. Lowe Ferns VII. Tab. 63. — Ins. Timor, in parte boreali sinus Koepang-Bai, in montibus Taimanani ad truncos arborum (24. 5. 75.).
Auf den ostafrikanischen Inseln, auf Timor und durch das östliche Neu-Holland verbreitet.

Dryostachyum *drynarioides* (Hook.) Kuhn in Ann. Mus. Lugd. Bat. IV. p. 296. — Acrostichum drynarioides Hook. Spec. fil. V. p. 282. Hook. Bak. Syn. fil. p. 425. Tab. II. — Ins. Neu-Hannover, ora orientalis ad truncos arborum (24. 7. 75.).
Von Poeloe-Pinang, Sumatra, Neu-Guinea und den Salomons-Inseln bekannt.

Cystopteris *fragilis* Bernh. Hook. et Bauer Fil. Tab. 52. B. — Ins. Kerguelen, locis apricis copiose (Foundery Branch, Harbour Island, Irish Bai, Schönwetterhafen, Royal Sound) Nov. 1874—Jan. 1875. — Fretum magellanicum, Punta Arenas, in pascuis sub fruticetis haud raro (6. 2. 76.).
Auf der südlichen Halbkugel im subarktischen Gebiete verbreitet.

Nephrolepis *tuberosa* Presl Tent. pterid. p. 79. var. undulata Mett. Kuhn Fil. Afric. p. 156. — Liberia pr. urbem Monrovia in muris hortorum (5. 8. 74.).
Durch Afrika bis nach Vorder-Indien verbreitet.

N. radicans (Burm.) Kuhn in Ann. Mus. Lugd. Bat. IV. p. 285. — Polypodium radicans Burm. Fl. Ind. (1768) p. 233. Tab. 66. Fig. 3. — Nephrolepis volubilis J. Sm. in Hook. Journ. III. p. 413. — Ins. Neu-Guinea, Segaarbucht in sinu Mac Cluer-Bai, in silvis montanis (17. 6. 75.).
Ueber Vorder- und Hinter-Indien durch das Sundagebiet bis nach Neu-Guinea verbreitet.

N. hirsutula Presl Tent. pteridogr. p. 79. — Aspidium hirsutulum Sw. Schkuhr Farnkräut. p. 33. Tab. 33. — Ins. Neu-Guinea, Fretum Galewoanum in silva littorali insulae ad truncos arborum (23. 6. 75.).

Vom Himalaya durch Vorder- und Hinter-Indien über die Sunda-Inseln bis nach Tahiti verbreitet.

N. punctulata Presl Tent. p. 79. Hook. Gen. fil. 48. A. — Liberia, pr. urbem Monrovia in fruticetis (5. 8. 74.). — Ins. Ascension, Green Mount altit. 600 m (19. 8. 74.).

An der westafrikanischen Küste, sowie durch das östliche Süd-Amerika bis zu den Antillen hinauf verbreitet.

N. biserrata Schott. Gen. Tab. 3. Ettingshausen Farne d. Jetztw. p. 204. Tab. 134 Fig. 10; Tab. 135 Fig. 14, 15. — Ins. Neu-Guinea, Segaarbucht in sinu Mac Cluer-Bai, in silva montana (17. 6. 75.). — Ins. Neu-Hannover, consociatim cum Graminibus in silvis montium altiorum altit. 250 m (24. 7. 75.).

Zu beiden Seiten des Aequators sowohl im Indischen wie im Stillen Ocean weit verbreitet.

Davallia Gaimardiana Presl Tent. p. 128. — Nephrodium Gaimardianum Gaud. Freyc. p. 335 Tab. 12. — Ins. Neu-Guinea, Segaarbucht in sinu Mac Cluer-Bai, in silvis montanis ad arbores scandens (17. 6. 75.).

Von Hinter-Indien aus über die Sunda-Inseln in das micronesische und melanesische Gebiet hinüberreichend.

D. pusilla Metten. in Ann. sc. nat. sér. IV. vol. XV. p. 79. — Ins. Neu-Guinea, Fretum Galewoanum, in silva littorali in truncis arborum (17. 6. 75.).

Bisher nur von Neu-Caledonien und den Neuen Hebriden bekannt.

D. solida Swarz in Schrad. Journ. 1800. II. p. 87. Hook. Fil. Exot. Tab. 57. — Ins. Neu-Guinea, Segaarbucht in Mac Cluer-Bai, in silvis montanis ad truncos arborum (17. 6. 75.). — Ins. Amboina, in parte boreali-occidentali sinus pr. urbem Amboina ad arbores scandens (7. 6. 75.).

Von Hinter-Indien durch den ganzen polynesischen Archipel verbreitet.

Var. *Lindleyi* (Hook.) Bak. in Journ. Linn. Soc. vol. XV. p. 106. — Davallia Lindleyi Hook. Spec. fil. I. p. 164. Tab. 58. B. Laciniae ultimae cuneato s. spathulato-oblongae, fertiles incisae; indusium oblongum. — Ins. Vitienses, Matuku, inter saxa (24. 11. 1875.).

Var. *vitiensis* Kuhn. — Davallia feejeennis Hook. Spec. Fil. I. 166. Tab. 55 D. Laciniae ultimae lineares nervo indiviso; fertiles apice dilatato soriferae; indusium oblongum. — Ins. Vitienses, Levu, in parte superiori rivuli Rewa in ramis arborum (30. 11. 75.).

Beide Varietäten sind nur von den Viti-Inseln bekannt.

D. denticulata Mett. in Kuhn Fil. Afric. p. 157. — Davallia elegans Sw. Hook. Spec. Fil. I. p. 164 Tab. 43. A. B. — Ins. Timor, in muris humidis hortorum in urbe Koepang (15. 5. 75); inter urbes Koepang et Baun (18. 5. 75); in silvis montium Taimanani altit. 500 m (23. 5. 75.). Ins. Neu-Guinea, Segaarbucht in sinu Mac Cluer-Bai, in silvis montanis (17. 6. 75.).

Var. *elata* (Spreng.) Mett. Kuhn in Ann. Mus. Lugd. Bat. IV. p. 288. — Davallia elata Spreng. Hook. Spec. fil. I. p. 166 Tab. 55 A. — Ins. Neu-Guinea, Fretum Galewoanum, in silvis littoralibus ad truncos arborum (23. 6. 75.). — Ins. Neu-Hannover, ora occidentalis in silvis littoralibus in ramis arborum (20. 7. 75.).

Die Hauptart und die Varietät sind durch das malayisch-polynesische Gebiet weit zerstreut.

D. heterophylla Smith Act. Taurin. V. p. 415. — Hook. Grev. Icon. fil. Tab. 230. — Ins. Neu-Guinea, Fretum Galewoanum, ad arbores scandens (17. 6. 75.).

Von Hinter-Indien durch das malayisch-polynesische Gebiet bis nach Tahiti verbreitet.

Parkeriaceae.

Ceratopteris *thalictroides* Brong. Bull. Soc. philom. 1821. p. 184. Beddome Ferns South. Ind. p. 26 Tab. 75. — Ins. Timor, in parte boreali sinus Koepang-Bai pr. urbem Pariti in paludibus aquae dulcis (25. 5. 75.).

Ueber die tropischen Gewässer der alten und neuen Welt weit zerstreut.

Cyatheaceae.

Dicksonia *straminea* Labill. Sert. Austr. Caled. I. p. 7. Tab. 10. — Ins. Vitienses, Levu, in silvis montanis partis superioris rivuli Rewa (30. 11. 75.).

Von Neu-Guinea über den melanesischen Archipel bis zu den Viti-Inseln verbreitet.

Alsophila *Naumanni* Kuhn nov. sp. Truncus erectus 7—10 m altitudine; folia subchartacea supra obscure infra laete-viridia et paleis minutissimis palmatipartitis s. pilis filiformibus sparse obtecta; petiolus cum ramificationibus breviter tuberculatus, basi paleis albidis ad 2 cm longis elongato-lanceolatis acuminatis dense obsitus, ferrugineus, supra glaber; lamina bipinnato-pinnatipartita; rhaches partiales infra tuberculato-muricatae, supra pilis minutis canis obtectae; pinnae breviter petiolatae, elongato-lanceolatae ad 45 cm longae, 16—18 cm latae; pinnulae sessiles subapproximatae, patenti-divergentes, lineari-oblongae, breviter acuminatae pinnatipartitae; laciniae 1 cm longae, 3 mm latae, lineari-oblongae, falcatae, obtusae apice leviter crenulatae; nervi teneri basi furcati subprominuli; sori costulis subapproximati in furcatione nervorum insidentes, contigui, utrinque 5—8; paraphyses filiformes elongatae, articulatae sporangia superantes; sporae minutissimae globosae levissime tuberculatae. — Ins. Neu-Pommern (Neu Britannien), Blanche-Bai, in cacumine montis ignivomi „Kambiu" altitud. 630 m (16. 8. 75.).

Gehört in die Gruppe der Hemitelia latebrosa Mett., unterscheidet sich aber durch den Mangel eines „Indusium squamaeforme" von den verwandten Arten, welche weit über die Sunda-Inseln verbreitet sind.

A. *lunulata* R. Brown Prodr. p. 158. Brack. Explor. Exped. p. 285 Tab. 39. — Polypodium lunulatum Forst. Prodr. p. 83 No. 456. t. spec. orig. in Herb. Mus. Berol. (Insulae Tongaenses). — Ins. Neu-Guinea, Fretum Galewoanum, in silvis littoralibus insulae (23. 6. 75.). — Ins. Vitienses, Levu, copiosissime in silvis montanis ad ripas rivuli Rewa (30. 11. 75.).

Auf den Viti-Inseln bildet dieser Baumfarn, dessen Stamm 5—8 m hoch wird, eine Charakterpflanze der Wälder; auf Neu-Guinea werden die Stämme sogar über 9 m hoch. Die Art ist südlich des Aequators von den Molukken durch den ganzen melanesischen Archipel bis nach Tonga und Samoa verbreitet; nördlich des Aequators bis jetzt nur auf den Marianen gefunden.

A. *Gazellae* Kuhn nov. sp. Folia membranacea supra obscure-viridia infra dilutiora; lamina bipinnato-pinnatipartita; rhachis glabra ferruginea supra tomentella; pinnulae sessiles elongato-lanceolatae, longe acuminatae, apice serratae, 16—18 cm longae, ad 3 mm latae; laciniae oblongo-lanceolatae, obtusae, falcatae, grosse serratae, 1,5 cm longae, 5 mm latae; rhaches partiales et nervi infra paleis minutissimis albidis postea ferrugineis dense obsitae, supra glaberrimae; nervi infimi anastomosantes versus sinum laciniarum rami emittentes, superiores furcati ramo postico apices dentium, ramo antico sinus dentium adeuntes; sori medii inter costulam et marginem 7—10 utrinque distantes in ramo antico nervorum insidentes, dorsales; indusium nullum, paraphyses nullae; sporae ovoideae undique tuberculis minutissimis filiformibus obtectae. — Ins. Neu-Hannover, altitud. 200 m (24. 7. 75.).

Obwohl mir nur eine unvollständige Fieder vorliegt, so trägt die Pflanze einen so eigenthümlichen Habitus und besitzt eine im Gebiete so fremdartige Nervatur, dass ich aus diesen Gründen keinen Augenblick gezögert habe, sie für eine neue Art zu erklären.

***Cyathea** affinis* Brack. in Wilkes Explor. Exped. XVI. p. 283. Luerss. Fil. Graeffean. p. 236. — Ins. Vitienses, Levu, in silvis montanis partis superioris rivuli „Rewa" (30. 11. 75.).

Bisher nur von den Viti-Inseln bekannt; die Stämme sind schlank, 2—5 m hoch und in den Bergwäldern zerstreut.

Gleicheniaceae.

***Gleichenia** quadripartita* Moore. Ind. fil. p. 382. Hook. et Bak. Syn. filic. p. 13. — Polypodium quadripartitum Poir. Enc. Bot. V. p. 543. — Mertensia quadripartita Poir. Encycl. Suppl. III. p. 669 t. spec. in Herb. Willd. 19466. — Gleichenia acutifolia Hook. Spec. fil. I. p. 7. Tab. 8. A. — Fretum magellanicum, ad sinum Tuesday-Bai inter Gramina et frutices locis humidis montium copiose (2. 2. 76.).

Nur von den Umgebungen der Magellanstrasse bekannt.

G. dichotoma Hook. Spec. filic. I. p. 12. Beddome Ferns South. Ind. p. 25. Tab. 74. — Ins. Amboina, in collinis pr. urbem. (7. 6. 75.). — Ins. Neu-Hannover, in praeruptis rivulorum (24. 7. 75.). — Ins. Neu-Guinea, Segaar-Bucht in sinu Mac Cluer-Bai in silvis montanis (17. 6. 75.).

Durch das tropische Afrika, Asien und Polynesien bis zu den Sandwichs-Inseln und Tahiti verbreitet.

Schizaeaceae.

***Schizaea** dichotoma* J. Smith Act. Taurin. V. p. 419. Hook. et Grev. Icon fil. Tab. 17. Prantl Monogr. p. 138. — Ins. Neu-Guinea, silvae montanae inter sinus Mac Cluer-Bai et Gelvinks-Bai locis humidis umbrosis (17. 6. 75.) et ad sinum Mac Cluer-Bai, silvae interiores ad truncos arborum (18. 6. 75.).

Durch die Tropen der ganzen Welt verbreitet.

***Lygodium** trifurcatum* Bak. in Hook. Bak. Synops. filic. p. 437. Prantl Monogr. Schiz. p. 67. — Ins. Neu-Mecklenburg (Neu-Irland), in silvis orae australis pr. Port Sulphur ad truncos arborum. (31. 7. 75.)

Bis jetzt nur vom melanesischen Archipel bekannt.

L. flexuosum Swarz in Schrad. Journ. 1801. II. p. 304. Beddome Ferns South. Ind. p. 21. Tab. 63. Prantl Monogr. Schizaeac. p. 72. — Ins. Amboina, in silvis ad truncos arborum copiose. (7. 6. 75.). — Ins. Timor, in parte boreali sinus Koepang-Bai in silvis montium Taimanani ad truncos arborum (24. 5. 75.) et in viciniis urbis Koepang haud raro (15. 5. 75.).

Verbreitet durch ganz Indien, Süd-China, sowie über die Philippinen und Sunda-Inseln bis zum tropischen Neu-Holland.

L. reticulatum Schkuhr Farnkr. p. 139. Tab. 139. Prantl Monogr. Schizaeac. p. 82. — Ins. Vitienses, in silvis ad ripas rivuli „Rewa" (30. 11. 75.).

Von Neu-Mecklenburg (Neu-Irland) über den melanesischen und polynesischen Archipel bis nach Tahiti verbreitet.

Osmundaceae.

***Todea** rivularis* Sieb. in Kze. Anal. pterid. p. 7. Tab. 4. — Australia bor.-orientalis, Moreton-Bai, prope Peel Island in paludibus (17. 10. 75.).

Nur von Neu-Holland bekannt; die Articulation der Fiederblättchen trennt diese Art von der verwandten afrikanischen Pflanze.

Marattiaceae.

***Angiopteris** evecta* Hoffm. Comm. Götting. XII. p. 29. Tab. 5. Beddome Ferns South. Ind. p. 27. Tab. 78. — Ins. Vitienses, Levu, silvae montanae in parte superiori rivuli Rewa (30. 11. 75.).

Von Ost-Afrika durch tropisch Indien und über den ganzen malayisch-polynesischen Archipel verbreitet.

***Marattia** salicina* J. Smith in Rees Cycl. vol. 22. de Vriese Monogr. Maratt. p. 5. Tab. 3. f. 18; Tab. 4 f. 18. — Ins. Vitienses, Levu, in silvis montanis (30. 11. 75.).

Verbreitet von Neu-Seeland über die Viti-Inseln bis nach Tahiti.

***M.** purpurascens* de Vriese. Monogr. Maratt. p. 7. Tab. 3. Fig. 19. Tab. 4. Fig. 19. — Ins. Ascension, Green Mount (19. 8. 74.).

Auf der Insel endemisch.

***M.** melanesica* Kuhn nov. sp. Truncus deest; folia tripinnata, triangulari-ovata, glaberrima, supra obscure viridia, nitida, infra pallidiora, coriacea; pinnae primariae alternae, ovato-lanceolatae articulatae ad 50 cm longae, 24 cm latae, petiolo brevi instructae; pinnulae secundariae patentes, alternae lineari-lanceolatae, acutae, inferiores paullulum decrescentes, 13—15 cm longae, 3 cm latae, breviter petiolatae, articulatae; rhaches utrinque convexae anguste marginatae; pinnulae sessiles, lineares, 1,5—2,5 cm longae, 0,5 cm latae, e basi subaequaliter cuneata acuminatae, margine argute dentatae, articulatae, nervi indivisi, rarissime basi furcati, obliqui apices dentium adeuntes, supra immersi infra prominuli; sori medii inter costam et marginem ovales thecaeformes nudi dimidio quoque 10—12 loculares rima transversali dehiscentes; pili paleacei in basi sororum nulli. — Taf. III. — Ins. Neu-Hannover, partes interiores insulae in silvis montanis altit. 200 m (24. 7. 75.).

Am nächsten verwandt mit Marattia Douglasii Bak. von den Sandwichs-Inseln, jedoch durch die viel schmäleren Fiedern und Fiederchen, welch letztere spitz gezähnt sind, hinlänglich verschieden. Marattia Cooperi Moore von Neu-Caledonien von Salomon in seinem Nomenclator der Gefässkryptogamen p. 237 erwähnt, habe ich nicht vergleichen können, da mir keine weitere Notiz über eine Diagnose dieser Art bekannt geworden ist.

Hydropterides.

***Azolla** pinnata* R. Brown in Flind. Voy. II. p. 611. Griff. in Calc. Journ. V. p. 257. Tab. 15—17. — Africa occidentalis, ad ostium fluminis Congo pr. Boma (5. 9. 74.).

Durch das tropische und subtropische Afrika und Asien bis nach Polynesien und Neu-Holland weit verbreitet.

Lycopodiaceae.

***Lycopodium** Saururus* Lam. Encycl. III. p. 653. — Lycopodium elongatum Hook. Grev. Icon. fil. Tab. 224. — Ins. Kerguelen, Betsy Cove haud raro altitud. 30 m. (Januar 1875.)

Durch Süd-Amerika und über die ostafrikanischen Inseln weit verbreitet.

***L.** Hippuris* Desv. in Encycl. Bot. Suppl. III. p. 559. Spring Monogr. I. p. 44; II. p. 20. — Ins. Neu-Mecklenburg (Neu-Irland), in ora australi-orientali locis silvaticis montanis (20. 8. 75.).

Bisher nur von den Sunda-Inseln bekannt.

***L.** flagellaceum* Kuhn n. sp. Planta parva ad 16 cm longa, pallide viridis; caulis crassus pendulus foliis plane obtectus basi dichotomus, sursum aequaliter trichotomus, deorsum 12 canaliculatus; foliis minutis subverticillatis basi 12-fariis, sursum 6-fariis arrecto-patentibus, crassis, 2—3 mm longis, 0,5 mm latis, sessilibus, basi paullulum contractis lineari-lanceolatis, acutis, integerrimis;

superioribus sensim in fructigeris triplo s. quadruplo minoribus ovato-lanceolatis, carinatis transeuntibus. Spicae tetragonae, dichotomae s. bis dichotomae, ad 3 cm longae; sporangia fere orbicularia apice non emarginata; sporae muricatae. — Ins. Neu-Guinea, Fretum Galewoanum in silvis litoralibus insulae ad truncos arborum (23. 6. 75.).

Am nächsten verwandt mit L. Billardieri Spr., von welchem es sich aber durch den viel kleineren Wuchs, sowie durch die zwölfzeilige Blattstellung sofort unterscheidet, welche bei L. Billardieri sechszeilig ist.

L. carinatum Desv. Enc. bot. Suppl. III. p. 559. Spring. Monogr. Lycop. p. 59. — Ins. Salomonis, ins. Bougainville, silvae litorales in ramis arborum (28. 8. 75.).

Ueber die Sunda-Inseln, Neu-Guinea, Neu-Mecklenburg bis zu den Viti-Inseln verbreitet.

L. Phlegmaria Linn. Spec. plant. p. 1564. — Rheede Hort. Malab. XII. tab. 14. Spring. Mon. I. p. 63. II. p. 28. forma foliis ovato-lanceolatis, obtusis. — Ins. Neu-Guinea, Fretum Galewoanum, in silvis Rhizophoracearum ad truncos arborum (23. 6. 75.).

Ich war anfangs geneigt, die Pflanze für eine eigene Art zu halten, habe dann aber gefunden, dass auf der Insel Lifu von Deplanche eine ganz ähnliche Pflanze gesammelt worden ist, welche sich nur durch grössere Blätter sowie durch die längeren Aehren unterscheidet. Ueberhaupt dürfte eine kritische Sichtung aller jetzt zu Lycop. Phlegmaria gerechneten Pflanzen an der Zeit sein, da von den Autoren Pflanzen mit den allerverschiedensten Blattformen hier vereinigt werden, die nach meiner Ansicht in getrennte Species gehören; denn bei dem im Allgemeinen so konstanten Habitus der Lycopodien kann ich mir nicht vorstellen, dass unter ganz gleichen Bedingungen des Standortes die eine Pflanze stachelspitzige, lederartige, fast rhombische, die andere zart membranöse, stumpfe linealisch-lanzettliche Blätter hervorbringt. Die Art ist durch Ost-Afrika, Asien und Polynesien weit verbreitet; die Angabe des mexikanischen Vorkommens ist zu streichen, da Bonpland diese Pflanze von Née, welcher sie auf den Marianen sammelte, erhielt und wie dies bereits bei anderen Arten nachgewiesen ist, die Standorte verwechselte.

L. pseudophlegmaria Kuhn nov. sp. — Lycopodium Phlegmaria Carruth. in Seem. Flora Vitiens. p. 328. — Caulis suberectus mox pendulus, quadrangularis, canaliculatus, angulis obtusis prominentibus, aequaliter 3-dichotomus, ad 45 cm longus; dichotomiis divergentibus longitudine quoque aequalibus; folia laete viridia nitida, coriacea, quadrifarie inserta, aequalia, ovato-lanceolata, subpetiolata utrinque attenuata, apice obtusa, integerrima, decurrentia, erecto-patentia 1—1,5 cm longa, 5 mm lata, nervo supra sulcata, infra prominula; spicae dichotomae s. bis dichotomae, tenues, moniliformes 4—8 cm longae, foliis late-ovatis breviter acuminatis carinatis sporangiis longitudine aequalibus instructae. Sporangia semi-orbicularia brevissime acuminata; sporae levissime tuberculatae. — Ins. Vitienses, Levu, in partibus superioribus silvaticis rivuli „Rewa“ in ramis arborum (30. 11. 75.).

Die Species hat einige Aehnlichkeit mit L. Phlegmaria, unterscheidet sich aber durch die eiförmigen stumpfen Blätter, welche ausserdem eine lederartige Consistenz besitzen, und steht dem Lycop. phlegmarioides Gaud. hinsichtlich der Form der Blätter am nächsten, welches aber nach den Originalexemplaren von Rawack bei vierzeiliger Anordnung zweizeilig dimorphe Blätter besitzt. Die Pflanze scheint nur auf den Viti-Inseln verbreitet zu sein und ist von den Autoren zu der grossen Sammelspecies L. Phlegmaria gerechnet worden. Uebereinstimmende Exemplare mit der von Naumann mitgebrachten Pflanze sammelte Daemel (Thorey edid. no. 212), Seemann (702), Milne et Mac Gillivray auf der Insel Ovalau im Okt. 1854.

L. cernuum L. Linn. Spec. plant. p. 1566. Spring Monogr. I. p. 79; II. p. 37. — Ins. Neu-Pommern (Neu-Britannien) in sinu Blanche-Bai circa craterem montis ignivomi „Kambiu“ (18. 8. 75.). — Ins. Amboina, in collinis pr. urbem locis humidis (6. 6. 75.). — Ins. Neu-Hannover, ora australis, in silvis densissimis (23. 7. 75.).

Durch die ganzen Tropen verbreitet; in Neu-Pommern wächst die Pflanze in und um den Krater, auch auf ganz neuer Lavamasse unter beständiger Einwirkung von heissen Schwefeldämpfen, und ist ein gleiches Vorkommen auch von Guadeloupe und den Azoren bekannt.

L. magellanicum Swarz Synop. fil. p. 180. Spring Monogr. I. p. 96; II. p. 46. — Ins. Kerguelen, inter Azorellas copiose, Betsy Cove (November 1874), Winterharbour (13. 1. 75.).

Aus den Umgebungen der Magellanstrasse, von den Malouinen, den Aucklands-Inseln und Tristan d'Acunha bekannt.

Psilotaceae.

***Psilotum** nudum* Griseb. Plant. Carib. p. 130. — Psil. triquetrum Sw. in Schrad. Journ. 1800. II. p. 109. Hook. Gen. fil. Tab. 87. — Lycopodium nudum Linn. Spec. plant. 1564. — Ins. Amboina, silvae in ramis arborum (7. 6. 75.).

In allen tropischen Gegenden verbreitet.

Selaginellaceae.

***Selaginella** melanesica* Kuhn nov. sp. Surculi ascendentes, pyramidati, quadripinnati supra decompositi, 30—50 cm longi; rami oblique patentes; rhachis erecta; radiculae in basi caulis copiosae; stolones ex axillis radicularum longissimi, foliosi erumpentes. Caulis stramineus obscure quadrangularis ad 25 cm longus, erectus, tenuissime pubescens quadrifarie foliatus, foliis homoeomorphis, adpressis subaequaliter insertis late ovatis, longe acuminatis basi integris apice tenuissime serrulatis nervo supra proeminente 1 cm distantibus obtectus. Folia frondis saturate viridia, nitida, undique heteromorpha, dense imbricata. Folia lateralia postica elongato-lanceolata, subfalcata, brevissime acuminata, inaequilatera, e basi superiori rotundata, ciliata, inferiori auriculata subintegerrima, apice tenuissime serrulata nervo infra proeminente percursa; folia intermedia triplo minora manifeste biseriata ovata, abrupte acuminata basi integra apice tenuiter serrulata, inaequilatera, e basi exteriori manifeste auriculata, interiori rotundata. Spicae 1—1,5 cm longae, compresse-tetragonae, bracteae homomorphae, elongato-lanceolatae, acuminatae, apice tenuiter serrulatae, dorso argute carinatae. — Ins. Neu-Hannover, silvae montanae in angustiis rivuli cum Cyatheis et Davalliis consociatim (24. 7. 75.).

Ex affinitate S. cupressinae Spr. et S. biformis A. Br., sed foliis caulinis late ovatis et foliis posticis angustioribus satis diversa.

***S.** similis* Kuhn nov. spec. — Surculi adscendentes regulariter pyramidati quadripinnati subaequaliter dichotome partiti ad 50 cm longi, 25 cm lati, ramis oblique patentibus. Rhachis subflexuosa. Radiculae caulinae paucae lateribus stipitis insertae stolonibus foliaceis hinc inde praeditae. Caulis stramineus compressus dorso convexus, antice bisulcatus. Folia caulinia heteromorpha, postica obovata, obtusa e basi superiori rotundata, inferiori abscisso-cuneata, utrinque integerrima apice obtusissima, antica rhombeo-ovata obtusissima e basi exteriori cordata interiori cuneata, margine integerrima, longe remotiuscula; folia frondis undique heteromorpha supra laete, infra obscure viridia in ramulis imbricatim inserta; lateralia postica sessilia elongato-lanceolata, obtusa s. brevissime acuminata, falcata e basi superiori auriculata et brevissime ciliata, mox margine integerrima, inferiori rotundata integerrima, folia intermedia triplo minora rhombeo-ovata abrupte acuminatissima e basi interiori rotunda integra, exteriori subauriculata in parte superiori ciliata, aristata. Spicae tetragonae ad 2 cm longae, bracteae subdimorphae, anticae paullulum majores rhombeae acuminatissimae integerrimae, argute carinatae. — Ins. Neu-Guinea, sinus Mac Cluer-Bai, in silvis montanis (18. 6. 75.).

Bildet bis 1 m hohe Gebüsche und unterscheidet sich von S. Blumei Spr., abgesehen von der Grösse der Pflanze durch die Folia lateralia sessilia sowie durch die grossen Folia intermedia, welche an der Aussenseite gewimpert sind; bei S. atroviridis Spr. ist die Hinterseite des Stipes stets flach, während bei S. Blumei Spr., S. intermedia Spr. und unserer Art dieselbe convex ist.

S. inaequalifolia Spring Monogr. Lycop. II. p. 148. Baker in Journ. bot. 1885. p. 20. — Ins. Timor, sinus Koepang-Bai, locis humidis silvaticis prope vicum Taimanani copiose. (24. 5. 75.) — Ins. Amboina, in silvis prope urbem Amboina (6. 6. 75.).

In Indien und auf den Inseln des malayischen Archipels weit verbreitet.

S. caudata Spring Monogr. Lycop. II. 139. — Selag. canaliculata Bak. in Journ. bot. 1885. p. 21. — Lycopodium Durvillei Bory in Duperrey Voy. I. p. 247. Tab. 25. — Ins. Amboina, in parte boreali-occidentali sinus prope urbem Amboina locis humidis umbrosis silvaticis copiosissime (7. 6. 75.).

Im malayisch-polynesischen Archipel weit verbreitet. Diese Art unterscheidet sich von S. Durvillei A. Br. durch die fast rhombisch-eiförmigen, an der Spitze stumpfen, am Grunde beiderseits geöhrten axillaren Blätter und stimmt in diesem Merkmale mit S. inaequalifolia Spr. überein, von welchem es sich durch die beinahe rechtwinklig abstehenden Segmente 1. Ordnung leicht unterscheidet. Diese primären Segmente zeigen eine Articulation am Grunde der Rhachis, die dieser ganzen Gruppe eigenthümlich ist.

S. Durvillei A. Braun und Kuhn in Verh. zool. bot. Ges. Wien 1869. p. 585. — Sel. caudata Spr. var. Durvillei Spring Monogr. Lycop. II. p. 141. — Ins. Neu-Hannover, ora occidentalis in silvis littoralibus (20. 7. 75) et in interiori insulae parte ad ripas rivulorum consociatim cum Davalliis et Cyatheis locis umbrosis silvaticis (24. 7. 75.). — Ins. Neu-Mecklenburg, Port Sulphur, in montibus umbrosis silvaticis in angustiis rivulorum (20. 8. 75.).

Var. aspericaulis Kuhn — Selaginella hypacantha A. Br. msc. et Selaginella aspericaulis A. Br. msc. Stipites et rhaches primariae densissime tuberculato-granulosae, rhaches secundariae et tertiariae nudae. — Ins. Neu-Mecklenburg, Port Sulphur, in montibus umbrosis silvaticis in angustiis rivulorum (20. 8. 75.).

Die Verbreitung dieser Art scheint nur über die Inseln des melanesischen Archipels sich zu erstrecken. Ich war früher geneigt gewesen, diese Art mit S. caudata wieder zu vereinigen, habe mich aber bei Untersuchung eines reichlichen Materials überzeugt, dass das Merkmal der „folia axillaria lanceolata sessilia, exauriculata“ vollständig hinreicht, um eine Trennung von S. caudata aufrecht zu erhalten.

S. viridangula Spring in Plant. Herb. Vanheurck. I. p. 29. Baker in Journ. bot. 1885. p. 22. — Ins. Vitienses, Levu, locis humidis silvaticis in parte superiori fluminis Rewa (30. 9. 75.).

Bis jetzt nur von den Viti-Inseln bekannt.

S. scandens Spring Monogr. II. p. 192. Bak. in Journ. bot. 1885. p. 22. — Lycopodium Sw. Kunze Farnkr. I. p. 18. Tab. 10. — Liberia, pr. urbem Monrovia, inter frutices 1—1,5 m altit. scandens (5. 8. 74.).

In Westafrika von Senegambien bis nach Angola verbreitet.

S. Willdenowii Baker in Gard. Chronicle. 1867. p. 950. Bak. in Journ. bot. 1885. p. 22. — Lycopodium Dsv. Hook. et Grev. Icon. fil. Tab. 57. — Selaginella laevigata Spring Monogr. II. p. 137. — Ins. Neu-Guinea, in partibus interioribus sinus Mac Cluer-Bai (18. 6. 75.).

In Hinter-Indien und auf dem malayischen Archipel weit verbreitet. Auf Neu-Guinea bildet diese Art an schattigen Waldstellen kleine, bis 1 m hohe Gebüsche.

S. cupressina (non. Spring Monogr. II. p. 113). — Lycopodium cupressinum Willd. Spec. plant. V. p. 42. t. spec. Herb. Willd. no. 19397. — Lycopodium cupressiforme Dsv. Ann. Linn. Paris VI. p. 187. — Selaginella Pennula Spring Monogr. II. p. 160. Baker in Journ. bot. 1885. p. 24. — Ins. Amboina, in parte boreali-occidentali sinus pr. urbem, locis umbrosis silvaticis copiosissime (7. 6. 75.).

Sicher bekannt von den Molukken und Philippinen. Die Art wurde zuerst von WILLDENOW in den Species plantarum (l. c.) beschrieben und als Vaterland „Bourbon" mit einem Fragezeichen hinzugesetzt. Derselbe erhielt die Pflanze aus Paris, wie der kleine dabeigeklebte Zettel beweist, der in der Mitte eine Oeffnung zeigt, um den Stengel bequem hindurch stecken zu können. Pflanzen mit derartigen Etiquetten erhielt WILLDENOW von DESVAUX, LAMARK, POIRET und VENTENAT, und kam es nun darauf an zu ermitteln, von welchem dieser Botaniker der Zettel, der nur die Bezeichnung „Lycopodium flabellatum" trägt, herrührt. Durch vergleichende autographische Untersuchung bin ich zu der Ueberzeugung gelangt, dass VENTENAT an WILLDENOW diese Selaginella geschickt, ohne das Vaterland anzugeben, und letzterer, weil sie vielleicht zwischen Mascarenenpflanzen lag, Bourbon als muthmaasslichen Fundort hinzufügte. Abgesehen von den westindischen Pflanzen, die WILLDENOW von VENTENAT empfing, erhielt er aber auch Pflanzen von Java und Amboina von demselben Botaniker, wie sich dies durch verschiedene Nummern des WILLDENOW'schen Herbariums beweisen lässt. Da ein Vorkommen der Pflanze auf Java bis jetzt nicht bekannt ist, so bleibt nur Amboina übrig, und ist es im Augenblick überflüssig, zu untersuchen, ob etwa COMMERSON oder LABILLARDIÈRE der Sammler war. Hieraus ergiebt sich, dass Lycopodium cupressinum Willd. von Amboina stammt und in allen Merkmalen genau mit der von SPRING beschriebenen S. Pennula übereinstimmt. Wie ist nun aber das weitere Schicksal des Lycopod. cupressinum Willd. SPRING bringt die WILLDENOW'sche Pflanze, welche er, wie sich aus dem Citat der Herbarnummer ergiebt, gesehen hat, mit einer Pflanze von CUMING (No. 2016) zusammen, welche „folia caulinia heteromorpha" besitzt, während WILLDENOW's Pflanze „folia caulinia homomorpha" zeigt. Wenn wir nun ferner die Diagnose der Art bei SPRING noch genauer prüfen, so hat er seiner Beschreibung die Pflanze von CUMING zu Grunde gelegt, da nur diese durch „rami dorso pubescentes" ausgezeichnet ist. Als Resultat meiner Untersuchung ergiebt sich nun Folgendes: Lycopodium cupressinum Willd. ist Sel. cupressina (non SPRING) und identisch mit S. Pennula Spr., verbreitet über die Philippinen und Amboina. Sel. cupressina Spr. hat schon A. BRAUN seiner Zeit als abweichend von der WILLDENOW'schen Pflanze erkannt, aber nicht versucht letztere anderweitig zu identificiren, und daher mit Recht der Philippinenpflanze, welche auch auf Java und auf Hongkong vorkommt, den Namen Selaginella biformis A. Br. beigelegt.

S. *firmula* A. Braun in Verh. bot. zool. Gesellsch. Wien. 1869. p. 585. Baker in Journ. bot. 1885. p. 47. — Ins. Vitienses, Matuku, in silvis montanis (24. 9. 75) et Levu, in parte superiori fluminis Rewa, locis humidis silvaticis (30. 9. 75.).

Von Neu-Mecklenburg über die Neuen Hebriden bis zu den Viti-Inseln verbreitet.

S. *membranacea* Spring Monogr. II. p. 178. — Selaginella fruticulosa Bak. in Journ. bot. 1885. p. 48. partim. — Ins. Mauritius, in silvis altit. 600 m. (Martio 1875.)

Nur auf den ostafrikanischen Inseln verbreitet. Eine Vereinigung der 5 ostafrikanischen Arten (S. membranacea, deliquescens, tereticaulis, falcata, cataphracta Spr.) scheint mir, soweit ich aus dem Material des Berliner Museums urtheilen kann, nicht ganz zulässig. Die von NAUMANN gesammelte Pflanze besitzt „folia cordata utrinque auriculata" und stimmt danach genau mit der von SPRING beschriebenen S. membranacea überein.

S. *birarensis* Kuhn nov. spec. Caulis 14—18 cm longus e basi radicante adscendens erectus dorso convexus, antice bisulcatus; rami patentes, elongati acuminati basi angustati. Folia caulinia heteromorpha antica e basi exteriori auriculata, interiori rotundata rhombeo-ovata, acuminata, utrinque ciliis elongatis praedita, postica e basi utrinque subaequali rotundata obovata, obtusa, basi ciliata, sursum integerrima nervis proeminentibus. Folia ramorum supra laete viridia, infra pallidiora heteromorpha, lateralia e basi superiori auriculata ciliata, inferiori abscisso-cuneata, integra, ovato-subfalcata, obtusiuscula, margine integerrimo, antica triplo minora e basi subaequali rotundata, late ovata, apice acuminata subfalcata margine utrinque densissime ciliata; folia axillaria elongato-lanceolata, utrinque longissime ciliata; spicae ad 5 mm longae, compresse tetragonae bracteis subheteromorphis; bracteae anticae ovato-elongatae, acuminatae, ciliatae, argute carinatae, posticae paullo minores late-ovatae, acuminatae, ciliatae, nervis proeminentibus. — Ins. Neu-Mecklenburg (Neu-Britannien) ad sinum Blanche-Bai in monte ignivomo Kambiu alt. 3—500 m locis humidis silvaticis (16. 8. 75.).

Gehört in die Gruppe der Suberosae nach BAKER's Eintheilung und steht der Selag. Brackenridgei Bak. wohl am nächsten.

S. *Belangeri* (Bory) Spring Monogr. Lycop. II. p. 242. — Lycopodium Belangeri Bory in Belang. Voy. II. Tab. 1. Fig. 2. — Ins. Neu-Mecklenburg ad sinum Blanche-Bai in monte ignivomo Kambiu 3—500 m locis humidis silvaticis (16. 8. 75.). — Ins. Neu-Hannover, in parte interiori insulae ad ripas rivulorum (24. 7. 75.).

Durch Vorder- und Hinter-Indien bis zu den Philippinen und dem melanesischen Archipel verbreitet. BAKER bezeichnet diese Art als S. proniflora, indem er Lycopodium proniflorum Lam. dazu rechnet. Ein Originalexemplar von LAMARK im Herbarium WILLDENOW (No. 19430) weicht aber von S. Belangeri durch die viel längeren Aehren mit oberen fast gekämmten Bracteen ab und stimmt genau überein in diesem Merkmale mit Sel. chrysospora A. Br., welche auf die von THWAITES (No. 1418) auf Ceylon gesammelte Pflanze aufgestellt wurde. Soweit ich aus dem mir zu Gebote stehenden Material ersehen kann, scheinen hier zwei verschiedene Pflanzen vorzuliegen.

Erklärung der Tafeln.

Tafel I. Heteroneuron Naumanni Kuhn. A.: Rhizom mit sterilem Wedel $^1/_2$; B.: fertiler Wedel; C.: Fieder des sterilen Wedels von der Rückseite nat. Gr.

„ II. Dryostachyum drynarioides Kuhn. A.: ein Blatt $^1/_2$; B.: steriler Abschnitt desselben nat. Gr.; C.: fertile Fieder nat. Gr.

„ III. Marattia melanesica Kuhn.

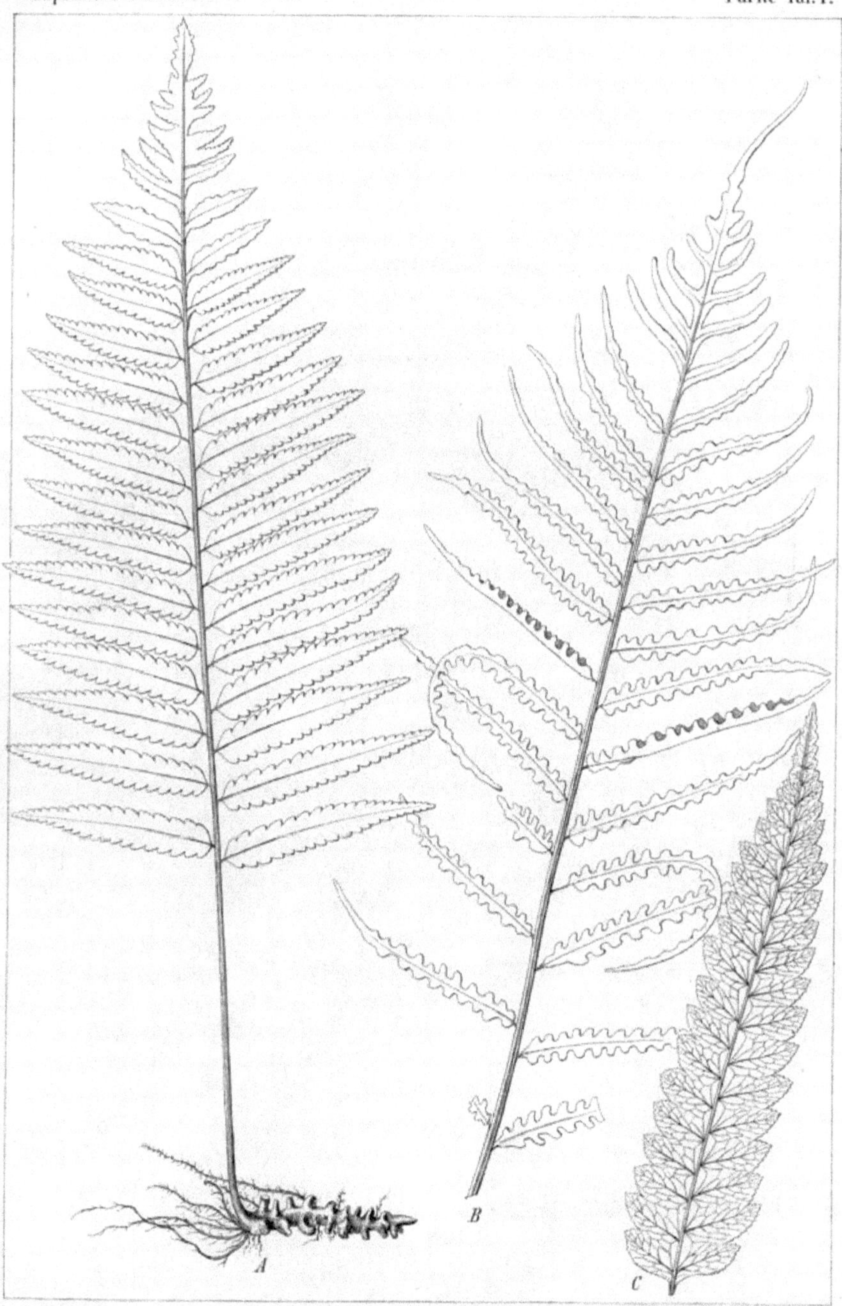

Weidling del. Br. Keller lith.

Heteroneuron Naumanni Kuhn.

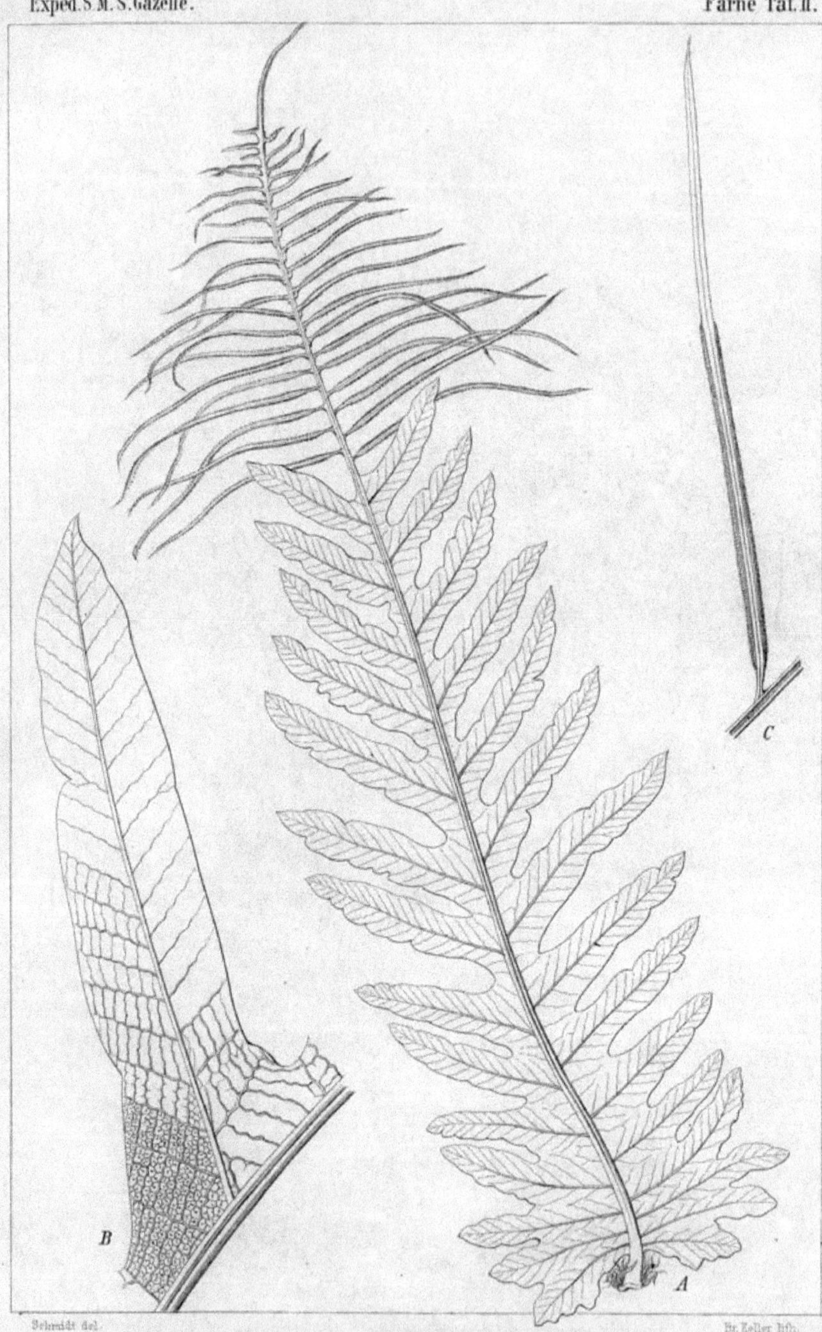

Dryostachyum drynarioides Kuhn.

Henschel del. Br. Keller lith.

Marattia melanesica Kuhn.

Siphonogamen (Phanerogamen)

mit Unterstützung der Herren

O. Boeckeler, Cas. de Candolle, A. Cogniaux, E. Hackel, E. Koehne, F. Kränzlin, E. Marchal, L. Radlkofer, H. Graf zu Solms-Laubach

bearbeitet von

A. Engler.

Mit 15 Tafeln.

Da Dr. Naumann während der Expedition nur wenig in das Innere der von S. M. S. „Gazelle“ berührten Länder eindringen konnte, so konnte die Ausbeute an Siphonogamen ebenso wie die von Farnen und Algen nicht allzuviel Neues ergeben; denn einerseits zeigt im malayischen Gebiet die Küstenflora der einzelnen Inseln in der Zusammensetzung der Vegetationsformationen eine ziemlich grosse Uebereinstimmung, andererseits wurden gerade die Pflanzen dieser Küsten schon mehrfach gesammelt und bearbeitet. Wenn daher auch die Zahl der neuen Arten von Siphonogamen keine sehr grosse ist, so ist doch andererseits durch die während der Expedition gemachten Sammlungen die Kenntniss der Verbreitung vieler Arten erheblich gefördert worden.

Cycadaceae.

Cycas circinalis L., quoad synonym. Fl. Malab. III. 1. 3, 21. — Timor, Atapopa, in silva montana. Trunci usque ad 7 m alti, minores hinc inde in valle dispersi (29. 5. 75.).

Verbreitet im malayischen Gebiet bis zu den Tonga-Inseln.

Taxaceae.

Podocarpus polystachya R. Br. in Horsf. Pl. jav. rar. p. 40. — Ins. Neu-Guinea, in parte occidentali, in silva montana ad sinum Segaar-Bai (17. 6. 75.).

Findet sich ausserdem bei Singapore, auf Sumatra und Borneo.

P. elata R. Br. ex Mirb. in Mém. Mus. XIII. 75. — Timor, in parte boreali sinus Koepang-Bai, in silva montana pr. Taimanani (24. 5. 75.).

Ist nach den Angaben des Sammlers ein kleines Sträuchlein, doch stimmen die Zweige und Blätter sehr gut mit Exemplaren von der Rockinghams-Bai in Queensland und mit solchen vom Hastings River in N.-S.-Wales, bei welchen nur bisweilen der Mucro an der Spitze der Blätter etwas länger ist. Von R. Brown am Petersons River gesammelte Exemplare (herb. Kew) besitzen ein wenig kleinere Blätter.

Pandanaceae.

Bearbeitet von Prof. Dr. Herm. Graf zu SOLMS-LAUBACH.

***Pandanus** Kurzianus* Solms in Linnaea VIII. p. 4. — Jeanneretia littoralis Gaudich. Voy. de la Bonite tab. 25, fig. 1—7. — Ins. Salomonis, Bougainville (28. 8. 75.). — Folia sub No. 532, fruct. sub No. 538.

Stämme verästelt, 4—8 m hoch. Früchte roth. Form mit schwacher Bedornung der Blätter. Bisher vom westlichen Java, Halmabeira, Borneo, Ceram und Celebes (BECCARI) bekannt.

***P.** dubius* Spreng. Syst. veg. III. 987; Kurz in Seem. Journ. of bot. V. p. 127, tab. 64; Solms l. c. p. 48. — Ins. Neu-Hannover, in parte occidentali, Cap Queen-Charlotte; frequens, interdum 10 m alta, syncarpiis maximis, pendulis (20. 7. 75.).

Unter No. 482 liegt eine Drupa dieser Art und eine andere vor, die zum Typus des Pand. fascicularis gehört. Letztere fällt durch ihre sehr schlanke Form auf. Aus den mitgetheilten Notizen ergiebt sich, dass die erstere gemeint ist. Unter No. 475 des Herbariums ist ein ganz vollständiges Blatt erhalten, 1 m lang, 16 cm breit, an der Spitze ziemlich plötzlich zusammengezogen mit dreikantigem dornigem Fadenfortsatz. Seine Substanz derb, mit papierähnlicher, sich von dem Gefässbündelnetz leicht lösender Epidermis. Die Randdorne sind ziemlich gerade, gelblich gefärbt, ähnlich auch die etwas lockerer stehenden des Rippenrückens. BECCARI's Bezeichnung „foglie amarilloidee“ (vergl. SOLMS in Ann. hti. Bogor. III. 94) ist sehr treffend.

Ins. Neu-Mecklenburg (Neu-Irland), in parte occidentali orae meridionalis, in arena corallina juxta Rhizophoras (31. 8. 75.).

Nur ein Blatt ist in der Sammlung vorhanden, welches indess fast zweifellos einer jungen Pflanze des P. dubius angehört hat, mit dem es in jeder Beziehung, von seiner zarteren Beschaffenheit abgesehen, aufs Beste stimmt. Wir wissen durch BECCARI (l. s. c.) dass die Species in der Jugend viel kleinere Blätter trägt.

P. spec. nova, valde affinis P. subumbellato Becc., ceramico Rumph. et butyrophoro (Gaudich.) Kurz., stigmatibus sessilibus crenatis ab omnibus diversa. — Ins. Neu-Guinea (6. 75.).

Nächst verwandt mit P. subumbellatus Becc. ceramicus Rumph. und P. butyrophorus Kurz (Bryantia butyrophora Gaud.), durch die eigenthümliche gekerbte Form seiner sitzenden Narbenfläche von ihnen allen verschieden. Von dem cylindrischen Kolben liegt bloss das Gefässbündelnetz der fleischigen Spindel in macerirtem, an den der Frucht von Luffa erinnerndem Zustand und ein paar Fragmente der peripheren aus verklebten Drupae bestehenden Rinde vor. Möglicherweise gehören dazu einige Blätter mit der Etikette „Neu-Guinea W. Blätter einer Pandanacea von der kleinen Korallen-Insel Pulong nahe Mac Cluer-Bai, dort stattliche Gebüsche bildend. Früchte in „No. . . 21. 6. 75.“ Da aber die Nummer fehlt und auch die Fruchtreste keine solche tragen, ist beider Zusammengehörigkeit zu unsicher, als dass es sich lohnen könnte, nähere Angaben über diese Blätter zu machen.

P. ad typum Pandani fascicularis Lam. pertinens. — Ins. Dana pr. Savu (11. 5. 75.).

Nur Drupae sind vorhanden, welche einige Aehnlichkeit mit P. fragrans Brogn. zeigen.

***Freycinetia?** scandens* Gaudich. in Freyc. Voy. de l'Uranie Bot. p. 432, tab. 42. — Ins. Neu-Hannover.

Der einzige vorliegende Zweig gehört zum Mindesten in nächste Nähe der Fr. scandens Gaud., ist aber, da die Früchte bereits zerstört und nur noch unregelmässige Massen reifer Samen erhalten sind, nicht mit absoluter Sicherheit bestimmbar. Diese Pflanze bildet auf Neu-Hannover ca. 1 m hohe Stauden.

Potamogetonaceae.

Die marinen Arten dieser Familie wurden bereits im Jahre 1875 von Prof. ASCHERSON bestimmt. (Vergl. Bot. Zeit. 1875, p. 761.)

***Cymodocea** rotundata* (Ehrbg. et Hempr.) Aschers. et Schweinf. in Verh. d. naturf. Fr. Berlins, Dez. 1870. — Ins. Neu-Mecklenburg (Neu-Irland), solo coralligeno ad oram austro-occidentalem (31. 7. 75.).

War bis 1871 nur aus dem Rothen Meer bekannt.

C. isoëtifolia Aschers. in Sitzungsber. der Ges. naturf. Fr. Berlins, Jan. 1867. — Ins. Tongaenses, Vavau (12. 75.); Tongatabu, pr. Nukualofa, cum Halophila ovali (11. 75.). — Ins. Vitienses, Matuku, cum Halophila ovali und Halodule uninervi, 1 m infra aquam (24. 5. 75.).

Verbreitet im Indischen und Stillen Ocean.

***Halodule** uninervis* (Forsk.) Aschers. — Hal. australis Miq. Flora v. Nederl. Indie III. p. 227. — Ins. Tongaenses, Vavau (12. 75.). — Ins. Neu-Mecklenburg (Neu-Irland) solo coralligeno ad oram austro-occidentalem (7. 75.).

Verbreitet im Stillen und Indischen Ocean.

Najadaceae.

***Najas** tenuifolia* R. Br. Prodr. 345. — Australia boreali-occidentalis, in continente ad archipelagum Dampieri (28. 4. 75.).

Hydrocharitaceae.

Wurden bereits im Jahre 1875 von Prof. ASCHERSON bestimmt. (Vergl. Bot. Zeit. 1875, p. 764.)

***Enhalus** acoroides* (L. fil.) Steud. nomencl. I. 554; Ascherson in Linnaea, neue Folge I. p. 158. — Ad insulam Neu-Mecklenburg (Neu-Irland) (31. 7. 75.). — Ins. Neu-Guinea, ora occid., ad sinum Segaar-Bai, 1—2 m infra aquam in arena corallina (6. 75.).

Verbreitet an den Küsten des Indischen Oceans.

***Thalassia** Hemprichii* (Ehrb.) Aschers. in Petermanns Geogr. Mitth. 1871, p. 242. — Ins. Neu-Hannover, in ora occidentali (7. 75.).

Verbreitet an den Küsten des Indischen Oceans, sowie im südwestlichen Theil des Stillen Oceans von Neu-Caledonien bis zu den Liu-Kiu-Inseln.

***Halophila** ovalis* (R. Br.) Hook. f. Fl. Tasman. II. 45. — Ins. Tongaenses, Vavau (12. 75.); Tongatabu, pr. Nukualofa solo coralligeno (11. 75.). — Ins. Samoenses; Upolu; ejecta pr. Apia (25. 12. 75.).

Verbreitet im Indischen Ocean und im angrenzenden Theil des Stillen Oceans.

Gramineae.

Bearbeitet von Prof. E. HACKEL.

***Coix** Lacryma* L. Spec. 1378; Kunth Enum. I. 20. — Ins. Neu-Pommern ad sinum Blanche-Bai; in cacumine montis vulcanici Kambiu (16. 8. 75.). — Ins. Neu-Hannover, in valle (24. 7. 75.).

In den tropischen und subtropischen Gegenden der alten Welt verbreitet, in der neuen häufiger eingebürgert. Zuweilen kultivirt.

***Imperata** arundinacea* Cyr. var. *Koenigii* Benth. Fl. Hongk. 419. — I. Koenigii Nees in Hook. et Arn. Beechy's Voy. 240. — Ins. Neu-Pommern, in graminosis prope portum Blanche (14. 8. 75.).

Die Varietät ist gemein im tropischen Asien bis Japan, auch in Afrika bis zum Kap, auf den Inseln des Pacifischen Oceans und in Australien.

***Pogonatherum** saccharoideum* Beauv. Agrost. 176. t. 11. f. 7. — P. crinitum Trin. — Andropogon crinitus Thunb. — Saccharum paniceum Lam. — Perotis polystachya W. — Timor, ad meridiem oppidi Koepang (5. 11. 75.). — Lieut. ZEYE.

Vom östlichen Himalaya, Vorder-Indien und Ceylon durch den malayischen Archipel, die Philippinen, Süd-China bis Japan.

Pollinia *fulva* Benth. Fl. Austr. VII. 526. — Saccharum fulvum Brown Prodr. 203. — Erianthus Kunth Enum. I. 479. — Australia bor.-occid. in continente juxta Archipelagum Dampieri in campis graminosis (28. 4. 75.). — Bar. DE SCHLEINITZ.

Durch ganz Neu-Holland.

Ischaemum *muticum* L. Spec. 1487. Kunth Enum. I. 512. — Ins. Neu-Mecklenburg, in arenosis corallinis litoris australis gregarie, late repens (31. 7. 75.).

Weit verbreitet an der Südküste des tropischen Asien, im malayischen Archipel, in Queensland, auf vielen südpacifischen Inseln.

I. digitatum Brongn. in Dup. Voy. tab. 13, p. 70. — Ins. Neu-Hannover, ad ripas in parte interiore insulae (24. 7. 75.).

Auf der Molukken-Insel Buuru (Brongn.).

Saccharum *spontaneum* L. Mant. II. 183. — Ins. Timor, in silvis lucidis Casuarinarum ad latus septentrionale sinus Koepang (24. 5. 75.).

Weit verbreitet im tropischen Asien und Afrika, in Neu-Guinea und Tahiti.

Rottboellia *Coelorhachis* Forst. Prod. no. 49.? — Ins. Neu-Hannover, in collibus graminosis (20. 7. 75.).

Materialia quae suppetunt ad speciem certe determinandam non sufficiunt.

Andropogon subgen. *Anadelphia.* — Anadelphia gen. nov. Hack. in Engl. Bot. Jahrb. VI. 240. — Spiculae uniflorae secus spicae rhachin fragillime articulatam alternae, terminalis ♂ mutica, laterales (2—4) sessiles, ☿, aristatae, absque rudimento pedicelli spiculae ♂, vel ima, raro etiam secunda cum spicula pedicellata ♂. Glumae 4, extima coriacea, marginibus involutis reliquas amplectens, tenuiter 5-nervis, apice bimucronulata, secunda carinata, in spiculis ☿ aristam patulam exserens, tertia paullo brevior, hyalina, vacua, quarta quam secunda duplo brevior, in spicula ☿ biloba, inter lacinias aristam gracilem perfectam exserens. Gluma quinta („palea") 0. Lodiculae minutae, cuneatae. Stamina 3, styli distincti, elongati, stigmatibus linearibus, plumosis. Caryopsis ignota. — Gramen perenne, elatius, ramosum. Folia linearia. Spicae in apice ramorum ramulorumve solitariae, vagina spathiformi fultae v. ex illa exsertae, tenues, laxae, articulis filiformibus, oblique facillimeque secedentibus scabris vel breviter ciliatis. Spiculae imae ☿ sessili (raro etiam secundae) nunc spicula pedicellata ♂ adstat, nunc haec deficit, in superioribus vero ne quidem rudimentum pedicelli lateralis reperitur.

Seit der Publication in ENGLER's Jahrbüchern habe ich neuerdings Materialien dieser Pflanze zur Untersuchung erhalten, aus denen hervorgeht, dass bisweilen auch das zweitunterste sitzende Aehrchen von einem gestielten begleitet ist; nur dem obersten fehlt dasselbe stets, und es schliesst daher die sogen. Spica mit einem einzelstehenden ♂ Aehrchen. Immerhin zeigen diese Fälle eine solche Annäherung an das Subgenus Schizachyrium von Andropogon, dass ich auf Grund derselben die Selbstständigkeit der Gattung Anadelphia fallen lassen muss. Bei Schizachyrium schliesst die „Spica" scheinbar mit 3 Aehrchen, einem ☿ sitzenden und 2 ♂ oder tauben gestielten, von denen das eine als Gipfelährchen der Inflorescenz zu betrachten ist; bei Anadelphia steht dieses allein. Merkwürdig bleibt dabei die grosse Variabilität dieser Pflanze in Bezug auf das Vorhandensein oder Fehlen gestielter Aehrchen neben den sitzenden, ein Charakter, der sonst bei den Andropogoneae grosse Constanz besitzt; nur bei Arthraxon microphyllus Hochst. kommt etwas Aehnliches vor. Die oben erwähnten neuen Materialien, welche ich der Güte des Herrn C. v. MAXIMOWICZ in St. Petersburg verdanke, bestanden in einem Zweige des authentischen Exemplars von Andropogon leptocomus Trin., in welchem ich sofort meine Anadelphia erkannte. Dass dieses nicht schon seinerzeit aus der Diagnose geschehen konnte, erklärt sich daraus, dass TRINIUS von dem oben geschilderten Verhalten der Seiten- und des Gipfelährchens nichts erwähnt.

A. leptocomus Trin. in Mém. Acad. St. Petersburg Sér. 6, vol. 2, p. 264. — Anadelphia virgata Hack. l. c. — Taf. II. Fig. II.

Perennis; innovationes intravaginales. Culmi pro ratione plantae graciles, 80—160 cm alti, erecti, compressi, glaberrimi, supra medium paniculato-ramosi. Vaginae carinato-compressae, strictae, glaberrimae. Ligula brevissima, truncata, glabra.

Laminae longe acuminatae, vernatione convolutae, adultae planae, 20—30 cm lg. 4—5 mm lt., rigidulae, virides demum fuscescentes, glabrae, subtus laeves, supra marginibusque scabrae, costa media tenuicula subtus carinante notatae. Panicula vaginosa virgata usque 50 cm longa ramis solitariis vel binis elongatis (—30 cm lg.) plurinodibus gracilibus scabris ramulos secundarios solitarios v. binos breves raro etiam tertianos procreantibus, rectis, glabris, ad quemvis nodum vagina spathiformi instructis; spathae propriae spicas fulcientes ca. 2 cm lg., angustissimae, pedunculo spicae filiformi demum breviores. Spicae 3—5-articulatae gracillimae; spiculae sessiles ☿ lineari-lanceolatae 5 mm lg. pallidae: gluma I^ma apice in mucrones 2 divergentes scabros abiens, dorso convexa, glaberrima, callo brevi (0,6 mm lg.) obtuso fasciculo pilosum ca. 1 mm lg. alborum vestita. Gluma secunda primam aequans, lineari-oblonga, obtusa, carina scabra, glabra, subcoriacea, ex apice aristam patulam ipsam subaequantem emittens; tertia lineari-lanceolata, acuta, marginibus implicata, glabra, rubescens; quarta quam secunda duplo brevior, ab apice ad 1/3 usque fissa, laciniis lanceolatis acutis glabris; arista gracilis 8—10 mm lg., columna fusca glaberrima subulam scabram flavam aequante. Antherae 2 mm lg., stigmata 1,5 mm lg., ferruginea. Spicula terminalis cujusvis spicae et (ubi adest) pedicellata articuli infimi hermaphroditas aequans, lineari-lanceolata, fuscescens, glaberrima: gluma prima apice minute bidentula inter denticulos mucronata, tenuissime 7—9-nervis; secunda dorso rotundata, apice acuminata v. brevissime setigera, tenuissime 5-nervis; tertia et quarta paullo breviores, lanceolato-lineares, acutae, 2- (resp. 1-) nerves, glabrae. Antherae 3, 2 mm longae.

Liberia: in silvis prope Monroviam (5. 8. 74.). — No. 28; Guinea (ex Trinius).

A. ***pertusus*** Willd. Spec. IV, 922. — Holcus pertusus Linn. — Timor, Koepang gregarie (5. 75.). — Lieut. Zeye.

Im tropischen Asien verbreitet, ebenso in Afrika bis zum Kap; eine Varietät (A. panormitanus Parl.) auch in Sicilien.

A. ***halepensis*** Sibth. Fl. Graec. I, t. 68 var. *propinquus*. — Andropogon affinis J. Presl! in C. Presl, Reliqu. Haenk. I. 143. — A propinquus Kunth Enum. I. 502. — Ins. Neu-Hannover, ad ripas (24. 7. 75.).

Die Species in den wärmeren Gegenden der ganzen Erde verbreitet; die Varietät, wie es scheint, auf die pacifischen Inseln beschränkt.

A. ***australis*** Spreng. Syst. I. 287. — A. tropicus Kunth Enum. non Spreng. — Holcus plumosus Brown. Prodr. 200. — Sorghum plumosum Beauv. Agrost. 132. Benth. Fl. Austr. VII, 540. — Australia boreali-occidentalis: In continente juxta Archipelagum Dampieri (28. 4. 75.).

In ganz Neu-Holland, sowie auf Timor. Das vorliegende Exemplar entspricht der var. aristosa Benth. l. c.; ich halte jedoch diese für die typische Form.

A. ***serratus*** Thunb.! Fl. Japon. 41. — A. laxus W. Spec. IV. 907. — A. tropicus Spreng. Syst. I. 287. — Holcus fulvus Brown Prodr. 199. — Sorghum fulvum Beauv. Agrost. 164. — A. dichroanthus Steud. Syn. I. 393. — Amboina, in campis „Alang-Alang“ dictis prope urbem (6. 6. 75.).

Von Japan über die Philippinen, Süd-China, das tropische Australien, die Sunda-Inseln bis nach Ceylon und Neapel. Der Name Thunberg's kann bleiben, weil A. serratus Retz. mit A. caricosus L. identisch ist.

Das vorliegende Exemplar gehört einer Form mit etwas grösseren (5—6 mm langen) Aehrchen an, die gewissermaassen den Uebergang zwischen der typischen und dem A. australis bildet.

A. ***(Sect. Dichanthium) superciliatus*** Hack. in Engl. Bot. Jahrb. VI. 239. — Culmis erectis simplicibus teretibus ad nodos longe barbatis ceterum (etiam infra spicas) glaberrimis; vaginis teretibus laevissimis altero margine a basi ad os usque ciliatis, ad laminae insertionem circumcirca barbatis; ligula brevissima intus pilis stipata, laminis linearibus acuminatis planis rigidulis excepta basi glabris utrinque margineque scaberulis; spicis digitato-fasciculatis (in specimine 10) sessilibus v. subsessilibus in fasciculos duos brevi internodio separatos dispositis, subaequalibus, crassiusculis, pilosis, rhachi subtenace, articulis pedicellisque spicularum sterilium quam spicula ☿ plus duplo brevioribus lineari-filiformibus, altero tantum margine (hoc enim quo sese respiciunt) ciliatis, ciliis brevibus, summis articulo duplo brevioribus, spicularum paribus 1—2 imis in quavis spica homogeneis, sterilibus, muticis, reliquis heterogeneis: spiculis sessilibus ☿ aristatis elliptico-oblongis subconvolutis, gluma prima chartacea, obtusissima, apice integra, margine angustissime carinatoimplicata carinis haud alatis ciliis inferne laxis brevibusque superne longis densis rigidulis basi subtuberculatis glumam subaequantibus obsitis, dorso inferne breviter pilosa, tum glabra, infra apicem hyalinum enervem serie transversali ciliarum e tuberculis brunnescentibus orientium longarum obsita in qua nervi 7—8 dorsales desinunt; gluma secunda lanceolata, tricarinata, glaberrima; tertia quam prima fere 3-plo breviore oblonga, enervi, quarta stipitiformi, sensim in aristam validiusculam spiculam circiter sexies superantem abiente, cujus columna fusca medio geniculata scaberula subulam fulvam laxissime tortam subaequat; gluma quinta 0; spiculis pedicellatis sterilibus obovatis, gluma prima ei spiculae ☿ similis, dorso glabra, secunda duplo brevior, anguste lanceolata, reliqua 0. — Taf. III.

Culmi circ. 80 cm alti, robusti; laminae 20—30 cm lg., 5—6 mm lt, glauco-virides, nervis parum prominulis percursae. Spicae 5—5,5 cm lg., spiculae ☿ 4,5 mm lg., gluma prima pilis rigidulis sub apice quasi supercilium formantibus valde insignis. Arista 26—32 mm lg. Spiculae pedicellatae 5 mm lg., latiores quam ☿, planiusculae.

Timor, in campis graminosis prope Atapopa (29. 5. 75.).

Affinis A. sericeo Brown. (ex Nova-Hollandia) qui differt vaginis ad laminae insertionem marginibusque glabris, rhacheos articulis utrinque ciliatis, spiculis obovato-oblongis.

A. mollicomus Kunth differt defectu superciliorum glumae primae etc.

***Andropogon** contortus* L. subvar. *Roxburghii.* — Heteropogon Roxburghii W. Arn in Nees Pl. Meyen. p. 183. Non nisi culmo multirameo a typo distinctus. — Timor, in campis graminosis pr. Atapopa (29. 4. 75.).

Die Varietät in Vorder-Indien, Ceylon, Süd-China, Madagascar; der Typus über die ganze tropische und subtropische Zone verbreitet.

***A.** exaltatus* Brown Prodr. 202. Benth. Fl. Austr. VII, 532. — Australia bor.-occid., in continente juxta Archipelagum Dampieri. In locis siccis saxosis gregarie, longe lateque fragrans. Odor „ingratus“, fortis, limonias monens (29. 4. 75.).

In Nord-, Süd- und West-Australien. Auch von Pemberton Walcott in Nordwest-Australien gesammelt.

***Perotis** latifolia* Ait. Hort. Kew. I. 85. Kunth En. I. 470. — Ins. Neu-Pommern, in plantationibus Musae ad portum Blanche.

Weit verbreitet im tropischen Asien und Afrika, geht nördlich bis Japan, südlich bis ins Kapland.

***Melinis** minutiflora* Beauv. Agrost. 54, Nees Agrost. bras. 407. — Suardia picta Schrenk Hort. Monac. III. t. 58. — Panicum Melinis Trin. Mém. Ac. St. Petersb. Ser. VI, 3, 291. — Ins. Ascension, in alveis siccis („watercourses“) montis Green-Mount alt. 160 m s. m. et altius (18. 8. 1874).

Brasilien, Natal (ex Benth.), Madagascar (Hildebr.).

***Paspalum** distichum* Linn. Syst. nat. ed. X; Amoen. ac. V. p. 391. — P. vaginatum Sw. Fl. Ind. occ. I. 135. — P. littorale Brown Prodr. I. 188. Trin. Spec. t. 112. — P. Digitaria Poir. Encycl. méth. suppl. IV. 316. — Digitaria paspaloides Michx. Fl. Am. bor. I. 46. — Panicum vaginatum Gr. et Godr. Fl. Fr. — Liberia, Monrovia in urbe (5. 8. 74.). — No. 31.

In den Küstengegenden der Tropen beider Hemisphären weit verbreitet, auch in subtropischen Gegenden, selten in gemässigten (Californien); im südlichen Europa eingebürgert.

***P.** scrobiculatum* Linn. Mant. I. p. 29. Kunth Enum. I. 53. — Ins. Timor; Koepang, prope Babomo. (5. 75) l. Lt. Zeye.

β. orbiculare (P. orbiculare Forst. Prodr. p. 7). — Ins. Neu-Hannover, ad ripas (24. 7. 75.).

γ. velutinum. Differt a typo foliis molliter villosulis. Spicae 2—3[nae], gluma prima obscure scrobiculata. — Liberia, in fruticetis pr. Monroviam (5. 8. 74.). — No. 30.

In verschiedenen Varietäten durch die tropischen und subtropischen Gegenden der alten Welt verbreitet.

***Eriochloa** annulata* Kunth Enum. I. 73. — Paspalum annulatum Flügge; Trin. Spec. t. 133. — Helopus annulatus Nees Agrost. bras. 17. — Ins. Ascension, in alveis siccis montis Green Mount att. 160 m (18. 8. 74.). — No. 86.

In den Tropengegenden, besonders der alten Welt, weit verbreitet.

***Panicum** sanguinale* Linn. Spec. ed. II. p. 84 var. humifusum. Culmi debilissimi, prostrati, e geniculis inferioribus radicantes, demum erecti. Spicae 2—3[nae]. Gluma prima obsoleta, secunda quam tertia dimidio brevior, 1-nervis, obtusa, ciliata; tertia 3-nervis, lateribus villosa. — Ins. Neu-Hannover, ad oram austro-occidentalem (21. 6. 75.).

Vielleicht eine Schattenform dieser vielgestaltigen, über die ganze Erde verbreiteten Art.

β. aegyptiacum Fenzl ap. Reichardt in Verh. zool. bot. Gesellsch. Wien XXI. 30. — Ins. St. Pauli in Oceano indico. Prope coloniam piscatorum (12. 2. 75.).

Als Unkraut über die ganze Erde, die var. *β.* besonders in Afrika verbreitet.

***P.** pruriens* Trin. Spec. Gram. tab. 92. — Ins. Neu-Hannover, ad ripas (24. 7. 75.); Neu Britannien, Blanche-Bai, in arvis Musae (16. 8. 75.).

Auch auf den Gesellschafts-Inseln (Trin.), Neu-Caledonien (Bal.), Java und Sumatra (Jungh.).

***P.** ambiguum* Trin. in Mém. Acad. St. Petersb. Ser. VI. III. p. 243. — Urochloa paspaloides Presl.! Rel. Haenk. I. 318; Kunth En. I. 75. — Ins. Neu-Hannover, ad extremitatem occidentalem (20. 7. 75.).

Manila (Haenke), Tonga, Vamea Levu (Seemann), Mauritius (Baker).

***P.** gracile* Brown Prodr. 190, Benth. Fl. Austr. VII. 475. Australia boreali-occidentalis (Pemberton-Walcott). Praeter formam typicam adest etiam forma depauperata spicis 1—3spiculatis.

Durch ganz Australien verbreitet.

***P.** (Sect. Brachiaria) tabulatum* Hack. in Engl. Bot. Jahrb. VI. 234; racemis floriferis erectis distantibus interstitiis brevioribus, spiculas 3—4 laxe alternantes gerentibus, rhachi subcapillari ultra spiculam summam in setulam curvulam spicula 2—3plo breviorem protracta, spiculis elliptico-lanceolatis acutis glaberrimis breviter pedicellatis, gluma prima ovato-rotundata scariosa 3-nervi spicula triplo vel plus triplo breviore primo patula demum reflexa, secunda et tertia ovatis acutis membranaceis 11-nervibus dorso rotundatis, tertia paleam oblongam paullo breviorem floremque ♂ triandrum ferente, quarta (florifera) quam III[a] 1/4 breviore oblongo-elliptica acuta convexa cartilaginea tenuiter transverse rugulosa, caryopsi a ventre compressa ovali-oblonga embryone dimidiam caryopsin aequante; culmis dense caespitosis ab ima basi dichotome ramosis, foliorum vaginis patentibus compressis, ligula obsoleta, laminis anguste linearibus acutissimis patentissimis rigidis, excepto margine scaberulo glaberrimis paucinervibus. — Taf. I.

Perennis; culmi graciles 30—50 cm alti caespitem densum propter ramificationes plures superpositas repetitasque quasi e tabulationibus 2—5 constructum formantes; rami angulo acuto patentes, sed directionem axeos primariae internodii praecedentis servantes culmumque ipsum summoventes, basi noduloso-incrassati, vaginam matricem a culmo depellentes, spathella lineari 1—2 cm lg. muniti. Laminae 2—3 cm lg., 1—1,5 mm lt. Panicula 5—10 cm lg., linearis, erecta, laxiflora, rhachi filiformi facie sulcata laevi. Racemi 1—2 cm lg., basi breviter (2—5 mm) nudi, spiculae 3 mm lg., sordide et dilute violascentes pedicellos apice patellatos pluries superantes.

Australia boreali-occidentalis, in continente juxta Archipelagum Dampieri, in locis humidis gregarie (29. 4. 75.).

Affinis P. gracili, quod differt spiculis obtusiusculis, gluma prima spiculam dimidiam subaequante, appressa, ovata, secunda et tertia 5nervibus, quartam aequantibus, tertia vacua, foliis majoribus, latioribusque. P. mucronatum Roth differt gluma secunda quam quarta breviore, tertia vacua etc.

P. neurodes Schult. *δ. Roxburghianum* A. Braun in Append. ind. sem. hort. ber. 1855, Walp. Ann. VI. 945. (Mihi videtur varietas P. plicati L.) — Ins. Neu-Hannover, ad ripas; fere orgyalis.

Auch in Nepal und Bengalen; die nächstverwandte Varietät, *ε. amplissimum* A. Br. l. c., der sich unser Exemplar sehr nähert, auch auf den Philippinen.

P. brevifolium L. Spec. p. 87. — P. trichoides Benth. Fl. Austr. VII. 485 non Sw. — Ins. Timor, Koepang, versus Babomo (5. 75.).

Obs. P. trichoides Sw. specifice differe videtur foliis spiculisque glabris, gluma ima minima.

Verbreitet in Ostindien und Australien.

P. carinatum Presl? Rel. Haenk. I. 309, Kunth Enum. 112. — P. hermaphroditum Steud. Syn. I. 67; Benth. Fl. Austr. VII. 485. — Ins. Timor, in montibus Taimanani ad septentrionem sinus Koepang (25. 5. 75.).

Verbreitet auf Ceylon, in Ostindien, dem malayischen Archipel, den Philippinen, Australien (Benth.).

P. decompositum Brown Prodr. 191. Benth. Fl. Austr. VII. 489. — Australia boreali-occidentalis, in continente juxta Archipelagum Dampieri (28. 4. 75.). Cpt. v. Schleinitz.

Verbreitet in ganz Australien (Indien? nach Benth.).

P. trachyrhachis Benth. Fl. Austr. VII. 490 var. *tenuior* Benth. l. c. — Timor: Baung pr. Koepang, in locis siccis (5. 75.). — Lt. Zeye.

Verbreitet in Nord-Australien, Queensland (Benth.).

Oplismenus *compositus* Beauv. Agrost. 54. — Panicum compositum L. — Orthopogon compositus Brown Prodr. 194. — Ins. Timor, Koepang, versus Babomo (5. 75.). — Lt. Zeye. — „Inum tila" vern.

Gemein in den meisten tropischen und subtropischen Gegenden der alten Welt.

Setaria *verticillata* Beauv. Agrost. 51. — Panicum verticill. L. — Pennisetum verticill. Brown. — Ins. Ascension, in regione inferiore sicca (18. 8. 74.).

Gemeines Unkraut in warmen und gemässigten Gegenden; auf der Insel wahrscheinlich erst in neuerer Zeit eingeschleppt.

S. macrostachya (Nees) Kunth in Humb. & Bonpl. Nov. Gen. I. 110. — Panium macrostachyum Nees. — Pennisetum italicum Brown. — Australia boreali-occidentalis; in continente juxta Archipelagum Dampieri (29. 4. 75.).

Var. *reversa.* Setae retrorsum scabrae. Ceterum omnino cum typica congruens. — Australia boreali-occidentalis. (Pemberton-Walcott.)

Der Typus der Art im tropischen Amerika, Queensland, N.-S.-Wales, Ostindien.

Pennisetum *macrostachyum* Trin. Mém. Ac. St. Petersb. Sér. VI. 3. p. 177. — Gymnothrix macrostachya Brongn. in Dup. Voy. 194. tab. XI. — Amboina: in collibus post urbem. Gregarie in campis Alang-Alang dictis (6. 6. 75.). — Ins. Neu-Hannover, in cacumine montis (25. 7. 75.). — Ins. Neu-Pommern, gregarie in sinu Blanche-Bai ad montem vulcanicum Kambiu (16. 8. 75.).

Auf den Molukken und Java.

P. cenchroides Rich. in Pers. Syn. I. 72. — Cenchrus ciliaris L.' — Penn. ciliare Link. — San Jago, insula Capitis Viridis: Porto Praya (28. 7. 74.). — No. 238.

Kapland, Mauritius, Arabien, Süd-Persien bis Nord-Indien, Abyssinien, Aegypten, Syrien, Sicilien, Tunis, Algerien, Marocco, Madeira, Kanarische Inseln.

Chamaeraphis *gracilis* Hack. in Engl. Bot. Jahrb. VI. 236. Annua, culmis gracillimis valde compressis hinc canaliculatis glaberrimis, vaginis carinato-compressis ore ciliatis ceterum glaberrimis, ligula brevissima, laminis linearibus acuminatis flaccidis utrinque margineque scaberrimis; panicula oblonga laxissima flaccida ramis plerumque binis inaequalibus, primario dimidiam paniculam subaequante, ramulosis, ramulisque subcapillaribus angulosis scaberrimis subflexuosis; spicis terminalibus ramorum 3—4-spiculatis, ramulorum 1—2-spiculatis adjecta spicula pedicellata ad ramuli basin, rhachi omnium ramificationum atque pedicello spiculae cujusvis spicae imae et adjectae ramulorum in setam capillarem scabram rectam spiculam summam plerumque triplo superantem protractis; spiculis distantibus, alternis, lanceolatis, hinc planis illinc valde convexis glabris; gluma prima spicula quadruplo breviore rotunda 3-nervi, secunda spiculam dimidiam aequante v. subsuperante late ovali rotunda minute apiculata nervis 5—7 viridibus scabridis notata; tertia quartam (florentem) aequante, ovata, acutiuscula, membranacea, 5-nervi, paleam oblongam obtusam binervem (floremque ♂?) includente; quarta lanceolata, acuta, valde convexa, infra apicem carinata, cum palea (ovata acutiuscula) coriaceo-chartacea minutissime punctulata; caryopsi elliptico-lanceolata albida, facie hilari canaliculata, facie embryonali convexa, embryone caryopsin dimidiam aequante. — Taf. II. Fig. I.

Culmi 40—60 cm alti, superne filiformes, 3—4-nodes, plerumque simplices raro inferne ramum floriferum agentes. Vaginae internodiis multo breviores. Laminae basi angustatae, 8—10 cm lg., 4—6 mm lt., planae, virides, flaccidae, saepe pilis basi tuberculatis adspersae, nervo medio tenui percursae. Panicula gracilis 12—20 cm lg., rhachi filiformi superne angulis scabra; setae terminales ramorum ramulorumque v. pedicellorum 5—7 mm lg.; spiculae 2,5 mm lg., interstitiis breviores, virides v. leviter fuscescentes.

Ins. Timor, in collibus siccis ad Baung prope Koepang. Majo fructiferam legit Lt. ZEYE.

Affinis Ch. spinescenti Poir. et magis Ch. abortivae Poir., quae vero longe differunt spiculis multo angustioribus, gluma secunda tertiam subsuperante in acumen longum protracta, aculeolata, quarta quam tertia multo minore obtusa, tenera.

***Stenotaphrum** subulatum* Trin. Mém. Acad. St. Petersb. Sér. VI, 3, p. 190 (1833.). — St. lepturoides Henslow in Ann. Nat. Hist. I. (1838.) p. 346. — Neu-Guinea, in insula sinus Mac Cluer-Bai, in silva humida prope litus (20. 6. 75.).

Mariannen-Inseln (Trin.), Keelings-Inseln (DARWIN), Neu Caledonien (BALANSA), Philippinen, Mauritius, Rodriguez, Galega Island (BAKER).

***Spinifex** longifolius* Brown Prodr. 198. — Ins. Dana prope Savu, in regione arboribus destituta praevalens (11. 5. 75.); Australia boreali-occidentalis, juxta Archipelagum Dampieri (28. 4. 75.).

Verbreitet in Nord- und West-Australien.

***Aristida** arenaria* Gaudich. in Freyc. Voy. Bot. 407. — Arthratherum arenarium Nees. — Australia boreali-occidentalis. (PEMBERTON-WALCOTT.)

Extat etiam specimen nimis incompletum aut ad hanc speciem aut ad A. stipoidem Br. pertinens a cl. Baro DE SCHLEINITZ juxta Archipelagum Dampieri lectum.

Verbreitet in allen Theilen von Neu-Holland.

***A.** Adscensionis* L. Spec. 121. — Ins. Ascension; planta regioni inferiori aridae plagae bor.-occid. propria (18. 8. 74.).

Varietäten dieser Art in fast ganz Afrika und den anliegenden Inseln, in Spanien, Sicilien, Arabien, Ceylon.

***Phleum** alpinum* L. Spec. 88. — Fretum magellanicum: in pascuis prope Punta Arenas (7. 2. 76.).

Durch die ganze arktische Zone und die höheren Gebirge der gemässigten Zone beider Hemisphären; in der alpinen Region in Mexico, dann wieder in Chili und Argentinien.

***Agrostis** magellanica* Lam. Ill. gen. nr. 807; Poir. Encycl. Mitth. Suppl. I. 207. — A. antarctica Hook.! Fl. Antarct. I. 374. t. 132. — Fretum magellanicum, Tuesday-Bai (2. 2. 76.); in insula Kerguelen ad Winter Harbour etc. (13. 6. 75.).

Von Süd-Chile und dem Chonos-Archipel bis zum Kap Horn und den Falklands-Inseln.

***A.** paucinodis* Hackel in Bot. Jahrb. VI. 242. — Perennis, caespitosa; culmo erecto v. geniculato-ascendente subrobusto uninodi rarius binodi nodis in 1/4 inferiore culmi superne longe nudi sitis, compresso, glaberrimo; vaginis appressis, omnino fissis, subcompressis, sursum scaberulis; ligula protracta truncata demum lacinulata; lamina e basi parum angustata lineari, acuta, plana, flaccida, virente, glabra, subtus laevi supra margineque plus minus scabra, tenuiter nervosa; panicula late ovata, patens, laxa, erecta; rhachi superne scaberula, ramis verticillatis inferioribus 7—10^{nis} inaequalibus, in parte ½—⅓ inferiore indivisis nudis superne parce ramulosis, omnibus gracilibus, scaberrimis, fere horizontaliter patentibus, spicularum lateralium extimarum pedicellis spiculis parum longioribus, spiculis pallidis, glumis sterilibus parum inaequalibus anguste lanceolatis setaceo-acuminatis uninervibus superne carinatis carina glumae secundae scabra ceterum laevibus, gluma florifera sterilibus duplo breviore late ovata, obtusa, integra, glabra, tenuissime 5-nervi, nervo medio in aristam desinente, lateralibus in apiculos minutissimos excurrentibus, callo minute barbatulo, absque rudimento pedicelli superioris; arista in medio dorso vel infra medium inserta gracillima recta glumas parum excedente; palea quam gluma florifera duplo breviore, ovali-oblonga obtusa, integra; antheris minimis ovali-oblongis; caryopsi oblonga utrinque convexa exsulca; embryone caryopsi 5plo breviore, hilo lineari caryopsin subaequante. — Taf. IV.

Affinis A. glabrae Kunth, quae differt culmo plurinodo fere ad apicem usque foliato, glumis sterilibus ovato-ellipticis, fertilem ⅓ superantibus fertili, mutica, palea minima, antheris longe linearibus.

Culmi 50—65 cm alti, ligula 3—4 mm lg.; laminae culmeae mediae 8—10 mm lg.; 4—5 mm lt., (innovationum longiores, angustiores). Panicula 10—13 cm lg., rami inferiores 5—6 cm lg. Spiculae 3 mm lg. Caryopsis 1,5 mm lg. Antherae 0,5 mm lg.

Fretum magellanicum: in fagetis prope Punta Arenas (7. 2. 76.) fructif.

***Polypogon** monspeliensis* Desf. β. minor Nees. Fl. Afr. austr. 144. — Ins. St. Paul in oceano indico: prope coloniam piscatorum (12. 7. 75.).

Kosmopolitisches Gras; die schwach ausgeprägte Varietät β. sonst am Kap.

***Eriachne** pallida* F. Muell. ap. Benth. Fl. Austr. VII. 631. — Australia boreali-occidentalis (Pemberton-Walcott).

Daselbst endemisch.

E. obtusa Brown Prodr. 184. Cum praecedente legit idem; Specimen aliud incompletum hinc subdubium leg. Dr. Naum. juxta Archip. Dampieri.

Nord-Australien und Queensland; in N.-S.-Wales bis zum Lachlan-River.

***Deschampsia** antartica* E. Desv. in Gay Fl. Chil. VI. 338. — Aira antarctica Hook. f. Fl. Antarct. I. 377. tab. 133. — Ins. Kerguelen, Harbour Island, Irish Bai, undique prope litus (12. 1. 75.).

Kap Horn, Falklands-Inseln, Neu-Süd-Schottland (48°), die südlichste bekannte Phanerogame (nach Hook. fil.).

D. Kingii E. Desv. l. c. p. 335; Hook. f. l. c. I. 376, tab. 135. — Fretum magellanicum: in paludosis prope Punta Arenas et Tuesday-Bai (2. 76.).

Auch im Feuerlande.

D. flexuosa Trin. Mém. Acad. St. Petersb. Sér. VI, 4, suppl. p. 9. — Aira flexuosa L. Spec. p. 96. — Fretum magellanicum: in fagetis arenosis prope Punta Arenas (7. 2. 76.).

Europa, nördliches Asien, Japan, Nord-Amerika (atlantische Staaten), Falklands-Inseln. — Unsere Exemplare zeigen nicht die geringste Verschiedenheit von den europäischen.

D. discolor Roem. & Schult. Syst. II. 686. — Aira discolor Thuill. — A. uliginosa Weihe. — Aira setacea Huds. — Fretum magellanicum: in fagetis arenosis prope Punta Arenas (7. 2. 76.).

Nord- und Mittel-Europa; Cordillera de Hurtado in Chile (Desv.). Unser Exemplar von den europäischen sehr unbedeutend, kaum als Varietät verschieden.

***Holcus** lanatus* L. Spec. 1485. — Ins. St. Paul in oceana indico: prope coloniam piscatorum frequens (12. 2. 75.).

Durch die ganze nördliche gemässigte Zone bis Nord-Afrika; auf St. Paul wohl eingeschleppt.

***Avena** sativa* L. var. macrantha Hackel. Spiculis 28—30 mm. longis, gluma fertili floris inferioris 25 mm longa callo pilis longiusculis sed parcis barbata. — Ins. Ascension, in lapidosis vulcanicis prope Georgetown (18. 8. 74.) (No. 85.).

Offenbar eingeschleppt; die Varietät mit grossen Aehrchen und behaartem Callus findet sich auch in Algier und in Campanien, jedoch hat bei den Exemplaren dieser Gegenden auch die zweite Blüthe eine Granne.

Danthoniae spec. affinis D. radicanti Steud.; sed arista intermedia plane deficiens. — Ins. St. Paul in oceano indico: in declivi praerupto ad 150 m alt. (12. 7. 75).

Die Blüthenspelzen des kärglichen Exemplars sind fast sämmtlich ausgefallen, so dass eine strenge Bestimmung unthunlich erscheint. Der Mangel der mittleren Granne könnte vielleicht bloss ein Varietätscharakter sein. Die verwandte D. radicans kommt am Kap vor.

***Spartina** arundinacea* Carmich. in Transact. Linn. Soc. XII (1817) p. 505; Kunth En. 279. — Ins. St. Paul in oceano indico: declivia praerupta magnis obtegens caespitibus (12. 7. 75.).

Auch auf den Inseln Amsterdam und Tristan d'Acunha.

***Chloris** barbata* Sw. Fl. Ind. occ. I. 200. — Ins. Timor, in litore prope Atapopa (29. 5. 75.).

In den Tropen beider Hemisphären weit verbreitet.

Ch. *pallida* Hack. in Engl. Bot. Jahrb. VI. 244; annua culmo erecto folioso simplici compresso glaberrimo; vaginis strictis compressis glaberrimis quam internodia brevioribus; ligula brevissima truncata ciliolata; laminis e basi aequilata linearibus, acutiusculis, planis rigidulis, erectis, praeter basin parce fimbriatam glabris, subtus laevibus, supra margineque cartilagineo scaberulis, nervis parum prominulis percursis; spicis 6—7nis dense confertis erectis sessilibus, crassis, densis, pallidis, rhachi stricta filiformi puberula a basi spiculifera; spiculis imbricatis rhacheos internodia 5plo superantibus brevissime pedicellatis linearibus bifloris, flore superiore neutro; glumis sterilibus valde inaequalibus, anguste linearibus, mucronulatis membranaceis 1-nerviis, superiore inferiorem plus duplo superante flore paullo breviore carina scaberula, gluma fertili lanceolata, rigide chartacea, demum fuscescente, in 1/5 superiore biloba, lobis acutis in aristas eas aequantes abeuntibus, margine a basi ad apicem usque accrescendo-ciliata, ciliis albis mollibus summis gluma duplo brevioribus, dorso convexo recto (nec gibbo) scabra, nervo medio marginalibusque percursa, callo acutiusculo breviter barbata, inter lobos apicis aristam exserente gracilem rectam glumam 2—4plo superantem; palea hyalina, gluma 1/4 brevior, obovato-oblonga, margine implicata, glabra; lodiculis minutis oblongis, antheris oblongis, ovario lineari, stigmatibus brevibus parce ramulosis, caryopsi lineari subtrigona, embryone caryopsi duplo breviore; flore sterili unico pedicello glabro 1 mm longo fulto, fertili 1/4 breviore, gluma chartacea, ovali-oblonga obtusa, glabra, scabra, trinervi, ad medium usque fissa, lobis obtusis mucronatis, ex fissura aristam ipsa triplo longiorem exserente. Palea 0.

Culmi 30—40 cm alti, laminae 8—12 cm lg., 2—3 mm lt., spicae 4—4,5 cm lg., spiculae 5 mm lg., antherae 0,5 mm lg.

In Australia boreali-occidentali lg. PEMBERTON-WALCOTT.

Affinis Ch. Meccanae Hochst. et Steud., quae differt gluma fertili apice brevissime bidentula elliptica dorso carinata gibbula, flore sterili obtriangulari truncato integro; Ch. alba Presl. praeterea differt carina glumae fertilis inferne ciliata.

***Eleusine** indica* Gaertn. Fruct. I. 8. — Cynosurus indicus L. — Ins. Neu-Hannover, ad ripas (24. 7. 75.); Nova-Britannia, in arvis Musae ad sinum Blanche Bai (16. 8. 75.).

Gemeines Unkraut in tropischen und subtropischen Gegenden.

E. *verticillata* Roxb. Fl. Ind. ed. Car. & Wall. I. 346. — Leptochloa verticillata Kunth Enum. I. 272. — Acrachne eleusinoides Nees. — In Australia boreali-occidentali lg. Pemberton-Walcott.

In Australien, dem tropischen Asien und Afrika.

E. *radulans* Brown Prodr. 186. — Dactyloctenium radulans Beauv. — Eleusine cruciata Lam.? — E. aegyptiaca Benth. Fl. Austr. — In Australia boreali-occidentali lg. Pemberton-Walcott (29. 5. 75.); in continente juxta Archipelagum Dampieri lg. Dr. Naumann.

Nord-Australien. Nahe verwandt mit der in tropischen und subtropischen Gegenden weit verbreiteten E. aegyptiaca Pers., von der sie mir aber doch spezifisch verschieden zu sein scheint.

Phragmites *Roxburghii* Nees in Nov. Act. Nat. Cur. Vol. XIX. Supplem. p. 173. — Arundo Roxburghii Kunth. En. I. 248. — Ins. Neu-Mecklenburg, in „bambusetis" (?) prope oras rivuli ad litus australe (6. 8. 75).

Weit verbreitet in Indien von Ceylon bis an den Himalaya, im Sunda-Archipel, den Philippinen, S.-China und Japan.

Eragrostis *plumosa* Link. Hort. Ber. I. 192. — Poa plumosa Retz. — Ins. Timor; Koepang, versus Baboun (5. 75). I. Lieut. Zeye.

Gemein im tropischen Asien bis Süd-China (Macao, Hongkong).

E. *tenella* Beauv. Agrost. 71. — Poa tenella L. spec. 101. — Australia boreali-occidentalis: in continente juxta Archipelagum Dampieri (28. 4. 75). Capt. Baro de Schleinitz.

Im nördlichen und östlichen Indien, Süd-China, Japan, den Molukken und Marianen. In Australien vorher nicht beobachtet worden.

E. *zeylanica* Nees in Nov. Act. Nat. Cur. XIX. Suppl. p. 204. — Ins. Neu-Pommern, prope sinum Blanche Bai (13. 8. 75.).

In Indien, dem Sunda-Archipel, Süd-China, Neu-Caledonien.

E. *diandra* Steud. Syn. I. 279. — Poa diandra Brown Prodr. 180. — In Australia boreali-occidentali lg. Pemberton-Walcott.

In Australien endemisch. Die Exemplare nähern sich sehr der E. Brownii, und es ist nicht ganz sicher zu entscheiden (wie dies für manche Fälle auch Benth. in Fl. Austr. VII, 646 angiebt), zu welcher von beiden sie zu stellen seien.

E. *eriopoda* Benth. in Fl. Austr. VII. 648. — Australia boreali-occidentalis: in continente juxta Archipelagum Dampieri (28. 4. 75.). — Capt. Baro de Schleinitz; alia exstant specimina a Pemberton-Walcott lecta.

In Nord-Australien endemisch.

E. *sclerantha* Nees Fl. Afr. austr. I. 388 var.? — Liberia: in silvis pr. Monroviam (5. 8. 74.). No. 29.

Im Kaplande; das vorliegende Exemplar ist höher, hat eine längere Rispe als die Kapensischen und kahle Blattscheiden.

Centotheca *lappacea* Desv. in Journ. de Bot. 1813, p. 70. Kunth En. I. 366 var. *biflora* Benth. Fl. Austr. VII. 641. — Ins. Neu-Hannover: in collibus graminosis frequens (20. 7. 75).

Ueber das tropische Asien und Afrika ziemlich allgemein verbreitet; in Queensland.

Poa *annua.* L. Spec. 99. — Fretum magellanicum, in pascuis prope Punta Arenas (7. 2. 76.); Kerguelen, in litore ad Royal Sound, Three Islands, Betsy Cove (21. 11. bis 12. 12. 74). No. 260.

Ein kosmopolitisches Gras.

P. *cespitosa* Schrad. ap. Spreng. in Mém. Ac. St. Petersb. T. II. p. 302. t. 8; Benth. Fl. Austr. VII. 651 (forma typica). — Ins. St. Paul in oceano indico: in praeruptis (12. 7. 75.).

Die typische Form von Neu-Seeland und Lord Howe's Island bekannt, die ihr nahestehende var. laevis = P. laevis Brown (P. australis v. laevis Hook.) sowie verschiedene andere, von Bentham wohl mit Recht ihr als Varietäten untergeordnete Formen im extratropischen Australien verbreitet.

P. *Novarae* Reichardt in Verhandl. d. k. k. zoolog.-bot. Gesellsch. Wien XXI (1871) p. 31. — Ins. St. Paul in oceano indico: ad craterem, magnos caespites formans.

Auf der Insel endemisch.

P. *Cookii* Hook. f. in Bot. Kergu. Isl. 22, in Phil. Transact. CLXVIII. — Festuca Cookii Hook. f. Fl. Antarct. p. 382. t. 139. — Ins. Kerguelen: Betsy Cove (1. 75.).

Endemisch.

Atropis *magellanica* Desv. in Gay. Fl. chil. VI. 394. Catabrosa magellanica Hook. f. Fl. Antarct. I. 387. — Fretum magellanicum: in pratis paludosis juxta mare prope Punta Arenas (7. 2. 76.).

Bisher nur längs dieser Strasse gefunden.

Festuca *kerguelensis* Hook. fil. Bot. Kerg. Isl. in Phil. Transact. CLXVIII. 22. — Triodia kerguelensis Hook f. Fl. Antarct. 379. t. 138. — Ins. Kerguelen: Winter Harbour, Betsy Cove (9. 12. 74.).

Endemisch. Sicher eine Festuca, obwohl die sehr kurze Granne etwas unter der zweispaltigen Spitze entspringt. Hilum linealisch, von der Länge der Frucht.

F. *ovina* L. *genuina* subv. *hispidula* Hack. Monogr. Fest. europ. p. 87. — Fretum magellanicum: in pascuis arenosis ad margines silvarum prope Punta Arenas (7. 2. 76.).

Genau mit der in Europa vorkommenden Form identisch. Die Spezies ist auch in Nord-Asien und Nord-Amerika verbreitet.

F. *erecta* Urville Fl. Malouin. p. 31; Brongn. in Dup. Voy. 37. t. 7. — Ins. Kerguelen: Betsy Cove, in locis lapidosis frequens (11. 12. 74).

Feuerland, Falklands-Inseln, Hermite Isl., Süd-Georgien.

F. *rubra* L. Spec. ed. 1. I. p. 74. var. *genuina* sub. *juncea* Hack. Monogr. 138. — Fretum magellanicum: in pascuis prope Punta Arenas (7. 2. 76.).

Die Species hat eine ähnliche, noch ausgedehntere Verbreitung wie F. ovina. Das vorliegende Exemplar unterscheidet sich von der europäischen Form, welche oben citirt wurde, nur durch die durch kleine Pünktchen rauhen glumae fertiles.

F. *purpurascens* Banks & Soland. in Hook. f. Fl. Ant. 383. t. 140. — Fretum magellanicum, in littore sinus Tuesday Bai, cum forma vivipara (2. 2. 76.).

Feuerland, Port Famine, Good Success Bai (Hook.).

F. *fuegiana* Hook. f. Fl. Antarct. p. 380. t. 141 forma *vivipara* — Fretum magellanicum: ad margines silvae prope Punta Arenas (7. 2. 76.).

Feuerland (Hook.). — Scheint mir besser bei Poa untergebracht zu sein; doch lässt das bloss vivipare Exemplar keine Entscheidung darüber zu.

Bromus *catharticus* Vahl Symb. II. 22. — B. stamineus Desv. in Gay Fl. Chil. VI. 440. — B. Cebadilla Steud. Syn. I. 321. — Fretum magellanicum: in pascuis prope Punta Arenas (7. 2. 76.).

Peru, Chile, Argentinien.

Lepturus *repens* Brown Prodr. I. 207. — Rottboellia repens Forst. — In Insulis Lucipara maris Banda (1. 6. 75.); Ins. Neu-Hannover, in litore occidentali (21. 7. 75.).

Auch in Nord-Australien, Queensland und verschiedenen Inseln des südpacifischen Oceans (Neu-Caledonien, Tahiti etc.).

Hordeum *comosum* Presl. Reliqu. Haenk. I. 327. — H. andinum Trin. in Linn. 1835. p. 304. — H. jubatum Hook. f. Fl. Antarct. non L. — Fretum magellanicum: in pratis uliginosis prope Punta Arenas (7. 2. 76.).

In Chile bis zur Atacama-Wüste.

Cyperaceae.

Bearbeitet von O. BOECKELER.

***Lipocarpha** argentea* RBr. Verm. Schrift. I, 277. — Congo, Insel bei Ponta da Lenha (9. 74.).

Verbreitet in Afrika, auch in Ostindien und Südamerika.

***Hypolytrum** giganteum* Wallr. herb. n. 3404 = H. trinervium Kunth. — Ins. Neu-Guinea, in parte occidentali (6. 75.).

Nicht selten im indisch-malayischen Gebiet.

***Cyperus** (Pycreus) polystachyus* Rottb. Gram. 39, t. 11, f. 1. — Liberia, Monrovia. — 8. 74. — Ins. Neu-Hannover, in parte occidentali (7. 75.).

Verbreitet in den Tropen der alten und neuen Welt.

C. triqueter Bcklr. in Regensb. Flora 1879, p. 548; viridis, radice fibrosa rubescente; culmis pluribus fasciculatis tenuibus leviter flexuosis triquetris basin versus vaginatis; vaginis ampliatis plus minus fissis facie antica tenui-membranaceis, dorso herbaceo striatis, inferioribus nudis, sequentibus laminiferis; foliis angustis linearibus acute carinatis subcomplicatisve laevibus, supremo saepissime elongato culmum subaequante, sequentibus brevissimis; umbella subseptemradiata, radiis patentibus setaceis triangularibus 7—3 lin. longis, intermedio sessili, 11—5-stachyis; involucro diphyllo erecto umbella breviore; spiculis divergentibus angustis linearibus compressis acutiusculis rectis v. leviter incurvatis 5—3 lin. longis, $^{3}/_{5}$ lin. latis 24—14—30-floris; rhachilla tenui recta dentata, foveis brevibus haud profundis; squamis dense imbricatis apice patulis, ovato-oblongis e carina laete viridi enervi brevissime mucronatis, lateribus ferrugineo-purpureis; caryopsi minutissima vitrea abbreviato-ovata vel ovali apiculata annulato-pedicellata triangula obsoletissime reticulata flavida; stylo subtilissimo haud erecto. — Species ad C. bellum accedit. — Congo, in insula pr. Ponta da Lenha. — No. 151.

C. monroviensis Bcklr. in Bot. Jahrb. V. 90; radice fibrosa, fibrillis numerosis capillaribus multiramulosis; culmis pluribus fasciculatis 3—1,5 dm. alt., strictis tenuibus firmis trigonis ima basi multifoliatis reliqua parte perfecte nudis; foliis confertissimis subaequalibus 8—9 cm long., apice ad margines subtiliss. dentatis; umbella simplici parva, 2,5—4,5 cm diam., 6—7 radiata, radiis patentiss. brevibus validulis obsolete trigonis ad 8 mm long.; involucri foliis 4 patentiss. illis basilaribus similibus, infimo sesquipollicem circ. longo; spiculis numerosis minutis in radiorum apice confertis patentissimis atro-ferrugineis lineari-oblongis compressiusculis circ. 4 mm. lin. long. 10—12 floris; squamis nitidulis dense imbricatis, fructiferis apice patulis, ovalibus obtusis carinato-navicularibus dorso trinervato pallidioribus, ad latera fusco-atris v. atropurpureis, e carina acuta breviss. mucronatis; rhachilla valida recta aptera, foveis brevibus profundis; car. perminuta squama $^{1}/_{3}$ breviore ovali obtusa obtusangula dense punctata brunnea nitidula; stigmatibus subtilibus exsertis reflexis. — Ex affin. Cyperi Grantii Bcklr. — Liberia, pr. urbem Monrovia (8. 74.).

C. flexifolius Bcklr. in Regensburger Flora 1879, p. 549; radicis fibrillis purpurascentibus; culmis subbinatis erectis firmis tenuibus 10—5 poll. altis vix semilineam diametri, triangularibus sulcato-striatis basi plurifoliatis; foliis flexuosis confertis culmo multo brevioribus rigidulis angustis longe angustato-acuminatis, carinatis, marginibus reflexis carinaque acute dentatis, basi lineam circ. latis, 6—3 poll. longis; floralibus 4—3 patentissimis, 4—1 poll. longis; umbella subhemisphaerica compacta submultiradiata $2^{1}/_{2}$—1 poll. in diam. (in speciminibus parvis capituliformi); radiis usque ad basin spiculis obsitis; his fasciculatim dense aggregatis linearibus vel oblongo-linearibus compressis obtusis 3—4 lin. longis $^{3}/_{4}$ lin. latis 18—40-floris; squamis (mox secedentibus) perminutis dense imbricatis adpressis carinato-navicularibus obovato-orbiculatis dorso septemnerviis infra apicem rotundatum evidenter mucronatis stramineo-rufescentibus tardius rufo-ferrugineis, nitidulis; caryopsi minutissima squama $^1/_3$ breviore semivitrea ovali aequilatero-triangulari subtilissime punctata flavida; stylo vix parum exserto tenerrimo ad medium usque trifido. — Ex affinitate C. proteinolepidis. — Congo, in insula pr. Ponta da Lenha (9. 74.).

C. Haspan β. americanus Bcklr. Cyper. p. 179. — Liberia, pr. urbem Monrovia (8. 74.).
Verbreitet im tropischen Amerika.

C. longus L. *δ. tenuiflorus* Bcklr. Cyper. 227. — Congo, in insula pr. Ponta da Lenha (9. 74.).
Bisher bekannt von Kapland.

C. Naumannianus Bcklr. (Regensb. Flora 1879, p. 552); glaucescens; stoloniferus; radicis fibrillis elongatis tenuibus multiramulosis e culmi basi tuberascenti ortis; stolonibus filiformibus vaginis lanceolatis brunneis vestitis per intervallum tuberascentibus; culmo 7—5 poll. alto erecto tenui triangulari basi plurifoliato; foliis culmo multo brevioribus patentibus rigidulis angustis planis acute carinatis longe angustato-acuminatis $^3/_4$—$^1/_2$ lin. latis; floralibus 4 patentibus umbella subsimplici sexradiata parum longioribus; umbellae radiis patentibus setaceis, exterioribus 1—$^1/_2$ poll. longis, interdum pauciramulosis, interioribus fere sessilibus; spiculis parvis 8—9 remotiusculis patentibus sordide pallidis lineari-oblongis oblongisve obtusis tumidulis 2$^1/_2$—1$^3/_4$ lin. longis, semilineam latis 10—8-floris; squamis minutis hyalino-membranaceis adpressis ovatis vel ovato-sublanceolatis obtusis muticis carinato-navicularibus, dorso subtilissime plurinerviis subcoloratis, lateribus pallidis; caryopsi perminuta squamae vix dimidium aequante obovata triangulari apiculata subtiliter granulata fuscescente nitidula; stylo subtilissimo parum exserto; rhacheola tenerrima exalata. — Species *C. rotundo* proxima. — Congo, in insula pr. Ponta da Lenha (9. 74.). — n. 142.

C. tenuiculmis Bcklr. Cyperac. p. 232. — Liberia, pr. urbem Monrovia (8. 74.).
Verbreitet in Westafrika und Ostindien.

C. Papyrus L. Cod. p. 62. — Congo, ad ripas fluvii, imprimis in regione Rhizophoracearum, etiam in fluvio ipso insulas natantes efformans. — „Loango" der Eingeborenen (9. 74.).
Verbreitet im tropischen Afrika.

C. fastigiatus Rottb. Descr. et icon. p. 32, t. 7, f. 2. — Timor, pr. Koepang (5. 75.).
Bisher vom Kapland bekannt.

C. ligularis L. Cod. p. 62. — Liberia, pr. urbem Monrovia (8. 74.).
Bekannt aus Westafrika, Australien und dem tropischen Amerika.

C. pennatus Lam. Kunth. Cyper. 83. — Ins. Vitiensis Matuku (10. 75). — Ejusdem speciei forma spiculis minimis subquadrifloris: C. parviflorus Vahl. Enum. II. 352. — Ins. Neu-Hannover, ad litora (7. 75.).
Bekannt aus dem tropischen Amerika und tropischen Asien.

C. thyrsiflorus Jungh. in Linnaea VI. 24. — Liberia, in paludibus pr. urbem Monrovia (8. 74.).
Bisher nur aus dem tropischen Amerika bekannt.

C. umbellatus (Rottb.) Benth. Fl. Hongkong. 386. — Liberia, pr. urbem Monrovia (8. 74).
Bisher von China bekannt.

C. Steudelianus Bcklr. Cyper. p. 324. — Ins. Ascension, Green mount, alt. 600 m (8. 74).
Bisher aus Abyssinien bekannt.

C. (Diclidium) Novae-Hannoverae Bcklr. in Bot. Jahrb. V. 91. Pallide viridis; culmo subbipedali, 4 mm diam. triquetro leviter compresso, basi incrassata vaginis brevibus aphyllis brunneis mox dissolutis tecto, pauci- (2-) foliato; foliis approximatis rigidulo-herbaceis planis sursum longe angustatis margine nervoque mediano serrulato-scabris 4,5—3 dm longis, 8—6 mm lat.; vaginis elongatis membranaceis integris pallide flavo-purpureis 1,8 dm long., umbella composita 6radiata, radiis erectis valde inaequalibus trigonis 10—5 cm long., intermedio sessili; ochreis radiorum in laminam foliaceam integram productis, sesquipollicem circ. longis; involucri foliis 6 subdistichis, infimis umbella duplo longioribus, 8 mm latis; radiis secundariis numerosis setaceis patentissimis 3,6—1,8 cm long. fere ad basin usque spiculis obsessis; involucellis 6—7 phyllis, foliolis longioribus umbellulas plus duplo superantibus ultra 1 mm lat.; spiculis patentissimis tenerrimis brevibusve teretibus acutis flexuosis deinde rectis, 4—4,5 mm long. 3—4 floris, flore supremo imperfecto; squamis adpressis convexis ovatis rotundato-obtusis dorso tenui-nervato viridulis ad latera pallidis ferrugineo-variegatis. — Ex affin. C. multibracteati Bcklr. — Ins. Neu-Hannover, in paludibus.

***Kyllingia** vaginata* Lamck. illustr. — Liberia, pr. urbem Monrovia (8. 74.).

Bekannt vom tropischen West-Afrika und Domingo.

K. *triceps* Rottb. Descr. et icon. 4, t. 4, f. 6. — Ins. Neu-Hannover, in parte occidentali (7. 75.).

Bekannt aus Ost-Indien.

K. *Naumanniana* Bcklr. in Regensb. Flora 1879, p. 516. — Congo, pr. Boma (9. 74.).

β. tenuis, Bcklr. in Bot. Jahrb. V. 90, culmis numerosis 2,6—1,3 dm alt., tenuibus; foliis angustioribus lineam circ. latis; involucro 3—4 phyllo, foliolis 5—1,2 cm long.; capitulo minori viridulo subtriangulari e simplicibus saepiss. tribus inaequalibus composito; rhachi spicarum pertenui, discis laxe dispositis minutis vertice porosis; spiculis rectis; squamis sordide pallidis, carinae ala laete viridi purpureo-punctata. — Liberia, pr. urbem Monrovia (8. 74.).

Dieselbe Varietät sammelte H. Soyaux im Territorium Munda. Die Pflanze ist mithin über einen grossen Theil der tropischen Westküste des Welttheils verbreitet.

***Scirpus** setaceus* L. *β. pygmaeus* Bcklr. Cyper. p. 448. — Fretum magellanicum, Tuesday-Bai, locis paludosis, ad littora (2. 76.).

Zerstreut in subtropischen und extratropischen Gebieten der südlichen Halbkugel.

Sc. *subulatus* Vahl. Enum. II, 268. — Variatio *stolonifera*. — Australia bor.-occid. ad archipelagum Dampieri (4. 75.).

Die Pflanze ist für Neu-Holland in Bentham's Flora nicht verzeichnet. Bekannt von Arabien und Ost-Indien.

Sc. *atropurpureo-vaginatus* Bcklr. in Regensb. Flora 1882, p. 14. — Ex affin. Sc. dioeci. — Ins. St. Paul (2. 75.).

Vélain sammelte die Pflanze auf der Insel Amsterdam.

Sc. *dipsaceus* Rottb. Gram. 56, t. 12, f. 1. — Congo, pr. Ponta da Lenha et Boma (9. 74.).

Bekannt von Ost-Indien und dem Amurland.

Sc. *(Oncostylis) barbatus* Rottb. Gram. 52, t. 17, f. 4. — Forma glabra ac laevis. — Ins. Dana. — (1. 75.).

Zerstreut in den Tropenländern der alten Welt.

***Heleocharis** Naumanniana* Bcklr. in Bot. Jahrb. V. 92. — Planta aquatilis pertenuis flaccida olivacea prolifero-ramosa subsesquipedem longa; culmis copiosis filiformi-setaceis ramisque numerosis fere capillaribus fasciculatis teretibus compressiusculis septato-nodulosis saepiss. sterilibus; vaginis ramorum tenui-membranaceis angustis flavidis ore perfecte nudis; spicula (e basi saepe prolifera) pertenui (sub anthesi) anguste acuminato-lineari circ. 4 mm longa uniflora; squamis duabus erectis parum inaequalibus tenuiter membranaceis amplectentibus acuminato-linearibus uninerviis albidis ferrugineo-lineolatis; caryopsi setis destituta, parva squamae partem tertiam parum superante late ovali basi contracta, triangula, angulis obtusiusculis prominentibus faciebus convexis tessellatis, brunnea, styli parte persistente conica basi constricta concolori coronata. — Liberia, in paludibus pr. urbem Monrovia (8. 74.).

Durch die sehr dünnen und verlängerten, in vorzüglichem Maasse proliferirend-ästigen nebst den Aesten septirten Halme, wie durch die Beschaffenheit des Aehrchen und seiner Theile ist diese Art sehr ausgezeichnet. Die eigenartige Beschaffenheit des letzteren theilt die Pflanze mit Hel. capillacea Kunth.

***Fimbristylis** (Eufimbrist.) aestivalis* Vahl Enum. 288. — Congo, in insula pr. Ponta da Lenha (9. 74.).
Bekannt von Ost-Indien und Ost-Asien.

F. (Eufimbrist.) Novae-Britanniae Bcklr. in Bot. Jahrb. V. 93. — Glauco-virens, rigida; rhizom. repente crassiusculo duro nodoso vaginis rigidis laminiferis luteis tecto, fibrillis lanuginosis; culmis firmis sesquipedem circ. altis tenuibus trigonis apice ad angulos obsolete denticulatis basi plurifoliatis; foliis confertis rigidis falcatis linearibus obtusis rufescentibus planis leviterque canaliculatis utrinque dense punctulatis margine scabridis 1,5—1 dm long. 2,5—2 mm lat.; vaginis brevibus fissis antice membranaceo-tenerrimis rufis hirtellis; umbella parva (2,8 cm alta) semicomposita, radiis pluribus (7) brevibus tenuibus compressiusculis, longioribus paucis triramulosis 1,4—1 cm long., reliquis simplicibus monostachyis; foliis duobus involucralibus umbella parum brevioribus linearibus basi dilatata ad margines spinulosis; spiculis (maturis) elongato-ovatis acutis multifloris 0,8—1 cm long. 3 mm diam.; squamis scariosis dense imbricatis patulis late ovatis carinato-convexis breviter acutato-mucronulatis carina trinerviis, pallide stramineis superne rufo-variegatis, nitidis; car. perminuta squamae partem tertiam vix aequante late obovata stipitata lenticulari-compressa umbonata longitudinal. costulata transverseque impresso-lineata fusca nitida; stylo parum exserto fimbriato-ciliato. — Ex affin. F. polymorphae, F. macrostachyae. — Ins. Neu-Pommern (Neu-Britannien), in parte boreali-orientali (8. 75.).

F. (Eufimbr.) polymorpha Bcklr. Cyper. p. 550. — Congo, in insula pr. Ponta da Lenha. — Forma minor depauperata. — Liberia, pr. urbem Monrovia (8. 74.). — Ejusd. speciei forma glauca latifolia. — Ins. Neu-Hannover (7. 75.).
Verbreitet in den tropischen und subtropischen Gebieten.

Var. *hirsuta* Bcklr. in Bot. Jahrb. V. 93. — Congo, in insula pr. Ponta da Lenha.

F. (Eufimbr.) ferruginea Vahl Enumer. 291 (spec. emend.). — Liberia, pr. urbem Monrovia (8. 74.).
Verbreitet in den Tropenländern der alten und neuen Welt.

F. (Trichelost.) rufa Bcklr. in Bot. Jahrb. V. 93. — Caespitosa, glabra ac laevis, radice fibrosa; culmis numerosis erectis setaceo-filiformibus obsolete triangulis leviter compressis basi paucifoliatis; foliis brevibus (6,5—4 cm long.) atque perangustis canaliculatis breviss. acutatis apice extremo tantum ad margines denticulatis; vaginis brevibus superne ampliatis antice membranaceis luteis ore oblique truncato nudis; umbella simplici 5—6 radiata (raro ad spiculam singulam reducta); radiis patentibus capillari-setaceis 12—6 mm long., intermedio sessili, monostachyis v. rariss. distachyis; involucro subtriphyllo abbreviato umbella multo breviore, phyllis e basi lanceolata cuspidatis; spiculis orbiculato-ovatis rotundato-obtusis multifloris 4,6—5 mm long.; squamis membranaceis carinato-convexis oblongo-orbiculatis rotundato-obtusis (interdum truncato-emarginatis), apice subtiliss. ciliatis, carina angusta obtusa obsolete trinervi viridi-straminea, lateribus rufis; car. perminuta nivea squamae partem tertiam aequante late obovata breviss. stipitata apiculata obtusangula faciebus convexis transversim tuberculata (interdum et porosa); stylo tenerrimo atque perbrevi vix stigmatibus parum exserto; filamentis 3 perangustis. — Species e vicinia F. hispidulae Kunth. — Australia bor.-occid. ad archipelagum Dampieri (4. 75.).

F. (Trichelost.) hispidula Kunth Enum. 227.

β. Cioniana Bcklr. Cyperac. 564, forma minor. — Congo, in insula pr. Ponta de Lenha.
Verbreitet in Afrika.

Var. *capillaris* Bcklr. in Regensb. Flora 1879, p. 565. — Congo, pr. Boma.

***Rhynchospora** aurea* Vahl Enum. II, 229. — Liberia, pr. urbem Monrovia.
Verbreitet in den Tropen der alten und neuen Welt.

Scleria lithosperma Willd. Spec. VIII, 316. — Ins. Neu-Guinea, in parte occidentali sinus Mac Cluer-Bai (6. 75.).

Verbreitet in den Tropen der alten und neuen Welt.

S. Naumanniana Bcklr. in Bot. Jahrb. V. 94. — Laete viridis; rhizomate parum elongato horizontali noduloso vaginis parvis ovatis tecto, fibrillis rigidis longis purpureis; culmis paucis (3) distantibus circ. 1 m altis 4 mm diam. triquetris laevibus foliosis; foliis subcoriaceo-rigidis pedem et supra longis planis 6 mm latis sursum longe angustatis apice tantum denticulato-scabris; vaginis angustis ligulaque brevi obtusa hirsutis, interdum glabris; paniculis 5—7 compositis valde remotis (fructif.) oblongo-lanceolatis multiramosis densiusculis 9—5,6 cm longis, lateralibus longiuscule pedunculatis; bracteis omnibus primariis elongatis; rhachi primaria glabra atque laevi; paniculae ramis erecto-patulis brevibus, circ. 2,5 cm longis, laevibus glabrisve; bracteis secundariis anguste linearibus basi vix dilatatis ramos non raro superantibus; spicula foeminea cum mascula longiuscule pedunculata oblonga vix sesquilineam longa semper conjuncta; squamis chartaceo-rigidis testaceis: masculis ovato-lanceolatis e carina cuspidatis, foemineis suborbiculatis breviter acutato-mucronatis; car. (longe persistente) squamis multo longiore exacte ovata trigona vertice late umbonata laevi ac glabra lactea nitida; perigyniis concretis subconformibus emarginato-trilobis: superiore albido lobis rotundatis margine incrassatis, inferiore multo minore fusco. — S. polycarpae proxima. — Liberia, pr. urbem Monrovia.

Araceae.

Pothos Zippelii Schott in Ann. Mus. Lugd. bat. I. 131; Engl. in DC. Monogr. Phaner. II. p. 86. — Ins. Neu-Guinea, in parte interiore sinus Mac Cluer-Bai, frequens in silva Rhizophoracearum (17. 6. 75.).

P. papuanus Becc. mpt.; Engl. in Malesia I. p. 261. — Ins. Neu-Guinea, cum priore.

Beide Arten wegen mangelnder Blüthen nicht mit Sicherheit bestimmbar.

Epipremnum mirabile Schott Gen. Ar. t. 79. — Timor, Montes Taimanani, in parte boreali sinus Koepang-Bai, ad altas arbores altissime scandens, etiam frequens prope Koepang (24. 5. 75.). — Ins. Neu-Hannover, in ora occidentali, Cap Queens Charlotte, in silva Rhizophoracearum (19. 7. 75.).

Ueber die verwickelte Synonymie dieser im malayischen Gebiet, namentlich in der austro-malayischen Provinz, weit verbreiteten Pflanze vergleiche man namentlich meine Bemerkungen in den Bot. Jahrb. I. 181.

Colocasia Antiquorum Schott. Meletem. I. 18. — Timor, pr. pagum Taimanani, in silva montana circa 450 m (24. 5. 75.).

Verbreitet im malayischen und polynesischen Gebiet.

Lemnaceae.

Spirodela oligorrhiza (Kurz) Hegelmaier var. *melanorrhiza* (F. Muell. et Kurz) Hegelmaier Lemnaceae p. 148. — Lemna melanorrhiza F. Muell. et Kurz in Seem. Journ. 1867, p. 115 pr. p. — Ins. Vitiensis Levu, Rewa inferior, in fossis pagi (1. 12. 75.).

Flagellariaceae.

Flagellaria indica L, Kunth Enum. III. 370. — Ins. Neu-Hannover, in parte interiore circ. ad 250 m, in fruticetis montanis atque in silva littorali (25. 7. 75.).

Verbreitet im tropischen Asien und in Afrika.

Commelinaceae.

Pollia macrophylla Benth. Fl. austral. VII. 90. — Ins. Salomonis, Bougainville, inter gramina et filices (28. 8. 75.).

Findet sich auch mehrfach in Nordost-Australien, in Queensland.

Xyridaceae.

***Xyris** indica* L. — Liberia, Monrovia (8. 74.).

Die Pflanze wurde bisher, wie es scheint, nur in Indien gefunden.

Liliaceae.

***Dracaena** reflexa* Lam. Encyc. II. 324; Baker in Journ. Linn. Soc. XIV. 530. — Ins. Neu-Mecklenburg (Neu-Irland), in parte austro-orientali, Port Sulphur, in silva primaeva littorali (Djungl) (19. 8. 75.).

Kleiner verzweigter Baum.

In Mauritius heimisch; aber in den Tropen mehrfach cultivirt und hier wahrscheinlich verwildert.

***Cordyline** terminalis* Kunth var. *sepiaria* (Seemann) Baker in Journ. Linn. Soc. XIV. 539. — C. sepiaria Seemann Fl. Vit. 311, t. 94. — Ins. Neu-Mecklenburg (Neu-Irland), in ora meridionali (31. 7. 75.).

Von den Eingeborenen werden die Blätter als Armschmuck getragen.

Ins. Vitiensis Matuku, in silva montana (24. 11. 75.).

Wird 2—6 m hoch, führt auf Matuku den Namen „Doke"; die Wurzel „Ng'ai" wird von den Eingeborenen genossen.

Diese Varietät ist schon von beiden Fundorten bekannt; die typische Form und ihre Varietäten sind durch das ganze malayische und polynesische Gebiet zerstreut.

***Asparagus** racemosus* Willd. Sp II. 152; Baker in Journ. Linn. Soc. XIV. 623. — A. dubius Decaisne Nouv. Ann. Mus. III. 363. — Timor, Koepang versus Babomo (5. 75.).

Verbreitet im ganzen Tropengebiet der alten Welt.

Amaryllidaceae.

***Crinum** macrantherum* Engl. in Bot. Jahrb. VII. 448. foliis magnis, basi lata sessilibus, late lineari-lanceolatis, apicem versus longe angustatis; bracteis involucrantibus late lanceolatis, demum floribus longe superatis; pedicellis brevibus, ovario elongato fusiformi, tubo tenuissimo quam laciniae lineares acutae breviore; staminum filamentis angustissimis lacinias aequantibus, antheris anguste linearibus longissimis filamenti circa $^1/_3$—$^1/_4$ longitudine aequantibus, cruribus inaequilongis.

Herba usque 1 m alta, caudice crasso, multifoliato. Folia fere 1 m longa, medio circiter 1 dm lata. Pedunculus 1 dm longus, fere 2 cm crassus. Bracteae involucrantes 1,5 dm longae, e basi 3 cm lata sursum angustatae. Pedicelli 1,5—2 cm longi, sensim in ovarium 2—2,5 cm longum, 4—5 mm crassum transeuntes. Perianthii albi, odori tubus supra ovarium circ. 8 cm longum, 3—4 mm crassum, laciniae circ. 1 dm longae, 7—9 mm latae. Staminum filamenta lacinias subaequantia, antherae 3 - 3,3 cm longae, 1,5 mm latae, altera crure circ. 1,2, altera 1,8 cm et ultra longa.

Ins. Neu-Mecklenburg (Neu-Irland), in parte media montana orae meridionalis ad fluvium parvum inter bambusas (6. 8. 75.). — Ins. Neu-Hannover, ora meridionalis (23. 7. 75.).

Verwandt mit Crinum pedunculatum R. Br.; aber verschieden durch doppelt so breite Blätter; ferner sind bei unserer Pflanze die Staubblätter so lang wie die Segmente der Blüthenhülle, nicht halb so lang. Endlich erreichen hier die Antheren eine Länge von 2,5 cm, hingegen bei Cr. pedunculatum nur 1,5 cm.

Taccaceae.

***Tacca** pinnatifida* Forst. Plant. escul. p. 59 excl. syn. Rumph.; Forst. Prodr. n. 209. — Ins. Neu-Mecklenburg (Neu-Irland), in parte austro-orientali, Port Sulphur, in silva littorali (20. 8. 75.); insulae Salomonis, Bougainville.

Ist auf lockerem sandigen Boden an den Küsten der Fidji-Inseln, der Gesellschafts-, der Samoa-Inseln und an der Sundastrasse verbreitet.

Zingiberaceae.

***Curcuma** longa* L. Spec. n. 3; Roscoe in Trans. Linn. Soc. KIII. 355.

Bei der Schwierigkeit, Arten der Zingiberaceen im trockenen Zustande zu unterscheiden, ist diese Bestimmung nicht ohne Zweifel aufzunehmen.

Ins. Neu-Hannover, in silvis ad oram meridionalem, etiam in montibus (24. 7. 75.).

Verbreitet in Ostindien und auf den Inseln des indischen Archipels.

***Alpinia** nutans* (Willd.) Roscoe in Trans. Linn. Soc. VIII. 346. Nom. vern.: „Labue". — Ins. Neu-Hannover, Cape Queen Charlotte, in silva Rhizophoracearum (20. 7. 75.). — Ins. Salomonis, Bougainville, in silva littorali orae occidentalis (26. 8. 75.).

Verbreitet auf den Sunda-Inseln.

Marantaceae.

Clinogyne grandis (Miq.) Benth et Hook. — Ins. Neu-Guinea, in interiore parte sinus Mac Cluer-Bai, in silva umbrosa, usque 2 m alt. (18. 6. 75.).

Verbreitet in Vorderindien, Java und auf den Molukken.

Orchidaceae

bearbeitet von F. Kraenzlin.

Malaxis (Sect. *Oberonia) glandulosa* Rchb. f. in Walp. Annal. VI. p. 215; A. Seemann. Flor. Vit. p. 302. — Oberonia glandulosa Lindl. Fol.-Orch. No. 37. — Ins. Vitienses, Viti Levu? — Epiphytica cum Filicibus, Lycopodiaceis etc. (30. 11. 75.).

Das einzige Exemplar der Sammlung ist lange nach der Fruchtreife gesammelt. Die drüsige Behaarung der Deckblätter, der Ueberreste der Blüthe und der Kapseln sowie die sonstigen Merkmale machen die Bestimmung zweifellos.

***Microstylis** segaarensis* Kränzl. in Bot. Jahrb. VII. 435, sepalis ovatis obtusis, petalis latioribus rotundatis brevioribus, labello 3-lobo, lobis lateralibus maximis semiorbicularibus, intermedio profunde-bilobo, antice grosse dentato, basi excavato, gynostemii dentibus in brachia protractis, toto flore 5 mm diametro (statu expanso), aurantiaco; foliis (4—5) angustis, lineari-lanceolatis usque 25 cm longis, ad 1 cm latis, racemum fere aequantibus, scapo nudo usque 30-floro, bracteis ovali-lanceolatis ovario multo brevioribus, deflexis. — Ins. Neu-Guinea, in parte occidentali; in interiore parte sinus Mac Cluer-Bai, in silva montana (18. 6. 75.).

Das Datum ergiebt, dass die Expedition sich zur Zeit in der Segaar-Bai befand, und wird es deshalb erlaubt sein, diesen Namen des an Orchideen ergiebigsten Sammelplatzes der Pflanze beizulegen, welche, so weit meine Angaben reichen, die erste in Neu-Guinea gesammelte Microstylis ist. An dem einen Exemplar waren die unteren Blüthen alle befruchtet; besassen aber noch ihre sehr kleinen Pollenmassen, die oberen waren alle abgefallen, und aus den zwei in Alkohol aufbewahrten Blüthen waren die Pollenmassen entfernt. Sollte hier ein Fall von Monoecie vorliegen? Keine der publicirten Diagnosen passt völlig, manche sind sehr lakonisch abgefasst und, wie es scheint, nach wenig genügendem Material, da die Sammler bisher diese „botanical Orchids" zu ignoriren pflegten. Wenn ich die Tab. 1631 in Wight's Icon. Ind. or. — Microstylis discolor — richtig verstehe, so sind No. 3 und 4 der Analysen — die beiden Darstellungen des Labellums — sehr ähnlich dem Befunde bei unserer Art; völlig verfehlt sind die sog. Analysen derselben Art im Bot. Mag. Tab. 5403.

Dendrobium (Sect. *Aporum) anceps* Roxb. — Aporum anceps Lindl. — Timor, in silvis montanis prope Koepang, in arboribus (18. 5. 75.).

Verbreitet in Ost-Indien.

D. *Roxburghii* Griffith. — Ins. Neu-Guinea, in parte occidentali Segaar-Bai (17. 6. 75).

Ausserdem auf Amboina gesammelt.

D. (Sect. *Dendrocoryne*) spec. — Timor, in silvis montanis inter Koepang et Baun.

Das einzige Exemplar der Sammlung ist lange nach der Blüthezeit gesammelt und ohne eine Spur von Blüthen. Aus der Form der Bulben, welche lang, spindelförmig und achtkantig sind, mit vier etwas mehr hervortretenden Kanten, lässt sich jedoch die Verwandtschaft hinlänglich feststellen.

Die Section Dendrocoryne ist zum grössten Theil und die von Ldl. damit vereinigte Gattung Desmotrichum Bl. gänzlich insular, von Indien bis Australien.

D. *(Dendrocoryne) macrophyllum* A. Rich. Sert. Astrolab. tab. 6 p. 22; Bot. Mag. (var. *Veitchianum*) tab. 5649. — Ins. Neu-Guinea, in parte boreali-occidentali, Galewostrasse, in silvis primaevis insulae (23. 6. 76.).

Exemplar ohne Blüthe (nach der Etiquette gelb). Die Materialien (drei Bulben, eine mit Blüthenstandspindel und Deckblättern, zwei Blätter und drei aufgesprungene Kapseln) ermöglichen es, die Pflanze als das bereits von der Expedition des „Astrolabe" gesammelte D. macrophyllum A. Rich. zu bestimmen.

Bisher nur von Neu-Guinea bekannt.

D. *(Stachyobium* + + + Lab. 3-lobum.) *Gazellae* Kränzl. in Bot. Jahrb. VII. 436; sepalis petalisque ovali-lanceolatis, lateralibus falcatis deflexis conniventibus; labelli trilobi lobis lateralibus in dentes lineares reductis, intermedio lanceolato, disco lamellis 2 in fimbrias v. lacinias crebras dissolutis (margine ipso integro) eximio, anthera subcristata vertice pilosa. — Taf. V.

Caules ima basi incrassati, deinde attenuati proceri ad 35 cm alti. Folia subdisticha basi vaginantia, vagina rugosa ovalia obtusa inaequilatera, apice subbiloba, firma coriacea supra mediam caulis partem decrescentia, supra omnino desinentia in vaginas reducta, maxima 6 cm longa, 2 cm lata. Flores in tertia parte superiore in pseudo-racemum pauciflorum dispositi, e ramulis brevissimis basi squamis brunneis munitis plerumque singuli rarius bini orientes, partim jam in regione foliosa caulis, plerique supra folia. Pedunculi laxi curvati circ. 1 cm longi. Sepala lateralia ovali-lanceolata, obliqua falcata acuminata, intermedium rectum lanceolatum. Petala aequalia angustiora minus falcato-curvata, omnia conniventia tesselata, 1,2—1,5 cm longa, 3—5 mm lata. Labellum e basi paulo latiore angustatum, deinde lanceolatum, trilobum, lobi laterales in dentes lineares 2 mm longos reducti, paulo supra basin affixi, lobus intermedius circuitu lanceolatus acuminatus, discus lamellis 2 in lacinias exeuntibus eximius quae quidem laciniae basi majores apicem versus minores; excedunt etiam hae lamellae in ramulos laterales identidem lamellosos laceratosque. Anthera plana marginata subcristata, superne medio pilosa, 2-locularis loculo quoque sulca quadam haud profunda bipartito.

Ins. Neu-Guinea, in parte occid., Segaar-Bai in sinu Mac Cluer-Bai; in densis silvis montanis (17. 6. 75.).

Die Sichelform der Sepalen und Petalen und die Krümmung nach unten geben der Blüthe einige Aehnlichkeit mit der schönen Abbildung Fr. Bauer's von D. speciosum Gm. (Genera tab. VI.). Sehr auffallend für ein Dendrobium ist die schachbrettartige Zeichnung. Das Labellum besitzt zwei sehr kleine aber gut sichtbare Seitenzipfel; der mittlere Theil hat zwei Kämme oder Leisten, die oben in zahlreiche fadenförmige Fetzen endigen. Aehnliche aber oben ganzrandige Lamellen hat D. Mirbelianum Gaudich., welches gleichfalls auf Neu-Guinea gesammelt ist und neben welches diese neue Art zu stellen sein wird. Eine ungefähre Vorstellung von dem Habitus gewährt die Abbildung von D. triadenium Lindl. Bot. Mag. 5285.

Es sei gestattet, diese höchst interessante Art mit Beiseitesetzung etymologischer und zoologischer Bedenken nach S. M. S. „Gazelle" zu nennen, dem Fahrzeug, welches dieser wichtigen Expedition diente.

Bulbophyllum *(Sarcopodium.* § 2. Lab. canaliculatum inappendiculatum). *Gerlandianum* Kränzl. in Bot. Jahrb. VII. 437; rhizomate repente fibroso, bulbis remotis ovoideis supra retusis; foliis oblongis brevipetiolatis emarginatis; sepalis lateralibus late ovatis acuminatis apicibus convolutis intermedio petalisque angustioribus; lanceolatis longe acuminatis; labelli pede sigmoideo, lamina medium usque canaliculata disco sc. canali rugoso; gynostemii alis bene evolutis decurrentibus anthera obtuse cristata. — Taf. VII, Fig. II.

Rhizomatis partes (i. e. internodii) 5—7 mm crassae, 1—1,2 cm longae, radicibus numerosissimis arboribus affixae. Bulbi ovoidei v. urceolati supra applanati v. retusi monophylli 2,5 cm alti, 1 cm diametro. Folia solitaria oblonga apice emarginata subbiloba, 20—25 cm longa, 5—5,5 cm lata basi canaliculata et in petiolum 1 cm longum contracta coriacea, firma (sicca) 9-nervia. Pedunculi uniflori in fibrillis foliorum marcescentium absconditi 2—2,5 cm longi vaginis pluribus scariosis ringentibus apiculatis vestiti. Sepala lateralia basi connata ovalia acuminata apicibus margine convolutis, 2 cm longa 1 cm (basi) lata; intermedium lanceolatum 2,2 cm longum 4—5 mm latum, longe acuminatum apice non convoluto. Petala sepalo dorsali aequalia. Labellum cum gynostemio continuum, pars basalis antice in formam litterae „S" curvatum, infra carinatum quae quidem carina apice in brachia 2 brevissima exit; sequitur mesochilium quodam brevissimum, tenuissimum, filiforme, cui affixum est lamina labelli a latere visa falciformis, supra a basi medium usque canaliculata, deinde apicem usque compressa, disco sc. canali rugoso-tuberculosa, infra carinata. Brachia 2 carinae in pede columnae et carina inferior laminae aspectum cardinis praebent. Gynostemii alae magnae rotundatae decurrentes. Anthera gynostemio affixa plana, supra obtuse cristata, loculis dissepimentis 2 bene evolutis adeo sejunctis ut anthera fere 3-locularis appareat. Perigonium rubrum v. luteum, ut videtur initio rubro-purpureum, deinde lutescens; adeoque teneri flores ut in aqua 40° brevi tempore plane collabantur primoque tactu acus discindantur.

Ins. Neu-Guinea, in parte occid.; Segaar-Bai (17. 6. 75.).

Die Pflanze gehört in die Gruppe von B. macranthum Lindl., leopardinum Lindl. und ähnelt im vegetativen Aufbau am meisten dem ersteren (cf. Bot. Reg. XXX, tab. 13). Der Unterschied geht aus den angeführten Merkmalen zur Genüge hervor. Von den wenigen und wegen ihrer Zartheit beim Trocknen nicht sonderlich gerathenen Blüthen machten die augenscheinlich jüngeren den Eindruck, purpurroth gewesen zu sein, die älteren dagegen scheinen eine Mittelfarbe von gelb und roth gehabt zu haben. Im Vergleich zu den in der Sarcopodium-Gruppe üblichen Dimensionen sind die Blüthen klein, querüber und ausgespreizt 35 cm und etwas weniger in der Höhe, also in natürlicher Stellung c. 2 cm gross. Ausserordentlich fein ist das Labellum gebaut. Der Basaltheil ist sigmaförmig gebogen und unten gekielt; unmittelbar vor der Spitze theilt sich der Kiel in zwei Aeste; über diesen sitzt an einem kurzen Stiel die länglich dreieckige sichelförmig gekrümmte Lamina, deren Kiel genau in die beiden Gabeläste des Basaltheiles passt. Der Zweck der Einrichtung, die genau wie ein Charnier aussieht, scheint der zu sein, ein Verbiegen der äusserst leicht vibrirenden Lamina nach der Seite hin zu verhindern. Ausserordentlich bewegliche Labellen sind bei Bulbophyllum äusserst häufig; bei der vorliegenden Art trat aber die Beweglichkeit sogar wieder ein, nachdem die Blüthe in warmem Wasser aufgeweicht war. Der Drehpunkt scheint, soweit sich urtheilen lässt, nicht in dem kurzen Verbindungsstiel zu liegen, sondern an dem Anheftungspunkt der Lamina. Es wäre zu wünschen, dass von jetzt an diese Details bei der Beschreibung mehr berücksichtigt würden. Die Diagnosen (cf. Walpers Ann. VI. 245 ss.) klingen alle etwas monoton.

Wir widmen diese Art Herrn Dr. GEORG K. C. GERLAND, Prof. der Erdkunde zu Strassburg, dem Ethnographen der Südsee-Völker, in dankbarer Erinnerung an den ersten Unterricht in der Orchideenkunde.

B. spec. (Sect. *Cirrhopetalum*). — Ins. Neu-Guinea, in parte occid.; Segaar-Bai; in densis silvis montanis epiphytica (17. 6. 75.).

Es liegen mehrere Exemplare mit zahlreichen Bulben und Blättern, aber ohne jede Spur von Blüthen vor. Die Internodien sind 3,5—5,0 cm lang und tragen jedesmal zwei Niederblätter (wie bei B. neilgherrense Wight. Pl. Ind. Or. t. 1650; Bot. Mag. 5050), an deren Ansatzstelle bisweilen ein bis zwei Wurzelfasern entspringen. Die Bulben sind fast cylindrisch, leicht gekrümmt, gelblich, matt glänzend, oben glatt abgeschnitten, 1,2 cm hoch und 3—4 mm im Durchmesser; unterhalb derselben entspringen zahlreiche Wurzeln. Die Wurzeln sind eilanzettlich, sehr kurz gestielt, 3 cm lang, 1,8 cm breit und vorn fein zugespitzt. Es ist sehr zu beklagen, dass es nicht möglich ist, diese jedenfalls neue Art schärfer zu präcisiren.

***Spathoglottis** plicata* Blume. Bijdragen p. 400. tabellen 76; Lindl. Genera Orch. p. 119. — Ins. Neu-Hannover; in silva montana interioris, alt. c. 200 m (24. 7. 75.). — Ins. Vitienses, Matuku; in margine silvae montanae (24. 11. 75.). — Ins. Neu-Guinea; Segaar-Bai, in silva montana.

Das Verbreitungsgebiet dieser Art erstreckt sich von der Halbinsel Malakka bis zu den Fidji-Inseln und von den Philippinen bis Neu-Guinea. Auf dem Festland Australiens tritt die jedenfalls sehr ähnliche Spath. Paulinae F. Muell. (Fragm. VI. 95) an ihre Stelle, falls diese überhaupt als Art gehalten werden kann. Nach der Abbildung in FITZGERALD Austr. Orch. I. pt. VI. zu urtheilen, ist sie weiter nichts als Varietät von S. plicata, und wäre dann die Rockinghams-Bai in Queensland der südlichste Punkt der Verbreitung. Die Exemplare unserer Kollektion variiren an Grösse und habituellen Verschiedenheiten ganz gewaltig. Die beiden Exemplare aus der Mc. Cluer-Bai sind schlank und fast winzig zu nennen im Vergleich mit denen von Neu-Hannover und den Fidji-Inseln. Eine genauere Untersuchung der Blüthen zeigt sofort die Unmöglichkeit, gute Merkmale zur Aufstellung einer Art zu finden.

***Phajus** Blumei* Lindl. var. *Bernaysii* Rchb. f. Ph. Bernaysii Rowl. Mss. u. Bentham. Flor. Austr. VI. p. 305. — Bot. Mag. tab. 6032. ic. opt. anal. mala. — Australia, Queensland, Moreton-Bai, in paludibus insulae pr. Peel-Isld. sitae (17. 10. 75.).

Die seitlichen Antheren sind bei dem einzigen — sehr gut erhaltenen — Exemplare der Sammlung fast ebenso stark entwickelt als die mittlere. Die Analyse in Bot. Mag. l. c. ist völlig verfehlt, das Habitusbild dagegen gut.

Die Gattung Phajus ist im Ganzen genommen insular-indisch, einige Arten erstrecken sich bis auf die nächstliegenden Küsten, keine reicht in das Binnenland.

Coelogyne spec. aff. *C. fimbriatae* Lindl.? — Ins. Neu-Guinea, „Galewostrasse"; in silva primaeva insulae (23. 6. 75.).

Ein stark verzweigtes Exemplar mit einigen 30 stark zusammengedrückten Bulben und einer Anzahl eilanzettlicher Blätter. Die unterhalb der Bulben hervorbrechenden Triebe sind mit denen von C. fimbriata Lindl. nahezu identisch, ebenso die Stellung der nicht sehr zahlreichen Wurzeln; leider war über die Stellung der Blüthenstände nichts weiter festzustellen, als dass sie nicht aus dem Gipfel der Bulbe entspringen.

C. spec. — Ins. Neu-Guinea, in interiore parte sinus Mc. Cluer-Bai, in silva montana scandens ad arbores (18. 6. 75.).

Ein Stück Rhizom mit etwa 12 Bulben und einigen Blättern. Soweit hieraus ein Schluss zu ziehen ist, steht die Pflanze der Coelog. fimbriata Lindl. nahe. Die Bulben sind einblättrig, tragen aber am Gipfel einige Schuppenblätter und die Rudimente von Blüthenständen. Die Dimensionen der Bulben und Blätter sind die von C. fimbriata Lindl., aber die Internodien sind kürzer und zwischen je 2 Bulben nur 4, während bei jener Art gewöhnlich 7 sind.

***Lissochilus** Horsfallii* Batem. Bot. Mag. tab. 5486 Jan. 1865 (cf. H. G. Rchb. f. in Flora 1865 No. 12 [27. April] p. 188). — Congo, in insula graminosa pr. Ponta da Lenha (6. 9. 74.). — No. 157!

Die Pflanze wurde inzwischen auch von Herrn SOYAUX in Gabun gesammelt, und sahen wir Exemplare von da im Königl. bot. Museum zu Berlin. Die von Herrn Prof. REICHENBACH (l. supra c.) angegebenen Unterschiede sind, so unwesentlich sie neben der Diagnose des verwandten L. Welwitschii Rchb. f. (ibid. No. 37) zu sein scheinen, durchaus konstant. Wir untersuchten 10 Blüthen, bei denen die Theile so günstig lagen, dass dies ohne Weiteres zu sehen war. Zu „antherae corniculis bene acutis" möchten wir noch hinzufügen „manifeste divergentibus". Im Pollinarium (dessen ungenaue Zeichnung in der Tafel im Bot. Mag. REICHENBACH mit Recht tadelt, findet sich kein Unterschied zwischen L. Welwitschii Rchb. f. und Horsfallii. Batem.

Auf das tropische West-Afrika beschränkt.

L. Alexandri Rchb. f. Mss. — Congo, ad ostium fluviii pr. Shark-Point, in silva aperte palmarum (Borassus). (7. 9. 74.) No. 159!

Zu Ehren des Herrn ALEX. VON MECHOW genannt. Die Bestimmung dieser Art, von der ein Stück Blüthenstand ohne Blüthen vorliegt, war nur möglich durch Einsicht in eine Sammlung v. MECHOW'scher Originalexemplare mit Originalbestimmungen seitens des Herrn Autors.

Auf das tropische West-Afrika beschränkt.

Luisia spec. — Timor, silvae montanae pr. Taimanani, ad partem borealem sinus Koepang-Bai, epiphytica (24. 5. 75.).

Ohne Blüthen. Nach dem Habitus und den Ueberresten zweier Blüthenstände zu urtheilen gehört die Pflanze in die Verwandtschaft von L. brachystachys Bl., die auch auf Borneo wächst.

Vanda *insignis* Blume, Rumphia IV. p. 49. t. 192, Fig. 2 und tab. 197, B. (analys.) ic. opt. — Timor, in silvis montanis pr. Koepang versus orientum epiphytica; haud raro (18. 5. 75).

Bisher nur auf Timor gefunden.

Saccolabium *Schleinitzianum* Kränzl. in Bot. Jahrb. VII. 440 sepalo dorsali obovato oblongo obtuso, sepalis lateralibus spathulatis cuneatis obtusangulis; petalis ovatis basin versus cuneatis; labello calcariformi apice inflato antice medium usque fisso lobis lateralibus parvis rotundatis, intermedio ad dentem triangularem reflexum reducto; gynostemio generis. — Taf. VI.

Caulis folia linearia inaequali — 2 loba. Paniculae multiflorae pars quae exstat 35 cm longa basi 4 mm diametro, hinc inde vaginis brevissimis obtusis vestita. Ramuli divergentes, subcompressi. Bracteae minutae, squamiformes triangulares. Ovarium cum pedicello 1,8 cm longum, paullo supra basin leviter deflexum. Sepalum dorsale obovatum subcuneatum utroque latere angulo obtuso (statu explanato) instructum, 1—3 cm longum 0,5 cm latum; lateralia spathulata inaequilatera, cuneata, margine posteriore obtusangula (fere rectangula) intermedio aequilonga eoque paullo latiora. Petala subobliqua ovata, basi cuneata obtusa. Omnia (petala sepalaque) subaequalia, reflexa. Labellum ad calcar reductum dependens, supra compressum, apice vesicatum. Lobi laterales parvi rotundati, gynostemium versus conniventes, intermedius ad dentem triangularem recurvatum reductus. Rima labelli medium usque descendens. Totum labellum 10 cm longum, vesica 4—5 mm diametro. Gynostemium basi incrassatum, 3 mm longum. Totus flos inter majores generis laete purpureus, 2 cm : diametro, petala sepalo dorsali approximata, sepala lateralia labello.

Ins. Neu-Guinea, in parte occidentali, in silva montana ad sinum Segaar-Bai. Material: Ein Blüthenstand mit ca. 15 Blüthen und Knospen.

Diese Art, welche dem Kapitän der „Gazelle", dem Freiherrn v. SCHLEINITZ gewidmet sei, steht zunächst dem Saccolab. calopterum Rchb. f. (Gardn. chron. 1882. II. Dec. 21). Da bei der eigenthümlichen Praxis, welche diese berühmte Zeitschrift beobachtet, alle Diagnosen neuer Arten so gut wie verloren sind, möge es gestattet sein, dieselbe hier folgen zu lassen:

Saccolabium calopterum n. sp. — Panicula flexa pluriflora laxiflora, floribus majusculis longipedicellatis, sepalo summo impari cuneato oblongo obtuso, sepalis lateralibus cuneato oblongis obtuse acutis; tepalis spatulatis acutis; labelli laciniis lateralibus elongatis apice libero acutis, lacinia media triangula acuta multo minori; sacco calcaris elongato apice ampliato antrorse vacuo. Nov.-Guinea, Macfarlane; Import Veitch. H. G. Rchb. f. — Da diese Diagnose Alles ist, was wir über Saccolab. calopterum wissen, so ist die Aufstellung unserer vorliegenden Art mindestens als gerechtfertigt anzusehen. Abgesehen von den kleinen Abweichungen in den Sepalen, den schon erheblicheren in den Petalen ist es jedenfalls das Labellum, dessen Aehnlichkeit mit dem — gleichfalls auf den Sporn reducirten Labellum — von Saccolab. Hendersonianum Rchb. f. Gard. chron. 1875. p. 356. Bot. Mag. tab. 6222 den Unterschied bedingt. Die Identität von S. Hendersonianum und Schleinitzianum ist ausgeschlossen; aber trotz aller Unterschiede im Einzelnen ist das Merkmal „labello ... ad calcar reducto" auf beide Arten anwendbar. Ein annähernd genaues Habitusbild dieser neuen und der Einführung jedenfalls werthen Art giebt die Abbildung von Renanthera moluccana Bl. Rumphia tab. 193.

Sarcanthus sp. aff. S. paniculato Lindl. — Ins. Neu-Hannover; in arboribus pr. litus epiphytica (21. 7. 75.).

Ein Blüthenstand mit einer Anzahl ziemlich reifer Kapseln. — Aus der Verzweigung geht zur Evidenz hervor, dass es ein Sarcanthus ist. Die Kapseln sind sehr ähnlich denen von S. rostratus Lindl. (cf. BEER, Beiträge Tab. VI, Fig. 27).

***Cleisostoma** sagittata* Bl. Bijdr. 362. Tabellen XXVII. — Ins. Neu-Guinea, in parte occidentali, ad sinum Mc. Cluer-Bai, epiphytica (17. 6. 75.). No. 134.

Die citirte Abbildung ist nicht in allen Einzelheiten so übereinstimmend mit dem Befund an gut erhaltenen Blüthen, wie man wünschen möchte; gleichwohl ist es unzweifelhaft, dass das vorliegende Material nicht anders sein kann. Deutlicher in der Natur als auf der Abbildung ist die Pfeilspitzenform am Mittellappen des Labellums. Die Angabe (BLUME l. c.) über die Blüthezeit stimmt mit der Notiz auf unserem Etiquett gut überein. Verzeichnet sind die Dimensionen der Seitenzipfel des Labellums, gut getroffen ist die eigenthümliche Krümmung. Alles in Allem ist des Uebereinstimmenden mehr, als der Unterschiede.

Nur von Neu-Guinea bekannt.

***Podochilus** scalpelliformis* Blume Rumphia VI. p. 44 tab. 1944 und tab. 200 C (analys.). — Ins. Neu-Guinea, in parte occidentali, in insulis silvaticis sinus Mac Cluer-Bai atque in silva densa umbrosa ad sinum Segaar-Bai (20. 6. 75.).

Zahlreiche Exemplare ohne Blüthen mit bereits aufgesprungenen Kapseln. Nach dem vorhandenen Material ist es unzweifelhaft, dass dies die von BLUME l. c. abgebildete, schon früher im Westen von Neu-Guinea gesammelte Art ist.

Die Verbreitung ist fast identisch mit der von Cleisostoma.

***Appendicula** penicillata* Bl.? — Ins. Neu-Guinea, in silvis montanis ad sinum Mac Cluer-Bai (Segaar-Bai) (17. 6. 75.).

Soweit es überhaupt angeht, aus dem Habitus einen Schluss zu ziehen, ist die vorliegende — nicht blühende — Pflanze identisch mit App. penicillata Bl. Rumphia Tab. 195 Fig. 4.

Verbreitet von Indien bis Australien.

***Tropidia** Reichenbachiana* Kraenzlin in Bot. Jahrb. VII. 442; sepalis lineari-lanceolatis ad $^1/_6$ longitudinis connatis, acuminatis; petalis lanceolatis paullo latioribus brevioribusque extus medium usque carinatis; labello naviculari antice deflexo bilamellato, mento parum producto, gynostemio rhomboideo marginato. — Taf. VII. Fig. I.

Pedalis et ultra, ad 40 cm. Caules basi 2—3 mm diametro, bini v. terni ramulorum instar e caule anni prioris orientes, ipsi simplices dimidium usque vaginis infra arcte appressis striolatis, primo internodiis brevioribus, deinde aequilongis, denique ringentibus et in folia transeuntibus vestiti. Folia (5—6) lanceolata, acuminata, 9—12 cm longa, 1,5—3 cm lata (excl. vagina) membranacea, 5-nervia (adjecto nervo utroque latere sub margine multo teneriore), summa linearia angustissima 2—3 mm lata, in bracteas decrescentia, spicam superantia. Spica terminalis simplex cylindrica (haud capitata), bracteis subhexastichis dense vestita. Bracteae inter se diversissimae, infimae lineares, sequentes basi ovatae, deinde lineares, mediae plus minusve ovatae acuminatae v. acuminatissimae, aristatae, summae in squamas fere reductae, textura infimae tenerae membranacae, summae fere cartilagineae, hae alabastris non solum sed etiam floribus longiores, illae alabastra juniora vix aequantes. Sepala lateralia lineari-lanceolata subobliqua, intermedium rectum excavatum, $^1/_6$ totius longitudinis connata, omnia acuminata. Petala lanceolata teneriora extus leviter-carinata. Labellum basi brevissima lineari cum gynostemio connatum, ovali triangulare, tertia fere parte anteriore reflexum, disco sub margine instructum, mediana parte excavatum carinis 2 antice confluentibus seu naviculare. Gynostemium dilatatum, fere rhombeum, labello subbrevius. Sepala 7 mm longa, 1,5 mm lata, petala 6 mm longa, 2 mm lata. Labellum 5 mm longa, basi 4 mm latum, gynostemium 3,5 mm longum 1 mm latum. Omnia perigonii phylla sordide albo-lutea conniventia. Capsulae cylindraceae 1,0—1,8 cm longae, 3 mm diametro.

Ins. Lucipara in mare Banda, ad marginem silvarum (1. 6. 75.).

Die nächststehenden Arten sind Tr. septemnervis Rchb. f. cf. Linnae 1827. XXVII. p. 230 = Ptychochilus septemnervis Schauer. Act. Leop. XIX. Suppl. I. p. 184 tab. XI; ferner Tr. effusa Rchb. f. Flor. Vitiens. p. 295. Selbst wenn man der von REICHENBACH als flüchtig gerügten Zeichnung (Act. Leop. l. c.) noch so viel zugesteht, so kann doch von einer Identität dieser Art und der hier vorliegenden keine Rede sein. Abgesehen von allerhand Einzelheiten in den Blättern, in Sepalen und Petalen sind schwerwiegende Unterschiede im Labellum und Gynostemium vorhanden. Von ersterem heisst es, Linnaea l. c. „Carina longitudinali per fundum"; hiervon keine Spur, und ferner „gynostemio gracili", während dasselbe bei unserer Art wie ein Rhombus aussieht, dessen untere Seiten etwas zu kurz gekommen sind. Mit der Tr. effusa Rchb. f. hat diese Art noch weniger gemeinsam; nur die Verhältnisse der Perigonblätter und das „mentum obtusangulum", sonst ist alles abweichend; weder 7nervige Bracteen, noch ein 3nerviges Labellum, noch ein kurzes Gynostemium; denn dasselbe ist bei dieser neuen Art wenig kürzer als das Labellum selber.

Diese Art, deren Untersuchung bei den äusserst spärlichen Blüthen (die Exemplare waren nach der Blüthezeit gesammelt) ganz besondere Schwierigkeiten bot, sei Herrn Prof. Dr. REICHENBACH gewidmet, dem wir für viele höchst nützliche Bemerkungen bei der Untersuchung zarter Blüthen verpflichtet sind.

Piperaceae.

Bestimmt von Casimir de Candolle.

***Piper** Macgillivrayi* C. DC. Prodr. XVI. 1. p. 335; Seem. Fl. vit. t. 75. — Ins. Vitienses, Matuku, in silva montana (24. 11. 75.).

Findet sich auch auf den übrigen Fidji-Inseln sowie auf den Tonga- und Gesellschafts-Inseln.

***P.** officinarum* C. DC. Prodr. XVI. 1. p. 356. — Timor, Koepang (5. 75.). Nom. vern. „Kurus utang".

Verbreitet auf den Sunda-Inseln und Philippinen.

***Peperomia** insularum* Miq. var. *glabrata* C. DC. in DC. Prodr. XVI. 1. p. 444. — Timor, in silvis montanis pr. Taimanani, insuper declivibus rupestribus, umbrosis alt. 500 m (24. 5. 75.).

Dieselbe wurde bisher nur auf den Sandwich-Inseln gesammelt.

Casuarinaceae.

***Casuarina** equisetifolia* Forst. Gen. pl. austr. p. 103, fig. 52. — Ins. Salomonis, Bougainville; in silva littorali ad oram occidentalem (27. 8. 75.). — Ins. Neu-Guinea, ad sinum Segaar-Bai (17. 6. 75.) atque in insula parva sinus Mac Cluer-Bai (21. 6. 75.). — Ins. Dana, ad litora, circ. 10—15 m alta (11. 5. 75.). — Timor, in silvis montanis pr. Taimanani, alt 100 m (Dr. Studer 23. 5. 75.). — Arbores usque 46 m altae.

Weit verbreitet in Ostindien und im malayischen Gebiet; vielfach angebaut.

Urticaceae.

***Laportea** peltata* Gaudichaud Voyage 498; Decne, Herb. Timor 162, Weddell Monogr. des Urticées p. 126. — „Daun Kasser" timorensisch. — Timor, silvae montanae pr. Taimanani, in rupibus umbrosis (24. 5. 75.).

Die Pflanze brennt äusserst empfindlich und nachhaltend, sie wird von den Eingeborenen sehr gefürchtet, da sie selbst den Tod herbeiführen soll.

***Fleurya** ruderalis* (Forst.) Gaudich. Uran. p. 497. — Ins. Neu-Guinea, ad margines silvarum pr. Mac Cluer-Bai (20. 6. 75.).

Verbreitet auf den Inseln des malayischen Gebietes.

***Memorialis** hirta* (Blume) Wedd. in DC. Prod. XVI. 1. p. 235 6. — Ins. Neu-Hannover, ad fluviorum ripas (24. 7. 75.).

Namentlich verbreitet im vorderindischen Gebiet; aber auch von Java bekannt.

***Cypholophus** heterophyllus* Wedd. in DC. Prodr. 1. p. 235 11. — Ins. Vitienses, Matuku, in vallibus silvaticis (24. 11. 75.).

Bisher nur von den Fidji-Inseln bekannt.

***Pipturus** incanus* (Blume) Wedd. in DC. Prodr. XVI. 1. p. 235 18. — Ins. Neu-Hannover, in ora australi; arbor circ. 10 m alta (25. 7. 75.). — Ins. Vitienses, Matuku, in silva montana (24. 11. 75.).

Verbreitet auf den Inseln des malayischen Gebietes.

***Leucosyce** capitellata* (Poir.) Wedd. in DC. Prodr. XVI. 1. p. 235 27. — Ins. Neu-Hannover, ad ripas fluviorum (24. 7. 75.).

Verbreitet im malayischen Gebiet.

***Maoutia** australis* Wedd. Monogr. 480. — Ins. Vitienses, Matuku; frutex ramosus usque 2,5 m altus (24. 11. 75.).

Verbreitet auf den Fidji- und Gesellschafts-Inseln.

Ulmaceae.

***Trema** amboinensis* Blume Mus. Lugd. bat. II. 61. — Ins. Vitienses, Levu, Rewa superior, in fruticetis (30. 11. 75.).

Verbreitet im malayischen Gebiet.

Moraceae.

***Artocarpus** incisa* Forst. Plant. escul. p. 23. — Ins. Neu-Guinea, in interiore parte sinus Mac Cluer-Bai, frequens (18. 6. 75.).

Verbreitet auf den polynesischen Inseln.

***Antiaris** Bennettii* Seem. in Bonplandia IX. (1861) p. 259 et X. p. 3 t. 7; Fl. vit. 253 t. 72. — Ins. Vitienses, Levu. Arbor 12 m alta, ramosa (30. 11. 75.).

Daselbst schon von SEEMANN entdeckt, auch auf Wallis Island.

***Ficus** (Urostigma) timorensis* Decaisne Herb. timor. in Nouvelles Ann. du Muséum III. 495. Nom. vern. „Nonu" pr. Koepang. — Timor, in fruticetis pr. Koepang (15. 5. 75.).

***F.** Naumanni* Engl. in Bot. Jahrb. VII. 451 glaberrima, ramulis lignosis, novellis dense foliosis; foliis petiolo 7—8-plo breviore supra late canaliculato suffultis, coriaceis, oblongis vel oblongo-ellipticis, utrinque obtusiusculis, nervis atque venis subtus valde, supra paullum prominentibus, pallidis, nervis lateralibus utrinque circ. 8—12 patentibus, infimis adscendentibus inferne validioribus et nervum collectivum a margine paullum remotum formantibus, nervis tenuioribus atque venis inter nervos laterales primarios interjectis illis parallelis; receptaculis breviter pedunculatis parvis globosis; bracteis lanceolatis; perianthii tepalis 4 e basi ovata lanceolatis longe acuminatis; ovario obovoideo, stylo tenuissimo sublaterali ovario aequilongo, stigmate tenui filiformi. — Taf. VIII Fig. E—G.

Arbor circ. 10 m alta. Ramulorum internodia 4—6 mm longa. Foliorum petiolus 1—1,5 cm longus, lamina 8—12 cm longa, 3,5—6 cm lata, obtusa vel brevissime et obtuse acuminata, nervis lateralibus mediis atque superioribus angulo circ. 50°, infimis angulo circ. 30° a costa abeuntibus, Receptacula circ. 9 mm diametientia. Perianthii tepala circ. 1 mm longa.

Ins. Neu-Guinea, in silvis ad sinum Segaar- et Mac Cluer-Bai (17. 6. 75.). — Ins. Neu-Mecklenburg (Neu-Irland), in silvis montanis ad portum Carteret (19. 8. 75.).

Diese Art erinnert habituell sehr an F. timorensis Decne, ist aber durch die oben genau beschriebene Nervatur völlig verschieden.

***F.** rubricaulis* Decne l. c. 496. — Ins. Neu-Hannover, ad oram occid. in solo coralligeno (20. 7. 75.).

Ist auch von Timor bekannt; die dort gesammelten Exemplare des Berliner Herbariums haben weniger stark zugespitzte Blätter.

***F.** trichocarpa* Decne l. c. 497. Forma glabrescens Engl.; ramulis fructiferis glabrescentibus. — Timor, Atapopa; inter pagum et silvam montanam (29. 5. 75.).

Stimmt, abgesehen von den nur schwach behaarten Scheinfrüchten, sehr gut mit den Originalexemplaren von DECAISNE überein.

***F.** haematocarpa* Decne l. c. 494 (F. Gaudichaudiana Decne. Mss. in herb. Mus. Paris). Nom. vern. malay. „Keka, Keka sina".

Vielverzweigter Baum mit Luftwurzeln und mit rissiger, bräunlicher Rinde. Die jungen Blätter werden genossen.

Von KING, dessen Bearbeitung der indisch-malayischen Arten von Sect. Urostigma noch nicht erschienen war, als ich die von NAUMANN gesammelten Arten in den Herbarien von Berlin, Kew und Paris mit den dort vorhandenen Originalien des Herb. timorense verglich, wird diese Art mit F. Benjamina L. vereinigt.

Timor, Koepang-Bai, in hortis pagi Pariti (25. 5. 75.).

F. platypoda (Miq.) A. Cunn.; Benth. Fl. Austr. VI. 169. — Ins. Dana, fruticeta densa usque 8 m alta in littore coralligeno componens (11. 5. 75.).

F. (Eusyce) Gazellae Engl. in Bot. Jahrb. VII. 452 ramulorum internodiis brevibus; foliis alternis, petiolis laminae 1/8—1/5 aequantibus, supra profunde sulcatis, ferrugineo-puberulis; lamina membranacea, supra glabra nigrescente, subtus pallidiore costa et nervis sparse et longe albo-pilosa, utrinque asperula, obovata, breviter acuminata, basi obtusa, nervis lateralibus utrinque circ. 8 arcuatim adscendentibus, nervis secundariis tenuibus inter primarios transversis tenuibus subtus prominentibus; receptaculo breviter pedunculato globoso intus hinc inde albo-piloso; bracteis obovatis infra faucem insertis; perianthii tepalis lanceolatis scariosis gynoeceum aequantibus; ovario compresso ovoideo, stylo sublaterali ovarium superante, stigmate peltato. — Taf. VIII Fig. H. F.

Arbor circ. 10 m alta. Ramorum internodia 2—8 mm longa. Foliorum petiolus circ. 5 cm longus, lamina 1,5—1,8 cm longa, 11—11,5 cm lata, acumine 8 mm longa instructa, nervis lateralibus angulo circ. 60° a costa abeuntibus, inter se 1—1,5 cm distantibus. Receptaculum pedunculo vix 1 cm longo insidens, 1,2 cm diametiens. Bracteae faucem claudentes circ. 1,5 mm longae. Tepala circ. 1,5 mm longa, ovarium superantia.

Ins. Neu-Mecklenburg (Neu-Irland), Port Sulphur, in silva montana in parte austro-orientali NAUMANN 18. 8. 75.).

Eine andere dieser Art sehr nahestehende wurde ohne Blüthen im Djungel an der Westküste von Neu-Hannover gesammelt; sie unterscheidet sich durch etwas kürzere Blattstiele und am Grunde herzförmige Blätter.

F. Novae-Hannoverae Engl. in Bot. Jahrb. VII, 453 multiramosa, ramulis tenuibus novellis atque petiolis minute puberulis, nodis longe setosis; foliorum alternorum stipulis elongato-subulatis petiolum sulcatum superantibus, lamina lanceolata utrinque glabra, apicem versus longe angustata, nervis lateralibus utrinque circ. 8 arcuatim patentibus, venis densissime reticulatis subtus prominulis; ramulis floriferis bracteas parvas ovatas ciliatas inferne gerentibus, receptaculo depresso globoso; perianthii tepalis 3—4 latis subovatis ciliolatis; ovario sessili compresso, stylo e basi ascendente leviter recurvo. — Taf. VIII, Fig. K.

Arbor trunco decumbente, multiramoso, cortice albo. Ramulorum internodia circ. 1—1,5 cm longa. Foliorum petiolus 8—9 mm longus, lamina 8—9 cm longa, 3—3,5 cm lata, in acumen fere 1 cm longum angustata, nervis lateralibus angulo circ. 80° a costa abeuntibus, inter se 5—7 mm remotis. Ramuli floriferi 6—8 mm longi, bracteis 1 mm longis inferne instructi in receptaculum fere 4 mm crassum exeuntes. Bracteae infra ostium receptaculi densae, obovatae vel spathulatae vix 1 mm longae. Ovarium vix 0,5 mm longum, brunneum; stylus albidus.

Ins. Neu-Hannover, frequens ad fluvium versus oram meridionalem (NAUMANN 24. 7. 75.).

F. segaarensis Engl. in Bot. Jahrb. VII, 453 ramulis atque foliorum petiolis breviter et densis ferrugineo-pilosis; foliis alternis, petiolis laminae 1/6—1/4 aequantibus, lamina utrinque glabra, obovato-oblonga, apice rotundata obtusa, basin emarginatam versus leviter cuneatim angustata, nervis lateralibus utrinque 5—6 patentibus, prope marginem curvatis, subtus distincte prominentibus, pedunculis petiolum subaequantibus tenuibus, supra medium bibracteolatis, receptaculo ovoideo utrinque subacuto; bracteis infra faucem ovato-lanceolatis; perianthii tepalis 6 ovato-lanceolatis acutis; fructu oblique ovoideo lateraliter paullum compresso, stylo sublaterali filiformi. — Taf. VIII, Fig. A—D.

Arbor parva. Ramulorum internodia vix 1 cm longa. Foliorum petiolus 2—3 cm longus, lamina 1—1,3 dm longa, 8 cm lata, nervis lateralibus infimis angulo circ. 45°, mediis atque superioribus angulo 50° a costa abeuntibus. Ramuli floriferi 1,5—2 cm longi, receptaculum 1 cm longum, 8—9 mm crassum gerentes. Fructus circ. 1,5 mm longi, perianthii tepalis circ. 0,5 mm longis basi inclusi.

Ins. Neu-Guinea, ad sinum Segaar-Bai (6. 75.).

Aristolochiaceae.

Aristolochia *timorensis* Decne. Herb. timor. in Nouv. Ann. du Muséum III (1834) p. 368. — „Uwi Ula" Timorens. — Timor, inter Baung et Koepang (18. 5. 75.).

Diese Art steht der Aristolochia Tagala Cham. von den Philippinen nahe, hat jedoch dichtere gewimperte Blätter und kleinere Früchte.

Amaranthaceae.

Deeringia *celosioides* R. Br. Prodr. 413. — Timor, in silvis montanis pr. Atapopa, altissime scandens (29. 5. 75.).

Verbreitet von Vorder-Indien bis Neu-Caledonien.

Celosia *argentea* L. Spec. 296. — Timor, Atapopa; in pago atque in silva (29. 5. 75.).

Verbreitet im malayischen Gebiet; aber auch in Japan und Aegypten.

Amaranthus *melancholicus* L. var. *tricolor* Lam. Ill. t. 767 f. 1. — Ins. Neu-Pommern (Neu-Britannien), Blanche-Bai; ad declivia vulcani Kambiu; in silvis siccis (16. 8. 75.).

Das buntblätterige (rot, grün und gelbe) Kraut wird von den Eingeborenen wie Schmuck am Armring getragen „Legará" genannt.

In den Tropenländern der alten Welt zerstreut.

Ptilotus *conicus* R. Br. Prodr. 415; Benth. Fl. austr. V. 242.

var. *timorensis* Engl. inflorescentia breviore subglobosa. — Timor, Atapopa, in fruticetis pr. pagum (29. 5. 75.).

Stimmt im Blüthenbau mit der australischen Pflanze ganz überein, nur ist der Blüthenstand kürzer, nicht walförmig, wie bei dieser.

Nyctaginaceae.

Boerhaavia *diffusa* L. Spec.; Choisy in DC. Prodr. XIII. 2. p. 452. — Ins. Dana. Hinc inde a rupibus dependens, circ. 10 m supra mare (11. 5. 75.).

Verbreitet im tropischen Küstengebiet der alten Welt.

Portulacaceae.

Portulaca *oleracea* L. Spec. 638. — Timor, Atapopa (29. 5. 75.). — Ascension, Georgetown (18. 8. 74.).

Verbreitetes Unkraut in den Tropen und ausserhalb derselben.

Anonaceae.

Anona *squamosa* L. Spec. 757, DC. Prodr. I. 85. — Timor, Koepang, in fruticetis ad fluvium pr. urbem (15. 5. 75.).

Auf den Antillen heimisch und von da nach allen tropischen Ländern verbreitet.

Uvaria *neo-guineensis* Engl. in Bot. Jahrb. VII. 454 ramulis novellis atque petiolis dense ferrugineo-pilosis, adultis glabris; foliis approximatis, breviter petiolatis; foliis subcoriaceis, supra nitidis, subtus opacis, oblongo-lanceolatis, medio basin versus angustatis, ima basi emarginatis, breviter auriculatis, breviter acuminatis acutis, nervis lateralibus utrinque circ. 10 patentibus vel adscendentibus prope marginem sursum curvatis utrinque prominentibus, venis tenuiter reticulatis;

pedunculo bracteis petiolatis ovatis acutis dense ferrugineo-pilosis instructo, calycis sepalis ovatis, concavis, utrinque imprimis extus ferrugineo-puberulis; petalis quam sepala fere duplo longioribus, coriaceis, utrinque puberulis; staminum connectivi lati ultra thecas producti appendice obovata.

Arbor parva. Ramulorum internodia 1,5—2,5 cm longa. Foliorum petioli 5 mm longi, lamina 2—2,5 dm longa, medio vel paullum supra medium 7 cm lata, nervis lateralibus angulo circ. 70° a costa abeuntibus, inter se 1,5—2 cm distantibus. Bracteae circ. 1,5 cm longae, 1 cm latae. Sepala bracteis subaequilonga. Petala 2,5 cm longa, 1,5 cm lata, atropurpurea. Staminum thecae circ. 5 mm longae, connectivo 1 mm lato, 1,5 mm ultra thecas producto.

Ins. Neu-Guinea, ad sinum Segaar-Bai, in silvis montanis (17. 6. 75.).

Myristicaceae.

Myristica (Sect. *Caloneura*) *Schleinitzii* Engl. in Bot. Jahrb. VII. 955 ramulis glabris, densiuscule foliosis; foliis petiolo teretiusculo circ. decies breviore glabro suffultis, glabris, subtus cinerascentibus, oblongis, obtusis, basi leviter cordatis, nervis lateralibus utrinque circ. 10—12 patentibus, leviter curvatis, rufescentibus, subtus prominentibus, supra cum venis tenuibus leviter insculptis; paniculis axillaribus, umbelliferis; pedunculis compressis, ramulis umbelliferis bractea ovata obtusa adnata instructis; bracteisque pedicellos fulcrantibus saepe cum pedicellis connatis; perianthio ovoideo breviter tridentato; ovario oblongo; fructu oblongo tenui, utrinque acuto; semine oblongo utrinque obtuso. — Taf. IX.

Arbor. Ramulorum internodia circ. 1,5—2 cm longa. Foliorum petiolus circ. 1 cm longus, lamina 1—1,5 dm longa, 6—8 cm lata, nervis lateralibus angulo circ. 70° a costa abeuntibus, inter se 7—10 mm distantibus. Panicula 5 cm longa, ramulis umbelliferis circ. 1,5 cm, pedicellis 3—4 mm longis. Perianthium 4 mm longum, 3 mm crassum, dentibus 1 mm longis. Fructus usque 3,5 cm longi, 1,5 cm crassi, pericarpio 1,5 mm crasso flavescente. Semen circ. 2,5 cm longum, 1 cm crassum, arillo tenuiter fibroso initio albo, deinde aurantiaco instructum, testa tenui crustacea, inodorum.

Ins. Neu-Hannover, in silva littoris occidentalis (20. 7. 75.).

Ranunculaceae.

Clematis *Vitalba L.* subspec. *brevicaudata* (DC.) Kze. — Timor, in silvis montanis pr. Taimanani altit. 400 m (24. 5. 75.).

Verbreitet durch Ost-Asien von Ost-Sibirien bis zu den Sunda-Inseln.

Menispermaceae.

Anamirta *Cocculus* W. et Arn. Prodr. I. 446. — Timor, Koepang, ad ficus scandens (15. 5. 75.).

Verbreitet im ganzen malayischen Gebiet.

Capparidaceae.

Cadaba *capparoides* DC. Prodr. I. 244; Decaisne Herb. Timor in Nouv. Ann. Mus. III. 427. — Timor, Atapopa, frequens in fruticetis occurrens (29. 5. 75.).

Findet sich ausserdem in Java und Nord-Australien.

Nepenthaceae.

Nepenthes *phyllamphora* Willd. Spec. IV. 2. 874; Hooker fil. in DC. Prodr. XVII. 97. — Amboina, in declivibus humidis collium pr. urbem sitorum (6. 6. 75.).

Rosaceae.

***Rubus** moluccanus* L. Spec. 707. teste O. FOCKE. — Ins. Neu-Hannover, in montibus interioris graminibus atque filicibus obtectis, alt. 250 m (25. 7. 75.).

„Die vorliegende Form gehört zu dem R. moluccanus im engeren Sinne, doch ist es wahrscheinlich, dass sich innerhalb dieses Formenkreises noch engere nahe verwandte Arten oder Unterarten werden abgrenzen lassen. Sehr ähnliche Formen sah ich von den Fidji-Inseln." (FOCKE.)

Leguminosae.

***Entada** scandens* Benth. in Hook. Journ. Bot. IV. 332. — Ins. Neu-Hannover, in silvis ripariis interioris (24. 7. 75.). — Ins. Salomonis, Bougainville, in silva littorali ad oram occidentalem (27. 8. 75.).

Fast an allen tropischen Küsten verbreitet.

***Dichrostachys** cinerea* W. et Arn. Prodr. 271. — Timor, Atapopa, in fruticetis versus silvam montanam (29. 5. 75.).

Verbreitet in Vorder-Indien und dem malayischen Gebiet.

***Acacia** Farnesiana* Willd. Spec. IV. 1083. — Amboina, haud raro (11. 6. 75.).

Verbreitet in den Tropenländern der alten und neuen Welt, vielfach angepflanzt.

A. pennata (L.) Willd. Spec. IV. 1090. — Timor, in parte boreali sinus Koepang-Bai, in monte Taimanani (24. 5. 75.). — „Gala-Gala" resp. „Gale-Gale" oder „Kabesa".

Verbreitet im tropischen Afrika und Asien, namentlich im malayischen Gebiet.

***Mezoneuron** glabrum* Desf. in Mém. Mus. IV. 246. t. 10. — Timor, in silvis montanis ad Baung pr. Koepang (18. 5. 75.).

Im malayischen Gebiet, ausserdem noch auf den Philippinen und in Tenasserim.

***Caesalpinia** Bonducella* (L.) Fleming in Asiatic Res. XI. 159. — Timor Atapopa; Ins. Salomonis, Bougainville.

Verbreitet in den Tropen der alten und neuen Welt.

C. Nuga Ait. Herb. Kew III. 32. — Ins. Neu-Mecklenburg (Neu-Irland); Port Sulphur, in silvis montanis, ad arbores altissimas et excelsas scandens (20. 8. 75.). — Ins. Salomonis Bougainville, in silva Rhizophoracearum (26. 8. 75.).

Verbreitet im ganzen malayischen Gebiet, sowie im tropischen Australien und im polynesischen Gebiet.

C. pulcherrima Swartz Obs. 166. — Timor, Koepang; in collibus siccis, fruticosa (15. 5. 75.).

Ueberall in den Tropen cultivirt und auch verwildernd. Ursprüngliche Heimath nicht sicher bekannt.

***Cassia** alata* L. Spec. 541, DC. Prodr. II. 492. — Timor, in silvis montanis ad Taimanani, in pratis silvaticis apertis, hinc inde bambusis obtectis, alt. 400 m. Frutices 1—2 m alti (24. 5. 75); in silvis montanis ad Atapopa (29. 5. 75.).

Verbreitet in den Tropenländern.

C. glauca Lam. Dict. I. 647. — Timor, in parte boreali sinus Koepang-Bai, in montibus silvaticis inter Pariti et Taimanani; frequens imprimis ad rivulos semiexsiccatos. — Frutex 1—2 m altus (23. 5. 75.).

Im tropischen Himalaya, im malayischen und polynesischen Gebiet verbreitet.

C. occidentalis L. Spec. 539; DC. Prodr. II. 497. — Timor, Koepang (5. 75.).

C. Tora L., DC. Prodr. II. 493. — Timor, Koepang, in regione versus Babouw (5. 75); in silvis montanis ad Taimanani, altit. 400 m, copiose insuper in pratis silvaticis Bambusearum (24. 5. 75.).

In den Tropen allgemein verbreitet.

***Trachylobium** verrucosum* (Gaertn.). — Hymenaea verrucosa Gaertn. fruct. II. 306 t. 139 f. 7. — „Nam Nam". — Timor, Koepang, in horto (15. 5. 75.).

Heimisch in Madagascar.

***Afzelia** bijuga* (Colebr.) Asa Gray Bot. Wilkes Exped. 467 t. 51. Seem. Fl. V. t. 69. — Ins. Neu-Guinea, in silva montana sinus Segaar-Bai et Mac Cluer-Bai (Cap.-Lieut. ZEYE 17. 6. 75.).

Verbreitet im malayischen und polynesischen Gebiet; auch an den Küsten Madagascars.

***Sophora** tomentosa* L. Spec. 533, DC. Prodr. II. 95. — Ins. Salomonis, Bougainville, in silva littorali (Djungel) (26. 8. 75.).

Verbreitet in den tropischen Küstenländern.

***Desmodium** umbellatum* (L.) DC. Prodr. II. 325. — Ins. Neu-Hannover, ad ripas fluminis in parte interiore (24. 7. 75.).

Verbreitet im malayischen Gebiet, Ceylon, Polynesien und auf den Mascarenen.

D. Cephalotes Wall. Cat. 5721; Hook. Fl. of Brit. Ind. II. 162. — Timor, in silvis montanis ad Taimanani (in parte boreali sinus Koepang-Bai) altit. circ. 300 m (23. 5. 75.).

Verbreitet im tropischen Himalaya, in Ceylon und auf den Inseln des malayischen Gebietes.

D. latifolium DC. Prodr. II. 327. — Ins. Neu-Pommern (Neu-Britannien), ad sinum Blanche-Bai (13. 8. 75.).

Verbreitet im tropischen Himalaya, im malayischen Gebiet und in Madagascar.

D. polycarpum (Lam.) DC. Prodr. II. 334. — Ins. Vitienses; Matuku (24. 10. 75.); Levu, in silva montana (30. 11. 75.). — Ins. Neu-Pommern (Neu-Britannien), ad sinum Blanche-Bai (14. 8. 75.).

Verbreitet im ganzen tropischen Asien und Polynesien.

D. incanum DC. Prodr. II. 332. — Liberia, in viis pr. urbem Monrovia (5. 8. 74.).

Verbreitet in Ober-Guinea und im tropischen Amerika.

***Abrus** precatorius* L. Syst. 533; DC. Prodr. II. 175. — Timor, ad sinum Koepang-Bai pr. Taimanani, in regione inferiore silvae montanae (23. 5. 75.).

Weit verbreitet in den Tropenländern.

***Clitoria** Ternatea* L. Spec. 1026; DC. Prodr. II. 233. — Timor, Atapopa, in fruticetis apertis (29. 5. 75.).

Verbreitet in den Tropen, heimisch wahrscheinlich im tropischen Himalaya und im malayischen Gebiet.

***Erythrina** indica* Lam. Dict. II. 391. var. α; DC. Prodr. II. 412. — Ins. Salomonis, Bougainville, in silva littorali (26. 8. 75.).

Verbreitet im tropischen Himalaya, Ceylon und dem malayischen Gebiet.
Findet sich auf den Samoa-Inseln (WHITMEE n. 79), auf Taiti (HINDS, BARCLAY), auf der Fidji-Insel Matuku (SEEMANN n. 125).

***Mucuna**? monosperma* DC. Prodr. II. 406.

So lange keine Früchte von dieser Pflanze bekannt sind, ist die Bestimmung noch anzuzweifeln.

Ins. Salomonis, Bougainville, in silva littorali ad oram occidentalem (26. 8. 75.).

***Canavalia** ensiformis* DC. Prodr. II. 404. — Ins. Neu-Pommern (Neu-Britannien); in parte bor. orientali, ad sinum Blanche-Bai, Great Harbour (14. 8. 75.).

Weit verbreitet an den tropischen Küsten der alten und neuen Welt.

***Phaseolus** lunatus* L. Spec. 1016; DC. Prodr. II. 293. — Timor, in silvis montanis ad Taimanani, ad oram borealem sinus Koepang-Bai (24. 5. 75.).

Verbreitet in den tropischen Küstenländern.

***Dolichos** Lablab* L. Spec. 1019. — Timor, Pariti, ad pagum „Anabila“ vel „Arbila“.

Ueberall in den Tropenländern kultivirt.

***Rhynchosia** australis* Benth. Fl. austr. II. 267. — Australia boreali-occid., in continente ad archipelagum Dampieri haud raro (28. 4. 75.).

In Nordaustralien und Ostaustralien nicht selten.

***Derris** uliginosa* (Roxb.) Benth., Pl. Jungh. I. 252. — Ins. Neu-Hannover, in silva littorali (Djungel) orae occidentalis (21. 7. 75.). — Ins. Salomonis, Bougainville, in ora occidentali (27. 8. 75.). — Ins. Neu-Guinea, in silvis ad sinum Segaar-Bai (Mac Cluer-Bai) (17. 6. 75.).

Verbreitet in den Küstenländern des tropischen Asiens, Madagascars und des Zambesilandes.

***Pongamia** glabra* Vent. Jard. Malm. t. 28; DC. Prodr. II. 416. — „Boxes“ Malayens. — Timor, Koepang (15. 5. 75.).

Verbreitet im tropischen Himalaya, im malayischen und polynesischen Gebiet, auch auf den Seychellen.

var. *ovalifolia* Engl. foliis oblongo-ovalibus vel late ellipticis, basi obtusis, rarius acutis. — Timor, Pariti, ad oram borealem sinus Koepang-Bai (22. 5. 75.).

Thymelaeaceae.

***Pimelea** brevituba* Fawcet in Forbes Wand. in Mal.-Archipel II, 228; trichotome ramosa, ramulis inferioribus denudatis teretibus, superioribus foliosis; foliis oppositis, brevissime petiolatis, tenuibus glabris, subtus glaucescentibus, oblongis, utrinque acutis; involucro terminali cupuliformi 4-phyllo, bracteis oblongis acutis ad tertiam partem usque connatis; floribus exterioribus majoribus involucrum vix superantibus; bracteolis nullis; floribus breviter pedicellatis; perianthii tubo inferne inflato deinde anguste cylindrico quam lobi ovati triplo longiore; ovario oblongo ovoideo in stylum 5-plo longiorem contracto.

Circ. 4 dm alta, ramulis inferioribus 3—4 mm crassis, pallidis, circ. 1 dm longis, superioribus foliosis brevioribus. Internodia circ. 2 cm longa. Folia petiolo 1 mm longo suffulta, circ. 2 cm longa, 6—7 mm lata. Involucrum circ. 1,5 cm longum. Pedicelli 1—2 mm longi. Perianthii glabri tubus interior ovarium claudens circ. 1 mm, superior cylindricus 4—5 mm longus, lobi 1,5 mm longi, exteriores interiores amplectentes. Staminum filamenta brevissima, antherae breviter ovatae. Ovarium oblongo-ovoideum, infra apicem obtusum stylo tenui laterali ultra faucem exserto instructum.

Timor, Koepang, locis siccis (Cap.-Lieut. Zeye, 5. 75.).

Es ist dies die erste Pimelea, welche ausserhalb Australiens und Neu-Seelands gefunden wurde. Sie gehört der Sect. Theranthes (Benth. Fl. austral. VI. p. 2) an, ist von dem Sammler als Halbstrauch bezeichnet, dürfte aber auch, wie die andern Arten dieser Section einjährig sein. Einen eigenthümlichen Habitus bekommt die Pflanze dadurch, dass die Blätter der untern Zweige abfallen und die Verzweigung der ganzen Pflanze dichasial ist; die Seitenäste gehen von dem relativen Hauptspross immer unter einem Winkel von etwa 40° ab und überragen meistens ein wenig das schwächere, später ebenfalls entblätterte und von einem Involucrum gekrönte Ende des Hauptsprosses.

Diese Pflanze hatte ich im Manuscript als Pimelea timorensis n. sp. bezeichnet und auch für die grössere Publication abbilden lassen; sie scheint aber zu der kürzlich publicirten Pimelea brevituba Fawc. zu gehören, wiewohl meine oben gegebene Beschreibung und diejenige von Fawcet nicht völlig übereinstimmen, was bei der geringen Zahl der beiderseits vorliegenden Exemplare nicht zu verwundern ist.

Oxalidaceae.

***Oxalis** corniculata* L. Spec. 624. — Ins. Neu-Hannover, ad oram occidentalem (20. 7. 75.). — Ins. Neu-Pommern (Neu-Britannien), ad sinum Blanche-Bai; inter Musas cultas (16. 8. 75.).

Verbreitet im tropischen und subtropischen Gebiet.

Malpighiaceae.

Tristellateia *australasica* A. Rich. Sert. Astrolab. 38 t. 15; Benth. Fl. Austr. I. 286; Hook. Fl. of brit. Ind. I. 418. — Ins. Neu-Mecklenburg (Neu-Irland), ad portum Carteret, in silva densa montana scandens (19. 8. 75.).

Verbreitet im malayischen Gebiet von Singapore bis Neu-Mecklenburg und Queensland.

Rutaceae.

Citrus *Hystrix* DC. Prodr. I. 539; Hook. Fl. of brit. Ind. I. 515. — Timor, in parte boreali sinus Koepang-Bai, in silva montana pr. Taimanani, fruticosa (24. 5. 75.).

Die Pflanze ist im nicht blühenden Zustand gesammelt worden und stimmt mit den von DECAISNE (l. c. p. 439) als Citrus Limetta bezeichneten Exemplaren überein; sie nähert sich aber auch sehr dem Citrus latipes Hook. f. et Thoms., welcher von HOOKER fil. selbst mit C. Hystrix DC. vereinigt wird, hat ebenso breite Blattstiele und kleine Blattspreiten, welche bei der von Khasia stammenden Pflanze am Grunde etwas breiter und stumpfer sind, als bei der Pflanze von Timor. Da bei den von Dr. NAUMANN gesammelten Exemplaren Blüthen und Früchte fehlen, so ist eine sichere Entscheidung nicht zu treffen.

Citrus Hystrix DC. ist bekannt vom tropischen Himalaya (Khasia) und Sumatra.

Simarubaceae.

Brucea *sumatrana* Roxb. Fl. ind. I. 449; Hook. f. Fl. of Brit. Ind. I. 521. — Ins. Dana pr. Savu (11. 5. 75.).

Verbreitet im ganzen malayischen Gebiet.

Suriana *maritima* L. Gen. No. 581; DC. Prodr. II. 91. — Ins. Lucipara, ad marginem silvae humilis in arena corallina (1. 6. 75.). — Ins. Dana pr. Savu, in arena corallina. Frutex 1,5—2 m altus, valde ramosus (11. 5. 75.).

Verbreitet an den tropischen Küsten.

Harrisonia *Brownii* A. Juss. Mém. Rut. tab. 28 n. 47; Gaudich. Voy. Freyc. tab. 103. — Timor, in silvis montanis ad Taimanani (24. 5. 75.).

Findet sich ausserdem auf den Philippinen und in Nord-Australien.

Meliaceae.

Bearbeitet von CASIM. DE CANDOLLE.

Munronia *timoriensis* Baill. in Adansonia XI. 266. — Timor, Atapopa; frutex parvus in fruticetis prope pagum sitis (29. 5. 75.).

Bisher nur von Timor bekannt.

Amoora (Sect. *Pseudo-Guarea*) *salomoniensis* Cas. DC. in Bot. Jahrb. VII. 461; foliis abrupte-pinnatis, 2-jugis, glabris, foliolis oppositis oblongo-ellipticis basi acutis apice obtusis; floribus modice pedicellatis glabris, calycis 4-dentati dentibus rotundatis, petalis ellipticis, tubo urceolato apice 8-denticulato intus 8-antherifero, dentibus ovato-acutis, disco stipitiformi lato, ovario 3-loculari.

Arbor parva ramulis siccis rubescentibus glabris. Foliorum rhachis circiter 7 cm longa vix 2 mm crassa, teres. Foliola subsessilia ad 12,5 cm longa, 5 cm lata sicca firmula subpellucida, subtiliter pellucido-punctulata nervis secundariis subtilibus subadscendentibus utrinque circiter 10. Panicula verisimiliter foliis brevior. Petala circiter 5 mm longa in aestivatione imbricata sicca fuscescentia, vix sordide albida. Antherae vix 1 mm longae utrinque obtusae. Ovarium disco circiter aequilongum et cum eo glabrum. Stigma orbiculare.

Ins. Salomonienses, Bougainville; in silva littorali. — Arbor humilis fruticosa (27. 8. 75.).

A. (Sect. *Pseudo-Guarea*) *Naumannii* Cas. DC. in Bot. Jahrb. VII. 461; foliis imparipinnatis, 2-jugis, glabris, foliolis oppositis, ovatis apice obtusiusculo acuminatis, lateralibus subsessilibus basi rotundatis, floribus pedicellatis glabris, calyce orbiculari integro, petalis 4, tubo cylindrico 8-denticulato intus 8-antherifero, disco stipitiformi lato, ovario ovoideo 4-loculari. — Taf. X.

Species sectionis Pseudo-Guarea etsi ovario 4-loculari praedita. Ramuli pallide argilacei. Foliorum rhachis teres, circiter 20 cm longa, glabra, ad 2 mm crassa. Foliola ad 19 cm longa, 16 cm lata, sicca membranacea virescentia, nervis secundariis patulis alternis utrinque circiter 12. Flores modice pedicellati. Calyx siccus tenuiter membranaceus integer vel postea irregulariter fissus. Petala oblonga obtusa circiter 1 cm longa. Tubi staminei petalis paulo breviores, dentes apice emarginulati. Antherae cum tubi dentibus alternantes dorsi infra medium sessiles oblongae utrinque obtusae 1,5 mm longae. Stigma orbiculare. Ovarium glabrum, ovula in quoque loculo 2 superposita.

Ins. Neu-Guinea, in silvis sinus Segaar-Bai (17. 6. 75.).

Vavaea amicorum Benth. in Hook. Lond. Journ. II. 212; Cas. DC. in DC. Monogr. Phaner. I. 645. — Vavaea vitiensis Seem. Flor. Vitiens. p. 35. — Ins. Vitienses, Matuku. Frutex altus, trunco crasso (24. 11. 75.).

Findet sich ausserdem noch auf den Freundschaftsinseln.

Carapa moluccensis Lam. Dict. I. 621. — Ins. Neu-Mecklenburg (Neu-Irland), in ora meridionali partis occidentalis, solo coralligeno cum Rhizophoris et Coco, 8—10 m alta (31. 7. 75.). — Ins. Neu-Guinea, in interiore parte sinus Mac Cluer-Bai, in silva Rhizophoracearum. 2—3 m alta (18. 6. 75.).

Euphorbiaceae.

Bridelia ovata Decne. in Nouv. Ann. Mus. III. 484. — Timor, silvae montanae pr. Pariti (24. 5. 75.).

Im malayischen Gebiet zerstreut.

Breynia oblongifolia Muell. Arg. in DC. Prodr. XV. 2. p. 440. — Timor, Koepang (5. 75.).

Verbreitet im malayischen Gebiet und auf den Freundschaftsinseln.

Acalypha insulana Muell. Arg. in DC. Prodr. XV. 2. p. 818. — A. glabrescens Muell. Arg. l. c. — Ins. Vitienses, Levu, in silva montana (30. 11. 75.).

Findet sich ausserdem auf den Samoa-Inseln.

A. grandis Benth. in Hook. Lond. Journ. of bot. 1843 p. 232; Muell. Arg. in DC. Prodr. XV. 2. 806.

Die Blätter dieser Pflanze stimmen völlig mit denen der Acalypha Caturus Blume von Java und Borneo (Motley n. 45) überein; auch ist die Pflanze der A. amboinensis Benth. sehr nahe stehend, unterscheidet sich aber durch die grossen Mittelzähne der Bracteen.

Ins. Neu-Mecklenburg (Neu-Irland), in parte occidentali orae meridionalis, in silva montana (6. 8. 75.).

Dieselbe Pflanze sah ich von den Fidji-Inseln, den Neuen Hebriden (Herald-Exped.), den Samoa-Inseln (Powell n. 242, Graeffe n. 1568), Little Key Island und den Admiralitätsinseln (Challenger-Exped.).

A. stipularis (Muell. Arg.) Engl. in Bot. Jahrb. VII. 462; ramulis et foliis novellis dense incano-pilosis; foliorum petiolo terete supra sulcato quam lamina 5—6-plo breviore, stipulis ovato-lanceolatis, lamina subcoriacea, supra nitidula, late elliptica, utrinque acuta, margine serrato-dentata, nervis lateralibus utrinque circ. 10 patentibus, prope marginem sursum versis utrinque prominentibus, nervis lateralibus II. inter primarios obliquis tenuibus imprimis subtus prominulis; inflorescentia spiciformi folium superante; pedunculo inferne transverse rugoso, dense et breviter ferrugineo-piloso; bracteis dense ferrugineo-pilosis, reniformibus, utrinque acute tridentatis et dente terminali haud producto recurvo instructis; ovario longe piloso, demum glabrescente, stylis ovario fere triplo longioribus, pectinatim multilaciniatis laciniis angustissimis.

Frutex. Foliorum petiolus usque 4 cm longus, stipulae 1—1,2 cm longae, lamina 1,5—2,5 dm longa, 1,5 dm lata, nervis lateralibus angulo circ. 60 ° a costa abeuntibus, inter se 1,5—2 cm distantibus. Inflorescentia feminea circ. 3 dm longa. Bracteae 4 mm longae, 6—7 mm latae, margine interiore pilis longis glanduligeris instructae. Ovarium circ. 2 mm longum et crassum, stylis 5 mm longis instructum.

Ins. Vitienses, Levu; Rewa superior, in silva (30. 11. 75.).

Diese Pflanze wird von MUELLER ARG. in seiner Monographie der Euphorbiaceae (DC. Prodr. XVI. 2. 818) und demzufolge auch von SEEMANN in der Flora vitiensis, p. 225 als Varietät zu A. insulana Muell. Arg. gezogen; sie ist aber zu sehr von den übrigen Formen verschieden, als dass diese Vereinigung natürlich erscheinen könnte. Vielleicht ist hiermit auch MUELLER's Varietät A. villosa zu vereinigen.

***Mallotus** philippinensis* (Lam.) Muell. Arg. in Linnaea XXXIV. p. 196. — Ins. Neu-Pommern (Neu-Britannien), in parte bor.-orientali, (14. 8. 75.).

Weit verbreitet von Ceylon durch das malayische Gebiet bis nach Australien und dem südlichen China.

***M.** repandus* Muell. Arg. l. c. p. 197. — Ins. Neu-Hannover, in silva littorali orae meridionalis (23. 7. 75.).

Verbreitet in Vorder-Indien, im tropischen Himalaya, im malayischen Gebiet.

Macaranga (Sect. *Dimorphanthera) riparia* Engl. in Bot. Jahrb. VII. 463 ramulis vix quadrangulis, novellis pilis longis ferrugineis obtectis, demum glabrescentibus purpureis; foliis longe petiolatis stipula opposita elongato-lanceolata extus dense sericeo-pilosa instructis, petiolo terete supra anguste canaliculato ferrugineo-piloso, demum glabrescente, lamina membranacea supra glabra, subtus brevissime pubescente et atropurpurea glanduloso-punctata ambitu late cordatiformi, profunde triloba, lobis semiovatis longe et anguste cuspidato-acuminatis, costis 3, lateralibus leviter curvatis, nervis lateralibus a costis patentibus prope marginem curvatis venisque primariis inter illos transversis utrinque, venis secundariis inter primarios transversis atque ultimis reticulatis subtus distincte prominentibus; panicula axillari folium subaequante dense pilosa multiramosa, ramulis extimis spiciformibus florum glomerulis dense congestis; bracteis ovatis facile deciduis; perigonii masculi tepalis ellipticis, utrinque acutis; staminibus 7—9 filiformibus, antheris peltatis trilocularibus. — Taf. XI.

Arbor usque 10 m alta. Ramulorum internodia circ. 2—2,5 cm longa, 4—5 mm crassa. Foliorum petiolus 6—12 cm longus, lamina circ. 1,5—2 dm longa et lata, lobis lateralibus 2—6 cm longis, 2,5—4 cm latis, intermedio circ. 6—11 cm longo et lato; stipula 6—10 cm longa, inferne convoluta. Paniculae circ. 2 dm longae rami secundarii 5—6 cm longi, tertiarii 1—3 cm aequantes, glomeruli circ. 3—4 mm diametientes. Bracteae inferiores majores lanceolatae 1—1,5 cm longae, summae 1—2 mm longae. Perigonii masculi tepala vix 1 mm longa. Flores femineos et fructus non vidi.

Ins. Neu-Hannover, ad ripas parvi fluvii (24. 7. 75.).

Trotzdem keine weiblichen Blüthen oder Früchte vorhanden sind, ist die Pflanze doch leicht als Macaranga zu erkennen, da die Antheren alle deutlich 3-fächerig sind. Da die Blätter nur mit einer gegenständigen Stipula versehen sind, die beiden Sectionen Pachystemon und Mappia aber Paare von Stipula besitzen, so gehört diese Pflanze in die Section Dimorphanthera, obwohl bei den bis jetzt bekannten Arten dieser Section 3-fächerige Antheren zusammen mit 4-fächerigen vorkommen.

***Aleurites** moluccana* Willd. Spec. IV. 590; Muell. Arg. in DC. Prodr. XV. 2. 723. — Ins. Vitienses, Matuku (24. 11. 75.).

Verbreitet im malayischen Gebiet und in Polynesien.

***Euphorbia** Atoto* Forst. Prodr. n. 207; Boiss. in DC. Prodr. XV. 2. p. 12. — Ins. Neu-Hannover; littoralis (23. 7. 75.). — Ins. Salomonis, Bougainville (28. 8. 75.).

Verbreitet an den Küsten des malayischen Gebietes und den Inseln des Stillen Oceans.

***E.** Chamissonis* (Klotzsch et Garcke) Boiss. in DC. Prodr. XV. 2. p. 14. — Ins. Vitienses, Matuku, locis graminosis (14. 11. 75.).

Ausserdem noch auf den Inseln des Radak-Archipels.

Anacardiaceae.

***Spondias** dulcis* Forst. Prodr. n. 198. — Ins. Neu-Hannover, ad ripas fluviorum (25. 7. 75.).

Arbor circ. 20 m alta, late ramosa, cortice pallido instructa.

Verbreitet in Polynesien; wird auch ausserhalb dieses Gebietes kultivirt.

Sapindaceae.

(Bestimmt von Prof. Dr. RADLKOFER.)

***Allophylus** timorensis* (DC.) Bl. in Rumphia III. 130. emend. Miqu. in Fl. Ind. bot. I. 2. p. 575. — Ins. Neu-Hannover, in silva littorali orae occidentalis. — Ins. Neu-Guinea, in silva montana sinus Mac Cluer-Bai (17. 6. 75.).

Verbreitet im malayischen Gebiet.

***A.** sundanus* Miqu. l. c. 575. — Ins. Neu-Guinea, in silvis sinus Segaar-Bai (17. 6. 75.).

Verbreitet im malayischen Gebiet.

***Schleichera** trijuga* Willd. Spec. IV. 1096. — Timor, Pariti atque in monte Taimanani (23. 5. 75.).

Verbreitet im malayischen Gebiet.

***Sarcopteryx** squamosa* (Roxb.) Radlk. Holl. ind. Sapindac. p. 57; Ueber Sapindus p. 309; Ueber Cupania p. 659. — Taf. XII. — Ins. Neu-Guinea, in parte interiore sinus Mac Cluer-Bai, ad margines silvarum (18. 6. 75.).

War bisher von den Inseln Nanau-lant und Amboina bekannt.

Hippocrateaceae.

***Salacia** Naumanni* Engl. in Bot. Jahrb. VII. 464 ramulis novellis angulosis, adultis teretibus brunneis, lenticellis numerosis dense obtectis; foliis oppositis vel interdum jugis solutis; foliorum petiolo brevi, teretiusculo, supra sulcato, lamina subcoriacea, supra nitida, subtus opaca et pallidore, oblongo-elliptica, basi obtusa in petiolum contracta, apice subacuta, nervis lateralibus utrinque circ. 4—5 arcuatim adscendentibus, subtus prominentibus, marginem versus connascentibus; florum fasciculis petiolum subaequantibus; pedicellis tenuibus glabris, infra calycem paullum incrassatis; calycis lobis semiovatis; petalis obovatis quam lobi calycini 5-plo longioribus; disco crasso pulvinato quasi duplici, interiore stamina includente; staminum filamentis linearibus dimidium petalorum aequantibus; ovarii rudimento oblongo-ovoideo; fructu globoso cerasiformi aurantiaco, monospermo; semine subgloboso. — Taf. XIII.

Ramulorum internodia 4—5 cm et ultra longa. Foliorum petiolus circ. 1—1,5 cm longus, lamina magnitudine valde variabilis, 0,7—1 dm longa, 5—7 cm lata, interdum breviter acuminata, obtusiuscula vel acuta. Pedicelli 7—12 mm longi; alabastra circ. 2,5 mm diametientia. Calycis lobi semiorbiculares. Petala 3 mm longa, 2 mm lata, ex albo viridescentia. Discus crassus 2 mm diametiens, 1,5 mm altus. Stamina circ. 1,5 mm longa; antherarum thecae vertice insidentes, divergentes. Fructus circ. 1,5 cm diametiens, pericarpio carnoso, extus aurantiaco. Semen circ. 1 cm diametiens, globosum.

Ins. Neu-Mecklenburg (Neu-Irland), scandens in silvis montanis pr. Port Sulphur (fructifera 20. 8. 75.). — Ins. Neu-Guinea, ad fretum Galewoanum, in silva Rhizophoracearum (23. 6. 75.). — Ins. Salomonis, Bougainville, ad oram occidentalem (florifera 27. 8. 75.).

Von der nahe verwandten S. patens Decaisne unterscheidet sich unsere Art durch breitere und dickere Blätter mit nur schwach hervortretenden Nerven, sowie auch durch grössere Blüthen.

***S.** macrophylla* Bl. Bijdr. 221. — Ins. Neu-Guinea, ad fretum Galewoanum (23. 6. 75.).

Bisher von Java bekannt.

Rhamnaceae.

Zizyphus *Jujuba* Lam. Dict. III. 318. — Timor, Koepang atque aliis locis.

Verbreitet in den Tropenländern der alten Welt.

Colubrina *asiatica* Brongn. in Ann. sc. nat. sér. 1. X. 369. — Timor, Pariti, in parte boreali sinus Koepang-Bai, in fruticetis littoreis (22. 5. 75.). — Ins. Salomonis, Bougainville, in ora occidentali (26. 8. 75.).

Verbreitet in den Tropenländern der alten Welt.

Vitaceae.

Cissus *geniculata* Blume Bijdr. p. 184; var. *neo-guineensis* Planch. Mss. (ex ipso). — Ins. Neu-Guinea, in silva montana sinus Mac Cluer-Bai (18. 6. 75.).

Bisher von Java bekannt.

Leea *rubra* Blume Bijdr. 197. — Timor, in silvis montanis pr. Pariti (23. 5. 75.).

Nur von Timor bekannt.

L. *Brunoniana* C. B. Clarke in Trimens Journ. of bot. 1881. p. 166. — Timor, in silvis pr. Taimanani (23. 5. 75.). — Ins. Salomonis, Bougainville, in silva littorea orae occidentalis (26. 8. 75.).

Verbreitet im malayischen Gebiet.

L. *Naumanni* Engl. in Bot. Jahrb. VII. 466; ramulis petiolis atque foliorum costis brevissime ferrugineo-puberulis; foliis petiolo tereti suffultis, membranaceis, supra glabrescentibus, subtus costis ferrugineo-puberulis, foliis inferioribus bipinnatis trijugis superioribus pinnatis vel trifoliolatis, foliorum majorum pinnis infimis trifoliolatis, foliolis valde inaequalibus, lateralibus quam terminale triplo brevioribus, ovalibus petiolulis brevibus sulcatis insidentibus; foliolis reliquis oblongis vel ovato-oblongis, omnibus longe et obtuse acuminatis margine crenato serratis, nervis lateralibus arcuatis, venis tenuibus obliquis inter se conjunctis; inflorescentia corymboso-paniculata multiramosa, dense ferrugineo-pilosa, bracteolis ovatis vel ovato-lanceolatis acutis; pedicellis brevissimis vix distinctis; alabastris globosis, calycis cupuliformis lobis semiovatis obtusis; petalis ovatis quam lobi calycini triplo longioribus.

Arbor parva. Folia inferiora 3—4 dm longa, 2—2,5 dm lata, pinnae infimae petiolo 1—1,5 cm longo suffultae, pinnulis infimis petiolulo 3—4 mm longo insidentibus 7—9 cm longis, 5 cm latis; pinnae reliquae usque 2 dm longae, 7—8 cm latae, acumine 1,5—1,7 cm longo instructae, nervis lateralibus inter se 1—1,5 cm distantibus. Inflorescentia circ. 2 dm longa et lata, inferne dichotome, superne trichotome ramosa, bracteolis 1—2 mm longis. Alabastra circ. 2 mm diametientia. Calycis lobi 0,5 mm longi. Petala 1,5 mm longa, 1 mm lata.

Ins. Neu-Hannover, ad ripas fluviorum (24. 7. 75.).

Von der ähnlichen Leea Brunoniana C. B. Clarke (Journ. of bot. 1881. p. 166) unterscheidet sich unsere Art durch die kantig gezähnten Blätter und nur halb so grosse Blüthen.

Sterculiaceae.

Heritiera *littoralis* Ait. hort. Kew III. 546; DC. Prodr. I. 484. — „Tile Bolu" Timorens. — Timor, Pariti, pr. mare (23. 5. 75.). — Ins. Neu-Hannover, in silva littorali (20. 7. 75.).

Verbreitet an den Küsten des tropischen Asiens.

Malvaceae.

***Hibiscus** tiliaceus* L. Spec. 976. DC. Prodr. I. 454. — Ins. Neu-Hannover, Cap Queen Charlotte, in silva littorali (23. 7. 75.). — Arbor 30 m alta.

Verbreitet an den tropischen Küsten, namentlich im Gebiet des Stillen Oceans.

Clusiaceae.

***Calophyllum** Inophyllum* L. Spec. 732; DC. Prodr. I. 562. — Ins. Neu-Guinea, fretum Galewoanum; in silva littorali Rhizophoracearum (23. 6. 75.).

Verbreitet von Ost-Afrika bis nach Polynesien.

Lythraceae.

(Bestimmt von Dr. Koehne.)

***Pemphis** acidula* Forst. Gen. 67; Koehne in Engl. Bot. Jahrb. III. 132, cum forma *ovalifolia* Hassk. — Ins. Dana pr. Savu, in rupibus coralligenis (11. 5. 75.).

Verbreitet an den Küsten des tropischen Asiens, Afrikas und Australiens.

***Lagerstroemia** Engleriana* Koehne n. spec. l. c. IV. 24. — Taf. XIV.

Frutex (ex schedala). Rami vetustiores teretes, glabrati; internodia ad 4,75 cm lg. foliis multo breviora. Gemmae 3 mm lg., 2,5 mm latae. Folia opposita v. subopposita, petiolis circ. 4—7 mm longis glaberrimis insidentia, stipulis inconspicuis, basi rotundata in petiolum subito contracta, late elliptica, ad 13 cm circ. longa, 3,7 cm lata, apice valde deformata, coriacea, opaca, glaberrima, subglauca, subtus vix pallidiora, penninervia, nervi extrinsecus circ. 8—10, ut venae subtus prominentes, supra (in sicco) prominuli. Panicula circ. 2,7 dm lg., basi 2,5 cm diam., pyramidalis, rami inferiores ut paniculae apex racemos inferne e dichasiis compositos, superne simplices sistunt. Rhachis, rami pedicellique teretes v. obscure 4-anguli, ochraceo-tomentosi, demum ex parte glabrati. Bracteas prophyllaque decidua non vidi. Flores 6-meri. Alabastra . . . . Calycis fructiferi tubus 5 - 6 mm lg., extrinsecus pilis ramosis breviter denseque ochraceo-tomentosus, turbinato-hemisphaericus, 6-alatus; lobi reflexi fere 3 mm longi, triangulares, intus glabri; appendices nullae. Petala . . . . Stamina ad tubi circ. 1/5 inserta; filamenta epipetala crassa, paullo magis quam dimidia parte supra tubum exserta; epipetala (4—6-na ?) illis paullo breviora, sed multo tenuiora. Antherae . . . . Ovarium . . . . Capsula 12—15 mm lg., 8—11 mm diam., ellipsoidea, 6-locularis, 6-valvis, glaberrima, nigrescens. Semina ala adjecta circ. 7—8 mm longa, 3½—4½ mm lata, castanea, ala pallidiore cultriformi.

Timor, Koepang (5. 75.).

Myrtaceae.

***Melaleuca** Leucadendron* L. Mant. 105. — Timor, in parte boreali sinus Koepang-Bai, pr. Pariti (22. 5. 75.). — Arbor circ. 10—12 m alta, silvas parvas littorales efformans.

Im malayischen Gebiet verbreitet.

***Eucalyptus** alba* Reinw. in Blume Bijdr. 1101. — Timor, Koepang, hinc inde occurrens (5. 75.).

Findet sich ausserdem in Nord-Australien und Queensland.

***Nelitris** vitiensis* Asa Gray Bot. Wilkes Exped. p. 548. t. 60; Seem. Fl. Vit. p. 80; ramulis tenuibus, novellis dense pilosis, adultis glabrescentibus; foliis breviter petiolatis tenuibus, costa breviter pilosa et margine tenuiter pilosa exceptis utrinque glabris, oblongo-ovatis vel oblongo-lanceolatis, longe acuminatis, nervis lateralibus tenuibus utrinque circ. 6—7, nervo collectivo tenui antemarginali conjunctis; paniculis axillaribus terminalibusque; bracteis parvis ovatis vel lanceolatis, bracteolis linearibus mox deciduis; pedicellis tenuibus quam alabastra globosa 4—5-plo longioribus; calycis cinereo-sericei-pilosi tubo urceolato, laciniis breviter triangularibus; petalis oblongis quam laciniae calycinae triplo longioribus; staminibus tenuibus filiformibus quam petala brevioribus; antheris brevibus. — Ins. Vitienses, Levu, Rewa superior; in silva montana (30. 11. 75.).

Da die Diagnose in der Flora Vitiensis nicht ganz correct ist, so habe ich hier eine solche nach den von Dr. NAUMANN gesammelten, sehr guten Exemplaren abgefasst.

Eugenia *rivularis* Seem. in Bonplandia IX. 256; Fl. vit. p. 80. — Ins. Vitienses; Levu, Rewa superior, in silvis montanis (30. 11. 75.).

E. *malaccensis* L.: Lam. Dict. III. 196. — Nom. vern. Vitiens. „Kaviga vel Malui". — Timor, Koepang; in horto (15. 5. 75.). — Ins. Neu-Guinea; Segaar-Bai (17. 6. 75.). — Ins. Neu-Mecklenburg (Neu-Irland); in silvis montanis (6. 8. 75.). — Ins. Vitienses, Matuku (24. 11. 75.).

Verbreitet im ganzen malayischen Gebiet.

Ins. Neu-Hannover, in valle silvatica interioris alt. 200 m (24. 7. 75.).

Diese Art sieht der Astronia Pickeringii Asa Gray (Bot. Un.-Stat. Explor. Exped. I. 577 t. 72; Seemann Fl. Vit. 86) ähnlich, weicht aber von derselben durch den deutlich 5-lappigen, nicht mehrlappigen oder mehrzähnigen Kelchsaum, sowie auch durch die linealischen, nicht eiförmigen Antheren ab.

E. *javanica* Lam. Dict. III. 200. — Ins. Neu-Hannover, in silva littorali orae meridionalis (23. 7. 75.). — Ins. Neu-Mecklenburg (Neu-Irland), pr. Port Sulphur (26. 8. 75.).

Verbreitet im malayischen Gebiet; aber weniger häufig als vorige.

Barringtonia *racemosa* Gaudichaud in Freyc. Voy. Bot. 483 t. 107. — „Uapalássë". — Timor, ad sinum Koepang-Bai, in silvis littoreis pr. Pariti (22. 5. 75.).

Verbreitet an den Küsten des malayischen Gebiets und Polynesiens.

Sonneratia *acida* L. f. suppl. pl. 38. — Ins. Salomonis, Bougainville, in silva littorali fruticosa (26. 8. 75.).

Verbreitet im indischen Archipel, Ost-Indien und Ost-Afrika.

Melastomaceae.

Melastoma *malabathricum* L. Spec. 559.

Var. *latifolium* Engl.; foliis latioribus late ovatis vel late ovato-lanceolatis, basi obtusis vel fere truncatis. — Ins. Neu-Hannover, in silva montana (25. 7. 75.).

Das im indisch-malayischen Gebiet weit verbreitete M. malabathricum L. findet sich auch im tropischen Australien. Dazu gehört auch M. Novae-Hollandiae Naud.

Das von BENTHAM (Fl. austral. III. 292) einfach zu M. malabathricum L. hinzugezogene M. velutinum Seemann (Fl. vit. p. 84 in nota) findet sich auch in Australien in Arnheimsland, Providence Hill., bei Port Essington (Armstrong) und Port Darwin (F. Schultz); es ist als eigene Varietät var. velutinum (Seem.), foliis latioribus, basi acutis zu bezeichnen.

Astronia *Novae-Hannoverae* Engl. in Bot. Jahrb. VI. 468, ramulis atque foliis subtus minute nigro-lepidotis, foliis petiolo 4-plo breviore canaliculato suffultis, membranaceis, laete viridibus, supra glabris, basi subacutis, apice breviter triangularibus acutis, nervis primariis 3 subtus cum secundariis distincte prominentibus, nervis lateralibus inter primarios transversis utrinque circ. 12—15, nervis secundariis a primariis lateralibus abeuntibus tenuioribus numerosioribus atque nervo collectivo a margine paullum remoto conjunctis; inflorescentia terminali multiflora, ramosa, corymboso-paniculata; pedicellis brevibus; calycis campanulati lobis 5 brevissimis obtusissimis, petalis obovato-oblongis quam calyx $1^1/_2$-plo longioribus; staminum antheris linearibus filamentis et petalis aequilongis; connectivo basi calcarato; ovario 5-loculari.

Ramulorum internodia circ. 3—4 cm longa, 4—5 mm crassa. Foliorum petiolus 2,5 cm longus, lamina 1—1,2 dm longa, 6—7 cm lata, nervis primariis lateralibus a mediano circ. 2 cm remotis, nervo collectivo a margine 2 mm distante. Paniculae ramuli primarii inferiores 1 dm, secundarii 2 cm, tertiarii 1—1,5 cm, pedicelli 3—4 mm longi. Calycis tubus 2 mm longus, limbus leviter 5-crenatus tenuis, mox deciduus. Petala 3,5 mm longa, 2,5 mm lata. Staminum filamenta 4 mm longa, antherae 4 mm longae, thecis linearibus. Ovarium stylo 4 mm longo, antherae 4 mm longo coronatum, 5-loculare, placentis multiovulatis.

Ins. Neu-Hannover, in valle silvatica partis interioris alt. 200 m (24. 7. 75.).

Diese Art sieht der Astronia Pickeringii Asa Gray (Bot. Un.-Stat. Explor. Exped. I. 577 t. 72; Seemann Fl. Vit. 86) ähnlich, weicht aber von derselben durch den deutlich 5 lappigen, nicht mehrlappigen oder mehrzähnigen Kelchsaum, sowie auch durch die linealischen, nicht eiförmigen Antheren ab.

Rhizophoraceae.

***Rhizophora** conjugata* L. Spec. 634. — Rhiz. apiculata Blume Fl. jav. I. 91. — Ins. Neu-Guinea, Segaar-Bai (17. 6. 78.).

Verbreitet an den Küsten des tropischen Asien und des tropischen Afrika.

***Ceriops** Candolleana* Arn. in Ann. Nat. Hist. I. 363. — Ins. Dana pr. Savu (11. 5. 75.).

Verbreitet an den Küsten der Tropenländer in der alten Welt.

***Bruguiera** Rhedii* Blume Enum. Pl. jav. 92. — Brug. Rumphii Bl. Mus. Lugd. bat. I. 138. — Ins. Salomonis, Bougainville (26. 8. 75.).

Verbreitet an den Küsten des tropischen Asien und Australien.

Araliaceae.

(Bestimmt von Mr. Elie Marchal.)

***Aralia** Naumanni* E. Marchal in Bot. Jahrb. VII, 469; frutex foliis amplis, pinnatis, 4—5-jugis, petiolo terete, foliolis brevissime petiolulatis, sursum parum decrescentibus, ellipticis, basi subcordatis, apice subito in acumen breve acutum contractis, margine saepe remote et minutissime serrulatis, costato-nervosis, nervis lateralibus tenuibus subtus prominentibus, membraneis glaberrimis; umbellis numerosis in racemos erectos fastigiatos digestis, 9—15-floris, calycis limbo obsolete et minute 5-dentato; petalis ellipticis, acutis, intus 1-costatis; staminum filamentis brevibus; stylis sub anthesi in columnam approximatis latitudine discum epigynum aequantem; drupa subglobosa exsiccatione 3-rarius 4-sulcato-angulata, 3 - 4 stylis liberis demum recurvatis coronata.

Petiolus communis 6 dm longus, basi breviter dilatatus. Petioluli 10—11 mm longi, sulcati. Foliola 14—19 cm longa, 7—10 cm lata. Inflorescentiae rami primarii graciles, angulati, 20—35 cm longi, secundarii 3—4 cm longi, basi et mediam partem versus scarioso-bracteolati, plerique adscendentes, sparsi, praeter superiores qui verticillati sunt. Pedicelli graciles, circ. 5 mm longi, basi bracteolati. Drupa 4 mm crassa.

Ins. Neu-Pommern (Neu-Britannien), in parte boreali-orientali, Blanche-Bai in silvis ad vulcanum Kambiu (16. 8. 75.).

Horsfieldia spec. nov. — Timor, in monte Taimanani alt. 600 m, in rupibus calcareis (24. 5. 75.).

Dorniger, 0,5 m hoher Strauch mit 7lappigen Blättern. Leider zu unvollständig gesammelt, als dass es sich lohnte, ihn zu beschreiben.

Heptapleurum spec. — Timor, in silvis montis Taimanani (23. 5. 75.).

Ohne Blüthen und Früchte, daher nicht bestimmbar.

Myrsinaceae.

***Aegiceras** majus* Gaertn. Fruct. I. 216. t. 46. — Ins. Neu-Mecklenburg (Neu-Irland), ora meridionali, solo coralligeno cum Rhizophoraceis et Coco (31. 7. 75.).

Verbreitet in den Strandwäldern des malayischen Gebietes.

***Maesa** nemoralis* A. DC. Prodr. VIII. 79. — Timor, in silvis montis Taimanani (24. 5. 75.) ad Pariti (22. 5. 75.).

Verbreitet auf den Inseln des östlichen malayischen Gebietes, auch in Neu-Caledonien.

Plumbaginaceae.

***Plumbago** zeylanica* L. Spec. 215. — Timor, Koepang (5. 75.), Atapopa (29. 5. 75.).

Vom tropischen Afrika bis nach den Philippinen.

Sapotaceae.

***Sideroxylon** ferrugineum* Hook. et Arn. Bot. Beech Voy. 266 t. 55. — Ins. Neu-Guinea, Segaar-Bai (17. 6. 75.).

Verbreitet durch das malayische Gebiet bis nach den Philippinen und China.

Apocynaceae.

***Leuconotis** tenuifolia* Engl. in Bot. Jahrb. VII, 470; frutex ramosus, ramulis densiuscule foliosis; foliis petiolo 6—7-plo breviore suffultis, membranaceis oblongis, utrinque obtusis, nervis lateralibus numerosis tenuibus subtus fere horizontaliter patentibus, prope marginem conjunctis; fructibus globosis baccatis, 2-locularibus, loculis monospermis, seminibus ovoideis loculos implentibus.

Frutex. Ramulorum internodia circ. 1,5 cm longa. Foliorum petiolus 1—1,5 cm longus, lamina 9—10 cm longa, 4,5—5 cm lata, nervis lateralibus angulo circ. 90° patentibus, inter se 2—3 mm remotis. Bacca breviter pedicellata, circ. 1,8 cm diametiens. Semina 1,2 cm longa.

Ins. Neu-Pommern (Neu-Britannien), Blanche-Bai alt. 500 m (11. 8. 75.).

Leider sind die Exemplare sehr unvollkommen, so dass die nur auf die Frucht gegründete Bestimmung der Gattung etwas zweifelhaft ist.

***Alyxia** spicata* R. Br. Prodr. 470. — A. Spanogheana Miq. Fl. ind. bat. II. 409. — Timor, in silvis montis Taimanani (25. 5. 75.).

Findet sich ausserdem im tropischen Australien.

Asclepiadaceae.

***Dischidia** orbicularis* Decne. in DC. Prodr. VIII. 632. — Timor, silvae montanae pr. Koepang versus orientem (19. 5. 75.).

***Calotropis** gigantea* R. Br. in Ait. Hort. Kew. ed. 2. II. 78. — Timor, Koepang-Bai pr. Pariti (25. 5. 75.).

Verbreitet in Ostindien und dem malayischen Gebiet.

***Hoya** neo-guineensis* Engl. in Bot. Jahrb. VII. 471; caulis scandentis internodiis longis; foliis petiolo 3—4-plo breviore leviter canaliculato suffultis, oblongo-ovatis, basi obtusis, subtruncatis, distincte acuminatis acutis, nervis lateralibus utrinque circ. 6 tenuibus subtus (in foliis siccis tantum) vix prominulis; inflorescentia umbelliformi pedunculo petiolum superante suffulta; pedicellis tenuibus pedunculum aequantibus; floribus magnis; calycis segmentis ovatis cinereo-pilosis et minute ciliatis quam corolla rotata sexies brevioribus; corollae magnae intus dense et brevissime pilosae tubo brevissimo amplo, lobis late triangularibus patentibus; coronae staminalis appendicibus dorsalibus crassis inflatis, nitidis, obovatis, margine dorsali et apiculo adscendentibus, laminis antheriferis oblongo-semiovatis, loculis linearibus; polliniis oblongo-claviformibus; folliculis oblongis, attenuatis. — Taf. XV.

Scandens. Ramulorum internodia circ. 1,2—1,4 dm longa. Foliorum petiolus 1,5—2 cm longus, lamina 6—7 cm longa, 3—3,5 cm lata, acumine 8 mm longo instructa. Pedunculi circ. 2—2,5 cm, pedicelli 1,5—2 cm longi. Calycis segmenta 2,5 mm longa. Corolla circ. 4 cm diametiens, pelvaeformis extus viridis, intus atropurpurea, minute holosericeo-pilosa. Corona staminalis 6 mm diametiens, brunnea nitida.

Diese schöne Art steht der H. coronaria Bl., welche mit H. velutina Wight identisch ist, nahe, unterscheidet sich aber wesentlich durch die grossen Corollen und die kleinere von den Staubblättern gebildete Nebenkrone. Während bei H. coronaria der Durchmesser der Blumenkrone nur 2,5 cm, der der „Nebenkrone" 1 cm beträgt, also ein Verhältniss von 2,5 : 1 besteht, ist bei unserer Art das Verhältniss derselben Theile wie 4 : 0,6. Zudem sind die Abschnitte der Corolle bei H. coronaria gleichseitig dreieckig, bei unserer Art breit dreieckig.

Ins. Neu-Guinea, fretum Galewoanum (24. 6. 75.).

H. australis R. Br. in Transact. hortic. Soc. VII. 28. — Ins. Salomonis, Bougainville, in silva littorali (26. 8. 75.).

Hierher gehören auch H. Billardieri (Decne) Seem. Fl. vit. 163, H. bicarinata Asa Gray, H. Dalrympliana F. v. Muell. von Fidji (Seemann n. 319, Horne 1096). Auch von den Samoa-Inseln bekannt (Powell u. Graeffe).

Convolvulaceae.

***Argyreia** Guichenotii* Choisy in Mém. Soc. phys. Genèv. VI. 406; Decaisne in Nouv. Arch. de Muséum III. p. 389. — Timor, Koepang-Bai pr. Pariti (25. 5. 75.).

Auch auf Java und den Molukken.

***Ipomaea** biloba* Forsk. Fl. aeg.-arab. 44. — I. pes caprae Roth. nov. nov. spec. 109. — Ins. Dana pr. Savu (11. 5. 75.).

Verbreitet an den tropischen Küsten der alten und neuen Welt.

I. campanulata L. Spec. 228. — Timor, Koepang (15. 5. 75.).

Verbreitet in Ostindien und dem malayischen Gebiet.

I. Quamoclit L. Spec. Pl. 237. — Quamoclit vulgaris Choisy in DC. Prodr. IX. 336. — Timor, Koepang; subspontanea (15. 5. 75.).

In Ostindien heimisch, in den Tropen der alten und neuen Welt vielfach kultivirt und verwildert.

***Convolvulus** parviflorus* Vahl Symb. III. 29. — Var. *Naumanni* Engl. sepalis valde inaequalibus, exterioribus longe acuminatis glabrescentibus. — Timor, Taimanani, in silvis montanis alt. 400 m (24. 5. 75.).

Hauptform verbreitet im indisch-malayischen Gebiet.

***Evolvolus** linifolius* L. Spec. pl. ed. 2. 392. Forma hirsutissima. — Ins. Neu-Pommern (Neu-Britannien).

Verbreitet in den tropischen und subtropischen Ländern der alten und neuen Welt.

***Porana** volubilis* Burm. Fl. ind. 51. t. 21 f. 1. — Var. *microcarpa* Engl.; fructibus parvis vix 3 mm diametientibus. — Timor, Koepang (15. 5. 75.).

Die typische Form ist verbreitet im malayischen Gebiet.

Solanaceae.

***Solanum** verbascifolium* L. Spec. ed. I. p. 184. — Ins. Neu-Pommern (Neu-Britannien), Blanche-Bai, in silvis atque agris ad vulcanum Kambiu, alt. 630 m (16. 8. 75.).

Verbreitet in Indien, im malayischen Gebiet und im tropischen Amerika, auch in Ost-Australien.

S. lasiophyllum Dunal in Poir. Enc. méth. XIII. 764. — Ins. Neu-Pommern (Neu-Britannien).
Findet sich auch in Nord- und West Australien.

S. torvum Swartz Prodr. 47. — Ins. Neu-Hannover, in silva montana pr. domum relictum (25. 7. 75.).
Verbreitet durch Vorderindien und das malayische Gebiet, im südlichen China und tropischen Amerika.

S. coagulans Forsk. Fl. aeg. arab. 47. — S. sanctum L. — Timor, Atapopa, littoreum (29. 5. 75.).
Verbreitet vom westlichen Indien bis Aegypten; daher auf Timor wahrscheinlich eingeschleppt.

S. anthropophagorum Seem. Fl. vit. 175 t. 38 et in Bonplandia X. 274 t. 14; Bot. Mag. t. 5424. — Ins. Vitienses, Levu; Rewa inferior (30. 11. 75.).
Auch auf den Gesellschafts-, Tonga-, Samoa-, Freundschafts-Inseln und in Neu-Caledonien.

S. repandum Forst. Prodr. n. 105; Seem. Fl. vit. 177 t. 38. — Ins. Vitienses, Levu; Rewa inferior (30. 11. 75.).
Auch auf Tahiti, den Marquesas- und Pitcairn-Inseln.

Capsicum frutescens L. Spec. I. 271. — Ins. Vitienses, Matuku (24. 11. 75.).
Auf den Fidji-Inseln naturalisirt, in allen wärmeren Gebieten kultivirt. Heimath unbekannt.

Physalis minima L. Spec. pl. 183. — Ins. Neu-Pommern (Neu-Britannien), Blanche-Bai, in agris Musarum in silvis vulcani Kambiu (16. 8. 75.).
Verbreitet im tropischen Afrika, Asien und Australien.

Scrophulariaceae.

Adenosma ovatum Benth. in Gen. Pl. II. 949. — Ins. Neu-Mecklenburg (Neu-Irland), ad oram meridionalem partis occidentalis (31. 7. 75.).
Verbreitet im malayischen Gebiet.

Gesneriaceae.

Baea Commersoni R. Br. in Benn. Pl. jav. rar. p. 120 et in Ann. sc. nat. 2. sér. XIII. 166; Clarke in DC. Monogr. Phaner. V. 145. — Ins. Neu-Hannover, in solo coralligeno (20. 7. 75.).
Bereits bekannt von Java, Neu-Mecklenburg, Neu-Pommern und der Insel Duke of York.
Die vorliegenden Exemplare gehören zweifellos zu der angeführten Art, was aus dem Vergleich mit COMMERSON'schen Originalexemplaren des Berliner Herbars hervorgeht; aber sie sind entwickelter als die, welche CLARKE überhaupt gesehen hat. Die Blattstiele sind 5—6 cm und die Blüthenstengel über 1 dm lang.

Bignoniaceae.

Oroxylum indicum Vent. Dec. Gen. nov. 8. — Timor, Koepang in fruticetis (15. 5. 75.).
Verbreitet durch Ostindien und das malayische Gebiet.

Dolichandrone Rhedii (Wall.) Seem. Journ. of bot. VIII. 380. — Timor, Koepang-Bai, locis humidis prope mare sitis (22. 5. 75.).
Verbreitet auf Ceylon und im malayischen Gebiet.

Pedalinaceae.

Josephinia imperatricis Vent. Jard. Malm. t. 67. — Ins. Dana pr. Savu (11. 5. 75.).
Bisher von Timor und Nord-Australien bekannt.

Acanthaceae.

***Ruellia** vestita* Engl. in Bot. Jahrb. VII. 473; caule e basi ramoso, dense et longe piloso; foliis distincte petiolatis oblongis, in petiolum cuneatim contractis, obtusis, margine undulatis, supra pilis minutissimis densiusculis et longioribus sparsis obtectis, subtus dense holosericeo-pilosis, nervis lateralibus patentibus prope marginem sursum versis; floribus apice ramulorum brevium lateralium ternis breviter pedicellatis; calycis laciniis anguste lineari-lanceolatis tubo fere duplo longioribus, corollae extus dense pilosae tubo elongato angusto quam calyx $2^1/_2$-plo longiore, limbo 5-lobo, lobis obovatis subaequalibus; antheris oblongis quam filamenta duplo brevioribus ultra faucem paullum exsertis.

Caulis internodia 1—1,5 cm longa. Foliorum petiolus 1—1,5 cm longus, lamina 6—7 cm longa, 3—4 cm lata. Calyx ultra 2 cm longus, laciniis 1 mm latis. Corollae albae tubus 4,5 cm longus, 1,5 mm amplus, lobi 1 cm longi, 8 mm lati. Antherae fere 2 mm longae. Ovarium breviter stipitatum, cylindricum, loculis multiovulatis.

Ins. Neu-Guinea, in silvis ad sinus Segaar-Bai et Mac Cluer-Bai (17. 6. 75.).

***Hemigraphis** reptans* (Forst.) Engl. — Ruellia reptans Forster Prodr. p. 44. — Ins. Neu-Hannover, in ora occidentali; reptans in silva littorali (20. 7. 75.).

Bisher von der Insel Tanna bekannt.

***Strobilanthes** Naumanni* Engl. (in Bot. Jahrb. VII. 474); caule basi repente superne adscendente; internodiis breviter cinereo-pilosis; petiolis quam lamina 4—6-plo brevioribus, foliorum lamina oblonga obtusiuscula, margine crenato-undulata, tenui, nervis lateralibus utrinque 3—4 curvatim adscendentibus, supra pilis minutissimis densiusculis et longioribus sparsis obtecta, inferne imprimis nervis densius pilosa; inflorescentia terminali, bracteis oblongo-spathulatis; floribus breviter pedicellatis; calycis laciniis elongato-triangularibus acutissimis tubum aequantibus, sparse pilosis; corolla infundibuliformi quam calyx $1^1/_2$-plo longiore, lobis suborbicularibus subaequalibus, fauce intus longe albo piloso, staminibus medio tubi insertis; antheris lineari-oblongis.

Ramulorum internodia 4—5 cm longa. Foliorum petiolus 1—1,5 cm longus, lamina 5—6 cm longa, 2—2,5 cm lata. Bracteae 3—4 mm distantes, circ. 4 cm longae, superne 2—3 mm latae. Pedicelli 2—3 mm longi. Calycis tubus 3 mm longus, laciniae 3—4 mm longae. Corolla violacea 8—9 mm longa, lobis 2 mm longis et latis. Antherae 1 mm longae.

Ins. Neu-Hannover; riparia (24. 7. 75.).

***Sautiera** tinctorum* Decne. in Nouv. Ann. du Muséum III. 383. — Timor, Atapopa (29. 5. 75.).

Bisher anderswo nicht gefunden.

***Acanthus** ilicifolius* L. Spec. 892. — Timor, in parte boreali sinus Koepang-Bai, pr. Pariti, in paludibus submarinis salsis (22. 5. 75.).

Verbreitet in dem Küstengebiet des tropischen Asien und Australien.

***A.** neo-guineensis* Engl. in Bot. Jahrb. VII. 474; caule teretiusculo, foliis rigide membranaceis utrinque glabris, oblongo-ellipticis, basi in petiolum brevem contractis, apice acutis, nervis lateralibus utrinque circ. 6—8 patentibus, prope marginem connexis atque venis tenuibus reticulatis subtus prominentibus, inflorescentia dense spicata folia aequante; bractea oblonga subcartilaginea; bracteolis deficientibus; calycis sepalis oblongo-ovatis, interioribus minoribus, corollae unilabiatae labio quam calyce fere triplo longiore, obovato-oblongo, breviter trilobo, intus dense piloso; staminibus corolla paulo brevioribus; ovario ovoideo.

Frutex usque 1 m altus. Folia petiolo circ. 1 cm longo suffulta, 1—1,5 dm longa, 4—5 cm lata, integerrima, etiam basi edenticulata, nervis lateralibus angulo circ. 60° a costa abeuntibus, inter se 1—1,5 cm distantibus. Inflorescentia 7—8 cm longa, densiflora, internodiis 2—4 mm tantum longis. Bracteae 7 mm longae. Sepala exteriora circ. 1 cm longa, interiora breviora. Corolla circ. 2,8 cm longa, lobis vix 2 mm longis, carina media valde cartilaginea instructa albida. Staminum filamenta cartilaginea fere 2 cm longa; supra infimam quartam partem corollae ibi annulo dense albo-piloso instructae inserta, antherae lineari-oblongae circ. 8 mm longae, densissime albo-pilosae.

Neu-Guinea, Segaar-Bai; locis uliginosis salsis.

Diese Pflanze ist nahe verwandt mit dem in Ostindien und dem indischen Archipel am Meeresstrande verbreiteten A. ilicifolius Blume, unterscheidet sich aber von der auf Java vorkommenden durch ungetheilte Blätter ausgezeichneten Varietät subintegra (vergl. NEES in De Cand. Prodr. XI. 268) dadurch, dass auch am Grunde des Blattes keine Zähne vorhanden sind. In dieser Beziehung stimmt die Pflanze mehr mit A. volubilis Wall., welche Art jedoch windende Stengel und länglich verkehrt eiförmige Blätter besitzt. Mit dieser Art hat unsere Pflanze auch gemein, dass die Bracteolen fehlen.

***Barleria** Prionitis* L. Spec. 887. — Timor, Atapopa, locis siccis in silva montana (29. 5. 75.).

Verbreitet im tropischen Asien und Afrika; vielfach eingeschleppt.

***Eranthemum** pacificum* Engl. in Bot. Jahrb. VII. 475.; caule erecto, foliis tenuibus, supra obscure viridibus, minutissime scaberulis, subtus pallidioribus, oblongo-ellipticis, in petiolum brevem contractis, acuminatis, acutis, nervis lateralibus utrinque 6 arcuatim adscendentibus et venis remotiusculis tenuissimis subtus prominulis; inflorescentia quam folia 2½-plo longiore paniculata cum bracteis lanceolatis et calycibus minutissime cinereo-puberulis, cymulis inferioribus 5—7-floris, superioribus 3-floris, pedicellis quam calyx brevioribus, calycis laciniis elongato-lanceolatis quam tubus duplo longioribus; corollae tubo anguste cylindrico, lobis oblongis duplo brevioribus subaequalibus, staminibus ultra faucem exsertis, filamentis lineari-lanceolatis, quam antherae oblongae duplo longioribus; ovario elongato in stylum tenuissimum stamina aequantem attenuato.

Caulis internodia circ. 5—8 cm longa. Folia petiolo 1—1,5 cm longo instructa, 1,8 dm longa, 8—9 cm lata. Inflorescentia ultra 3 dm longa, internodiis inferioribus 2,5—3 cm longis, bracteis atque bracteolis 4—2 mm haud excedentibus; pedicellis 2—4 mm longis. Calycis laciniae 2—3 mm longae. Corollae violaceae tubus 2 cm longus, lobi 12 mm longi, 4—5 mm lati. Staminum filamenta 2 mm longa, antherae 1,5 mm longae. Staminodia 2 minutissima. Ovarium circ. 3 mm longum in stylum 2 mm longum attenuatum, loculis 2-ovulatis.

Haec species ad Er. variabile R. BROWN accedit, quod autem differt foliis ovato-lanceolatis.

Ins. Neu-Hannover, ora meridionali, in silva littorali (23. 7. 75.).

Wie es scheint, verbreitet von Neu-Hannover bis Neu-Caledonien; denn ich sah im Herb. Kew dieselbe Pflanze, welche auch 1878 von dem Etablissement BULL als E. nigrescens in den Handel gebracht, aber nicht beschrieben wurde, von den Neuen Hebriden (Moseley), von der Insel Guadalcanar (Veitch 1866), von Neu-Caledonien (Lenormand n. 2080).

***E.** variabile* R. Br. Prodr. 477. — Ins. Neu-Guinea, in sinu Mac Cluer-Bai (20. 6. 75.).

Bisher aus dem östlichen Australien bekannt.

***Dianthera** dichotoma* (Blume) Clarke in Hook. Fl. of brit. Ind. IV. 543. — Timor, in montis Taimanani silvis (24. 5. 75.).

Ausserdem noch auf Ceylon, Java und den Philippinen.

Borraginaceae.

***Cordia** subcordata* Lam. III. II. 421. — Ins. Neu-Mecklenburg (Neu-Irland), ora meridionali partis occidentalis, in silva Rhizophoracearum solo coralligeno (31. 7. 75.).

Verbreitet durch das malayische Gebiet bis Australien und Polynesien, auch vielfach angepflanzt.

***Tournefortia** argentea* Linn. fil. Suppl. 133. — Ins. Lucipara (1. 6. 75.). In insulis parvis coralligenis, silva densa mixta imprimis Pandanos continente obtectis. — Timor, Koepang, hinc inde prope mare occurrens (18. 5. 75.).

Arbor usque 20 m alta, trunco crasso, cortice laevi albo.

Das leichte Holz wird zum Zimmern von Kanoes etc. benutzt.

Verbreitet an den Küsten von Mauritius, Ceylon, des malayischen Gebietes und des tropischen Australiens.

***Heliotropium** tenuifolium* R. Br. Prodr. 494. — Ins. Neu-Pommern (Neu-Britannien).

Zerstreut im tropischen Australien.

Labiatae.

***Ocimum** sanctum* L. Mant. 85. — Timor, Koepang (5. 75.). — Ins. Neu-Mecklenburg (Neu-Irland (31. 7. 75.).

Verbreitet von Arabien bis nach Australien und Polynesien.

O. canum Sims Bot. Mag. t. 2452. — Ins. Salomonis, Bougainville, in ora occidentali (27. 8. 75.). — Ins. Neu-Pommern (Neu-Britannien), Blanche-Bai (14. 8. 75.).

Wird von den Eingeborenen in kleinen Büscheln am Armring getragen.
Verbreitet in den tropischen Ländern der alten Welt.

O. Basilicum L. Spec. 833. — Ins. Vitienses, Matuku (24. 11. 75.).

Verbreitet von West-Indien bis Polynesien, wahrscheinlich mehrfach kultivirt.

***Hyptis** capitata* Jacq. Icon. rar. I. tab. 114. — Timor, Pariti, ad sinum Koepang-Bai (22. 5. 75.).

Im tropischen Amerika einheimisch, im malayischen Gebiet hier und da eingeschleppt.

***Pogostemon** Patchouly* Pellet. in Mém. Soc. sc. Orléans. — Ins. Salomonis, Bougainville (27. 8. 75.).

Das Kraut wird von den Eingeborenen benutzt und an den Armen getragen.
Verbreitet im westlichen Theil von Ostindien, auf Ceylon, Sumatra und Borneo. Wahrscheinlich kultivirt.

Verbenaceae.

***Clerodendron** fallax* Lindl. Bot. Reg. 1844 t. 19. — Ins. Neu-Guinea, Mac Cluer-Bai, in silva montana (20. 6. 75.). — Timor, in parte boreali sinus Koepang-Bai, in silva montana pr. Taimanani (24. 5. 75.).

Bisher von Java bekannt.

C. tomentosum R. Br. Prodr. 510. — Australia boreali-occid., in continente ad archipelagum Dampieri (28. 4. 75.).

Verbreitet in Nord- und Ost-Australien.

C. inerme Gaertn. var. *neriifolia* (Wall.) Kurz For. Flora II. 266. — Timor, Atapopa (29. 5. 75.). — Ins. Vitienses, Levu (30. 11. 75.). — Ins. Neu-Guinea, Segaar-Bai (17. 6. 75.).

Verbreitet im malayischen Gebiet, dem tropischen Australien und Polynesien.

Rubiaceae.

***Bikkia** grandiflora* Reinw. in Blume Bijdr. p. 1017. *var. Gaudichaudiana* DC. Prodr. IV. 405. — Ins. Neu-Guinea, Mac Cluer-Bai, frutex 2—3 m altus, in silva Rhizophoracearum (20. 6. 75.).

Auf Java, den Molukken und Polynesien verbreitet.

***Oldenlandia** paniculata* L. Spec. 1667. — Ins. Neu-Guinea, Segaar-Bai (17. 6. 75.).

Verbreitet im tropischen Asien.

O. Heynei (R. Br.) Hook. Fl. of brit. Ind. III. 65. — Ins. Neu-Pommern (Neu-Britannien), Blanche-Bai, in silva montana (14. 8. 75.).

Verbreitet im tropischen Afrika, Vorder-Indien und dem malayischen Gebiet.

O. diffusa Roxb. Hort. Bengal. 11. — Ins. Neu-Hannover (29. 7. 75.).

Verbreitet im tropischen Asien.

***Mussaenda** frondosa* L. Spec. 251; Seemann Fl. Vit. p. 123.

Var. *macrocarpa* Engl. in Bot. Jahrb. VII.; fructibus ovoideis 2,5—3 cm longis, 2 cm crassis; foliis glabris. — Ins. Neu-Hannover, in silva montana orae meridionalis (24. 7. 75.).

An der gewöhnlichen Form, welche ich von den Fidji-Inseln (Seemann n. 238 in herb. Kew) und Samoa-Inseln (Whitnee n. 51, Graeffe in herb. Kew) sah, wurden die Früchte meist nur 1 cm lang.

Var. *pilosissima* Engl. l. c., omnibus partibus, imprimis foliis densissime fulvo-cinereo-pilosis fructibus initio dense pilosis, demum glabrescentibus; bracteis pallidis, supra argenteo-nitentibus. — Ins. Neu-Pommern (Neu-Britannien), Blanche-Bai (13. 8. 75.).

M. frondosa L. wechselt in der Behaarung ausserordentlich; stark behaarte Formen sah ich von den Schifffahrts-Inseln, Tutuila (J. Veitch), von den Freundschafts-Inseln Vavau und Lefuka (Harvey), von den Fidji-Inseln (Seemann n. 238 in herb. Kew).

***Guettarda** speciosa* L. Spec. p. 1408. — Ins. Dana pr. Savu (11. 5. 75.).

Verbreitet an den tropischen Küsten der alten und neuen Welt.

***Morinda** citrifolia* L. Spec. 250. — Ins. Dana pr. Savu (11. 5. 75.). — Timor, Koepang (15. 5. 75.). — Fructus „Manukuta".

Verbreitet an der Westküste von Afrika, in den wärmeren Theilen von Vorder-Indien, im malayischen Gebiet und Polynesien.

***M.** salomoniensis* Engl. in Bot. Jahrb. VII. 478; ramulorum internodiis longis; foliorum stipulis interpetiolaribus in laminam late triangularem obtusam connatis, petiolis semiteretibus late canaliculatis, lamina ovata vel oblongo-ovata, breviter acuminata acuta vel obtusa, crassiuscula, utrinque glabra, subtus pallidiore, nervis lateralibus utrinque 6 curvatim adscendentibus atque venis tenuibus reticulatis subtus prominentibus; inflorescentiae composito-racemosae ramulis basi bractea brevissime lata instructis; superioribus 4—6 approximatis, capitulis brevibus 4—6-floris: calycibus inferne conglutinatis margine libero cupuliformi truncatis; corollae laciniis 5 lineari-lanceolatis coriaceis glabris valvatis; staminibus 5—7; syncarpio nigrescente carnoso, lato; pyrenis cartilagineis leviter concavis ovatis.

Ramulorum internodia circ. 5—6 cm longa, 4—5 mm crassa. Foliorum petiolus 3 cm longus, lamina 1—1,5 dm longa, 6—9 cm lata, nervis lateralibus angulo circ. 60° a costa abeuntibus prope marginem conjunctis. Inflorescentia ramuli 3—4 cm longi, capitula late turbinata ferentes. Corollae albae odorae 10—12 mm longae laciniae 7—8 mm longae, 2 mm latae. Staminum filamenta corollae tubo altitudine diversa inserta, quam antherae lineari-oblongae breviores. Syncarpium circ. 2,5 cm latum, 1,5 cm altum et crassum; pyrenae 6—7 mm longae, 4—5 mm latae, 2 mm crassae.

Ins. Salomonis, Bougainville (26. 8. 75.).

Ist der M. reticulata Benth. durch das kurze kreiselförmige Köpfchen ähnlich.

Cucurbitaceae.

(Bestimmt von A. Cogniaux.)

***Luffa** cylindrica* Roem. Syn. fasc. 2. p. 63. — Ins. Neu-Hannover, ad ripas fluviorum (24. 7. 75.).

Verbreitet im Tropengebiet der alten Welt.

***Benincasa** hispida* (Thunb.) Cogn. in DC. Monogr. Phaner. III. 513. — Timor, Koepang (Lieut. Zeye 5. 75.).

Verbreitet im tropischen Asien, namentlich auch in Polynesien.

***Melothria** maderaspatana* (L.) Cogn. i. DC. Monogr. Phaner. III. 623. — Ins. Neu-Pommern (Neu-Britannien).

Verbreitet im tropischen Afrika und Asien, bisher östlich von Timor nicht bekannt.

Goodenoviaceae.

***Scaevola** Koenigii* Vahl Symb. III. 36. — Ins. Neu-Guinea, Mac Cluer-Bai (20. 6. 75.).

Verbreitet an den wärmeren Küsten der alten Welt.

Compositae.

***Adenostemma** viscosum* Forst. Nov. gen. N. 15. — Ins. Neu-Mecklenburg (Neu-Irland), ora meridionali, solo coralligeno cum Rhizophoraceis (31. 7. 75.).

In allen tropischen Gebieten verbreitet.

***Blumea** lactucaefolia* DC. Prodr. V. 435. — Ins. Neu-Mecklenburg (Neu-Irland), ora meridionali, solo coralligeno cum Rhizophoraceis (31. 7. 75.).

***Bl.** Milnei* Seemann Fl. vit. 141 t. 27. — Ins. Neu-Hannover, in silva montana alt. 200 m.

Wurde zuerst auf den Fidji-Inseln gefunden.

***Bl.** balsamifera* DC. Prodr. V. 447.

Var. *floccosa* Engl. in Bot. Jahrb. VII. 479; ramulis pedunculis atque foliis subtus cinereo-floccoso-pilosis; foliis lanceolatis, lyratis, infra laminam terminalem grosse serrato-dentato utrinque ima basi excepta dentibus 2—4 lineari-lanceolatis acutis instructis. — Timor, ad sinum Koepang-Bai (24. 5. 75.).

***Wedelia** biflora* DC. in Wight Contrib. 18. — Ins. Dana pr. Savu, in regione littorali (11. 5. 75.).

Verbreitet im tropischen Asien.

Berichtigung.

Auf S. 34 ist unter Euphorbiaceae Breynia oblongifolia Muell. Arg. zu streichen und dafür zu setzen:

***Phyllanthus** oblongifolius* Pax. n. spec., ramulis et foliis glaberrimis; foliis brevissime petiolatis, oblongis, acutis, supra nitidulis, fuscidulis subtus pallidis; stipulis deciduis; floribus monoicis, parvis apetalis, in foliorum axillis fasciculatis, breviter pedunculatis; sepalis in flore ♂ 5, ovato-oblongis; disco glandulis 10 evoluto, extrastaminali; staminibus 5, centralibus, filamentis subliberis, antheris extrorsum longitudinaliter dehiscentibus; ovarii rudimento nullo; calyce et disco in flore ♀ ut in flore ♂; ovario globoso, sulcato, 8-loculari, vertice subfoveolato; stigmatibus sessilibus, emarginatis; capsula subcarnosa.

Frutex? Foliorum petiolus 2 mm fere longus, lamina 2—2,5 cm longa, 1 cm lata; fructus 2,5 mm fere diametiens.

Timor, Koepang (5. 75.).

Durch die Form des Kelches, die Zahl der fast freien Staubblätter und die Zahl der Fruchtblätter, sowie durch das Vorhandensein von Discusdrüsen als zu Phyllanthus gehörig zu erkennen. Hier findet die neue Art ihre Stellung neben Ph. buxifolius (Bl.) Müll. (Scepasma) von Java und den Philippinen; bei der engen Umgrenzung der Sectionen, wie sie Mueller Arg. vorschlägt, müsste sie als Typus einer eigenen Gruppe neben der ebenfalls monotypischen Section Scepasma eingereiht werden; als diagnostische Unterschiede würden die Zahl der Kelchblätter, der Staubblätter, die Dehiscenz der Antheren und die freien Staubfäden zu verwenden sein.

Erklärung der Tafeln.

Tafel I. **Panicum tabulatum** Hack. *Sp:* Aehrchen (4/1); I, II, III, IV. Aufeinander folgende Hüllspelzen; *p:* Vorspelze in der Achsel der III. Hüllspelze, in dem gezeichneten Aehrchen eine Zwitterblüthe einschliessend. *P:* Vorspelze in der Achsel der IV. Hüllspelze. *C:* Caryopsis. (I—C 8/1).

„ II. Fig. I. **Chamaeraphis gracilis** Hack. *R:* Zweiglein mit zwei Aehrchen. *Sp:* Aehrchen von der Seite (4/1). Alles Uebrige wie auf Tafel I. (8/1).

„ „ Fig. II. **Andropogon leptocomus** Trin. *A:* Aehre (1/1). *B:* dieselbe (4/1); (*sp:* accessorisches Aehrchen, welches häufig fehlt). *Sp:* Zwitterblüthiges Aehrchen; I, II, III, IV: dessen Hüllspelzen. *F:* Blüthe und Lodiculae. 1, 2, 3, 4, *f:* Hüllspelzen und Bl. des endständigen ♂ Aehrchens (Sp—f 4/1).

„ III. **Andropogon superciliatus** Hack. *Sp:* Aehrchenpaar. I, II, III, IV aufeinander folgende Hüllspelzen des zwitterblüthigen Aehrchens; *st:* Staubblatt desselben; 1, 2: Hüllspelzen des sterilen Aehrchens. (Sp. 4/1, die übrigen Figuren 8/1).

„ IV. **Agrostis paucinodis** Hack. *Sp:* Aehrchen; I, II, III seine Hüllspelzen. *P:* Vorspelze. *s:* Staubblatt. *C:* Caryopsis (Sp. 4/1, die übrigen Figuren 8/1).

„ V. **Dendrobium Gazellae** Kränzl. *A:* Ganze Pflanze. *B:* Blüthenzweig, die Blüthen von hinten zeigend. *C:* Labellum. *D:* Anthere von vorn und hinten. *E:* Pollinien.

„ VI. **Saccolabium Schleinitzianum** Kränzl. *A:* Blatt und Blüthenzweig. *B:* Blüthe von vorn. *C:* Blüthe von der Seite. (B, C 2/1).

„ VII. Fig. I. **Tropidia Reichenbachiana** Kränzl. *A:* Blüthe von der Seite (3/1).

„ „ Fig. II. **Bulbophyllum Gerlandianum** Kränzl. *B:* Blüthentragender Spross mit natürlicher Stellung der Blüthe, während an dem Habitusbild die Blüthe eines anderen Sprosses auseinander gespreizt ist. *C—E:* Labellum (8/1). *C:* Frontansicht. *D:* Seitenansicht. *E:* Rückenansicht. *e:* Ansatzstelle des Verbindungsstückes, *f:* Runzeln des Labellums.

„ VIII. Fig. *A—D:* **Ficus segaarensis** Engl. *C:* ♀ Blüthe mit Frucht, von der Seite. *B:* Frucht von vorn. *D:* Frucht von der Seite (C—D 6/1).

„ „ Fig. *E—G:* **Ficus Naumanni** Engl. *E:* ♀ Blüthe. *F:* Frucht von vorn. *G:* Frucht von der Seite (6/1).

„ „ Fig. *H, J:* **Ficus Gazellae** Engl. *H:* ♀ Blüthe. *J:* Frucht (6/1).

„ „ *K:* **Ficus Novae-Hannoverae** Engl. ♀ Blüthe (6/1).

„ IX. **Myristica Schleinitzii** Engl. *A:* Zweig mit Blüthen. *B:* Junges Fruchtzweiglein (1/1). *C:* Ausgewachsene Frucht (1/1). *D:* Same mit Arillus (1/1).

„ X. **Amoora Naumanni** Cas. de Cand. *A:* Zweig mit einem Blatt und Blüthenstand. *B:* Knospe. *C:* Blüthe geöffnet. *D:* Längsschnitt durch Androeceum und Gynoeceum. (B—D 5/1).

„ XI. **Macaranga riparia** Engl. *A:* Zweig mit Blüthenstand. *B:* ♂ Blüthe stark vergrössert.

„ XII **Sarcopteryx squamosa** (Roxb.) Radlk. *B:* Blüthe geöffnet, um den Discus zu zeigen. *C:* Blüthe im Längsschnitt. *D:* Ein Blumenblatt. *E:* Fruchtzweig. *F:* Same. *G:* Derselbe im Längsschnitt. (B, C, D 12/1).

„ XIII. **Salacia Naumanni** Engl. *A:* Zweig mit Blüthen. *B:* Blüthe von unten. *C:* Blüthe von oben. *D:* Frucht nach Entfernung eines Theiles des Pericarps. (B, C 6/1).

„ XIV. **Lagerstroemia Engleriana** Koehne. *A:* Zweig mit Früchten. *B, C:* Haare von dem Blüthenstande, stark vergrössert. *D:* Kapsel. *E:* Kapsel geöffnet. *F:* Same.

„ XV. **Hoya neo-guineensis** Engl. *A:* Zweig mit Blüthen. *B:* Androeceum von oben gesehen, nach Entfernung der Spitze der sterilen Hälfte. *C:* Steriler Theil des Androeceum von der Seite. *D:* Ein Staubblatt mit dem sterilen und fertilen Theil, von der Seite. (B—D 4/1).

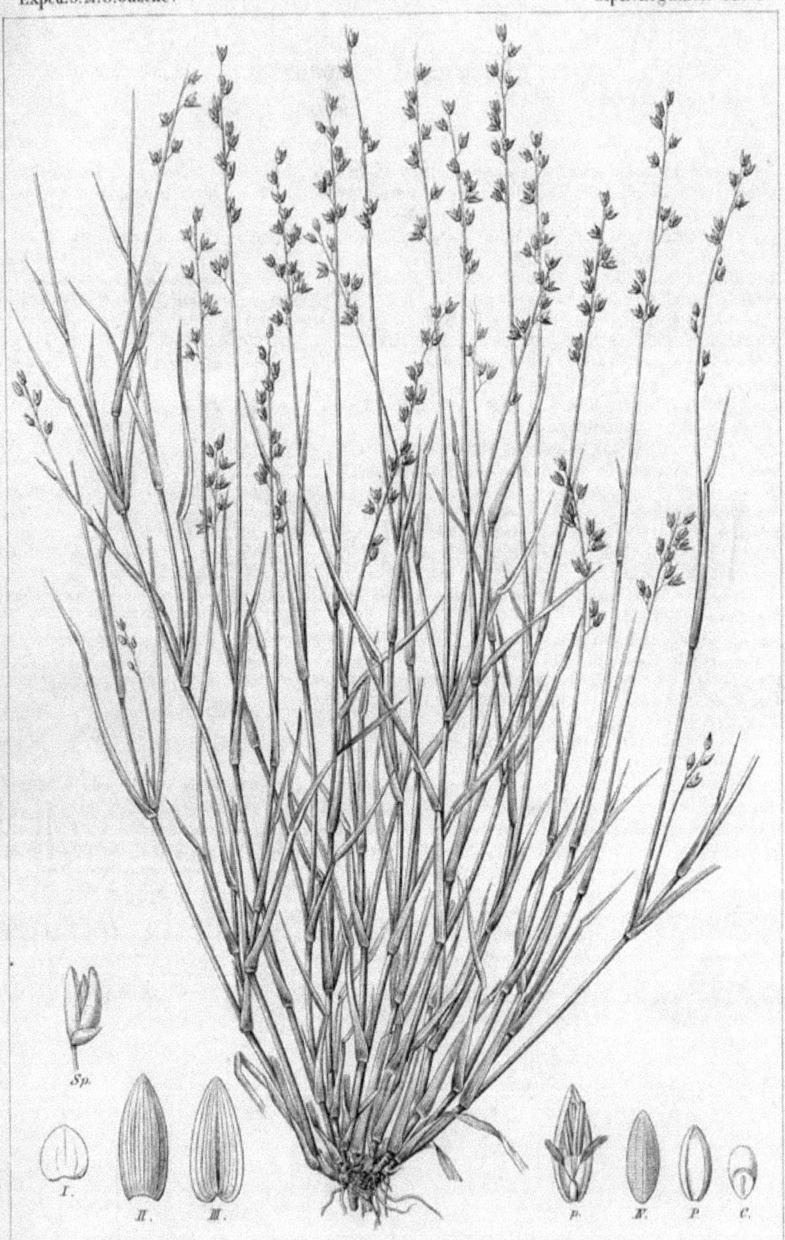

Schmidt u. Hackel, del. Br. Keller, lith.

Panicum tabulatum Hack.

Schmidt u. Hackel del. Fr. Keller lith.

I. Chamaeraphis gracilis Hack. II. Andropogon leptocomus Trin.

Schmidt u. Hackel, del. Br. Keller, lith.

Andropogon superciliatus Hack.

Schmidt u Hackel del

Agrostis paucinodis Hack.

Kränzlin u. Pohl Br. Keller lith.

Dendrobium Gazellae Kränzl.

Kränzlin u. Pohl, del. Br. Keller, lith.

Saccolabium Schleinitzianum Kränzl.

Kränzlin u. Pohl, del. Br. Keller, lith.

I. Tropidia Reichenbachiana Kränzl. II. Bulbophyllum Gerlandianum Kränzl.

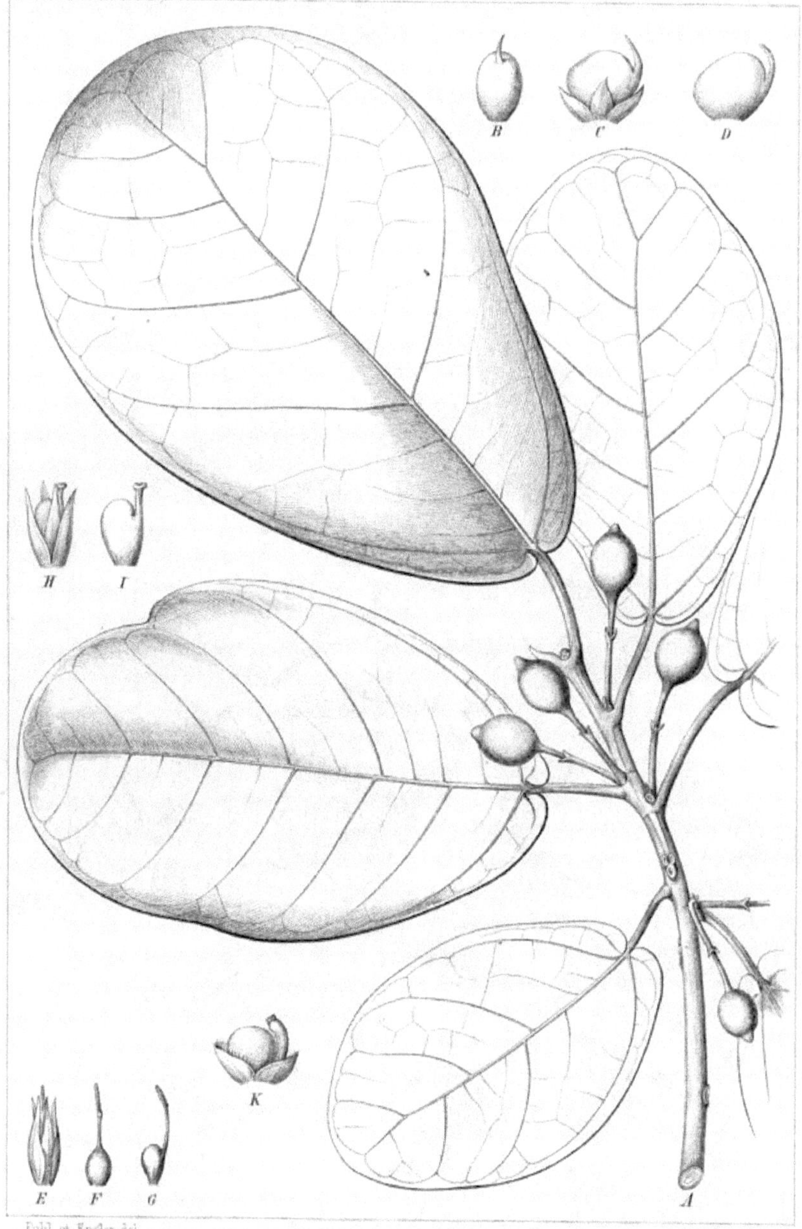

Pohl et Engler del. Fr. Keller lith.

A–D Ficus segaarensis Engl., E–G Fic. Naumanni Engl., H I Fic. Gazellae Engl., K Fic. Novae-Hannoverae Engl.

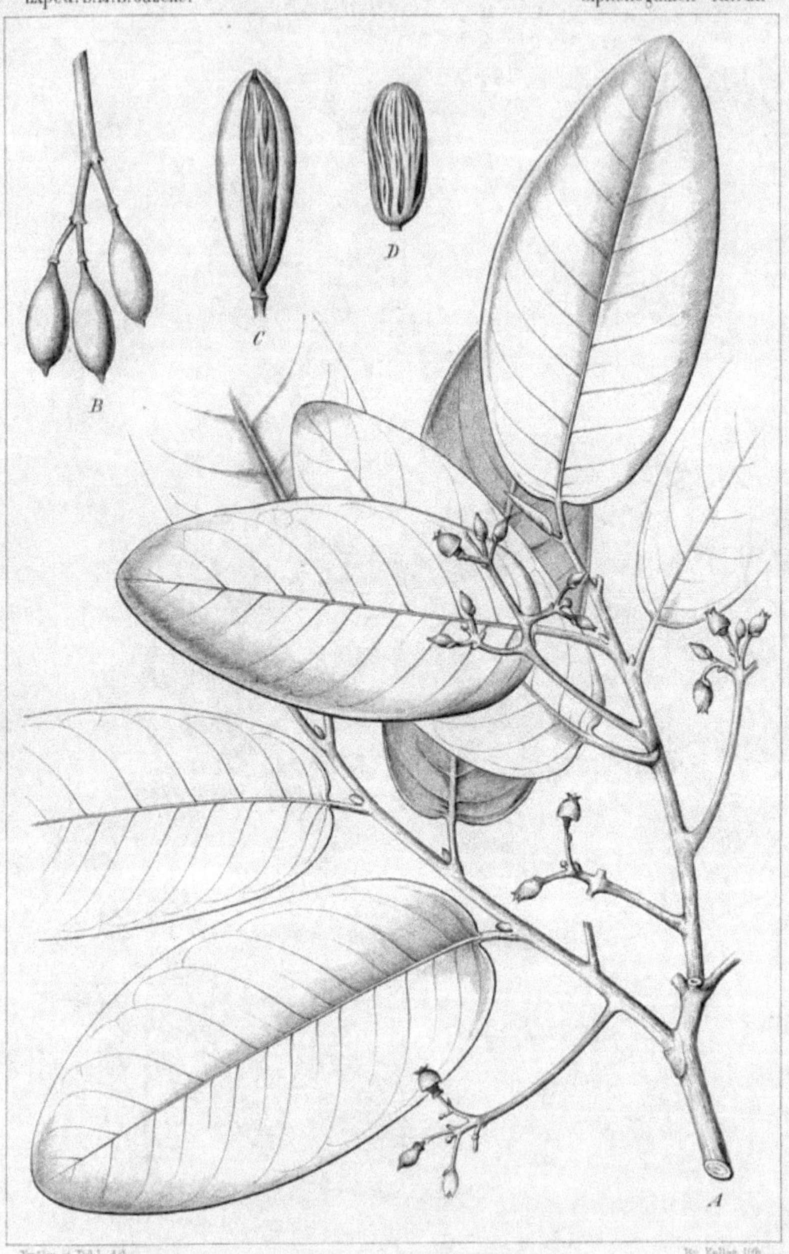

Engler et Pohl del. Br. Keller lith.

Myristica Schleinitzii Engl.

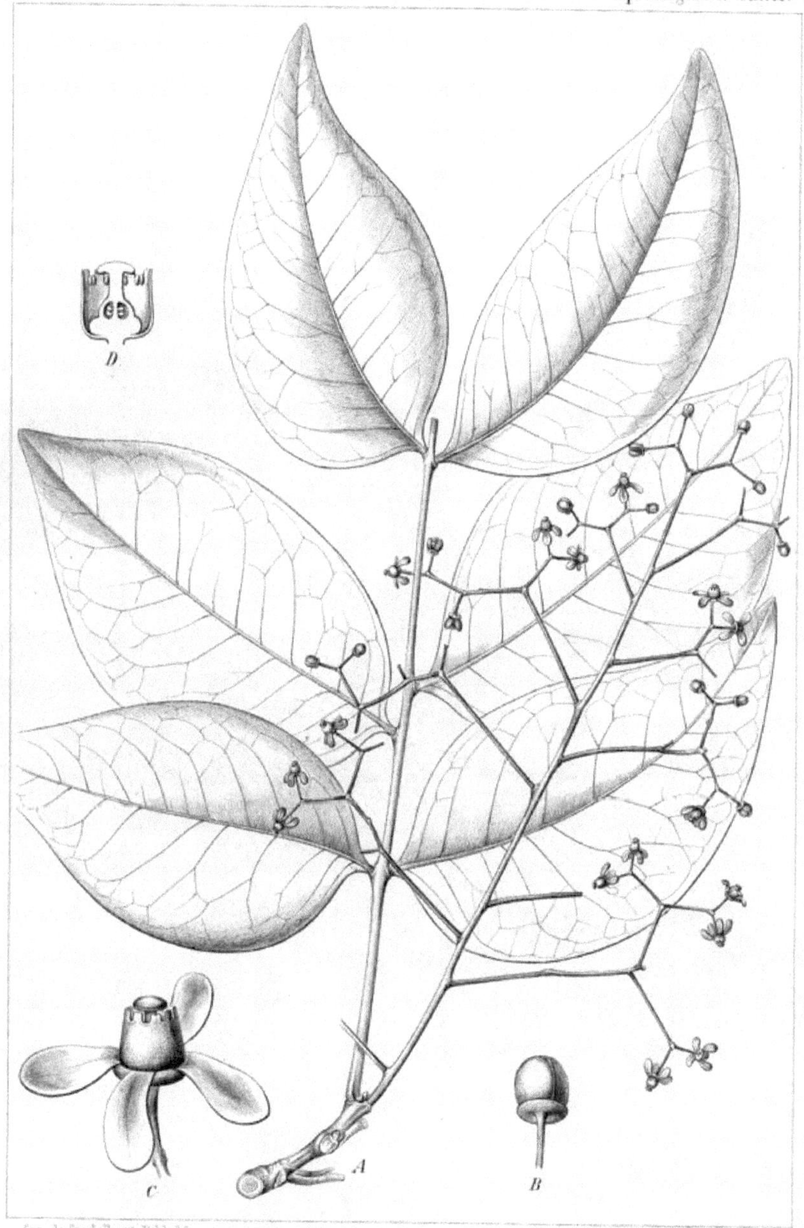

Cas. de Candolle et Pohl. del. Fr. Keller lith.

Amoora Naumanni Cas. de Cand.

Engler et Pohl del. Br. Keller lith.

Macaranga riparia Engl.

Pohl del. (analysin Jehlin del.) Fr. Keller, lith.

Sarcopteryx sqamosa (Roxb.) Radlk.

Engler et Pohl del. Br. Keller lith.

Salacia Naumanni Engl.

Koehne et Pohl del. Br. Keller lith.

Lagerstroemia Engleriana Koehne.

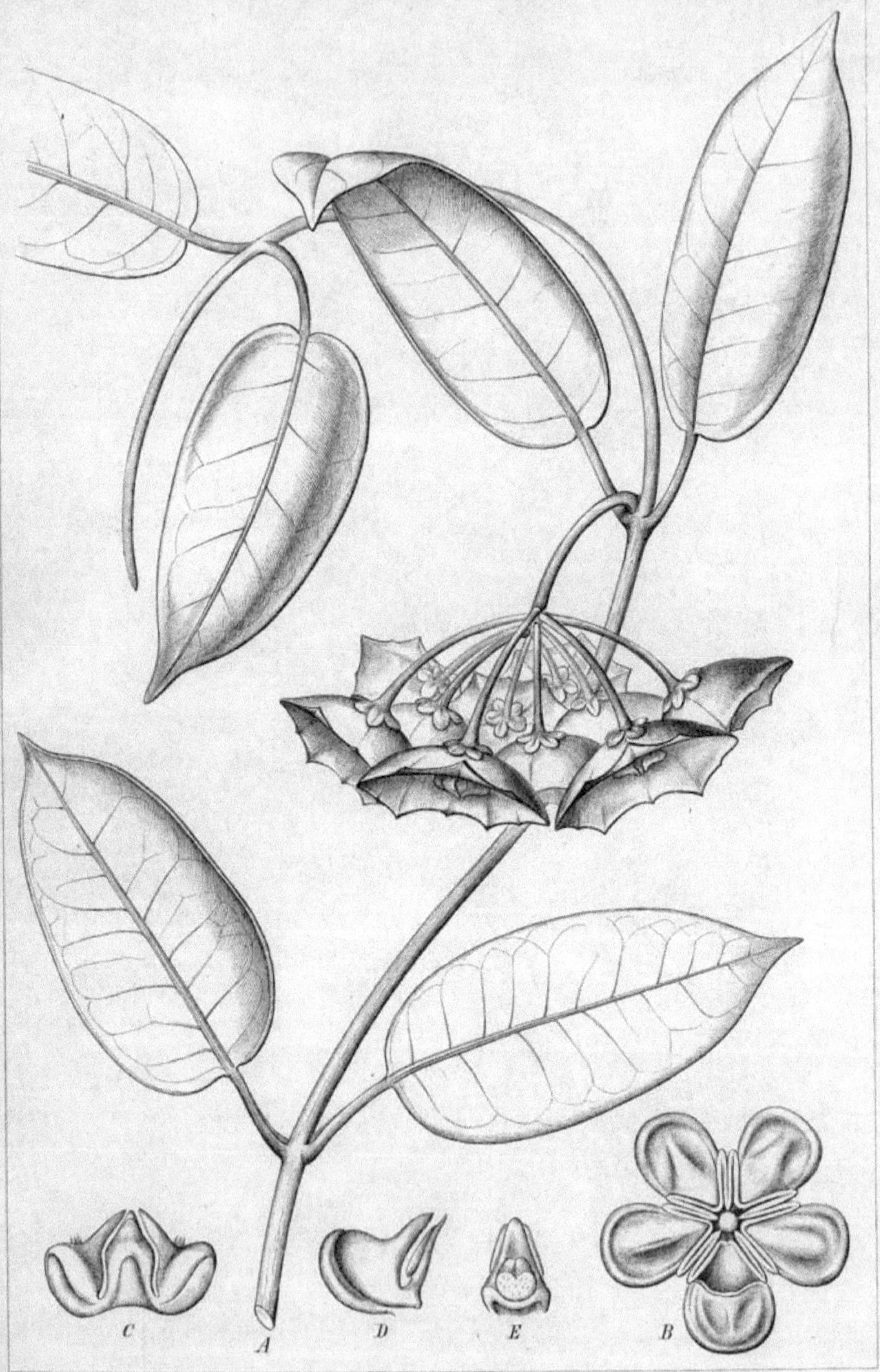

Engler et Pohl del. Br. Keller lith.

Hoya neo-guineensis Engl.

Zeitfracht Medien GmbH
Ferdinand-Jühlke-Straße 7
99095 Erfurt, Deutschland
produktsicherheit@kolibri360.de